国家出版基金项目
NATIONAL PUBLICATION FOUNDATION

任乃强◎著

# 任乃强全集【第三卷】

康藏史地大纲
四川史地
四川上古史新探
羌族源流探索

主 编 任新建
副主编 何 洁

四川人民出版社

图书在版编目（CIP）数据

康藏史地大纲·四川史地·四川上古史新探·羌族源流探索 / 任乃强著. —成都：四川人民出版社，2021.12
（任乃强全集；第三卷）
ISBN 978-7-220-12479-2

Ⅰ.①康… Ⅱ.①任… Ⅲ.①西南地区-地方史-研究②西南地区-民族史-研究 Ⅳ.①K297②K280.7

中国版本图书馆 CIP 数据核字（2021）第 249287 号

KANGZANG SHIDI DAGANG·SICHUAN SHIDI·SICHUAN SHANGGUSHI XINTAN·QIANGZU YUANLIU TANSUO

# 康藏史地大纲·四川史地·四川上古史新探·羌族源流探索

任乃强 著

| 主　编 | 任新建 |
| 副主编 | 何　洁 |

| 总 策 划 | 罗桑道吉 |
| 出 版 人 | 黄立新 |
| 组稿统筹 | 喻　磊 |
| 项目执行 | 邹　近　章　涛 |
| 责任编辑 | 赵　静 |
| 装帧设计 | 戴雨虹 |
| 封面画像 | 蒋骊霄 |
| 责任校对 | 舒晓利 |
| 责任印制 | 祝　健 |
| 出版发行 | 四川人民出版社（成都三色路 238 号） |
| 网　　址 | http://www.scpph.com |
| E-mail | scrmcbs@sina.com |
| 新浪微博 | @四川人民出版社 |
| 微信公众号 | 四川人民出版社 |
| 发行部业务电话 | （028）86361653　86361656 |
| 防盗版举报电话 | （028）86361653 |
| 照　　排 | 四川胜翔数码印务设计有限公司 |
| 印　　刷 | 成都东江印务有限公司 |
| 成品尺寸 | 185mm×260mm |
| 印　　张 | 37 |
| 字　　数 | 690 千 |
| 版　　次 | 2021 年 12 月第 1 版 |
| 印　　次 | 2021 年 12 月第 1 次印刷 |
| 书　　号 | ISBN 978-7-220-12479-2 |
| 定　　价 | 2500.00 元（全十五卷） |

■版权所有·侵权必究
本书若出现印装质量问题，请与我社发行部联系调换
电话：（028）86361656

# 目 录

## 康藏史地大纲

| | |
|---|---|
| 自　序 | (003) |
| 第一章　康藏鸟瞰 | (004) |
| 　第一节　康藏境域 | (004) |
| 　第二节　康藏地形 | (009) |
| 　第三节　高度与产业 | (012) |
| 　第四节　交通与都市 | (017) |
| 　第五节　康藏住民 | (019) |
| 第二章　康藏古史 | (023) |
| 　第一节　西南夷与吐蕃 | (023) |
| 　第二节　茶马市易 | (027) |
| 　第三节　喇嘛教之发展 | (030) |
| 　第四节　西藏主权之巩固 | (034) |
| 　第五节　元明清之土司建制 | (039) |
| 第三章　康藏近史 | (051) |
| 　第一节　西藏问题之发生 | (051) |
| 　第二节　康藏局面之重整 | (054) |
| 　第三节　康藏之离立 | (060) |
| 　第四节　康藏界务纠纷 | (063) |
| 　第五节　大白之役 | (072) |
| 第四章　康藏现况 | (079) |
| 　第一节　西康建省 | (079) |

第二节　政治建设问题 ……………………………………… (085)

第三节　经济建设问题 ……………………………………… (090)

第四节　文化建设问题 ……………………………………… (095)

第五节　保安与兵防 ………………………………………… (099)

第六节　西藏问题的归宿 …………………………………… (102)

# 四川史地

前　言 …………………………………………………………… (109)

第一章　乡土与人生 …………………………………………… (113)

第二章　四川地理概论 ………………………………………… (116)

第一节　疆　域 ……………………………………………… (116)

第二节　地　势 ……………………………………………… (118)

第三节　四川盆地由来与其地质 …………………………… (121)

第四节　四川地理上之优点——气候 ……………………… (122)

第五节　四川地理上之优点——物产 ……………………… (124)

第六节　四川地理上之特点——地力 ……………………… (127)

第七节　四川地理上之弱点——交通 ……………………… (130)

第八节　人　民 ……………………………………………… (132)

第九节　都　会 ……………………………………………… (135)

第十节　名　胜 ……………………………………………… (138)

第三章　四川历史概论 ………………………………………… (145)

第一节　周以前之巴蜀 ……………………………………… (145)

第二节　秦并巴蜀 …………………………………………… (148)

第三节　汉用巴蜀 …………………………………………… (151)

第四节　李冰与文翁 ………………………………………… (153)

第五节　司马相如 …………………………………………… (155)

第六节　扬　雄 ……………………………………………… (159)

第七节　公孙述据蜀 ………………………………………… (162)

第八节　后汉术数之学与刘二牧 …………………………… (165)

第九节　蜀汉始末 …………………………………………… (168)

| 第十节　李氏据蜀 | (173) |
| 第十一节　巴蜀流民与杜弢之乱 | (176) |
| 第十二节　晋宋齐梁间蜀乱 | (177) |
| 第十三节　汉晋间乡土史地之学 | (179) |
| 第十四节　隋唐蜀乱 | (183) |
| 第十五节　南诏内犯 | (187) |
| 第十六节　陈子昂 | (190) |
| 第十七节　李白杜甫 | (193) |
| 第十八节　前蜀始末 | (195) |
| 第十九节　后蜀始末 | (198) |
| 第二十节　风俗颓敝时期 | (200) |
| 第二十一节　风俗颓敝期之女诗人 | (203) |
| 第二十二节　宋初蜀乱与张咏政绩 | (205) |
| 第二十三节　二吴保蜀与吴曦张福之乱 | (207) |
| 第二十四节　宋代蜀士 | (210) |
| 第二十五节　三　苏 | (231) |
| 第二十六节　张浚虞允文魏了翁 | (233) |
| 第二十七节　蒙古定蜀 | (238) |
| 第二十八节　明氏据蜀始末 | (242) |
| 第二十九节　元明蜀士及杨廷和父子 | (244) |
| 第三十节　鄢蓝方廖之乱 | (249) |
| 第三十一节　播乱蔺乱 | (251) |
| 第三十二节　流寇祸蜀　附秦良玉 | (253) |
| 第三十三节　清初蜀乱　附吴三桂之乱 | (259) |
| 第三十四节　"教匪"之乱 | (263) |
| 第三十五节　蓝李之乱　附石达开入蜀 | (267) |
| 第三十六节　清代蜀士（上）——武功相业类 | (270) |
| 第三十七节　清代蜀士（中）——文学经学类 | (273) |
| 第三十八节　清代蜀士（下）——气节理学艺术类 | (276) |
| 第三十九节　路潮与军政府时期 | (280) |
| 第四十节　二次革命与护国之役 | (284) |

第四十一节　护法之役至靖川之役 …………………………………… （286）

　　第四十二节　省自治时期 …………………………………………………… （289）

　　第四十三节　统一之役 ……………………………………………………… （291）

　　第四十四节　顺防之战　驱袁之役 ………………………………………… （295）

　　第四十五节　最近形势（迄民国17年春） ………………………………… （301）

　　第四十六节　隋唐以来记载四川史地之书 ………………………………… （308）

**附：四川大事期表** ……………………………………………………………… （316）

# 四川上古史新探

| 上篇 |　羌族的迁徙与蜀族的发展

**前　言** ……………………………………………………………………………… （322）

**第一章　古羌人与蜀族的关系** ……………………………………………… （323）

　　第一节　古时青康藏大高原的地理条件最适合于人类生存和发展。最适于
　　　　　　原始狩猎和畜牧。这些条件，使它成为亚洲原始文化发祥的地
　　　　　　区，成为人类生殖繁衍的地区 ……………………………………… （323）

　　第二节　我估计，羌族牧业文化的诞生早于中原农业文化的诞生，有几条
　　　　　　史证 …………………………………………………………………… （324）

　　第三节　羌族驯养野兽成功早，进入农业生产亦早于中原 …………… （326）

　　第四节　羌族向中华内地的迁徙 ………………………………………… （330）

**第二章　羌支进入四川各地的路线** ………………………………………… （333）

　　第一节　羌族的体质决定其所选择的路线 ……………………………… （333）

　　第二节　羌族向四方低地迁徙的必然性 ………………………………… （334）

　　第三节　羌族进入四川各地的路线与其沿途留下的痕迹 ……………… （336）

　　小　结 ……………………………………………………………………… （341）

**第三章　蜀山氏** ……………………………………………………………… （343）

　　第一节　"蜀山氏"名称所自来 ………………………………………… （343）

　　第二节　何以叫作"蜀山氏" …………………………………………… （345）

　　第三节　蜀山氏之国究在何处 …………………………………………… （346）

**第四章 蚕丛氏** …… (349)
第一节 何谓蚕丛氏 …… (349)
第二节 蚕丛氏时代的推断 …… (350)
第三节 蜀族在蚕丛氏阶段的社会性质 …… (351)
第四节 蚕丛氏的疆域 …… (353)
第五节 蜀王柏灌考略 …… (355)
**第五章 鱼凫氏** …… (357)
第一节 蜀族是从哪里进入成都平原的 …… (357)
第二节 鱼凫氏与蒲泽氏 …… (359)
第三节 鱼凫氏为何逾山进入海窝子 …… (360)
第四节 关于石棺椁为纵目人冢的问题 …… (362)
第五节 关于杜宇的其他事迹 …… (364)
**第六章 开明氏** …… (368)
第一节 成都平原的开辟 …… (368)
第二节 关于鳖令治水问题 …… (370)
第三节 开明氏阶段的蜀国 …… (373)
第四节 蜀族是何时进入奴隶社会的 …… (375)
**第七章 国亡后的蜀民** …… (377)
第一节 奴隶主贵族逃亡异乡建国 …… (377)
第二节 秦代蜀民的社会贡献 …… (389)
**第八章 进入四川盆地的其他羌支** …… (400)
第一节 大渡河与青衣江流域的羌支 …… (400)
第二节 岷江上游地区与蜀族同时存在的民族 …… (411)
第三节 进入涪江，白水地区的羌支民族 …… (415)
第四节 嘉陵江与大巴山区的羌支民族 …… (421)
小 结 …… (436)

**| 下篇 | 巴的兴亡与古老土著**

**第九章 巫溪盐泉与巫载文化** …… (438)
第一节 四川的盐泉 …… (438)
第二节 《山海经》里的巫载 …… (440)

第三节　巫䖝文化区 …………………………………………………（443）

　　第四节　巫盐与巴、楚的关系 ………………………………………（444）

　　第五节　巫䖝的历史发展过程 ………………………………………（444）

第十章　巴族与巴国 ………………………………………………………（446）

　　第一节　巴族溯源 ……………………………………………………（446）

　　第二节　巴族与巫䖝的关系 …………………………………………（448）

　　第三节　巴族最早立国地——巴乡 …………………………………（449）

　　第四节　巴国发展的程序 ……………………………………………（452）

　　第五节　巴国的衰亡 …………………………………………………（454）

第十一章　郁山盐泉与黔中文化 …………………………………………（455）

　　第一节　黔中地区的盐泉与丹穴 ……………………………………（455）

　　第二节　黔中地区的原始居民 ………………………………………（456）

　　第三节　"卜人以丹砂"的解释 ………………………………………（457）

　　第四节　楚国是如何占有黔中的 ……………………………………（458）

　　第五节　巴蔓子故事的考证 …………………………………………（459）

第十二章　秦楚争夺巴东盐泉的战争 ……………………………………（461）

　　第一节　楚、巴的历史关系 …………………………………………（461）

　　第二节　秦得蜀、巴而失盐泉的苦痛 ………………………………（462）

　　第三节　秦自蜀争夺巴盐的两次大举 ………………………………（462）

　　第四节　"楚得枳而国亡"作何解 ……………………………………（463）

第十三章　国亡后的巴族 …………………………………………………（465）

　　第一节　巴国的覆亡 …………………………………………………（465）

　　第二节　廪君与盐神 …………………………………………………（466）

　　第三节　廪君与白虎 …………………………………………………（468）

　　第四节　黔中的南界与其住民 ………………………………………（469）

　　第五节　何谓土家族 …………………………………………………（470）

　　第六节　酉阳的冉土司 ………………………………………………（471）

第十四章　淯江盐泉与僰侯之国 …………………………………………（473）

　　第一节　淯盐与僰侯之国 ……………………………………………（473）

　　第二节　何谓僰僮之利 ………………………………………………（474）

　　第三节　僰人的族源问题 ……………………………………………（474）

  第四节　僰人迁徙的地区 ················································ (476)

**第十五章　四川盆地最古的土著** ············································ (478)

  第一节　元谋人 ······························································ (478)

  第二节　邛国民族的族源问题 ········································· (485)

  第三节　四川盆地内的原始居民 ····································· (489)

# 羌族源流探索

**第一章　羌族的形成及其文化** ················································ (503)

  第一节　羌族在中华民族中的位置 ································ (503)

  第二节　羌族的形成 ······················································ (509)

  第三节　羌族文化（上） ··············································· (513)

  第四节　羌族文化（下） ··············································· (519)

  第五节　羌族发展的极限与其蜕变 ································ (525)

**第二章　从羌族派分的民族** ···················································· (531)

  第一节　从羌族内部分化的民族 ···································· (531)

  第二节　中华北方的羌支民族 ········································ (539)

  第三节　月氏源流（附杂胡） ········································ (545)

  第四节　大巴山区的羌支 ··············································· (552)

  第五节　川西北地区的氐类 ··········································· (560)

  第六节　蜀南、滇北的羌支民族 ···································· (569)

  第七节　其他羌支民族 ·················································· (576)

  小　结 ············································································· (582)

任乃强全集·第三卷

康藏史地大纲

# 自　序[①]

余初治农学。嗣由自然科学之诱导，兼治地理。更因地学需要而治史。因习史而泛涉政治、社会诸学科。近年兴趣，尤偏重于史地考证工作。路转峰回，渐入空疏无用之境。而马齿已长，脑力体力并就衰矣。窃尝以未能专力一艺为憾，乃约束研究范围于川康藏三区。民国17年（1918）后，更专以西康为研究对象。十余年来，深入考察，穷眼耳手足之力，探幽索隐，务觇其全。运此泛博肤浅之常识，分析整理，以求经边正轨。每有所得，席珍自赏，未尝辄以于人。偶有所著，亦只札记碎文，介绍边疆实况，嘤鸣求友，冀国人之共起探究耳。向撰《西康图经》，已出3册，因事暂辍。滥竽康政，匆匆三年，才不副位，退理旧业。此时识见略重，雕虫自笑，乃罢图经，思更撰为康藏志稿，藏之名山。力不从心，荏苒未就。30年（1941）春，应西康省地方行政干部训练团约，编授康藏史地讲义。50日中，成稿3册，23万余言。材料之取舍，条理之部署，仓促有未当。复因篇幅过多，印费浩大，仅印半部1000余册，未满足各方需求。念重印难能，弃之可惜，乃更辑小册，削为8万余言，质增其三，文省其七。篇章条理，更重厘定，加插地图数幅，手自校勘，力求精当。即以预售所入，自印行之。他日或无力完成康藏全志，则存此以为缩本亦幸矣。

民国31年（1942）4月30日
南充任乃强筱庄记于西康省通志馆

---

① 本书原为作者为西康省地方行政干部训练团讲授康藏史地课程之讲义（原书为上下两册）。1942年经修订后合为一册，由雅安健康日报社出版发行。

# 第一章　康藏鸟瞰

## 第一节　康藏境域

西康、西藏地方，旧为羌人分据之地，隋唐时统一于吐蕃。吐蕃极盛时疆域，包括今康、青、藏全部，甘肃、宁夏、四川、云南暨印度之一部。推阐其特创之宗教、文字于所征服之各部落间，形成同风一俗之吐蕃民族，自称为"播巴"（Bod-pa），译义为"蕃人"（蕃、播古同音）。西人称之曰"土伯特"（Tibet）。其后，吐蕃崩溃，播巴仍聚处于海拔3000米以上之吐蕃旧地中，是为藏族。西人称如此之吐蕃故地人民为"土伯坦"（Tibetan），我国元明时代多有官方文书称之为"西番"，此"番"字亦应读为"bo"也。①

明代末叶，土伯特为和硕特蒙古所据。以青海为其本族游牧之地，设官征赋于喀木（Khams，又译"康"）。卫藏则置藩封以事达赖。清康熙三十九年（1700），平打箭炉之乱，收抚蕃民50余落，以隶四川，是为"西炉"（后详）。雍正平定青海，收抚康境百余蕃落，划宁静山以西供奉达赖，称为"西藏"。山以东为四川省所辖之土司地方，称为"炉边"。西炉、炉边，又合称"川边"（西康省之康区与四川之松潘、理县、茂县、汶川、懋功、靖化六县皆是）。其巴塘南境之维西、中甸诸地为二厅，隶属云南，称为"滇边"。

光绪三十二年（1906），创设川滇边务大臣，拟合川边、滇边地建一省。边务大臣赵尔丰，首将川边各土司改流并收回划隶西藏之喀木故境，确立建省规模。宣统三年（1911），代理边务大臣傅嵩炑奏请划折多山以西、丹达山以东之地建设西康行省，值清鼎革，未报。

---

① 本书作者在称呼上，习惯将西藏之人称藏，康区之人称番或康，对藏族统称为蕃，以便叙述，实则番、蕃、康均指藏族。文中不再注明。

民国 2 年（1913），就清末改流之地核设 32 县，旋定为"川边特别区域"。原经核设之 32 县如下表。

| 县名 | 治所 | 清代建置 | 旧隶之土官 |
| --- | --- | --- | --- |
| 康定 | 打箭炉 | 打箭炉厅，粮台，阜和协，明正土司 | 明正土司 |
| 泸定 | 泸定桥 | 泸定桥巡检 | 冷边、沈边、咱里三土司 |
| 安良① | 阿娘坝 | | 明正土司 |
| 雅江 | 娘区卡 | 中渡汛，赵置河口县 | 明正、理塘与崇喜土司 |
| 理化 | 里塘 | 里塘粮台，理塘土司 | 里塘土司与毛垭土司 |
| 义敦 | 立敦三坝 | 赵置三坝厅通判 | 巴、理两土司与曲登土司 |
| 巴安② | 巴塘 | 巴塘粮台，巴塘宣抚司 | 巴塘土司 |
| 定乡③ | 桑披林寺 | 赵置定乡县 | 理塘土司 |
| 稻城 | 稻坝 | 赵置稻城县与贡噶岭县丞 | 理塘土司 |
| 得荣 | 卡工村 | 赵置德荣县 | 巴塘土司 |
| 盐井 | 察曲卡 | 赵置盐井县 | 巴塘土司 |
| 丹巴 | 鲁密章谷 | 章谷屯 | 明正与巴底、巴旺、单东土司 |
| 道孚 | 道坞 | 赵置道坞委员 | 明正，孔撒，麻书，单东四土司 |
| 炉霍 | 霍尔章谷 | 章谷屯 | 章谷，朱倭两土司 |
| 甘孜 | 甘孜 | 麻书汛，孔撒、麻书两安抚司 | 孔撒、麻书、白利、东科等土司 |
| 瞻化④ | 新龙 | 赵置瞻对委员 | 藏管辖地 |
| 德格 | 德格更青 | 德格安抚司，赵设委员拟置德化州 | 德格土司 |
| 白玉 | 白玉寺 | 赵初置麻陇委员，后改"白玉"，拟置州 | 德格土司 |
| 邓柯 | 登科 | 赵置登科委员拟府治 | 德格、林葱、春科等土司 |
| 石渠 | 杂曲卡 | 赵置石渠委员 | 德格土司 |
| 同普⑤ | 同普村 | 赵置同普委员 | 德格、纳夺两土司 |
| 昌都 | 察木多 | 粮台，赵置理事官 | 察木多呼图克图 |
| 恩达⑥ | 恩达塘 | | 察木多、类乌齐、八宿三呼图克图 |

---

① 今康定县瓦泽乡境。
② 今巴塘县。
③ 今乡城县。
④ 今新龙县。
⑤ 今江达县。
⑥ 包括今类乌齐县八宿县境。

续表

| 县名 | 治所 | 清代建置 | 旧隶之土官 |
|---|---|---|---|
| 察雅 | 乍丫 | 赵置理事官 | 乍丫呼图克图 |
| 宁静① | 江卡 | 赵置江卡委员 | 西藏营官 |
| 贡县② | 贡觉宗 | 赵置贡觉委员 | 西藏营官 |
| 武成③ | 三岩 | 赵置三岩委员 | "野番" |
| 科麦④ | 桑昂曲宗 | 赵置桑昂委员 | 西藏僧官 |
| 察隅⑤ | 雷马 | 赵置察隅委员 | 西藏桑昂僧官 |
| 硕督⑥ | 硕般多 | | 西藏硕达洛桑营官 |
| 嘉黎 | 拉里 | 粮台 | |
| 太昭 | 工布江达 | | 西藏工布营官 |

以上 32 县，安良县实未设置，太昭、嘉黎、硕督、科麦、察隅 5 县，皆于民国元年（1912）为藏军所据，其时川边所辖 26 县而已，唯后析康定南境为九龙设治局（后为九龙县），共 27 县，又曾拟于类乌齐置九集县，未及设治而为藏军据。

民国 7 年（1918），藏军东侵，复陷恩达、昌都、察雅、宁静、贡觉、武成、同普、德格、白玉、邓柯、石渠 11 县，又废义敦，川边仅存 15 县。民国 14 年（1925），川边改称"西康"。时则康南之定乡、稻城、得荣、盐井皆逐知事，西康实存 11 县而已。民国 17 年（1928），川康边防总指挥部收抚乡、稻、得、盐四县。民国 21 年（1932），大白之役收复德、白、邓、石四县。同时，盐井县为藏军所据，西康存 19 县。民国 28 年（1939），划四川之雅、宁两区 14 县、2 设治局隶康，成立西康省政府。民国 29 年（1940），增设泰宁设治局。现西康省辖 33 县，3 设治局，习惯上分为康、宁、雅三区，其面积人口如下表：

| 县局名 | 面积（方公里） | 人口 | 每方公里人数 | 备考 |
|---|---|---|---|---|
| 雅安 | 1245.31 | 123896 | 99.49 | 旧雅州府治 |
| 荥经 | 2609.79 | 67831 | 25.99 | |
| 芦山 | 311.15 | 32612 | 104.12 | |

---

① 今芒康县。
② 今贡觉县。
③ 今贡觉县雄松区及白玉县盖玉区境。
④ 今察隅县境北部地区。
⑤ 今察隅县南部地区。
⑥ 今洛隆、边坝县境。

续表1

| 县局名 | 面积（方公里） | 人口 | 每方公里人数 | 备考 |
|---|---|---|---|---|
| 天全 | 2766.36 | 91159 | 35.48 | |
| 宝兴 | 1679.22 | 14382 | 8.56 | |
| 汉源 | 2351.84 | 122907 | 52.26 | |
| 金汤局 | 1410 | 2678 | 1.90 | |
| 雅区合计 | 12373.67 | 554438 | 44 | 以上皆旧雅州府辖地，习称"雅区" |
| 西昌 | 7034.90 | 220555 | 31.33 | 旧宁远府治 |
| 越巂（西） | 4934.36 | 81115 | 16.44 | |
| 冕宁 | 4300.24 | 86024 | 20 | |
| 会理 | 5915.09 | 218694 | 36.81 | |
| 盐源 | 7237.72 | 63366 | 8.75 | |
| 盐边 | 3079.74 | 36343 | 11.79 | |
| 昭觉 | 6926.58 | 59010 | 8.52 | |
| 宁南 | 3652 | 25957 | 7.05 | |
| 宁东局 | | | | 境域尚未划定 |
| 宁区合计 | 48085.63 | 791064 | 18.36 | 此项数字尚待更正，参看后文 |
| 康定 | 15500 | 36430 | 2.35 | 旧打箭炉厅治 |
| 泸定 | 2100 | 24001 | 11.42 | |
| 丹巴 | 5900 | 17386 | 2.94 | |
| 九龙 | 6400 | 13174 | 2.06 | |
| 道孚 | 7900 | 4330 | 0.55 | |
| 炉霍 | 5100 | 8387 | 1.64 | |
| 甘孜 | 6400 | 11417 | 1.79 | |
| 瞻化 | 12300 | 40387 | 3.28 | |
| 邓柯 | 6600 | 5018 | 0.76 | 藏据地面未计入 |
| 德格 | 10700 | 12562 | 1.17 | 藏据地面未计入 |
| 白玉 | 6900 | 12452 | 1.81 | 藏据地面与三岩三村俱未计入 |
| 石渠 | 13700 | 11254 | 0.82 | |
| 雅江 | 4900 | 5838 | 1.19 | |
| 理化 | 20000 | 10275 | 0.51 | |
| 义敦 | 5400 | 11760 | 2.18 | 面积按旧境计算 |
| 巴安 | 6700 | 14024 | 2.09 | 河西7村归藏未计入 |

续表2

| 县局名 | 面积（方公里） | 人口 | 每方公里人数 | 备考 |
|---|---|---|---|---|
| 稻城 | 10400 | 5285 | 0.51 | |
| 定乡 | 5700 | 5347 | 1.14 | |
| 得荣 | 2800 | 6047 | 2.16 | |
| 泰宁局 | | 1508 | | 面积合并道孚计算 |
| 康区合计 | 181000 | 356799 | 1.42 | |
| 全省合计 | 236459.30 | 1593310 | 6.74 | |

上表面积，系就旧制地图推算，殊非精确。人口据民国29年（1940）各县具报数，亦有多县俱嫌失之过少。尤以宁区差谬为大。著者估计：宁区面积约为5万方公里，人口约140万，平均每方公里24人强。康区尚有未设流官之绰斯甲、俄洛、色达等地方，面积约为4.4万方公里，与19县合计，共为22.5万方公里，共有人口约30万，平均每方公里1.33人。但已设治之19县，平均每平方公里有1.5人。合计全省现辖地28.6万方公里，约224.5万人，平均每方公里7.85人。政治力能贯彻之地，约有21万方公里，150万人。

康省归藏地方，应分三部言之：（一）瓦合山脉以东，同普、昌都、恩达、察雅、宁静、贡县、武成7县地方，皆民国设官治理历时7年之地，共计面积6.35万方公里，人口不足9万，平均每方公里约有1.4人。（二）瓦合山脉以西，丹达山脉以东，硕督、科麦、察隅与空门、察瓦龙、八宿、三十九族①等地方，面积12.15万方公里，人口约10万，历史上属于康区且为清末曾设流官之地，民元即为藏军所据，迄未收复。以上二部，皆应自藏收回，还为康境。（三）丹达山脉以西，嘉黎、太昭与波密等地方，面积6万余方公里，人口12万余。虽为川边军力到达，且曾核准设县之地，但其自然区划，属于雅鲁藏布江流域且距拉萨太近，宜即并入西藏为一行政区域也。

西藏位于西康正西，唐以前未通中国，唐、宋为吐蕃根据地，元明时期曰"乌斯藏"（卫藏），清代始称"西藏"，设驻藏大臣理之，号为"藩部"。其境域，东抵宁静山，北抵当拉岭，南逾喜马拉雅山，西接喀喇昆仑。民国元年（1912），达赖屡用兵东争康境，现虽受抚，尚未取消自治。其境土东延，暂以金沙江与西康为界，然就习惯言之，"西藏"一词，只能包括下列各地。

---

① 三十九族指今西藏索县、丁青、巴青、比如等县地方。

卫部：拉萨附近地方，约 5 万平方公里。史籍旧称"前藏"，一曰"中藏"。藏语"卫（Dbus）"，中央之义也。

藏部：卫部之西，雅鲁藏布江上游，日喀则、江孜、萨迦等地方，约 6 万方公里，习惯称为"后藏"。藏语（Gtsang）"藏"，圣洁之义也。

阿里：藏部之西，印度河上游，噶大喀一带，约 10 万平方公里，旧称"底藏"。

羌塘：外喜马拉雅山脉[①]以北之大荒原，面积近 30 万方公里，为一多湖泊地带。藏语（Byang-thang）"羌塘"，北方荒原之义。

工部：卫部之东，工曲流域，约 3 万公里。旧作"工布"，民国拟设太昭县。

波部：工部之东，波曲（博藏布江）流域 2.87 万方公里。旧作"波密"，清末曾拟设两府一道，隶西藏。

拉里：工布之北，2000 方公里。清设粮台，民国拟设嘉黎县。

以上七部，共 96.6 万方公里，人口约 70 万。卫部最密，约 25 万人，每方公里可得 5 人。藏部约 20 万人，工部约 10 万人，俱每方公里约为 3 人。波密约 5 万人，每方公里不足 2 人。其余三部，共约 5 万人，平均每方公里仅 0.6 人，人口最稀。合全藏平均，每方公里不足 1 人。

## 第二节　康藏地形

土伯特地方，为平均海拔 4000 米之大高原，西人呼为"土伯特高原"。当译"吐蕃高原"，或"康藏高原"（旧译"西藏高原"，殊误）。此高原南以喜马拉雅山脉俯瞰印度，西北以喀喇昆仑连接帕米尔。北以昆仑山脉临塔里木盆地、祁连山脉，接内蒙古草原。东北以西倾山脉连陕甘盆地。东以邛崃山脉接四川盆地。东南山谷盘错，降为云贵高原。面积 210 万方公里，高与阔度并为世界首屈。就中西藏西北部最高，大部分海拔在 5000 米以上。

雅鲁藏布江横贯西藏南境为深阔之河谷，约循北纬 29 度东流，经波密西南，穿喜马拉雅为巨峡，入印度平原。其本支流之中下游部，为西藏精华之地。拉萨、江孜、日喀则等为西藏气候较温和，人口最密集之地，海拔亦皆在 3000 米以上。

丹达山脉与巴颜喀拉山脉及其中间之地褶，悉自西北向东南并行斜走，迫高原东部之水向东南并流，刻凿高原为若干温暖湿润之河谷。

---

① 即念青唐古拉山脉。

怒江，藏语曰"甲姆恶曲（Rgyal-mo-Rngul-chu）"，蒙语曰"哈喇乌苏"，缅语曰"萨尔温"，流行于丹达山脉与瓦合山脉（一作"唐古拉"大山脉，犹云"当拉岭"山脉也。一曰"伯舒拉岭"，犹云"八宿山脉"也。又曰"怒山山脉"）之间。三十九族、硕达洛桑、桑昂、察瓦龙、门空各区，皆属此河流域，入印度洋。

澜沧江，藏语曰"察曲（Rdza-chu）"，越南人曰"湄公河"。流行于瓦合山脉与宁静山脉（一曰"云岭山脉"）之间。昌都、恩达、察雅、宁静、盐井五县与类乌齐及青海之隆庆县，皆属于此河流域，南穿云贵高原与泰越两界间入太平洋。

金沙江，藏语曰"折曲（Vbri-chu）"，蒙语曰"木鲁乌苏"。我国旧籍又有"布垒楚河""犁牛河""通天河"等名。汇当拉岭以北，巴颜喀拉山脉以南之水，自青海玉树草原入西康省境，切断数大地褶，向南流行，纵贯宁静山与大朔山脉（素龙山脉）间低陷地带，入云南境，萦折而东，包宁区外缘，入四川盆地，出北太平洋。青海之玉树、称都（称多）两县，西康之邓柯、德格、白玉、同普、武成、巴安、得荣、义敦、定乡、稻城10县境，及宁区大部农地皆自其本支流所构成。

雅砻江，藏语曰"雅曲（Nyag-chu）"汇素龙与大雪两山脉间之水，南流入金沙江。康区之石渠、甘孜、瞻化、雅江等9县境，皆属其本江流域。炉霍、道孚两县境，属其支流鲜曲流域。理化县与宁区盐源县，属其支流理曲流域。冕宁、西昌等县，属其支流安宁河流域。全盛产沙金，故一般呼干流为大金河，理曲为小金河。藏语"鲜曲"，亦金河之意也。

大渡河，汇大雪山脉与邛崃山脉间之水，南流折东，自乐山县入岷江。康区之绰斯甲、丹巴、康定、泸定，与雅区之金汤设治局、汉源县，宁区越嶲（今作越西，下同）县，四川之懋功、靖化等县，皆属其流域。

巴颜喀拉山脉以北之水，总汇于黄河，藏语曰"玛曲"（rma-chu）。黄河与其支流湟水、洮水，并以河谷腴暖，为青海、甘肃间人烟稠密地带，西宁海拔约2200米，为青海省会。

高原西北之水，郁闭不泄，构成一大湖泊地带，凡分两群：在西藏境者，天湖最大，海拔4627米，藏语曰"郎错"（Gnam-mtsho），蒙语"腾格里淖尔"。在青海境者，青海最大，海拔3040米，藏语曰"油错"或"错干播"（Mtsho-Snyon-po），蒙语"库库淖尔"，为义同。蕃族之两大圣湖也。

喜马拉雅山脉，横亘西藏南境，长2000余公里，为世界第一大山脉。最高之珠穆朗玛峰，海拔8840米，为世界第一高峰，在后藏与尼泊尔界间。隔雅鲁藏布江与喜马拉雅平行者，有冈底斯山脉，西名"外喜马拉雅山脉"，为羌塘之南缘，主峰冈底斯，为雅鲁藏布江、印度河、萨特野日河发源之所。

康境名山有四，并为蕃族圣地，一曰"木雅贡噶"，在康定县玉龙石附近，海拔约7600米①，为康境内第一高峰。其旁有高于7000米之山峰10座，雪岭绵亘于康定、泸定界间，长约200公里，晶光莹灼，数百里外皆见。最北一峰曰"甲热"，汉名"海子山"，即汉文旧籍所指大雪山也（宁区之牦牛山脉属于此系）。二曰"贡噶岭"，在稻城南境，五峰矗立，海拔皆在6000米以上。三曰"喀哇革波"，在盐井县西南澜、怒二水之间，虽海拔仅5000余米，但其两侧河谷海拔才2000米左右，故险峭奇伟，为康西南最，昔人喻为"世界之脊"。四曰"喀哇罗日"，在甘孜县南、瞻化界间，为绵延百余公里之雪墙，主峰在其东端，近雅砻江峡，高7000米余。

青海境内，以大积石山为最宏伟，藏名"阿尼玛卿"（A-myes-rma-chen），义为"黄河之祖"，为俄洛番人信奉之圣山。雪嶂银墙，延200余公里，海拔皆在6000米以上。

此外雪岭名山，激流绝峡，纵横错列，阻碍交通者，多不胜举。然大多数地面，皆颇平坦，故曰"高原"。其平坦部分，海拔在5000米以上者为荒原（如羌塘）。亦有海拔较低而水土碱卤沮洳者，为淖地（如柴达木淖），其与雪山，皆无居民。如此不能居人之地，面积约占全高原25%。其平坦地方，海拔在5000米以下、3500米以上者，多为辽阔之草原。甲得（三十九族与玉树二十五族总称）、纳夺、石渠、俄洛、昌泰、理塘、余科、罗科马、泰宁附近，皆是也。其面积约占全高原40%，悉在诸大河谷上游部分。此外，35%之地面为河谷区域属河谷上游，接近草原之部者，多有平阔之河原耕地。甘孜、炉霍、道孚、稻城、贡觉、察雅、邓柯、巴安等，皆其最著者也。距草原较远之部，则多为狭窄破碎之段丘农地与森林地方。丹巴、瞻化、雅江、九龙、定乡、得荣等县皆是也。河谷下游，海拔愈低，农地愈少，绝峡愈多，转成生产薄弱，交通不便之地带，此康藏高原一般地形也。

康藏高原以东，为四川盆地，面积约34万平方公里，人口约5000万（松、理、茂、懋及酉、秀、黔等县除外），平均每方公里有144人，平均海拔500米。西康之雅区各县，为此大盆地之边缘部分，海拔自500米（雅安之龟都）至3000米（大相岭附近诸山峰），多数城镇，皆在1000米以下。邛崃山脉，自松潘草原蜿蜒南来，为大渡河与青衣江之大分水脊，分为二支横绝大渡河，构成宁区之大小凉山。今大相岭，秦汉曰"邛崃山"也。

青衣江，古称"沫水"，又有"平羌水""大渡水"等名，汇邛崃山脉内侧诸水

---

① 新中国成立后实测贡嘎山海拔为7556米。

经雅安、洪雅、夹江，自乐山入岷。支流自北、西、南三方辐辏，汇于雅安。沿河多小平原与段丘，为雅安、荥经、天全、芦山四县精华之地，然其面积仅得全区面积三分之一，余三分之二为山地，多无人居。蔡山（周公山）、蒙山，均高1300余米；瓦山，2900米，并为一方名山。此雅区地形概要也。

云贵高原，在四川盆地与西康高原之南，面积约60万方公里，平均海拔2000米。康省之宁区8县，地理情形，略与一致，特称"建南高原"。实即云贵高原之一部，不过因金沙江之划割，政治上每与滇、黔分离耳。

宁区山脉，皆自北而南，并行排列。与诸河谷，配合成六部地形：（一）大小凉山山脉，构成一大台地，形势与康藏高原仿佛。唯海拔与纬度并较为低，故耕地亦较为广。越巂、昭觉两平原，海拔2000米左右，尚为稻田，其余诸山，亦皆可种玉蜀黍与荞麦。仅龙头山（昭觉、雷波界间）与羊糯山（越巂、冕宁界间）四时积雪，大小凉山，世无定指。一般以龙头山代表大凉山脉，羊糯山代表小凉山脉。（二）大台地西为安宁河平原，南北狭长，包有冕宁、西昌、德昌、礼州与盐中（即河西，属于盐源县）等要地，面积约2000平方公里，平均海拔1500米，为宁远之中心区域。（三）安宁平原之西，为东西牦牛山脉，平均海拔3000米，中拥雅砻江纵谷，海拔1200米，成一倒W字形地带。（四）西牦牛山脉之西，为盐源盆地，有平原约300方公里，海拔2500米，因纬度低，气候温和，物产丰盛，历为宁区之次要地域，其南隔元宝山脉（3500米），为盐边盆地，海拔1200米左右，气候郁热。（五）两盐之西，为木里高原，海拔3000米左右，山谷错杂，与康南同，自然地理，属于康藏高原。（六）安宁河平原之南，为会理台地，海拔1500米，纬度当北26度40分左右，气候优良，人口稠密，亦为宁区次要地区，其南之金沙江河谷，海拔1000米，甚郁热，武侯渡泸，即此部也。

大渡河谷泸定，汉源两县，及越巂县北部，地理情形介在康、宁、雅三区之间，应可成立一自然区域（为古沈黎郡与黎州之域，故可称为"黎区"）。唯其地面过于狭小，习惯以泸定属康，汉源属雅，越巂属宁。

## 第三节 高度与产业

大气温度，水平方面，近赤道部最热，愈近两极愈寒；垂直方面，近海面最热，愈高则愈寒，故气候带分垂直与水平两种。西康省境，位北纬26度至34度之间。西藏，则位于（北纬）28度与36度之间。主要城市如雅安、天全、康定、雅江、理化、巴安、太昭、拉萨，皆在北纬 30 度附近，与重庆、武汉、杭州纬度相当，属于温带南部，而其气候，有似北纬 50 度左右之亚寒带地方者，即由海拔过高所致。大抵，5000 米以下，平均每上升 1000 米，相差摄氏 4.4 度，康藏高原平均海拔 4000 米，故其气温恒较江浙相差摄氏 17 度有奇，其垂直气候带，应为亚寒带，多数高山，则已进入寒带与极寒带。

动植物之生长，俱须受相当之气候限制，兹就北纬 30 度地方，表列其垂直气候带与生物生长情形如下：

| 气候带 | 海拔 | 主要生产物 | 可能生产物 | 特记 |
| --- | --- | --- | --- | --- |
| 暖温带 | 600 米以下 | 稻、竹、桐、柏类、桃李、桤、楠、赤松、黄牛、山羊、猪、鸡、鸭 | 蔗、棉、荔枝、榕、水牛 | 农业特盛，人口稠密，森林缺乏。 |
| 温带 | 600—1600 米 | 玉蜀黍、稻、茶、大豆、阔叶树林、黄牛、山羊、马、驴、鸡 | 蚕、桑 | 山地垦种甚盛 |
| 冷温带 | 1600—3000 米 | 小麦、马铃薯、甘蓝、漆树、胡桃、梨、栗、珙桐、阔叶树与针叶树混交林、豹、狼、猴、麝、野鸽、鸣禽 | 玉蜀黍 | 农业渐衰，森林渐盛，各种杜鹃花卉极发达 |
| 亚寒带 | 3000—3600 米 | 青稞、元根、豌豆、针叶树林——杉枞最盛、羌活、大黄、麝、鹿、猞猁狐、雉类 | 蔬菜、桦 | 森林荣盛、野兽繁滋、农业式微 |
| 寒带 | 3600—4800 米 | 野草、大黄、秦艽、贝母、虫草、落叶松、矮桧、卷柏、牦牛、绵羊、马、雉类、羚羊、野牛、雪兔鹫、鹿 | 寒蔬 | 牧业极盛、农艺绝迹，森林以 3800 米为极限 |
| 高寒带 | 4800—5200 米 | 苔藓 | 线草、羚羊 | 冰川乱石障碍交通盛夏可供短时放牧 |
| 极带 | 5200 米以上 | 冰雪 | | 万年积雪人迹不至 |

上表，略可以适用于康、雅两区及西藏。宁区因纬度低，其垂直气候带之海拔须随纬度递减，例如：盐源海拔 2500 米，但属温带气候；盐边海拔 1300 米为暖温带气候；会理之金沙江边海拔 1000 米，为热带气候。

影响气候之条件，除高度与纬度外，地形关系最大。平地较山地为温暖，河谷较高原为润湿，林地较裸地为稳定。康藏系亚洲季风最显著地带，其河谷之南向者，得南洋湿热气流之灌注，恒能保持温润，多雨少雪，昼夜与冬夏之温差殊微。其河谷之北向者与高原部分，则受北方干燥气流之影响大，较为干燥寒冷，多急变，降雪降雹时多，降雨时少，昼夜与冬夏之温差绝大。河谷东西向西郁闭其出口者，亦因难受南来气流调剂，气候较南向河谷为劣。例如康定与巴安，纬度相当，康定海拔较低而寒，巴安较高而暖。宁静与贡县，高度相当，地位接近，而贡县特为寒冽。又汉源、越西间之大渡河谷，汉源境远较越西境温暖。河谷与海洋之距离，关系亦颇重要。雅鲁藏布河谷，3000米而东西向，乃较南向同高之澜沧河谷温暖者，距海洋近故也。

康藏地域虽极广泛，河山虽极复杂，然其气候与产业之分布，则因高度、纬度，与地形之配合，可归纳为下列之定式：

**燠热区** 北纬27度30分以南、海拔1500米以下河谷，即宁区南部金沙江河谷，打冲河与安宁河下游，盐边河谷等地（雅鲁藏布江下游，因接近海洋之故，其纬限可推至北纬28度30分。如察隅河谷与下波密河谷皆当属燠热区）。该区域四时温暖，夏季郁热多瘴疠，农产年可三获，能种甘蔗、香蕉、荔枝等亚热带作物。唯面积甚小，耕地尤缺乏，在康藏中不占重要地位。

**暖农区** 雅、康两区北纬30度30分以南、2000米以下南向河谷（即雅区各河谷与康定鱼通以南之大渡河谷。宁区越西县境地方）、宁区北纬28度30分以南、2500米以下地方（宁属冕宁、昭觉以南各县），藏区北纬30度以南、2500米以下之河谷（西藏曲水以下雅鲁藏布江沿岸），皆四时温和、多雨，农产以稻与玉蜀黍为主，农地年获二次。宁雅两区农地概属于此，康藏高原以内，所得之面积极微，无关紧要。

**寒农区** 康藏高原3600米以下之河谷（青海省境内因纬度已高，降至2600米以下）、宁区2500米以上之山地、雅区2000米以上之山地，冬有重雪，地多冻结，春秋每有严霜冰雹。农产以豆、麦、荞及根菜为主，春播秋获，年只一收，农地与林地相间，其地倾斜急剧，交通不便，富有森林，农家多恃畜物、狩猎、采药、烧炭等副业持生。康青藏精华之地，皆属此类。

**牧业区** 3600米以上之高原（青海境2600米以上），呈绝对之大陆性气候。夏秋午昼虽亦颇热，但因距雪线太近，极易降雹，粮食作物不能栽培，故农业断绝，牧业甚为发达。康青藏大部地域，皆属于此。

**无生区** 5000米以上之山岳地方，终岁寒冱，草类亦不繁育，生产业绝，渺无居人（青海之柴达木淖地，因土质泻卤，亦可归无生区）。

各区部位与其面积比较，参看所附《康藏产业分布图》。

下附《康藏各要地海拔高度表》：

## 康藏各要地海拔高度表

| 区域 | 地名 | 海拔（米） | 地名 | 海拔（米） | 地名 | 海拔（米） |
|---|---|---|---|---|---|---|
| 雅区 | 雅安县城 |  | 金鸡关 | 750 | 周公山 | 1370 |
| | 蒙山 | 1360 | 天全县城 | 950 | 两路口 | 1580 |
| | 二郎山 | 2900 | 芦山县城 | 850 | 灵关 | 1000 |
| | 宝兴县治 | 1150 | 硗碛 | 1550 | 甲金山 | 3600 |
| | 金汤设治局 | 2100 | 马鞍山 | 3070 | 麂子冈 | 1200 |
| | 荥经县城 | 850 | 黄泥堡 | 1450 | 大相岭 | 2800 |
| | 汉源县城 | 1700 | 富林 | 950 | 泥头 | 1450 |
| | 飞越岭 | 2800 | | | | |
| 宁区 | 大树堡 | 950 | 晒经关 | 1550 | 海棠 | 2050 |
| | 越西县城 | 1700 | 小相岭 | 2870 | 泸沽 | 1600 |
| | 冕宁县城 | 1750 | 菩萨冈 | 2700 | 安顺场 | 1000 |
| | 西昌县城 | 1450 | 德昌 | 1500 | 锦川桥 | 1350 |
| | 夷门 | 1500 | 会理县城 | 1500 | 龙街江边 | 1000 |
| | 盐中（河西） | 1400 | 高山堡 | 2390 | 中河关 | 1250 |
| | 滥坝梁子 | 3150 | 盐源县城 | 2540 | 白盐井 | 2590 |
| | 元宝山 | 3450 | 盐边县治 | 1250 | 喇踏田 | 1350 |
| | 小金河边 | 1970 | 枯鲁寺 | 3650 | 木里桥 | 2200 |
| | 木里寺 | 2900 | 左所海 | 2930 | 洼里金河边 | 2000 |
| | 宁南县治 | 1400 | 昭觉县治 | 2150 | 竹核 | 2050 |
| | 四块坝子 | 2340 | 磨加梁子 | 3200 | 玄参坝 | 2600 |
| | 大兴场 | 1720 | | | | |
| 康南区 | 泸定县治 | 1200 | 冷碛 | 1100 | 瓦斯沟 | 1560 |
| | 康定县治 | 2600 | 折多塘 | 3050 | 折多山 | 4550 |
| | 安良坝 | 3450 | 营官寨 | 3300 | 东俄洛 | 3400 |
| | 高日寺山 | 4500 | 雅江县治 | 2700 | 博浪工山 | 4600 |
| | 西俄洛 | 3500 | 塔子坝 | 4300 | 理化县治 | 4150 |
| | 理塘坝子 | 4040 | 毛垭坝子 | 4200 | 充本拉山口 | 4800 |
| | 巴安县治 | 2700 | 竹巴龙 | 2590 | 绿玉中唯 | 3100 |
| | 茨乌海子山 | 4020 | 得荣县治 | 3630 | 崩子栏 | 2200 |
| | 白松（广稻） | 2910 | 义敦县治 | 4100 | 定乡县治 | 3200 |
| | 稻城县治 | 3500 | 九龙县治 | 3300 | 华邱山 | 4740 |
| | 麦地龙河边 | 2300 | 瓦灰山 | 4600 | 下城子 | 3800 |
| | 玉龙石 | 4100 | 木雅贡噶 | 7600 | 折西拉 | 4630 |
| | 玉林宫 | 3200 | 雅加埂 | 4800 | 摩西面 | 3830 |

续表

| 区域 | 地名 | 海拔（米） | 地名 | 海拔（米） | 地名 | 海拔（米） |
|---|---|---|---|---|---|---|
| 康北区 | 大炮山 | 4900 | 丹巴县治 | 2260 | 泰宁设治局 | 3500 |
| | 松林口 | 3650 | 道孚县治 | 2100 | 炉霍县治 | 3550 |
| | 朱倭 | 3700 | 罗锅梁子 | 3950 | 甘孜县治 | 3500 |
| | 绒巴岔 | 3550 | 玉隆 | 3900 | 祝庆寺 | 4110 |
| | 石渠县治 | 4110 | 邓柯县治 | 3500 | 雀儿山（错拉） | 5000 |
| | 德格县治 | 3800 | 岗拖河边 | 3400 | 河坡 | 3170 |
| | 甄科 | 3600 | 甄科山 | 4600 | 噶拖寺 | 4000 |
| | 噶拖大山 | 4880 | 白玉县治 | 3300 | 麻绒 | 4250 |
| | 杜柯寺 | 3900 | 瞻化县 | 3100 | | |
| 藏据各县 | 同普 | 3440 | 昌都 | 3230 | 恩达 | 3930 |
| | 类乌齐 | 3670 | 硕督 | 3880 | 察雅 | 3650 |
| | 贡觉 | 3780 | 宁静（江卡） | 3800 | 宁静山 | 4110 |
| | 盐井县 | 2100 | 门空 | 3000 | 札夷寺 | 3440 |
| | 桑昂（科麦） | 3310 | 察隅 | 2100 | 丹达山 | 5450 |
| 西藏地方 | 拉里 | 4150 | 工布江达 | 3300 | 鹿马岭 | 3800 |
| | 拉萨 | 3600 | 曲水 | 3100 | 江孜 | 3700 |
| | 日喀则 | 3200 | 大吉岭 | 2180 | | |
| 青海省地 | 玉树县 | 3600 | 隆庆县 | 4100 | 通天河 | 3530 |
| | 当拉岭 | 4920 | 日月山 | 3500 | 湟源县 | 2630 |
| | 西宁 | 2290 | | | | |
| 甘肃省 | 拉卜伦寺 | 2800 | 洮洲 | 2745 | | |
| 四川省 | 松潘县 | 2350 | 茂县 | 2000 | 理番县 | 1600 |
| | 巴郎山 | 3600 | 懋功县 | 2460 | 靖化县 | 2800 |
| | 成都 | 500 | | | | |
| 云南省 | 昆明 | 1900 | 大理 | 2000 | 丽江 | 2500 |
| | 中甸 | 3500 | 阿敦子 | 3350 | 维西 | 2500 |
| | 永宁 | 2900 | | | | |

  表上数字，多系用高度表粗测之概数。又所采据之图籍，种类甚多，既不出于一手一器，测定之时间与天候又各不同，故每一地点，各家所记互异，甚有相差达500米以上者。本书不能一一列入，但抉其比较近理之一数，附注于此。

## 第四节　交通与都市

康藏高原，兀立亚洲中部，宛如砥石在地，四围悬绝。除正西之印度河流域，东北之黄河流域，倾斜较缓以外，其余六方，皆作峻壁陡落之状。尤以与四川盆地及云贵高原相结之部，峻坂之外，复以邃流绝峡窜乱其间，随年皆成断崖促壁，鸟道湍流，各项新式交通工具，在此概难展施。故数千年来，蕃族与外人隔阂，有"世界秘密域"之称。直至今日，铁路、车路，俱尚未曾入境（英人所筑之铁路，至大吉岭而止。我国近年建设之公路，通达西宁、湟源与康定而止）。

目前康藏代步，俱恃牲畜，亦无一定之雇赁处所。官吏则征用民畜，称为"乌拉"（义为差徭）；商人则自养驮队，或商雇于邻里。行无宿栈，遇农村，则望门投止；若无民舍，则燃火露宿。其商用驮队，日行二三十里则卸驮放牧，俨如游牧。乌拉则须赶赴宿站，日行 40 里至 130 里不等，人畜枵腹奔驰，累日不得息，多有因而致死者。政府虽深知其病民，然无他术以为代替，因循至今，不能废除。

宁区（建南高原）地形，较康藏为佳。今虽已有贯穿南北之公路，通车则尚有碍。官商运输，仍仗骡马。惟已有民营驮队供人雇用，且随处有食宿店与寄系牲畜之脚店，较康藏为进步矣。

雅区旧亦不通车船，运输全恃人力。背夫与肩舆业最发达，兼采宁区之驮运方式。近年建筑公路，疏浚河道，交通颇有进步。雅安位于雅区东部，有公路东通成都，西通康定；南通富林，与贯穿建南之乐西公路衔接，竹筏通于嘉定（乐山），为康省最便之地，近年工厂勃兴，市肆发达，人口由 1 万骤增至 3 万余，为康省第一大都会。

西昌，位安宁河平原中部，历为宁区政治中心，现以乐西公路北通四川之嘉定，西祥公路南连云南之祥云。驮运大道，则北经越西、汉源，分达雅州与康定；南经会理达昆明。城内党政军学各机关，多至 80 余所，人口 2 万余，为康省第二都会。

康定，为康藏高原极东之门户。大雪山脉（木雅贡嘎山脉）纵卧于大渡河西，为高原东侧之峭壁，仅瓦斯沟河峡，开东向之一罅隙。康定位于峡之西端，出是成为汉蕃交易总汇。元明置土司，清雍正设厅，清末设府，民国以来历为川边首邑，人口 1.1 万余，为康省第三都会，现为省治。川康公路将完成，康青、康缅两路亦正筹筑中。宁雅之肩舆与驮队，至是而止。其蕃地交通，有两大干线：一经雅江、理化、巴安、昌都、拉里入藏，曰"南路"，即清代之军台旧道。巴安，其中枢重镇也;一经泰宁、道孚、甘孜、石渠,暨青海之玉树县,穿玉树草原入藏,曰"北路"。旧仅藏商往来,今已成为官商通衢。别自甘孜经德格、同普至昌都,亦为军事要道。两干道外,北经丹巴、懋功(小金),出灌县;南经九龙、木里,通丽江,亦为重要商路,并极崎岖。

昌都,位澜沧江上游,昂曲、杂曲两河汇合处。高原山脉,向东箕张作喇叭形,此城位其颈部,故往来康藏之间者,必须经此。历为康境重镇。西藏占领后,分一噶伦驻此。市民约600户,市况略与巴安、甘孜相当。其交通,除上述大道外,北至隆庆,通青海玉树;南经察瓦龙,通云南德钦(阿敦子),皆属要道。

拉萨,位雅鲁藏布江(此河藏名"藏波",义为圣洁者。蒙名"噶尔招木伦",汉语旧曰"藏河",见《唐书》)支流拉萨河中游平原。拉萨河长仅1300里,然中下游河谷广坦,人烟稠密,喻为西藏之心脏。吐蕃帝国建都于此,千余年来,受佛教徒浓厚之渲染,已成藏、蒙两族之信仰中心,号曰"圣城",比于回教之麦加、耶教之耶路撒冷。清代300年中,为达赖活佛与驻藏大臣驻地,现为西藏地方政府所在,人口1万余,为西藏第一大都会。有饶萨神殿,旧曰"大招",喇嘛教徒,率以礼拜此寺为无上功德,每年来朝拜布施者极众。西藏政府官掌其布施事宜,称为"商上",政府用度,赖此支持。大招之西,平原中突起双峰,达赖所居布达拉宫,在北峰上。佛家之说,世界有三普陀,皆观音菩萨应化地,此其一所也(藏人皆信松赞干布与达赖喇嘛为千手观音化身)。市区之外,有甘丹、色拉、别蚌(哲蚌)三大寺,各有僧侣三五千人不等,为喇嘛教徒之最高学府,亦为参与西藏地方政府之议事机关。朝拉萨者,先朝大招。① 次布达拉,次三大寺,每至一处,皆当有所布施。大招收入,供西藏政府开支。布达拉收入,为达赖私储。三大寺布施,配发诸僧。蒙藏人士多有甘为此举破产者。

班禅活佛所居,曰"扎什伦布"宫,在日喀则,为西藏第二名城,当年曲河(年楚河)入雅鲁藏布江处。年曲河之中游亦有广坦河原,形势与拉萨河略似。河原中有镇曰"江孜",为西藏第三大都市,与亚东同开商埠,有英国领事及警察。亚东逾山为噶伦堡,属锡金境,再一程至大吉岭,英人筑有铁路至此。

自拉萨经曲水、江孜、大吉岭入印度,为近世西藏最冲繁之路线。拉萨与日喀则之交通,自江孜分途循年曲河谷者曰"谷道"。自羊八井逾山,直下,至日喀则渡江者曰"山道"。自日喀则西经噶大喀,通北印度,别道通新疆与波斯等处,为甚荒

---

① 今作"大昭"。——编者注

凉之高原商道。

西藏与青海之交通分为东西两道，西道由拉萨逾当拉岭，经木鲁乌苏草地，沿柴达木沮洳地至都兰县，绕青海湖至湟源、西宁，为清代正驿，凡75站，由沿途番蒙人民设帐支差。民国以来差站撤废，此路不甚通行。东道自拉萨经哈拉乌苏、玉树县，逾黄河与日月山，至湟源、西宁，玉树位其正中，有农地可补充粮食。有羊毛等商品出产可支贸迁，又近康省，便于通联声气。故玉树虽一小市场，近世已成康青藏交通之枢纽。康藏、康青、青藏之往来，皆有经过此地之必要云。

康藏因地势关系，其交通线之分布有一定方式：（一）循与连岭正交之河谷往来；（二）自连岭最低凹之山口逾越；（三）尽量利用与目的地同方向之河谷。尽所以求倾斜之缓变，避风雪之险恶，就食宿之便利也。康藏地域虽广，因受此三条件之限制，路线固定，殆不可易。近世新建公路，测勘选线，曾耗巨款。然其结果，仍循旧路敷设，偶有改张，结果亦多不良。

## 第五节　康藏住民

康藏土著，旧为蕃、羌、氐与僰夷。后有汉族、蒙古、鲜卑、猓猓[①]、摩西[②]、傈僳等族移入。相互役属同化之结果，唯汉、蕃、猓三族各能保存其特质，人口亦略相当。在西康省，各占一定地面，自为风气。是为西康之三大民族，此外惟僰夷[③]与青海之蒙古族，滇北之麽些较有叙述价值。

**蕃族**　自称曰"播巴"，西人称"土伯特"。凡往时受吐蕃征服，奉行所制文字与宗教者皆属之。其间因血统来历与居住地域之异，语言习俗微有差殊。依藏人习惯分为数派：

藏巴　分布于雅鲁藏布江河谷，以农业为主，牧事副之，自称神猴之裔。千余年前，建设吐蕃帝国，征服康青藏高原全部，创制文字，弘扬佛教，同化所征服之人民，至今为高原上文化最高之部族。康青人民呼为"藏巴哇"者是也。

康巴　丹达山以东高原土著，即秦、汉之巂昆明，后汉之白狼夷，魏、周、隋之党项诸羌也。或农或牧，恒以部落分居，受羁縻役属。自唐时被征服于吐蕃后，奉行其文字、语言、宗教、习俗，对拉萨发生强烈之向心力。其中以地域区划，又

---

① 今彝族。
② 今纳西族，又作"麽些""摩西"。
③ 僰（音帛 bó），属氐羌系民族的一支，战国后分布于川西南、滇东北一带。今白族为其裔。

分为若干支：康北之俄洛娃（即果罗克，分布于康、青、川、甘四省之交界，黄河上游大草原内，为纯粹之游牧部落），康南之乡城娃，中部之瞻对娃，西部之乍丫娃、三岩娃，皆以犷悍著名。

**甲龙娃** 大小金川及岷山、白水江上游河谷土著属之，为古代羌、氐两族之遗，受吐蕃同化，尚有保持其固有习俗语言之一部。我国古时，称西戎牧者为"羌"，耕者为"氐"。氐者，低也，谓业农之戎，居低地也。羌者牧羊人也，所居地高，无农业也。后人以羌、氐、戎为三族，非是。甲龙，又写作"嘉戎""嘉绒"。

**霍巴** 住居甲得与羌塘之牧人，藏人呼曰"霍巴"，缓读作"霍尔巴"，古羊同遗也。藏籍地理历史记载，对霍尔字义之解释，惝恍无定。或曰元太祖之裔（谓元都和林，即霍尔），或曰新疆和阗之遗民，或谓漫指北方民族，犹华言"胡人"也。称为霍尔之地，除羌塘与甲德外，新疆曰"霍尔域（义为霍尔地方）"，康省之甘孜、炉霍、道孚三县曰"霍尔呃（义为霍尔五部）"，两地土人，皆非与甲得、羌塘同源，亦不同俗。故若以霍巴表此民族派系，应专指甲得与羌塘之牧民也。

**波巴** 波密与工布之土人，藏语特称为"波巴"与"工巴"，并云其为吐蕃帝族分王之部。今工巴已与藏巴糅合，波巴尚自为风气。

此外，喜马拉雅山南侧斜面之住民，藏语曰"珞巴"（南方人），曰"竹巴"（不丹人），曰"哲巴"（锡金人），曰"别巴"（廓尔喀人），曰"白巴"（尼泊尔人），曰"拿打巴"（拉达克人），皆曾受吐蕃征服，与之同化。广义之蕃族，得包括之。

蕃族体肤坚强，黧黑，皮下脂肪层厚，汗孔少，身材高大，须髯浅软，性格坚忍。往时粗犷好杀，奉佛教后，转为仁柔。崇信佛法，淡于荣利，安贫乐天，不事积蓄，为其通性。社会制度与生活情况，多与周代之华族相似。行特殊之均田制，受产之家，称为"差户"，担任一切徭役。田产不得分析典卖。故每令数子共聚一妻，或数女共赘一婿，图百千万世无析产者，是即一般所称之"一妻多夫"或"一夫多妻制"也。社会上一切幸福，归于喇嘛，故爱子爱女，悉令为僧尼。聪明才智之士，皆在寺院，此其佛教发达、造于极峰之大原因也。

**倮族**① 分布于建南高原诸山地，分黑、白两级。黑倮为纯种，为统治阶级。其原始居住地，似在贵州西北，与黔东之黑苗同类，《尚书》之卢人，晋、宋、齐、梁之獠，《唐书》之乌蛮是也。其文字简陋，书史未备，世代口传，谓其远祖自美姑河迁入大凉山。先居昭觉县境，嗣渐西移。大约隋、唐之际，始与安宁河平原居住

---

① 今彝族。旧时称为"倮""倮倮""夷"等。

之汉人接触。初附于唐，嗣附南诏。五代、两宋之世，华、诏衰乱，并弃建南为羁縻地，乌蛮始大。元、明两代，皆以土司治之，称为"罗罗斯"，转为"倮倮"。其人自称曰"洛苏"。清雍正初，改土归流，未能调伏其人。200年来，迭为变乱，至今为宁区施政障碍。白倮倮者，黑倮倮劫掠他民族而同化之，以为奴隶。所掠不止一种，自汉人、僰夷、摩西、西番①以及其他诸族皆不能免。掠得后，或自奴役之，或转卖数百里外，严禁忆念家乡戚尚，言及即施苛挞。迫令用其语言，遵其习俗，久乃与之同化，担任耕牧力役，称为"娃子"。娃子忠实及有功者，主人赐给婚配，拨与田产，俾自耕食，为世仆。对之赋敛甚薄，保护甚周，抚字甚厚，而执法亦最严。建南8县中，白倮之数十倍于黑倮而未能叛离者，亦自有故。

倮倮椎髻，穿耳，跣脚，衣被一披衫。迷信巫鬼，重信誓，嗜酒，好劫掠。常居高山，种荞麦、玉蜀黍，牧羊、牛。无部落名称，以父或祖宗之名为氏，支派自为群落，不相长一。怨家相报，百世不解。尚早婚，同支与联姻之家，患难相共，故重女子，索聘金甚侈。妇女生子，始归夫家，旋与翁姑分居，故无家庭。地缺盐、布，乏工巧，人吝于财，不乐交易，常率众出山行劫。遭劫者，人与盐、布、日用之物如洗，历为宁属巨患。

宁区未有倮倮以前，土人原为僰夷，在汉曰"斯臾"，曾建邛都王国。性柔懦，每被汉族购为僮婢。唐曰"白蛮"（白、僰一音之转），与乌蛮并称。宋以后，全被黑倮掠卖同化。今唯会理及两盐地方，尚存其遗种，习俗多似汉人。

**汉族** 自黄帝时，即已住康境，史称黄帝之子昌意降居若水，娶蜀山氏女，生帝颛顼。若水，今雅砻江是也。自舟车制兴而腿力废，蔡蒙②以西，禹迹亦不能至矣。秦开巴蜀，始有商人南贾滇僰，西贾邛筰③。汉武帝开西南夷，以邛、筰、斯榆④为郡县，汉人入住宁、雅两区者渐多。其时康藏高原，为编发随畜之游牧民族，号为"巂昆明"，未与中原接触，汉人无入其境者。唐、宋、元、明，汉蕃皆以熙、河、威、茂、黎、雅等州为界。清康雍之世，汉族势力始达打箭炉与西宁。乾隆为固西藏主权，设军台于康、青、藏境内，汉族人始伴居土伯特。同时打箭炉与西宁以东之土人，全部汉化。今凡雅区全部、宁区大道沿线、康藏军台地方，及康北甘孜以东各市场与青海省设县之地，皆多汉人住居。率以农业为主，工商次之。勤俭

---

① 此指藏彝民族走廊中的若干氐羌系古民族遗裔如罗汝等。
② 《禹贡》所说的蔡山、蒙山，地在今四川雅安名山一带。
③ 邛，秦汉时居处于今四川西昌一带的民族；筰，秦汉时居处于大渡河中下游两岸的民族。
④ 斯榆，秦汉时居处于四川天全县一带的民族。

耐劳，相处颇睦。然过去入康汉人，不学者多。政治经济方面之设施，亦鲜成效。近10年来，始略有起色耳。

**蒙古族** 自元太祖征服西藏，延蕃僧八思巴制造蒙古文字，创立帝师之制。至明中叶，俺答汗部入据青海，崇奉喇嘛教。再明清之交，固始汗征服康藏高原全部，设官分治，殆及百年，故康藏地名，多存蒙语。各地方，亦多有蒙人遗迹。今则仅青海西北柴达木沼地附近等有蒙古族牧地。凡分6部29旗，约有34万户，其人文化上颇似蕃族，仅习俗微异而已。

**滇北之摩西族** 旧时亦征服建南及康南之地。其所建国，唐曰"南诏"，宋曰"大理"，元以来始称"麽些"。其人自称"那哈"，自有形、意两种文字，住地以丽江为中心。明时，酋长号"木天王"，征服之地甚广，然臣属于明，未曾背乱。其人习汉文，治举业，习俗亦皆汉化。入清以后，转奉喇嘛教，习俗又颇蕃化矣。

兹分雅、宁、康、青、藏五区，表列上述各民族兴衰代谢情形如下（各时代首列最盛之民族。等而下者依次排列仅占极少数且无政治力量者不列）。

| 时代 | 雅区（松、理、茂、懋同） | 宁区 | 康区 | 青海 | 西藏 |
| --- | --- | --- | --- | --- | --- |
| 周、秦 | 羌、氐 | 僰（西南夷） | 羌 | 羌、氐 | ? |
| 两汉 | 羌、氐、汉 | 汉僰（斯叟） | 羌 | 羌 | 羌、蕃 |
| 南北朝 | 羌、氐 | 僰猓（乌蛮） | 羌 | 鲜卑（吐谷浑）羌 | 蕃 |
| 隋唐 | 汉、氐 | 猓、僰、汉、蕃 | 蕃、羌 | 鲜卑、蕃 | 蕃 |
| 两宋 | 汉、氐 | 猓、僰 | 蕃 | 蕃 | 蕃 |
| 元 | 汉、蕃（氐族蕃化） | 猓、蒙、僰 | 蕃、蒙 | 蕃、蒙 | 蕃、蒙 |
| 明 | 汉、蕃 | 猓、蕃 | 蒙、蕃 | 蒙、汉、蕃 | 蕃、蒙 |
| 清 | 汉、蕃（穆坪蕃） | 汉、猓 | 蕃、汉 | 蒙、蕃、汉 | 蕃、汉、蒙 |
| 现代 | 汉 | 汉、猓 | 蕃、汉 | 汉、蕃、蒙 | 蕃、汉、蒙 |

# 第二章 康藏古史

## 第一节 西南夷与吐蕃

汉以前，康、滇、黔之境皆夷落，百里内辄十数国，统称"西南夷"。其在今宁、雅两区者，邛（今西昌）、筰（今汉源）、徙（即斯榆，今天全县）三国最大。皆事牧耕，有邑聚。秦置蜀郡，辖临邛县（治今邛崃），县境南抵邛崃山（今大相岭），常安页凿山开五尺道，与诸国交易。临邛为商贸总汇，其人以贾滇邛致富者甚众。汉初分临邛置青衣（今芦山）、严道（今雅安）两县，临邛始与邛筰隔绝。汉武帝元朔元年（公元前128年），使司马相如谕降诸国，置一都尉，10余县，属蜀郡，遂镂零山（今小相岭），桥孙水（今泸沽河），开置邮亭。既而因民困，罢之。元鼎六年（公元前111年），汉破南越，因兵威诛邛君、筰侯。诸小国震恐，请臣，置吏。乃以邛都为越嶲（今作越西）郡，辖邛都（今西昌）、台登（今冕宁）、灵关道（今越西南境）、兰（今越西北境）、定筰（今盐源）、大筰（今炉宁营）、会元（今会理）、卑水（今德昌）、苏祁（今礼州）、三绛（今会理三磊子）、青蛉（今云南仁和县）、遂久、筰秦、姑复、潜街（四县待考）等15县。以筰都为沈黎郡，辖牦牛（今汉源）、徙（今天全）、青衣、严道4县。冉、駹（二部族名）为汶山郡（今茂县、汶川等县地），白马氏为武都郡（今甘肃南境）。滇王降，以其地为益州郡（今云南昆明等县地）。天汉四年（公元前97年）废沈黎，以其县并于蜀郡，置西部两都尉：一居牦牛，主徼外夷；一居青衣，主汉人。后汉安帝延光二年（123年）并两都尉为属国都尉，领汉嘉（故青衣县）、严道、徙、牦牛四县。灵帝时改汉嘉郡，已而牦牛夷叛，越嶲邮道隔绝，吏民往来，绕由安上（今昭觉县境）。蜀汉时，越嶲夷帅高定，与益州雍闿，牂牁朱褒并叛。蜀丞相诸葛亮，自安上南征越嶲，斩高定，遂渡泸水（金沙江），定益州（今云南东境）、永昌（今云南西境）、牂牁（今贵州省境）四郡。然越嶲叟夷（与斯榆夷同类，当即僰夷之属）数反，再杀太守。太守不敢至郡，住安上县遥领。延熹三年（160），除张嶷为太守，谋规复。嶷以次征服诸夷酋，克还邛都故治，并收复台登、定笮、卑水三县，再开旄牛故道。下历晋宋，尚能固守。萧齐以后，夷为獠郡，汉吏不复能入境矣。

康藏高原之部，秦汉未通中原，史籍对其部落地理，未有明确记载。但知其为编发随畜迁徙之牧部而已。南部近越嶲、益州者曰"白狼夷"。后汉明帝与和帝时，益州刺史朱辅，曾招其人入贡。史籍记载，不无夸张失实（详《后汉书·西南夷传》），然其人曾以商贸通于中原可知矣。北部近陇西者曰"羌"，屡为中原患（详《后汉书西羌传》）。其后羌衰，河湟、西海之地为鲜卑族之吐谷浑所据。羌人退居赐支（黄河上游河曲地带）以南。有党项（今康青川甘之俄洛地方）、邓至（今松潘一带）、宕昌（今甘肃西南境）、白兰（即白狼，今理化等地方）、嘉良（今丹巴、懋功、靖化县地，即嘉绒也）、附国（今德格甘孜等处）、东女（即苏毗，今昌都等地）、薄缘（今察瓦龙、门空等地）、羊同（即羌塘，甲得地方属之）等部。隋唐之际，悉为吐蕃所并。

吐蕃与羌同俗，故《唐书》以为羌类。其牧地原在阿里地方。传有印度阿育王裔名"聂值尊波"者，北逾喜马拉雅山，来做此部酋长。传七世，酋位为人所夺。有名"如列吉"者中兴，约当魏晋之交，徙国于雅鲁藏布河谷，始制木炭，采矿冶铁，营农业，奉巫教，创作神话，谓其族为玃猴种。又十五世，传至郎日松赞，奄有前后藏地大部。

郎日松赞之子松赞干布（《唐书》作"弃宗弄赞"，一作"弃苏农"），雄武有智略，建都逻些川（今拉萨）。征服羊同、工部、波部、娘部（似为今硕达洛桑地方）等部，统一藏境。娶白巴（旧译"白布国"，即尼婆罗，今曰"尼泊尔"）王女赤贞（《圣武记》作拜木萨。"拜"为白之对音。木萨，藏语"贵女"之意），输入佛法，以为国教，建大昭神殿（详前章第四节）。遣聪秀弟子赴白巴、天竺学习经典，创制蕃文（藏文），制定法律，讲究工巧，精练战士。国势强盛，凌逼群羌。康青诸羌落畏吐蕃者，附国、党项、白兰、嘉良等20余部，次第东徙，求庇于中土。隋炀帝大业中，诸部酋来朝，请开山道，以利修职贡。隋于西南边置诸道总管，以遥领之。唐室初兴，诸部复来朝贡。唐因其地置羁縻数十州，不能尽保护之，群羌解望，多转受吐蕃役属。党项诸部，亦自称玃猴种矣。唯吐谷浑据有巴颜喀拉山以北青海之地，与吐蕃及唐对抗。

唐太宗贞观八年（634），遣李靖等大破吐谷浑，穷追过碛尾（柴达木地方）。于是始知吐蕃为大国。太宗遣行人冯德遐抚慰。赞普（《唐书》谓吐蕃号其王曰"赞普")闻突厥、高昌、吐谷浑皆尚唐公主,遣使随德遐入朝,请婚,太宗未许。赞普因率众东侵,击灭东女、附国,破吐谷浑,征服党项、白兰诸羌。寇唐松州(今松潘),胁婚。太宗遣侯君集等击却之,乃许其婚。贞观十五年(641),以宗女文成公主嫁之。赞普亲迎于河源,羡中华服饰、礼仪之美,俯仰有愧沮之色。归乃构宫室,服纨绮,以从华风。遣豪酋弟子入唐国学习诗书,延中土文士典其疏表。自唐输入蚕种、酿酒、造纸及碾墨工匠,文物由是大备。公主恶其人赭面,即令国中罢之。为公主筑一城以夸后世(即小昭)。贞观二十二年(648),右卫率府长史王玄策使西域,为中天竺所掠,玄策走入尼婆罗。赞普发精兵,合尼婆罗众,从玄策讨破之,献俘长安。明年太宗崩,赞普遣使献祭,高宗命镌其像于昭陵。又明年为高宗永徽元年(650),赞普卒,年83,凡在位70年。

松赞干布子早死,孙孟松孟赞立,未几卒。其子杜松孟波幼,大臣禄东赞(藏史作"臣噶",即噶尔,迎聘文成公主者)及其子钦陵先后当国,穷兵黩武,东破唐羁縻12州,尽收其地。北逐吐谷浑,大败薛仁贵援军于大非川(今呼裕云河)。西残于阗、疏勒、龟兹、碎叶四镇(皆今新疆维吾尔自治区天山以南地)。南破印度,占领阿萨密(在雅鲁藏布江下游)。东南臣服西洱诸蛮(今云南西北境),拓地数万里。

武后圣历二年(699),嗣王赤德祖赞(《唐书》作"器弩悉弄"),诛钦陵,与唐构和,并为其嗣子贾察拉文(《唐书》作"器隶缩赞"请婚)。中宗景龙三年(707),以所养雍王女金城公主嫁之。至蕃而嗣子死,赞普因而自尚公主。求得西河九曲地(今青海南东部)为公主汤沐邑。资其富饶,屡寇兰、渭诸州(今甘肃中部)。玄宗开元二十二年(734),唐蕃议和,竖界碑于赤岭(今青海之日月山),订永不相侵之约。已而吐蕃侵勃律(葱岭附近小国),玄宗禁之,不听,遂仆界碑,复相攻伐。金城公主复输入唐之典籍甚多。其时吐蕃,汉文颇通行也。

安史之乱,唐撤沿边兵备入京师,时赞普赤松德赞,金城公主子也(《唐书》作"婆悉龙腊赞"),乘虚陷凤翔以西数十州及西域之地(西域四镇,咸亨元年为吐蕃所据,长寿元年经王孝杰收复,乾元后为吐蕃所据)。代宗广德元年(763),蕃军进犯京畿,陷长安,立广武王承宏为帝,署置百官,盘踞京师十五日而去。遂据原(今宁夏回族自治区内)、会(今靖远县)、成(今成县)、渭(今陇西县)等州,陇山以西尽陷,近畿诸州,烽火不绝者累年。德宗建中四年(783),唐蕃盟于清水(陇州属县),订以"兰、渭、原、会,西至临(今甘肃临洮县。唐为临州)、洮(洮州今临潭县);东至成州(今成县),抵剑南西界,麽些诸蛮(今云南西北境)大渡水西南为蕃界"。于是吐蕃西取勃律；北陷北庭（今新疆吐鲁番地）及甘（今甘肃张掖县）、凉（武威县）、瓜（玉门市）、沙（敦煌市）等州，包有葱岭、天山、贺兰、陇山地；东与剑南争安戎城（今四川威州）、西州（今西昌）之地；南降尼婆罗诸国，从来西戎，无此盛也。

赤松德赞于恢拓土宇外，又复弘扬佛法，创立正教。贞元元年（785）卒，年56。三子木尼尊波、木底尊波、色拉烈敬定，次第嗣位，皆崇佛教。敬定传子定赤，定赤传子热巴金，佞佛尤甚，僧侣当国，佛法随政治力量，深入人心，戒杀业，薄战争。往时犷武民风，渐以化为仁柔，西陲边境，由是宁谧。热巴金与唐通好，穆宗长庆元年（821），蕃使入盟于长安。唐亦遣大理寺卿刘元鼎入蕃会盟，订清水县将军谷为界，镌其盟文于长安、拉萨，及界上（藏碑见存拉萨大昭寺外）。自是以来，吐蕃不复犯边关。

热巴金在位20余年，武宗会昌元年（841），为辟佛派大臣所弑，拥立其弟朗达马（《唐书》作"达摩"）。朗达马一反热巴金所为，痛灭佛法。会昌六年（《唐书》作二年），被喇嘛巴吉多杰刺死。辟佛派大臣立其嫡子额达永登（《唐书》作"乞离胡"）。奉佛派拥立其庶子额达魏松于约汝，与永登之党相攻。国内大乱，境土崩裂。豪酋蜂起，据地自擅，回复松赞干布以前部落分立状态。唐因其乱，稍复陇右诸州。已而唐亦衰乱，甘凉以西，尽为回纥所攘；巂州以南，亦为南诏所据。

南诏在汉为哀牢夷。自汉开西南夷置郡县后，浸被汉化，语文习俗，颇同中夏。齐梁罢郡县后，有六部分立，称为"六诏"。蒙舍诏最南，是曰"南诏"，其后南诏兼并五部，臣服于唐。天宝中，不胜边将苛虐，叛附吐蕃。至德元年（756）助吐蕃攻陷巂州（武则天称帝后，收复越巂故地，置宁州，后改巂州）。时巂州北有勿邓蛮（今越西、昭觉两县地），地方千里。其南有两林蛮（今西昌、昭觉间地），又南为丰琶蛮（今西昌、会理间地），皆僰族也。对西洱诸蛮，号为"东蛮"，与南诏皆事吐蕃，而非心服。贞元初，韦皋为剑南西川节度使，发间使招之。南诏与东蛮俱纳款，约共攻吐蕃。贞元五年（789），大破吐蕃军于台登北谷（今冕宁县北，通安顺场路），遂复巂州。东蛮先断泸水桥（泸沽孙水桥）攻吐蕃，战甚力。诏封两林都大鬼主苴那时为顺政郡王，勿邓大鬼主苴梦冲为怀化郡王，丰琶大鬼主骠傍为和义郡王，是为僰族有官之始。皋在蜀20年，屡出师击吐蕃，以纾关陇之难，积功封南康郡王。顺宗永贞元年（805）卒，宪、穆之世，蜀无边患，兵防弛沓。文宗太和三年（829），南诏乘虚破巂、戎诸州（戎州今宜宾县），大掠成都而去。四年（830），李德裕为西川节度使，建筹边楼，召习边事者日与指画商讨其间。请甲人于安定，工人于河中，弩人于浙西。户二百取一人习战，谓之"雄边子弟"，得精兵11军，筑缘边诸城栅。徙巂州于台登，据险备夷，蜀境暂安。懿宗时边事复败。南诏于咸通十一年（870）倾国入寇，大掠西川诸州，劫其人民以去。遂陷巂州，分置建昌府（今西昌）、清宁郡（今会理）与香城郡（今盐源）。咸通十四年（873）与乾符元年（874），并自黎、雅犯蜀。五代之世，南诏渐衰。巂州故境，㑩族始大矣。

## 第二节 茶马市易

吐蕃崩溃后，部落数千家，小者百余户，各有酋长，不相统属。内受佛教僧伽之化导，人心宁谧；外因邻接诸国之衰乱，不相侵扰。边境安靖，阅400年。唯其时中夏需马，蕃人嗜茶，互通有无，商业勃兴。茶马市易，成为西陲第一要政。

我国古以茶之叶煮羹饮，谓之"茗"。吴曰茶为"荈"，蜀西南曰"蔎"。唐时通称为"槚"，而书其字作"茶"，制法益精矣。陆羽撰《茶经》三篇，言茶之原、之法、之具。常伯熊因而广之，著茶之功，于时天下尚茶成风，其业大盛。

茶性通利，疏滞腻，故西北之游牧民族尤嗜之，唐朝肃、代以后，吐蕃、回纥盘踞关陇以西，与汉族混居，适以养成其人普遍嗜茶。由是茶叶流行西北诸部，蕃、回依为性命焉。吐蕃输入茶叶，在唐高宗时（藩王杜松孟波之世，即钦陵当国初时），似由劫略边州之偶然发现。其后每因军事，劫关市城邑，以厌其欲。宪、穆以后，兵戎罢息，蕃人始以土产与近边汉商交易，汉蕃商业，于以勃兴。自蕃输入者，为畜产品与药物、兽皮之属；自唐输出者唯茶与绢。

德宗建中四年（783），税天下茶漆竹木，什取其一，以为常平本钱。贞元九年（793），立茶税法。穆宗长庆初，增天下茶税百五十（即增加1/2），其后遂置榷茶使。迄于宋初，两浙、荆、湖、福建之地产茶凡22州军，总为岁课1027万余斤（时系征实）。真宗天禧末，榷茶岁收320余万贯（取于产茶之户者），诸州商税75万贯（税于售茶之商者），食茶不预焉（民购于官资日用，非以贩茶者）。茶叶发展情形于此可见。于时川峡、广南，茶业未盛，尚听民自买卖，不在榷禁之列。

宋用王安石，务为强兵，注意马政。神宗熙宁七年（1074），王韶经营熙、河（熙州，今甘肃临洮县，河州今临夏县）。上言："西人颇以善马至边，所嗜惟茶。乏茶兴市。"于是遣三司干当公事李杞入蜀，经划卖茶。于秦凤（今甘肃东南部宋为秦凤路）、熙河博马，以著作郎蒲宗闵同领其事。宗闵议川陕路（今四川省地，宋为川峡四路）民茶，尽买于官场（官营之茶场），更严私交易之令，蜀茶始尽榷矣。于是茶司权在诸司之上，诸道茶场渐增。至元丰八年（1085），蜀道茶场 41，京西路金州（今陕西安康县）为场 6，陕西卖茶场为 332，岁息至百万，市马 2 万余匹。

川陕路初不市马。熙宁七年（1075），熙、河用兵，马道梗绝，乃诏成都府秦延庆兼提举戎、黎等州买马，经度其事。于是黎（今汉源县）、雅（今雅安县）、戎（今宜宾县）、泸（今泸县）等州，均置博易务。唯黎州为通蕃孔道，所得良健战马，岁 4000 匹。他如戎、泸州及南平军（今南川区），市马于西南诸蛮，所得多驽骀，诸蛮贪互市之利，姑以羁之，故曰"羁縻马"。

先是，中国与四夷互市，贸易之物皆有规定。宋太宗许女真互市，限以香药犀象及茶。神宗因西夏请市，令鬻铜锡以易马，而纤缟与急需之物皆禁。蕃、回之以马市茶，初由人民私易，官府需马，又自人民募之。王韶始径以茶易马，唯仍杂用缣布。熙宁八年（1075），提举茶场李杞言"卖茶买马，自为一事，乞同提举茶马。诏从之"。元丰四年（1081），遂诏专以茶市马，以物帛市谷。又诏专以雅州、名山茶为易马用，从蕃人所嗜。此雅州专制边茶所自始也。

宋南渡后，战马悉仰秦、川、广三边。置茶马场于阶、文、和（三州皆在今甘肃南境），黎、珍（珍州在今贵州北境）、叙（即故戎州）、南平、长宁（今四川长宁县，宋为州）8 处。高宗建炎初，管川秦茶马赵开，大更茶法，以引给商，即园户市茶，置合同场以稽其出入，为茶市以集蕃商。每斤引钱，春 70 文，夏 50 文。市利头子钱不预焉，所过征银一钱，所止一钱五分，引与茶违者抵罪。自后，引息钱至 150 万缗。绍兴二十四年（1154），复雅州碉门灵犀砦易马场（碉门，今天全县治。灵犀砦即灵关，为碉门分场）。此场元丰六年（1083）创设，以市马不多，元祐初罢。此时，雅州产茶日盛，蕃马至者日多，故复之。

盖北宋时川峡与蕃人交易茶马，主于黎州，其道由今泸定之沈村、摩西面村至打箭炉。南宋时打箭炉经瓦斯沟、岩州、天全至雅州之路通，始开碉门易马场。自是以后，黎州渐衰，碉门日盛矣。古禁蕃人入徼，雅州为蕃商所不得至。边茶虽产于雅，易马场则限以黎州与碉门也。孝宗初年，川秦 8 场，马额 9000 匹。光宗时，为额 12994 匹。

蒙古兴于漠北，地产善马。主有中国后，不甚重视马法。唯茶以权利所在，亦因宋制而为之。茶商凭引购茶，然随意贩卖，未闻通蕃之禁。僧官土司，岁时朝贡，骑从如云，道路络绎，所利胥在贸茶。

明太祖知茶禁足以控制蕃人，更定茶法，较宋尤为严密。令商人于采茶地买茶，纳钱请引，每引输钱 200（后增至 1000）。茶引不相当，即为私茶，私茶出境与关隘不稽者并论死。卖茶之地，令宣课司30取1。诸产茶地设茶课司，定税额，陕西2.6万斤有奇，四川100万斤。立仓收贮，专以市马。设茶马司于秦、洮、河、雅诸州，分掌其事（雅州司设于碉门。秦州司后移西宁。洮州司并于河州）。永乐迁都北平，收马冀北，秦蜀茶禁稍弛，私贩日多。成化中，陕西饥待赈，令商纳粟中茶（商纳粟于官，给以茶引，令自购售，谓之"开中"），于是茶法大坏。嘉靖十五年（1536），因御史刘良卿言，令诸近边州县，严私茶之禁，重通蕃之刑，以制边夷。其后，限茶额百万斤而止。万历五年（1577），内蒙古王俺答款塞，请开茶市。部议给百余篦（每千斤装360篦），不许互市，虑其得茶转以制蕃也。然终以市马不急，督课不严，关市舞弊，私贩潜增，茶法张弛不一。洪武时制，碉门马值：上马，茶120斤；中马，70斤；驹，50斤。其后至用茶8万余斤，仅易马70匹，且多瘦损。

清朝兴于北方，不假蕃马，遂以川茶与江南所产同征税课。然其限制边引数额，严禁私茶，以制蕃人之意不废也。先是，明正德中，定四川茶引5万道，2.6万为腹引，2.4万为边引。边茶少而易行，腹茶多而常滞。隆庆三年（1569），裁引1.2万，以3万引属黎雅，4000引属松潘诸边，4000引留内地（此时陕西茶业不振，蕃人购茶，悉趋四川矣）。清顺治时，川茶共10.6127万引，额征课银1.3128万两余，税银4.5942万两余。边茶市场移于打箭炉、松潘等处，招商凭引运售，不责市马，秦陇诸茶马司皆罢。

嘉庆时，川茶边腹共13.9354万引，课银1.74万余两，税银5.87万余两。其边引中，行打箭炉者，为雅、荥、名、天、邛5州县，共10.44万余引；行松潘者，灌、彭、汶、天、邛等州县，共1.88万余引（唯雅安、天全、石泉、安县、汶川5县有课）。其后行茶消长不一，至清末世，打箭炉行8万引，每引配茶五包，征库秤银一两。民国初年，增为10万引；7年（1918），增为10.8万引；10年（1921），增为11万引，然常滞积；25年（1936），复减为10万引。

蕃人嗜茶如命，一日无茶，社会为之不安。往时以马易之，清代不复市马，而蕃地贫瘠，缺乏商品，乃不得不转运印度、新疆、伊朗等处珍奇之物及汉商所嗜者，发之炉城，以兑茶叶。故打箭炉虽山陬小市，而山海各货咸集，交易之盛，冠于西陲。其输出品，除赤金、麝香、鹿茸、虫草、贝母、大黄、秦艽、毛皮、硼砂等属于康藏土产外，所云"藏货"，实多有非藏产者，例如：藏红花来自印度西部，藏葡萄来自新疆，藏青果、藏枣、藏蔻等来自波斯、小亚细亚等地，藏毯为天津织造之毡毹（近年西康、青海亦有厂自造），藏绸为山东所产生绸，藏片为英国所产之细呢，藏佛多属印度、缅甸、暹罗所制等是也。西藏旧无关税，而驮队且行且牧，运费低廉。故八方货品，皆乐就之。其输入品，除茶叶外，丝织品如花缎、哈达，棉织品如土布、经布等，亦居主要。近世印度茶叶与英国布匹，大量倾销入藏。炉城之土布商业为之摧破殆尽，茶业亦颇受影响。其尚未至破产者，仅由藏人嗜好雅茶之固执，高贵人家，以饮印茶为羞，非雅茶含有特殊质料也。近年印藏商道日便，康藏运输日滞，而雅茶之成本日高，购买日难。此实对藏商业之大危机也。

## 第三节　喇嘛教之发展

西藏史籍，谓自聂直尊波传21世至拉脱脱惹蔺夏王时（约当东晋成帝时），由天降下《宝箧经》《六字大明心咒》《百拜忏悔经》、肘高金塔及嘛呢萨叉印模。其时藏地无文字，不能通其义。但诧为稀有，供诸宝台，号曰"蔺波桑瓦"（秘密法要）。历世奉之，皆获福佑。至松赞干布，始启而识之。实则大约当时有印度僧布法来此，语言扞隔，无以达意，旋即死去，遗诸经器。藏王宝其遗物，后遂妄传天降耳。佛法流入西藏，此为嚆矢。

松赞干布，娶尼婆罗女，始自尼输入佛法。苦藏地无文字，无以阐述教义。乃遣大臣根器锐利者7人往尼婆罗及印度留学。多数畏难折回，唯吐弥桑布扎深入印度，学习诸种文字，尽通五明之学。返藏后，创为藏文（宜称"蕃文"，藏语"伯叶"Bod-yig，"蕃文"之义也），并译成《宝集顶经》《宝箧经》《观世音经续二十一部》及《般若波罗蜜多经十万颂》，俾藏人习之。松赞干布为之休政5年，从事学习。即依佛法创立十善法律，设为盛会，大酺国人，以颁布之。旋复遣人赴印度及尼泊尔迎取经像及诸法物（如七世如来舍利，吉祥茅草，泥莲禅河沙，菩提树枝，八大兰若土等）。藏史谓释迦佛有法、应、化三身像：一在天空，一在印度海中，一在中华，谓系南北朝时自印度由海道输入者。因娶唐文成公主，像随奁至，建寺祀之，即大招之觉阿佛像也（初供于小招，后移大招）。又谓唐公主通术数，占知藏地如女魔仰卧，因填倭塘湖，建神殿（大招），以镇其心。四方建主分12精舍以镇其四体（有神无僧曰"神殿"，有寺无神曰"精舍"）。是为西藏有寺庙之始。

唯当时巫教势力绝大，佛法初兴，颇与巫法糅杂，成为一种混合之宗教，即今世所称之"黑教"也（藏语曰"绷巴"Bon-po，或译"苯教"）。或传黑教为如列吉时已有之宗教，自波斯魏摩隆人丹巴喜饶传入藏地。查丹巴喜饶即黑教所祀之神祖，以"卍"字为其教徽。此明为佛法之一派，非巫法也。如列吉时仅有巫法，无佛法。疑丹巴喜饶，为郎日松赞或松赞干布时首先输入佛法之人。

赤松德赞始迎印度高僧菩提萨埵①与乌仗那高僧莲花生（白玛桑布哇）入藏，降伏巫鬼，创立正法，是为红教（藏语曰"宁马巴"Rnying-ma-ba），建桑耶寺。莲花生具神通，而饮酒近妇人，不为赞普所喜，旋复返国。菩提萨埵戒行谨严，赞普选大臣子弟聪慧者从为沙门，是为西藏有喇嘛寺之始（群僧聚修于供神之庙曰"喇嘛寺"）。

赤松德赞之后，敬定、定赤②两朝，并崇佛法。热巴金佞佛尤甚，任用沙门钵制逼为相，定七家供养一僧之法。多延梵僧修订文法，整理经论，改度量衡制，俱从天竺。尝于发端系匹绫，张之两侧，令僧伽坐其上，以示崇敬。西藏佛法之盛，于斯造极。

朗达玛弑立后，迫令僧伽破戒还俗。焚寺庙，捣经像。如此五年，摧毁佛法殆尽（惟大小招与桑鸢寺未毁）。僧伽之德慧坚定者，逃匿康地诸岩穴中，亦仅六七人耳。朗达玛死，其长子永丹据山南而王。更传六世至其孙益喜坚赞时（约当五代末叶），始派人至康地受戒，学法返藏，重兴佛教。然当时经典亡失，异说纷起，无老师宿儒可资印证，情形极其混乱。藏人谓朗达玛灭佛为"黑暗时代"，此为"黎明时代"也。

奉佛派所拥立之魏松（详第一节）再传至孙基德尼马滚时，被辟佛派军队逐至阿里地方。以其子分王孟域、布让、象雄三地，仍奉佛教。屡向印度迎请高僧入国传法。有印度高僧阿底夏③，于宋仁宗宝元三年（1040）应聘入藏，与其弟子并以苦行精戒倡于藏地，对经典讹误及僧侣仪行，多所指正，翻译经论亦多。西藏学风，为之丕变，后世称其学派为"迦当巴"（BKav-gdams-pa），义犹佛语教授也。宗喀巴之黄教，滥觞于此。

稍早于阿底夏，有藏人名嘛巴者（今译"玛尔巴"Mar-pa，1012—1093），约同志数人赴印度，遍参耆德，总习诸部法要，尤专无上密部欢喜金刚法。返藏后，大弘密宗，及门弟子甚众。此派号"噶举巴"，汉人呼为"白教"。

稍迟于阿底夏，有藏人贡却杰波于宋神宗熙宁六年（1073），建萨迦道场（在今日喀则西南200余里），创萨迦派，汉人呼为"花教"。其道外弘唯识，内修欢喜金刚法，娶妻生子，以为法嗣。历六世传至喜庆幢④，博学宏辨，广造众论，破斥旧

---

① 即静命大师，藏译希瓦措，意为"寂护"。
② 敬定，即牟尼赞普（797—798年在位）。定赤即赤德松赞（798—815年在位）。
③ 阿底夏（982—1054），孟加拉人，29岁出家，精通显密。获"大班智达"学位。受阿里古格王益西沃和绛曲沃的邀请，1040年动身赴藏，1042—1054年在西藏传法。
④ 喜庆幢即萨班·贡噶坚赞（1182—1251）。

教之弊。蒙古王子阔端闻其名，迎之。喜庆幢率其侄智慧幢（藏语"卓滚拔巴"即八思巴，Blo-gros-rgyal-mtshan），于宋理宗淳祐七年（1247），谒阔端于凉州，甚见亲礼。在华数年卒，是为萨迦四祖。

智慧幢嗣法，为萨迦五祖，追随元世祖忽必烈左右。世祖即位，尊为国师。至元六年（1269），为世祖制造新蒙文成，升号"大宝法王"，主宣政院，总摄天下佛教及吐蕃政务，并准世袭。至元十一年（1274），请告返藏，十六年（1279）卒。赐号"皇天之下一人之上宣文辅治大圣至德普觉真智佑国如意大宝法王西天佛子大元帝师"。英宗时，诏郡县建庙通祀。帝师弟子之授司徒、司空、国公者，多至不可胜计。恃宠恣睢，气焰熏灼，作奸发盼，殴辱公卿，列帝皆优容之，骄纵日久，教法浸坏。至元文宗时，教皇尊位，为噶举派所夺。时有绛曲坚赞者，统一卫藏全部，建立帕竹政权，支持噶举派。

明太祖鉴唐代吐蕃之祸，思因其俗尚，用僧化导，以资制服。平陕西后，曾遣使入蕃，广行诏谕。僧侣至者，皆封国师，给金玉印，赏赐优渥。又令其举官，所举悉受宣慰、招讨、万户、千户等职，蕃僧至者百余人。成祖踵事增华，赏封益滥。迎蕃僧哈立麻①至京师，封"万行具足十方最胜圆觉妙智慧善普应佑国演教如来大宝法王西天大善自在佛"，领天下释教。又迎蕃僧昆译思巴②至京，封为"万行圆融妙法最胜真如慧智弘慈广济护国演教正觉大乘法王西天上善金刚普应大光明佛"，领天下释教。其他至者，授法王、灌顶大国师、灌顶国师、禅师、僧官者不可胜计。其徒往来汉藏，骑从络绎，外扰驿传，内耗官库，举朝病之，帝不惜恤也。

元明诸帝，虽崇弘佛教，而实非佛教徒。特为驾驭蕃民之术也。僧侣至者，亦咸为利禄赏赐，非在弘法。其流弊至于吞刀吐火，矜奇炫俗，全失戒定慧宗旨。于是有宗喀巴出，别创黄教以矫正之。

宗喀巴者，本名罗桑藏扎克巴（Blo-bzang-grags-pa）。元顺帝至正十八年（1358）生于湟中。湟水一带藏名"宗喀"（tsong-ka），藏人讳其名，称"宗喀巴"也。初习萨迦，后修迦当法，明永乐七年（1409），在拉萨东北 60 里建立甘丹寺，与弟子静修其中。对显密两法，皆作有次序有条理之整理，尤注意于戒律及学行相应之训，禁其徒婚娶饮酒，自号为"格鲁巴"（意为"善规派"），亦称"新迦当派"。因染冠作黄色，与他派区别，故俗呼曰"黄教"。

---

① 即噶玛巴黑帽系第五世活佛德银协巴（1383—1415）。
② 即贡噶扎西（萨迦派拉康方丈大活佛）。

宗喀巴年61，永乐十七年（1419）卒。相传其临死时，令首座弟子克主结（即第一世班禅），与最幼弟子根登珠巴（即第一世达赖），以呼毕勒罕（"转生不迷"之意）转生演教，互为师生。果此二人死后不失其真，预自言所生地，其徒辄迎立之，称为"活佛"。宗喀巴死，大弟子贾曹结接法位，是为首任甘丹赤巴。贾曹结死，克主结承继甘丹寺法座，年54，正统三年（1438）卒。转生为琐南雀郎，年66，弘治十七年（1504）卒。转生为罗桑丹珠，年62，嘉靖四十五年（1566）卒。转生为罗桑琼结坚赞，清顺治二年（1645）年79岁时，始受固始汗①所上"班禅"②尊号，自甘丹寺移居札什伦布。

宗喀巴死时，根敦珠巴年19，遵遗嘱师事克主结。又从宗喀巴弟子慧狮大师至后藏弘教。慧狮死后，承绍其法位，建札什伦布寺居之。年84，成化十年（1474）卒。转生为根登嘉错（达赖二世），曾至拉萨之别蚌寺弘法。嘉靖二十一年（1542）卒于寺内，年68。时黄教已大行于前后藏地，"活佛"之名远入中原。明武宗末年，曾命中官刘允，重币迎之。允率吏士5000人出打箭炉，蕃人阻之，夺其宝货器械。允还京而武宗已卒，遂不果迎。

根登嘉措转生于前藏堆龙地方（前两世皆后藏人），是为琐朗嘉措。生有至德，为各派僧伽所敬，声誉震动蒙古。有蒙古俺答汗者，为元裔之一，据有河套以西，与青海河湟间地。隆庆中，受明安抚，封顺义王。年老厌兵，纳其侄鄂尔多斯部博硕克图济农谏，建仰华寺于青海，以迎活佛。既至，率诸王台吉朝之。琐朗嘉措，为各言其三生因缘，因戒以勿再杀人宰牲，禁偷盗，废淫祀与殉葬等俗；导之持戒、诵经、敬僧、礼佛，创立十善福政，俺答皆受之。与诸王台吉共上尊号为"圣识一切瓦齐尔达喇达赖喇嘛"③，是为达赖名号所自始。于是黄教大行于蒙古诸部落，达赖自青海归，建修理塘大寺，是为西康有黄教寺院之始。俺答殁后，达赖复受诸蒙古迎请，入鄂尔多斯地方讲经。至土默特焚化俺答骨殖。因遍历蒙古各部，宣讲经教。曾自甘州遣明宰相张居正书。居正上之神宗，遣使赍册往迎，使至卡欧土密（今青海省地）而达赖已卒，年47，时万历十六年（1588）三月二十六日也。

琐朗嘉措始受达赖称号，然世习称其为第三世达赖。其第四世，名云丹嘉措，

---

① 固始汗（1582—1654），本名图鲁拜琥。卫拉特蒙古和硕特部汗王。明末占领青海和康区，1641年率兵入拉萨，灭藏巴汗政权，支持黄教。
② 班禅，是"班智达钦波"的简称，义为"大学者"。固始汗赠罗桑琼结坚赞的尊号全称是"班禅博克多"，其中"博克多"，蒙语义为"智勇兼备"的英雄。
③ 瓦齐尔达喇，是梵文译音，义为"执金刚"。达赖，是蒙语，义为"大海"。喇嘛，为藏语，义为"上师"。

蒙古图古图隆汗（俺答之孙）之子。年14时，诸蕃始寻得之，迎回前藏，驻色拉寺。万历四十四年（1616），年28卒。于是黄教大行于康、青、藏与内外蒙古，及准噶尔诸部落。至第五世达赖时，遂得继萨迦、噶举之后，为西藏教皇，以迄于今。

## 第四节 西藏主权之巩固

第五世达赖罗桑嘉措，万历四十五年（1617）生于琼结地方。时则俺答子孙寝衰，青海之地，有原牧于乌鲁木齐之和硕特部入据之，亦崇奉黄教。卫藏地方，有藏巴汗者，舍塔王裔也。恶黄教势盛，力扶旧教以抵制之。达赖求和硕特固始汗出兵相助。固始汗击杀藏巴汗于后藏地方，尽有康、卫藏、青海之地，划卫地为达赖食邑，以第巴相之。另设营官于康地诸部，征其税赋，是为蒙古族统治康藏之始。康区之黄教寺院，多于此时建设，霍尔13寺，其尤著也。第巴桑结嘉措营布达拉宫以处达赖（相传此宫为松赞干布所建，历世藏王居之。蒙古兵攻藏巴汗时焚败。桑结重新营修，即今式也）。是为黄教有教皇之始。

清太宗崇德四年（明崇祯十二年，公元1639年），固始汗通聘满洲，盛称达赖。清帝因其使，遣书问讯之。七年（1642），达赖遣使同固始汗及藏巴汗使者入贡于沈阳。又明年即顺治元年（1644），清帝定燕京，复因诸蒙古请，遣使迎达赖，辞不行。固始汗入藏后，以扎什伦布寺等奉为班禅之宫（班禅四世罗桑琼结坚赞，为达赖五世之戒师），是为达赖、班禅分居前后藏之始。当时教皇不预政事，前后藏政务，统于固始汗之子鄂尔齐汗，是为藏王。不过藏王好佛，一切听命达赖，故第巴得擅其实权也。

顺治九年（1652），达赖入觐，清廷以优礼待之。明年辞归，封"西天大善自在佛所领天下释教普通瓦赤喇怛喇达赖喇嘛"，赐金册金印。同时，封固始汗为"遵文行义慧敏固始汗"。已而固始汗卒，和硕特势衰，第巴桑结嘉措图逐藏王。于是内勤政务，外恭顺于清室，兼结好邻藏各部以待机。

准噶尔者，驻牧伊犁河流域之蒙古部落，与和硕特、杜尔伯特、土尔扈特为漠西厄鲁特蒙古四部，皆奉黄教。准噶尔酋僧格，有弟名噶尔丹，在藏就学，桑结暗与相结。康熙十二年（1673），准部内乱，僧格被弑。噶尔丹返部定乱，自立，称受达赖封为准噶尔"博硕克图汗"。至十六年（1677），遂并杜尔伯特、土尔扈特两部。明年并回部，奄有天山南北两路与河套以西之地，唯青海之和硕特部未服。桑结欲藉（借）噶尔丹灭和硕特部，图遂藏王，自主卫藏，而和硕特附清廷，故桑结利清廷衰微。吴三桂之叛，清廷征青海兵由松潘入川，桑结使达赖上书尼之，又为三桂乞和。康熙二十年（1681），清军围云南，吴世璠以书入藏，求割维西、中甸乞师，书为清军所得。清廷以其险远，不之诘也。二十一年（1682），达赖五世卒，年66。桑结秘不发丧，伪言达赖闭关，不见人，凡事传达赖命行之，助噶尔丹统一蒙古，以敌清廷。二十九年（1690），噶尔丹破蒙古军，追逐喀尔喀三汗至乌兰布通（今内蒙古赤峰），清圣祖拒战，败之。桑结先假达赖名，派济农呼图克图往调蒙乱，恒祖准部。及是为准酋乞降，以缓追师。三十三年（1694），托达赖名遣使入觐，为其乞封，诏封桑结为"土伯特王"①。时藏王达赉巴图尔汗［鄂尔齐汗之弟，康熙九年（1670）嗣位］，敬桑结而畏准噶尔，不敢争政也。

康熙三十五年（1696），噶尔丹再败于漠北。僧格子策旺阿拉布坦，自巴尔喀什湖袭击准部，与清廷夹击噶尔丹。噶尔丹穷蹙自杀。清廷发使，诘问达赖死状。命以班禅主黄教，召其入京，并索济农。桑结始奏达赖圆寂，并奏所立新达赖仓养嘉错（今译"仓央嘉措"），已15岁矣。又谓班禅畏痘，不敢入京，许献济农，仍乞全其身命。明年，藏王达赉汗死，子拉藏汗嗣，颇与桑结争权。而桑结所立达赖，佚荡无行，尤为拉藏汗所借口。四十四年（1705），桑结逐拉藏汗，拉藏汗纠后藏民兵，执杀桑结。奏言仓养嘉错为伪，请立博克达山之伊西嘉措为第六世达赖。清廷封拉藏汗为"翊教恭顺汗"，令送仓养嘉错于京师。而策旺阿拉布坦不平，请迎入准噶尔。拉藏汗送之清廷，行至青海病卒，年25。转生于理塘，曰噶桑嘉措。青海诸蒙古迎立之为第七世达赖，与拉藏汗互奏真伪。清廷不能制，诏两存之。安置噶桑嘉措于青海红山寺，旋迁塔尔寺。

策旺阿拉布坦思并藏地，拥立噶桑嘉措。既娶拉藏之姊，复招其子丹衷赘于伊犁。康熙五十五年（1716），遣其台吉策零敦多布，领精骑6000，以送丹衷夫妇为名，远袭拉萨。明年破之，杀拉藏汗，囚伊西嘉措，遂据藏地。五十七年（1718），清廷命甘、川两省赴援，将军额伦特覆军于哈剌乌苏，提督康泰败死拉里。

五十九年（1720），以噶尔弼为定西将军，出打箭炉。云南兵自中甸一路应之。延信为平逆将军，率大军出青海，蒙古诸台吉各率所部扈卫塔尔寺之达赖入藏。策零自拒青海军于当拉岭，分遣宰桑拒南路，噶尔弼用副将岳钟琪为前驱，招土官做向导，深入无阻，遂破嘉裕桥及墨竹工卡，直抵拉萨，出策零军后。策零大败，远

---

① 康熙给桑结嘉错（措）的封号是"掌瓦赤喇稽喇达赖喇嘛教弘宣佛法王布忒达阿白迪"。其中："瓦赤喇稽喇"，即五世达赖封号中的"瓦齐尔达喇"，意为"持金刚"；"布忒达阿白迪"，是桑结嘉错（措）的梵文译音。

遁准部。清军入拉萨，奉噶桑嘉措入布达拉宫，封"宏法觉众第六辈达赖喇嘛"①，赐金印，取伊西嘉措归京师。尽诛厄鲁特喇嘛之附逆者，留青海蒙古兵2000，以拉藏汗遗臣康济鼐、阿尔布巴、隆布鼐为辅国公，与台吉扎尔鼐俱为噶伦，总理前藏事务。以颇罗鼐为台吉，镇守后藏。

青海和硕特部，向遭噶尔丹侵削，几濒覆灭。噶尔丹死，固始汗第10子达什巴图尔，自青海率族入朝。诏封亲王，还镇青海。达什死，子罗卜藏丹津嗣。思复先人霸业，于雍正元年（1723），召诸部盟誓，去清廷封号，自称"达赖混台吉"，阴结准部为援。世宗命川陕总督年羹尧为抚远大将军，进驻西宁，督岳钟琪诸军讨之。二年（1724），进军至柴达木，大破和硕特众，罗卜藏丹津北走准部，遂定青海。设办事大臣于西宁镇之。同时，化林协副将周瑛进军察木多，会同滇军防遏和硕特南窜，遂收西康诸部（原隶青海）。四年（1726）划宁静山以西归西藏管辖，以东隶属四川。

雍正五年（1727）前藏噶伦阿尔布巴、隆布鼐与扎尔鼐，嫉康济鼐专政，杀之，欲投准部。后藏台吉颇罗鼐以闻，诏都察院左都御史查郎阿率西宁镇总兵周开捷等兵8000自青海进，四川提督周瑛率兵4000自霍尔进，鹤庆镇总兵南天祥率兵3000向昌都进，协取拉萨。至则颇罗鼐已集后藏兵定乱，擒阿尔布巴等，诏磔于布达拉前。以颇罗鼐总理前后藏事务，留副都统马喇、学士僧格，领川陕兵2000驻藏，是为驻藏大臣之始。

是年，准噶尔策旺阿拉布坦死，其子噶尔丹策零立，雄狡不让乃父。屡请入藏熬茶，乃送还拉藏汗二子。清廷患其袭藏，诏颇罗鼐练兵备边。八年（1730），建惠远寺于泰宁，徙达赖居之。十二年（1734），准噶尔请和，诏果亲王及章嘉呼图克图送达赖返藏，减戍藏兵四分之三。颇罗鼐精练蕃军2万余骑，布防各路，藏地宁谧者4年。西南巴勒布（尼泊尔）、布鲁克巴（布丹）等皆受抚，入贡于清。颇罗鼐以功进封多罗郡王，二子皆晋国公。

乾隆十二年（1747），颇罗鼐卒，次子朱尔默特拉木札勒袭爵，渐蓄异志，潜结准部。十五年（1750），驻藏大臣都统傅清，左都御史拉布敦，诱诛之，亦为其党所害。诏四川总督策楞、提督岳钟琪督师进剿，至则达赖已先拘乱党待命。策楞既诛乱党，因请增驻藏兵1500人，废藏王，以四噶伦分理藏务，而总之于达赖。订二年

---

① 康熙先后册封仓央嘉措、伊西嘉措和噶桑嘉措均为"第六辈达赖喇嘛"。后世按惯例，将仓央嘉措称为六世达赖，噶桑嘉措则称为七世达赖。伊西嘉措为伪，不被计入。

一贡，道由西宁，互市于打箭炉。自是以后，藏地无复叛乱。二十二年（1757），七世达赖卒，年50，转生于后藏，为罗桑绛白嘉措，是为达赖八世。

班禅四世罗桑琼结坚赞，康熙元年（1662）卒，年96。转生为罗桑伊西，曾助拉藏汗讨诛桑结。康熙五十一年（1712），晋封为"班禅额尔德尼"，亦赐金印。乾隆二年（1738）卒，年75。转生为罗桑巴德伊西，是为六世班禅。乾隆四十五年（1780），入京祝高宗七旬寿，患痘死，年43。

班禅入京也，蕃蒙布施，朝廷馈遗，积赀甚厚。班禅卒，其徒以赀归纳于仲巴呼图克图（班禅之兄，为班禅掌商上者）。仲巴之弟沙马尔巴（即"红帽派"十世活佛却珠嘉错）求分润。仲巴以其习红教①，不许。沙马尔巴导廓尔喀酋喇纳巴都尔入寇。廓尔喀者，旧称巴勒布，有布颜、叶楞、库库木等汗分治之。雍正中曾入贡。乾隆初，三汗构兵，廓尔喀族乘其乱，并有巴勒布全境，改称廓尔喀。更兼并哲孟雄、洛敏汤诸部族。兵力强盛，藏人畏之。乾隆五十三年（1788），藉（借）商税增额，食盐掺土为词，入犯后藏，土伯特不能御。清廷所遣援剿侍卫巴忠、成都将军鄂辉等不敢战，调停贿和，令商上私许岁币1.5万，而劝诱廓酋入贡。寇退，遽以贼蹙乞降入奏。明年，藏人不纳币，廓人再举深入，破日喀则，大掠札什伦布，据有后藏。前藏大震。驻藏大臣保泰，移班禅于前藏，请移达赖于西宁，拟以后藏委贼，适廓军劫掠后渐自退去。五十六年（1791），令大将福康安、参赞海兰察等，督索伦、满洲、汉、蒙、蕃军7万进讨。七战皆捷，收复后藏，直逼廓都额德满（加德满都）。廓酋乞降，尽归所掠藏中财宝、佛器、金册、金印及俘虏人等。贡驯象、番马、乐工，请五年一贡，永遵约束，许之。五十七年（1792），树碑拉萨纪功，即御制《十全记》也。

自康、雍、乾三朝扶助黄教，尊崇活佛，屡定藏乱。西藏僧民，倚朝廷如保傅。然驻藏大臣不预政俗，统戍藏兵，捍卫外夷，备边护法而已，既平廓尔喀，始克提高驻藏大臣地位，与达赖平等，掌握全藏治权，置西藏如行省焉。五十七年（1792），福康安奏陈西藏善后事宜。五十八年（1793），钦定章程颁行之。其要点为：

（一）驻藏大臣督办藏内事务，与达赖、班禅平等。自噶伦以下番目及管事喇嘛，事无大小，均须禀命行之。

---

① 沙马尔巴，为噶举派（白教）红帽系，又译夏玛巴。清代以来一些汉文旧籍中，常将白教与红教（宁玛派）等支派统称为"红教"，以别于黄教（格鲁派）。

（二）达赖、班禅及前后藏、察木多、类乌齐、乍丫、萨迦、西宁等处大小呼图克图之转生，均由驻藏大臣将所报姓名年月，用满、汉、藏三种文字缮签，贮钦颁金瓶内掣定之。

（三）大寺堪布，由驻藏大臣会同达赖拣派，给予会印热照。小寺堪布，由达赖选派。

（四）廓尔喀等外藩部落，如有禀商事件，均由驻藏大臣主持。其与达赖、班禅通问书信，俱报明驻藏大臣译出查验，并代为酌定回书，噶伦等一概不准与外藩私行发信。

（五）巴勒布每年准贸易三次，克什米尔一次。于前赴外藩营贩货物时，由商头呈明驻藏大臣，由何路走，发给护照。其自外藩来藏贸易者，亦由边关查明人数，具报注册，以便稽查。

（六）前后藏所出租税，悉归达赖、班禅共用。唯其商上一切出纳，统归驻藏大臣稽核。

（七）额设番兵3000，前后藏各1000名，定日、江孜各500名，归游击、都司节制训练。

（八）驻扎前藏营兵，游击、守备各1员，千、把总各2员，外委5员，汉兵450名。后藏都司、把总、外委各1名。江孜守备、外委各1员。定日守备、把总、外委各1员。后藏3地，共汉兵200名。察木多游击、千总、把总、外委各1员。江卡守备、把总各1员。黎树外委1员。石板沟把总、外委各1员。昂地把总1员，硕板多千总、外委各1员。拉里把总、外委各1员。江达外委1员。喀木8地，共汉兵680名。

其他关于行政，官制、兵制、货制、商业、税制等政教大法，皆有详细规定（全文详见《卫藏通志》）。自是以后，蕃民安谧者几百余年。

昔蕃族以慓犷著称，历夏、殷、周、秦、汉、魏，皆为西陲边患。至唐为极。自宋以来，赖佛教驯柔，茶法为控纵，土司以羁縻，遂获靖安。元、明扶植教皇，志仅在于羁縻。清康、雍、乾三朝，抒其巨识，运其伟力，屡用大兵于极西荒漠之地，终至直接掌握其庶政。其施也勤，其求也渐，盖历千余年而克致此。后世曾未矜重是业，此近世之西藏问题，所以为可痛也！

## 第五节　元明清之土司建制

土司为封建之遗型。古者，四夷乱居中国，亦列五等。要荒夷落，修职贡者，皆给名爵。在汉，大国锡侯王，小落曰君长，于缘边置都尉以领之，号为属国。诸葛亮平南中，郡县长吏，多用土酋，惟不世袭耳。

唐抚远夷，就其地置羁縻州，土酋皆称刺史。贡赋版籍，不上户部，而受约束于缘边各都督府。方其盛时，凡府州856。其在剑南者，凡诸羌州168，分隶松、韬、黎、雅四都督府。皆今川、康两省之蕃族部落也。诸蛮州92，分隶戎、姚、泸三都督府（姚州，今云南大姚县。余各州详前）。皆今川、滇、黔三省之苗彝等族部落也。宋太祖划大渡河外不理。建南地方委于南诏。康青藏高原，听诸番部自王。除西北之□厮罗，西南之邛部夷，曾经发生政属关系外，余多无交涉。

蒙古崛兴，灭国数百。蛮夷部落，望风附者，多不胜计。皆用其故酋，因其俗而治之，号曰"土司"。与唐之羁縻州，初无二致，但名异耳。

元代史记阙略，何时臣服吐蕃诸部，已无可考。大约远在成吉思汗西征时。宪宗二年（1252），命皇弟忽必烈讨西南夷。与兀良哈台、抄合也只烈分三道进兵。兀良哈台出西道，横贯康区抵丽江、大理。抄合也只烈出东道，由雅黎贯白蛮境（今西昌等地）。忽必烈自中路大渡河出金沙江（今泸定、冕宁、盐源一路）西康诸部，概于此时受抚。既破大理（南诏入宋，改国号"大理"），班师。留兀良哈台攻诸蛮未下者。遂平乌白蛮37部，分设路、府、州领之。

世祖至元中，更定区划。以建南地方，分置3路、1府、19州县，总辖于罗罗、蒙庆等处都元帅府，隶云南省。其关系如下：

**建昌路**　辖建安（路治今西昌市）、永宁（今西昌市东部地，治邛海附近。又领北社一县）、泸（今西昌市北境，治温水沟）、礼（今西昌、冕宁间地，治今礼州。又领泸沽一县）、里（今阿都土司地）、阔（今宁南县境）、邛都（今越西县地）、隆（今西昌西北境）、姜（今会理县姜州）、苏（今昭觉县地。又领中县）。凡8州3县。

**德昌路军民府**　领昌（路治今德昌）、德（今昌州北）、威龙（今德昌南境）、普济（今德昌西南）4州。

**会川路**　领武安（路治今会理县）、黎溪（今会理县西南境）、永昌（今会理北境）、会理（今会理县极东地）、麻陇（今会理西北境）5州。

**柏兴府**　治今盐源县。又辖闰盐（倚郭）、金（今瓜别土司地）2县。

此诸州县，多以土酋为之。亦有部落如故，不以州县名而修职贡者。要皆可认为土司之类。

吐蕃故地，则设宣慰司3，宣抚司2。分辖路、府、州、县共57，其体系如下：

**吐蕃等处宣慰司都元帅府**（今川甘沿边地皆属之）

河州路　领定羌、安乡、宁河3县。今甘肃临夏、夏河等县皆是。

洮州路　领可当一县。今甘肃临潭县一带是也。

贵德州　今青海贵德县地。

积石州　今甘肃同化县地。

雅州　领石泉（今名山县）、炉山（今芦山县）、百丈（今名山县地）、荥经（今荥经县）、严道（今雅安县）5县。

黎州　领汉源一县（今汉源街）。

十八族元帅府　今康北、青南之俄洛地方。藏人犹称"俄洛十八族"。

帖成河里洋脱元帅府　待考。

当阳元帅府　待考。

**脱思麻路宣慰司都元帅府**（今甘肃南境汉蕃杂居处及青海东南部、四川西北部蕃族之地皆是）

安西州　待考。

岷州　今甘肃岷县地。

铁州　今甘肃西固县地。

礼店文州蒙古汉儿军民元帅府　今甘肃礼县、武都、文县等地。

**松潘客叠威茂等处军民宣抚司**（今四川岷江上游地方）

茂州　领汶山、汶川两县。今四川茂县、汶川县地是也。

静州茶上必里溪安县等二十六族军民千户府　今理县地。

陇木头都留等二十二族军民千户所　今茂县地。

岳希蓬罗甸村二十一族军民千户所　今茂县地。

析藏军民万户所　今松潘县地。

**吐蕃等路宣慰使司都元帅府**（今西康省康属之地及玉树等地）

**碉门鱼通黎雅长河西宁远等处军民宣抚司**（今西康省东部大部地区皆是）

鱼通路军民万户府　今康定县鱼通区。

碉门鱼通等处管军守镇万户府　今天全县古碉门也。

长河西管军万户府　今泸定县大渡河西岸地方，古长河西也。

朵甘思哈答李唐鱼通等处钱粮总管府□ "朵甘思"，今甘孜，"哈答"即噶达，今泰宁。"李唐"即理塘，今理化县。此司辖地广泛，似即驻牧于今之德格。朵甘解作"德格"，"思哈达"解作噶达，亦通。①

亦思马儿甘军民万户府　待考。

朵甘思管军民万户府　今甘孜。

剌马儿刚等处招讨司　待考。

奔不思招讨司　待考。

奔不儿亦思百姓达鲁花赤　待考。

征沔招讨司　待考。

天全招讨司　驻牧今天全县始阳镇。

六番招讨司　驻牧今天全县。

**乌斯藏纳里速古鲁孙等三路宣慰司都元帅府**（即卫藏与阿里三围地，今西藏地方之属）

乌斯藏管蒙古军都元帅府　前藏为乌斯（卫），后藏为藏。

纳里速古鲁孙元帅府　"纳里速"即阿里。"古鲁孙"即"三围"意，藏籍称阿里地方为"阿里三围"。

担里管军招讨使司沙鲁里管民万户，搽里八管民万户，迷儿麻加瓦管民官，撒拉管民官，出密万户府，嗷龙答拉万户府，思答龙拉万户府，伯木古鲁万户府，汤卜赤八千户所，加麻瓦万户府，札由瓦万户府，牙里不藏思八万户府，迷儿万户府。以上14司地位待考。

以上各路府州县，有流官（如河、洮、雅诸州县），亦有土官。流官由陕西行省委派，按察。土官虽名属陕西行省，而实权操于宣政院之帝师，帝师亦不甚过问，土官各专其地方之政，俨如小国之君。

明代制驭番夷，兼采宋元之长：限制边茶以制之，崇重喇嘛以化之，建立土司以羁之，厚予赏赐以诱之。故300年中，西域蕃蒙相安，干戈息迹。其西南缘边建置，对内附各蒙古部落，则置安定、阿端（皆在今青海西境）、曲先、罕东、沙州、赤斤（皆在今甘肃、新疆之间）诸卫。对河、湟、洮、岷诸蕃，则置河州、西宁、洮州、岷州4州（皆在今甘肃西南与青海东部）。对建南诸蛮，则置建昌（今西昌市）、宁番（今冕宁县）、越嶲（今越西县）、盐井（今盐源县）、会川（今会理县）5卫。

---

① "朵甘思"即藏语"Mdo-khams"，译音"多康"。

卫者，有汉民寓居之地，置兵以卫护之。卫设指挥使司，多以汉族军官任指挥使，或用番夷首领之恭顺者，要皆世职而辖土民，故亦土司之类。分辖于各省都司或行都司（唯建南设都司，辖5卫）。其对川边诸蕃落，则有下列各卫司：

**茂州卫** 领陇木头、静州、岳希蓬三长官司，皆今茂县地。

**松潘等处军民指挥使司** 领千户所1，长官司16，安抚司6（名多从省），皆今松潘县地，嘉靖四十二年（1563）改卫。

**叠溪守御千户所** 领叠溪、郁即二长官司，今茂县北境地方。

**天全六番招讨司** 今天全县境，即元之天全、六番两土司地。明初，天全土司高敬严入朝，请合六番为一司，设正副招讨使，许之。正土司高氏驻始阳，副土司杨氏驻碉门。

**黎州安抚司** 今汉源县地。万历二十四年（1596），降为守御军民千户所，是年，又立黎州千户所，驻牧大田坝，在今汉源街之西5里。

以上各卫所土司，隶四川都司。

在今康藏之地，则有下列各土司：

**长河西鱼通宁远宣慰使司** 元置宣抚司，兼辖碉门、鱼通、黎、雅、长河西、宁远六部番民。其后各部分立，不复统于一司。洪武时，长河西元右丞瓦剌蒙降，置长河西等处军民安抚。旋以招抚鱼通、宁远等部功，合诸部为宣慰使司，即近世之明正土司也。

**董卜韩胡宣慰司** 即近世之穆坪土司（今宝兴县地）。在明初叶颇强盛，曾征服别思满（今懋功县地）、加渴（失考）、瓦寺（今汶川县地）诸部。

**朵甘卫都指挥使司** 即近世之德格土司也。洪武六年（1643），朵甘僧锁南兀即尔入朝，举元故官可任者60人，并依所请授职。锁南兀即尔封"佛宝国师"。再来朝，更举赏竹监藏等56人。遂以赏竹监藏为朵甘宣慰司，即后世之德格土司也。别置朵甘思、朵甘答陇、朵甘丹、朵甘仓塘、朵甘川、磨儿勘6招讨司。沙儿可、乃行、罗思端、列思麻（《兵志》作别思麻）4万户府，朵甘思（一地有二土司也）、刺宗等17千户所。其地，皆在今德格、石渠、白玉、同普、邓柯、甘孜等县界内。

**乌斯藏卫都指挥使司** 洪武初遥置，以属管招兀即尔。其时乌斯藏地，另封有数王，故其卫治所疑在今昌都一带也。

**帕木竹巴阐化王** 洪武五年（1372），朵甘赏竹监藏与乌斯藏管招兀即尔构兵，命帕木竹巴僧章阳沙加监藏谕止，封"灌顶国师"。八年（1375）正月，设帕木竹巴万户府，以土酋为之。永乐时，嗣灌顶国师屡入贡，进封"阐化王"，仍以法裔世袭。史不著其界至。唯知其近康境而当贡道，疑是今前藏等地也。

**灵藏赞善王**　永乐四年（1406），僧王著思巴儿监藏，遣使入贡，封"赞善王"。其地在四川徼外，视乌斯藏为近，疑是今邓柯县之灵葱土司地。

**馆觉护教王**　永乐初贡使至，封。其地当即今之贡县。贡县，旧称"贡觉"，亦作"馆觉"，古今音仍同也。其王绝嗣，故近世贡觉为西藏营官治地。

**必力工瓦阐教王**　永乐初，因入贡封。史称其贡道循黄河出吕梁，则其地在青海西南可知矣。①

**思达藏辅教王**　永乐初，封。史称其地视乌斯藏尤远，当是较乌斯藏都指挥地尤远，即在后藏之西也。②

以上皆是康藏境内不受行省都司管束之土官，或僧或俗，并皆世袭，以时朝贡。朝廷厚赏以羁之。不问其政务，亦不详其土境。

清顺治八年（1651），平定蜀地，以次招降四川沿边各土司。时黎、雅以南，尚为明守。十六年（1659）大举攻滇，始破黎、雅，通建南驿道，置建昌镇以卫饷运。康熙八年（1669），置建昌兵备道，辖嘉、雅、邛、眉4州及建昌等5卫。驻建昌，兼辖诸夷落。吴三桂据云南，四川巡抚罗森举蜀应之。康熙十九年（1680），赵良栋收复蜀地，建南仍为吴守。移道署于雅州。二十年（1681），收复建昌5卫，招降各土夷，置建昌镇总兵。凡辖建昌镇中、左、右、冕山、越巂、宁越、会川、会盐8营。雍正初，办理西南夷改流，滇黔苗倮叛乱，建南倮夷应之。旋经川军剿平，遂废卫所，改置西昌、冕宁、盐源3县，与会理州及越巂厅，统辖于宁远府。土夷投诚者，仍置土司，责其贡赋而已。七年（1729），平七儿堡（冕宁县西南，又曰"儿斯营"）夷乱（其时属纳西族，今为倮倮矣）。更增靖远、永定、炉宁、怀远4营。乾嘉间，裁炉宁（原驻防儿斯营）、靖远（原驻冕宁南境之沙坝）2营，共留10营，分辖各土司如下：

**建昌镇中营**　中军游击驻西昌。辖大土司4员（附属小土司从略）。

**河东长官司**　辖西昌府郭倮民7000户。土司安姓。

**阿都正长官司**　辖西昌东南部倮民4万户。土司安姓。

**阿都副长官司**　辖昭觉县境倮民1.5万户。土司原姓安。后姓都。

---

① 必力工瓦，系藏语"Vbvi-gung-ba"的译音，今译作"止贡巴"，即藏传佛教噶举派的止贡噶举，其主寺在西藏墨竹工卡县，受封之僧名仁增拜吉坚赞。
② "思达藏"藏语为"Stag-tshangs"，译音"达仓"。思达藏辅教王为萨迦派都却拉丈的僧人，其驻锡地为"达仓"。

沙骂宣抚司　辖昭觉县境倮民1500户，土司姓安。

**建昌镇左营**　游击驻西昌。辖大小土司3员。

昌州长官司　管西昌、德昌附近夷民200余户，土司姓卢。

普济州长官司　管德昌西南夷民500余户。土司姓吉。

威龙州长官司　管德昌西南夷民200余户。土司姓张。

**建昌镇右营**　游击驻西昌。辖大土司1员。

河西土千总　管盐源县属盐中区附近及大小凉山倮民共1500户。土司姓安。

**越嶲营**　参将驻越嶲。分防梅子营及小相岭等处。辖大土司1员。

邛部宣抚司　管越嶲东南境倮民2000余户。土司姓岭。其下有腻乃、阿舍、普雄、滥田坝、里保等土目10员，旧皆安抚、千户、百户等土职。因改流叛乱，被征服后，降为土目者也。

**宁越营**　都司驻越嶲海棠，分防越嶲北境各地。辖大土司3员。

暖带密土千户　管越嶲东北境倮民1200余户。土司姓岭，其下有上官、六革等乡总6员，阿卡、瓜保等土目9员。

暖带田土千户　在暖带密西北，今曰"田坝"，管越嶲东北境倮民11余户。土司姓岭。

松林地土千户　管越嶲县境西北蕃民1000余户。驻牧安顺场附近，土司姓王，所辖有老鸦漩（今曰"农场"。故土司姓汪）、白石村（在海棠之西。故土司姓周）、野猪塘（白石村西北。故土司姓张）、前后山（大树堡之西。故土司姓张）、料林坪（大树堡西南。故土司姓杨）及六翁等土百户6员，共辖蕃民1200户。合王土司所辖，共2200户，皆西蕃族，今已全部汉化矣。

**会盐营**　游击驻盐源。分防两盐一带。辖大小土司9员，称为"盐源九所"。

木里安抚司　辖盐源西境蕃民3000余户。土司姓项，世以喇嘛充任，至今为康省大土司，土政自擅，俨如王国。

瓜别安抚司　管盐源北境摩西等夷1200余户。土司姓巳。

马喇长官司　管盐源西境摆夷等族100余户（今已汉化）。土司姓阿。

古柏树土千户　管盐源县北麽些等族600户。土司姓郎。

中所土千户　管盐源西境麽些500户。土司姓喇。

左所土千户　管盐源西境麽些等族500余户。驻海子东近，土司姓喇，所辖有苹苴芦土目，驻牧盐边北40里，今已成大土司矣。

右所土千户　管盐源县东南境麽些等族600户。土司姓鸣。

前所土百户　管木里西南摩西数十户。土司姓阿。

后所土百户　管木里南境摩西数十户。土司姓白。

**冕山营**　都司驻冕宁。分防冕宁西北境。辖大小土司10员。

酥州土千户　管冕宁北境西番100余户。今已被倮族所据，故土司姓姜。

架州、苗山、大村、糯白瓦、大盐井、热唧哇、中村、三大枝等800土户，皆在冕宁县附近，原共辖蕃族1300余户，今其人尽汉化，或为倮族所奴役。

河西土百户　管冕宁县西南倮民100余户。土司姓杨。

**靖远营**　游击驻冕宁之乾县。分防冕宁东南，辖小土司9员。

窝卜、虚郎、白路3土百户　皆在打冲河附近共管倮民700余户（今属泸宁区）。

阿得轿土百户　在泸沽之北，管倮民100余户。

瓦都、木术凹、瓦尾、七儿堡4土目，皆在炉宁营附近。共管纳西、西番270余户，今皆成倮人驻地。

**会川营**　参将驻会理。分防会理各要地。辖大小土司9员。

黎溪州土千户　管会理西南境僰夷800余户。土司姓目，驻地今通公路。

迷易土千户　管会理西北境僰夷百余户。土司姓安。

会理土千户　管会理县东境会理村附近倮民300余户。土司姓禄。

者堡土百户　管会理东北境苗倮900户。土司姓禄。

普隆土百户　管会理南境傈僳夷民90余户。土司姓沙。

红卜苴土百户　管会理西境僰夷50户。土司姓刁。

苦竹坝土百户　管会理姜州以东倮夷2000余户。土司姓禄。

通安州土百户　管会理南境倮民1000余户。土司姓禄。

**永定营**　都司驻会理县北之永定营（公母营）。分防披砂、半站营等处。辖大土司1员。

披砂土千户　管今宁南县境1800余户。土司姓禄。

凡10营所辖大小土司103员，18.0059万户，系据《嘉庆四川通志》统计。其时宁远5属，共报14.5497万户。土司所属户数，超过编民约3.5万户，尚有凉山生倮未计。当时汉夷分布情形，于此可见。

雅、康两区，清初仍因明制，设雅州，辖荥经、名山、芦山3县，余地为土司。打箭炉以外，则为青海蒙古所委营管辖地。康熙三十九年（1700），打箭炉营官杀明正土司作乱，进占岩州、察道、嘉庆（皆今泸定县东北境），窥天全。四川提督唐希顺，督化林营（驻化林坪）参将李麟等军进讨，平之。招抚近边50余部，1.2万余户，称为"西炉"。分化林营兵575名驻打箭泸。建泸定桥，设汛守之。抽调川军1000为2营，分防岩州、察道、沈村二渡口。升化林营为协。设副将，管辖西炉各土司。

康熙五十八年（1719），用兵西藏，永宁协副将岳钟琪出打箭炉，沿途招抚里塘、巴塘、江卡、察瓦龙、贡觉、察雅、察木多诸地营、僧官，以为向导。雍正元年（1723），征青海。松潘镇总兵周瑛，再出打箭炉，向察木多，截阻和硕特南窜。青海平，划宁静山界。周瑛于雍正六年（1728），收抚康北之德格、霍尔诸土司。其地合巴、里塘，称为"炉边"。凡西炉、炉边，共凡大小土司120余员，均隶雅州。升雅州为府，以雅安县为府治。以天全六番地改流为天全州，黎州土司地改流为清溪县。移雅州同知于打箭炉，置打箭炉厅，并隶雅州府。

雍正七年（1729），营噶达惠远寺以居达赖，因筑泰宁城，移化林协于此，改曰泰宁协。辖泰宁（中军都司驻噶达）、化林（都司驻化林坪）、阜和（都司驻打箭炉）、德靖（都司驻中渡，今雅江县）、宁安（都司驻灵雀寺，今道孚县）5营。十二年（1734），达赖返藏，裁泰宁、德靖、宁安3营。移泰宁协于化林坪。阜和营驻打箭炉如故。至乾隆四十四年（1779），再改泰宁协为阜和协，移副将驻打箭炉。改化林营为泰宁营。于是雅州府境，共驻标兵4营，分辖大小土司128员。约如下：

**黎雅营** 游击驻雅州。分防荥经、天全、芦山、名山、洪雅、蒲江、丹棱等县。辖大小土司4员。

穆坪董卜韩胡宣慰使司 今宝兴县地，驻牧苏乃。土司姓坚。

黎州土百户 今汉源县地。驻牧清溪，雍正六年（1728）改流，土司姓马，未徙。

大田副土百户 驻今汉源街之大田坝。雍正六年（1728）改流。土司未徙。

松坪土千户 驻汉源县之木蓄。雍正六年（1728）改流。土司未徙。

黎雅营原辖天全六番正副招讨使，雍正六年（1728）改流，徙居江西。

**泰宁营** 都司驻化林坪，分防泸定桥与泥头。辖小土司2员。

沈边长官司 驻泸定之沈村，管土民120余户。土司姓余。

冷边长官司 驻泸定之冷碛，管土民175户。土司姓周。

化林营原辖岩州、察道、嘉庆三长官司，西炉之役覆灭。

**阜和协** 副将驻打箭炉，有左右二营，分防噶达、折多塘、角洛（今道孚觉洛寺）、章谷（今炉霍县）、麻书（今甘孜县）、富林、万工、黄泥堡（并今汉源县地）

等处。辖西炉、炉边大小土司 108 员。

**明正宣慰司** 即长河西鱼通宁远军民宣慰使司。直辖番民 6600 户。驻打箭炉。土司姓甲。附属土千户 1 员，土百户 48 员。

咱里土千户 管泸定西北境土民 100 余户。土司姓古。

木噶、瓦七、俄洛、白桑、恶热、下八义、少石、作苏策、八里龙、上渡噶拉、中渡哑曲卡、他咳、索窝龙、恶拉、乐壤、扒桑、木辘、格洼卡、呷那工弄、吉曾卡桑阿龙、沙卡、上八义、拉里、八乌龙、姆朱等 25 土百户，通称"木雅"，共管番民 3808 户。其地属今康定、九龙、雅江 3 县与泰宁局。

恶查、草泥、热错、沱、业洼石、莫藏石等 6 土百户，通称"查坝"，共 760 户。旧为道孚县南境，现规划泰宁设治局。

东谷、普工碟、郭宗、结藏、祖卜柏哈、初把、昌拉、坚正、达妈、格桑、本滚、长结、杵尖、长结松归、白隅、梭布、达则、卓龙等 17 土百户，通称"鲁密章谷"。共管 1806 户，其后析为 24 土百户，增置千户 1 员辖之。其地为今丹巴县西境与南境。

明正土司又辖鱼通土司 1 员。原系自穆坪土司分封，清末改附明正。

革什咱安抚司 驻丹巴县之丹东。管番民 800 余户。

巴底宣慰司 驻丹巴县之巴底。管 850 户。

巴旺安抚司 金川之役后析巴底置。

喇滚安抚司 今瞻化县东南境，管 970 户，清末不存。

霍尔竹窝安抚司 管 1600 余户。今为炉霍县地。又辖瓦述写达，更平东撒 2 土百户，共番民 240 家。凡称"瓦述"，皆牧地也。

霍尔章谷安抚司 所管 3300 余户。今为炉霍县境，又辖瓦述色他，瓦述更平东撒、瓦述更平、瓦述墨科 4 土百户共 200 余家。

霍尔孔撒安抚司 所管 920 余户。今为甘孜县境。又辖则科，蒲根满碟 2 土百户共 120 余家。

霍尔麻书安抚司 所管 660 余户。今为甘孜县境。又辖革赍，东署凡 3 土百户共 106 家。

霍尔咱安抚司 所管 700 余户。清末并于德格，其地今曰"杂科"，分隶甘改、德格、邓柯 3 县，又辖下格赍 2 土百户共 80 户。

霍尔白利长官司 所管 300 户。今为甘孜县境。

霍尔东科长官司 所管 300 户。今为甘孜县之东谷区。

纳林冲长官司　所管1300余户。清末不存，其地今为炉霍县境。

瓦述色他长官司　所管200余户，今之色达牧部是也。

瓦述更平长官司　所管300户。今炉霍罗科马地方。

瓦述余科安抚司　所管600余户。今道孚县之余科地方。

德尔格忒宣慰司　所管农牧7979户。今德格、白玉、同普、邓柯4县之地皆是。外辖上革赉、杂竹马竹卡、笼坝等土百户6员，共230余户。杂竹马竹卡，今石渠县是也。

春科安抚司　所管580余户。今邓柯南岸地方是也。有副土司1员，无分地。

春科高日长官司　所管200余户，今为邓柯县地。

林葱安抚司　管1000余户。今为邓柯县地。

蒙葛结长官司　管300余户。今石渠县境。

上纳夺安抚司　管600户。更辖上纳夺土千户1员，土百户3员，共300户。皆今同普县西北之纳夺草原内牧部也。

上瞻对茹长官司　所管400余户。

上瞻对谷纳土千户　所管200余户。

中瞻对茹色土千户　原管200余户。嘉庆时叛乱，讨灭。

下瞻对安抚司　管300余户。

上瞻对撒墩土千户　管50户。

以上称"五瞻对"，皆今瞻化县境（今新龙县）。

**里塘军粮府**　康熙末创设，乾隆时始定永远设置。辖大小土司8员。

里塘宣抚司　所管农牧5300余户。为今理化、稻城、定乡、雅江、义敦5县地。有副土司1员，无分地。外辖长官司3，土百户2。

瓦述毛丫、瓦述曲登2长官司，皆在司西北，共牧民480户。

崇喜长官司、瓦述毛茂丫土百户，皆在司东，共农牧370余户。今并为崇喜土司（驻雅江县境）。

瓦述国陇长官司　管500余户，今曰"格木娃"。义敦县境。

瓦述麻里土百户　管200户，今瞻化南境麻日、披察之地。

里塘旧辖有瓦述昌泰长官司，后为德格所并。

**巴塘军粮府**　辖大小土司9员。

巴塘宣抚司　所辖农民2000余户，今巴安、得荣、盐井3县与义敦一部地方皆是。有副土司，无分地。外辖土百户7员，共330余户，上下冷卡石属之（冷卡石，在巴安北,今属义敦)。

以上共计大小土司 125 员,4.9328 万户,系就嘉庆时西炉、炉边所有土司统计,亦即清末改流时之基本对象也。

四川西北,岷江上游地方,其兵防与土司之配置如下:

**松潘镇** 总兵驻松潘,领中、左、右 3 营。共辖峨眉喜等小土司 10 员,皆在今松潘县南境。

**漳腊营** 参将驻漳腊。分防黄胜关等处。辖寒等小土司 64 员。皆在今松潘县西北境。上、中、下三果罗克,三阿树并属之。

**叠溪营** 游击驻叠溪,辖大姓、小姓、大小黑水等土司 6 员。皆今茂县西北境地。

**龙安营** 参将驻龙安府。防地内有番民,无土司。

**平番营** 都司驻平番城。辖丢骨等土司 3 员,皆在今松潘东南境。

**南坪营** 都司驻南坪城。辖羊峒 2 寨,在今松潘东境。

**小河营** 守备驻松潘之小河城,无所辖。

**维州协** 副将驻理番之保县(旧威州),统左、右 2 营。左营中军都司辖瓦寺土司 1 员,今汶川县西境是也。右营守备辖梭磨、卓克基、松冈、党坝 4 土司,皆在今理番西北境,属大渡河流域。

**茂州营** 都司驻茂州。辖静州、陇木头、岳希蓬、沙坝等土司 8 员。皆在今茂县境。以上各营,俱隶松潘镇。

大渡河上游大小金川地方,原设大金川(今靖化县)、小金川(今懋功县)、绰斯甲(今属西康省)、沃日(即鄂克什,在懋功县东)、"朵甘思"(藏语"Mdo-khams",译音"多康"。懋功县北)、汗牛(丹巴县东北)与巴底、革什咱等土司。乾隆初,大金川土酋莎罗奔并小金川地,攻沃日,不听谕止。乾隆十二年(1747),出兵讨之。明年莎罗奔受抚,嗣酋索诺木,复与小金川酋僧格桑狼狈,侵略邻境。三十六年(1771),再出兵讨之。地险民悍,官民屡败,至四十年(1775)始平。前后用兵 28 年,西南为之大敝。而两金土人,亦几死绝。诏改土为屯,号曰"新疆"。设阿尔吉、美诺两厅。四十年(1775)合并为懋功厅。辖懋功、抚边、章谷、崇化、绥靖 5 屯①,隶四川省。移民垦殖,同时增设 5 营,曰"懋功"(副将驻美诺,即懋功)、"抚边"(守备驻底达木,即抚边屯)、"绥靖"(游击驻阿尔古,今靖化县治)、

---

① 懋功、抚边两屯之地即今四川小金县境,章谷即今丹巴县境。崇化、绥靖,即今金川县境。

"崇化"（游击驻噶拉依，即崇化屯）、"庆宁"（守备驻绥靖北之茹寨），以卫垦民。故川康之间，独两金川多汉人也。

往者中原雄武之君，善拓疆而不善殖民。对异民族之君长，但责贡赋，不筹切实控驭之道。幸值庸酋受抚，则边境苟安。迨暴酋蹶起，挺戈向内，倾全力以事之，或仅克支拒，或挫败陷溺。纵克驱除，而心腹已大敝矣。筹边之士，或为惩瑟之计，废其酋而郡县之，以为可以永逸。夫边荒之族，语文隔阂，习俗殊异。设官置吏，岂即能治之哉！诸葛亮平南中，皆即其渠率而用之，或以为谏。亮曰："留外人则当留兵，兵留则无所食，一不易也。夷新丧破，父兄死伤。留外人而兵者，必成祸患，二不易也。又夷累有废杀之罪，自嫌衅重，若留外人，终不相信，三不易也。今吾欲使不留兵，不运粮，而纪纲粗定，夷汉粗安故耳。"土司之制，实沿于此。盖筹边之计，首当度力。力能制夷，则用夏以变之。苟不能制，则因势利导，以安中国。羁少数之渠率，控多数之人民，建置土司，实为长策。否则，非待移民已众，同化已深，终不能使边荒治权长臻稳固也。汉开西南夷，其后析置7郡，官吏多贤，恩威并治，而夷乱亘数百年不息，终至放弃。元、明、清，放弃郡县，以土司治，遂能安靖。腹省有乱，屡调土兵协剿，万里奔赴，咸得死力。而礼乐文物，渐以浸被，近腹各土，以次同化。天全、汉源、泸定、宝兴之改流，正如瓜熟蒂落。此非其明效欤？顾土司亦非一经建置即可久安者也。又复有制驭之道。一曰"利其力分"；二曰"利其酋庸"；三曰"恩威贯彻"。一司所辖，地方不过百里，部民不万户，利其力分也。守土奉职，按时修贡，则奖之，利其人庸也。弱酋为强梁所凌，必为之吊民伐罪，兴灭继绝。豪强悖乱，必讨诛之，虽殚费国力，在所不惜，恩威贯彻也。最忌迁就苟安，养痈遗患。世或怪乾隆竭全力争金川弹丸之地，倾中国以服廓尔喀，捐腹心而卫藩篱，有如不智。盖未识此义也。

# 第三章　康藏近史

## 第一节　西藏问题之发生

乾隆整顿藏务之初，驻藏大臣如和宁、松筠等，尚能恪敬守职，有所建树。嘉庆以后，任斯职者，大都憎其险远鄙塞，守印侯代而已。一切政务，俱因语文扦格，委付达赖理之。达赖好静，复委于噶伦。噶伦当权日久，势位牢固，渐成尾大不掉之势，挟持达赖，操纵驻藏大臣。驻藏大臣既一切隔膜，反受贿嘱而为之用矣。

达赖八世，嘉庆九年（1804）卒，年47。九世阿旺隆朵嘉措，嘉庆二十年（1815）卒，年11。十世阿旺罗桑降白丹增楚称嘉措（理塘仲夺村人），道光十七年（1837）卒，22岁。十一世阿旺革桑丹贝绰密凯珠嘉措（泰宁人），咸丰五年（1855）卒，年18。十二世丹贝坚参称勒嘉措，光绪元年（1875）卒，年20。十三世阿旺罗桑土登嘉措，前藏塔克布拍却得贫家子。光绪二年（1876）生，因班禅请，免入金瓶掣签。光绪二十年（1894）亲政。凡达赖，转世之初，静习经典，须年十八九，考得格西学位后，始得亲政。噶伦利达赖孩幼，恒于亲政之年毒害之。唯达赖十三世，严防得免。既亲政，刚愎忮刻，恣睢自用，清廷益不能制，依违迁就，积重不返，而西藏问题起矣。

先是，乾隆三十九年（1774），不丹侵掠印度，为英军所败。时达赖八世幼，班禅六世（罗桑巴德伊西）致书英军，为不丹请和。印度孟加拉省长哈斯丁（Warren Hastings）遣使至札什伦布议通商，是为印藏交通之始。四十八年（1783），英使再往札什伦布，为藏人所拒。由是历百余年，英人无得入藏者。咸同后，中国积弱不振，列强既将沿海繁富地区划分势力范围，乃更移其视线于号称"秘密国"之西藏地方。光绪之世，俄、美、英、法、比、德、日诸国，皆曾派人入藏探险。达赖深恶之，严禁外人行近拉萨。对藏人接济探险白人与容留之者，处置甚酷。江孜洞孜寺呼图克图，即因与游历英人沙拉特（Sarat Candra Das，光绪二十二年入藏）交好，被处死刑。此外被逐出藏之白人甚多，亦每有遭杀者，然终不能阻好奇者深入。英国以印藏毗连故，探险尤为猛进。

咸丰八年（1858），中英《天津条约》规定，英国人民听持照前往内地各处游历。同治十二年（1873），英据前约，派队探测滇印间商路。队员马嘉理，光绪元年（1875）在滇边遇害，遂有光绪二年（1876）之《烟台条约》，约内规定英得派员入藏探险。光绪十年（1884）印度派马可黎（Colman Macomlay）持照入藏，行至干坝，为藏人所阻。清廷命驻藏大臣谕达赖放行，不奉命。适英并缅甸，要结《中英缅甸条约》，中国于缅甸让步后，得以取消《烟台条约》之西藏探险专条。此约签订，英国召回马可黎，事在光绪十二年（1886）。

初，廓尔喀人强武好战。虽挫于清，然非深创，仍不时威凌邻国。嘉庆十九年（1814），征服哲孟雄境，攻入印度。其后3年，英军助哲人击败之。道光十五年（1835），英遂以年金600镑租得大吉岭为军士消夏地。而哲王仇英，英军于咸丰十年（1860）攻入哲京，迫其王订通商条约。并以年金1200镑购得哲境道路建设权。马可黎之召还也，藏人认为英人惧己，因劝哲王入驻拉萨，并以军助之拒英。遂于林都山口（隆吐山口，在哲境加托克附近）建筑堡垒，阻断哲印商路。光绪十三年（1887），藏人进击英军，大败还。明年，英人驱逐哲境藏军，毁其堡垒，进占春丕（藏境最南之一河谷，近哲边界），索哲王返国议和。哲王不返，遂置统监于哲都。光绪十六年（1890），清廷命驻藏大臣升泰，与印度总督在加尔各答缔结《藏印条约》（即《哲孟雄条约》），划分藏哲境界，让哲孟雄归英国保护。光绪十九年（1893），又派越巂营参将何长荣暨税务司赫德与英人缔结《印藏续约》，开西藏之亚东为商埠。然藏人对此两条约，坚持反对。亚东开埠与藏哲划界事，均格不行。英使屡与北京总理衙门交涉，不得要领。光绪二十年（1894），达赖亲政，印度总督寇仁（Lord Curson），亦嫌亚东地位不佳，思与达赖直接交涉，改商埠于帕里宗（在亚东东北100里），而对藏哲界让步。凡两度致书达赖，均不受，原封寄还。

达赖见英人进逼不已，而清政府新败于日［光绪二十年（1894）］，无力护藏，亟思结一强国为援。适有俄国布利亚特人（蒙古族）道尔吉夫（Dorjieff，或译"德尔智"）在藏为僧，充达赖玄学教师，游说达赖，谓联俄足以拒英。先是，西藏有古预言书，谓四教侵入克什米尔后，佛法不至灭绝。当有大护法主兴于克什米尔之北，建国曰"北山香巴拉"（North-shimgala），大破四教，振兴佛法，道尔吉夫著一书，指俄国为北山香巴拉，谓俄皇崇信佛法。达赖深信之。光绪二十七年（1901），遣道尔吉夫往谒俄皇尼古拉斯二世。时俄正图经略东方，因厚遗达赖，助以军火。达赖倚道尔吉夫与亲俄派首领谢脱拉①为谋主，坚决抗英，清廷不能制。二十九年（1903），寇仁议派员率军入藏，与达赖直接谈判。英政府命荣赫鹏（Younghusfand）率军200人，越界至干坝，胁藏官前往谈判。达赖严拒之，驻藏大臣有泰欲往交涉，亦被阻，藏官言和者，均遭拘禁。

明年，日俄开战。荣赫鹏乘时前进，连破藏军，陷拉萨，达赖委印于甘丹寺，逃入蒙古。噶伦及三大寺首领与荣赫鹏于七月二十八日，订立和约10款。要点如下：

（一）西藏遵照光绪十六年中英所订之印藏条约切实施行。

（二）西藏允将江孜、噶大喀、亚东三处开为商埠。将来仍许觅地续开。

（三）印藏续约所有应改之处（指商埠地点），西藏允与英国派员会议酌改。

（四）西藏允除将来立定税则外，不另征收何项课税。

（五）英藏皆得派员驻扎于开埠之处。英官与藏官及驻藏华官之往来文件，均责由各该埠藏员接收转送。

（六）西藏赔偿英兵费50万镑，合卢比750万元。限于每年正月初一日兑银10万卢比，75年缴清。

（七）英驻军春丕，待赔款缴清及商埠开办3年后撤退。

（八）西藏允将印度至拉萨沿途堡垒铲毁，并撤除一切妨碍交通之武备。

（九）下列5点，非先得英国政府许可，不得擅自处办：

1. 西藏土地，不得租让典卖于任何外国。

2. 西藏一切事宜，不准任何外国干涉。

3. 任何外国，不准派员或代理人进驻西藏。

4. 西藏铁路、矿山、电信或别项权利，均不许各外国国家及外国人民享受。若允此项权利与人，则亦将相同之利益给予英国享受。

5. 西藏政府之税收与货物，不得用向外国或外国人民抵押借款。

（十）此约共缮5份，由商定之员画押为凭。

英政府得电后，自嫌赔款过重，令饬印总督减为250万卢比，批在约尾。又将占领春不期限，改为缴足赔款50万卢比之月为止。

驻藏大臣有泰，初恨藏人不听约束，窃幸其败。英军既入拉萨，乃与廓尔喀代素，促成和议，据约入奏，透过达赖。清廷以该约损害主权过巨，电饬拒绝签字。

---

① 即司伦边觉多吉。

同时，向驻京英使提出抗议。三十一年（1905）一月，派唐绍仪赴印度讨论藏案。延至三十二年（1906），唐与英使萨道义在北京缔结《印藏条约》6款。其要点：

（一）以光绪三十年（1904）之《英藏拉萨条约》，附入此约，作为附约。

（二）英国允不兼并西藏，不干涉西藏一切政治。中国亦允不准其他外国干涉藏境，及其一切内政。

（三）光绪三十年（1904）英藏所订条约，第9款第4项所声明各种权利，除中国独能享受外，不许他国国家及他国人民享受（按：此足见原约所指之外国，竟包中国在内）。

其时中国舆情，皆谓英国志在西藏领土，诋呵蜂起，颇能唤起清廷及英政府之慎重藏事。然英政府侵略西藏之主要目的，实在防遏俄人势力之南下。谓中国无力阻遏俄人侵藏，故先采取直接行动。光绪三十三年（1907），英俄缔结协约于彼得堡，解决两国关于亚洲大陆之利益，其约分波斯、阿富汗、西藏三部，西藏部凡5款及1附款。其要点：

（一）两国尊重西藏领土之完整。相约无论如何不干涉其内政。

（二）两国为贯彻其承认中国在西藏之主权原则起见，相约彼此如不得中国政府为之中介，不得与西藏缔结任何条约，即1904年之《英藏条约》第5款所规定之英国商务官吏与藏员之直接关系，经1906年中英新订《印藏条约》所确认者，亦受本条之限制。

（三）两国政府，相约不派代表入驻西藏（按民国10年贝尔入藏，实与此条违背）。

（四）相约无论政府与人民，不得要求西藏让与铁路、道路、电报、矿山及其他权利。

（五）西藏岁收，无论现金与货物，俱不得抵押或让与两国政府或人民。

此约缔结，中国在西藏之主权，遂因英俄之均势，悄然自归。康藏局面，克以重整。

## 第二节　康藏局面之重整

川边各土司中，瞻对①最称犷悍。其人屡出行劫，迭为邻封所控。雍正八年（1730），川督黄廷桂派兵剿之。乾隆十年（1745），再剿，逾年始定。嘉庆二十年

---

① 今四川新龙县，分为上、中、下三区，故又常称瞻堆为"三瞻"。

(1815)，中瞻对土酋洛布七力作乱，川军复剿平之。咸丰中，上瞻对土司工布郎结，兼并五瞻①，侵掠邻部，劫掠商旅。值太平天国方盛，清廷不能讨。同治初，西藏请驻藏大臣具奏，乞川藏会军剿办。藏军既诛工布郎结，川军始至收地。西藏军费20万两，川督骆秉璋，奏请以地酬之，西藏派僧俗官各一驻其地，时同治四年（1865）也。藏官苛虐，民不堪命，复于光绪二十年（1894）逐杀藏官。川督鹿传霖派兵攻克之，上《筹瞻疏》，请以其地改流。适德格土司罗追彭错之小妻亲藏，素挟瞻对藏官势，与夫相仇。及是，军官张继使人说土司，愿以兵助逐其妇。兵至，遂并擒之，及其二子，解送成都。同时，章谷土司故绝，土妇淫乱，僧民不服。朱倭土司新以罪诛，麻书土司为仇家所刺，皆无子，鹿请一并改流。而成都将军恭寿与鹿不协，联驻藏大臣文海会疏劾之。清廷仍以瞻对赏藏，德格还土司。朱倭、麻书改流皆不果（麻书土政准孔撒兼摄）。唯章谷因奸民张锡台挟土妇作乱，土族诛绝，得废土制，设炉霍屯。

泰宁惠远寺，自达赖返藏后，委一堪布主持。与其差民80户，历世遥属于藏。光绪三十年（1904），有商人呈请于其辖地河垭开办金厂，川督锡良饬打箭炉厅准其开采。惠远寺僧联瞻对藏官，嗾土民逐厂。都司卢鸣飏往弹压，被击毙。提督马维骐率标军进剿，平之。同时，驻藏帮办大臣凤全，在巴塘开办垦务。丁宁寺喇嘛嗾土民阻垦作乱，戕害凤全。锡良饬马移兵进剿，补前永宁道赵尔丰（时在省城主办铁路局）为建昌道，招练新军5营出关，保卫饷运。马军连破阻路蕃民，收复巴塘。赵尔丰诛里塘抗差头人，拘其土司，自毛丫曲登别进，与马军会剿七村沟，擒诛巴塘正副土司及肇乱头人喇嘛等。巴塘平，马率标军返川。赵留办善后。遂清查户口粮赋，准备改流。

里塘正土司四郎占兑，杀看守兵，逃至稻城贡噶岭，啸聚土民作乱，乡城乱民皆应之。中乡城桑披林寺僧普中札哇者，怙恶不法，曾叛里塘土司，诱杀守备李朝富。川督鹿传霖派兵讨往，游击施文明被生擒，剥皮实草，供岁时逐祟刺击。赵定巴塘，使人招之，回书侮慢。十一月，赵派兵攻乡，并剿稻城，稻城平，而乡师无功。三十二年（1906）正月，赵亲攻桑披寺，至闰四月，破之，普中札哇自焚死。赵既平乡、稻，声威大震，因建议开边，锡良上之。清廷任赵为督办川滇边务大臣，联豫为驻藏大臣，同筹改流建省。

联豫未受命前，清廷先命张荫棠（原充唐绍仪参事，赴印议约。唐返国后，留

---

① 清代瞻对地方共设五个土司，简称"五瞻"。

张驻印）自印入藏，办理善后。张于三十一年（1905）秋至拉萨，劾去有泰及贪庸官吏多员。察知藏人心理，志在抗英，因即援据《北京条约》，力以裁制英人在藏行动为号召，藏人大悦。又奏为西藏赔偿英款，以期早日收回春丕；开办警察，以期拒却保护商埠之印兵。英印驻藏商务官吏之日用供给，皆由满汉官吏居间办理，不许与藏人直接交涉，以维主权。他如开办学堂、报馆、印书局、施医馆、藏文讲习所、商品陈列所等，凡国家权责所在，无不尽力刷新之。并努力行使宗主权于不丹、廓尔喀诸部，至于哲孟雄亦思还隶中国。一时西藏治权，复臻巩固。三十三年（1907），驻藏大臣联豫到任。张奉派赴印继议商约。翌年九月，与英特派员戴诺，西藏噶伦汪曲结布议定《印藏通商章程》15条，划定江孜商埠境界。规定英印官民往来商埠道路，与其活动限制。于满足英人通商目的之下，着着维护中国主权。为藏事各条约中之最得优势者。尤以限制英人商道以外之行动，深获藏人同情（约文在坊市各西藏问题类书籍多有，不更著录）。是年，清政府为西藏偿足赔款50万卢比，取回春丕。

川边之地，则赵尔丰于光绪三十二年（1906）十月至成都，会同川、滇两督，奏陈改土归流，议练兵、开垦、采矿、修路、设栈、兴学六事。清廷准拨开办费银百万两，常费饬由川省筹济。三十三年（1907）正月，锡良去职，命赵护理四川总督，即于护督任内，兼办边务。建设川康台站24所。招募垦民出关。奏派吴嘉谟往巴塘办学，延聘技师考查农、林、矿产，设医药局、制革厂、印务局于巴塘，建河口钢桥，开设藏文学堂于成都。奏设巴安、定乡、理化3县，抽收川省油糖捐税作边务经费。举凡川边应兴应革诸政，次第奏准施行。清廷知其才可用，于三十四年（1908）正月，简放其为驻藏办事大臣，兼边务大臣。以其兄尔巽为川督，以傅翼之。七月，会奏增设康安道。改打箭炉厅为康定府，辖河口县、理化厅同知、稻城县与贡噶岭县丞。升巴安县为府，辖定乡、盐井2县及三坝厅通判，增募西军3营赴边。

鹿传霖时，德格土司夫妇瘐死成都。其二子回部，复不相能，各挟部民相攻。嫡子多吉僧格，诉庶子昂翁降白仁青于打箭炉，适赵尔丰至炉，因奏请率军往办。十二月，攻昂翁于甑科（今属白玉县）。昂翁窜杂曲卡（石渠）。宣统元年（1909）四月，赵自督剿。复败敌于麻木，追奔至卡纳荒原（今青海省地）。昂翁降白仁青逃入藏，余众尽降。八月，赵返邓柯，遂收春科、高日两土司地，与林葱土司之郎吉岭一村，合德格土境，奏请改流。设邓柯府、德化州、麻陇州、石渠县和同普县，迁多吉僧格于巴安。集百姓议定赋税，改善差徭，方拟改流霍尔诸部，值藏军有拒阻入藏川军之事，因移军向西，驱除阻途番众，护川军入藏。

达赖之出奔也，初向库伦。见俄人不能相助，乃于翌年返居西宁。时清廷因有泰请，革其名号，然藏人不奉旨，皇诰悉被污毁，清廷亦悔之。既罢有泰，讽达赖入京转圜。三十四年（1908）九月，达赖入京为慈禧太后贺寿，诏加封"诚顺赞化西天大善自在佛"，岁给廪饩银 1 万两。饬即返藏，所有事务，依例报由驻藏大臣转奏。达赖骄擅日久，颇以礼数减削为恨。宣统元年（1909），行到青海南境，闻康藏新政一切设施，大恚忿，稽留不行。暗嗾藏人停止驻藏大臣供给，奏控赵尔丰蹂躏佛教，并使人向俄乞助枪械。电北京各国公使及江孜英员，呼吁撤退康藏之军。联豫奏调川军入藏镇慑，诏统领钟颖，率川军 6 营赴之，达赖命番众沿途拒阻。钟军新练，初出关，未阅战阵，赵命其绕道德格，以所率边军卫送之。十月抵昌都，击溃沿途民军，护送至江达。时边军声威极盛，三十九族、八宿、波密等地番民皆来投诚，藏军望风溃散，无敢迎战者。

达赖在青海待外援不至，复受清廷严旨切责，不得已，于宣统元年（1909）十二月行入拉萨。联豫迎之，不与接语，相似如仇敌。明年正月，钟军抵乌苏江。达赖惧，邀帮办大臣温宗尧相见。允三事：其一，调回阻路番众；其二，奏谢朝廷恩遇；其三，恢复驻藏大臣一切供应。温亦许：其一，川军到后，不骚扰地方；其二，诸事和平办理；其三，不侵达赖教权；其四，不杀害喇嘛。然达赖仍不自安，闻川军前锋入拉萨，即在琉璃桥杀害僧侣，又有拿捕噶伦风说，即夜与其亲信 200 余人向藏南逃逸。联豫派人追及之于曲水（拉萨西南 120 里，为雅鲁藏布江第一巨津，用皮筏渡），达赖已渡河，拒退追军。仓促无所投，奔入哲孟雄境，乞庇于其半生仇视之英人焉。

清廷告英国公使，声明遣军入藏，再强迫达赖服从条约，保护商埠，维持治安。英政府令印督勿问藏事。唯许优待达赖等私人，安置之于大吉岭。清廷再革达赖名号，命藏人另选灵异小儿承继达赖。藏人虽不遵旨，然以慑于军威，一切敬顺驻藏大臣。凡不关涉宗教之法令，无不能通行者。惜联豫庸暗，无所展施，钟军亦孤弱无力，故虽掌握全藏政务数年，迄无所成就也。

此数年中，英人虽不干涉藏事，而于印度沿边诸部主权之攫取，则颇急进。除哲孟雄已于光绪十六年（1890）以《印藏条约》划归英属外，兹复于宣统元年（1909）十二月与不丹订约，取得其外交权。不丹者，在拉萨南 30 站，喜马拉雅山脉南侧，与卡契（印度属之回教部落。特产织金缎，流行藏地）接界，人口数十万，本吐蕃故地。奉喇嘛教，旧以僧王理之。其后有二酋长与僧王共治。雍正十年

（1732），两酋相攻。一乞援于颇罗鼐，一投诚驻藏大臣。清廷命两解之，两酋并遣使入贡，赐敕印遣还。乾隆元年（1736），其酋朝达赖于拉萨，复贡于清。同治四年（1865），英、不丹发生战事。其后与英人订约于新朱拉（Sin Chula），订英给岁币5万卢比，得在不境通商。中国以远故，未与闻也。光绪中，有二小酋逐不丹王，并称"彭本波"（意即"官吏"）。驻藏大臣饬其迎回故王及达赖，征其兵援哲孟雄，皆不奉命，唯每岁仍奉献于拉萨。张荫棠入藏后，曾谕其朝藏诸小酋，尊重中国主权，防遏外人窥伺，不人皆乐遵从。旋派江孜汉官至不丹西部帕罗（Paro），抚谕其僧俗诸首领，确定中国之宗主权。至是英人利用不酋订约，增援藏币10万卢比，取得其外交权，许不干涉内政。

达赖出亡印度时，其从人曾过不境。清廷向英重申尼泊尔与不丹为中国藩属，责不丹政府纵容西藏亡命过境，又谕令行使中国铸造之藏币。英人援据前约，不许不丹酋长呈覆。另自照会中国，谓不丹外交应由英国代办。并否认其为中国藩属。经外部反复答辩，阅一年余，皆无结果。

西藏南部有珞瑜地方，其地北连波密，东连桑昂、察隅，南与英属阿萨密接壤。其内部落无数，以亚波尔、米什米两族为大。往时西藏流放罪人，恒投此境。英人并印缅之后，曾至其地探险，为土人所拒。及是，厚币以诱之，渐与狎近，屡入其境探险。

宣统元年（1909），有英人数名，聘珞巴为导，越珞瑜境，测量桑昂、察隅等地，藏官不能拒。赵尔丰在昌都，闻之，派管带程凤翔，自左贡入桑昂境，逐去藏官，安抚桑昂、察隅、门空、察瓦龙诸部土民。明年，置桑昂、察隅两委员理之。三年（1911），英人复越珞瑜境来察隅，立国旗于察南之亚必曲龚（穆曲出境处之峡道）。经赵电外交部与英交涉，英人见程所插龙旗[①]而返。

宁静山以西之地，自雍正四年（1726）划隶西藏。西藏设麻康（即江卡）、贡觉、洛隆宗、硕般多、达隆宗（一作"边坝"）、工布江达（原系二部，后合为一部，设正副第巴共治）、桑昂（辖冷卡、察隅、门空、察瓦龙4部）等营官，察木多（清设粮台）、八宿、乍丫、类乌齐、拉里（清设粮台）等呼图克图，及三十九族土司治之。藏官贪虐，人民不胜诛求，无可诉者。迨赵尔丰至察木多，诸部番民，纷纷投赵乞拯，赵皆厚抚之。宣统二年（1910），边军抵江达，赵请与西藏划界，联豫争之。于边军东归后，即设理事官于三十九族、工布、拉里、硕板多4处，并请以江

---

① 青龙旗，清政府的国旗。程凤翔于宣统二年在亚必曲龚河岸竖龙旗，以示国界，英人至此见而折返。

卡等部仍隶西藏，时清廷已允将察台以东拨归川边经营。赵即勒令察木多、乍丫两呼图克图改定赋则，设两理事官，理其词讼等务。

三岩番者，旧巴塘辖小部落。地在金沙江两岸①，凡 2000 户。乾、嘉后，渐失驭为"野番"，屡劫邻部。光绪二十年（1894），川督鹿传霖派兵，会巴塘、麻康土兵攻之，无功。三十四年（1908），藏军又攻之，亦不克。至是劫官军快枪，赵尔丰自察木多东还，九月抵贡觉，逐贡觉、麻康等藏官。派兵攻三岩，一旬而定。十二月，师返巴安，遂设三岩、贡觉、江卡 3 委员。宣统三年（1911）二月，平定浪藏寺僧乱，设得荣委员。

是年（1911）三月，赵尔丰奉旨署四川总督。因奏请以其总文案傅嵩炑代理边务大臣。奉电准后，同傅自巴安率兵，经白玉、甄科至甘孜，办孔撒土妇不法案，收印改流，设甘孜委员。并檄林葱（其地今属邓柯县）、白利（在甘孜县）、朱倭（在炉霍县）、东科（在甘孜县）、单东（在丹巴县）、余科（在道孚县）诸土司缴印改流。除余科外，均遵缴。色达及罗科马牧部亦自来投诚。六月初，赵、傅入瞻对，逐藏官，收其地，设瞻对委员。中旬至道孚，设道坞委员。各委员皆征粮税，理诉讼，同于县制。六月二十日，至打箭炉，收明正土司印，会檄鱼通、绰斯甲、穆坪等土司缴印改流。二十二日，赵入川，即于沿途收咱里、冷边、沈边 3 土司印。凡旬月间，改流数十万方公里，势如拉朽，土司虽欲反抗，莫敢预其谋矣。

川边各土司皆已遵檄缴印，唯余科抗命。傅嵩炑督兵进讨，闰六月平之，并收惠远寺堪布执照。奏请建设西康省，旋自道坞转河口至理化，收崇喜土司印。檄毛丫、曲登缴印，七月返巴安，檄收纳夺土司印。八月，檄饬察木多、乍丫两呼图克图缴印改流（验系管理黄教诸明罕印，仍发还俾管教务）。于时，边军方破波密，康、藏慑然，令行禁止，无思不服。川、康、藏邮电畅通，威法流行，开辟以来，所未有也。

赵尔丰雄才大略，刻苦奋进，精诚所至，成绩炳然。虽与鄂尔泰之改流、左宗棠之开疆相较，应无愧色。然有一短：过任"用夏变夷"之术，干涉土民习俗太其。尤以轻侮喇嘛，蹂躏佛法，大失康藏人心。故其事业，随人而圮。较张荫棠之善循藏人心理，因机布化，挽回颓势，无安于佛而人自归心，不倚威刑而政行法立，为有逊矣。联豫才识浅陋，而倔强颠顶，过于赵氏，藏事由之蛆败。

---

① 岩地方包括金沙江以东今白玉县的盖玉区与金沙江以西贡觉县的雄松区一带。

## 第三节　康藏之离立

波部在康、藏之间，东连桑昂、察隅，北连硕达洛松，西连工布，南逾白马岗为珞瑜境。分上下两区，藏语为"波堆"（上波），"波密"（下波）（"Spo-stod"，"Spo-smad"），一般误波密为全称也。其间小部分立，而总摄于噶郎大酋白马翁青。其人虽奉喇嘛教，而彪悍好劫，邻部时受其害。昔藏军征之，大败回。宣统二年（1910），川军入藏，分驻工布、德摩等地，遣人招之，为波人所杀。管带陈渠珍，劲锐喜功，上策联豫，请清剿。联豫遣钟颖进兵冬九（波密西境一镇），任陈为前锋，深入索战。中伏，大败。退守鲁朗（距冬九一站，属工布界下），为敌所困。联素轻视钟为童孩，重倚左参赞罗长。及时撤回钟，以罗代之。咨请川边派军会攻。赵尔丰时在甘孜，电统领凤山，督军4营，分自硕板多、桑昂两路，进军会剿。遂破上波密，直逼噶郎，解鲁朗围。白马翁青迎战大败，遁入白马岗。以其婿林噶拒守雅鲁藏布江峡之天生桥。罗诱擒林噶及波部诸小酋，悉诛之。白马岗人亦杀白马翁青以降。罗请设两府一道，为西藏建省基础。已设冬九、易贡等理事官矣。

赵尔丰既督川，以处理争路事失当，激成民变。急电调波密等边军入川自卫。未几武昌举义，各省响应，消息传入藏境。驻波新军素习哥老，罗深恶之，拟诛其首领数人。令发而革命消息至，新军哗变。杀长，弃波密，溃涌入藏。

钟颖为清仁宗甥，故稚贵。轻脱无威仪，而豪侈宽缓，能得士心。既撤军职，怨联豫，忿不返藏，留乌苏江，截劫去藏官饷，以招乱军。乱军初称"革命"，至是，拥钟返藏，逐联豫拥钟称"勤王"，向商上索银10万两，乌拉5000头返川。商上已缴6万两，牛马亦大集，而官兵不肯行。拟就藏地组织军政府。兵士得饷过多，大肆淫赌。转瞬金尽，则转掠人民，加以淫杀，藏局大乱。

达赖奔印度后，英人居之大吉岭，旋移加尔各答。俱以通晓西藏语文情俗之贝尔招待之，供张优裕。又屡饬驻京英使向我外交部质问革除达赖名号与派兵入藏等事。反对改西藏为行省及推行宗主权于尼泊尔、不丹，达赖与其从人深感之。向日仇英之念由是涣释，转欲倚英援助，恢复权位。西藏既乱，噶伦时由大吉岭转电达赖，请示机宜。达赖时以函电指挥藏人，袭击汉军。

民国元年（1912）3月，钟军攻色拉寺，久不下。寺僧出不意，猛出逆袭，钟军大败。藏人揭竿群起助寺僧，商上亦招土兵万余，任谢国梁①为统领，与钟军混战。时钟已受国民政府任命为驻藏办事长官，与联豫解怨，同乞援于班禅。班禅与哲蚌寺僧支持之。而靖西（亚东附近）与噶林邦（哲孟雄境）番人，受达赖煽诱，集僧民兵万余，往江孜、日喀则两地，围攻汉官。驻扎拉里、板硕多等地之官军，亦受波密、工布等番众攻击。川边，亦变乱蜂起，边军各保一城，莫能相救。达赖乘机，于民国元年5月，借英军保护，返居拉萨，宣布西藏"自治"，令各地驱逐汉人，声言打箭炉以西，皆为藏地。

7月，藏军总攻钟军于扎什城，延至30日，钟乞和。由廓尔喀驻藏官员噶卜典调停，缔约。全军缴械，由印度返藏。于是钟颖与驻后藏之右参赞钱锡宝，及所有满汉官吏俱行，更无一人留藏矣。先是，钟颖初请和，西报传其和约，有"驻藏大臣及文武属僚30人仍驻拉萨，留护卫兵200名"及"过去左袒华军藏人，无论僧俗一概不究"等语。结议之约，亦有"钦差准留枪30支自卫。统领留60支"等语。缴械后，殊无一人肯留。中央迭电钟颖不许离藏，又由汇丰银行兑款接济之，颖乃与部分军队驻靖西数月。至民国2年6月，仍被迫返国（颖至北平，为罗长之子所控，被枪决）。

钟军缴械后，达赖一面煽动康人驱逐汉官，一面痛锄亲汉分子，夷天嘉林寺（今译"丹杰林"），诛曾助汉军诸僧，罚班禅银4万两。中央政府屡遗以书，申述五族共和意义，皆置不复。唯藏中舆论，胥以达赖干预俗务，与亲英排汉为不然，尤反对扩充军备。达赖虽刚愎不听，究以饷械两绌，舆情未协，不敢正式出兵争地也。

宣统三年（1911）秋，傅嵩炑率先锋3营，返川援赵。沿途遭同志军拒阻，转战至雅州，闻赵尔丰已被杀，遽缴械下野。留康边军，亦皆响应革命，推顾占文为临时督军，驻巴安。改组边军为3标。彭日升驻昌都，牛运隆驻德格，刘赞廷驻江卡，皆称"标统"，分地固守，以备藏人。时则乡城复叛，陷理化、稻城，已废明正土司亦聚众于河口。废单东、巴底、巴旺三土司，叛陷丹巴。道孚灵雀寺僧啸聚乱民拘辱设治委员。察雅、宁静、得荣蕃民皆叛应达赖。昌都被围，全康大乱。各地防军，饷供阻绝，纷向四川告急。四川都督尹昌衡，以刘瑞麟为北道督战官，黄煦昌为炉边宣慰使，分督邹宪章、马道荣等营赴援。仓促乏饷，不克进。尹大集官绅议西征，又电大总统袁世凯，请以胡景伊代理都督，自任西征军总司令，请济军饷。

民国元年（1912）6月14日，得中央电准，并济军费40万两。尹以标统朱森林

---

① 谢国梁，原为驻藏川军之管带（营长），后叛归藏军。

率军一团为先锋，偕黄煦昌等先发，自率大军继之。以第3镇总镇孙兆鸾为西征兵部总监，设粮站于成都、雅州、康定等处。平治道路，为直抵拉萨之计。

尹至康定后，设西征军总司令部。所部号称10万，军容甚盛。边军困守在康者，皆奋起出击，为之向导。于是朱森林克河口，收复理化。刘赞廷、杜培基解巴安顾占文之围。刘瑞麟自北道出德格，率牛运隆径趋昌都，解彭日升之围，分军收复察雅、宁静、得荣等处。各地叛众皆溃。南北路复通。云南都督蔡锷，亦出兵收复盐井县，拟会军西进。

达赖闻川滇军西征，惧，向英使乞救。英借口保护商务，派兵进驻江孜，为藏声援。一面以盐池作抵，借与西藏军费4万镑；一面令驻京英使朱尔典，向我外交部抗议对藏用兵。有"中国不得干涉西藏内政""关于基本问题，中英两国另以新约订之""如不承认此各条，英国即不承认民国政府。且经印度入藏之交通，亦须暂时断绝"等语。同时，俄国亦因征蒙事提出抗议。我国虽均曾缮文驳斥，唯以民国新造，不愿开罪列强，遂令征藏、征蒙两军，停止前进。10月，尹昌衡撤西征军总司令部，改设川边镇抚使府，尹自兼镇抚使。镇抚府内设军务、政务两处，分管参谋、军械、军需、军法、总务5局，民政、财政、教育、实业4司。外设边东、边西2道，康定、理化、巴安、邓柯、昌都、嘉黎6府，德化、甘孜2州（皆属拟置，未实设）。边款悉由四川支拨，每月常额24万两。

于是全边略定，唯乡城顽抗未下。尹任稽廉为征乡总司令，指挥诸路军进讨，久之无功。达赖既得英人援助，再嗾康地僧民反攻，各县叛乱纷起，交通阻塞。戍军纷以饷匮告急，尹以邵从恩代行府事，自赴理化督师，遂至巴安，经德格返康定。所至抚绥番众，敦崇佛教，部署饷粮，扫荡叛夷。时张得荣、王廷珠败于乡城，而藏军攻江卡、嘉裕桥等处。在边官兵，共仅4000余人，不敷分配，电胡景伊调川军来边助剿。民国2年（1913）3月，以孙绍骞代稽廉，与新到川军刘成勋等一团，分道攻乡。苦战3月，克之，各路叛众敛退，全边再定。

是年6月，定川边为"特别区域"，裁镇抚府，以尹昌衡为经略使，改军政两府为厅，局为课，司为科，废府、厅、州一律为县。共核设32县（已详第一章第一节），政令所及实只28县，税收瘠薄，各费仍仰川省拨济。

西藏岁收，原恃布施。自鼎革以来，汉、蒙、青、康人赴藏熬茶者稀，商上收入锐减。而对康作战，耗费突增。达赖内感拮据，外迫舆情。曾托新疆都督袁大化，提议讲和条款：1. 西藏保有与华人同一之权利；2. 中央每年补助西藏500万元；3. 西藏有权许英国人民采掘矿山；4. 有自由训练军队之权；5. 西藏官制，由中央政府制定，但应以西藏人任之。此时苟有通晓藏情人员，入藏绥抚，则收回主权，徐图控制，可使西藏问题相当解决。惜其时正逢二次革命，袁世凯无意过问藏局。例饬蒙藏事务局拟复西藏待遇法（文略），未能适应藏人心理，适以暴露国府昧于边情之弱点，且办理濡迟，历久始达。适俄人扶助外蒙独立，复嗾库伦活佛①怂恿西藏独立，达赖遂意欲脱离中国。民国2年（1913）1月，派员至库伦，签订《蒙藏协约》，相互承认为"自治国"，约缓急相助。此约既订，即曾有俄国军火，自库伦输入西藏。

英国对于中国边疆，向以与俄国维持均势为一贯政策。鼎革之际，俄国扶助外蒙独立。故英国也以同样手腕，施于西藏。民国元年（1912）10月，俄蒙订立商务协定17条。俄国承认外蒙自治，助其抗拒中国，而以取得其政治与商务上多种特权为报酬。英人闻之，亦即引诱藏人与订相类似之条约。曾由英籍之藏族人某，提议约文6条，商于西藏：1. 西藏宣言独立后，一切军械由英国接济；2. 西藏许英国派员监理其财政与军事；3. 英以300万镑贷于西藏，抵押品由英指定；4. 英助西藏抵御汉军；5. 英首先承认西藏为国；6. 西藏开放，准英人自由行动。此项提议，大为藏中僧民所斥，达赖亦不愿承受。迨蒙藏协约成立，英人认西藏复与俄国接近，为由英未积极扶助西独立之所致，乃改为更和缓之态度，表示其愿无条件扶助西藏自治。达赖由是力排众议，背华亲英；藏局乃益僵矣。

民国2年（1913）秋，袁世凯解尹昌衡川督职，以胡景伊接替。川边军政两费，日渐拮据。尹失志，怏怏自废。11月，受召赴京，被囚。3年（1914）1月，改经略为"镇守使"，归四川都督节制。尹氏志大才疏，嗜奇轻任，长于应变，短于威重。其经略川边，为时三稔。挟全川财赋，助赵声威，仓促出师，收复昌都以东20余县。因俗利导，不拂民情，克以保此残疆，贻为建省基础。虽其政治建设之规模，艰苦卓绝之美德，皆不足与赵氏比拟，然拓疆之功，亦可与颉颃矣。

## 第四节 康藏界务纠纷

民国2年（1913）11月，中俄协定，签字于北京。俄国承认中国在外蒙之宗主权，中国承认外蒙自治；允许外蒙人自行办理内政，整理工商业；中国不驻军，不殖民，唯得任命大员率员同卫队驻于库伦，并酌派专员分驻其他地方保护华人利益。

---

① 即哲布尊丹巴。

俄国除领事及其护卫外，不于外蒙驻军、殖民，亦不干涉其内政。并以附件声明外蒙自治区域之境界，以前清库伦办事大臣、乌里雅苏台将军及科布多参赞大臣所辖之境为限。凡关于外蒙政治、土地交涉事宜，中国与俄协商，外蒙亦得参预等项。当此约酝酿之初，英人依均势原则，亦屡促我政府，缔结解决西藏问题之协定。2年（1913）五月，我国向英提议在北京或伦敦开会。英国主张在大吉岭，并准西藏亦派员参加。袁世凯许之（中俄协定之附件，系受此会影响所增益），派陈贻范为西藏宣慰使，王海平为副使前往，旋改地为西姆拉（Simla），英国代表麦克马洪（Henry Mc Mahon）。助之者，有专门研究西藏问题之贝尔（Charles Bell）与专门研究中国问题之罗斯（Anchibald Rose），西藏代表谢脱拉。

贝尔先邀谢脱拉交换意见于江孜。谢脱拉告以达赖之意：1. 西藏内政自主；2. 自理外交，遇重要事则咨询英国；3. 不容中国军队与官吏驻藏，但许商人往来贸易；4. 西藏境土，应包括瞻对、德格、里塘，以至打箭炉一带地方。又谓此意见初交议会（三大寺及各宗代表会议）讨论，因藏人疑虑，议久不定。达赖决一意孤行。略改字面，即可送到会所，因求英国援助。贝尔教以竭力搜集争持界务之文书证据。谢脱拉返拉萨，搜集古近书籍之涉及疆界者，及档卷处关于往昔管理西藏时之册籍、保结、文表，以至康东番人在藏官处诉讼之判牍等，捆载赴之（按上列地方，除瞻对外，仅吐蕃时代曾受拉萨管治。唐宋以来，历与西藏无政治隶属关系。不过因宗教信仰，或曾有排难解纷之因缘而已。谢脱拉所携，固亦不值一驳之废纸耳）。中国代表，则不惟毫未料及此次会议之侧重界务问题，即对过去康藏一切情形，亦素无所知解。此会议失败之主要原因也。

2年（1913）10月，西姆拉会议开幕。中国提案17条，系以光绪十九年（1893）及三十二年（1906）之《英藏条约》为基础，目的在维持清末情况（原文冗长而质量极轻，撮其要领如此）。英国提案6条：1. 废除1906年（光绪三十二）之中英条约；2. 中国承认西藏自治；3. 中国除驻拉萨办事长官有卫兵外，不得驻兵西藏；4. 中国与西藏发生纠纷时，印度政府得仲裁之；5. 英得在藏自由经营商业；6. 西藏内政，暂由印度政府监督，英国得驻兵拉萨。西藏提案4条，略如上文，开议后，英藏两方，皆认为西藏"自治"，已属毋庸讨论，置中国提案不理，首即讨论涉藏境界问题。

先是，袁世凯以温宗尧习藏事，拟任为全权代表。温反对在印境开会，不行，乃改陈贻范。陈性温和，宽缓有仪，然素昧于藏事，当时复乏于检讨藏事之资料，故所持不能得中要领。又复上畏袁氏，不敢有所主张；下迫舆情，不敢轻为诺就。

唯唯否否，数月无议成。迨《中俄协定》已签字，英人乃援内外蒙古之义，提出划分"内、外藏"说。并于3年（1914）3月11日，提出草案11条，主张划出"内外藏境地"。"外藏"包括拉萨、日喀则、昌都等地，由藏人自治。中国除得派驻藏大臣与其相当护卫外，不驻军队及其他文武官吏，不移民，英国得安设商务委员与其护卫。"内藏"包括巴塘、里塘、打箭炉等地方，中国得派遣军队、官吏，移置人民。西藏保留其固有管理寺院与任命地方头人之权，英国承认中国对全藏之宗主权，不得建设行省。其说系援据蒙古成例，中国不能拒，乃复争执内外藏之划分问题。

当时中英两国当政者，对于康藏之部分形势，与建置沿革，皆不明了。但凭英人所制极简略之地图，为讨论依据。所言地方，悉甚含混。大抵英人提案，拟以雍正四年（1726）所划宁静山旧界，分划内外藏境。而当时汉军实与藏军于怒江两岸对峙。怒江以东，已经改流设治。故我国于3月18日，提出初次让步意见，拟从怒江以东为行省；怒江以西，江达以东，及三十九族之地作为"内藏"，保持前清旧制（原案闪烁其词，兹求明快，写其意旨如此）。28日，再提让步意见，以怒江以西，丹达山以东为"内藏"。4月3日，又提让步意见，以怒江为川藏界水。江以东归中国管理，以西为西藏自治区域。取消"内外藏"名称（当时电文，误以青海三十九族与外蒙及西藏比例）。英国始于4月17日，提议"亨色脱岭以东北青海之地，及金川、打箭炉、阿敦子诸地，由内藏划出，归中国治理。瞻对、德格划归内藏"其实，阿敦子以上诸地，历系中国流官管理，与"藏"字名义无涉。英人特为此狡猾，姑以欺不明边事之我国代表而已。4月20日，我国更提第四次让步意见："甲、当拉岭之北，悉照青海原界。其巴塘、里塘、阿敦子诸地，仍为中国内地，归中国设官治理。乙、怒江以东之德格、瞻对，以及察木多、三十九族土司诸地，沿用'喀木'名称，定为特别区域"（按当时国内舆论，反对"内外藏"名称。而内蒙古地方，悉已建设特别区域，故有此文）。但英人坚持距拉萨300英里以内之玉树二十五族地方，不容中国驻军。乃于4月27日，再提修正意见，以康北普陀岭（葛达素齐老峰）、阿尼马钦岭（大积石山）东北之地划归青海。遂以此为最后让步之案，英藏代表先自签字于草约与交换文书。陈贻范亦即签字。草约凡11条。仍本英国3月11日所提原则，划分"内外藏"。关于"内外藏"之分界，以红蓝线标于所附地图上，未曾明细注入约中。

我国政府，得陈氏电报后，5月1日，以"境界一项，万难承认。其他大体可予同意"。电训陈氏，不准再签字于正约。陈氏遵，于5月3日之最后会议，拒绝签字。此约成为悬案。余曾见此约所附地图，非常粗陋。对康、藏各部分之界至，悉无明确标识,但以红蓝线圈入德格、瞻对等字而已。大抵所指外藏,为雍正四年(1726)所划之西藏部分。内藏包括巴塘、里塘、瞻对、德格与玉树二十五族之地。如签此约,则当时边军分防之宁静、贡县、察雅、昌都、恩达等县及类乌齐、三十九族等处之防军与官吏,均应于一个月内撤退(草约第三条)。即德格、瞻化、巴安、理化及玉树等县,亦不得建设行省。欲求如今日局势,亦不可得。固莫如留作悬案之为愈也。

英使朱尔典,于西姆拉会议决裂后,复向我外交部催促解决内外藏境界问题。6月13日,外交部提出办法4项:1. 划怒江以东,打箭炉以西,及玉树二十五族之地为"内藏"(原文示界不明,谓打箭炉近北纬30度西行至巴塘之宁静山,沿金沙江南下。北纬30度,恰中分康定、雅江、理化、巴安4县境,岂可以作界线?缘当时不辨各县界址,姑以圈入县治而已);2. 中国于内藏境内,有自由经营之权。现驻文武官员,仍旧行使其职权;3. 达赖喇嘛对于内藏,享有派选寺僧,保守教务权利;4. 外藏为自治区域。朱尔典复称"如内藏境界,不距拉萨300英里,英国断难承认。倘中国月终尚不签字于正约,则英国与西藏直接缔约后,中国之特权利益均自归于消灭。英国并当援助西藏抵抗中国"等云。外交部又于29日提出三十九族划属外藏意见,英皆未肯接受。适值欧战爆发,藏案复归停顿。

川边第一任镇守使张毅,民国3年1月就职。首将军政两费划分。政费以川边税收自给。军费月需15万余两,由四川协济。分边军为三统,统领刘瑞麟驻巴安,分统刘赞廷驻宁静,帮统彭日升驻昌都。与藏军相持于怒、澜两河谷间。藏恶三十九族亲汉,派兵剿之。继攻类乌齐。彭日升驰援,败藏军于葱坡埂。收三十九族地,拟设九集县于类乌齐以领之。其年夏,藏军反攻。彭败退昌都,三十九族复陷。类乌齐仍为汉军驻守。于是汉藏两军,缘瓦合山脉布防,不复相犯者,阅时3年。

边藏既罢兵,商道大通。军兴数年,藏中储茶略尽。此时大帮番商,麇集炉城。进出口贸易,极盛一时。张毅长于理财,呈请设立川边财政分厅,推行契税、验契、印花、屠宰、烟酒等税,清查户口、粮税、金矿、官产。裁减机关,厘定县级,编制全边岁出入预算。开源节流,力求政费自给。又曾拟移镇署于巴安,及开办垦务等事。制发各项章则条例,规模粗立,足补尹氏阙遗。然文武官吏,相率言利,而忽于边防大计,亦其失也。

3年(1914)9月,定乡驻军营长陈步三,以怨望戕害旅长稽廉作乱。又诱执继任旅长邱昂青、团长朱森林、张煦等。张毅调川边两军凡五大支队会讨之,昧于地理,集中于理化一隅。被陈由稻城间道突出雅江,焚平西桥(赵尔丰时延比国工程师用钢铁建造，民国元年竣工），陷康定。攻乡诸军反追之，不及救。4 年（1915）春，贼窜天全，始渐溃败。凡所窜扰 10 余县，军民损失不可胜计。而遗弃枪械于乡、稻民间及天芦乱民，流毒尤为酷烈。川边元气大耗，康南亦从此鱼烂矣。张以调度失宜撤职，4 年（1915）6 月，刘锐恒接任镇守使，张专任财政分厅长。

刘锐恒原任建昌前五营统领，值袁世凯称帝，以拥戴功，得主川边。未几，袁死，罗佩金任川督，请撤刘职，以殷承瓛代之。5 年（1916）6 月，刘带印赴川请饷，遂留成都，8 月殷氏到任。

于时川边戍军分两系。赵、傅遗留之故部曰"边军"。民国以来新调驻防者曰"陆军"。边军师老械窳，军容敝败，而谙习边情，多有战功。陆军适与相反。分驻康东康西，各以长短相谑，至如仇雠。刘锐恒以陈遐龄为川边陆军第一旅旅长，驻雅安，分防康定、理化、乡、稻。彭日升为边军统领，驻昌都。杜培祺为帮统，驻康定。刘赞廷为分统，驻巴安。4 年（1915）8 月，边军营长傅青云以索饷哗变，劫康定市，杜培祺不能制。殷氏率滇军华封歌全团到任，追究前事，枪毙傅青云，撤杜培祺职，以聂德明代为帮统，命进驻昌都。拟清查边军欠饷，整刷军容，裁汰老弱，切实训练，彭日升等怨之。6 年（1917）夏，川军驱滇黔军，罗佩金、戴戡，先后调华团入援，殷皆以边防重要拒绝之。已而川将领联合刘成勋、陈遐龄、彭日升等驱殷。彭命其营长彭斗胜率军攻康定，刘成勋亦自雅安两向逼之。殷氏拒战，不相下。于时段祺瑞逐张勋，奉冯国璋为大总统，遂不恢复国会，国民党议员南下，组织护法政府于广东。四川第五师师长熊克武倾向南方，段任周道刚为四川督军，调熊为川边镇守使，熊不肯赴。10 月初，殷待熊不至，具呈北洋政府，纠彭日升犯上之罪，以陈遐龄护理镇守使。自率所部返滇。殷氏勤咨博访，锐意图治。凡所设施，多洽舆情。有志未竟，论者惜之。

是年 9 月，驻类乌齐边兵连长余金海，擒获越界藏兵 2 名，解送昌都。藏人来索，彭日升以其头归之。藏军愤怒，开战。边军初胜。继而藏人以精兵内犯，边军失败。7 年（1918）1 月，陷类乌齐与察雅。2 月陷恩达，昌都被围，向陈遐龄告急。陈素憎边军，幸其败灭，抑粮械不救。昌都被围二月余，附郭尽陷。援军至理化、道孚者，皆停不进。彭向藏军乞和，缴械。4 月 24 日，西藏噶伦降巴登达入昌都。查诛亲汉藏民数十人，或死，或剀，或刖，或与被俘边军同押送拉萨。仍复部署东犯，分南北两路进军，势如破竹，续陷同普、贡觉、宁静、德格、白玉等县，直逼甘孜与巴安。陈遐龄集军 9 营御于甘孜之绒坝岔，血战 40 余日，仅能拒之。

初袁世凯称帝制，既于 4 年（1915）5 月与日本签订 21 条，更欲追认西姆拉草约，以要好于英。曾于4年（1915）6月，命外交部重与英使协议藏案，外交部组织藏事研究会。奉命将西姆拉草约略加修改，拟承认划察木多以西为西藏自治区域（未承认"内外藏"名称）。所有昌都等县军队，限一年内撤退。旋复让步，愿划察木多、八宿、类乌齐、三十九族诸地归外藏。玉树二十五族、德格、霍尔诸土司，与瞻对地方划为内藏，改称"康藏"。打箭炉、里塘、巴塘三土司地归四川治理（与西姆拉草约所订全同，只文异耳）。其时英人对于西康地理部分，尚无充分之知识。对此突然自动让步之提案，反以自疑。且以欧战方酣未暇考虑此事。故但言不愿变更旧案，更未置复。一面派遣柯尔斯（Oliver Coales，民国5、6两年在康）、台克满（Erie Teichman，民国6、7两年在康）等入康探险。藏军东犯时，台克满适在宁静。见藏军不能更东，虑川军来援，更挫败，失所获地。乃自称英国副领事，诱边军分统刘赞廷至昌都，与降巴登达签订停战条约13条，摘其重要条文如下：

……

（二）本约为暂时条约。他日当另开中、英、藏三方政府代表正式会议，缔结永远遵守之正约。但正约对于本约，不得有所更改。如必欲更改时，须经三国政府之同意。

（三）本约订立以后，中藏驻兵地方，暂定如下：

巴安、盐井、义敦、得荣、理化、甘孜、瞻化、炉霍、道孚、雅江、康定——以上汉军。类乌齐、恩达、昌都、察雅、宁静、贡觉、同普、德格、白玉、邓柯、石渠——以上藏军。

……

（十）从前中藏守边设防，征调繁多，人民不堪其扰。本约订立以后，中藏交界地，除维持地方秩序以外，不得驻扎多数军队。巴塘及甘孜，各限驻汉军两百名。昌都及宁静，各限驻藏军两百名。

（十一）定乡、瞻化两县人民，如果安靖如常，无虞出境扰乱之时，汉官应不驻军于该县境内。其有不守法度者，汉官可派兵惩办之。惟不得过加株连。

……

（十三）本约用汉、藏、英三种文字，各缮六通……因英领事为调停人，得以英文为主。本约成立后，各签字委员，立即呈报本国政府，求其批准。在未批准以前，汉藏各方均不得动兵交战。

陈遐龄初拒其约,迨绒坝岔苦战无功,遂亦派员与台克满及西藏代本琼让等定约四款如下:

(一)汉军退守甘孜,藏军退守德格境内。自退兵日起,汉藏各军,于停战后一年间,不得再进一步。静候民国大总统及达赖喇嘛派员集合昌都,交涉解决。

(二)本约及停战退兵条件,非正式议和条约。

(三)退兵期间,自中历十二月十七日,藏历九月十二日起,至中历十二月三十日,藏历九月二十六日止。

(四)本约由川边镇守使陈遐龄派遣之交涉员韩光钧,与西藏噶伦派遣之委员康却洛桑邓达,后藏之代本琼让、贞冬,会商订结,而以英国副领事台克满为证人。订结以后,各签字委员,应速呈报各该国政府,求其批准。

此两约虽皆未经政府批准,不成正规条约,但甘孜、巴安以西11县,竟由是约沦陷。英藏纠缠数年,欲得未得之地,一旦尽获,又益以德格等5县,其为踌躇满志可知矣。

民国8年(1919),绒坝岔休战约期将满。台克满虑汉军反攻,西藏不能制御。于是年5月赴北平,敦促英公使朱尔典,向我外交部催议藏案。外交部依据民国4年袁世凯最后让步之条件,改拟四项办法,提付阁议通过,于5月3日致送英公使。其要义为:"1. 打箭炉、巴塘、里塘3土司地归四川治理;2. 察木多、八宿、类乌齐、三十九族划归外藏;3. 德格、瞻对及青海南部之地划为内藏;4. 云南、新疆省界仍宜保持旧制"(按:从来中英两方讨论西藏问题,皆未涉及云南、新疆省界,此牒乃突赘入此语,直同梦呓。足见当时北洋政府人员,无一对此问题加以研究者)。英使电告英京,英政府此时,不愿将藏军已经占领之德格等县划为内藏。令英使以下列条文,复外交部:

甲 取消"内外藏"名称,将西姆拉草约原议划属内外藏地方,区分为二:巴塘、里塘、打箭炉、道孚、炉霍、瞻对、甘孜诸地划归中国。德格以西划归西藏"(按:从来英人所标界划,皆甚溷沦,此文对于康北地方,始能分别县名,明白指定,由派柯、台两氏考察得之也)。

乙 照原议用内外藏名称。将巴塘、里塘、打箭炉、瞻对、甘孜等地划为中国内地。昆仑以南,当拉岭以北划为内藏,中国不设官,不驻兵。德格划归外藏(按:

此条所指"内藏",意谓青海南境,含义模糊,由当时尚无英人入青境作地理考察,不能确指其部分地名故也。所谓"德格",指德格土司故地,包括邓、德、白、石、同普5县)。

此时政府诸人,对于康、青地理,莫能明悉,无从比较其利害。然以舆情恶"内外藏"名称故,致复英使云:"甲案原则可予赞同,内容万难承认。"英使复商,允依甲条原则,将冈拖地方划属中国内地。唯玉树二十五族地方,不许中国驻军。大总统徐世昌,拟予承认。虑各省反对,乃于9月5日,由外交部以歌电征询川、康、滇、甘、新、青各省区意见。电文有云:"……5月30日及8月30日,两次与英使会议界务。……经再三磋商,始允许取消'内外藏'名称。将打箭炉、巴塘、里塘、瞻对、冈拖等地划归中国内地,将德格以西划归西藏。又一办法:仍用'内外藏'名称,将打箭炉、巴塘、里塘、瞻对、冈拖作为内地。将昆仑山以南,当拉岭以北之地作为'内藏',中国不设官,不驻兵。德格归外藏。所称界线,较之前次会议实已大有进步。若不乘此议结,中藏势必日益隔阂,将来恐无恢复之日。"(查:冈拖为德格县西金沙江岸之一地名)英使"将冈拖划属内地"一语,盖即尽依甲条原则,多划金沙江以东之邓、德、白、石4县为中国内地,以换取玉树二十五族地方不设官不驻兵之条文。所谓德格以西,尽指德格土司故地以西,非谓德格县属外藏而冈拖归内地也。彼时外交部人员不明地形,误解文义,以损失超过西姆拉草约之条件为"大有进步",诚属愚倍可嗤。顾川、滇、甘、康各省,虽一致反对,乃其所持理据,亦多有更荒谬于歌电者。大抵当时国人皆未切实研究藏事,尤乏于实地考察及精确地图。每一交涉,徒事盲争。词理悖乱,不自知云(关于康藏界务纠纷之条约与电文,参看拙著《西康图经·境域篇》)。

边藏休战期满时,欧战告终。帝俄崩溃,外蒙取消自治,复附中国。英国已疲惫不堪,注意休养。而印度民族自治问题,日益严重,西藏事件,早已置之度外。对于印度运输军火入藏,已加禁止。北洋政府已思乘时解决藏事,曾密电询陈遐龄,对收复失地有无把握。陈覆称:"所部4团之众,中央如允接应饷械,誓与藏番周旋,务期收复失地为止。"国务院电允济款6万元、步枪1000支、子弹10万发(时熊克武为四川督军,与陈不合,陈请由甘肃洮州接运入边,至民国9年6月运达)。并一面命甘督张广建派员入藏,与达赖疏通情感。一面召开藏事讨论会,征相关各省派员出席。陈遐龄亦派财政分厅长陈启图,携收复失地条件8条前往,索取军费60万元、步枪弹40万发、机枪弹1.2万发和山炮弹1200发,俱获批准。于时,全国各地军政长官，闻恢复失地，皆曾尽力赞助。川督熊克武，亦先后接济川边饷款50余万元，子弹40万发。民国9年（1920），陈遐龄逐去华封歌（民国7年自滇入据会理），兼有建南地方，乃以"后顾无忧"电请北京政府照前议拨济饷械以利西征。值奉直、直皖诸役后，北政府库藏荡尽，国务总理靳云鹏，以恢复失地事宜，特准由部订护卫部队枪支项下拨发汉厂新枪1000支、子弹30万发，由汉中刘存厚转运入边（此项枪弹，受川局影响，竟未运达）。至北政府允拨之收复失地临时费60万元，则于四川盐款项下，自10年（1921）1月起，按月拨付8万元（后因四川紊乱，防军把持，恒难照发）。然陈氏之志，本无意于规复，徒欲以此发展实力，以争四川之防地而已。

民国12年（1923），四川第二军军长兼临时省长刘成勋，联熊克武故部第一军军长但懋辛等，与邓锡侯、杨森、刘存厚诸部相攻。陈遐龄与邓、杨等联合，出兵入川。与熊军战于成简间，大败溃。陈以康事付孙涵，建南事付羊清泉，自向甘肃赴洛阳乞援吴佩孚。刘成勋部蓝世钲等尾追陈军，于13年（1924）春，破康定，孙涵等退泰宁。已而建南军来援，蓝军退回雅州，与川军依邛崃山脉相拒。密云不雨之恢复失地声浪，至是如虹散烟灭矣。

民国8年（1919）10月，甘督张广建，遵北政府令，派朱绣、李仲莲与喇嘛古浪仓等入藏。时值休战期满，而英人禁止印度再运军火入藏，达赖忧惧，对绣等颇加优礼。

藏中僧民，初见中央使节，亦皆喜慰。绣与达赖、班禅商洽内附问题，俱能接受，唯绣等位卑，不能决此大事。曾应藏人要求，权与藏人订立赓续停战之约。9年（1920）4月，绣等携达赖、班禅致北政府之正式文件返甘，张广建上之。北政府拟派员慰问西藏，值直皖、奉直诸战役，政变迭乘，遂不果遣。此后甘新使者，曾三入拉萨。其使命皆因内乱起伏，浮沉莫达云。

印度政府，对于西藏问题，素较英政府为急进。专门研究西藏问题之贝尔等，则尤以禁运军火入藏为不然。外蒙赤化后，贝尔著论，为谓其足以影响西藏，危害印度。主张接济军火，强化西藏，以卫外篱，并以此主张，通知达赖。达赖方盼英人助己，以书招之。贝尔请行，英政府不许。贝尔遂借游历，由亚东入江孜。时内地派员屡至拉萨，藏人倾心内附，拒英。达赖迫于众议，复以书阻贝尔。贝尔返亚东，力请其政府派之入藏。9年（1920）10月，英政府准之，并电达赖。藏人不能拒。时中央方有官员在藏，洽谈西藏内属问题，尚无结果。贝尔至，力说达赖强兵抗华，谓"如与中国亲昵，而无英使参与谈判者，必蒙强制执行危险。现即拒绝中国，中国亦无如何。休战期满，不能出兵收复失地；反以乡城娃出巢为惧，足见其力"［乡城自陈步三乱后，"夹坝"（匪）得其遗赠军火，气焰涨盛。屡出行劫康南、滇北各地。陈遐龄报乡匪出巢，系达赖指使。北政府误为藏军内犯。使人入藏，以为言，嘱达赖令乡城娃安静，亦边事笑柄也］。又说达赖："藏军仅5000人，殊不足用。宜增筹军饷，扩张至1.5万人，始足以镇压内乱，抵御侵略。"达赖深以为然。时西藏舆情，分亲汉、亲英、自立三派。至是，亲英与自立派通过增兵案，拟编僧侣为兵，提寺产，增赋税以给饷，僧侣大哗。亲汉派寺院拟于民国10年大祈祷节（1921年2月）革命，驱逐英人，驻军多与暗契。达赖闻之，先调移可疑军队驻离拉萨，始获宁静。哲蚌寺5000僧侣，仍声言将攻拉萨，诛白人。达赖调精兵3000围攻，屈服之。当时藏地人心如此，惜中国政局方乱，无以抚循之也。

贝尔留拉萨一年，备受达赖及藏官优礼。其年八月节，拉萨演剧，为贝尔设座，亚于达赖。太平洋会议（1921年11月），西藏被邀。达赖通电，谓："非贝尔先生出席者，藏人不愿开议。"藏官之佞事贝尔者，谓其"前世为西藏高僧，发愿投生强国，为西藏护法。见于某经典"云。贝尔非佛教徒，非黄种人，乃受达赖倾倒至此。设国人亦有谙习藏事，通其语言，得其性情，如贝尔者，不将更易著绩乎！此国人所当痛自反省者也。

贝尔于10年（1921）3月，条陈英政府，鼓吹扶助西藏富强，又请催促中国完成康藏和约。英政府方为各殖民地自治问题所苦，迫而决意放弃藏事。虽嘉其勤，不能纳也。是年四月，北京政府因驻京英使艾斯登催结藏案，曾拟交涉条件7款，训令驻英公使顾维钧，探访英国意见。据复"英国并未正式提出西藏问题。各国亦皆以西藏不与印度相同，当隶属于中国"。故华府会议，未以藏事提付讨论。是后，并无任何外国干涉汉藏之关系。康藏界务，亦唯视双方实力消长之程度为判决矣。

## 第五节 大白之役

陈遐龄时，全川各军，划地自擅，称为"防区"。陈之布防，兼有雅属6县与宁远7县，更得川盐款协济，军政两费，勉能自给。及其战败北走，雅属防地，为第三军刘成勋所夺。羊清泉亦割宁远自用。孙涵代行镇守使，困守康定一隅，财用匮缺，苛税朋兴，仍不足以给军费，边政陷于停顿者，阅时一年。民国14年（1925），北京临时执政府任命刘成勋为"西康屯垦使"，孙涵为"西康边防总司令"（羊清泉归其节制），始废"川边"旧称。刘成勋建三边两军合作口号，招抚孙羊两部。于是年 2 月刘赴康定，接收边政，置屯垦使行署，以旅长方潮珍率兵两营驻此，代行屯垦事务。自返雅州。

民国 15 年（1926），北伐军定长江各省，国府定都南京，四川各将领，并通电就国民革命军职。刘成勋为二十三军军长。对于康政，多所规划而鲜所设施。扰攘三稔，一无成就。边事之坏，于时为极。且三边两军，神离貌合，刘屡欲改编边军，意布而不果行。民国 16 年（1927）夏，二十四军因民怨讨之，所部纷叛，刘氏宣布下野。三边两军，悉为二十四军收编。

二十四军军长刘文辉，原有防地包括叙（府）、泸（州）、自（贡）、犍（为）、乐（山）等富裕地区，财力丰赡。及是，兼有西康与雅、宁两属，受任为川康边防总指挥，兼任四川省政府主席，因得挹川注康，放手经营。对西康之军民财政，皆经彻底清理，民国 17 年（1928），设政务委员会于康定，主持边政。建川康防军两旅。第一旅旅长余松琳，驻雅安，护运输。第二旅旅长马骕，驻康定，镇抚康地。自陈遐龄以来，鱼烂失驭之地，如盐井、得荣、定乡、稻城各县，绿玉、仁波等村次第剿抚，恢复县治，重整粮税，边政复有起色。

班禅、达赖，宗教上地位相等。政治上，则班禅除汤沐 3 县外，即所驻扎什伦布寺，亦归达赖管理。尤因不治俗务，故其宗教修养，恒较达赖为高，寿亦较长。罗桑贝丹伊西（详第二章第五节）转生为罗桑巴达丹必宜马，年 72，咸丰四年（1854）卒。转生为丹贝汪却，享年 29，光绪八年（1882）卒。转生为却吉宜马，自克主结以来，此为九世。英军入拉萨日，清廷革除达赖名号，令班禅兼管前后藏，时班禅年 21，具藏文禀力辞。其年冬，英皇子游印度，书召班禅，班禅迫于势，赴之。翌年三月返藏。达赖既屡出奔，班禅与前后藏各大德，颇以其预俗干祸，丧失尊严为不然。班禅之徒，亦欲乘达赖不返取得政治上地位，故颇助驻军。达赖自印度返藏，班禅迎于江孜，达赖责其助汉人，罚银 4 万两。由是班、达不睦。其左右更同水火，交相逸构。达赖狠愎，屡责班禅不能约下。民国 12 年（1923），再罚巨款，并索其左右惩办。班禅乞免，不获，遂与其徒出奔来内地。14 年（1925）春，至北京，见中原方乱，转赴内蒙古布化。

国府定都南京，班禅入觐。其徒见国家方盛，盼能以武力护送返藏。国府未许，但优礼以羁之。欲并召抚达赖，打通民族隔阂。令雍和宫喇嘛贡却仲尼赴藏，宣达抚徕之意。达赖久失英援，亦思乘时内附。对贡却所携 8 款，如恢复汉藏旧日关系，出席国民代表大会等，并已承受。唯对班禅返藏，与汉军驻西藏事，仍持反对。18 年（1929）9 月，贡却返京复命，准达赖设办事处于南京，西藏与中央间始通文电矣。

班、达之徒，仍复在京相讦。班禅避往沈阳。其徒宫敦札西（巴安中咱人），于民国16年（1927），因返家之便，向川康各首长接洽，设立办事处于重庆、成都、康定等处，并请求援助班禅返藏。前三十九族亲汉头人彭错、赤日汪中、类乌齐喇嘛诺那与江卡之松朋喇嘛等，亦皆集于川康各处，吁请收复失地。有代本敬巴者，妄人也，倡言将在康境招兵成旅，助班禅回藏。西藏虑川康军助此辈，遂以重兵布防于昌都、德格、宁静等处。

大金寺在绒坝岔东，为霍尔十三寺①之一，有僧千余人，历以经商致富，雄于财势。民国15年（1926），为乡城娃所攻。怨驻防林葱之汉军坐观不救，由是亲藏。绒坝岔之役，暗助藏军。停战约签订后，该寺适在康界。然为不驻兵区域，沙弥躁妄，常侮汉人，汉人亦嫉恨该寺。民国19年（1930），该寺与白利土司，因争差户启衅，突于5月21日，出兵焚掠白利，占领亚拉寺。甘孜知事韩又琦请讨之。旅长马骕，饬营长罗海宽率部前往武力调处。大金寺抗不撤兵，与官军相持于白利境内。时甘孜、炉霍两县僧侣、商人，奔走调停。政委会及旅部亦派朱宪文、马彦华等前往调解。大金寺一面允赔白利损失及官府罚金各200秤（每秤50两），一面乞助于驻德格藏军德墨色代本，一面乞解于驻玉树之青海军团长马步芳。

初，马骕拟用兵，先函询德墨色意见。复函有"该寺既在汉界，藏军自不当问"等语。马信为诚然，对该寺提出处罚条文颇苛（相传有缴献所有军械，拆毁围墙，罚款40万元，赔白利损失，交出祸首，具结永不滋事等6款）。并遣团长马成龙为征甘先遣司令，督兵4营赴甘孜。意在迫令该寺屈服。殊藏军已暗助该寺快枪300支，并暗征民兵备战。当兵力未大集前，亦函邀康青两方代表会商于林葱，调解是案。各代表见双方皆无议和诚意，拒不肯行。延至8月30日，前线排长李哲生，被敌方游骑击毙。战事由是爆发。康军收复白利失陷地，进占申科、汤古、维堆，围攻大金寺，久不能克。达赖电请中央制止康军前进，中央电刘总指挥发令制止。饬候蒙藏委员会派员赴康调处，康军遂停攻。

藏军乘康军懈弛，协同大金寺僧，于民20年（1931）2月9日（阴历正月初八）之夜，猛袭康军。康军仓促应战，大败溃，退入甘孜。见后方援军尚远，复退炉霍。朱倭土司素怨汉官，及是迎藏军。藏军遂占领甘孜全县及炉霍之朱倭一区，驰报达赖。达赖令更进取瞻化。瞻化县长张楷，纠民兵固守5月，援军不至，城陷被俘。

---

① 1654年，五世达赖令弟子昂翁彭措至康区弘扬黄教，昂翁先后在甘孜、炉霍、道孚一带建立甘孜寺、东谷寺、孔马寺、寿宁寺、灵雀寺等13座寺庙，史称为霍尔十三寺。

藏军遂占瞻化全境，及理化之穹坝、霞坝两村。

中央特派员、蒙藏委员会科长唐柯三，4月3日出京，5月3日至成都。正治装中，瞻化已陷。贡却仲尼尚电称达赖已派代本琼让在大金寺候商。6月11日，唐抵康定。致中央函电，方主藏方撤兵回原防后，再进行调解大白事件。盖达赖先曾电请中央令双方军队退回原防也。7月8日，唐至炉霍，闻琼让尚未启行，乃派刘赞廷，先往甘孜接洽。时藏人狃于新胜，谓康军脆弱，对唐甚轻慢。新任昌都噶伦阿丕，主战最力者也。至是，以战胜者自居，邀唐往昌都晤商。唐电责贡却仲尼。贡称不负责。8月，达赖电复中央，竟有"甘、瞻原属藏地，应由藏军占领。唐特派员屡提撤兵，殊属非也"等语。9月，阿丕至德格，函催唐往议，语多狂妄。唐不肯往。阿丕径返昌都，函唐与琼让交涉。盖其时日寇陷沈阳事，已布藏中，藏人态度益强硬也。9月29日，中央电唐："国难方殷，对藏亟宜亲善，甘事从速和解。"唐以此意，嘱刘赞廷与琼让先事协商。刘于11月6日，与琼让拟定暂时停战条约八条：

（一）甘瞻暂由藏军驻守，俟将来另案办理。

（二）大白事件，由琼让秉公办理。

（三）道、炉、甘等处，双方各驻军200名。其余撤退。

（四）穹、霞二坝仍归理化，朱倭退还炉霍。

（五）大金寺所欠炉霍商款，由琼让饬令该寺迅速归还。

（六）被掠川军一概放回。所受藏方优待费，由川政府拨藏洋2万元归还。

（七）马旅长与琼让，互派委员前往致谢。

（八）恢复交通，双方互相保护商业。

"外送琼让手枪1支，黄缎10匹"（此据唐致刘总指挥电文。其致蒙藏委员会电，及赴康日记所载，稍微不同）。

刘文辉得电愤慨，复电有"……此案要点，全在藏军退出甘瞻，乃有交涉可言。承示各条……鄙意均期期以为不可。事关国防，并为中央威信所系，窃谓有详慎考虑之必要。……思维再四，未敢苟同"等语。适西藏政府，亦不欲退穹、霞、朱倭三处。借口中央党务特派员苹桑泽仁，在云南中甸就滇康宣慰使职时，曾发电声称有调解边区各县纠纷之权。谓中央有两代表调处此案，延缓签字。意以为要挟废除第4条之口实。延至12月，石青阳将就蒙藏委员会委员长职，力主对藏用兵。电唐柯三："如该约尚未签字，即以设法延缓。"唐遂于21年（1932）1月2日，自炉霍返康定。夫甘孜草约八款，不唯丧地辱国而已，即以中央特派人员，降与西藏代表直接签订敌体式之议和条约，实已失体太甚。赖有此诸因缘，未遂签字，亦云幸矣。

21年（1932）2月，行政院电撤唐柯三回京，以甘案交刘总指挥办理。是月15日，驻康定旅长马骕，为部下叛兵所害，刘总指挥命余松琳率部入康，兼一旅旅长，规进取。于是一面以巨量军实，自川西移康；并调建南戍军黄汉诚旅入康，由余节制。一面商得青海之玉防司令马步芳同意，约于6月18日协同进攻。一面以29团团长邓骧为前敌指挥，率部进驻炉霍，待时出击。时巴安方有革桑泽仁之变，刘氏亦未顾也。

藏军见康军大至，先于4月27日，进袭炉霍。激战至翌日，大溃。邓骧尾追，遂复甘孜。康军攻瞻化，亦克之。5月，藏军自牙盖山（甘孜县治南3里）三度猛袭甘孜，均被击退。未几，建南黄旅增援至，且得青军进攻消息，遂于7月3日，再自甘孜进攻，连克牙盖山、白利等地。藏军不支，焚大金寺，率部胁其僧侣退守德格、邓柯。康军进驻玉隆。青军旅长马良臣，亦连克苏茫、囊谦等地。康军自玉隆稍息，即复分道进攻，收复邓柯、石渠、德格、白玉4县，藏军退阻金沙江。青军复自玉树、隆庆等地出兵，东向夹击，取占邓柯县西岸及纳夺诸地方。藏军岌岌难以自拔，乞和之使，相属于途，康青两军皆不许。藏人已拟放弃昌都，退守嘉裕桥矣。值驻重庆之二十一军军长刘湘，结驻成都二十九军军长田颂尧等，袭取二十四军之江津、永川等防地，猛扑泸州、内江等处。刘文辉不敢兼顾藏局，电邓骧，许藏人和。10月8日，邓与西藏代表琼让，订约于冈拖云。

汉藏暂订停战条件：

（一）双方接受和议，协定停战，弃仇言好。所有汉藏历年悬案，侯听中央与达赖佛解决。

（二）汉军以金沙江上下游东岸为最前防线。藏军以金沙江上下游西岸为最前防线。双方军队，不得再逾越前进一步。

（三）自中历10月8日，即藏历八月初九日起，至10月28日，即藏历八月二十九日止，双方作战部队，分头撤退。汉军退俄滋、德格、白玉以东。藏军退葛登、同普、武成以西。其最前防线，汉军如邓柯、德格、白玉，藏军如仁达、同普、武成各境内，双方每处驻军不得逾200名，并各派员互相监视撤兵。

（四）自停战撤兵日起，双方恢复原状。商人往来无阻，唯须双方官府发给执照为凭。并本尊崇佛法，维持佛教之意义，对于康藏各地之寺庙，及住在虔心修持，与往来两地之喇嘛徒侣，双方均一律维持保护。

（五）此条件自签字日起，各飞报政府存案，共同遵守。

（六）此条件适用于汉藏双方，如有未尽，将来由中央同达赖佛修正之。

自鼎革以来，藏军东侵，未尝挫败。狂于常胜，遂藐中央。以至于噶伦阿丕，不屑与中央特派员以礼商晤。自有是约，而后西藏知威。虽因川战牵制，未克光复赵尹时旧地，然藏军由是不敢复萌东侵之念。信使往复，唯恐失仪。唐特派员之积忿隐辱，于以湔焉（关于青藏两军战和经过，有青海省政府印行之专书，兹不赘入）。

革桑泽仁者，巴安人，原名王天杰，刘成勋所办雅州军官校学生，为康人留学内地之最早者，以通汉藏语文，从班禅之徒至京，英发劲锐，为世所重，累官至蒙藏委员会委员。民国19年（1930），奉命为西康党务特派员，返康宣传党义。自云南入，得滇主席龙云资助。至中甸，招募卫队，通电就康滇宣抚使职。民国21年（1932）1月，由盐井至巴安。闻马瑔死，遂提巴安驻军枪械（正月22日事），建立西康省防军司令部。派人招抚盐井、得荣、定乡、稻城、理化诸县，拟与川康军分治边地。然康人重世族，轻革氏，所在拒之。得荣杀其所委知事，理化仍为川康军守。盐井朔和寺之贡噶喇嘛，巨猾也。既助革氏迫逐其知事与驻军营长，仍截夺革氏所得枪械，据县自雄，且联藏军攻巴安。革氏拒战不利，取消所建政府，请川康军入城协守。刘总指挥令驻理化王政和团助之，合力拒退藏军于金沙江西岸。川康军既克邓、德、石、白诸县，革与其党，皆自云南返京，巴安平。

冈拖条约所谓"金沙江上下游两岸"者，仅指德格、三岩之部，与巴安以南无涉。签约后，巴安藏军尚夹江相持。故由琼让另具退兵切结，黏附于此约云："汉藏双方停战条约订立后，所有未经列入约内之巴安所属河西地方现驻藏军，限于中历10月8日，即藏历八月初九起，九日内撤回原防。将所在地面退还汉方。后此结收回时，应将此条补列正式停战约内。中间不虚，具结是实。"是故巴安以南，康军原管之巴安河西13村与盐井一县地方，应由康军收回接管，无如川战剧烈，24军节节失败。至民国22年（1933），内战结束。刘总指挥退守雅安，尽失川西南防地，饷绌兵单，加以疲困，忙于内部之收拾整理，无力责让藏人。未几，复遭诺那之乱。盐井及巴安河西诸村，遂竟为藏军占领矣。

西藏声言自治虽已逾20年，人情仍多倾向中央。迨贡却仲尼入藏，藏人咸盼达赖就抚。藏军之东侵，与拒唐特派员之会商，皆非多数藏人意也，唯噶伦阿丕主张甚力。达赖专任阿丕，排众议为之。及是战败，阿丕自杀。达赖亦于民国22年（1933）3月17日恙忿死，年58。

国人误解藏俗者，谓达赖已死，班禅必可受迎返藏，主持政务。国府派黄慕松入藏致祭，借以宣抚藏人，商论西藏内属与班禅返藏诸问题。一面任命班禅为"西陲宣化使"，命由内蒙古、宁夏、青海徐进，准备返藏。民国23年（1934）春，黄专使自康入藏。是为鼎革以来大员入藏之始。藏人对于内附各款，皆循达赖旧说。班禅返藏，已肯承认，唯对其经过前藏，及派军随同入境各节，仍持反对。

大金寺作乱僧徒，旧随藏军渡江者，共凡700余人。除先后潜归者外，流落昌都约500人。23年（1934）1月，乘邓柯官军除夕弛备，偷渡焚劫，虽经击退，全城损失甚巨。黄专使入藏之际，康当局秉承中央汉藏和好旨意，派德格县长姜郁文与藏方代表静巴会于矮达，订立安置大金寺叛僧条约。约成，双方代表率该僧等回至绒坝岔，乃因约文汉藏含义不符，该僧等携械哗走，劫杀在途之甘孜汉番商民，驱其茶货百余驮入藏。10月6日，藏方代表措科至德格，与康方代表张行、邱丽生继续交涉，越时三月，始于冈拖签订安置大金寺僧新约8条，规定由藏方追还所劫货物，赔偿命价，收集叛僧枪械入库封存。殊该僧等，已将值银800余秤之货品及茶59驮耗去，仅克追出茶13驮半，以是迁延悬结。延至27年（1938）11月9日，始由西藏代表索康汪青，与西康代表章镇中、范昌元，重在德格开议，就原约文义含混处，增订详细办法7条，俾无复发生争执之虞。其大金寺僧应赔各方损失，无力赔偿之额，悉由康、藏双方官吏捐廉凑足，积年悬案，始获解决（交涉原委与条约全文载《康导月刊》第一卷）。

自宗喀创立黄教，琐朗嘉措演化蒙古，黄教遂成蕃、蒙两族唯一之信仰中心。历以戒律精严，智行圆融，受帝王扶植，克以凌踞红白各派，庄严尊贵，世无其偶。乃因驻藏大臣失职，噶伦盗政，不肖僧伽蠹蚀其间，清净藏域，顿成秽土（西康政治腐败情形，详后节）盛极必衰，若有数然。达赖十三世，复以忮愎之资，干预俗务，首导藏人破犯杀业，兵败乞和迭致窘辱。尊严扫地，而不自省。残民逞志，以犯祖国。寺院由此被焚者，计有巴安丁林寺、定乡桑披林寺、盐井腊翁寺、得荣浪藏寺、察龙左贡寺、昌都江白林寺、乍丫察雅寺、稻城雄登寺、拉萨丹吉林寺和甘孜大金寺（略依先后次序。丹吉林寺达赖所夷。余皆因叛乱被毁），皆康藏之精华，黄教之巨刹也（其他红、白教寺院因乱被毁者从略）。以黄帽聚修之所，作叛逆杀人之业，频造浩劫，讵佛陀之旨哉？卒因战败乞和，怀惭以死。而少数逆僧，尚于日暮途穷之际，一再狂劫平民，以泄狷忿，末流之弊，乃至于此。以视红白各派之吞刀吐火，欺世炫俗者，盖又为甚。故谓西藏问题，为宗教腐败问题，亦无不可。

# 第四章　康藏现况

## 第一节　西康建省

光绪时，英军入拉萨后，一时舆论哗然，咸主西藏建行省，以固治权，而杜窥伺。且有将府厅州县之布设，司道防营之配分，拟成具体方案，发表于报章杂志者。唯俱拟名为"西藏"者，境域限于宁静山以西之地，其后张荫棠整理藏务，赵尔丰改流川边，并著成绩。故清廷任赵为川滇边务大臣，有析川滇边与西藏为二省之意，光绪三十三年（1907），两广总督岑春煊，上统筹西北全局疏，力主变通边区官制，改热河、察哈尔都统，绥远、乌里雅苏台将军，库伦、科布多、阿尔泰、西宁、西藏大臣为巡抚，建热河、关平、察哈尔、绥远、川西（川滇边）、西藏五省。以察木多、乍丫、宁静山属川西省。对于新省政治、军防、垦务、学务皆曾详细论列。清廷韪之，分饬各边查酌办理。西康建省之局，定于此也（察木多、乍丫之得划归川边，与中甸、维西之未划入川滇边务，及巴安之建巡抚衙门，皆由此疏影响）。宣统中，革命风云日紧，清廷虑开辟新省耗财，调赵督川以移其意，唯赵仍主建省。傅嵩炑之《西康建省记》，实赵意也，值清鼎革，未报。民国2年（1913），划泸定以西32县为川边特别区域，与热河、察哈尔、绥运、青海，同在行省之次。至民国14年（1925），又复改称川边为"西康"。

先是，民国5年（1916）以后，四川将领各划防区自擅。陈遐龄原驻雅州，奄有名山、雅安、天全、芦山、荥经、汉源6县。既逐殷承瓛，任镇守使，又逐杀建南屯殖使张煦，兼有宁、康两区防地。虽失德格以西11县，尚存雅、宁、康属28县也。刘成勋防地，原为双流以西，新津、邛崃、蒲江、大邑、崇庆、洪雅诸县。既逐陈遐龄，受命为西康屯垦使，抚入孙涵、羊清泉各部，合并康、宁、雅三区，共有防地35县。唯其时所称之"西康"，仍指泸定以西，康境15县而已。二十四军逐刘成勋，设政务委员会于康定，主持康区政务，而以川省财赋辅之。故虽全康岁收不过44万余元，政费尚不拮据。民国16年（1927）国民政府令改热河、察哈尔、绥远、宁夏、青海各特区为行省。热、察、绥、宁、青区，各有熟县支持，故并一年内完成省制。独西康区以过于薄弱，终而未行。一时多有主张划川、滇缘边州县以益西康者，因各该省反对，迄无结果。二十四军败退汉源后，裁西康政委会，边政由川康边防总指挥部统筹办理。民国22年（1933），恢复雅区防地。总指挥部移雅安，复设政务委员会，处理康、宁、雅三区政教、实业事宜。康宁两区，各设屯殖司令部管理军事。时21军军长刘湘，任四川军事善后督办，总摄军民财教各政，仍兼川康督办衔。

民国23年（1934）夏，刘湘任刘从云，督川军五路，围剿红军徐向前等部于万源等县，挫败大溃，全川震恐。湘赴南京乞师，军事委员长设行营于重庆，派陆空军入川助剿，始划防区制。改组四川省政府，以湘为主席。宁、雅两属划还四川省，为第17、18督察区。川康边防军军饷，由中央支拨，军事由善后督办公署转发。设西康建省委员会，主持全康政务，筹备建省事宜。刘文辉兼委员长，暂仍驻雅安。设行政督察专员于康定。

江西红军之西进也，于民国24年（1935）4月，自云南渡金沙江，攻会理。川康边防军第六师师长刘元瑭乘城坚守，攻不能下，遂舍会理，沿安宁河北上。经西昌，见有备不攻。北趋冕宁、越嶲，两县官民皆溃。红军由泸定北上，与自川北西来之徐向前等部会合于金川。剿赤军总指挥薛岳，十六军军长李抱冰，各率所部尾追至。李军久驻康定，扼拒于旄牛、大炮山、孔玉、鱼通等处。

是年7月，建省委员会于雅安成立办公。委员诺那者，昌都类乌齐寺白教僧，赵尔丰至昌都时，充三十九族代表，谒赵投诚。留充统领凤山部夷文缮写员。波密之役，应募入白马冈，劝谕土酋擒诛波酋白马翁青，函其首归，以功授呼图克图，辖差民70户。民国元年至民国7年间（1912—1918），与三十九族僧民助彭日升军作战，颇著勋绩。民国7年之役，被藏军擒解拉萨，囚藏南某山土牢中。至13年（1924）冬凿壁逃脱。由印度来沪，贫不自聊。14年（1925）冬，投执政段祺瑞于北京，段导往班禅办事处居之。复不相安。时刘湘任川康督办，驻重庆，其驻京代表李公度，劝刘迎之，借以号召康人。15年（1926）冬受迎来渝，作法会祈川局和平。渝市初见喇嘛，以为奇。又以其为督署上宾，佛教徒相率尊事之，侈传德位神通，每过其实。17年（1928），刘荐于中央。中央方怀远人，以任立法院委员及蒙藏委员会委员，准设办事处于南京、重庆、成都、康定四处。24年（1935）春，军事委员会委员长入川，督剿红军。诺那晋谒于汉口，又谒于成都，自称力能号召康人，请入康纠合民兵御共，获授建省委员兼西康宣慰使。刘湘拨秦仲文一营为其护卫，资以军械饷款。诺以韩大载为秘书长，潜与川中康人，结"康人治康"之约。是年8月，自雅安赴康定，召开"剿匪军民慰劳大会"，力作反24军宣传。而李抱冰军，因剿共数年，追逐万里，军士死亡过多，亦思久驻康境，藉为休息。故深与诺那相结，资与便利。巴安人江安西、海正涛等能康语，充别动队队员，以拥诺那"康人治康境"口号，四出宣传。时二十四军戍康部队，不过数营，分布广泛，备防不暇，无力防遏内变。旧失意于官府之土头亡命，颇附诺那。然康中各大僧伽，素持重，轻诺之出身，薄其行持，皆倚壁静观之。诺所招致，仅夺吉郎加、邦达刀吉、贡查阿曲等数人而已。

多吉朗加者，瞻化县上瞻总保，素亲汉。大白之役，助县长张楷守城。城破，同被俘至昌都，以重赂获还，由是贫弱。其女曲梅折玛，与赘婿翁须多吉不和。翁须结河西总保巴登多吉与之相攻。戍军团长张行判离婚，案已结而不能止其乱。多吉朗加官寨被夺，怨恨汉官。遣曲梅折玛赴诉于康定各官署，又赴诉于行营，皆以语言隔阂，不得要领。诺那因其失意，厚抚之以为死党。

邦达多吉者，宁津县人。其父邦达昌（"昌"藏语 tshang，意为"家"，邦达多吉父为邦达列江，名尼玛降村），为藏中巨贾，以罪为达赖所杀，财产抄没。多吉率其从人逃过金沙江，刘文辉命巴塘安置。多吉快复仇，川军不能助，故附诺那。康定第四区，皆牧场，总保贡查阿曲，因事怨县长周文辉，故亦为诺那所用。

是年10月，红军数万众南进，防丹巴之川康边防军与防懋功之二十军皆大溃，遂陷宝兴、芦山、天全、荥经、汉源、名山等县。以主力东扑邛崃，与刘湘所督川军相持于黑竹关一带。刘文辉则以孤军乘城雅安，困守不下。诺那乘时进驻道孚。矫中央命诱执自丹巴退守之川康军三营长，提其枪械。拘道孚县长胡人纪，迫令缴印。派贡查阿曲等邀击张行于长坝春，夺其枪械。又派别动队助多吉朗加父女攻回瞻化，杀代县长郭阔，夺回上瞻官寨。又派江安西于11月入甘孜，执县长李近坡，抄张行家产。12月入德格，与土司泽旺登登、头人夏克刀登等，提驻军枪械，执县长陈容光及邓柯县长张子愚，押至濯拉山（即雀儿山）杀之，皆另委县长。陈容光有贤名，闻者痛之。唯炉霍县县长吴文渊于诺那有恩，得免逐戮（诺那有弟，闻其贵，自类乌齐乞食来依。至炉霍，吴尹为制新衣，送莅道孚）。石渠、白玉两县长皆逃走，康北全陷。康南，则邦达多吉结康宁寺活佛包昂武及地方汉民，诱傅团长德铨入寺，称中央命，逼令缴械。傅疑之，以爱子为质脱归，电询行营及总指挥部，知其矫命。便以缴械诱包来，出其不意擒之，击退乱党。以是康南俱获保全。

民国25年（1936）2月，金川罗炳辉等部红军，自丹巴向道孚、泰宁。诺那弃道孚，走炉霍。灵雀寺纠民团拒战七日，不支，亦溃走。3月5日，红军破将军梁子，诺那弃炉霍，走朱倭。寿灵寺僧守寺垣18日，无外援，亦为红军所破。炉霍遂陷，朱倭头人迎红军。诺那退走蒲玉隆，为甘孜僧民所拒，乃南走瞻化，依多吉朗加。卫队营长秦仲文，恶其所至摧辱汉人，复不为康中僧俗信赖，知其必覆，弃之入甘孜（其后红军攻甘孜，秦自德格转巴安返川）。诺那从者，仅韩大载及别动队员、手枪队、辎重兵士等50余人。

4月2日，抵瞻化，急电李抱冰与邦达多吉乞援。时红军已自泰宁而南，据雅江县及木雅乡，围攻康定。李军自顾岌岌，不能救。多吉力弱途远，尚无复电，红军攻陷瞻化。诺那仓促走后山，被巴登多吉擒献于红军，从人无脱者。诺年70余，不堪困病，5月12日，死于甘孜。

瞻化、雅江两路红军，进逼理化，理塘寺集僧民固守。至6月6日，被攻下。同时，萧克、贺龙两军自云南中甸分两路北上。一自定乡趋理化，一自得荣趋巴安。巴安傅德铨坚守，红军舍之，北陷白玉。大集于甘孜，建设"波巴政府"，波巴者犹"播巴"也。

红军初至康北时，中央电令青海军自玉树东进迎剿。青军量少而精，长于边荒作战。以一营进驻邓柯、石渠，檄德格土司率民兵进剿。4月27日，战于绒坝岔，民军溃退。红军陷玉隆，青军进驻德格，与之对峙。

往时红军所至，人多闻风避走。兹入康后，风趣与传闻者大异。所至保护寺院，尊重习俗，爱惜人命，避免摩擦。诺那解至后，尚给以名义，令向民众讲演。疾病，为之医治。死，准其化尸存灰。韩大载请负灰往招李抱冰，亦竟遣之。德格头人夏克刀登被俘，亦予优待，冀能为用。故一度混乱后，旋即相安。然西康骤增10余万人，粮食奇缺，则倚屠食牲率。凡数月而农村牲畜殆尽。红军饥甚，殆不能支矣。民国25年（1936）3月，雅、荥、天、芦之红军，大为国军所创，退入金川。5月，康境红军，亦因乏粮，弃其老弱，分向俄洛色达、绰斯甲等地北走甘肃。至7月，丹巴红军亦退走。

西康经诺那乱及"剿共"之后，农牧商业，皆濒破产，汉夷流离，村邑残破，官吏星散，税收殆绝。多数地方，已成无政府状态。藏军复于是年9月，渡金沙江，攻走驻防邓、德、白、石之青军，占领其地。雅州之围虽解，刘文辉在康力量，除巴安一隅外，已全消失。各方乘乱觊觎，谋孽其短者，颇不乏人。然在峨眉军训时，委员长已赏其才，兹由诺那之败，益知任用康人非计。追念收复德格四县前勋，与数度晋谒时陈述康情之中肯，故能信任不摇。迨红军退走，急令刘氏入康，办理善后。并调李军离康，以一事权。9月22日，建省委员会自雅安移康定办公。10月初，李军离康，川康边防副指挥、师长唐英入驻康定。11月30日，刘文辉入康。

时值兵燹之后，继以荒年，灾黎满目，人心浮乱，刘氏对于善后康政，决定赈济灾黎，安定人心，迫退藏军三原则。先后向中央请得急捐13万余元。并拨款补充各县农耕种子，拟具百万元开发实业、修建道路之普振计划。又分别灾情轻重，减免康、丹、道、炉、甘5县全年度地粮牲税，巴、理、瞻、雅、德、白、泸7县减5，九、邓、石3县减3。裁撤各地厘捐局长，实行一税制，改炉关榷税公署为地方税局，减轻进出口税率，蠲免各茶商历年欠课142万余元。厘削茶引4万余张，增加乌拉脚价，限制支额。对过去附诺、附赤者，无论僧俗官民，一律免究。其有功绩及蒙害者，则分别轻重奖励抚恤之。均以汉藏合璧文告，先后揭布。于是远近悦服，来去如归。土司头人，如甘孜孔撒兼麻书女土司德钦汪母、上瞻总保多吉朗加、甘孜阿都总保翁噶、德格土司所派大头人泽刀、毛垭土司琐加及其他头人数十人；喇嘛如甘孜仲萨活佛、孔撒香根，理化之火竹香根、洛桑降白，炉霍格聪活佛，道孚麻倾翁，康定革哇喀、日库两活佛，金川甲绒革西及其他各寺代表数十人，俱陆续来炉晋谒，输诚倾附，各接温言挚语，欢忭返县，转相慰藉。其后夏克刀登与包昂武皆至。自诺乱后，各县无汉官者，或年余，或数月。乱定之初，虽委县长，亦以乌拉停滞，夷情叵测，悉滞炉城，不敢赴任。及是，各县民众，纷遣代表迎吏。久未就范之得荣、乡城、稻城等县，亦克设官。康局既定，乃一面电西藏政府，责其违约渡江；一面电请中央饬令藏人罢兵；一面以旅长曾言枢率兵一团进驻理化，与巴安傅团呼应；以章镇中团进驻甘孜、瞻化；并电请青军增防玉树、囊谦，作武力压迫之势。适中央派队护送班禅返藏，亦抵玉树。藏军见人情不附，而大兵环集，遂于民国26年（1937）7月，自行撤退驻军，以邓、德、白、石4县交还康省。并由驻昌都之东方司令噶伦索康，派遣代表来康定通好。于是金沙江以东19县，全部又安，政令风行，商旅畅通，汉藏协和矣。

康局既定，国内各学术团体，暨国府职官入康考查者渐多。对于刘氏各种措施，胥能满意。由此介绍，益博中枢信赖，对完成建省工作条件，均允尽量扶助。民国27年（1938）春，改组建省委员会，析置政治、经济2组，下设民政、财政、教育3科，交通、农林、工矿3局，外设保安、秘书2处，同时成立省党部。一时人物荟萃，百废俱举。4月，川康公路工程处成立，康滇公路与飞机场亦着手测勘。开办牧站联运，及各农场、工厂、测候所、省银行，筹设五明学院，改组金矿局。令曾言枢宣抚康南。调查资源，整饬吏治，推广教育，厘定法规，清查户口，编联保甲，刷新市政，训练人员。所有新政，无不纲举目张，朝气蓬勃。建省之基，于是乃定。

然此时全康收入，合国、省两税计，才46万余元（茶课9.6万元，榷税3.6万元，地粮15万元，牲税2.3万元，禁烟税12万元，其他各税共约2万元）。人口仅30万。较腹地一中县较逊。比之热、察、绥、宁、青各新省，亦仅当其什三。一时舆论，多有主张划入四川之宁、雅两区，完成省制者。民国27年（1938）夏，刘文辉奉召赴汉，商讨川康建设大计，力陈宁、雅划归康省之必要。时当抗战紧切，中枢注意后方建设，由国防最高委员会于7月21日函请行政院议决，以宁、雅两属，雅安、西昌等14县2设治局划归西康。初拟名"建康省"，旋以西藏毗连，界务未清，更改省名，恐滋误会，仍沿用"西康"旧名。是年12月，复经行政院议决，撤销建省委员会，改组省政府。以刘文辉为主席。内设民政、财政、教育、建设4厅，保安、秘书2处。

民国28年（1939）元旦，西康省政府成立。是年春，军事委员长设行辕于西昌，集中专门人才，办理宁属资源调查、经济开发及协助地方政府办理征工筑路等事宜。省府亦设屯垦委员会于西昌，办理夷务及垦殖事宜。雅属则设立省农场、林苗圃、制革、造纸、炼硝、木材干馏、毛织等厂。政治经济之建设，胥又集力于雅、宁两区矣。

先是，川边人才缺乏，推行政务，十有九成皆用川人。而边情特殊，亦非川人所习，凿枘未合，多有偾败。建省委员会初移康定，先后开办保甲人员训练班、县政人员训练所、义务师资训练班、牧站管理人员训练班，其后续办党政、财政、统计、合作各训练班。皆招收川康两省人员，于康定施行训练者。是年3月，开办保训合一干部人员训练班于汉源，调集本省汉、藏、猓族之优秀青年，施行训练。4月，刘文辉赴汉源主持。6月，保训第一期毕业，刘氏出巡宁远，召集宁属各县县长、机关法团首长、地方士绅，开行政会议于西昌。并开夷务会议、兵役会议、精神动员会议。征询民情，慰问疾苦，接受诉愿，考核官吏，平治讼狱，树立健全行政机构、整理夷务、禁绝鸦片、惩治贪污土劣、建立人民信心等五大政纲。

并派员分赴各县，考察政务，采访舆情，调查社会经济情况，一时惩治贪污土劣甚多。宁属人士，向之反对划宁入康者，咸有来暮之叹矣。同时召见各彝支代表，听取意见，倾诚接语，厚加赐赍，免除陋规，崇示宽大。彝酋悦服，咸愿遣子弟赴汉源受训。9月，刘氏自西昌返汉源，主持第2期保训班，彝民随从到所受训者400余人。10月，刘氏赴蓉述职，深蒙蒋氏嘉勉，允嘱各部会尽量接济经费，协助开发。12月4日，刘返康定。返康之翌日，甘孜乱作。

先是班禅返藏问题，因西藏反对，久未解决。抗战爆发后，更陷于搁置。班禅于民国26年（1937）12月1日卒于玉树。27年（1938）1月，移柩甘孜。其徒思划甘、瞻、德、白、邓、石诸县为供养邑。是年秋，国府派考试院长戴传贤入康致祭，班禅之徒以为请，戴以非使命所及谢之。其徒乃阴结地方土头，谋作乱。其汉文秘书长刘家驹娶阿都土酋翁噶之妹，又有卫队分队长伊西夺吉与孔撒女酋德钦汪母姘恋。德钦汪母者，故孔撒土妇酉姐孙女。酉姐虽失土职，历年汉官皆以土政属之。民国23年（1934），酉姐死，汪母年17，袭其势，受委土兵营长，所辖百姓千余户。其叔父孔撒香根，力能左右甘孜僧民。汪母幼赘德格头人予泽刀，以不睦离异。嗣与香根侍者哀珠通。孔撒头人以为耻，杀哀珠。至是，汪母年20，尚无夫婿。伊西既与通，订婚期。部民以伊西非土职，碍婚例为言。时驻军团长章镇中在德格与藏人议安置大金寺僧事，藏人以为问。章电其团副阻止之，香根不听，与班辕谋召民兵强行婚礼，章遂执汪母幽禁之。上瞻总保多吉朗加之复职也，章团不以为然，屡为蜚语，谋孽其罪，由是相怨。28年（1939）6月20日，章派军掩其官寨焚之，执杀曲梅折玛母女，多吉朗加奔"野番"地。班辕使人招之，许为报仇。大塘坝头人泽多来甘，班辕委以四品官职。如此笼络土头不一。播散谣诼，谓刘主席已撤职扣留，中央划康北为班佛祀邑矣。12月7日，以营救德钦汪母为名，纠众攻县府与团部，陷之，杀章团长。派军扑据炉霍、瞻化，径委县长。刘文辉命驻理化旅长曾言枢率所部向瞻化，136师参谋长金抟九督邹善成团向炉霍，皆克之，屯兵甘孜界上。民国29年（1940）2月，乱军倾巢反攻，大败于罗锅梁子，仓率弃班禅遗体，窜走青海境，甘乱平。

是役也，其党借班佛之灵，矫中央之命，因乘民怨，散备藏所储之武库，以号召康人，突击团部，拒破瞻化援军，已经消灭康北官军之全部力量。声势大于诺那百倍而响应者，不过甘孜与上瞻人民之一部。德格土司严拒其煽诱且派兵防堵，炉霍、道孚各黄教寺院，皆服从政府，不肯附叛。邦达多吉与包昂武，均声明负责协助政府，维持地方治安。康南凤号多事，及是时，防军移戡瞻乱，乡稻安静，乃反逾于向时。可见治康虽恃军事，政治建设之成效，亦有足多者焉。

## 第二节　政治建设问题

为政之道多端，无不出因地制宜、因时制宜、因事制宜数语。西康为边荒之地，新建之省。就时地言，固应有其特殊者在。若夫人事，则尤殊诡万端，与腹地迥然不同。故以治腹省者治康，固属不可。即粗观康省外形，即行拟定之方案，亦未必便能合辙矣。贵在深究其情俗，相实地之宜，因势利导，循序以推进之，犹复随事修正，宛转适应，以求其合。验之必然，而后以强力贯彻之，非可一蹴而就也。我国数千年来，经边历史，可称者少，可痛者多。专任兵力，兵撤而乱，此一失也。贤者不往，往者不贤，此二失也。用夏变夷，颠顶违俗，此三失也。粉饰欺诳，养痈成患，此四失也。用人不专，功业难竟，此五失也。责效急切，迫于舍本逐末，此六失也。由此六失，边务迄无适当解决之道。近世如鄂尔泰、左宗棠、赵尔丰等人，号称经边成绩最茂美者。然如鄂、左得君之专，得时之顺，得人之盛，皆旷今古。力征经营，阅10年余，而后粗定乱局，粗立规模。更赖张广泗、刘锦棠等，一德一心，力之臂助，继志承事者，次第踵起，又若干年而后著效。中间颠沛困顿，垂败未败者，不知凡几。盖政治对象，在于人民，非为同族，其难有加焉。赵尔丰才能魄力，皆足步伍鄂、左，时地乃与微异，而用夏变夷，颠顶违俗之失加甚。昙花勋业，随影俱逝，识者惜之。目前西康，仍赵傅之地，失鄂左之时，人力财力，皆不足与诸人比拟。然刘（文辉）明视聪听，集思广益，能于康藏情俗，深探熟究，物理其本，事循其意。入康数年来，虽无赫赫之功，而上下相孚，官民浃洽，治象日增，省基日固。此其为道，盖有贤于鄂、左、赵、傅者也。虽然，目前康政，究竟尚在试验之中，所有设施，是否尚有修正改张之必要，均有待于国人继续研讨。兹故，就个人平时所留意者，撮述康境目前诸要政与待解决诸问题如次：

西康省民，分汉、藏、猓三大族。东区19县中，藏族居其什九，且皆不通汉语、汉文，生活习俗，自为风气。然其受佛教陶冶甚深，性率仁厚，重杀业。民族轸域亦殊宽缓，历史上从未自建独立国家。

近年虽屡有以"康人治康"相号召者，僧俗民众，以至乡、稻强悍，俱不发生同情。清末以来，虽迭受达赖嗾使，发为叛乱。但因30年来康、藏离立，双方政治施为比赛之结果，康人无不乐受政府管理，现在西藏殆已失其诱惑之力（康人一般的批评，谓不贤之汉官，犹贤于中庸之藏官。盖藏官尽贪虐，无法度也）。且其社会有组织、有信仰，易为提挈利导。目前所以难为管理者，苦在语文隔阂已耳。

语文隔阂，则令教失其效用。一切政施，皆借舌人（即翻译）而行。舌人不能家喻户晓，又不得不更资借于头人、土司。舌人与土头，皆非有学问陶冶、道德修养之人也，自不免有假借政令、鱼肉人民之事。于是粮额十斗，官入其七而民出十五。乌拉百头，官用七十而民出百五，玩法舞弊，当面欺蒙，官吏无从查核，人民不敢评告。评告则倾家破业，祸不旋踵。官府与人民之距离太远，无从保护故也。

官吏纵或查知，亦不敢究诘。究诘，则罢差、抗粮之变随时可能。官权民意，皆为此辈所操纵故也。建委会入康以后，迭令在康官吏学习藏文康语，每年举行康语比赛一次，以资奖励。一面鼓励藏人学习汉语，一面提高通译人员待遇。历次训练班，皆以藏文为主要功课。一时对于沟通官民隔阂之术，推进甚紧。唯究以种种关系，尚未达到贯彻之目的。夫西康，瘠苦之区也。自与宁、雅合为一省后，曩日服务康区者，皆盼优转宁、雅。志转宁雅，则康藏语文为不足学也。故诚欲得胜任愉快之康区政治人员，宜特制康藏服务规章，奖励学习康藏语文，奖励入籍，规定迁转地域，遏其外调之志，培其乐业之情，斯可也。

世以头人、土司、喇嘛为妨碍康政之三大恶势力。肤浅观察，诚属如此。然试更深观察之，当此语文隔阂之际，苟无此辈，政令讵能推行耶？历代高瞻远瞩之君，自度不能制驭夷地，则扶植土司、头目（头人）以控之。赖以维护治权，推行政教。渐以移置人民，施行同化。移民日增，同化愈彻，则土头自归消灭。西康之天全、汉源两县，元明皆土司也。清代已成汉夷混处之地，夷人亦尽通汉语，故雍正六年（1728）改流，直如瓜熟蒂落耳。泸定一县，清代亦土司地也，今其土人，皆已汉化，故在康区19县中，此县独无三种恶势力存在。瞻化与定乡，在康区中，改流较早，土司诛绝。然以无汉人故，新酋代起，肆要甚于土司，历为康区病灶，至今尚为难治之邑。然则土司头人，在目前康省，为有利于治之物也，患在运用失当也。过去川边文武官吏，对于土司头人，非恣意诛戮，即轻假名器。多数地方，诛戮频施，而威竟不立（如霍尔朱倭土司，数代皆被诛死。瞻对土司，屡叛屡诛是）。多数已废土司，新兼数印，颁赏虽乱，而恩仍不固（如德钦汪母，以髫龄女子，佩土兵营长印三枚，民国28年从班辕叛乱；泽旺登登，以童龄稚子，亦佩5县民团总指挥等印4枚，即杀陈容光者也）。建委会成立以来，务持大体。对于固有土头，奉公守法者，优加赏赍，不假新名。曾为逆者，输诚以后，赦罪责功，要与更始，不轻诛戮。责其安民戢弊，推行法令而已。其土司诛绝，群龙无首，强梁难治，如康南各地，则图直接控驭其头人，亦不新树土职，有所扶抑。中庸之道，此为得焉。

藏族宗教信仰之普遍深厚，为世界各民族冠，喇嘛寺之社会势力，远超于政府之上。喇嘛言不可者，官府不能强其可，如开矿、垦地、渔猎与入学读书之类是也。喇嘛以为可者，官府不能强其不可，如兄弟共娶、姊妹共赘与天葬之类是也。多数农民，秋稼熟时，收割期亦待喇嘛卜定。期前遭逢雹灾，致无收获者屡有之，亦云神罚，不敢怨及喇嘛。多数艺术家，终身为寺庙服务，不更为他人挥手。多数匪徒，劫得之资，必以巨量布施僧寺。一般相信，为保护寺庙僧伽而死者，来生必受福报。

社会心理如此，故喇嘛可使人民梗化作乱，可使政令如废纸，设喇嘛毁其戒条，一意与政府为难，诚妨碍政治之恶力也。然就目前康藏情形言之，佛化最深，即喇嘛势力最大之部，民最易治，霍尔诸部是也。佛化最薄，即喇嘛势力最微之部，民最难治，乡、稻一带是也。再就历史推究，则康藏民族，未有佛教以前，历为西陲巨患。佛化既深以后，千余年无复烽火。蒙古亦然。整部康藏历史，中朝之胜利，即扶助教皇之成功；而其失败，亦即达赖十三世一人之畔（叛）离。可知喇嘛教于康藏全局，裨益实大。虽其间不无败僧劣衲，为世诟病者，譬如儒士之有劣绅，讵足为儒术罪哉。夫天下一致而百虑，同归而殊途，阴阳儒墨名法道德，皆务为治者，况佛教为康藏千年崇尚之大法，因教齐政者所不易耶。刘文辉兼管康藏之初，未甚注意佛法。民国22年（1933）退守汉源时，皈依藏僧阿旺堪布，始与佛法接近。日月积久，浸润渐深。既入其室，憬然有悟于治康本计。由此愿力，克与康藏耆德相感召。故诺那之乱，不能动摇康人心理。民国25年（1936）冬，启节入炉，各县僧伽土头，望师麇集，如获护主，额手相庆，并忘其残破伤夷焉。西藏猜防，亦即由是涣释，撤兵回界，更遣聘使。30年纷乱之局，谈言而理，岂偶然哉！民国27年（1938），筹办五明学院。其冬，开僧伽代表大会于康定，从来足不莅炉之大德巍僧，及时趋赴者，凡100余人。辩论经义之余，一致赞扬刘氏护法功德，称颂中央委任得人。民国29年（1940）冬，孔撒香根为其侄德钦汪母事，结班辕作乱，各县僧伽皆斥之，故不旋踵而败。官军收复甘孜之日，刘氏再三严电各军，保护班灵及喇嘛寺。自清末以来，每有汉藏冲突，官军平乱后率先焚其寺院（详前节）。唯此役，甘孜、香根两寺皆无恙。康藏僧俗，对刘氏护法卫教之信念，由是益增矣。

倮人与藏族大异。其社会无严密组织，亦无中心信仰。各依支系，连成部落，冤亲错结，不易提导。其人文化幼稚，而深闭固拒。自诩为最尊之族，认黑彝以外，皆为劣种，掳掠蝦楚，折为奴隶。用其攀岩践棘之长，以制官军之短。飘忽来去，劫掠村邑，官军进击，则鸟散狙伏。晋成帝时，蜀主李寿，徙獠入蜀，与汉人混居，欲以化之。酿成蜀中獠乱200余年，汉倮俱尽。唐因其部落鬼主，封为侯王，以羁縻之。曾因其力，以逐吐蕃。然旋以叛唐，卒陷巂州。宋太祖玉斧划河，弃其地不管，边境虽宁，而巂州汉人尽被奴矣。元代收抚建昌，任用土司。明于土司之外，增设5卫，以军卫民，以民养军，汉族始复有迁居者。清改5卫为府、厅、州、县，另以防军10营，分驻要地，以卫民商。仍设土司，以辖彝众。建置最为周密，然犹数乱，掳劫之事，无月无之。同治时，诸夷大叛，越巂参将阵亡。提督周达武，痛剿大小凉山，始创"质夷"之制。凡被征服彝支，勒令派出重要黑彝，入卡坐质，以时替换。如该支人复有劫掳情事,即重惩质夷,必其族清还人赃,接受处罚乃已。其时汉户骤增,垦地日辟,学校大兴,人文蔚盛。民国以来,宁区政乱,文武官吏,竟为贪污,卖换质夷,朽索尽失。不肖汉人,又复为匪向导,报其私怨;或规小利,售与枪支。汉人逐步退缩,弃地大半,至于西昌北门不启,大道梗塞。直至近年,始复有言治彝者。

近年治彝之术,约分三派。现任靖边司令邓文富,熟悉彝情,善于利用彝支恩怨,趁隙批瑕,以次挞伐。20年来,征服彝部甚多。凡冕宁、西昌两县与其邻接之部,无不就抚。质彝日增,白彝之反归汉族者亦不少。"抚顺剿逆,以夷攻夷",此一派也。民国17年(1928),24军接防宁远之初,曾于垦务局附设"化夷学校",征各支倮夷子弟入学。冀以教育方法,渐次解决夷务问题。结果因语言隔阂,归于失败。民国20年(1931),越巂归汉彝人曲木藏尧,复宏此业,再设宁化学校于西昌,招收投诚熟夷子弟入学。又因气候不合,死亡颇多,旋亦解散。然如田坝黑彝岭光电,沙骂土司安登文,皆曾观光京师,接受汉化,以为诸彝倡率。汉源保训所,彝民到者400余人,皆为汉彝可以接近之证。"诱导彝民汉化,消灭民族畛域",此一派也。就投诚彝支所在地,设立政治指导区,办理编查保甲,训练壮丁,管理赋税,化导其人,调整产业,设计开发,推行政务,禁种烟苗等务。迨其地域推广,治权稳固,即行划入汉户,为设治局,"以政治方法,化导夷人",此一派也。目前彝政,系三派兼用,对于政治指导区,尤为努力。已经设置之特别区,有拖乌、炉宁(并冕宁县地)、腴田、普雄(并越巂县地)4所。甲级区,有大桥、黄草、龙窝(并盐源县地)、三冈、菩提、巴溪(并宁东、昭觉间地)、麻陇(西昌、德昌间地)7所。乙级区,有忠良、天泰、马雄(并西昌县地)、煌獀(盐源县地)等所。各区成绩,现尚无显著表现。

禁烟早已在康省雷厉风行,汉人地区,经历年查铲,无复遗苗。藏人素不种烟,亦不吸食。倮民则不吸而种,莫能禁种。近年烟价腾涨,其利百倍。利之所在,奸民冒险贩之,凡倮所欲,可易烟者,无不千里运致。故目前凉山,不唯盐布有余,生银充斥,快枪与新武器,亦殊不少。每值官军往铲,辄敢一致抵抗,千里内外,呼吸皆通。民国29—30年(1940—1941)间,进剿蔡夷(西昌会理间),久不能定者,倮中械弹丰实,屡予接济故也。

## 第三节 经济建设问题

康省虽已划入宁、雅，每年收费仍不敷甚巨。查民国 28 年（1939），全年支出 535 万余元，省地方收入才 96 万余元，中央辅助之额达 439 万余元。民国 29 年（1940），因生活程度增高，全年开支 874 万余元，赖中央补助者 600 余万元，民国 30 年（1941），因事业开展与物价益高，核定预算年支 2191 万余元，中央补助 1589 万元（公务员生活津贴未计）。综计历年中央补助政费，恒在四分之三左右。足见康省经济，一时尚难达于自给时期。亟应及时开发地利，增殖人口，繁荣地方，培养税源，借以渐达地足养民、民足养官之目的。

宁雅未划入前，康省建政，以发展关外垦牧事业为主目的，唯因经费奇绌，仅曾办管理泰宁农牧试验场，垦殖试验区，与康（定）道（孚）间牧站联运三项事业，及小规模之调查工作而已。划入宁雅，省府成立后，建设厅长叶秀峰、交通局长骆美伦，并以宏才伟略，博得中枢信赖，尽量济款。民国 28 年（1939）中央之建设补助费 10 万余元（此后逐年累增），打开康省经建僵局，一时成立之场、厂、局、所甚多。叶氏去后，成规未改。兹就目前康省经建情形，举其大端如次：

**农牧方面** 民国 28 年（1939），成立农业改进所，分农艺、畜牧、森林园艺 3 股，外设宁属办事处。所办事业，有康定农场、康定乳牛场、西昌农场、雅安农场、雅安林苗圃（现移天全）、康定气象测候所及其他三、四等测候所 15 处，雨量站多处。改泰宁农牧实验场为畜牧试验场（垦殖实验区于 27 年合并于农牧试验场，为垦殖系。至是，与农艺系并裁），集中各县农场经费，改办汉源、泸定两农场。

**工业方面** 民国 28 年（1939）7 月，成立雅安各工业总筹备处。翌年，改为各工厂联合办事处，由建厅派员驻雅办事。于时康定已有毛织工厂，雅安设立分厂（现分设为洗毛、毛织两厂）。此外有雅安制革厂、五甲口造纸厂、黄泥堡木材干馏厂（现停办）、新场制碱厂、雅安制皂厂（民国 29 年与碱厂合并为化工材料厂）、荥经水电厂（官商合股，现移设于雅安。康定亦有官商合股之水电厂，开办最早）、雅安陶瓷厂（原筹设于姚桥，后来在黄泥堡成立耐火砖部，现停办）、雅安酒精厂（民国 29 年，由经济部补助经费开办）和荥经度量衡器制造厂。各厂中，唯毛织、制革、造纸、酒精 4 厂办有成效，民国 30 年（1941）合组为西康企业公司。

**矿业方面** 民国 19 年（1930），北平地质调查所派谭锡畴、李春昱两君入康，考察地质。返平后，发表中英文报告书图。其后，有中国西部科学院常隆庆君，屡赴雷、马、屏、峨及宁区调查。其他学术团体之来康考察地质矿产者，前后相续。大都认为宁、雅之煤、铁、铜、锌，藏量颇丰。据《新宁远月刊》所发表者，铁则冕宁、泸沽储量2700余万吨，会理毛姑坝770余万吨，盐源天平山510万吨。矿石含铁皆在60%以上。煤则会理白果湾储量240余万吨。那拉菁虽在滇境，与三堆子相距甚近，可以利用储量1亿吨。铜则会理鹿厂储量360余万吨，含铜百分之五。锌则会理天宝山，储量160余万吨，含锌百分之三十。雅区则荥经、天全两县有气、煤及铁（现在土法开采颇盛。民国30年度，荥经一县，产铁1500吨，已有西康铁业公司办理）。康区唯砂金最富，随处可淘（民国28、29两年，产金在2万两以上）。民国28年（1939），建厅亦设立地质调查所，因经费缺乏，仅曾作局部小规模调查。至于矿业机关，则有雅属矿业管理局、宁属矿业管理局及省府与资源委员会合作之西康金矿局。

**水利方面** 康省河流，除安宁、大渡两河中游一段可以行船外，余无舟楫之利。省府成立后，曾请由经济部拨款1.8万元，疏导雅州至荥经之水道（雅州以下旧已通行竹筏）。功既竟，仍不能通行船筏，近复由西康铁业公司募集商款重疏。金沙江与大渡河，亦曾由经济部筹备疏导。省府本身，则于民国28年（1939）在康定成立水文观察站。翌年，增设泸定、富林、雅安3站，共设水标站60处。各县灌溉工程，近年赖政府提导，亦频有发展。

**交通方面** 民国27年（1938），设川康马路工程处，由中央拨款，康省征调民工兴筑。民国29年（1940）全路完成。唯因路面太窄，又乏桥梁涵洞，崖壁屡崩，不能通车。民国30年（1941），再由中央拨款重修，现将工竣，全长200余公里。乐西公路，民国28年（1939）开工，民国30年（1941）春完成，尚待通车，全长470余公里。西祥公路、雅富公路、汉泸公路、康缅公路，俱在筹测与兴筑中。康定营官寨及雅安、西昌三飞机场亦完成。至公路未通地方之驿运事业，关外则自牧站联运失败后，至今尚无妥善办法。关内原有驮队，曾经由省府委托西宁公司整理。大抵三年以来，国省两库，用于康省交通建设之金额最多。虽绩效尚未显著，景趣已大非昔比矣。

**垦殖方面** 康省地广人稀，劳力不足。不唯治权木易巩固，即经济建设，亦苦无法推行。移民垦殖，自为建省第一要务。唯凡地之荒旷，自必有其必然荒旷之原因，消灭此种原因，殊非易事。人情莫不避难趋易，鹜近舍远，故自赵尔丰以后，更无敢言垦事（赵时垦费预算，年4万两，超过全部政费二十分之一。唯因当时缺乏科学常识，未解海拔高度之关系，所有垦事，全归失败）。民国26年（1937）建委会曾拟具移置难民计划书，因经费庞大，未蒙中央采施。省府成立后，一般注意宁区垦事。宁属荒地，当时被各企业家收购略尽。但因劳力缺乏与夷务未定诸关系，皆未实行开垦。关于导垦、督垦诸政，则因关涉民、建两厅，相互逊让，俱未便理。宁属屯垦委员会成立以后，急于整理夷务，垦事因地权、劳力、经费诸问题，亦未克积极推行。最近有中央在西昌设立之垦务局，筹备开地试垦云。

如此繁重之经建事业，一二年中，除垦事外，众纲毕举，当事者之勤劳，已可概见。然以康境情形之特殊，如此建设，是否即能适应地方之需要，解决建省之基本问题，则其疑问尚多。兹故附列个人意见，备采择焉。

夫经济建设，与政治建设不同。政治可以改造环境，任何方法，但能以强力贯彻，皆可有功。经济则需适应地理环境，苟与环境不合，纵以强力贯彻，不能有功也。今如喇嘛教，不宜摧毁之物也。然近年外蒙，在苏俄限教政策之下，喇嘛势力，竟全消失。苟以赵尔丰之政，推行至今，康区喇嘛，亦不难如外蒙消声息迹，其道虽难，可得而至。此政治建设可以改造环境之例也。若夫植棉，非康区之所能也，赵尔丰曾以全力，尽量推行，终未能使康区产棉。飞机场，非康定附近所能得也，十六军曾以全力，尽量填凿，终不能使康区通航。制碱厂，非雅安所宜设也，建设厅曾以全力倡导，终不能使该厂著效。此经济建设必须适应环境之例也。

康省经建，又当与腹省不同。腹省地方情形复杂，社会需要复杂，投资建设，无论如何，皆能发生相当效果。纵使中道易辙，其所失弃有限。康省地方特殊，社会需要单纯，苟或设计错误，决难获得相当效果。若其沮废中道，即难免于全部损失。例如内地这两年举办驿运，所投之资，虽未直接获得利益，或且亏折甚大。但生活于此事业之人物，设备于此事业之器材，运输于此事业之货件，无不有裨于另一方面之民生。纵使一旦撤废，其所建置之房屋，购备之器物，训练之人员，无不可转移于他项用途。西康办理驿运（牧站联运），耗款10余万元，除牛马损失外，所余房屋尚值六七万元，一旦中道废辍，所有房产器材与训练之人员，未能转移他用，瞬即化为乌有（牧站房屋，被往来行人拆烧罄尽。毡垫鞍具之属，不知消灭何所，人员无地安插，流落星散），此康省与腹省不同之一例也。

是故康省经建，不但需有干的朝气，尤需有合理之认识与贯彻的精神。认识清楚而方针不能贯彻，无益也。方针贯彻而认识先未合理，尤无益也。兹论康省经建应有之认识。

西康因何建省？为固西陲国防。何以必划入宁、雅？为助康区开发。故康区一切建设，虽必须从宁、雅入手，然其归宿，则仍在繁荣康区。此西康经建首要之认识也。唯康区荒凉冷僻，交通不便，人口极稀，给养缺乏，推行经建，自较宁、雅困难十倍。人情莫不详近忽远，避难就易，故自雅、宁划康以后，建设目标，皆集中于雅安、西昌两点，关外不复有人论及。关外原已举办之垦殖实验区、农牧试验场、牧运等事业，皆于省府成立之际焘然停顿（牧场虽未撤废，但未充实内容。仅在不生不死之间）。经建机关，学术团体，各项人物，向之纷纷出关考查者，至是亦殆绝迹。至于农业改进所延致之兽医专门人才，亦只愿居留康定，不肯出关工作。建设厅对参议会之报告书，有"筹备诊疗所于康定，暂巡回200华里半径内，防治蹄疫及羊肝蛭病"等语。查距康定200华里以内皆非牧场，牧场牛羊患此两病后，何能运赴康定求治，在在皆足表现国人忽视康区建设之处。建厅为环境所移，遂亦感觉关外难于施展，致成如是偏颇现象。窃以为民众投资，固必倾向宁、雅。政府建设，则当侧重西康。纵不然，亦宜康、宁、雅统筹兼顾也。

经济建设，具有绝对之地方性，与相当之时间性。农牧各有其宜，工矿皆有所限。为期避免失败，必宜始于慎施。调查未周，统计缺乏，则统筹设计无依据。贸然为之，必多流弊，毋宁先从普遍考察入手。庶可确定百年大计，此西康经建必宜采之步骤也。建厅成立之初，虽曾联络国内各学术机关，入康考察，然皆非专任其事。大都以三数月之时间，匆匆来去，粗识康区之面目，或仅观察其局部。故康省今日，并无可靠之资源统计足供设计参考。当局急图事实表现，征用刍谋，见智见仁，纷作主张，多方顺应，齐头并举。本末错出，缓急失宜之事，在所难免。例如雅安一区，半年之内，成立工厂9家。阅时年余，或因劳力缺乏，或因机械无着，或产品未易销行，或办理失人，或设计未合，或停或迁，损失颇巨。又如康定机器工厂，经叶厅长最大努力，获底于成。终因康定铁料缺乏，工食昂贵，与全市尚不感该项需要诸故，至今尚酣睡中。此皆未先调查资源与社会需要，率然设计，违反地方性与时间性两大原则之例也。

经建之道百端，所包事业万种，莫不有其重要性。边省新建，在在皆须建设，人力财力，安能一时并举。本末先后，所当慎择。轻重缓急，所当慎施。此经建设计必须注意之点也。夫康省目前大患，在于人口缺乏。人口缺乏原因虽多，粮食不足，实为根本障碍。解决粮食问题，不外两道：一曰就地增产，二曰地方移粟。故发展农业与便利交通，为奠定省基之必要条件。而移民垦殖，充实边地，尤为完成省政之最大目的。必待交通相当畅顺，人口相当增殖，地利已经开发，农产品需要加工制造以增利用价值之时，始有提倡工厂之必要（凡大工业，必建设于河海航便，或铁路中心之地。失此条件，即只能建设农产加工之小工业，认为辅助农业发展之方法亦可也。西康境地，何时始有建设大工业之可能，尚属疑问。目前所需，自仅属于农牧林产加工之小工业类）。至于矿产开发，亦当以交通、粮食、劳力三者为先决问题（例如康区砂金，本为含量丰富、易于采取之物，但因受此三种限制，各局厂皆在亏折中）。今康省经建，仍系采农、工、商、矿、水利、交通齐头并进办法，而又忽于垦殖一端，殊嫌有本末失序之处。谈者云："毛织、皮革两厂，系为诱导康区畜牧事业之发展而设。"乃工厂已开办有年，而康区牧业之改善尚未着手，谈者亦云："劳力缺乏，为康省经建障碍。"乃移民垦殖问题始终无人论及，此非康省经建之病态耶？

政府建设与普通企业不同。企业以本身获利为目的。政府建设，则当以国家民族之远大利益为目的。苟非合于此种目的，纵属大利所在，亦只宜扶导人民经营之。政府财力，应集中于民力所未能逮之紧要重大事项。此亦边省建设必要之认识也。例如宁区垦务与康区垦务，均属重要，均应由政府倡导推行。但宁区气候优良，垦利甚大。假使夷患敉平，不患无人前往开垦。政府但能解决夷务，整理地政，拟订规章，促进民垦足矣，毋庸投资自垦也。康区农事，得天最苛。而殖民又急不可缓。此则非由政府大量投资，经营官垦不可。纵逐年投资巨万，永无收益，但得此区粮产增益，人口繁稠，即为国家之利。若为本身收益起见，倾注垦殖经费于宁远，而置关外不顾，即是企业行为，非政府建设应有之态度也。大抵往时主张康省经建之人，误解康省当求财力自给之旨，一切投资皆以直接获利为目的，故所设施，胥与此项原则背驰。夫政府非唯不当与民争利，即欲与民争利，亦安可得。人民举办一事，事前各项条件之考虑，经营中各项开支之节约，人财力利用之尽致，无一非政府机关所能望及，然而成功者尚属少数。今欲以政府机关经营企业，以达生利自给之目的，其可得哉！

余之意见，以为西康经济建设尚当重为周慎调查，缜密设计，确定合理方案，循序发展。所有已办事业，在新的统筹规划尚未确定之前，自宜暂维持原状，待此规划确定后，分别国营、省营、民营三部办理之。国营者，耗款甚巨与关系国防之事，如公路之建设、重工业之建设等，完全由国府投资，派员主持，省县政府仅立于辅助地位。省营者，需款较多，而属于开发地利，繁荣地方之事业，如农、牧、林、矿、工商、水利、驿运、垦殖等之示范、推广、研究、调查皆属之。由本省经建机关直接主持。民营者，地方应有之企业，举适合生利目的之事，如造纸、制油、陶瓷、造林、养殖、驮运、开垦等。宜听人民集资经营，政府仅立于提倡、辅导、奖励、管理之地位。其有民力薄弱，不能创立与不能竟业者，得由政府创之，待其著效，仍即召集民资承办，或即以全部资产赠送民营组织，仅留整理指导之权。甚至于由政府供给技术人员或补助经费，亦无不可。盖政府目的，固在发展人民利益、繁荣地方而已。

综论康省经建之缺点，在于无确定而合理之目的与方案。夫建省，万年之局也。流官，暂驻之人也。经建，责效须时，成败未易预决之事也。以暂驻即去之人，办成败难决之事，而漫无一定方针，则不免于各从所欲，以求速效。辕辙迭易，以求定万年之局，不亦难乎？故曰尚当周慎调查，缜密设计，确定合理方案，循序发展也。

## 第四节　文化建设问题

西康三大民族中，倮族文化最低。其宗教为原始之巫教，文字为幼稚之声字。书籍仅记载禁咒之夷经，图画仅简单之点线组织，亦俱限于巫师习之。冶铸、酿造、刺绣、耕牧等工技，皆仰于白彝。其社会组织，以家族为单位，无国家意识与政治法律等观念，恃不成文之原始宗法维护其社会关系。然其生存竞争之道优于他族，生活极简单，极朴素，性格坚忍、强毅，宽于驭下而急于报仇，虽勇于私争而亦急于公战，此其胜也。

藏族文化，在千年前，亦于今日倮族相似。自唐代输入佛教，瞬即浸被康藏全境。今日世界佛法昌明之地，当以此为极峰。显密各部，并极弘扬。他处未有之经论，康藏无不有之。康藏所谓之"秘藏"，则多他处所未有。拉萨无论矣，即如西康之德格印经院，有经板19.9万余块。《甘珠尔》《丹珠尔》全镌无阙。两部包括一切重要经论，凡印规定印工银2000两，纸本在外。造纸、雕刻、绘画、冶铸各工艺，皆缘之而兴。宗教艺术之发达，亦多非他处所及。全康合已陷未陷地面，总计人口不过60万，而黄教大寺庙，常住僧侣千人以上者，近20所。黄、红、花、白、黑各派之寺，僧侣百人以上者，近60所。百人以下之小寺，不可胜计。大抵平均每150户有一喇嘛寺。僧侣数量，占全人口四分之一以上，即全康有僧15万人有余。渊博淹通，有道术之士盖八九千人云（德格户口调查，较为翔实。计全县14村，9744人，凡喇嘛寺34座，僧侣2818人。百僧以上者7寺，千僧以上者3寺。甘孜一县，寺庙与僧侣之数，并较德格为多，惜尚无详确统计。丹巴、雅江、九龙等县，寺与僧侣较少，亦不至小于全人口十分之一）。自松赞干布依据佛法创立法律18条，历世遵奉，陶冶成藏族之一般品德，仁爱有礼，应事从容，自奉俭约与尊贤敬长诸优点，皆非汉族所及。

汉族文化，虽较藏、㑩两族遥高，但往时入康汉人，实以不学无术者居多。或属商贾小贩，或为军台衙役，或为流亡充配之徒，绝少文士通人也。即如官吏，亦以纳捐入流者为多。故段玉裁曾官化林，姚莹曾至乍丫，扬揆曾入西藏，李心衡曾宰金川，余如果亲王、查礼、孙士毅、王师我等，匆匆一过，偶有题咏，便成千古韵事。赵尔丰时，边局全盛，得人较多。查所调用官吏59名中，只进士1名（吕咸熙，云南浪穹人，任文案），举人13名。此外乡试副榜2名，贡生10名，增生1名，附生3名，监生18名，学校毕业者5名，无资历者6名。其幕府中，自总文案傅嵩炑以下，皆吏才而非文学之士。曾骋井研吴蜀猷入康举学，备极礼重，在当时边区得此，直如凤毛麟角矣。故康区汉人，虽有数万，其足代表汉族文化者，不过十分之一。言行表现，多不能使藏族发生景慕。或者视汉族为鄙贱之人，呼为"甲珠"（汉丐）。此改流30年来，汉官不能治理藏族，更不能收同化功效之绝大原因也。夫异民族文化尚未沟通以前，固彼此不明其高深。然而言谈进退之仪，取与用舍之际，有识者得以测之。康区未改流前，汉官仗康雍乾经边之遗泽，修其威仪，藏人畏之。即普通汉人，亦得假其余威，受土人崇敬（往时藏汉相遇，皆让道敬礼）。民元以后，在康汉人，贪鄙庸偎，泄露尽致，身价日落。至于官吏亦遭轻视。异地观之，固宜然耳。宁属汉族，贤愚殊不一致。然贤者多洁身自好，而不肖者则与彝人交往中自暴其短。在白彝视之，必谓黑彝贤于汉人。

同文同轨，为中华民族永存不溃之基础。西康三大民族，三种文化，鼎峙而立，决非建省所宜，同化问题，实为文化建设之最大标的。所谓"同化"，非即以政治势力强之从我也。要在尽量发扬各族文化优长之点，使之交融。其要领在于相互接触，相互认识，语文情感，无复隔阂。其方法当使两民族间，发生下列之交流作用。

**人物的交流**　奖励汉人入藏、㑩考察，诱导藏、㑩入内地观光。使互晓其长短优劣，各知所应采之态度与向上之途径。

**语文交流**　汉人习藏、㑩语文，藏、㑩习汉语文。期于意诚互通，情感融洽。

**文化交流**　汉人研究藏、㑩文化，藏、㑩研究汉族文化，开辟取长补短之路。

**血液交流**　促进汉夷通婚，利用汉与藏、㑩族各有之优势之遗传力。

为欲达民族之同化，当先提高在康各族之文化水平。此学校教育与社会教育之事也。次为打通民族间语言文字、生活习俗之隔阂。再次，当为因势利导之计。故佛教文化，亦当整理。最后当以科学效验，启迪诱导之。故科学文化，亦当阐扬。兹就目前康省情况，分别论之。

学校教育，施行于雅区与宁康两区之汉民分布地方，一切可以依中央规章办理。康省自建委会时期，已开办康区小学100余所，有学童5000余人。省府成立后，略有增省。据民国28年（1939）教育厅统计，康、宁、雅3区，共有完全小学118所、初小689所、边教完小3所、初小8所、短期小学367所、简易小学11所、其他初等小学5所、幼儿园3所。共学童7.1690万人。中级学校，则省立中学3所、县立中学5所、私立中学1所、省立师范2所、省立职业校2所、助产校1所，共16校，学生2929名。皆就教厅直辖者言之。他如康定之国立师范学校及其他教会学校未预焉。各县中，汉源有小学143所，学生8000余人，平均每15人得1小学生。并有中学1所，在全康中，教育最为普及（泸定亦15人得1小学生。唯其学生程度与从学兴趣皆远不如汉源）。其次，则雅安每17人得1小学生，西昌19人得1小学生，中级学校亦多。关外各县，则汉人儿童，绝无未进学校者（参看下条）。康定一市，人口1万余，有国、省立中学校3所、完全小学3所、女子小学、藏族小学与私立康化小学各1所。其他教会小学及私塾多所，幼稚园1所，全市儿童，无论汉藏贫富，莫不在学。全国任何城市，恐无此盛矣。赵尔丰时，巴塘学务之盛，亦正如此。今日巴安人物，为全康冠。故知若干年后康区汉人，应不少杰出者也。

社会教育，康省虽亦在努力推进中，但因省内劳力缺乏，男女皆乏暇时。且居处散漫，设施颇感困难。现已设有民族补习学校200所，重要地方皆已成立民众教育馆，成绩均未显著。电化教育，经教育部之扶助，已成立巡回放映队1队，历在关内外各县演放，最能吸引民众。

"同化教育"，目前尚无此名词，然赵尔丰时所办之官话学校，近年在西昌所办之夷化学校、宁化学校，与教育部规定之藏族小学，皆已用汉文教本，强迫藏倮学习，冀收同文一轨之功，实即"同化教育"也。赵尔丰于光绪三十二年（1906），平定巴塘乱后，用各驿站台书记及通藏语识汉文之商民为官话学堂教员。强迫各村保土头，派遣弟子入学。教以官话、汉字与社会常识。又创办速成师范于康定，藏文学堂于成都，造就推广同化教育之师资。至宣统三年（1911），全边学校130余所，在校学生2000名，毕业出校者2000余名。除巴、理塘等颇有汉生以外，藏族子弟实占最大多数。虽因喇嘛之反对与藏童之无意于学等障碍，未著宏效，然其浸润之渐，亦有相当效果。今日全康多有略通汉语之藏民，悉此时期之官话校学生也。民元以后，除汉民住地略有学校外，藏民同化问题，更无一人议及。当中央政治校开办蒙藏班时，向康区招生，已无一藏族青年可供录取。建委会成立以后，开办藏族小学5所。其后改称"边民学校"，扩充至10余所。又曾举办藏族师资训练班。康定师范学校，亦确定为培育关外在教人员之目的。现在关外小学142所，多数皆在藏民村落中。其目的显然在于同化藏童也。故事实上，此诸教师通藏语者十不得一，所用教本又与西康省情俗不相应，藏童虽经各县政府征至，从学累月，不获与教师通意。亦有背诵如流，而不识一字，不解一意者。于是喇嘛僧众之说大伸，父兄各以派遣弟子就学为惧，乃由村保头人集资，雇请汉人子弟或贫穷儿童应之，称为"学差"。每童每年雇价，藏洋（系硬洋）60元至100元不等。偏远地方，有至300元。代人读书，成为职业。今日毕业出校，明日取雇复来。反复数年，仍未略通汉文华语。唯汉民子弟，特蒙其惠而已（关外汉人，有子女者，多以代读解决生活问题。此为汉人移置，不无利益）。他区之猓族学校，近亦渐增，效果亦略相同。唯猓族对于学习汉语，自感兴趣。故征派学生，不似康区之难。

康省府对于藏区教育之弊端，早曾讨论补救。一般皆以培养通晓藏语藏情之师资，优其待遇，特编适于康情之教材，注重生活之联系等为根本方法（详《康导月刊》教育专号）。唯虽认识如此一致，而为中央法令与地方人事所泥，与缺乏经费与人才故，尚未能有所更张也。

佛教文化，为康区社会之灵魂，亦即康区政治之枢轴。唯任何宗教，历久必腐。振腐刷新，政府与有责焉。昔当旧教敝时，宗喀巴倡为黄教，整饬律仪，赖蒙古、清朝历世扶植，乾隆之际，始臻极盛。百余年来，红花黑白各派，皆已敛戢。黄教戒行，反见窳败。今既无复宗喀巴其人矣，则如何阐扬正法，整理佛教，淘汰劣僧，扶助大德，以收训抚边民、齐政易俗之功，实政府之责也。康省筹设五明学院，历久未成。论者谓由未得名德俱孚之高僧主持所致。夫康定非佛教中心，又乏于喇嘛教之历史价值。欲以厚币精诚，招致讲学大师，原即非易。纵有来者，亦决不能如拉萨三大寺之能号召僧众。唯泰宁寺为达赖曾坐床之地，理塘寺为第三世达赖所建，号称康境灵区，五明学院选设于此，或较有效也。虽然，个人意见，以为仍莫如姑稍卑之，分设中级之佛学研究所于理化、甘孜、泰宁诸处，吸收各寺有志深造之沙弥及汉僧赴藏学法者，仿旧日书院制度，延聘大德主讲，由政府资给衣单口食。3年结业，资遣至拉萨三大寺留学。能考得革西归者，即聘主讲或襄助教导，以次推广于其他重要地方。如此，则汉藏聚处，沟通民族感情，其利一也。扶助正僧，而不违其向学之习惯与途径，潜收控驭之效，其利二也。地位低，则导师易得；待遇优，则徒众易集。得青年诱导，则收效易而运用日长，其利三也。为喇嘛辟新的出路，则可渐以移转向心力于康省。迨有大师杰出，然后开辟五明学院以为康省佛教之最高学府，则易造成库伦与多伦之局面，其利四也（蒙古人民旧皆倾向拉萨。清初扶植哲布尊丹巴与章嘉为内外蒙之信仰中心。蒙藏始未联合一气）。譬如建屋，先求柱材；譬如建军，先树干材；譬如教育，先求师资。

科学文化之发展，在康省有特别重大之意义：

（一）一切经济建设，皆须以科学知识为基础，培养康省人民之科学观念始利于各种经建事业之开发。

（二）佛教文化之利在于驯抚悍民，而其害，则为削弱国力。为救其弊，当以科学文化与之并肩发展，俾其不相妨而相成。

目前康区学校，尚在改进小学之时限内，固难言及科学。唯宁、雅中级学校已多，科学教育略有基础。西昌技艺专门学校，民国28年（1939）开办，对于宁区人士之科学观念，确已增益不少。目前宁区经济建设，已能得到地方人士同情与赞助。康区，则尚在深闭固拒中。然当电教巡回放映队出关演放时，藏人啧啧叹羡，有自数百里以外奔来观视者，可见藏民非怀疑科学，徒以未知故耳。康定虽尚无设立高级学府之可能，亦宜筹设科学馆，与省外学术机关联络，延至专才，常驻研究。既为开发实业之准备工作，亦以建树康人之科学信念。

此四部者，各有其重要性与独立性。应使屹然不倚，并道发展。夫人类社会之文化建设，岂必限于学校哉！今日中央有教育部，无文化部。各省有教育厅，无文化厅。于是一般认为文化建设之事，教育而已。而所谓教育者，学校而已。所谓学校者，讲解教科书而已。至于同化边民工作，亦欲强纳于学校之中。整理佛教工作，亦欲改为学校之式。乃如科学馆、研究所之类，则为非属教育范围，归诸社会事业，不由政府提倡。其弊之深，允当抉剔。然此全国之通病，非独西康为然。唯西康情形，既一切特殊，则矫俗创例，亦宜自西康始，故附及之。

## 第五节　保安与兵防

康省山水险恶，人民贫悍，种族复杂，文化低落，然其俗谨厚畏官，非难治也。昔以地区偏远，政治不良，官贪吏污，民无保障，故哥老之风，甚为流行。屠弱良民，畏近官府，而附豪绅，演成地方上双重政治。盖不仅藏、倮有土酋也，汉人亦有相似之豪帅焉。其结果，使人民不知有国家，唯知有豪族，勇于私争，而怯于公战；昧于法令，果于仇杀。是故历世治乱，恒视驻防军队之多少精锐为判。一旦驻防撤减，不胜镇慑，则汉民已先自沸乱，夷患更滋蔓难弭矣。近年政治上轨，兵防充实，民众之组织训练亦渐就绪。然而移风易俗，非朝夕之事，民众武力之发为冲突，演为暴乱者，随时有之。

历世治边，对于土司头人豪族巨绅之挟有民众武力者，皆因其势而抚之，假以军职名义，号为"土兵""夷兵"，或"民兵""民团"，皆不加编制，亦无版籍，縻其豪帅而已。于是，上焉者接受指挥，进为军队。次焉者划地自擅，不受调遣。下焉者时抚时背，流为盗贼，尤甚者拒命戕官，发为叛乱。民国25年（1936），建委会移康，由保安科拟具调整各县民有武力办法，取缔不合法之自卫组织。登记民枪，调查户口，编组康定、泸定汉团为两县保安独立分队，是为西康建立保安行政之始。法令初行，民未便知，隔阂淹滞之处甚多。民国26年（1937），设立民团整理处，以驻军师长唐英兼任处长，藉军事力量辅助团政推行。划分全康为4个民团指挥区，以康定、理化、巴安、甘孜4地驻军旅团长为区指挥，各县长或驻军营长为各县民团总队长，势力较大之土司头人，则酌委为副指挥或县副总队长。附加粮税作民团经费，并委派各县保安总队副，办理组织保安队与训练指挥事宜。又调汉藏头人，开办保甲训练班。

民国27年（1938）4月，建委会改组，遵照中央法令设立保安处，撤销民团整理处及保安科，厘整各级保安机关名称，划一保安编制，开办保安行政讲习会，征集各县土头保甲长等人入会讲习。于时康省15县中，成立了保安独立分队者，凡12县。9月，宁雅两区划入西康，接收宁区固有之保安队一大队又二中队。雅属则因四川省府先将保安队调去，仅存一分队，乃分设雅、宁两保安司令部，增编保安一大队。民国28年（1939），省府成立后，开办保训合一干部训练所于汉源，前后两期，共训练汉、藏、倮青年2000余人。保安部队亦续有扩充。现分全省为6个保安区（康4区详前，宁雅各为1区），共有保安兵士30中队，3000余人。

康省地广人稀，壮丁缺乏。一切建设多因劳工无着，陷于停顿。近因抢筑各县公路，办理工役，已感拮据。国民兵役之推行，更自有其困难之处。唯仍积极推行。民国27年（1938）成立师管区司令部。划入宁、雅后，增设雅安、西昌两团管区司令部。两属县府第一科下，皆增设兵役股。民国28年（1939）夏，复在汉源开办兵役人员训练班。自是年起，按年征送壮丁5000名，多拨入驻康各军团补充训练。

目前西康，不唯地方治安尚待军队维持也，在西藏问题尚未解决以前，随时当虞藏军东犯。夷务问题尚未解决以前，随时当防叛夷出巢。他如乡、稻各县，冷卡石、木茹、查坝等区，受抚未久，保卫交通、维护民垦，无不需要正规军队。整编后之24军，计凡2师、4旅、2独立团、2特务营，分配康、宁、雅区与雅、邛道上，维护治安勉足敷用。外有靖边司令驻西昌，专办夷务。

从事经边之难，莫难于用兵。而用兵之难，尤莫难于转饷。魏源记金川之役云："转饷之难或数石而致一石，数夫而供一夫。"金川为近边之地，尚且如此。远如藏境，其难可知。康、雍、乾迭次用兵西藏，辄数十万人。战斗之士，实不过万余人耳。嘉、咸以后，藏境宁靖，而打箭炉、里塘、巴塘、昌都、拉里等粮台运道上之防军，竟不敢撤，可知其重要性矣。清末巴塘之乱，马维骐以提督亲率标兵，乘泰宁新胜之威，西进征剿。曾未10站，即以粮乏，被困于里塘境内。赖赵尔丰疏通粮道，始克定乱。赵尔丰攻乡城时，亦以粮绝，煮牛皮野草食之，部下叛逸，几至溃败。其克成功，亦天幸耳。赖以此役，树立威声，箪食壶浆所致迎献，克以竟其全业。然时兵额不过7营，皆食糌粑，因地为粮，故能不败。尹昌衡西征，号称10万，旋皆困于粮食，次第撤退，未及一年，合边军计，只余三四千人。24军两次用军康北，作战兵额，不过两团。端赖人心倾附，供粮不匮，且以速战速决成功。民国29年（1940），既平甘乱，将撤队伍之时，乃因道孚、泰宁等处乌拉力竭，致战胜之军，久滞难归。设其战事延长，则糜烂可想见矣。故在交通建设尚未完成以前，康藏防军，宜取赵氏成法，轻量重质，力求精少，且令习食糌粑酥油，就地取粮。庶几减轻转运数量也。

康藏用兵又一困难，为官兵不习水土。夫4000米之高原，几近雪线，空气稀薄。人类生活于此者，须有一定之肺活量与御寒装备。汉军新到，往往未经作战，自毙于途。或手足断裂，眼目眚盲，知觉麻木，不堪应敌。地形不熟，偶离大部，即难生归。语言不通，敌情诡幻，亦无资侦察。习俗既殊，行辄违俗，每遭土人篡（通"馔"）忌，更难得其援助。此皆不习风土之害。民国初年，赵尔丰所遗之边军，虽师老械窳，而作战能力，远较川军为大。清末驻防宁远之绿营，虽甚敝败，然以习谙风土，动止得宜，土人畏之。虽一人负橄深入，拿捕夷犯，无敢抗害者。近年，邓秀廷之靖边军，皆习猓俗、谙猓情，故其剿夷成绩，蔚然可观。是故边疆戍军，宜令长期驻防，伴与土人相习，从其生活，解其情俗，识其地利，不宜轻事调动，一旦军事紧迫，外来补充部队，只宜用于后方之守卫，或与久戍兵配合作战。

康省军事第三困难，为官兵之不安于业。近日物价腾涨，而军饷所增甚微。官兵服役累年，终不能有毫厘积蓄，多数犹在啼饥号寒之中，茫然长夜，莫知所屈。反顾商人，瞬致百万，轻裘肥马，泰然自适，曾无冲锋陷阵、洞胸折驱之虞也。其他各界，亦皆胜于从军。故逃兵问题，已成任何军队所共有之唯一痛苦，况边区戍军，其困苦更十百倍于腹地耶。腹地人口稠密，兵士逃逸，尚易补充，边区兵士易逃难补。苟非有以安定军心，使官兵皆乐其业，则虽将帅贤能，分甘共苦，吮痈抚

创,与兵士同寝处食息,亦无益耳。窃以为戍康军队,宜参上诸理由,采施下列办法:

(一)康区驻一旅,宁区二旅,皆定为不外调之固定戍军。唯每三年,与驻雅部队调换三分之一,或康宁互调。俾全康军队,渐次学习全康风土。

(二)奖励戍军与土人结婚及开垦土地。其与土人结婚者,应更调时,准其退伍留垦,改编为保安团。

(三)戍军薪饷,改发实粮,以每人每月伙食所费之二倍为率。俾有妻子者资为蓄养,无妻子者亦可储蓄,或售贷于人,以济家用。庶生有享乐之资,死有赡养之遗。

(四)戍军宜特建营房于都市以外可垦未垦地方,附设垦场商市,俾军垦、民垦联合举行,以垦便军。使荒旷之区,渐成聚邑。繁荣地方,巩固治权(明代之建昌五卫,清代的金川五屯皆用此法以成今世之盛)。俟地著者多,保安队成立以后,则移军他地作战,亦有人维护地方。

故兵虽凶器,亦可资为建设。宁内地宜寓兵于民,边地则宜殖民于兵,夫仅认军队为作战之具,则常因无战事而被轻忽。轻忽则窳败,窳败则反为地方之祸。迨作战时,已无兵可用,如清朝之绿营是也。如果认兵为实边之资,则平时可以化为土著,战时即以捍卫移民。动静有利于边,有裨于国。国家耗一分饷,边地获一分益。耗款愈多,收效愈大。军事建设,亦即政治建设也。康省自建委会移康后,即专以408旅屯戍康区,510旅与靖边司令部屯戍宁区。对于奖励官兵与土著结婚及兵士垦拓事,亦已试办。惜因经费困难,皆无如何发展,更无力筹及上列办法也。

## 第六节 西藏问题的归宿

民元以来,西藏政治机构,仍清末旧制,只无驻藏大臣耳。达赖总揽政教,居布达拉宫。其下有噶伦4人(旧三品职),禀承达赖,办理政务,相当于内阁。其办公地曰"噶厦",在大昭寺内。下设大仲译、卓尔尼、小仲译等官,分掌文移与庶务。外设仔本与商卓特巴,分掌财库(四品职)。业尔仓巴(五品),掌征权。各种第巴(七品)掌保管。又有协尔帮,司审判。浪子辖,司市政(皆五品)。军政亦由噶伦总摄。旧设代本6员(四品职),如本12员(五品),甲本24员(六品),定本120员(七品)。每定本辖兵25名。每代本辖2如本,4甲本,20定本,兵500名。扩军以来,增至15代本。共有常备兵7500名。民国7年(1918)以后,分一噶伦驻昌都管理康区一切政务。

西藏之地方官吏，分呼图克图、土司、营官三种。呼图克图，如察木多、类乌齐、乍丫、八宿、拉里等区，皆以转世活佛主地方庶政。其制沿袭元、明，其地位，正如达赖之于西藏，只具体而微耳。土司如三十九族地方是，其制度与内地之土司同，是皆西藏地方政权不甚贯彻之区。其最贯彻者，为营管辖地。营官分大缺、边缺（皆五品），中缺（六品），小缺（七品）3级。所辖数千户至数百户，为一行政区域，相当内地之县区，量人口之多寡，事务之繁简，酌设1—3人，管理辖区内民刑诉讼，差粮征发与兵役、工役等事务。营官所治，因碉为堡，旧凡90所，即所谓"90宗"是也。凡90区，共营官125员，近已略有增益。自噶伦以至营官，皆僧俗兼用。

宗教方面，达赖与班禅地位相等，各有宫中官吏，司其琐务。其次甘丹、色拉、别蚌三大寺（黄教）与桑耶寺（红教）、萨迦寺（花教）、楚普寺（白教）为全藏最高学府。又其次，则有主管各区（如昌都、乍丫等）或主管各寺（如萨迦济陇等）之活佛，其地位不受噶伦支配。又其次则为主管各寺之堪布，其他如呼图克图、革西、大喇嘛等，大都不预俗务，仅社会上自有地位而已。

西藏政治之腐败，官吏之贪酷，多出常人意想之外。各级官吏，多以行贿得之。其对人民，则倍事诛求，以偿所失。其赋税征收之物，品类极复杂。现金、各种实粮、牲畜、皮革、酥油、乳酪、宝石、干果、茶、布、帛皆有。征收机关使用之度量衡器，大小不一，因人而施，相传业尔仓巴所用秤有20余种，斗有30余种。至如地方官吏之征用乌拉，军队之征发用物，尤属浮滥无度。人民备受蹂躏剥削，莫敢告讦也。唯寺院僧伽，独蒙优待。且凡有地位之僧侣，皆得径向人民征用乌拉，募集财物。寺院之建造与辉煌，以及其他征用人力财力之兴作，自皆全由人民负担。故其人一经作僧，如登天堂；留为差民，如堕地狱。然其人受佛化已深，凡百痛苦，诿为宿业，无所怨诽。且以捐输其财产、劳力，甚至生命于佛事，为培植来世佛缘之布施，怡然乐为，故藏境亦无叛乱。唯毗连康境之地，如昌都、宁静等地方，其迭经汉藏煦寒，不能无比较苦乐之见，颇多有企望复归汉官管理者。德、邓、白、石4县，自民国7年（1918）沦于藏，民国21年（1932）始收复。现其人虽在汉官与土司双重管理剥削之下，自觉犹较藏官时代为苏。故民国25年（1936），虽迎青军以拒红军，又结藏军以逐青军。追闻24军复管康区，则又迎康军以迫逐藏军矣。目前邓柯、德格、白玉、巴安4县所属金沙江西岸之地，在藏军蹂躏下，大有水深火热之感。其人目击东岸村落之安乐，内附之情，如旱望雨，此康藏政治竞赛之明效也。闻达赖十三世在时，颇自察觉，曾有改良政治之说。唯以积重难返，迄无成就云。

达赖十三世死后，藏人推选热振呼图克图摄政。大权操于噶伦，热振划诺而已。现达赖十四世呼毕勒罕，已自青海觅得，迎入布达拉坐床。照习惯，尚待学经十六七年，俟考得革西学位后，方得亲政。故全藏政务，仍由热振总摄。

往时达赖转世，例迎班禅来前藏传法，每即摄理政务。因班禅九世，于民国20年（1931）出奔来内地，而达赖之徒，与班禅不睦，故举热振，且拒班禅回藏。民国23年（1934），国府派黄慕松入藏致祭达赖，借与藏人商讨西藏内附与班禅返藏问题。藏人防拒班禅返藏摄政，至为严切。时班禅已受命西陲宣化使，自内蒙古向青海前进。民国25年（1936）夏，国府派赵守钰为护送专使率仪仗队会班禅于夏河（时班禅在拉卜楞寺），即自夏河经俄洛番地入驻玉树。班禅亦派刘家驹至康定，接洽康青出军，卫送班禅返藏事宜。藏人闻班禅将以武力返居，拉萨颇惧。命驻昌都噶伦索康，邀请班禅行辕代表，会商于春科寺（邓柯县对岸），并邀请康省刘主席亦派代表加入。因藏人坚持前说，谈判破裂，双方备战。延至次年6月，索康再邀各方代表会商，对班禅行辕经过拉萨与仪仗队同行各条，均已接受。唯不许护送专员及仪仗队在拉萨常驻，会议又复停顿。未几，抗战爆发，西藏问题由是搁置。是年（1937）12月，班禅卒，年57岁。移柩甘孜后，赵专使与仪仗队并受召东归。班辕之徒作乱失败，委弃灵柩而去。现班禅十四世呼毕勒罕灵童，已寻获。唯如何掣签决定及何时返锡札什伦布问题，一时尚难解决云。

中国管理西藏，已数百年。追论西藏问题之失误，所由酿成者非只一事，应当负责者不止一人。驻藏大臣之放弃职守，一也。有泰、联豫之昏庸失职，二也。钟颖之纵兵自败，丧失一方，三也。袁世凯迁就英人，抑遏尹、蔡西征，放纵西藏分裂势力，四也。陈遐龄拥兵拒饷，坐视边军覆灭，以长藏之骄志，五也。休战期满，既以恢复失地名义，博得各方金钱械弹之协助，乃不西向发一矢，而耗全部实力于内争，六也。大白战争时，西藏地方政府已失英国援助，康青两军，乘胜西进，足可解决西藏问题，刘湘拥川康督办之职，演击韩救赵之恶剧，使一篑功亏，千载机失，七也。西藏以宗教立国，班禅宗教地位，原与达赖比肩，达赖既已叛悖，不可抚致，则扶植班禅驻锡于内蒙古或青海，或西康，建设第二之喇嘛教中心，维系内向藏蒙人民之宗教欲望，徐图解决西藏问题，亦不失为制藏一术。不然则利用班禅地位，武力返藏，掌握政权，藏地方政府虽欲抵抗，藏民必鲜附和之者。乃国人道谋蜂起，傅咻不一。扰攘彷徨，以待班禅之死，八也。俄人用道尔吉夫，英人用贝尔，皆以畅通西藏语文、情俗、教仪、礼法获胜。中央政府曾无一人堪与比拟，亦未能奖励扶植如此人物。历次入藏官员，徒有热情毅力，终不免于隔靴搔痒之败，九也。积此九失，藏局已成今日艰难之势。今后解决之道，亦唯用兵而已。

今日英俄皆与我国邦交，且亦早已未再过问藏事。西藏问题之解决方法，唯我所欲为。康、青、滇三道出兵，一气荡平，改建行省，可也。薄施武力，迫使就范，仿照列强自治领办法，制定地域，许其自治，而以国防与外交之权责归我，亦可也。官军进驻拉萨，恢复驻藏大臣，维持前清旧制，亦可也。唯皆必须立图解决，绝无徘徊瞻顾之余时。夫西藏财力武力之不足以建设国家，至为明显。其与中央之政治关系，如一日不明白解决，即一日不能消弭猜防。猜防在心，则必求外助。见英俄不肯相助，则必出于求助轴心国，此亦自然之势也。当清末叶，西藏问题初发生时，即有德日人助其练兵，引诱西藏。而日本之"西藏通"如河口慧海等，更藉佛教为媒介，予藏人以诱惑。其未成功，以远故尔。今日寇已囊括内蒙古之一部，足与西藏通气。现复力争缅甸，欲与日尔曼人会军于中亚细亚，果其目的可达，则缅甸失陷后，中央虽欲与藏人联防，讵可得哉！总之，在英俄干涉西藏之际，则凡关于西藏一切交涉，皆以拖延待时为有利。在各国皆尚未能干涉西藏之际，则以直接措施，迅速解决为有利。对于西藏问题，迁延自误，20余年矣。新的风涛，又将涌起，而旧案仍未结束。画饼自欺，因循坐误，余窃以为深痛也。

夫西藏之地贫薄，不足利也。西藏之人稀少，不足用也。然其为我之版图久也，况其宗教地位，足以集结藏蒙两族之全部人心；其地理位置，适为近代国防之优越保障。在我国政治、军事上，皆属绝对重要。就抗战言，后方国际线路之保持，实有时更重于前方之作战。故西藏问题之解决，已属刻不容缓。兹以管见，略论其解决方式如下：

由康、青、滇三省，分道出兵，直捣拉萨，改组西藏地方地府，扶助纯正之僧伽主持政务，整顿黄教，刷新律仪，改善吏制，由中央按年补助以巨额经费，派驻大员与戍军，掌握完整的国防、外交与内政之权，恢复乾隆末年之制，确保国家之主权，则外人间谍不得而诱惑，敌国无从以觊觎。国际交通之建设，康藏界务之纠纷，皆迎刃而解矣。

西藏问题已30余年矣。改建为省之调，今固不复弹；取消自治之说，亦非时宜。因循待时之计，今更断不可有。唐太宗策颉利曰："示之必克，其和乃固。"今日对藏，当以为鉴。

任乃强全集·第三卷

四川史地

---

\* 此书原为任乃强先生在南充中学讲授"四川乡土史地"之讲义。1928年修改补充后，由该校出版印行。为近代首部以现代地学与史学相结合，系统论述四川历史地理之作。曾被一些高校采用作教材。

# 前　言

予幼鲁钝，绌于背诵。入学校后，虽嗜文史而不达其门。少长留学京师，钻研科学孳孳数稔，归而无所用之，混迹学学滥竽皋比，悒悒无以为乐，辄取书籍浏阅，以自排遣。偶读地方志，于其治乱消长，人物盛衰，风俗隆替之迹稍获趣味。尝叹《华阳志》后，踵事无人，地方文献珍奇之物，可歌可泣者，散落各书，未有条贯。学者驰骛国史，或得其要；而于乡土掌故，反多漠然。每欲掇拾省县大事，辑一小册，以贻学子。适业师蜀峯（锋）秦先生，方以整理国学倡于南充中校，不揣冒昧，遂陈所私。先生欣然同意，特于各班每周加课一小时，目曰"乡土史地"，期以一年毕业，从新学制也。教坛初试，学者悦之，竞求加详，云期彻悟。偶因姑息屈从，广为搜集，凡果城藏书有关于地方史地者，力所能及虽片言只字无不及之，博取约用，融会其意，参以自所经历，由省而县，分为地理、历史两篇，陆续编成讲义；自附小注，藉资补充。不图工事繁重，久不能成。人事俶扰，复多停辍。自丙寅之秋，迄于戊辰，始将四川之部草草蒇事。检视一过，已有三百余页，乃先断为一册，顾曰《四川史地》。为便学者装订保存，非敢问世也。

或嘲予曰：方今世界一家，人倡大同，而子以乡土自隘，且文笔拙涩，辄妄著书，得无自取揶揄乎？予曰：不然。昔孔宣父持大同之说以修鲁史，固内其国而外诸夏矣。盖亲亲而能仁民，家齐而后国治之义也。人且不爱其乡，而能爱国与世界者，必无之事也！方今盗匪纵横，地方糜烂，人忘乡土，则将何由澄清乎！况当祸难已深，陆沈且至，不幸再有巴氏流贼之祸复现于今，一邦文献由是失传，讵不重可惜耶？予虽不文，为此而作，邦人君子必能谅之。幸有激于同情者，惜其未逮，哀而益之，纠其乖谬，更为鸿著，以彰前烈，以勖后世，使常璩抚掌于地下，蜀士克数其家珍，是所甚愿，未暇计筚路蓝缕，遭人揶揄也。

至于此册，本系旋讲旋编，仓促完成，讹误罣漏、繁简失宜之处自不能免。及今复阅一过，不慊于心者，逐处有之。颇思彻底改造，更订条理，而病未能兹。且将此初稿内容，撮要说明如下：

一、编撰之初，原拟分为"乡土与人生""四川地理""四川历史""南充地理""南充历史""人当如何爱护其乡土"六章，章各一二万言而止。开讲后，因学生求详，偶一放手，遂至如是繁赜，尤以历史一章占篇幅特多。盖四川地域广大，史迹长远，学生平日既乏概念，则叙述任何事物，皆非粗具原委曲折不能使之领悟故也。近以其烦冗不便初学，特于卷末另编大事期表一幅，以约束之。

二、引言一章，系初讲时欲先唤起学生对于乡土之情感而作，借以说明乡土与人生之关系。词嫌冗泛，失于斟酌者尤多。顾既印成，且已占一章位，亦苟存之。

三、地理一章，只提川省特点。演述所用材料，十之八九取自本人游历考察之日记，未尝抄袭他书。自问颇多新义，与近代各书坊所出地理讲义迥然不同。

四、历史一章，糅合四川全局所有四千年来政局治乱、文化兴衰、风俗隆替、人物显晦为一贯，参用纪事本末与传志体例，分为四十六节。每节有一叙述中心，或于文末加议论数行，或于文首提论数语以指出；之间有事实繁多者，亦晰为二节或数节记之。

五、秦汉以前，蜀史本多不明，后世纪蜀事者每割弃之，仅存神话数则，聊资谈助而已。然苟细寻其迹，亦多有足与经史相发明者，如嫘祖得养蚕术于蜀中、文王化行蜀地之类，本书于此颇大胆言之。

六、汉明间事，概以正史为据。正史不及，始考野史、杂记。言必有所自出，未敢有杜撰无根之语。

七、予搜清代蜀事，为工甚苦，卒不能得其要领；勉辑数节，旋见讹漏，落叶频添，屡改不定。付印至今，又得讹漏若干条。缘无完备之参考书，只从载籍搜剔字句缀成，故其难如此也。

八、民国以来史事，平时既未留心考察，只从相识师友处询得梗概，既东鳞西爪，难窥其全；而此誉彼讦，亦无定是。故只记政局变化大略，对于人物臧否、政治得失，与夫社会疾苦，皆不敢论。

九、《四川通志》一书，皇皇二百余卷，私心未得其当意处，文中非不得已不援引之。其他专记四川史地诸书，划为两节，分别编录，各系按语数言，俾学者得随缘检阅，以资考订其特著之作；非目所及或仅得见，其佚支遗序者，亦并录之。

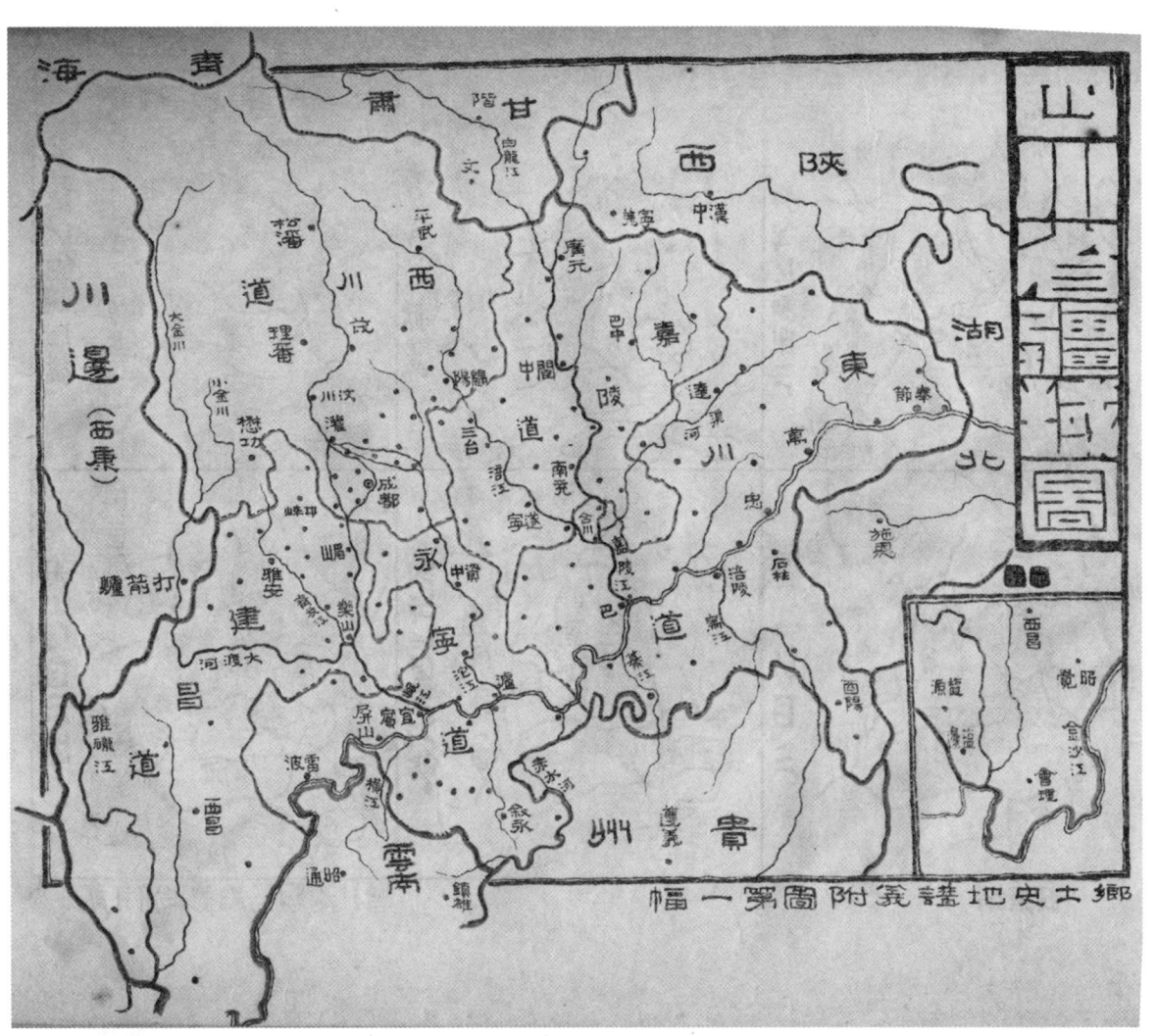

四川省疆域图

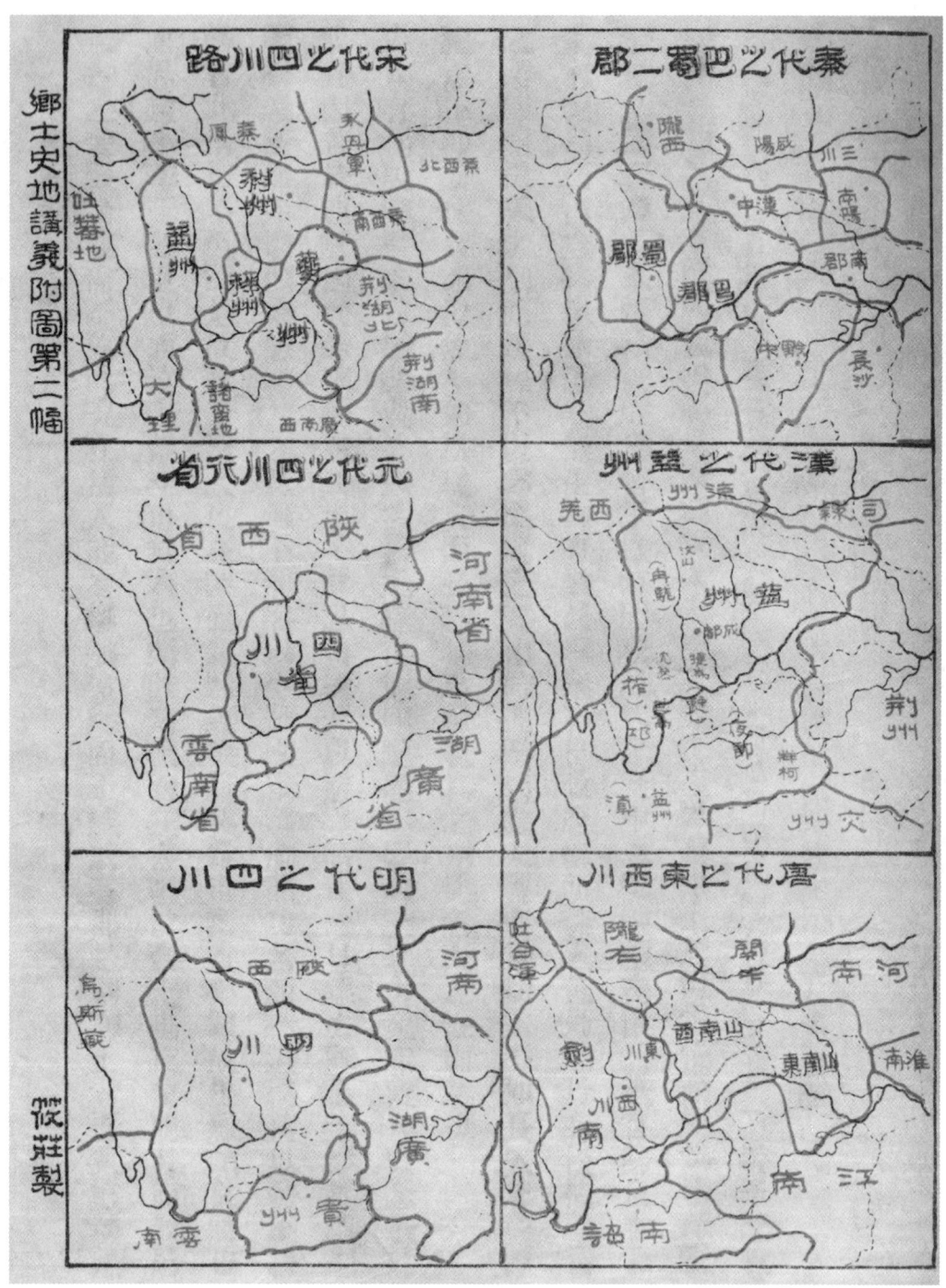

《乡土史地讲义》附图第二幅

# 第一章　乡土与人生

依恋乡土，人之恒情，物之常性也。故曰"安土重迁，黎民之性骨肉相附，人情所愿"①。又曰"狐死正丘首"②，"代马依北风"③，"羁鸟恋旧林"④，"游子悲故乡"⑤。昔者汉高祖西都长安，迎养太上皇于丰，上皇思慕东土，居恒悒悒。高祖为营新丰居之乃适。⑥ 晋时，吴人张翰被辟为齐王掾，每因秋风起思吴中莼羹鲈脍，竟愤然弃官归。⑦ 日本北荒有绝岛曰占守，终年冰沍，一无生物，有数渔户聚居。日政府怜而徙之色丹。色丹有松楠黍稷之饶，银貂黑狐之利，而迁民不以为乐，辄三五相结逃归旧处⑧。夫丰市景物当不如长安，沍羹鲈脍当不如肉食，负冰取鱼不如耕猎矣，而必勃勃思归若鸟之在樊者，人之性固然也。

夫人有逋居乡里未尝越县者，终岁营营桑梓，徘徊丘陇，固不觉乡土之力竟能使人系念若此。或且因苦于逋赋，困于诛求，转怨斯土不祥，思得桃源以避之。然使一旦离去乡土，远涉异地，则触物牵情，无非怅惘，慕恋乡井之念无不油然以生。虽或宦游他郡，功名显赫，避祸万里，势不得归者，此情犹不免焉。是故孔子圣人也，在陈而咏归与⑨；项籍英雄也，富贵必归故里⑩；廉颇良将也，而思赵卒⑪；李斯名臣也，而泣上蔡⑫；杜甫哲人也，闻收蓟北而狂喜⑬；李白豪士也，夜望明月而致思⑭。夫古之圣贤豪杰尚不免，此况在常人能有，离乡远跻而不戚者耶？是则乡

---

① 《汉书·汉元帝诏》。
② 《礼记·檀弓篇》。
③ 《后汉书·班超传》。
④ 《陶渊明集·归园田居诗》。
⑤ 《史记·高祖本纪》。
⑥ 见《前汉书·地理志》。
⑦ 见《晋书·张翰传》。
⑧ 见《人生地理学·日本风景论》。
⑨ 见《孟子·尽心章》。
⑩ 见《史记·项羽本纪》。
⑪ 见《史记·廉颇列传》。
⑫ 见《史记·李斯传》。
⑬ 见《杜工部集·闻官军收河南河北诗》。
⑭ 见《李太白集·夜思诗》。

土者，吾人灵魂之所，终身萦系而不能解脱者也。

顾人之所以依恋乡土而不能自已者，必非无故推求，所以约得二端：一曰身家利害所系，一曰风俗习尚所与是也。试析言之：

（一）夫人身所自出者父母，心所爱悦者妻子，行所与者戚党，身所养者田园，本所寄者庐墓。而父母妻子戚党田园宅兆，固皆附拓于乡土者也。乡土可违，而父母妻子田宅戚党不得与俱违。人唯恋其父母妻子田宅，故不得不恋其乡。且身与父母妻子戚党田宅之于乡，犹鸟之有巢也。巢安则亦安，巢危则亦危。故人之爱其乡土，无异鸟之爱其巢。唯其爱之，故常欲与之相见厮守，依依不忍去。

（二）凡人类之气味相投，好尚相似，利害相切者，其同情心互助心亦俱特厚。不然者，纵偶发同情心，终不能有深切之扶助。故人有困死他乡者，未闻困死于乡者也。夫异乡之人，言语异声，服饰异形，情感异趣，好尚异俗礼制异仪凡所以触于目者皆拂于心，则何由见爱？既不见爱，何由相助？是故人之憎异乡者，非憎其人，非憎其地，憎其风俗习惯也。风俗习尚随地不同，去乡愈远其差愈大，其憎愈深，人既憎其异乡，异乡亦憎其人；愈互相憎，而愈觉其乡之可爱矣。是故欧美来国传教之士，纵极慈祥，人情亦甚恶之。而吾人之久居乡土者，一旦处成渝之市，则闻乡音而喜，在京沪则见川人来而喜，在日本南洋则闻国语而亦喜，在欧美则见直发圆颅者亦若空谷跫音矣。

由是观之，乡土者实人类真正幸福寄顿之所。恋乡土者，又人之至性，情之当然也。顾人虽恋其乡，而忘其可爱者，有之。能爱其乡而昧于爱护之道者，有之。乡土史地即记述乡土之山川风俗人物典章，以启发其人爱护乡土之必者也。此其所当习者一。

乡土又不仅能使人心灵系恋而已，其于人格陶养关系尤大，昔称"高祖从龙，多由丰沛。萧王佐命，半属南阳"①。七十二子之徒，大抵洙泗间人也。②人徒知"方以类聚，物以群分"，谓为自然之理，乃不知此固由乡土毓成之耳。乡土育成人物之力，厥有两端：一曰地理，一曰文献。再析言之如下：

（一）古称名山胜水，毓秀钟灵，人类禀赋得于山水之气者为多。高原之民质直而犷悍，溪谷之民狡险而贪讹，山居之民仁厚而迟重，水滨之民文秀而慧黠，此其大较也。他若因或地处边陲，数被寇盗，而其人尚武好战。故"陇西近戎，名将出

---

① 见《明史纪事本末》卷一及《后汉书》开国各功臣传。
② 见《史记·仲尼弟子列传》。

焉"①。或天惠丰厚,不患饥馑,而民俗呰窳柔弱。故"吴越饶食,其人偷生"②。或因孔道四达,车马辐辏,而其民舍本逐末,女子淫荡媚人。故"郑卫多美物,为倡优"③。凡此皆地理之影响于民性者也。然此系就一般之通性言,至于特殊人才,仍以受乡土文献之影响为大。

（二）人情莫不崇拜圣贤豪杰与夫才艺之士。而乡土人物感人尤深,或及见其人而亲炙之,或远代景慕而私淑之,往往由一人之德业,养成一乡④之风气,人尽化之而不自觉。此种例证不可胜举,昔在汉初巴蜀椎鲁无文,自文翁教民读书法令,司马相如以辞赋显于世,乡党慕之,遂有严遵、王褒、扬雄之徒,做文章盖天下。孔子讲学洙泗,孟轲继起于邹,齐鲁之间遂成名儒渊薮⑤,弦诵之声,历数千年不衰。清朝中叶,曾、罗等以讲学治军倡于湖南,养成一邦强毅忠勇之气⑥,卒赖其力剿平发捻,晚清良将多产是乡。迄于清末,梁启超讲学于此,其门人犹半死国难焉。江苏自六朝来民气柔弱,迄明末世东林诸人以气节相矜重,市井小人皆化之。⑦故有苏州、常州殴杀缇骑之事,明亡而揭竿倡义婴城抗清者,反较他省为多且烈。燕赵自有荆轲高渐离之徒而后,慷慨悲歌好气任侠之风至唐不衰。⑧此其俗皆由乡土文献养成之明征也。

吾人研习史地,果何为乎？若乃舍近求远,昧于乡土,掌故而不知,则虽读书破万卷,亦犹舍其苗而耘人之苗耳。此乡土史地所必当习者二。

吾县自汉以来,人才辈出,文物炳焕,冠冕三巴⑨,忠义名邦,公侯应谶,古香流溢,大可自豪⑩。旧有县志,成于嘉庆年间,山川风俗虽已不合,典章文献则尚可征,任举数端固已足使吾人兴起也。虽然,予以为吾乡之可爱者,山川、风俗、文物而处更有为他处所不及者甚多,是非与他处一一比较,则不得显；且川省地势如盆,其中百余县天然成一区域,以与他省隔离,南充在此盆中关联之点颇多,则吾人所论之乡土似不宜取义太狭,决然略去。省志不论今,特由省而县以次,举出出其地理上之优点与历史上之荣誉,分为数章,撮要言之。初学者庶可因此明了吾乡有真可宝贵者在,而思所以爱护之欤。

---

① 见《汉书·地理志》。
② 见《史记·货殖传》。
③ 见《史记·货殖传》。
④ 见《华阳国志·序志》《汉书·文翁传》及《地理志》。
⑤ 见《汉书·儒林传》《史记·项羽本纪》。
⑥ 见《湘军志》。
⑦ 见《东林列传·五人传》。
⑧ 见《史记·刺客列传》《韩昌黎集·送董邵南序》。
⑨ 见《华阳国志·巴志》。
⑩ 见《南充县志》。

# 第二章　四川地理概论

## 第一节　疆　域

四川省西北界甘肃、青海，东北界陕西，东界湖北，东南界湖南，南界贵州，西南界云南，西倚西康高原，面积1297930方里（今48.6平方千米），于禹贡为梁州之域①。周为巴国蜀国地。秦并天下，置巴蜀二郡，汉为益州。②晋为梁益二州。南朝因之。唐贞观元年，以益州置剑南道，梁州置山南道。开元二十二年，分山南为东西二道。至德二年，分剑南道，置东西川节度③。宋平蜀，置西川路。开宝六年，分置西峡路。太平兴国六年，并为川峡路。咸平四年，分置益梓利夔四路，总曰四川路，四川之名自此始。④元始置四川省。明平夏，置四川等处承宣布政使司，领府九（成都保宁顺庆夔州重庆叙州马湖龙安遵义），军民府四（东川乌蒙乌撒镇雄），直隶州六（潼川眉邛嘉定泸雅，宣抚司二（永宁安宁），卫六（松潘建昌宁番越巂盐井会川）。清仍为四川省。康熙雍正间，以乌撒遵义隶贵州；东川乌蒙镇雄隶云南。其州厅升降分合屡有更易。至清末世，为十二府，八直隶州，六直隶厅，共辖县厅州143，分属五道。民国肇兴，废府留道，改州厅为县，更易名称，复有增除，共成五道，146县。唯人民习惯难移，多沿旧称不改。兹依民国新制，列川省行政区划表，并附清末名称于下，以便对照。

---

① 《禹贡》："华阳黑水为梁州。"《风俗通义》："梁者，言西方金刚之气强梁，故名。"
② 刘熙释名："益，厄也。所在之地险厄也。"《水经注》引《地理风俗》记曰："汉武帝元朔二年，改梁州曰益州，以新启犍为、牂牁、越巂州之疆壤益广，故称益云。"
③ 当时山南东道所属为今川东及湖北省西部地。山南西道所属为今嘉陵道东部及汉中等地。剑南道所辖为嘉陵江以西各地。东川节度使节制内水一带，即涪江流域是也。西川节度使节制外水一带，即岷江流域是也。称东西川者，内水在外水之东，外水在内水之西故也。
④ 当时益州路为今川西及上川南地，后改成都路。梓州路为今潼川及川南道地，后改潼川路。利州路为今川北及汉中、阶、文等地。夔州路为今川东及贵州北部、湖北施南等地。
或谓四川得名由有雅砻、岷、沱、嘉陵四水。其不知四川名省始于元季。元时四川西境至嘉定、马湖而止，建昌属云南，黎雅属陕西，雅砻江远在西方徼外，何能与于四川之命名乎！

**四川省行政区划**（括弧内为清代名称）：

嘉陵道　辖26县，治南充（清川北道辖3府，治阆中）

南充（顺庆府治）　西充　蓬安（蓬州）　营山　仪陇　岳池　广安（广安州）邻水（以上顺庆府8属）

阆中（保宁府治）　苍溪　南部　巴中（巴州）　通江　南江　广元　昭化剑阁（以上保宁府9属）

三台（潼川府治）　射洪　盐亭　中江　遂宁　蓬溪　安岳　乐至（以上潼川府8属）　潼南（民国新置）

东川道　辖36县，治巴县（清川东道辖3府2直隶州1直隶厅。治巴县）

巴县（重庆府治）　江北（江北厅）　合川（合州）　武胜（定远）　铜梁大足　璧山永川　荣昌江津　綦江　南川　涪陵（涪州）　长寿（以上重庆府14属）

忠县（忠州）　酆都　垫江　梁山（以上忠州直隶州属）

酉阳（酉阳州）　秀山　彭水　黔江（以上酉阳州直隶州属）

达县（绥定府治）　宣汉（东乡）　开江（新宁）　渠县　大竹　万源（太平）城口（城口厅）（以上绥定府7属）

奉节（夔州府治）　巫山　巫溪（大宁）　万县　云阳　开县（以上夔州府6属）

石柱（石柱直隶厅）

西川道　辖31县，治成都（清川西道辖2府2直隶州3直隶厅。治成都）

成都（成都府治）　华阳　双流　温江　新繁　金堂　新都　郫县　崇宁灌县　彭县　简阳（简州）　崇庆（崇庆州）　新津　广汉（汉州）　什邡（以上成都府16属俗称内16属）

绵阳（绵州）　安县　绵竹　德阳　梓潼　罗江（以上绵州直隶州属）

平武（龙安府治）　江油　彰明　北川（石泉）（以上龙安府州属）

茂县（茂州）　汶川（以上茂州直隶州属）

松潘　理番　懋功（皆直隶厅）

建昌道　辖28县，治雅安（清亦曰建昌道辖3府2直隶州，其北部俗称为上川南道）

雅安（雅州府治）　名山　荥经　芦山　天全（天全州）　汉源（清溪）（以上并打箭炉厅为雅州府7属）

乐山（嘉定府治）　峨眉　洪雅　夹江　犍为　荣县　威远峨边（峨边厅）（以上嘉定府 8 属）

眉山（眉州）　青神　彭山　丹棱（以上眉州直州直隶州属）

邛崃（邛州）　大邑　蒲江（以上邛州直隶州属）

西昌（宁远府治）　冕宁　盐源　会理（会理州）　越巂（越巂厅）（以上宁远府 5 属）

盐边　昭觉（二县民国新置）

永宁道　辖 25 县，治泸县（清川南道治宜宾，辖 1 府 2 直隶州 1 直隶厅）

泸县（泸州）　江安　纳鸡　合江（以上泸州直隶州属）

宜宾（叙州府治）　庆符　富顺　南溪　长宁　高县　筠连　珙县　兴文　隆昌　屏山　马边（马边厅）　雷波（雷波厅）（以上叙州府 13 属）

资中（资州）　资阳　内江　仁寿　井研（以上资州直隶州属）

叙永（叙永直隶厅。外辖永宁一县，今废）

古宋　古蔺（二县皆民国新置）

## 第二节　地　势

四川地形恰如大盆斜置，西北微举，东南微抑，地理学上特称四川盆地。其地中间平畴万里，四周丘陵绕之，丘陵之外，巨岭如环，殆无缺处。① 西北与甘肃接境处，以岷山山脉扩成广大台地，高出海面万尺内外，为四川群山之脊。自此分支而南，为大雪山脉，高一万尺至二万尺之间。南以大凉山脉与云南之乌蒙山脉衔接；自岷山东走入陕西者，为秦岭山脉。自秦岭分支而南，为嶓冢山脉；折而东，为大巴山脉。平均高度在万尺以上。直沿陕西省界抵湖北西部，复折为巫山山脉。南方则乌蒙山脉，自云南东入贵州北部，为娄山山脉。平均亦高六千尺。东北与巫山山脉接，是为西川盆地之舷。

盆地西北，复有小山脉数道，自岷山出分向，东南曰邛崃山脉、鹿头山脉、剑门山脉、武都山脉，除峨眉外皆不过海拔两千尺至六千尺之高岭而已。由此诸山与四周大山之细支构成丘陵地带。② 水自丘陵间出汇为三大巨川，数十小支，分自南

---

① 统计四川盆地四周仅有三缺口：一为金沙江流入之缺；二为大江流出三峡之缺；三为乌江流入之缺。
② 盆地之山谷杂错，而其高度不出海面五千尺者，为丘陵地。出此以上者，为山岳地。

北汇流于江，横贯盆地南部，东穿三峡而去，使全省成为一大水系。

三大巨川者，一曰嘉陵江，自嶓冢山脉之西麓流出，汇白龙江及涪江渠河三大支流之水，南自巴县入江，本流长千六百里，凡鹿头山脉以东之水，皆汇之灌域，占盆地五分之二。

二曰岷江，自岷山南麓流出汇大渡河青衣江之水自宜宾入江亦长千七百里。

三曰沱江，自岷江分流东汇鹿头以西之水，自泸县入江，长八百里。岷、沱两江灌域亦当盆地五分之二。

数十小支，以乌江、綦江、赤水河、叙永河、横江等为最有名，皆自南北流，长仅五六百里，乌江虽流长水足，然大部在盆地以外。

盆地中心本为海拔一千尺至二千尺之倾斜平原，经此诸水冲刷，凿成无数浅谷于其间，使沿流之部悉作丘陵地态。其得保存平坦地貌者，唯岷沱分沱处七八十万方里之地，即世所称之成都平原是也。① 是故四川盆地就地貌而言，可分为四圈：

（一）中心平地，即成都平原是也；

（二）盆底原地，如顺庆潼川绵州嘉定叙泸各属是；

（三）近舷丘陵地，加保宁龙安茂州雅州重庆忠州夔州绥定各属是；

（四）四周山地，即前述之盆舷诸岭是。

四川省域并非与此盆地一致，云南、贵州、甘肃皆分有此盆地之一部。而盆地外之宁远，又被划入川省管辖云。

---

① 旧成都府16属，除灌县什邡之一部为山地外，余俱一平如坻。是为成都平原，俗呼川西大坝。与此平原相接者，如资阳、资中、内江、隆昌、富顺、邛崃、大邑、彭山、眉山、青神、乐山、绵阳、中江、乐至等县境，亦有一部分为平原地。广义之成都平原，实包此等地言之。

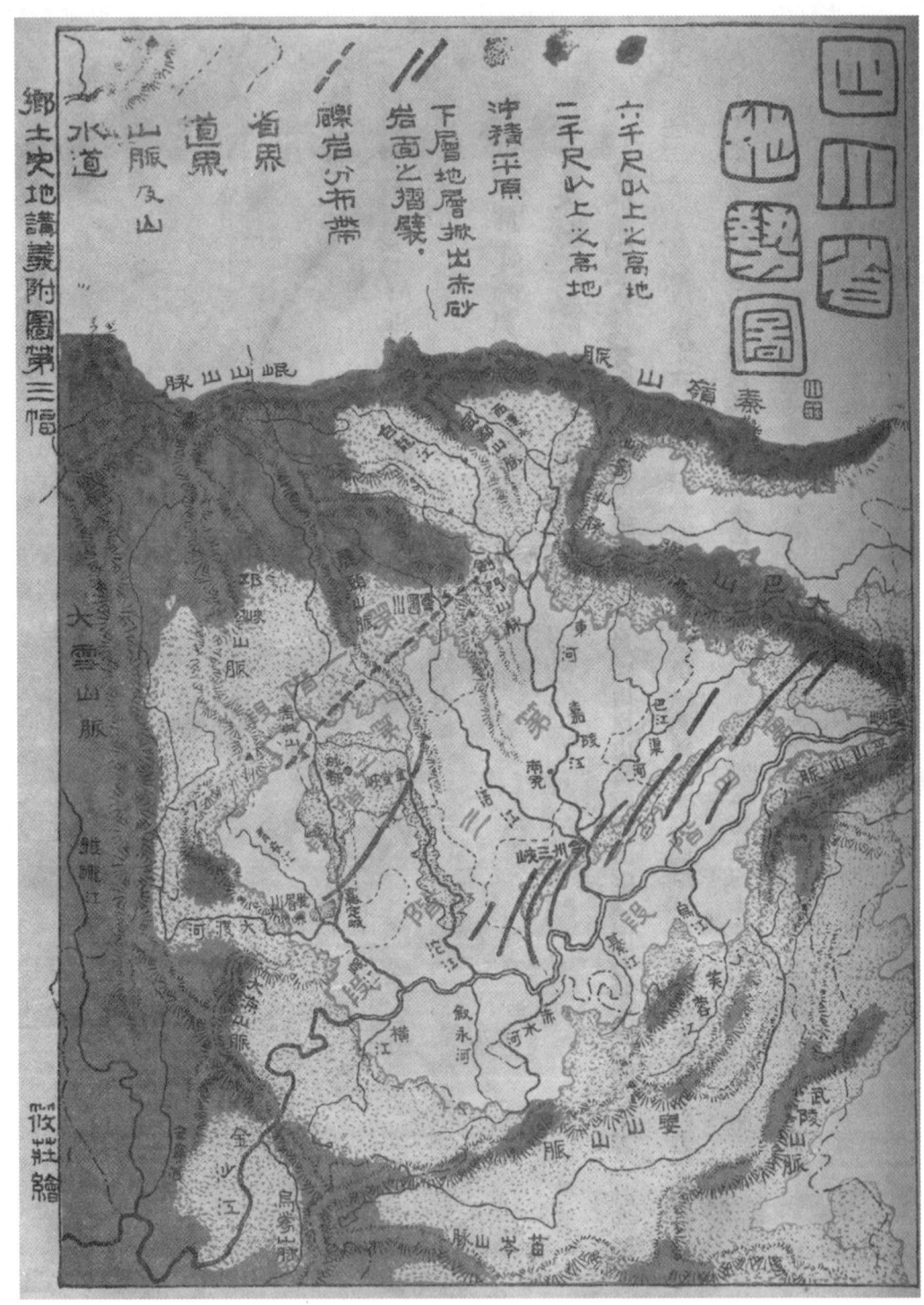

《乡土史地讲义》附图第三幅

## 第三节 四川盆地由来与其地质

地质学者据古生物之遗骸与岩石分布之状态，谓四川盆地当古生代[①]以前原为古地中海[②]之一部。至二叠纪之末期，中国地壳曾起猛裂变动，秦岭山脉自海涌出，四川尚在海底。迨三叠纪中期，中国陆地渐升，海水渐退，四川部分变成咸湖。渐至侏罗纪之末期，中国陆地已成高原咸湖，四周陆地受风与水之侵削，产生多量细土，流入湖中。迨新生世之中期，约中新世时，世界又发生地势大改革，我国南北二岭横断山脉喜马拉山等胥于此时生成。是时中国中部生成三大内湖——四川湖、云梦湖、江西湖——其后西部地壳上升，致此等湖水以次倾注，渐敛为江，而泄于海。四川湖底由是变成陆地，是为四川盆地（据中国地势变迁考）。

四川盆地，唯西北之岷山秦岭两脉属火成岩。大约生成于二叠纪与石炭纪之间。此外，悉水成岩，分布地东北大巴山脉，自广元起，迄于新滩。生成较早大约在志留纪与石炭纪之间，其化石为腔肠动物与介类，其岩石为石灰岩、黏土质页岩、绿色页岩等。盆地中部大原野，皆成立于侏罗纪，为中国侏罗纪最著名之地。其化石为爬虫类、鱼类。其岩石分五层，最上为赤砂岩[③]，质松软，不含煤，是为软赤砂岩（其中亦有夹砂岩者）。其下为厚百余尺之石灰岩或泥灰岩，是为自流井石灰岩。

---

① 地质学家依古代生物继承的情形及地壳岩石分布之状态，将海陆划分以后直至今日地球所历时间，分为四大时代和十二纪。列表如下：

地质时代　　　　　　　　　　　　　　　　　　　　　　　距今年数
（一）原始代 ｛ 片麻岩纪 …………………………………（约七万一千万年）
　　　　　　　  结晶片岩纪
（二）古生代 ｛ 寒武纪 ……………………………………（约二万一千万年）
　　　　　　　  志留纪
　　　　　　　  泥盆纪
　　　　　　　  石炭纪 ……………………………………（约一万四千六百万年）
　　　　　　　  二叠纪
（三）中生代 ｛ 三叠纪
　　　　　　　  侏罗纪
　　　　　　　  白垩纪
（四）新生代 ｛ 第三纪 ｛ 古新世
　　　　　　　　　　　　  初新世 ……………………（约三千零八十万年）
　　　　　　　　　　　　  渐新世 ……………………（约八百四十万年）
　　　　　　　　　　　　  中新世 ……………………（约六百一十万年）
　　　　　　　　　　　　  上新世 ……………………（约二百五十万年）
　　　　　　　  第四纪 ｛ 更新世 ……………………（约一百万年）
　　　　　　　　　　　　  全新世

② 石炭纪之末期，欧亚大陆地质曾起空前之大变动，结果将欧亚分为南北两大陆，中间大海横亘是为古地中海。

③ 古代泥砂粒沉积海底受压力作用渐成岩石，是为砂岩。其因多含养化铁质而成赤色者，特称赤砂岩。

复下有硬赤砂岩，又下为煤系。煤系之下，是为煤气石盐石油三要矿储藏之所。又下则三叠纪之石灰岩也。此外若盆地西南两边诸大山，大抵成立于三叠纪，岩石以石灰岩砂岩页岩为主。（据《民国地志》）

以上所述为四川盆地生成之时代与岩石配列之大概情形，大抵四周地质比较复杂，中部地层自成立以来罕经剧变，岩层整合无甚参差。惟据予考察，觉此大盆地中曾生三大纵裂划分全盆地成为四大阶段如下：

（一）青成砾岩，向西北斜出，经窦圌山入陕境。其南北地质地势判然不同，是为一纵裂。其外即西北高原地，为第一阶段；其内即成都平原，为第二阶段。

（二）自嘉定峡斜向东北，经龙泉山，渡金堂峡，为一裂罅地层。自硬赤砂岩翻褶向上，成为一支山脉。其北即第二阶段，其南为资、内、叙、泸，遥接川北成一大带是为第三阶段。

（三）自巴山山脉分支而西，经梁山大竹渡合州三峡，至于璧山永川，为一大石灰岩山脉，疑是下层石灰岩之因地裂翻上者，其内即第三阶段，其外即渝涪夔万等地，在盆地中为最低，是为第四阶段。

此四阶段，以第三阶段为最广阔，实包有川北、川南之全部；其下层似又于沱涪之间跌为两段，川北较高，川南较低。① 然其表层殊无判然分别也。此虽臆说，对于研究盆地表面之自然地理颇多便，姑存于此以质高明。

## 第四节　四川地理上之优点——气候

四川盆地位于北纬二十七度与三十四度之间，恰当温带②中心。南方舷山，最高者不过六七千尺，低者三四千尺。热带之暖风与印度洋南洋之潮湿气流，得以适当送入。西北连山，悉高出海面万尺以上，障断蒙古高原、西藏高原干燥寒冷之气，勿使流入。故盆地中温暖和润，从无暴风淫雨、久旱、严霜、祁寒、酷暑，为全世

---

① 据盐井之纤篾测之，川北盐井仅深五十余丈，自流井及犍为盐井深百丈左右。
② 地球上因太阳温热分量之分布，分为寒温热三带，通常以两回归线与两极圈为其天然界线。然地面上温热之配布并非与纬线一致，而另有种种之气候原因以致之上种分划气候带法实不合用班司民。依一年平均温度区分六种气候带，如本书采用之：
（一）热带最寒月平均温度在20℃；
（二）亚热带最暖月平均温度在20℃以上；
（三）温带最寒月平均温度在0℃以上；
（四）亚寒带（或冷带）最寒月平均温度在0℃以下；
（五）寒带最暖月平均温度在0℃以上；
（六）极带最暖月平均温度在0℃以下。

界少有之良好气候。①

盆地位置适当东西季候风往来要径。然皆自距地数千尺之高空径过，地面空气静稳异常，强风烈风②，殆未尝见。每年阳历四月，南洋、印度洋蒸热之湿气，随季候风自南吹入，拟向中亚高原带流去。其时中亚吹来之冷气流尚未停息，两风相触，凝雨下降，是为春雨。恰值农田秧熟待插之候，得此灌注，民食赖之。自此以后，南洋暖风不绝，向北流入盆内，空气温暖潮湿，每因地面发生小区域之低气压，（如云量分配不匀，地面一部多受日热，因而发生低气压）而成雷雨驰注境内③，是为夏季暴雨。农民种薯专赖之。迨至秋季十月，中亚高原冷风再作流入盆内，激卷南来温湿气流，复成大雨，是为秋雨。山地稻田咸趁此时蓄冬水焉。如此循环往复之季候风，因地势关系，北风常在上层，南风常在下层。故冬季虽值北风流入大盛，盆内空气仍得保持相当湿量，无大旱亦无祁寒也。

全域除四周高地外，夏季最热不过三十度，冬季最寒不过零度；昼夜气温之差，最大不过七八度；霜雪冰冻恒数年不一见，飓风大雹从不入境。三日以上之霖雨，十日以上之久旱亦罕遘之。故曰"水旱从人，时无荒年"。

全域地势，北高南下，故其气候亦南北微异，若细分之，可得三带如下：

（一）西北高地，即前述第一阶段。因地势太高，比较冷酷，略具亚寒带性。

（二）中部原地，即前述第二阶段与第三阶段，较东北部。最为中和，为纯温带性。

（三）南部原地，即前述第四阶段与第三阶段之西南部，较潮热，略具亚热带性。

究此三带气候，所差仍属甚微。以与他省比较，当为气候最一致之区也。

---

① 世界气候以中国内地与中欧洲为最良好。然中欧因纬度过高，不免失之寒冷，尚未及中国内地。再以中国内地各省言之，如直隶山西陕甘河南山东等省，夏日酷热，冬日严寒，即一日之中昼夜温差亦甚悬绝；且春多暴风，夏多骤雨，秋冬多大旱，每值雨季，动辄河溢川溃，道路梗塞；旱辄赤土地万里，成为奇荒，是为半沙漠之大陆性气候。南方如两广云南等省，全年气候温暖，草木不凋，然潮湿太过，瘟疫流行，十无一日爽晴，十无一地无瘴，是为溽湿之热带性气候，皆不适于人生。又如江浙福建沿海诸省，虽曰天气温和，风雨则非调匀，每值黄梅时节，沿海复有暴风时起，动辄拔木折屋，酿成巨灾。唯长江上流各省气候最为良好。然湖南北间，犹有"天无日晴"之谚。其真能五风十雨四时如春者，唯一四川而已。
② 风由行速及风压入小分为六级：一曰软风（微觉有风）；二曰和风（吹动树叶）；三曰疾风（吹动小枝）；四曰强风（吹动茎枝）；五曰烈风（摇动树干）；六曰飓风（其力拔树）。
③ 地面某部较周围多受日热时，其部即生低气压，周围高压空气争向流来，于是激成旋风，向一定方向旋卷流去，湿气入旋风中心，结成雷雨。故旋风所至雷雨随之。旋心既过，仍复晴明，俗谓之"天动雨"（此种旋风，旋径皆长数里，人不觉其为旋风也。若园圃间径数丈尺之小旋风，则不能致雷雨）。

## 第五节　四川地理上之优点——物产

四川古称"天府"，又曰"陆海"①。物产之饶举世艳称。凡中国之所产者，四川莫不有之，且多恒第一二位。约举其特著者如次：

**丝**　四川为中国三大丝产区之一②。其重要产地为潼川、顺庆、保宁、叙川、嘉定等处，产额年约四十万担，向恃云南、缅甸一路为销场；近年重庆、潼川、嘉定、顺庆等地，改良缫丝，连泸销售海外者，年约五千担。其余就产茧地方缫为土丝，供成都、嘉定、顺庆等地织造绸缎绫锦之用。成都丝织业尤有名于世。

**茶**　四川与浙江、安徽、福建、江西、湖南、湖北、云南同为八大产茶省。产地为盆地四周之丘陵带，尤以西部雅安、天全、荥经、邛崃、洪雅、灌、彭、名山、大邑等县为最有名。其茶半销腹地，半销边外西藏、青海等处，自宋以来为与番人易马之资，更创引法，限制销岸焉。③

**盐**　蜀去海远，取盐于井，西陲之民赖以免于淡食。其事始于李冰，宋人创筒井法而利益大。④ 迄今川省尚以井盐著闻于世。综计全省每年产盐五亿1236万斤（据前清盐法道报告），有井者四十余县；约其产地可分四大群：第一为自流井一带，销沱江下流及楚岸。第二为犍为、乐山盐场，销上下川南、大江以南各县及黔、楚、滇三省，成都平原之一部。第三为川北盐场（射洪、蓬溪、南部、三台、中江、乐至

---

① 《国策》苏秦说秦惠王曰："大王之国，西有巴蜀汉中之利，北有胡貉代马之用，南有巫山黔中之限，东有殽函之固，田肥美、民殷富，战车万乘，奋击百万，沃野千里，蓄积饶多，地势形便，此所谓天府天下之雄国也。"高诱注："府聚也。"《三国志·诸葛亮传》："益州险塞，沃野千里，天府之土。"《华阳国志》："于是蜀沃野千里号为陆海"，又曰"水旱从人不知饥馑时无荒年天下谓之天府也"。

② 四川中部、江浙太湖沿岸地、广东珠江平原为中国三大产丝地，丝茧产额向无确实统计。据日本农商部技师明石弘氏之推定，全国产茧额为2993800担，江浙两者有1143500担，广东为768300担，四川为670000担。若以每茧十五斤出丝一斤计算，则全国产丝1992920担，江浙得二分之一不足，四川五分之一而强，广东约占四分之一。但此推定亦非可恃，大抵四川产丝多于广东，不过僻在西陲调查难因无可据耳。至于输出额，广东最大，江浙次之，四川甚小。

③ 《文献通考》："唐开元中税天下茶、漆、竹、木，十取一以为常平本钱。"是为税茶之始。又有"宋熙宁七年，遣李杞入蜀经划买茶，而王韶言西人颇以善马至边，所嗜惟茶"云云，是为以茶易马之始。《明史·食货志》："河西等番商以马入雅州易茶，由四川岩州卫入黎州，始达茶马司。定价马一匹茶千八百斤，于碉门茶课司给之。"是当时易茶情形也。又明嘉靖中定四川茶引5万道，2.6万道为腹引，二万四千道为边引。清初增至106027引，雍正末增至16万引（据《四川通志》）。是明清以来四川产茶益盛也。

④ 《华阳国志》："李冰识齐水脉，穿广都井诸陂池，蜀于是有养生之饶焉。"是盐井始于李冰也。《寰宇记》云："益都盐井最多，而陵井最大在仁寿县，纵广三十丈，深八十丈，汲以大牛皮囊。"又文同《丹渊集》云："自庆历以来始因土人凿地构竹谓之卓筒井以取盐。"《志林》亦云："庆历皇祐以来，始开筒井，用圆刃凿如碗（同'碗'）大，深者数十丈；以巨竹去节，牝牡相衔为屏，以隔横入淡水，则盐水自上；又以竹之小者，出入井中为桶，无底而窍，其上悬熟皮数寸，出入水中，气自呼吸而启闭之。一筒水可致数斗。"是今之汲井法创于宋人也。

《乡土史地讲义》附图第四幅

等县），销川北、汉中及川西、川东之一部。第四为云宁盐场，销夔属一部。

**桐油** 四川与湖南湖北为世界唯一之桐油产地。四川产量尤在两湖以上，惜榨制不精，未为西商所乐购。产地在东南丘陵带，绥定及南川一带最有名。此外若菜油亦川省大宗产物也。

**白蜡** 为四川特产。其蜡虫自宁远购入，春日放于女贞树上，夏秋日虫自泌蜡，附于树枝，剪枝熬蜡，即成商品。其树产于嘉定及川北，峨眉县与南部之兴镇坝为其二大中心地。

**药材** 四川又为首屈之药材产区。如附子、贝母、虫草、黄连、大黄、半夏、川芎、羌活、厚朴、枸杞、升麻、史君子、五倍子、当归、羚羊角、麝香等，皆极有名于世，产地悉在西北高地带。①

**谷物** 谷物以米麦、玉蜀黍、豆类、甘薯为大宗。除西北高地外，到处皆盛产之。成都平原之米，比于江浙尤觉稍胜，古称"扬一益二"，民食之饶驾苏常焉。

**果物** 特产如西北寒地之雪梨，合川、江津之橘，蓬溪之柚，南充之橙，川南之荔枝龙眼，至如桃李、枇杷、胡桃、林檎之属，随处食用不尽。

**蔗糖** 四川榨蔗炼糖之术②发明最早。及今产蔗之盛犹压闽广焉。产地主为沱江流域（资内、简阳、金堂一带及涪江、中江、遂宁、射洪）。制糖虽不精，仍为中国第一之蔗糖输出省。

**烟叶** 烟喜沃土，中国产地为河南、江西、江苏、四川、山东、闽广、甘肃等省。四川主要产烟地为成都平原，郫县、新繁、崇庆、金堂等县最有名。因省内嗜烟者多，输出额不大。

---

① 大黄产龙安、松潘一带最多，其他各地亦多有之，在川省输出之药材中为量最大；附子产龙安属之彰明县及绵州之安县者最有名。本草所谓天雄附子、乌头，川蜀道龙州、绵州者是也；贝母为补肺名药，产于松潘、懋功两处最多；半夏产龙安各属及保宁一带；黄连产松潘、雅州、荥经、洪雅、峨眉等县，《寰宇记》曰："黄连，雅州产龙头凤尾，身有鳞甲，名曰雅连，甲于天下。"今世，又有鸡爪连、朱砂连等品，皆产雅州，驰名宇内；虫草即冬虫夏草，丝菌之寄生于地下蛰伏之虫体者也。金川一带产之最多，世俗相传以为大温补品，价颇昂；川芎产绵州、灌县、彭县、崇庆等处，本名芎。以产于川中者特佳，故曰川芎；羌活产龙安、茂州、松潘、懋功一带，遍地野生，土人山行，咀以解渴，其出产之富可知；厚朴产龙安各属最盛；当归产龙安、松潘、茂州一带，多有以田植之者；升麻产茂州、雅州及彭县；史君子产龙安、青川及眉州、彭山县者有名；五倍子产川南叙永一带；狗脊亦称金毛狗脊，为一种植物之茎，密生黄色茸毛似狗，故名，产夹江县；麝香产茂州、雅州、松潘及剑阁、广元、宣汉、越嶲山间；羚羊角产龙安。

② 《华阳国志》："渠县有石蜜。"《本草》谓"石蜜出益州及西戎炼砂糖为之"是石蜜即今之冰糖也。洪迈《糖霜谱》引《南中八郡志》云："榨甘蔗汁，曝成饮谓之石密。"是石密为古之蔗饧，尚非结晶糖。又谓："唐太宗遣使至摩揭陀国取熬糖法，即诏扬州上诸蔗，榨瀋如其剂，色味愈于西域。"是四川晋代已知制糖，闽浙诸省则唐代始传其法也。方与览胜陀唐大历中有僧，跨一白驴至遂宁伞子山下结茅以居。环山之民，素以植蔗凝糖为业。僧因教以炼糖霜法。霜成色如琥珀，称为奇品，世以入贡。是结晶糖制法，川省亦较他省为先知也。

**麻** 有两种：大麻，产成都平原（郫县、温江最著），用制绳网；苎麻，产璧山等处，荣县、隆昌人购入制为夏布，与江西夏布齐名。

**家畜** 盆地中部养猪最盛，猪鬃出产位世界第一。西南山地又以产马驰名，其马体小而能任重，长于跋踄，世称川马。西北高地牧羊之业颇盛。至于水牛、黄牛、鸡鸭之属，随地有之。东北一带，牛皮输出亦甚有名。

**森林** 盆地中心虽乏森林，四周则殊繁茂。西北一带松、柟、杉、柏之天然林，殆足与满洲比富。惜交通不便，难于采伐耳。

**矿产** 四川藏矿之富，埒于山陕。徒以工业幼稚，交通不便，宝藏在地尚未开发，其藏量产量皆无确实调查可资稽考。大抵四周山地及东南地层褶曲部，皆产煤铁；西部山地及宁远一带，多产铜及金银；他如石硇、石棉、石膏亦颇丰富。盆地中心最下地层内，储蓄煤、油、煤气极富，尤属难得。①

总之，天惠之厚世界未有如蜀者也。而蜀之所以能享此厚惠者，自然地理使之然也。兹更依自然地势，分四川物产为五带如下：

第一阶地（西北高地）为森林带，主要产物为森林、药材、羊毛；

第二阶地（成都平原）为稻带，主要产物为米及烟；

第三阶地（川北及上下川南）为蚕桑带，主要产物为蚕丝、盐、白蜡，且俱分集为川北川南两群；

第四阶地（川东一带）为桐油带，主要产物为桐油及煤铁；

第五阶地为四周山地（盆舷部内方）为茶带，主要产物为茶及药材五金。

四川物产之缺点，唯在产棉不多一事。然此非土地不宜，人民未习故也。

## 第六节 四川地理上之特点——地力

四川盆地除四周山岳与东南一小地部层，褶襞处露出。除三叠纪以前之岩石地质坚牢，不适耕作外，其余部分地表全由软赤砂岩组成，山椒水湄悉成耕土，且皆

---

① 四川盆地东南，有数十条自东北向西南斜走之褶裂岩层，将三叠纪及下侏罗纪之地层掀出，赤砂岩面露出多数，为一煤铁矿层，开采甚易。如：自宣汉经达县、邻水至巴县一带，大竹江北之间一带，奉节至万县梁山之间一带，涪陵与长寿之间一带，忠县丰都之间一带，璧山永川一带，皆其著者也。盆地西南部如天全芦山南至西昌会理一带地质属古生界者多产金银铜甚富。富顺、荣县之间，自流井贡井一带，穿盐井时，往往有煤气混盐水自井喷出。如此之井，其水不堪煎盐，但以竹管分布煤气售之，是为火井。引火煎盐不需煤炭。又自井一带，时有石油自盐井涌出，是为油井。遂宁地方亦有石油自地浸出，川省石油藏量之富可以推知。惜提炼无法，利弃于地而已；石硇系一种钾盐之岩石，产于嘉定、叙府一带；石棉石膏产于盆地东北部。

肥腴厚润，生产能力异常伟大。以故农业发达，物产丰饶，人民殷富，号称天府。查其地力所以能若此伟大者，实有数因：

（一）软赤砂岩，系古代大湖周围高地冲来之细微土粒结成，复因凝固程度甚浅，粗松易碎，稍经锤击即成细粉，即不事人力钻凿。但使裸露空中，亦极易因风化水蚀成为细砂。故全盆地中虽丘陵起伏，而无尺寸弃地；高冈峻坂咸宜农作。此实他地所绝无，蜀中所仅有者也。

（二）此种岩层，结自极微极软之轻细土粒。既成软岩后，又复分化为较大之粒团。其为土壤通气性、滤湿性、保温力、涵水力皆臻中和。在土壤学上实居极优越之位置。

（三）古代四川湖四周高地，多火成岩。岩石中含有钾铁镁钙磷等有益盐类颇多。[①]由此风化而沉积湖底，其重要各质并未因水流失，且因湖中生物繁殖，增加钾盐、硝酸盐、磷酸盐类于其中。迨湖底干涸再为土壤，遂亦多有磷钾淡铁镁钙等农作物必需之成分。与他种冲积土之殆全属石英质者不同，故其长育植物之力强大而持久，虽初经风化已不失为沃土。

虽然，此种土地，苟能保持湖底固有之平面状态，则尽善矣；惜因地面微作倾斜，质又柔软，易遭水蚀。每当溪河流过处，概被凿成深谷，使其余部分变为高亢之山原。江河乏灌溉之利，土壤仰水于天，是微缺憾。唯成都平原一平如砥，岷江自灌县分流为数十小支，纷纷纶纶散布全境，沟洫渠汇如叶中细脉，无处不到。农人沿流设闸，引水入田；不用则启闸放水，淹泄随意，不忧天旱。唯久雨乏日乃为病耳。夫成都平原不苦旱而苦雨，四周原地不苦雨而苦旱，同在一盆地中，乃其宜忌相反如此，宜不能兼善也。然而川省气候恰能两旸以时，各应所需，水旱从人不为灾厉。故虽有人满之患，而无饥馑之虞。

古称："雍州黄壤，厥田上上。"近世则苏、淞、常、湖号为财赋之区。近年，人又艳称广东平原之一岁三熟；淞平辽原其土黑埴，亦以上腴著名。谈四川者，只称成都沃野千里，以为余地皆山多田少，硗瘠之区，不足与江浙之湖田、圩田，北方之黑壤、黄壤并论。此皆皮相之说也。今若以四川盆地与黄土之黄河平原比，则无

---

[①] 火成岩中，如花冈岩、斑岩、粗面岩、片麻岩等，皆富于磷钾镁钙等成分，因其中多含正长石（富于钾）、白云母（富于钾）、黑云母（富于镁）、辉石、角闪石（皆富于钙镁铁）、石膏（硫酸钙）、橄榄石（富于镁及铁）、磷灰石（富于磷钙）等故也。

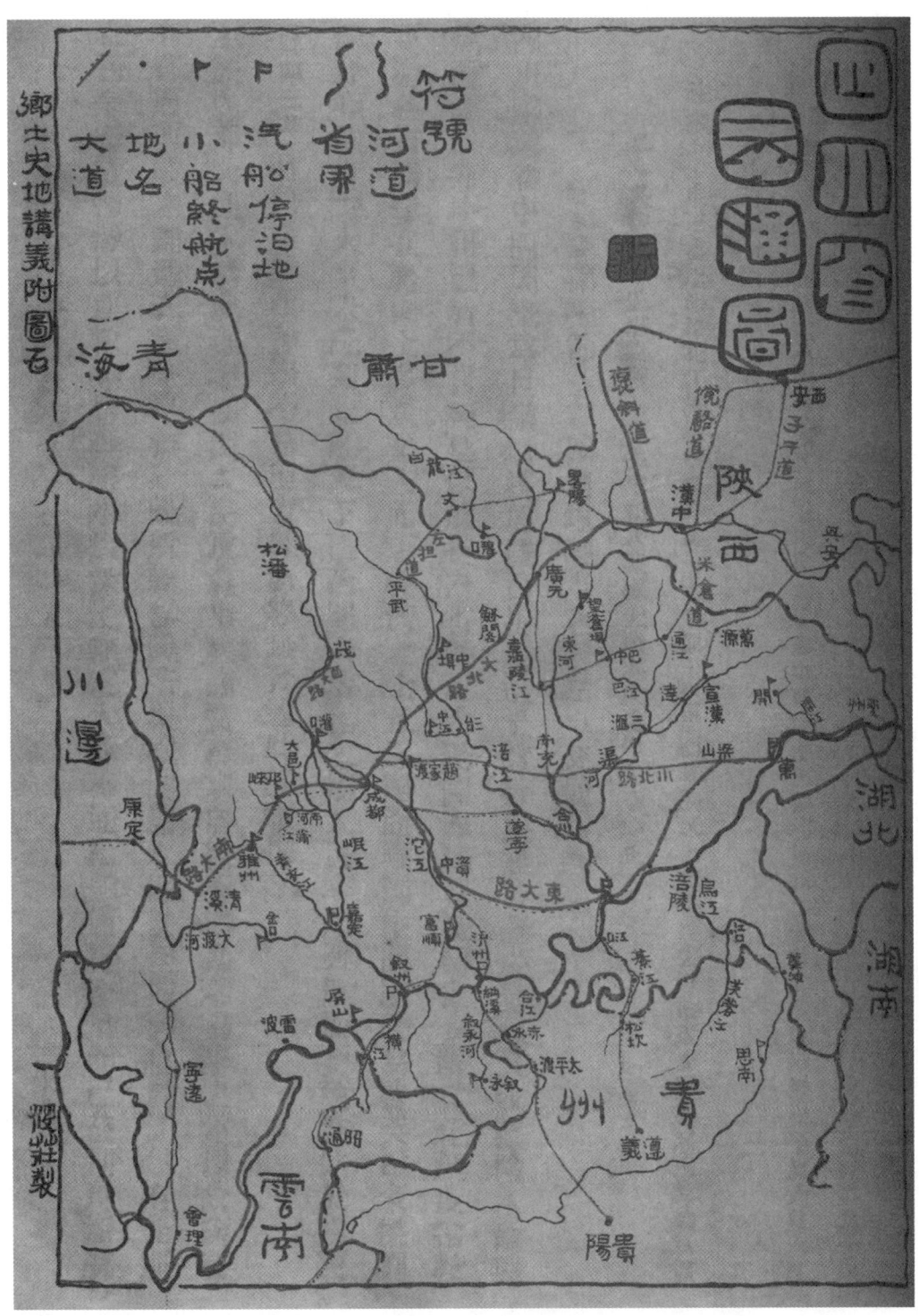

《乡土史地讲义》附图第五幅

亢旱之虞①；与冲积之江浙平原比，则无卑湿之苦；②与三熟之广东平原比，则无水潦之患；与肥沃之淞辽平原比，则无霜雪之灾。③ 历观中国耕地分布之周到，土壤性质之佳良，与夫生产能力之伟大，皆未有能如四川盆地者。此所以农业之盛，冠绝全国，物富民殷，号称天府也。

## 第七节　四川地理上之弱点——交通

四川处大盆中，四周概为巨岭蟠绕，危栈百折，鸟道千盘，行旅艰苦拟于登天。又或滩险水疾，瘴疠潜滋，人非不得已者，不肯轻越。以故省内省外从来隔阂，人民智识局促一隅，文化进度常较下游各省为后。在历史上多产文人，而乏干济之士。且以四面险固，中间腴饶，易启英雄豪杰割据野心。故有"天下未乱，蜀先乱；天下已治，蜀未治"之谣。人民享用虽厚，而不免常陷于困厄。且物产虽饶，输出不易，地方经济终无发达，此其短也。

至于内部交通，本易整理，但亦因人民重农事，轻商贾，专求自给，不讲通功易事之道。以故除旧有官府所设之铺递驿道外，毫无建设所。赖嘉陵、涪、渠、岷、沱诸水纵贯全域，同会于江，俱有船运之利，全省货物恃以运输。然皆滩险水疾，深浅无定，大都不通轮船，仅行小舟而已。兹列川江航线表如次：

| 江名 | 小汽船可航路 | 小木船可航路 |
|---|---|---|
| 长江 | 宜昌至重庆 1200 里 | 叙州至屏山 600 里 |
|  | 重庆至叙府 900 里 | 屏山以上间通木筏 |
| 嘉陵江 | 重庆自合州 294 里 | 合川至略阳 1156 里 |
| 白龙江 | …… | 昭化至碧口（甘肃文县地） |
| 东河 | …… | 阆中至百丈关（广元属地） |
| 涪江 | …… | 合川至中坝 600 里 |

---

① 黄河流域，自甘肃、陕西，东连河南、山西、直隶诸省，有黄色砂质土壤沉积之大平原，为世界有名之黄土分布地带，黄土厚者达二千尺，浅者亦数十尺，土味颇腴。《禹贡》所谓"厥土惟黄壤，厥田为上上"是也。此带地味虽厚，气候不良，终岁惟夏季多雨，过此辄连月干旱，河水又无灌溉之利。故多有凶岁无丰年。
② 江苏全省与浙江之北部殆无山岳，全属古代江淮诸水之冲积砂土，遍地陂渠，多水田农业之盛，财赋之多，自来推中国第一。但卑湿非常，掘地数寸即水，干地生长之植物殆不能移植于此；其人多病湿早夭，农田亦易罹患。
③ 东三省辽河松花江流域，中央亦为一大平原，土色黑而味腴，又无水旱雨害，以出产大豆有名。唯其地气温寒冷异常，每年仅堪收获一季，冬季祁寒，冻澈土壤数尺，农作完全停止。

续表

| 江名 | 小汽船可航路 | 小木船可航路 |
|---|---|---|
| 中江（亦名罗江） | …… | 潼川至中江 70 里 |
| 渠河 | …… | 合川至宣汉 580 里 |
| 巴江 | …… | 三汇至巴中 180 里 |
| 沱江 | 泸州至富顺 180 里 | 富顺至赵家渡 570 里 |
| 岷江 | 叙州至嘉定 290 里 | 嘉定至灌口 462 里 |
| 大渡河 | …… | 嘉定以上 198 里 |
| 青衣江 | …… | 嘉定至雅州 270 里 |
| 南河（邛河、蒲江） | …… | 自新津通邛、蒲、大三县 |
| 乌江 | …… | 涪州以上 828 里① |
| 芙蓉江 | …… | 江口以上 90 里 |
| 綦江 | …… | 江口以上 217 里（注二）② |
| 赤水河 | …… | 江口至太平渡（贵州怀仁县属） |
| 叙永河 | …… | 纳溪至叙永 |
| 横江 | …… | 自江口入云南境 |
| 小江（亦名开江） | …… | 江口至开江 |

［注］本表根据冒恒《民国地志》、童世亨《中国形势一览图附表》《中国年鉴》所制。末注里程者，据本人游历所知补入。

长江汇诸川之水，东穿三峡，出宜昌，通于湘楚。旧因有瞿塘、新滩诸险，自来舟运不畅。近年，因省内物产丰富之故，外国轮船争来采购，宜、渝之间水运顿兴，东南交通较前略有起色矣。

至于陆路交通，仅有驿递各道。驿道③以成都为中心，北经剑门、广元，渡金牛峡至汉中，入中原，是为大北路；西南经雅安、清溪，由打箭炉通西藏，是为南大路；东经资中、重庆、万县，通湖北，是为东大路；为全省三大干线。

除此三大路外，复有数小道与他省交通：

（一）自成都经茂州、松潘入青海草地之路，亦曰西大路；

---

① 乌江水路虽长，因由高原而下故，一路多险滩。龚滩以下，水运始便。上游虽可通船至贵州思南，但不能直航，必须换船数次。故记乌江通航水程里数者，常分段记之。如《中国年鉴》记："涪州至龚滩 166 里，龚滩以上 40 里"；《中国形势一览图附表》则谓"涪陵以上 600 里，彭水以上 102 里"。僻地乏书，无法考订始并录于此。
② 《中国年鉴》记綦江舟运距离："綦江至长江 33 里，松坎至蛇皮滩 39 里。""蛇皮滩下流至綦江县，水入洞穴，舟行乃绝。"
③ 古代传达官书文檄之法，于要道建设驿亭（亦曰驿站），养马、备夫、设官掌之（驿丞）。凡文檄到，即以驿马节节传送，是为驿递。

（二）自平武入甘肃，经文县、略阳入关之路，旧称左担道；

（三）自巴中逾大巴山，入汉中，曰米仓道。与金牛、左担二道合称汉中入川三路者也；①

（四）自宣汉、万县，通陕西、兴安之道；

（五）自綦江逾娄山，通贵州遵义之道；

（六）自隆昌经纳溪、赤水，通贵州省治之道；

（七）自叙州循横江，通云南昭通之道；

（八）自清溪逾大渡河，经宁远，通云南省治之道。

凡此诸道，皆须乘峻坂，履危崖，逾绝岭，出没蛮烟瘴雨之地而后能达。虽勉强通两省之邮，实明示以天然限制，不许人民交通者也。就中大北一路，自秦以来，世为西南入京要道。经历代培修，最称完整；自清中叶，川楚路通，官商入蜀渐取东路。于是自万县至成都，通过顺庆之路，日渐兴盛，是为小北路。近年宜渝轮运开驶，全省交通集中重庆，东大路又日兴盛；北路殆废矣。

铺递官道②概系各府县官集资修造，省内各大都会俱已联络，唯都不过因山逐谷，略施除刈，工程简陋，仅堪步履而已。然多横连各大河流，东西货物赖以流通者不少。近则邮政既兴，驿递久废，此等道路大半圮坏。且因军匪充斥，关卡如林，行人戒途，商旅裹脚，岂唯道路梗塞，即凡一切电政、邮政、航业、路政等交通事业，亦莫不为军匪捣坏，平民无从得享用之。谓我川省交通现在睡眠时期，可也。

## 第八节 人　民

四川地力伟大，气候佳良，产物丰饶，既如前述，其人饱暖逸乐，不虞冻喂，早婚多妻，广嗣为荣，故其繁殖率之强大他省莫能及。虽汉魏以来迭经丧乱，而其人口终无减少。迄明末遭流寇之祸，人民死亡殆尽，土地荒芜，豺狼昼出；追清初

---

① 四川盆地与渭水平原（关中）之间，由秦岭及大巴山脉挟持成小盆地，即汉中平原是也。自汉中平原入关、入川，俱有三道。入川者为：（1）米仓道，大巴山亦名米仓山，道须逾此山故也。（2）金牛道，以须通过金牛峡故名。（3）左担道，亦名阴平道，即邓艾入蜀所经之路。艾建阁道川甘间，山崖险绝，负担者自北而南，不得易肩，故名。入关三道为：（1）子午道，自洋县之午口入谷，出长安之子口。（2）傥骆道，自洋县之傥口入山，盩厔（今作周至）县之骆谷口出。（3）褒斜道，自褒城县之褒谷口入，凤翔县之斜谷口出。皆须逾绝岭数重，奇险难登，时或无路。就中褒斜、金牛两道最为要冲。自秦以来，于险崖不可凿路处，插木为栈桥以济，是为南北栈道。后世渐于置栈处凿山成径，至于今日，除少数桥梁犹以木架外，栈道已无存者。

② 于大道设铺，铺置卒以传递公文官物，不置马者曰铺递。四川铺递创始于康熙六十年，南充之小北路，及通西充南部之道，皆清代铺递路。如八角铺、坦山铺、泸溪铺等处，皆当时设铺地也。

乱定，始渐有两湖、三江、闽广、甘陕贫民携妻子入川开垦。[①] 此时为川省人口最少时期。据乾隆元年编审户口统计，尚只六十五万三千四百三十户，以户平均五人算，仅三百余万人。[②] 至今不足二百年，已成中国人口最多区域。除已移住云贵陕甘等省者不计外，省内犹有七千万口[③]，其密度为每方里五十八人，仅亚于江苏、山东、湖北三省，其生殖力之强大诚可惊矣。

至于人口分布情形，则以成都平原为最密，每方里约得五百人。以较世界人口最密之比利时尤且过之。此外，当以盆地中心部分为密，以次向外渐稀，至盆地四周山岳地带，则每方里或仅四五人而已。

昔班固撰《汉书》谓：巴蜀有江水沃野、山林竹木、蔬食果实之饶，民食稻鱼，忘凶年忧，俗不愁苦，而轻易淫佚，柔弱褊厄，好文讥刺，贵慕权势。常璩撰《华阳国志》谓：其俗文多于质，其民柔弱，土地沃美，人士俊乂。长孙无忌撰《隋书·地理志》谓：其人慧敏轻急，貌多蕞陋，颇慕文学，多溺于逸乐，少从宦之士；女勤作业，而士多自闲。而《宋史》则谓：民勤耕作，无寸土之旷，岁三四收，所获多为遨游之费。大抵时代不同，俗亦微异。然其柔弱狭隘，慧敏好文，则古今同然也。迨入清世，各省移民本皆市井失业之辈，亡命无赖，不通书史。及其至也，又复忙于披荆垦土，经营衣食，不暇从事文章道义之业，兼以五方杂处，情感隔阂，土著流寓，互相鄙夷，邻里之间视如异类，动辄意气相凌，酿成械斗。于是一变从前柔弱之质，为犷悍粗暴之风。重家族而轻社会，勇私斗而怯公战，畏官府而慕虚荣，局促鄙陋尤胜于昔清之。中年始渐有诗书之士，提倡礼让，矫正颓风，世态人情为之稍变。兹以现今川省民性与各省比较，条举其特殊之点如次：

---

① 明末李自成、张献忠先后入川，颇事屠戮，及二贼败，献忠余党、姚黄十三家贼凶残尤甚，四散掳掠，杀人如麻，孑遗之民皆逃匿山谷，或奔窜他省，一时土地荒芜。乱定后，外省贫民纷纷入蜀领垦，据《四川通志》："康熙十年定各省贫民携带妻子入蜀开垦者准其入籍。""二十九年，定入籍四川例。时省民少而多荒地，凡他省人民在川垦荒居住者，即准其子弟入籍考试。"又，五十一年，南部李先复疏云："臣系蜀人，伏念巴蜀界连秦楚，地既辽阔，两省失业之民就近入籍垦田，填实地方，渐增赋税，国计民生岂不两有攸赖。乃近有楚省宝庆、武冈、沔阳等处人民，或以罪逃，或以欠粮惧比，托名开荒携家入蜀者不下数十万。其间畀以开垦为业固不乏人。而奸徒匪类扰害地方，则有占人已熟田地，掘人祖坟墓者，纠伙为窃为盗，肆处行劫者。结党凶殴，倚强健讼；又有私立会馆，凡一家有事群凶横行，此告彼诬，挟制官府者……"当时移民情形可由此疏得其梗概也。
② 乾隆元年川省编者户口凡五道所辖141厅、州、县、卫所，共612200户，6122丁，流寓41130户。由司汇册详核咨题。五年，令外省入川民人同土著一体编入保甲。当时所以丁户同数者，大约系据粮册造报故。
③ 川省人口向无确数，各书所载出入悬殊，兹举数例如次：光绪二十八年户口调查为68,700,000人（据《民国地志》）；国务院统计局宣统三年调查为54,500,000人；海关民国十二年调查为72,930,000人；邮务局民国十一年调查为49782810人。（以上据《中国年鉴》）后二者出于估计，当不可恃。前两者由官府令人民自开，当时人民不知其旨，惶骇隐匿不报者必多。俗称川省人口七千万，虽取成数，实亦近是者也。

**脑力** 蜀中山水秀逸，人多聪慧，神经迟钝而思想发达，具巧思，多奇技。虽与三江人民相较亦无不如。

**仪容** 因不习社交故，大都局促委琐，牵拘鄙陋，应对进退，多所抵触。在各省中为最劣者。

**器量** 大都狭隘褊急，浅小不能容物，于人多讥刺，少谀美；疾恶如仇，而不能慕善，喜自夸而訾议人。

**心术** 平直仁厚，不尚矫饰，凡狡险狠毒欺伪巧夺之事，皆不肯为，慈悲心颇发达。唯不能泛爱。

**性情** 大都倔强躁急，暴戾善怒，难谄而易骄，喜静尚玄，不嗜功利，放荡恣肆不能检束。

**志趣** 大都卑小蕞陋，趋细利而急近功，轻实质而重虚荣，凡远大难致之业皆惶骇不敢为。

**好尚** 好烟酒、啜茗、博弈、游戏之事，罕有能发奋自强者。饮食衣服，旧尚节俭，近则渐矜新异，尤嗜舶来品；至于居室碍陋，则仍未尝注意俗尚；早婚贫乏之家，亦以多子为荣，不计其能赡养教育之否也。

**风俗** 重廉耻，崇节义，敦礼让，饬虚文；虽重族谊，而父子弟兄之间不能共处。迷信鬼神，喜占卜，巫觋僧道之流充斥社会。

**体质** 强劲壮实，罕夭死者；声音重浊而洪大，目光迟钝而劲健，皮肤黧黑粗厚者多。

**语言** 大体与京语相似，发音清重、语调缓促则随地不同，虽一县一乡亦不一致。大抵沿江住民较为轻滑柔美，山地住民较为重浊吃涩。方音俚语，繁杂庞多，不可悉究。若就全省地域区分，则成都、重庆之人较为优秀，四周边地住民较为粗犷，沿江河居民较为柔美，川西北高原地人民较为质实而已。

至于人种，殆今盆地属汉族；只西北高地带多有番人；西南边境多苗僚，其俗皆与汉族异。

苗子，即五溪蛮之遗类，以湖南西部为根据地，浸渐羼入川省东南边境，多已被汉人同化。

## 第九节 都 会

四川物富民稠，都市发达，虽乡僻小镇，有较他省省治府治繁盛者。① 兹举蜀中重要都会如次（其属于川北者另详）：

**成都** 位于成都平原正中，数千年来西南政治中心皆在于此。人口众盛，市肆繁昌，为西部诸省冠。城周三十二里，东西相距九里余，南北七里余②，住民皆满。四门外尚各有街道数里，即东门外市，犹足当一剧县。人口八十万，或言百万，在中国都会中向居第三位，近亦不失为前十位。③ 除城外锦江可通小舟至嘉定外，唯以陆路与四方联络，交通一端，缺憾甚大；亦无甚大工业，惟手工业异常发达，自来以染丝织锦著名宇内，今则制革铜铁诸业亦渐有名。近年市政刷新，城外马路西连郫、灌，南至新都，东抵龙泉，北通赵家渡；城内则公园清雅，商店崇宏，车马阗噎，气象雄伟。使成渝铁道果成，则其繁盛正未可量也。（成都又为全省政治教育中心。）

**重庆** 即巴县县治。位嘉陵江与大江合流处，为全川输出入货物集散之总汇。若以川省诸水比为人体血脉，则重庆其心脏也。光绪十六年，中英追加烟台条约，开为商埠。我国设重庆关于此。商业之盛在长江各埠中当居第三位。输出货物以生丝、食盐、药材、猪毛、羊毛、鸡鸭毛、牛羊皮、砂糖、白蜡、烟草、麻为大宗；输入以棉纱、布匹、石油、洋货、绸缎、书籍、纸类等为大宗。贸易额年达百余万两。其城三面临水，皆危崖绝壁；一面连陆，以浮图关为屏障，形势险要，甲于全川。

---

① 各省省城如贵州之贵阳，云南之昆明，甘肃之皋兰，安徽之安庆，直隶之保定等，皆不过人口五六万之都会。比之自流井、五通桥等处，皆有逊色；至如黄河流域各省府县治地，大都仅具土城一道，土街数条，茅屋土阶，荒凉满目。不唯不足与自井等处比拟，即比本县龙门、东观等场，亦多逊色也。
② 成都城垣，创始于秦张仪、张若（秦惠王二十七年）。城周十二里，当时号曰龟城。西墉别筑子城。唐僖宗时，高骈于子城外增筑周二十五里，曰罗城。以城产锦，故又曰锦城。后唐时，孟知祥于罗城外增筑周四十余里，曰羊马城。其后，孟昶于城上遍种芙蓉，故又曰蓉城。城皆土筑。明赵清始甃以砖，陈怀复浚池隍。明末城圮。清康熙初巡抚张德地等重修，高三丈，厚一丈八尺，周二十二里三分，辟门四，外环以池。乾隆时，总督福康安彻底重修，砖工坚实，楼堞屹然，即今城也。康熙五十七年，曾于城内西南筑复城，以驻旗军，是为满城，亦曰少城。又城中央旧有皇城，为明蜀王官禁，清为贡院，今为成大、高师两校校地。城皆已拆卸。
③ 中国大都会人口，据美国《汉荪德大地图》语，则广州125万，北京107.7万，成都100万，上海90万，汉口87万；据《中国铁路现势地图》附表，则北京100万，广州88万，上海82万，成都、汉口皆80万；据海关民国10年调查，则上海150万，汉口146.8万（合武昌汉阳计），广州190万，阙北京、成都两处。又据《中国年鉴》引中国续行委办会最近调查者，则广州160万，上海150万，北京110万，成都、汉口皆列于人口50万以下25万以上之都会中；大抵皆出估计，未有确实调查也。据著者观察，成都住民多于重庆，重庆多于汉口，天津、杭州、福州等埠近年人口皆与汉口相埒。大抵成都人口在昔确居我国第三位，近因江海各埠工商业发达，人口骤增，成都则毫无长进，今故落后，仅能保持为前十位而已。

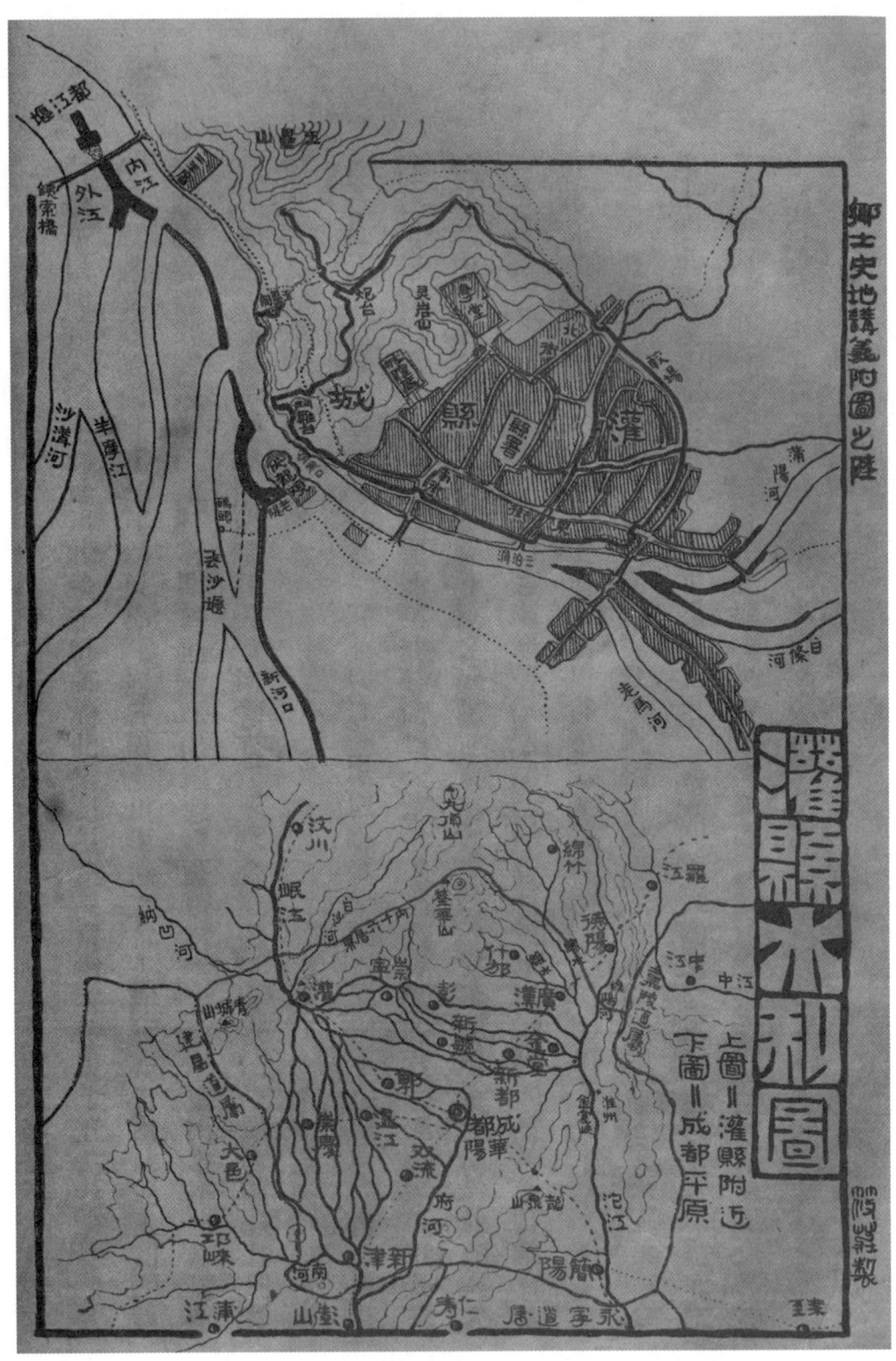

《乡土史地讲义》附图第六幅

城内地势崎岖，街道狭隘，住民拥挤过于泸汉，虽临江危崖，亦架设栈阁以为市肆。大江沿岸十余里地，及嘉陵江对岸之江北县城，北至香国寺间，货栈商店，鳞次栉比，街巷连属，悉成闹市；江中渡船如蚁，以联络商船之定泊两江者。帆樯如林，延袤各十余里，水居之民无虑万家，合此诸部水陆住民计之约七八十万人，为川省第二大都会。

**万县** 位大江北岸，倚山临水，地势逼窄。然江岸皆石质，水深无沙，便于泊船；且当宜渝航线之中点，又为川楚往来水陆分道之处，附近复有大煤矿故，宜渝轮船皆停泊于此，商业之盛在川省居第二位。输出品以桐油、菜油、砂糖为大宗；输入棉布、洋货等。贸易额年达四五万两，光绪二十八年，议开商埠，至今尚未实行全埠。以小溪分为二部：曰本埠，曰南津街，共有住民十五万余。为本省第三大都会。

**嘉定** 即乐山县治。位岷江、大渡河、青衣江三水合流处，沿青衣江平原，有灌溉之利；农产颇饶，养蚕制丝织造之业并有闻于世。沿江山地又盛产薪材，与大渡河输出之木材、煤炭、犍、乐两县之食盐，皆由此溯江运销成都、邛、眉各属；上川南道之布匹洋货亦皆由此运入；川西之白蜡亦以此为集散中心地；川江轮船终航于此。为蜀西第一重镇。有住民十五六万。

**叙州** 即宜宾县治。位岷江与大江之会口，附近各县皆肥美富饶之区，货物集散悉在于此。向为川南第一都会。有住民六万。市街虽不繁盛，贸易额约与嘉定相当。

**泸州** 即泸县治。位沱江与大江之会口，形势与重庆相似。合沱江对面之小市，共有住民五万余人。自流井之盐，资内之糖，俱至此运销省外；近年轮运既通，商业益盛，川南道治自叙州移驻于此。自水电机办成，市政一新。川省后兴各都会中，当以此为最有希望者也。

**合州** 即合川县治。位嘉陵江与涪江合流处，渠河亦于其北十五里汇于嘉江。川北货物出入皆以此为总口，嘉涪两江舣棹如蝟，商业之盛不让泸州。

**涪州** 即涪陵县治。当乌江与大江合流处。贵州土货之输出，与食盐、洋货之输入，胥以此为总口。曩日商业之盛，驾凌合州。然因江边多暗礁，不可泊轮，近来反不如昔矣。

**雅州** 即雅安县治。据青衣江上游，当川藏交通之冲，西陲之门户也。附近产茶叶药材五金矿石，汉番交易多集于此，与西方打箭炉同为西部陆路都会之翘楚。

**灌县** 位岷江分水处，有都江堰，司西川水利之锁钥。① 玉垒关控番汉交通之咽喉。② 山水清奇，人物殷富，番中大木、药材与入番之布帛、茶叶等，皆集散于此。都市虽不大，贸易额实压西北各县。近则成灌汽车开行，商业益有起色矣。

**夔州** 即奉节县治。位大江北岸，山水险恶，为全蜀东方门户。附近各县产盐及煤，城内梳篦及黄杨木工颇著名。然地硗瘠，乏农产物，江岸又不便停船，故商业不盛。

**自流井** 为富顺县属一大镇，以产盐著名。凡盐井所在，俱成街市，延袤七十余里，与荣县之贡井相接。虽非县治，而繁盛超凌大府。此外，若犍为之五通硚、乐山之牛华溪、简阳之石硚，皆以产盐著闻。又如渠县之三汇，江油之中坝，巴县之磁器口，酉阳之龚滩等处，虽不产盐而因水运便利，市肆繁昌，皆有凌县跻府之势。

他如绥定（达县）、梁山、大足、资州（资中）、德阳，皆人口二万五千以上之都会。至二万人以下之都会，则多至不可胜举。

## 第十节 名 胜

巴蜀山水秀丽，自昔著闻。究其奇者，多在盆地四周，地层较古诸处。兹举其尤著如次：

**峨眉** 峨眉山亦曰大峨山。在峨眉县西十里，在《山海经》为皇人之山。至汉以来，始称峨眉。在道书为第七洞天，曰灵凌太妙之天。全山自石灰岩成，秀削撑天，高出面万二千尺，高出平地万尺。支峰拥托，形如初开菡萏，峰峦鸡谷、崖洞烟云之美，冠于全蜀，从来称为西方第一名山。全山有寺五十余座，皆祀普贤大士。殿阁雄伟，神像庄严；又传有佛光、圣灯诸异，为佛家四大名山之一。远近迷信男

---

① 都江堰，在灌县西十余里二王庙外，秦李冰作。岷江至此分为二道，向南正流趋新津者，为南河；东南穿离堆薄灌城者，为北河。北河自宝瓶口穿三泊洞而北注者，为外江。分为数十小支灌崇宁、彭县、新繁、新津、金堂诸属，合为沱江；自宝瓶口直东，出五斗口，分支以灌郫县、成、华等为内江，又称府河，与南河汇于营山县之江口，仍为岷江。内江又有别支，与南河诸支流分灌温江、双流、崇庆、新津诸县。凡此诸县灌溉水之丰啬启放，悉操权于都安一堰。堰在南北两河分流处，以竹龙石砾为堤，贯以铁索，中间设闸。秋冬闭北江，使水皆入南河，于是北河诸渠皆浅涸。春日稻作期至，始启此闸水入渠盈各县，农田悉资其利。盖川西民食系此一堰也。有水利知事驻灌县城，专司启闭修复之事。

② 玉垒关，在灌县城西北玉垒山下，为自灌入番必由之道，亦名七盘关。《洞天福地记》："三十六小洞天第七峨眉山。周回三百里曰灵凌太妙之天（或作虚灵洞天）。真人唐览治之。又有十大洞天，青城位其第五，或谓峨眉、青城、繁阳、蟠冢各有洞天，不在十大洞天、三十六小洞天之数。"玉垒关，在灌县城西北玉垒山下，为自灌入番必由之道，亦名七盘关。

女年往礼拜者恒十余万人。山因高而寒，自麓至顶，备四带气候。① 生物种类异常复杂，盖最适于科学家、美术家、宗教家、文学家、游历家盘桓研究之大好乐园也。其东十里有二峨山，亦曰中峨山，即古之绥山。又东十里有三峨山，亦曰小峨山。三山排列成直线，世称三峨高度风致，以次相杀，自《水经注》谓"秋日澄清，望见此山两峰相峙如峨眉"，以为此山命名之意。后世地书无不主之。虽《峨眉县志》亦用此说。其实峨眉系单指大峨山言，意谓三峨之眉，非其形似眉也。②

**青城** 青城山在灌县南五十里。道书以为第五洞天，曰宝仙九室之天，乃神仙都会之府；又谓黄帝封为五岳丈人，乃岳渎上司。相传多神话，又谓有七十二小洞，应七十二候；八大洞，应八节。皆不实。大抵灌县附近诸山，皆自砾岩而成，岩质坚结，连岫千里，青城一部，独劈为百丈绝壁围裹四面，形势奇离，风景幽异；天师观一处，尤称绝胜。山不甚高，而林木蓊翳。盛夏若秋，成都士女夏多避暑于此。

**瞿塘滟预** 大江经夔州城南东流约十二三里，稍南复东流。赤甲白盐两山挟江对峙，石崖壁截者二十里，是为瞿塘峡。三峡之首，全蜀之咽喉也。赤甲西首，危峰特起，两面临江，筑城砦者，为白帝山。即汉之白帝城。山下江中，孤石兀立，冬季出水数十丈，是为滟预堆，亦曰淫豫石。夏日水涨，仅露数尺，有时全没。江水自此下黄龙滩，入峡流急如矢舟，偶触之无不立毁。古人有以为天下之至险。峡人视其出落，以定舟行进止云。③

**巫山** 江水经巫山县城南，又东一里复凿为深峡，直入楚境，首尾百六十里，是为巫峡，与瞿塘、西陵合称三峡者是也。④ 巫峡南岸西首，有十二峰森立云外，

---

① 山麓即峨眉平原与嘉定平原接，气候具亚热带性，产稻与白蜡，自洗象池以下为温带，产杉及茶。洗象池至七天桥为亚寒，桥以上为寒带无乔木。
② 详拙著《峨眉视察记》。
③ 白居易初入峡，有感诗："瞿塘天下险，夜上信难哉；崖似双屏合，天如匹练开。逆风惊浪起，拔棹暗船来。欲识愁多少，高于滟预堆。"《古乐府》："滟预大如马，瞿塘不可下；滟预大如鳖，瞿塘不可触。"(《全蜀文艺志》)《水经注》又曰："滟预大如马，瞿塘不可下；滟预大如象，瞿塘不可上。"
④ 大江自淫豫石起，至宜昌平善坝止，其间长四百余里，地质石灰岩与砂岩相间，每当石灰岩部，必成高峡。其最著名者如次：
瞿塘峡　亦称夔峡，白黄龙滩起，虎须滩（铁滩）止，虎须以下有三十里非峡。
巫峡　自巫山县起，官渡口止，为三峡中之最长者。约分三段：由巫山至万流约百余里，为高峡；万流至楠木园二十余里，为低峡；楠木园至官渡为高峡。官渡以下约百里，非峡。（万流以下地属湖北）
兵肝宝剑峡　亦名米仓峡。自香溪起，至新滩止，长十八里。
牛肝马肺峡　自新滩起，空岭滩止，长十八里。中间弯曲。空岭以下三十余里非峡。
西陵峡　自南沱起，平善坝止，长五十余里。西部当黄牛山下，亦称黄牛峡。
三峡之名各说不同，大抵古人以之为以上诸峡之总称，不必有所指。若必要确指，则瞿塘、巫山、西陵三峡最大，且首尾备焉，以此当之，庶无大谬。

秀美异常，是为巫山。相传山有神女，能幻化为云雨风鹤，曾助禹导江。① 又曾与楚王会于高唐。② 今有神女祠，在峡中道侧，历代文人诗咏甚多。

**剑阁** 剑门县东北，有大剑、小剑两山。大剑山距县二十五里，一名梁山。削壁中断，两崖相嵌，如门之辟，如剑之植，故名剑门山。小剑去大剑三十里，连山绝险，飞阁通衢，谓之剑阁。《华阳国志》谓：武侯相蜀，凿石驾空为飞阁道，以通行路是也。大剑亦号剑门关，有厄塞可守。崇墉之间，径路颇夷；小剑则凿石通道，险不容越，古称蜀地之险甲于天下，而剑阁之险尤甲于蜀。李白所谓一夫当关，万夫莫开者此也。

**离堆** 《史记·河渠书》谓："蜀守冰凿离堆，避沫水之害，穿二江成都之中，此渠皆可行舟。有余则用溉浸，百姓飨其利。"《汉书·沟洫志》引之，俱未指明所在。后人以意揣度，各执一词，于是蜀地之称离堆者有五，举于次：

（一）灌县伏龙观，灌县西北诸山悉自砾岩构成。质坚固，饶奇景。伏瞰灌城，高入云界者为玉垒山，其尾入灌城；孤峰特起者为灵岩山。灵岩山尾循城西墙抵江岸，为斗鸡台。与江南岸伏龙观气势衔接。中间成细峡，即宝瓶口也。伏龙观者高广十余丈之小阜，上建道观，祀李冰。世俗相传，冰制孽龙处也。③ 岷江北支自都江堰来，迅疾如矢，直刺此阜，不能伤激；其下为深潭，乃折北穿宝瓶口出，分灌成都各县；阜西南，地势洼下，为北江支流故道。竹笼巨石为象鼻状长堤，堰之水俾悉趋宝瓶口。相传亦冰遗制，世人以此阜关系成都灌溉故，即以为离堆。宋多主此说。

（二）嘉定乌尤山，嘉定城东，隔江皆赤色硬砂岩，构成之连山被江水冲刷，削壁截然。其主峰曰凌云山，风景佳胜，古有小九嶷之称。青衣江汇大渡河水，自西

---

① 宋马永乡《神女庙记》引墉城集仙录云："禹导江至于瞿塘，实上古鬼神龙莽之宅。及禹之至，护惜窠巢，作为妖怪风沙，昼暝迷失道路。禹乃仰室而叹，俄见神人，状类天女，授禹太上先天呼召万灵玉篆之书。且使其臣狂章虞余、黄魔大翳、庚辰童律为禹之助。禹于是能呼吸风雷，役使鬼神，关山疏水，无不如志。禹询于童律，对曰西王母之女也。受回风混合万景炼形飞化之道，馆治巫山。禹至山下躬往谒神，亲见神人倏忽之间变化不测，或为轻云，或为霏雨，或为游龙，或为翔鹤。既化为石，又化为人，千状万态，不可殚述。"（《图书集成》）
② 《文选·高唐赋》："昔者楚襄王与宋玉游于云梦之台，望高唐之。观其上独有云气，崒兮直上。忽兮改容，须臾之间，变化无穷。王问玉曰：此何气也？玉对曰：所谓朝云者也。王曰：何谓朝云？玉曰：昔者先王尝游高唐，怠而昼寝，梦见一妇人，曰：妾巫山之女也，为高唐之客。闻君游高唐，愿荐枕席。王因幸之。去而辞曰：妾在巫山之阳，高邱之阻，旦为朝云，暮为行雨，朝朝暮暮，阳台之下。旦朝视之，如言。故为立庙，号曰朝云。"
③ 《太平广记》引《成都记》云："李冰为蜀郡太守。有蛟岁暴，漂垫相望。冰乃入水戮蛟。已为牛形，江神龙跃，冰不胜。及出，选卒之勇者数百，持疆弓大箭，约曰吾前者为牛，今江神亦必为牛矣。我以大白练自束以辨，汝当杀其无记者，遂吼呼而入。须臾雷风大起，天地一色，稍定，有二牛斗于水上，公练甚长白，武士乃齐射，其神遂毙。从此蜀人不复为水所病。"《蜀典》《水经注》亦载此事，谓江神岁取二童女为妇，冰责之遂斗。

直来，水势激怒，犯此山壁。唐开元时寺僧海通凿崖为佛，以厌水。即有名之大佛崖也。① 大佛崖南首，江水突出一岔港，割切凌云为一危峰，耸峙江心，恰如孤岛，是为乌尤山。形势奇突，比于滟滪，而雄伟过之。古籍相传，即冰所凿之离堆也。②

（三）名山县离崖，《寰宇记》谓离崖在名山县，秦蜀守所凿。《元和郡县志》亦谓冰凿离堆在雅州青衣江畔。"离"古"雅"字，崖与崔易混，青衣即古沫水。故《四川通志》以离崖为古离堆。

（四）苍溪县离堆山，在苍溪县东五里。《广舆记》曰：蜀有三离堆，苍溪其一也。在汉为宕渠塞一，名白鹤山。

（五）南部县离堆山，在南部县东南。颜真卿《摩崖记》云此山斗入嘉陵江，直上数百尺，形胜缩矗，上峥嵘而下，洄洑不与众山相连，是谓之离堆。《大明一统志》云：在县东五十里，蜀有三离堆，此其一也。

**岷山** 《禹贡》："岷山导江。"《后汉书·郡国志》："岷山在西徼外，江水所出。"今人以川甘青海间之高台地通称岷山，而以岷江导源之羊膊岭为其主峰。然《史记》引《禹贡》文改作汶山。汉武定冉駹夷，置汶山郡，即今茂县、汶川县地也。故后人咸以茂县之九顶山为汶山，谓即禹贡之岷山，禹导江自此始也。九顶山者，在茂县南二十里，其高直上六十里，四时积雪，又名雪山。其西支抵江岸，为天彭阙；南支入什邡境，为鏊华山；北支与江并行接于羊膊，连峰接岫，亘二千里。《华阳国志》所谓汶山之趺为羊膊是也。大抵自九顶至羊膊，古人皆称岷山。其间，九顶最高秀而近成都，文人特狎近之，遂以为岷山主耳。

**蔡蒙** 《禹贡》："蔡蒙旅平。"蒙山在名山县西十五里。山有五峰，最高上清峰，产茶有名。蜀境无蔡山名，古人或以蔡蒙为一山，或以峨眉为蔡山，皆误也。今雅安县东五里有周公山，相传武侯南征时驻兵其下，梦接周公，因立祠祀之。今其上寺祀神禹，而以周公武侯为配。每岁五六月，祈祷者极众，《大明一统志》以为即蔡山，并谓其东又五里，有地名旅平，禹治水功成，旅祭于此，今俗呼为落平云云。

**成都诸名胜** 成都为西南大都，骚人墨客之所聚。诗文点染，诱致游人豪客因修饰装点之，以成名胜者县多。约举如次：

---

① 唐开元间，僧海通凿崖为弥勒像，以厌水。像高三十丈，眉横二丈，建七层阁覆之。流寇之乱，毁于火遂，露立，渐圮败。今人饰之，作阿弥陀佛像矣。
② 《蜀典·离堆考》："史记河渠书、汉地理志云：周赧王十四年，秦蜀守李冰凿离堆，避沫水之害。"《水经注》曰：沫水自蒙山至南安，西濈崖，水脉漂疾，破害舟船，历代为患。蜀郡太守李冰凿平濈崖，河神嗔怒，冰乃操刀入水与神斗，遂平濈崖，通正水路。《华阳国志》云：青衣有沫，不出蒙山下，伏行地中，会江南安，触山协濈崖，水脉漂疾，破害舟船，历代患之。冰乃发卒凿平濈崖，通正水道。按濈崖即离堆也。在今嘉定即南安也。离堆即乌牛，亦谓之乌尤。

**武担山** 在城内西北隅。相传蜀王妃冢。王遣五丁力士自武都山担土，所筑高七丈，广数亩。汉昭烈帝即位于武担之南，即此。

**武侯祠** 在城南八里惠陵侧，与昭烈合祀一庙。正殿祀昭烈帝，祔后主，即北地王。侧殿祀关壮缪、桓侯；两廊祀文武诸臣之有功者。后殿祀诸葛武侯。皆肖像。工颇佳。隙地古柏参天，亭池幽静，游人之多冠各寺宇。

**望江楼** 在东门外锦江西岸。杰阁临流，视界爽朗其旁有薛涛井。相传薛涛晚年居此，墓在井旁。

**百花潭** 在城西南隅濠外。潭水澄深多鱼，其上有亭阁供人游息。相传冀国夫人①微时，见僧堕污渠，为浣其衣，现百花满潭，故名。按《四川通志》谓：百花潭亦名浣花溪，在华阳县东南五里，薛涛宅在其旁；又《蜀梼杌》谓：王衍游浣花溪，龙舟采舫，十里绵亘。则其地似在今望江楼附近，非今之百花潭也。又据明范徕诗："百花潭接浣花溪。"则潭或因与溪相通，遂混称欤。

**青羊宫** 在西南隅城外百花潭侧，与二仙庵密接。皆道观。林木极佳，其外有市。

**草堂寺** 在城西十里。古为桃花寺。唐大历中，崔宁重修。明改梵安寺。相传杜甫入蜀，结草堂于此。清康熙时，巡抚张德地即其址修堂庑以祀之。故俗名草堂寺。

**昭觉寺** 在城北十五里。唐乾符中建。为了觉禅师宴居之所。与城内文殊院俱为成都四大丛林之一。

**驷马桥** 本名升仙桥。在城北十里。司马相如东游，题其柱曰"不乘驷马赤车不过汝下"。

**少城公园** 在城西南，偏近年新辟地。广百亩，花木亭榭，渠池山石，点缀颇佳，并设通俗教育馆、图书馆及公共体育场其内。规模宏大，游人如云。为成都新造之第一名胜。

**中城公园** 在城正中。近年就故提督署改建。唯备书场球房，无甚花木。又有北城公园、东城公园更陋。

**支矶石公园** 在西城根，亦近年辟。森林茂蔚，虽在城市中，有山林气。门前竖巨石，相传严君平所识之织女支矶石也。

**涂山** 在重庆江南岸，形似巨屏，高入云表，崖壁垩涂山二字，城内可辨。传

---

① 唐西川节度使崔宁妾，姓任氏。

禹娶于涂山氏即此地也。上有禹庙及涂洞（俗呼老君洞。呼山为老君山）。绝顶曰铁桅峰，其侧有真武宫，故又称真武山。云崖、泉洞、盘道、松涛，风景雄奇为蜀东最。

**其他** 如巴县之温汤峡、大足之宝顶山、江北广安界上之华蓥山、丰都之平都山、梁山之蟠龙山、广元之龙门洞、江油之窦圌山、天仓山洞、大邑之鹤鸣山、荥经之瓦屋晒经山、邛崃之邛崃山、合江之少岷山，名胜繁多不胜枚举。①

---

① 温汤峡，亦名东阳峡，在巴县西南百六十里，有温泉自悬崖涌出，其热如汤，游人颇多。
宝顶山，在大足县东三十里。相传毗罗佛脱俗炼形之所。山形怪兀，寺庙崇宏，有大佛、佛塔及唐宋石刻。四方男女往朝者极众。
华蓥山，在江北县北三百六十里，广安界。连山绵亘数县，此峰最高，秀多奇境，常为盗匪窟宅。
平都山，在丰都县东北，亦名丰都山。相传阴长生、王方平得道之所，道书七十二洞天福地之一。山顶旧有仙都观及王仙麻姑二洞，今为严罗天子庙，四方来朝者甚众。
蟠龙山，在梁山县东二十里。孤峙秀杰，突出众山之上，下有二洞，石乳垂滴，结成龙状，首尾相蟠，故名。有喷雾崖、飞练亭诸胜。崖中垂泉百丈，号称天下第一瀑。
龙门洞，在广元县北，神宣、朝天两驿间。凡三洞。有水自第三洞出穿第二洞、第三洞，下至朝天驿合嘉陵江，即古之潜水也。其洞皆穿山而成，广阔十余丈，形势奇绝，驿道上可望见之。
窦圌山，在江油县北十里。砾岩中裂，劈为两峰。西接长冈，乃通行旅；东峰四围削壁，石笋如圕。人所不能到，为唐人窦子明修道之所。旧有天尊宫以绳桥通于西山。
天仓山，在江油县西四十里。接平武、彰明界。上有天仓洞，洞口高广十丈，三阔三隘直达山后溪水流出处。洞中畜石，细白如米面，多怪石，有寺观楼阁，相传太乙真人尝居此。
鹤鸣山，在大邑西北三十里。形如覆瓮，有石类鹤，相传马成子升仙之处。山顶有青霞嶂、碧玉潭诸胜；或谓张道陵冲举于此。又崇庆县西八十里亦有鹤鸣山，元和志以为张道陵习道处。瓦屋山在荥经县南九十里，形如瓦屋，有二飞瀑正对峨眉，世称东瓦山，县西六十里有大相公岭，即西瓦山也。
晒经山，在荥经县北二十里。相传唐僧三藏尝晒经于此，与瓦屋齐名。
邛崃山，在邛崃县西南八十里，产邛竹杖。其南有九折坂，相传王阳按辔王尊叱驭处也。又荥经清溪界间，亦有邛崃山。
少岷山，在合江县南五里，一名安乐山。三峰奇秀，隋刘真人善庆升仙于此。有藏经、石仙鱼影、楠木台、白猿洞诸胜迹。

《乡土史地讲义》附图第七幅

# 第三章　四川历史概论

## 第一节　周以前之巴蜀

五千年前，汉族初由昆仑东下，弥漫于江河上游山谷之间，以与苗黎争壤。其时未有道路，人耐跋踄，攀援崖壁，捷如平地，逾山度谷，以林为家。于是蜀与中原同为汉族渔猎之囿，虽有秦岭、巴山不足为阻。故伏羲、女娲都于东土，而常游于蜀。① 黄帝始设经界，辟国道，制舟车，以驰逐于平原之地。然犹东至于海，西登崆峒，南至于江，釜山合符，迁徙往来，未尝宁处。盖犹有游牧社会之遗性也。世传帝问道于峨眉，封青城为五岳丈人②，则其足迹亦尝至蜀。

当是时，蜀人已知养蚕，浸传其法于西陵之国。西陵国在今川楚间，近蜀而有

---

① 《华阳国志》："伏羲女娲之所常游。"今峨眉山有伏羲、女娲二洞。
② 《方舆胜览》："青城山在永康军北三十一里。玉匮经黄帝封为五岳丈人。乃岳渎之上司，真仙之崇秩，一月之内群岳再朝。"今青城山有轩皇台。《峨眉山志》："授道台在纯阳殿后，相传轩辕访道于天皇真人，授九仙三一五牙经处。"《五符经》："皇人在峨眉山北绝岩之下，苍玉为屋。黄帝往授真一五牙之法。"

桑。故传养蚕术较早。① 黄帝娶西陵氏之女曰嫘祖为元妃，始传育蚕术于中国。后世祀为先蚕。嫘祖生二子，长曰玄嚣，降居江水，是为青阳②；次曰昌意，降居若水。若水今大渡河是也。③

昌意娶蜀山氏女曰昌仆，生颛顼于若水之野。颛顼生有圣德，年十岁佐少昊氏，封国于高阳。二十嗣少昊为天子，静渊有谋，疏通知事，展拓黄帝之宇，北至于幽陵，南至于交趾，西至于流沙，东至于蟠木。始建九州，统领万国。盖帝生于蜀，能历险阻以至中国，故雄武有其祖风也。

玄嚣生桥极。桥极生帝喾。喾生而神灵，聪明仁知，普施利物，节用爱民，年十五佐颛顼，受封于辛。颛顼，为天子，是为高辛氏。其子为尧。

颛顼之后为崇伯鲧。④ 鲧纳有莘氏之女，曰修己。生禹于石纽，今汶山县石纽

---

① 《史记》："黄帝居于轩辕之邱，而娶于西陵之女。"正义："西陵国名也。"西陵国究属今世何地，诸史无考。查《前汉书·地理志》，江夏郡辖十四县，首曰西陵。注曰："有云梦官。"则其县当在云梦附近。云梦今洞庭、江汉间之低地，古之大泽也。古代游牧之民逐水草而居，故喜建国于泽旁。测此县之命名。不曰云梦而曰西陵者，当亦必如陈、邓、巴、庸之类，由其为古国也。又据《寰宇记》及《夔州志》皆云："瞿塘峡在州东一里，古西陵峡也。"今世又谓三峡，自黄牛山以下为西陵峡。《水经注》："自黄牛滩东入西陵界，至峡口一百里许。山水纡曲，而两岸高山重嶂，非日中夜半不见日月，所谓三峡此其一也。"又三国时吴有西陵县，在西陵峡口。《水经注》曰："秦白起伐楚，三战而烧夷陵者也。王莽改曰居利，吴黄武元年更名西陵也。"夷陵今宜昌是云梦泽之西畔地也。故予疑古西陵氏国，实在云梦之沿，东逾汉水，西奄三峡，与周代楚国疆域殆同。

至于养蚕之术究以何处发明最早，史亦未详，大凡事物之发明，断难由一人一手宣称全功。嫘祖始教民育蚕，治丝茧，以供衣服，而天下无皴瘃之患。是其所教者实兼栽桑、养蚕、缫丝、织帛之事。（古代人皆衣皮，未知机织）如此繁重之事，断非一人脑力所能发明尽善。以理度之，嫘祖生时，早已有人养蚕。彼特初传此法入中原耳。然西陵固未尝以养蚕著闻，其西境之巴蜀乃以养蚕古国称于世。考《蜀图经》谓：高辛氏时，蜀人有为盗掠者，家有一女，其母誓曰：能致父还者，以女妻之。其家养马闻言，振迅而去。数日载蜀人归。母悔前誓，马嘶鸣不肯饮龁，蜀人射杀之，曝其皮于庭，皮卷女飞去，栖于桑上，女化为蚕。为有蚕之始。世称女曰马头娘，以为蚕神。宋代官观，塑女像披马皮，为蚕神是也。此与日本神话印度公主浮海来岛，化为蚕事正相类。虽不足信，然以证明蚕之发现地为四川则可也。又，世传蚕神曰马明王，其神三目，一目纵列。按《华阳国志》："蜀侯蚕丛，其目纵，始称王。"疑世所传马明王即蚕丛帝。《茅亭客话》云："蜀有蚕市，每年正月至三月，州城及属县循环一十五处。耆旧相传，古蚕丛氏为蜀主，民无定居，随蚕所在致市居。此其遗风也。"然则养蚕之术又非自蚕丛始。不过彼首创蚕市之制，蚕人便之，故特称道之也。《华阳国志》谓蚕丛称王于周之衰世。李白《蜀道难》云："蚕丛及鱼凫开国何茫然，尔来四万八千岁，不与秦塞通人烟。"则蚕丛又不当生于周代。或者蜀国古代更有蚕丛氏，亦如开明之后又有开明帝欤。（参看第二节）又查，西南古国之首现史传者，为蜀山氏。蜀，古蜀字。蛾蝶幼虫之裸者也，蚕亦蜀也。未受家养以前，必亦被称为蜀；既经家养以后，乃特称之为蚕耳。《淮南子》曰："蚕与蜀状相类，而爱憎异也。"可为此说佐证。夫曰蜀山，则其山多蜀可知。蜀山氏女嫁昌意，生颛顼，为中国主。其支庶封国于蜀，其后为蚕丛氏。则蜀与蚕之关系，当可摸索得之矣。

② 《大戴礼·帝喾篇》："黄帝产青阳及昌意。青阳降居泜水，昌意降居若水。"后世史书多谓青阳与玄嚣为二人。兹从《史记》为一人。江水、泜水皆为岷江是也。

③ 《水经》："若水出蜀郡旄牛徼外。"注："若木之生，非一所也。黑水之间，厥不所植，水出其下，故水受其称焉。"又云："若水至僰道县，又谓之马湖江。绳水、泸水、孙水、淹水、大渡水，水随决入而纳通称。"邓氏盖以金沙江、雅砻江、打冲河、马湖水、大渡河悉称为若。所记水游与今世不合者多。缘当时徼外无确实调查，专恃传说以为记载，故有此失也。后人转相援引，愈入迷途，多以打冲河当之。查《司马相如传》："西至于沫若水，南至牂牁为徼。"相如难蜀父老文亦云："乃关沫者，为牂牁。"沫水，今青衣江。则若水当是大渡河乃合，且大渡河水流湍激汹涌，今世尚为川西天堑，昌意之时安能逾越而至打冲河之谷乎。又，昌意娶蜀山氏女，则其国近蜀可知，故知其必非打冲河。

④ 《前汉书·律历志》谓颛顼五代而生鲧，《通鉴》又谓鲧为颛顼长子骆明之子。此从《史记》。

村是也。① 当尧之时，洪水横流，求能治水者，四岳咸举鲧。九年而功不成，舜摄位殛鲧于羽山，乃命禹为司空，使续父业。禹为人敏给，克勤其德，不违其仁，可亲其言，可信声应，身为法度。至是奉命，乃兴人徒乘，四载随山表木，定高山大川，居外十三年，劳身焦思，手足胼胝，卒定九州，度九山，通九川，陂九泽，任土作贡，则壤成赋，弼成五服，外薄四海，天下于是太平治。舜崩于苍梧，天下诸侯不归舜之子，而归禹。禹初封于夏，至是即帝位，为夏后氏。

禹娶于涂山，今巴县涂山是也。辛壬癸甲而去荒度土功，三过其门而弗入。生子启，呱呱啼不及视。涂山氏能明教训，启化其德，卒成令名。其后禹崩，以位授益。益之佐禹日浅，天下未洽，诸侯皆去益而朝启。于是启即天子位。有扈氏不服，伐而灭之，作甘誓，天下畏其威，是皆古之圣王生于蜀土者也。

唐虞以降，中国人民渐趋文弱，习于舟车，不任超距，秦岭巴山始为蜀阻，南北隔阂声教不通。于是梁州之域，斥为夷地；江汉之间，裂为数十部族。举其著者曰：庸、蜀、羌、髳、微、纑、彭、濮、巴俞、朐忍、賨、僰之夷（庸今湖北郧阳陕西兴安等地。蜀今成都地。羌今松潘茂县地。髳即汉之旄牛夷，今越巂县地。微通尾，即古之木耳夷，今云南东川地。纑亦作泸，即泸州戎，今长宁兴文县地。彭即彭水夷，今酉阳地。濮即百濮，在湖南之西。巴俞皆今重庆地。朐忍今夔州地。賨今嘉陵江沿岸地。僰今犍为县地）。

周之兴也，文王居岐，化行江汉之间，梁州诸部皆归之。故武王伐殷，庸、蜀、羌、髳、微、纑、彭、濮巴国之人从焉。巴师勇锐，歌舞以凌殷人。殷人前徒倒戈，遂燔纣。故世称之曰"武王伐纣，前歌后舞"也。武王既克殷，以其宗姬封于巴②，爵之，以子列为诸侯（古者远国虽大，爵不过子。故吴楚及巴皆曰子）。其地东至三峡，西极犍为，北接汉中，南有黔水，彭濮微纑賨僰之族皆受节制，而独不及蜀。

---

① 《帝王世纪》："鲧纳有莘氏之女口志，是为修己。上山行，见流星贯日，梦接意感，又吞神珠，胸臆坼，而生禹于石纽。"扬雄《蜀本纪》："禹本汶山郡广柔县人，生于石纽，其地名痢儿畔。"《元和志》曰剁儿坪》《水经注》："广柔县有石纽村，禹所生也。今夷人共营之地方，百里不敢居牧。有罪逃其野，捕之者不能逼，能藏三年不为人得，则共原之。言大禹之神所佑也。"广柔，今汶川县。石纽村，在汶川县西北百余里。又石泉县南，有石纽山，亦传为禹生地。
② 《山海经·海内经》："西南有巴国，太皞生咸鸟，咸鸟生乘釐，釐生后照，后照始为巴人。"《华阳国志》："禹会诸侯于会稽，执玉帛者万国，巴蜀往焉。武王伐纣，实得巴蜀之师。"《尚书·牧誓》有蜀，无巴。兹从常志。《说文》："巴虫象，大蛇也。"《山海经》："巴蛇食象，三岁而出其骨。"国名曰巴，盖自夸其大也欤。谯周《三巴记》："阆曰二水南流，曲折如巴字。"王士正《游涂山记》："三江合流曲折，正如巴字。渝城孤峙江中，宛如龟之拽尾。"《水经注》："江州县，故巴子之都也。"是则巴国得名由地形也。

盖蜀者，黄帝之孙高阳氏支庶之国，不以蛮夷比也。①

## 第二节 秦并巴蜀

巴国接近强楚，与邓庸为邻，周之仲世犹奉王职。鲁桓公九年，巴子使韩服告楚，请与邓为好；楚子使道朔将巴，客聘邓。邓南鄙攻，而夺其币。巴子怒伐邓，败之。其后巴师楚师伐申，楚子惊巴师。鲁庄公十年，巴伐楚，克之。鲁文公十年，巴与秦楚共灭庸。哀公十八年。巴人伐楚，败于鄢。是后楚主夏盟，秦擅西土；巴国分远，故于盟会希及。七国称王，巴亦称王。周之季世，巴国有乱，将军蔓子请师于楚，许以三城。楚王救巴。巴国既宁，楚使请城，蔓子曰藉楚之灵，克弭祸乱，诚许楚王城，将吾头往谢之。城不可得也。乃自刎，楚使以其头归，楚王叹曰使吾得臣如巴蔓子，用城何为。乃以上卿礼葬其头。巴人之忠勇侠义盖如此也。其诗曰："川崖惟平，其稼多黍，旨酒嘉谷，可以养父；野惟阜丘，彼稷多有，嘉谷旨酒，可以养母"，又曰"日月明明，亦惟其名，谁能长生，不朽难获，惟德实宝，富贵何常，我思古人，令闻令望"②。其好古乐道，雍和敦厚之风，固非蛮夷之人所能有者也。

蜀国之地，东接巴境，南接于越，北与秦分，西奄峨嶓。土地肥沃，人民繁庶，山林泽渔，园囿瓜果，稻麦黍稷，靡不有焉。故其文化更高于巴国，势浸强，人文蔚盛。有周之世，彭祖苌弘皆仕于中国，为圣人师。③ 当时蜀国，限于秦巴，虽奉王职，不得与于朝聘会盟。周失纪纲，蜀先称王，首称王者，曰蚕丛，其目纵。次王曰柏灌，又次王曰鱼凫。鱼凫隐于湔山，蜀人为之立祠。后有王曰杜宇，治郫邑，教民耕种，国以富强。巴人亦化其教，而力农务。七国称王，杜宇称帝，更名蒲卑，是为望帝。其时蜀国强大，以褒斜为前门，灵关为后户，玉垒峨眉为城郭，江潜绵

---

① 《华阳国志》："黄帝为其子昌意娶于蜀山氏之女，生子高阳，是为帝誉。封其支庶于蜀，世为侯伯。"帝誉（今作喾）二字当系颛顼之误。
② 明杨慎撰《全蜀艺文志》题此诗为"蚕丛国诗"。系于汉代，称曰古辞；《华阳国志》以此载入巴志，叙于周代以前。玩味诗意，以巴为合。且其文体颇似秦风，谓为周初世巴人之作较妥。
③ 《华阳国志》："彭祖本生蜀，为殷太史。"《论语》："窃比于我老彭。"疏引《世本》云："即彭祖在商为守藏史，在周为柱下史，年八百岁。"今彭山县东北有彭亡山，《元和志》："彭祖家于此而死，故曰彭亡。"《水经注》云："岑彭至此为刺客所害，此地有彭冢，云彭祖之冢也。"
《庄子》："苌弘死于蜀，埋其血。三年化为碧。"《史记·天官书》："昔之传天数者，周室史佚苌弘。"《封禅书》："苌弘以方事周灵王。诸侯莫朝周，周力少。苌弘乃明鬼神事，设射狸首。狸首者，诸侯之不来者依物怪以致诸侯。诸侯不从，而晋人执杀苌弘。"（《左传》《国语》皆谓周人杀苌弘）韩愈文："孔子师郯子、苌弘、师襄、老聃。"《蜀典》："今蜀有青泥坊，即弘死处。"又云："蜀自以来多通术数，其学盖原于苌弘。"

洛为池泽，以汶山为畜牧，南中为园苑。① 会有水灾，其相鳖（鳖）灵决玉垒以除水害，帝遂委以政事，法尧舜禅授之义，禅位于鳖（鳖）灵。自升西山隐焉。蜀人思之，时适二月，子鹃鸟啼，蜀人曰我望帝魂也。故名子鹃为杜鹃，亦曰杜宇。②

鳖（鳖）灵即位是为开明氏，世称丛帝。丛帝生卢帝，卢帝攻秦至雍，生保子帝。帝攻青衣，雄长獠僰。传九世，开明帝始立宗庙，以酒曰醴，乐曰荆，人尚赤。帝称王，徙治成都。周显王之世，蜀王从万人东猎褒谷，与秦惠王遇。惠王遗蜀王以金一笥，王报珍玩之物。物化为土，惠王怒，其臣贺曰土者地也。王将得蜀矣。惠王喜，乃作石牛五头，朝泻金其后，曰牛便金。有养卒百人。蜀人悦之，使使请牛。惠王许之。时蜀有五丁力士，能移山，举万钧，乃遣迎牛。因牛所至成道，是为石牛道。既而牛不便金，怒还之，乃嘲秦人曰：东方牧犊儿。秦人笑之曰：吾虽牧犊，当得蜀也。蜀王好色，惠王数以美女进；蜀王使使朝秦，秦王许嫁五女，蜀遣五丁迎之，道中山崩皆死，是为五丁冢，亦曰五妇塚。蜀王伤之，为作思妻台。

蜀王封弟葭萌于汉中，号曰苴侯，命其邑曰葭萌。巴与蜀仇，苴侯与巴王好。蜀王怒伐苴侯。苴侯奔巴。巴蜀相攻，俱求助于秦。秦大夫司马错请伐蜀，曰臣闻欲富国者，务广其地；欲强兵者，务富其民。夫蜀西僻之国，戎狄之长也。得其地，足以广国；取其财，足以富民。缮兵不伤众而彼已服矣。故拔一国而天下不以为暴，利尽西海而诸侯不以为贪。是我一举而名，实两附也。中尉田真黄亦曰，蜀有桀纣之乱，其国富饶，得其布帛金银，足给军用；水通于楚，有巴之劲卒，浮大舶船以东向楚，楚地可得，楚亡则天下并矣，惠王从之。周慎靓王（周定王）五年，秦大夫

---

① 褒、斜，二谷名。褒谷在陕西褒城县北，斜谷在陕西郿县南。灵关即汉之零关，在今汉源县境。江即岷江。潜即嘉陵江。绵即绵阳江。洛即沱江。汉魏以前诸江固作此称，汶山即岷山（详名胜节）。南中即今云南、贵州省地。

② 本节取材，十九据常璩《华阳国志》。常志又多取材于扬雄《蜀本纪》。蜀之书史，以本纪为最古，汉以前人鲜有著述。雄之记载，根据传言，已多荒诞。其他诸家传蜀事者，更多不经之语。璩志最能翦除诞妄，使近情理。其序志篇有云："世俗间横有为蜀传者，言蜀王蚕丛之间罗回三千岁；又云荆人鳖灵死尸化上，后为蜀帝。周苌弘之血变成碧珠。杜宁之魂化为子鹃。又言蜀椎髻左衽未知书，文翁始知书。学案蜀纪常璩居房心决事参伐，参伐则蜀分野。言蜀在帝议政之方，帝不议政则气流于西，故周失纪纲而蜀先王，七国皆王蜀又称帝。此则蚕丛自王，杜宇自帝，皆周之叔世，安得三千岁！且太素资始，有生必死，死终物也。自古以来未闻死者能更生。当世或遇有之，则为怪异。了所不言，况能为帝王乎！碧珠出不一处，地之相距动数千里，一人之血岂能致此。子鹃鸟今云是㞼或曰儁，周四海有之，何必在蜀。昔唐帝万国时，雍虞舜光宅八表，大禹功济九州，后覆封殖天下，井田之制庠序之教由来远矣。孔子述而不作，信而好古，窃比于我老彭。则彭祖本生蜀，为殷太史，夫人为国史作为圣，则仟自上世，见称在昔，及周子末巴蜀，服事于秦，首为郡县。虽滨戎夷，亦有冠冕。故《蜀纪》曰大人之乡，方大之国也。至于汉兴反当荒服而无书学乎！《汉书》曰郡国之有文学，因文翁始若然。翁以前齐鲁当无文学哉！"本篇私淑常意，参证他书，力求近实。虽鱼凫得仙，五丁制蛇诸语一并删剔，并全录常语于此，藉抒己意也。

《乡土史地讲义》附图第八幅

张仪、司马错等从石牛道伐蜀。蜀王自于葭萌拒之，败绩。王遯走至武阳，为秦军所杀，开明氏遂亡，冬十月蜀平。司马错因伐苴与巴，并灭之。

周赧王元年，秦惠王封子通国为蜀侯，移秦民万家以实蜀。任陈壮为相，以巴苴地为巴与汉中郡，是为设置郡县之始。六年，陈壮反，杀蜀侯通国。秦惠王遣甘茂、张仪、司马错复伐蜀，诛陈壮，封子恽为蜀侯。司马错遂率巴蜀众十万，大舶万艘，浮江伐楚，取商于地以为黔中郡。周赧王十四年，秦孝文王以谗诛蜀侯恽，封子绾为蜀侯。三十年疑绾反，复诛之，除其国以为蜀郡。

## 第三节 汉用巴蜀

秦之亡矣，沛公先入关，当王关中。项羽不欲以形胜地予沛公，又恶负约。乃与范增谋曰巴蜀道险，秦之迁人皆居之，巴蜀亦关中也。于是立沛公为汉王，王巴蜀、汉中，都南郑。沛公怒，欲攻羽。萧何谏曰："虽王汉中之恶，不犹愈于死乎。臣愿大王王汉中，养其民，以致贤人，收用巴蜀，还定三秦，天下可图也。"沛公乃就国，从张良计，烧绝栈道，使羽勿疑。项羽东归彭城。沛公用韩信，因巴蜀之众，还定三秦。① 其明年，东出关讨羽，相持荥阳、城皋间者四年。萧和留守汉中，时发巴蜀米与賨巴之民助军。汉得其力，故能灭羽，统一中国，是为汉高祖皇帝。

汉因秦制，以郡县治天下。梁州之域，初为巴、蜀、广汉、汉中四郡，青衣以南弃之。徼外遂为夜郎、且兰、邛、筰、滇、僰诸夷之国。然其地有筰马、旄牛、僰僮②之利，巴蜀民常往商贾。武帝初，唐蒙在南越食蜀枸酱，因劝帝通西南夷，用蜀兵泛牂柯江以制越。③ 帝使蒙发巴蜀民万余人通之，置犍为郡。蒙在西南，数岁无功，而士卒饿暑湿死者甚众。乃因公孙弘言，罢西夷。其后，张骞使西域，还言蜀布、邛笮杖自身毒（今印度）入大夏。大夏慕中国，患匈奴，隔其道。劝帝通

---

① 项羽三分关中地，王秦降将，以距塞汉道。章邯为雍王，王咸阳以西都废邱（今兴平市）；司马欣为塞王，王咸阳以成都栎阳（今临潼区）；董翳为翟王，王上郡都高奴（今肤施县）。是为三秦。其后汉兵来，章邯败死。塞翟二王皆降。
② 《前汉书·地理志》："南贾滇僰滇僰僮，西近邛笮筰马旄牛。"筰马即今建昌马，旄牛即犛牛。僰僮，盖买滇僰之夷为奴，如今之黑奴。王子渊之髯奴，疑即此僰僮。
③ 武帝建元六年，王恢击降东越，因兵威使番阳令唐蒙风晓南越。南越食蒙枸医。蒙问所从来，曰道西北牂柯江。牂柯江广数里，出番禺城下。蒙归至长安，问蜀贾人。贾人曰："独蜀出枸医，多持窃出市夜郎。夜郎者，临牂柯江，广百余步，足以行船。南越以财物役属夜郎，不能臣使也。"蒙乃上书曰："南越王名为外臣，实一州主也。今以长沙豫章往，水道多绝难行。窃闻夜郎所有精兵，要可得十万，浮船牂柯江出其不意，此制越一奇也。诚以汉之强，巴蜀之饶，通夜郎道，为置吏易甚。"帝许之。（《史记·西南夷传》）枸酱，亦作蒟酱。牂柯江，即今北盘江。其下游即西江，经番禺城下也。

蜀与身毒之路。帝从之，乃令王然于等为使，间出西夷西，指求身毒道。然阻于滇，数岁仍不能通。使者自滇还，力言西南夷可取，帝心动。及南越反，帝乃发犍为兵助军。且兰君不受征发，杀汉守，汉发巴蜀罪人击之。会越事平引军还，遂诛头兰、邛、笮之君，西南诸夷皆震恐，请入朝。于是增置牂牁（且兰国地）、越巂（邛都）、沈黎（笮都）、汶山（冉駹夷地）、武都（白马羌地）诸郡。封夜郎君为王。以胜军协滇。滇连劳寝、靡莫之夷抗汉。帝再发巴蜀兵击灭之。滇王举国降，置益州郡，赐滇王王印，复长其民。其后武帝分天下为十三部，设刺史以统治郡国。巴蜀、南中为益州部。武帝于南中虽置郡县，未能移民实之，守吏不得夷情，又多为暴虐。故其后夷人时时反，屡诛之，不能定。成帝时，夜郎与诸夷辱汉使，大司马王凤荐金城司马临邛陈立为牂牁守。立有奇才，讨杀夜郎王，复定西南夷。

王莽篡汉，改汉制，降诸夷王号为侯，西南复乱。莽发巴蜀犍为吏民击之，赋敛取足于民，巴蜀骚动。莽复发陇西骑士益之，合转输者二十万人。虽有斩获，终不能定。而士卒饥疫死者十有七八，西南益纷扰。东汉初，复其旧号，夷酋栋蚕等犹有乱，杀诸郡长吏。光武帝遣将军刘尚发广汉犍为蜀郡人及朱提夷，合三千人，渡泸水击之，斩栋蚕等，遂平西南夷。其后，南中多贤太守，大抵皆蜀人能得夷情，善用威信，夷乱渐希。① 安帝时，失贤守，郡县赋敛烦数，诸夷复叛，众至十余万人，破坏二十余县。赖益州从事杨竦讨平之。竦因举劾奸贪长吏九十人、黄绶六十人。夷乱原因于此可见。

先是秦昭襄王时，白虎为害，自秦巴、蜀汉皆患之。秦王募能杀虎者，夷人朐忍廖仲药、秦精等伏弩于高楼，射杀之。昭王曰虎历四郡，凡害千二百人，一朝除之，功莫大焉。乃刻石与为盟，要复夷人顷田，不租十妻，不算户岁；出賨钱，口四十。世号曰白虎夷，一曰板楯蛮，亦曰賨民。賨民多居渝水（即嘉陵江）左右，天性劲勇。汉高祖王汉中，阆中人范目说高祖，募发賨民，要与共定秦。秦地即定，封目为建章乡侯。高祖将讨关东，賨民思归。帝难伤其意，听之。徒封目为渡沔侯。

---

① 后汉蜀人之著政声于南中者，列举如次（据《华阳国志》及《后汉书》）：
明帝时，广汉郑纯为西部都尉，为政清廉，毫毛不犯，夷汉歌咏，表荐无数，明帝嘉之，以为永昌太守。（光武时哀牢夷内附置永昌郡）化行夷貊，一郡大治。
章帝时，蜀郡王阜（《后汉书》作追）为益州太守，治化尤异，始兴学校，渐迁其俗。
和帝时，巴郡张翕为越巂太守，政化清平，得夷人和，在郡十七年卒。夷人爱慕，如丧父母。苏祈叟二百余人，斋牛羊送丧至翕本县安汉，起坟祭祀。安帝时杨竦平西南夷乱，帝以张翕有遗爱，拜其湍为太守。后湍颇失夷心，有欲叛者诸耆老相晓语曰，当为先府君，故遂以得安。
顺桓间，广汉冯灏为越巂守，政化尤多异迹。
灵帝时，益州诸夷叛，朝议弃之。巴郡李颙建策讨伐。乃拜颙益州太守，发板楯蛮击平之。颙卒，夷人复叛，以广汉景毅为太守讨定之。毅初到郡，米斛万钱，渐以仁恩人，未数年间，米至数十云。

目复除民罗、朴、昝、鄂、度、夕、龚七姓，不供租赋。其后巴蜀汉中每有寇乱，常资板楯力讨平之。然汉吏遇賨，多无状。东汉顺桓之世，板楯蛮数反，攻害三蜀。天子欲大出军，问益州计曹，考以方略。计曹掾程苞对曰："板楯七姓以射白虎为业。立功先汉，本为义民，复除徭役，但出賨钱口岁四十。其人勇敢善战，昔羌数入汉中郡县，破坏不绝若线。后得板楯来，虏以殄尽，号为神兵。羌人畏忌，传语种辈复勿南行。① 后建宁二年，羌复入汉，牧守遑遑，赖板楯破之。若微板楯，则蜀汉之民左衽矣。前车骑将军冯绲南征，虽授丹阳精兵，亦倚板楯。近益州之乱，朱龟以并凉劲卒讨之无功，太守李颙以板楯平之。忠功如此，本无恶心。长吏乡亭，更赋至重，仆役过于奴婢，棰楚降于囚房，至于嫁妻卖子，或自刭割，陈冤州郡，牧守不理，去阙庭遥，远不能自达，含怨呼天，叩心穷谷，愁于赋役，困于刑酷，邑域相聚，以致叛戾。非有深谋至计，僭号不轨。但选明能牧守，益其资谷，安便赏募，从其利隙，自然安集，不烦征伐也。昔中郎将尹就伐羌，扰动益部，百姓谚云：虏来尚可，尹将杀我。就征还后，羌自破退。如臣愚见，权之遣军，不如任之州郡。"汉帝从之。遣太守曹谦，宣诏降赦，一朝清戢。

程苞此对，不仅传汉代倚用賨人之信史，即数千年蜀乱之因果是非，亦如在一鉴中矣。

## 第四节　李冰与文翁

蜀在秦汉之世多贤太守，其能泽惠后世，庙食至今者，唯李冰与文翁。

李冰，不知何处人。能知天文、地理，善于治水。秦孝文王时，为蜀郡守。蜀自鳖凿玉垒，导岷江，成都无水害，平原万里，犹无灌溉之利。冰乃壅江筑堋（即都江堰，亦曰湔堰），穿郫江、检江，别支流，双过郡下，以行舟船。岷山多梓柏、大竹，颓随水流，坐致材木，功省用饶，成都富足；以余水灌溉三郡（谓蜀广汉犍为三郡），广开稻田。于是蜀沃野千里，号为陆海，旱则引水浸润，雨则杜塞水门。时人为之语曰：水旱从人，不知饥馑，时无荒年，天下谓之天府也。冰作石犀五头，以厌水精；又自湔堰上分，穿羊摩江，灌江西于玉女房②，下白沙邮；作三石人立

---

① 安帝永初二年，阴平武都羌人反汉中，杀太守，没略吏民。四年复来，太守郑廑战死。汉乃拜巴郡陈禅为太守，禅因矫诏报之，克定其乱。永初二年，羌复来，赖板楯救大破之。
② 玉女房或言即嘉定大佛崖（《蜀典》），或言在阆中县盘龙山（《益州记》），或谓在彭县（《太平寰宇记》），或谓在昭化（《述异记》）。此文据《华阳国志》，按其文义当在灌县，今俗传灌县伏龙观下有石室，即玉女房也。

水中，以为水则，与江神要水。竭不至足，盛不没肩。相传冰入水与江神斗，教其官属助杀之。① 今灌县斗鸡台下有水则，尺刻崖上，水及其九，则民喜；过则忧；没尺，则民困。旁有古刻"深淘滩，低作堰"六字，后世奉为治水法诀，相传皆冰所为也。时青衣有沫水，出蒙山下，会江南安（今嘉定），触山协溷崖，水脉漂疾，破害舟船，历代患之。

冰复发卒，凿平溷崖，通正水道，后世并蒙其福。冰又疏通文井江（即邛莱河今俗称南河）、洛水（经什邡广汉入沱）、绵水（经绵竹入沱），皆灌溉稻田，膏润稼穑。于是，蜀人称郫、繁为膏饶，绵、洛为浸沃，夸冰之功也。冰又识察水脉，穿广都盐井，凿望穿原、诸陂池。② 于是，蜀盛有养生之饶，百姓富庶，万世食其利焉。冰之子二郎，佐冰治水，蜀人称冰为"川主"，与二郎俱庙祀之，至于今。

蜀自蚕丛时，以蚕丝著闻。杜宇教民力农，至冰复兴水利尽地力，穿盐井益求裕民。于是，货殖治生之士大作，当时蜀地腹肥，住民稀有，山林竹木蔬食果食之饶，僰僮、莋马、旄牛、矿山、盐井之利，绘帛、珍奇、賨布、邛竹之货，麻长筴者居积趋时于其间，竟能富埒王侯，闻震庭辟。故乌氏倮③，贾于戎翟，至以谷量马牛。秦始皇帝以为封君，比于列臣；巴寡妇清，擅丹沙之利，富亦不訾。始皇客之，为筑女怀清台；而夜邛卓氏之先，赵人也。秦破赵，迁其民于蜀，诸迁虏，争以财献吏，求近处。葭萌卓氏则曰：吾闻汶山之下，沃野有蹲鸱，至死不饥，民工于市易贾，乃求迁远，致之临邛大喜，即铁山鼓铸运筹，策贾滇蜀民，富至僮千人，田池射猎之乐拟于人君；同邑程郑，亦山东迁虏也。以冶铸贾椎髻之民，富埒卓氏。秦始皇资蜀之富，遂并六国；汉高祖亦资蜀之富，以一天下。古史谓巴蜀，家擅盐铜之利，户有山川之材，居给人足，以富相尚。后世言富者，莫不曰巴蜀，李冰实启之也。

文翁者，庐江舒人也。少好学，通春秋，以郡县吏察举。汉景帝末年，为蜀郡守。仁爱好教化，穿湔江，灌溉繁田千七百顷。当是时世平治，民物阜康，承秦之后，学校陵夷，俗好文刻。文翁欲诱进之，乃选郡县小吏、开敏有才者张宽等十余

---

① 《水经注》引《风俗通》曰："江神岁取童女二人为妇。冰以其女与神为婚，径至神祠劝酒，酒杯恒澹澹。冰厉声以责之，因忽不见。良久有两牛斗于江岸傍。有间，冰还，流汗谓官属曰，吾斗太极，当相助也。南向腰中正白绶者我也。主簿刺杀北面者，江神遂死。"他书传此事者亦多，今灌县伏龙观、斗鸡台，俗传冰斗江神处也。《华阳国志》则谓"冰凿溷崖时水神怒，冰乃操刃入水中，与神斗"为另一事。
② 《水经注》："江水东径广都县。李冰识察水脉穿县盐井江西有望，穿原凿山渡水结诸陂池，故盛养生之饶，即南江也。"任豫益州记作望川源。
③ 乌氏倮，《史记集解》《正义》《汉书注》皆以乌氏为县，谓在安定。倮为名。《史记索隐》谓乌氏为姓氏，音支愚。按倮苗族种名也。乌氏其号，犹称白马氏、烧当羌也。《史记》所称当为其族主。其地当在巴蜀，故以与巴寡妇清同传。

人，亲自饬励，遣诣京师，受业博士或学律令；减省少府用度，买刀布、蜀物赍计吏，以遗博士。数岁，蜀生皆成就归还。文翁以为右职，用次察举，官有至郡守、刺史者；又修起学官于成都市中，是为石室讲堂。①招下县子弟，以为学官弟子，为除更徭。高者以补郡县吏，次为孝弟力田。翁每治事，常选学官童子，使在便坐习之；出行县邑，多以学官诸生从行，使传教令；出入官司县邑，吏民见而荣之，争欲为学官弟子，富人至出钱以求。由是教化大行，蜀地学于京师者，比齐鲁焉。巴汉化其教，俱有文学。至孝武帝时，嘉文翁之政，令天下郡国皆立学教官。因翁倡其教，蜀为之始也。文翁终于蜀，蜀人为之立祠堂，岁时祭祀，至今不辍。孔子谓冉有曰：为国之道，既庶加富，既富施教，可也。盖仓廪实，而知礼节；衣食足，而知荣辱；财用有余，则教化易行焉。蜀自李冰启苴富，文翁导之学，于是硕学鸿文之士蝉联而兴，或龙飞紫闼，允陟璿玑，或盘桓利居，经纶皓素。岷峨之灵标，江汉之精华，一时俱发。终汉之世，人才蔚盛，擅名八区，为世师表者，不胜次载。故汉征八士，蜀有四焉。远逮明、清，巴蜀犹以文章经术冠冕全国。文翁之遗化也。

## 第五节　司马相如

巴蜀僻在西南，距京师险远。其人既富厚，逸乐无意功名，好古乐道，恬淡自喜；虽自文翁兴学，人好读书，然大都非为干禄用，徒以文章经术为自娱之业而已。故严遵湛深，卖卜自终②；林闾博洽，隐遁莫闻③；李弘守正，不屈其志④；杨宣定

---

① 汉文翁石室遗址，在今成都南城文庙街。明末为张献忠所毁。清代即其址建锦江书院。《四川旧志》："文翁立学作石室。安帝永初间，遇火。兴平初，太守高更新，始作礼殿，以祀周公孔子，画三皇五帝七十二子及三代两汉君臣像于壁。"欧阳修《周公礼殿记》跋："右汉周公礼殿记者，今成都府学有汉时所建旧屋，柱皆正方，上狭下阔，此记在柱上刻之，灵帝初平五年立。距今盖千年矣。而字画完好可读，当时石刻在者，往往磨灭。此记托于屋楹，乃与金石争寿。亦异矣。"
② 严遵字君平，成都人也。雅性淡泊博览，无所不通。专精大易，耽于老庄，常卜筮于市。有邪恶非正之问，则依蓍龟为言利害。与人子言依于孝，与人弟言依于顺，各因势导之以善。于是，风移俗易，上下兹和；日阅人得百钱，则闭肆下簾授老庄，著指归十余万言，为道书之宗。扬雄少师之，称其德。李强为益州刺史，修礼交遵，遵见之。强服其高，而不敢屈也。年九十余，以业自终。（见《汉书》王贡两龚鲍传序及《华阳国志》）
③ 林闾，字公孺，临邛人也。善古学。古者天子有輶车之使，自汉兴以来，刘向之徒但闻其官，不详其职。唯间与严君平知之，曰此使考八方之风雅，通九州之异同，主海内之音韵，使人主居高堂知天下风俗也。扬雄闻而师之，因此作《方言》。间隐遁世，莫闻也。（《华阳国志》）
④ 李弘字仲元，成都人。少读五经，不为章句。处陋巷，淬励金石，威仪容止，邦家师之。以德行为郡功曹，一月而去。扬雄称之曰："李仲元之为人也，不屈其志，不累其身，不夷不惠可否；闲见其貌者，肃如也。观其行者，穆如也。闻其言者，愀如也。非正不言，非正不行，非正不听，吾先师之所畏。"（《华阳国志》）

策，不与国政①；相如、王褒不肯因宠而立事；扬雄、何武不肯附莽以邀爵也。惟以此故，蜀人文章术数之学专精深入，为天下最。术数因不为大雅所重，尚不大显著；文章则如司马相如、扬雄俱号汉代巨擘。兹故传其行事，盖二人文章，固已代表两汉时代之南方文学，而其性行又适为汉代蜀人性质之代表也。

马司相如者，字长卿，蜀郡成都人也。少时好读书，学击剑，慕蔺相如之为人，故名。相如善辞赋，初事孝景帝为武骑常侍，非其好也。会梁孝王来朝，从游谈之士，齐人邹阳、淮阴枚乘、吴庄忌之徒，相如见而悦之，因病免客，游梁与诸游士，居数岁。孝王薨，相如归蜀，家贫无以自业，素与临邛令王吉相善，吉招之往舍于都亭。临邛多富人，吉欲使诸富人重相如，日往朝之。富人卓王孙、程郑等相谓曰令有贵客，为具酒食召之，并召令。相如从车骑，雍容闲雅，饮于卓氏。酒酣，吉前奏琴，曰窃闻长卿好之，愿以自娱。相如为之鼓一再行。卓王孙有女文君，美艳能文，年十七，新寡居。卓氏是时窃窥相如弄琴，心悦而好之，遂夜亡奔相如。相如与驰归成都，家徒四壁立。卓王孙大怒，不分与文君一钱。于是相如与文君俱之临邛，尽卖车骑，买酒舍，乃令文君当垆，身自著犊鼻裤，与佣保杂作涤器于市中。卓王孙耻之，竟分与文君钱百万。文君乃与相如归成都，买田宅为富人。汉武帝读《子虚赋》（附后）而善之，曰朕独不得与此人同时哉。蜀人杨得意为狗监，方侍上，进曰臣邑人司马相如自言为此赋。帝惊，乃召问相如。相如有是，然此诸侯之事未足观，请为天子游猎之赋。帝令尚书给笔札，相如乃续《子虚赋》为《上林赋》，借乌有先生无是公之问难，以推天子诸侯之苑囿。其卒章归之于节俭，因以风谏奏之。天子大悦，以为郎。数岁，唐蒙略通夜郎、僰中，扰巴蜀民。帝遣相如责唐蒙等，因谕告巴蜀民以非上意。相如还报，时西夷邛莋诸国希汉赏赐，多请内附比南夷。帝问相如，相如曰邛、莋、冉、駹者，近蜀道易通，秦时常通为郡县矣。至汉兴而罢。今诚复置县，愈于南夷。帝以为然，拜相如为中郎，建节往使。副使者王然于等，驰四乘之传，因巴蜀吏币物，以赂西南夷。至蜀，太守以下郊迎，县令负弩矢先驱，蜀人以为宠。于是，卓王孙临邛诸公皆因门下，献牛酒以交驩，自以得使女尚长卿晚。相如、王然于等略定西南夷，汉之边关益斥，西至沫若水，南至牂牁为徼，通零山道，桥孙水，以通邛莋。还报天子，天子大悦。相如口吃而善著书，尝

---

① 杨宣字君纬，什邡人。通天文图纬之学，长于灾异。教授弟子以百数。成帝时，征拜谏大夫。帝无嗣，宣上封事，劝，以定陶恭王子为太子。上从之。太子即位，是为哀帝。拜官河内太守，多所称荐。平帝时，命持节为讲学大夫，与刘歆共校书，王莽居摄中卒。门生河南李吉，广汉严象、赵翘等皆大儒。（据《华阳国志》）

有消渴疾，与卓氏婚，饶于财，故其仕宦未尝肯与公卿间事，常称疾闲居，不慕官爵。晚拜孝文园令，既而病免家居。武帝闻相如病甚，曰可往悉取其书，若后失之矣。使所忠往。所忠至，而相如已死。家无遗书，问其妻，对曰长卿未尝有书也。时时著书，人又取去。渠未死时，为一卷书，曰有使来求书，奏之。其札书，言封禅事，所忠奏焉。先是武帝好神仙，相如上《大人赋》以讽谏。帝阅之飘飘有凌云气，游天地之间意。至是，帝阅封禅书，异之。相如卒五岁，帝始祭。后土八年而遂礼中岳，封泰山禅肃然矣。

相如具辞赋天才，而又精于小学。故其为赋典丽裔皇，雄浑隽雅，为古今作赋模楷，世人以为赋圣也。相如尝自论其为赋曰："合纂组以成文，列锦绣而为质，一经一纬一宫一商，赋之迹也。赋包括宇宙综览，人物乃得之，于内而不可传。"扬雄亦称之曰："长卿之赋非自人间来，神化之所至也。"又曰："如孔氏之门用赋也，则贾谊升堂，相如入室矣。"司马迁为相如作传，颇讥其无行，而亦甚称其赋，以为"虽多虚辞滥说，要其归引于节俭，与诗之风谏无异"云云。与相如同时而能赋者，尚有枚皋等。皋为文敏给，受诏则成；相如工而迟。然皋亦自言为赋不如相如。

相如文之传于今世者，于田猎，则有《子虚赋》《上林赋》；于神仙，则有《大人赋》；哀艳，则有《美人赋》《长门赋》；哀吊，则有《哀秦二世赋》；符命，则有封禅文；檄有喻巴蜀文；论难，有难蜀父老文；谏诤，有谏猎书。散见文选与史记本传，文多不俱录，兹录《子虚赋》，以其名所由显也：

楚使子虚使于齐。齐王悉发车骑与使者出田。田罢，子虚过姹乌有先生，而无是公在焉。坐定，乌有先生问曰今日田乐乎？子虚曰乐。多获乎？曰少。然则何乐？对曰仆乐王之欲夸仆以车骑之众，而仆对以云梦之事也。曰可得闻乎？

子虚曰：可。王驾车千乘，选徒万骑，田于海滨，列卒满泽，罘纲弥山，掩兔辚鹿，射麋脚麟，骛于盐浦，割鲜染轮，射中获多，矜而自功，顾谓仆曰：楚亦有平原广泽游猎之地饶乐若此者乎？楚王之猎孰与寡人乎？仆下车对曰：臣楚国之鄙人也，幸得宿卫十有余年，时从出游。游于后园，览于有无，然犹未能遍睹也，又焉足以言其外泽乎！齐王曰：虽然，略以子之所闻见而言之。

仆对曰：唯唯。臣闻楚有七泽，尝见其一，未睹其余也。臣之所见，盖特其小小者耳，名曰云梦。云梦者，方九百里，其中有山焉。其山则盘纡郁郁，隆崇嵂崒，岑崟参差，日月蔽亏；交错纠纷，上干青云；罢池陂陀，下属江河。其土则丹青赭垩，雄黄白坿，锡碧金银，众色炫耀，照烂龙鳞。其石则赤玉玫瑰，琳珉昆吾，瑊功玄厉,礝石武夫。其东则有蕙圃衡兰,芷若射干,穹穷菖蒲,江离蘪芜,诸蔗猼且。其南则有平原广泽,登降陁靡,案衍坛曼,缘以大江,限以巫山。其高燥生葴析苞荔,薛莎青薠。其埤湿(湿)则生藏莨兼葭,东蘠(蔷)彫胡,莲藕觚卢,奄闾轩于,众物居之,不可胜图。其西则有涌泉清池,激水推移,外发芙容菱华,内隐巨石白沙。其中则有神龟蛟鼍,瑇瑁鳖鼋。其北则有阴林巨树,楩柟豫章,桂椒木兰,檗离朱杨,樝梨楟栗,橘柚芬芳。其上则有鹓雏孔鸾,胜远射干。其下则有白虎玄豹,蟃蜒貙犴。

于是乃使剸诸之伦,手格此兽。楚王乃驾驯骇(骇)之驷,乘雕玉之舆,靡鱼须之橈旃,曳明月之珠旗,建干将之雄戟,左乌号之雕弓,右夏服之劲箭;阳子骖乘,纤阿为御,案节未舒,即陵狡兽,蹴蛩蛩,辚距虚,轶野马,轊騊駼,乘遗风,射游骐。倏眒凄浰,雷动焱至,星流霆击,弓不虚发,中必决眦,洞胸达掖,绝乎心系,获若雨兽,揜草蔽地。

于是楚王乃弭节徘徊,翱翔容与,览乎阴林,观壮士之暴怒,与猛兽之恐惧,徼欲受诎,殚睹众物之变态。

于是郑女曼姬,被阿緆绍,揄纻缟,杂纤罗,垂雾縠,襞积褰绉,纡徐委曲,郁桡鸡谷,衯衯裶裶,扬袘戌削,蜚纤垂髾,扶舆猗靡,翕呷萃蔡,下摩兰蕙,上拂羽盖,错翡翠之葳蕤,缪绕玉绥;眇眇忽忽,若神之仿佛。

于是乃群相獠于蕙圃,媻姗勃窣上金隄,揜翡翠,射鵔鸃,微矰出,纤缴施,弋白鹄,连驾鹅,双鸧下,玄鹤加,怠而后发,游于清池;浮文鹢,扬旌枻,张翠帷,建羽盖,纲玳瑁,钓紫贝,摐金鼓,吹鸣籁,榜人歌,声流喝,水虫骇,波鸿沸,涌泉起,奔扬会,礝石相击,琅琅磕磕,若雷霆之声,闻乎数百里外。

将息,獠者击灵鼓,起烽燧,车案行,骑就队,纚乎淫淫,般乎裔裔。于是楚王乃登阳云之台,泊乎无为,澹乎自持,勺药之和具而后御之。不若大王终日驰骋曾不下舆,朏割轮焠,自以为娱。以臣观之,齐殆不如。于是王默然无以应仆也。

乌有先生曰:是何言之过也。足下不远千里,来况齐国。王悉境内之士,备车骑之众,与众使者出田,乃欲勠力致获,以娱左右也。何名为夸哉!问楚地之有无者,愿闻大国之风烈,先生之余论也。今足下不称楚王之德厚,而盛推云梦以为高,奢言淫乐而显侈靡,窃为足下不取也。必若所言,固非楚国之美也。有而言之,是章君之恶;无而言之,是害足下之信也。彰君之恶,而伤私义,二者无一可,而先生行之,必且轻于齐而累于楚矣。且齐东陼钜海,南有琅琊,观乎成山,射乎之罘,浮渤澥,游孟诸,邪与肃慎为邻,右以汤谷为界,秋田乎青邱,彷徨乎海外,吞若云梦者八九。其于胸中曾不蒂芥。若乃俶傥瑰玮，异方殊类，珍怪鸟兽，万端鳞萃，充仞其中者，不可胜纪，禹不能名，契不能记。然在诸侯之位，不敢言游戏之乐，苑囿之大；先生又见客，是以王辞不复，何为无以应哉。

相如既殁，资中人王褒，字子渊，复以文辞显于宣帝之世。其见宠用，亦似相如在武帝时也。然褒文不似相如，当时讥为淫靡，名逊相如远甚，性行则似相如。①

## 第六节 扬 雄

扬雄字子云，成都人。先世自巴入蜀，家于郫，有田一廛，世世以农为业。雄少好学，不为章句训诂通而已，博览无所不见。为人简易佚荡，口吃不能剧谈，默而好深湛之思，清静无为，少嗜欲，不汲汲于富贵，不戚戚于贫贱，不修廉隅以徼名，当世家无儋石之储，宴如也。非圣哲之书弗好也，非其意虽富贵弗事也。初好辞赋，壮司马相如之文，作赋常拟之以为式。蜀人有杨庄者，为郎。诵雄文于成帝，帝以为似相如。大司马王音亦荐之，帝诏雄，时雄年四十余，因奏《甘泉赋》，帝悦之，除雄为郎，给事黄门。雄数以赋谏帝，多未悟，于是雄以为赋者将以风之，必推而言极丽靡之辞，闳侈钜衍，竞于使人不能加，继乃归之于正。犹骋郑卫之声，曲终而奏雅，则览者已过矣。是赋劝百讽一，又颇似俳优，非法度所存，贤人君子诗赋之正也，因辍不复为。

雄初与刘歆、王莽、董贤并为郎，历成、哀、平间，贤、莽皆为三公，权倾人主，所荐莫不拔擢，而雄三世不徙官。及莽篡位，雄以耆老，久次转为大夫而已。雄盖恬于势利，好古乐道思以文章成名于后世。初以赋莫深于《离骚》，反而广之。② 辞莫丽于相如，作四赋。③ 箴莫善于虞箴，作《州箴》。④ 史篇莫善于仓颉，作

---

① 《汉书》有《王褒传》（列传第三十四）。
② 《汉书·扬雄传》："屈原文过相如，至不容。作离骚，自投江而死。悲其文，读之未尝不流涕也。以为君子得时，则大行；不得时，则龙蛇。（注：易曰龙蛇之蛰，以存身也）遇不遇，命也。何必湛身哉。乃作书，往往摭离骚文而反之，自岷山投诸江，以吊屈原，名曰反离骚。"盖引雄自序语也。
③ 四赋，谓《甘泉赋》《河东赋》《羽猎赋》《长杨赋》也。俱详《汉书》本传。
④ 《州箴》《汉书》注："晋灼曰九州之箴也。"今不传。惟《蜀典》载雄益州箴文云："岩岩岷山，古曰梁州，华阳西极，黑水南流。秦作无道，三方溃叛，谊兵诛暴，遂国于汉。拓开疆宇，恢梁之野，列为十二，光羡虞夏；牧臣司梁，是职是图，经营盛衰，敢告士夫。"

《训纂》。① 典莫正于《尔雅》，作《方言》。既而以为彫虫篆刻，壮夫不为②，乃作《太玄》，以拟《易》。作《法言》，以拟《论语》。时人皆忽之，唯刘歆、范逡敬焉，而桓谭以为绝伦。王莽既以符命自立，即位后，欲绝其原，以神前事，而甄丰子寻刘歆子棻，复献之。莽诛丰父子，投棻四裔，辞所连及便收不请。时雄校书天禄阁，上治狱使者来，欲收雄。雄恐受辱，乃从阁上自投下，未死。莽闻之曰：雄素不与事，何故在此，间请问其故，乃棻尝从雄学作奇字。雄不知情，有诏勿问。雄以病免，家贫，素嗜酒，人稀至其门。时有好事者，载酒肴从游学，而钜鹿侯芭常从雄居，受其太玄法言。雄年七十一卒③，芭为起坟，丧之三年。雄子神童乌，七岁预玄文，年九岁卒，故雄无子。

初，雄草《太玄》，或嘲其官之拓落，以为玄尚白。雄作文解之曰：解嘲有曰："吾闻之炎炎者灭，隆隆者绝，观雷观火，为盈为实，天收其声，地藏其热，高明之家，鬼瞰其室，攫拿者亡，默默者存；位极者宗危，自守者身全。是故知玄知默守道之极，爱清爱静，游神之廷，惟寂惟寞，守德之宅，世异事变，人道不殊；彼我易时，未知何如。今子乃以鸱鸮而笑凤凰，执蝘蜒而嘲龟龙，不亦病乎！"太玄既成，刘歆观之，谓雄曰："空自苦今学者，有禄利。然尚不能明易，又如玄何。吾恐后人用覆酱瓿也。"雄笑而不应，因托为客难，作解难。

雄既死，王邑、严尤等谓桓谭曰："子尝称，扬雄书岂能传于后世乎？"谭曰："必传。顾君与谭不及见也。凡人贱近而贵远，亲见扬子云禄位容貌不能动人，故轻其书。昔老聃著虚无之言两篇。薄仁义，非礼学，然后世好之者，尚以为过于五经。自汉文景之君及司马迁，皆有是言。今扬子之书，文义至深，而论不诡于圣人，若使遭遇时君，更阅贤知，为所称善，则必度越诸子矣。"及雄殁后四十余年，而《法言》大行。又数十年，而《太玄》显。后世大儒，自张衡以下，注《太玄》《法言》

---

① 《训纂》，今不传。《汉书·艺文志》曰："史籀篇者，周时史官教学童书也。与孔氏壁中古文异体。仓颉七章者，秦丞相李斯所作也。爰历六章者，车府令赵高所作也。博学七章者，太史令胡母敬所作也。文字多取史籀篇，而篆体复颇异，所谓秦篆者也。是时始建隶书矣。起于官狱多事，苟趋省异，施之于徒隶也。汉兴，闾里书师合仓颉、爰历、博学三篇，断六十字以为一章，凡五十五章，并为仓颉篇。武帝时，司马相如作凡将篇，无复字。元帝时，黄门令史游作急就篇。成帝时，将作大匠李长元尚篇，皆仓颉中正字也。凡将则颇有出矣。至元始中，征天下通小学者以百数，各令记字于庭中。扬雄取其有用者，以作训纂，顺续仓颉；又易仓颉中重复之字凡八十九，章臣复续扬作十三章，凡一百三章无复字。六艺群书所载略备矣。"
② 《法言》吾子篇云："或问吾子，少而好赋。曰然。童子雕虫篆刻。俄而曰壮夫不为也。"
③ 《汉书·扬雄传》谓雄年七十一，天凤五年卒。明范涞《新修杨子云草玄堂记》辨之曰："考子云赴京见成帝，年则已十余矣。自成帝建始改元岁乙丑，至莽篡位建国元年己巳，相去已四十一年。建国至天凤五年戊寅，又十四年。子云近百岁。与七十一之数，何其牴牾也。……"再考《桓谭新语》："雄作甘泉赋一首，梦肠出收而内之。明日遂卒。祠甘泉。在成帝永始四年戊申，去莽篡位远。即未必卒于永始，断亦不出于平帝末年。盖其岁正与七十余者合也。"江宁焦竑，亦有如此辨语。

者数十家，称雄圣人。① 韩文公愈，唐代大儒也，以扬子与孟荀并称，评之曰："孟子，醇乎醇者也。荀与扬，大醇而小疵。"宋儒司马温公光，以为不然，曰："扬子之生，最后监于二子，而折衷于圣人，潜心以求道之极致，至于白首，然后著书。故其所得为多，后之立言者莫能加也。虽未能无小疵，然其所潜最深矣。恐文公所云，亦未可以为定论也。"光又自论其读玄曰："初则溟涬漫溾，略不可入。乃研精易虑，屏人事而读之。数十过，参以首尾，稍得窥其梗概；然后喟然置书，叹曰：呜呼！扬子直大儒者耶！孔子既没，知圣人之道，非扬子而谁！孟与荀殆不足拟，况其余乎。"（读玄）后人之推崇扬子，盖如此也。

雄性恬淡，贞洁抱道，自高不谐于俗时，以是人多恶之，常致诽毁，故累甄寻之狱。既白京师，犹为之语曰："惟寂寞自投阁，爰清静作符命。"雄卒后，人犹多诋毁之。或讥以为非圣人而作经，犹春秋吴楚之君僭号称王。盖诛绝之罪也。怨家或为之益《法言》曰："自周公以来，未有如汉公之懿也。"②《通鉴纲目》书其为"莽大夫卒"，以致贬，或又假其名为《剧秦美新》之颂。③ 后儒不察，遂以事莽薄之。细考雄传，与他传皆无阿莽之迹，故为白之。盖雄之受莽大夫也，以一官为传舍，遂其著书之志而已。其心目中唯有圣人之道，汉欤、新欤、刘欤、王欤皆非所置意也。

---

① 《华阳国志》："其玄渊源懿后世，大儒张衡、崔子玉、宋仲子、王子雍皆为注解。吴郡陆公纪，尤善于玄，称雄圣人。"抱朴子亦方雄为圣人。见文选注。唐宋以来注玄与法言者，又十余家。司马温公亦以雄比圣人云。
② 《太平御览》："扬子恬淡寡营，以卖文自赡，文不虚美，人多恶之。及卒，怨家取法言援笔，益之曰自周公以来未有如安汉公之懿也。勤劳则过于阿衡云云。缮写多行于世，至今无有白其心迹者。"法言卷中无涉莽之文字，其重黎篇，品藻仲尼以来国君将相卿士名臣，亦不及至成哀半三世之人。独于《孝至篇》终卷有，有此数语。当时无印刷术，书籍概出抄写，谓他人益之，殊觉可信。又《论衡》谓："扬子作法言，蜀富人赍钱十万，愿载于书，子云不听。"夫雄不肯受人十万，而妄载一名。讵肯以此数语玷全书乎。
③ 《汉书·扬雄传》及《王莽传》，皆不言有剧秦美新文，独《文选》载之。孙月峰评，以为首段眭径太显浅，类近代人语。又谓："全篇模拟封禅文，更加铺张，尽为宏丽，第机格显浅间有率处弱处，读之不甚有深味。"疑子云文不至于有此疵点。范涞《草玄堂记》曰："莽篡逆时，诸文学以符命获封爵者甚众。即位之后，欲绝其原，以神前事。而丰子寻、歆子棻，复有所献。莽遂诛寻棻，投四裔。子云固同官于莽，而素不附者也。若先时，乘其大逆而倾身以殉，则可骤贵，加封爵之荣；若后时，复美新触其厌讳，则莽必借之洩怒，以示天下，而有棻寻之戮。两者子云无一焉。"清宁都魏礼引证各书，谓《剧秦美新》乃刘棻所作。明焦竑又谓："雄与谷永同字。子云《剧秦美新》乃永文。非雄文也。"查班固典引有"相如封禅，靡而不典。扬雄美新，典而无实"二语。然《汉书》自序不载，仅《后汉书》及《文选》载之，皆齐梁人书。齐梁人好窃古人名以为文，如"李陵答苏武书"，其最著者也，《文选》亦载之。则美新与典引，恐皆不免为后人所伪托。总之非出雄手无疑也。

王莽时，梓潼人哀章，以符命事莽①，由布衣一跃而列四辅。然巴蜀人无因章附莽者，且皆不齿章。雄同邑大司空汜乡侯何武，新繁大中大夫章明，中郎侯刚，皆以不附莽见杀②，并传其名于此。夫依世则损名，违俗则危身，此古人所以难于受爵也。

## 第七节　公孙述据蜀

公孙述，字子阳。王莽时，为导江卒正③，治临邛。王莽政乱，豪杰蜂起。更始刘圣公在南阳，蜀欲应之。会南阳宗成略汉中，商人王岑先起兵雒县（属广汉郡）应成，众合数万。述迎宗等入成都，其兵掳掠横暴。述召县中豪杰，谓曰：此寇盗非义兵也。乃率吏民讨成，大破之。遂据成都。仍奉更始。其后，更始将李宝、张忠徇蜀汉。述恃地险众附，有自立志，遣弟恢击宝忠于绵竹，大破走之。于是威震益部，自立为蜀王。及王莽诛死，光武即位河北，述亦称帝，国号大成，建元龙兴，色尚白。时蜀土清宴，财用饶足，中原豪杰吕鲔、延岑、田戎等，多拥众归述④。述乃称引图纬，移书中国，以为五德之运黄承赤而白，继黄金据西方为白，德公孙应代王氏，得其正序一姓，不再受命，冀以惑众。光武方事东方，置蜀度外，但移书辩驳之，仍署公孙皇帝也。平陵人荆邯，为述骑都尉，见东土渐平，汉兵且西向，说述宜即天下之望未绝，豪杰尚可招诱，急发国内精兵，令田戎据江陵，招其故众，

---

① 哀章，广汉梓潼县人。学问长安，素无行，好为大言。见莽居摄，即作铜匮为两检，署其一曰天帝行玺金匮图；其一署曰赤帝行尔邦传予黄帝金策书。书言王莽为真天子，图书皆告莽大臣八人，又取令名王兴王盛，并自窜姓名凡十一人，皆署官爵为辅佐。闻齐井石牛事下，即日昏时衣黄衣，持匮至高庙以付仆射。仆射以闻莽，因是即真天子位，国号新，按金匮辅臣丕封拜，以王舜为太师，安新公平晏为太傅，就新公刘歆为国师，嘉新公哀章为国将，美新公。是为四辅。次甄邯王寻王邑为三公，求得城门令史王兴、卖饼者王盛，与甄丰孙建为四将。及莽败死，章自洛阳降，更始传诣宛斩之。(详《汉书·王莽传》)

② 何武，字君公。初以对策，甲科为郎，屡迁至大司空，封汜乡侯。为人忠厚正直，推贤进士，有知人名。哀帝时转御史大夫，前将军。王莽罢黜时，尝从武求举太常。武以莽奸人之雄，不许。哀帝崩，元后即日引莽入，收大司马董贤印绶，诏举大司马丞相孔光等，逼王氏皆举莽。武与左将军公孙录善，谓录曰：莽五父世朝，权倾人主，必危刘氏。乃举禄都，亦学武。元后竟用莽，为大司马。莽讽有司，劾奏武禄，互举皆免。平帝元始三年，莽因吕览、吴章事诛除不附己者，槛车征武。武自杀。莽欲厌众心，追谥侯，以其子况嗣为侯。武弟兄五人皆知名。(《汉书》有传)

章明，字公孺。仕汉为太中大夫。莽篡位日自杀。(见《华阳国志》)

侯刚，字直孟。仕汉为郎，见莽篡位，佯狂负木斗，守阙号哭。莽使人问之，对曰汉祚无穷，吾宁死之，不忍仕非主也。莽杀之。

③ 王莽篡位，更易官名，改郡守曰卒正，改蜀郡为导江郡，治临邛。

④ 《后汉书·述本传》："自更始败后，光武方事山东，未遑西伐。关中豪杰吕鲔等，往往拥众数万，莫知所属，多往归述。"又云："五年，延岑田戎为汉兵所败，皆亡入蜀。岑字叔牙，南阳人，始起据汉中，又拥兵关西。关西所在破散，走至南阳，略有数县。戎汝南人，初起兵夷陵，转寇郡县。众数万人。"延岑，《华阳国志》作延牙，谓为述之妹婿。

传檄吴楚，延岑出汉中，定三辅，以争天下。述欲从邯言，蜀人及其弟光固，固争之，乃止。初述为政严刻，民不为非，国颇治。其后偏任宗亲，分封子弟，淫侈过度，又置铁钱官①，民始怨矣。

先是隗嚣据天水，数郡未知所属，遣马援使述以观之。援归谓嚣曰：子阳井底蛙耳，而妄自尊大，不如专意东方，嚣遂降于光武。②建武七年，嚣背汉降述。述封为王，遣将李育等助嚣。田戎出江关，以扰汉。八年，隗嚣败亡，其将王元以众归述。光武既得陇望蜀③，令来歙军南趋蜀汉。述使王元拒之于河池（今徽县）。建武十一年，汉将岑彭破田戎于荆门，戎退保江洲（今重庆），彭军遂入蜀，令军中无得掳掠，所过百姓皆奉牛酒迎劳。彭见诸耆老为言，大汉哀愍巴蜀，久见奴役，故兴师吊民除害，辞其牛酒，百姓皆大喜悦，争开门降。彭遂长驱入涪水，述遣延岑拒之于广汉。彭留臧宫与岑相持，自分兵浮江下江州，兼行二千余里至武阳（今彭山地）。绕出岑军后，述大惊，遣刺客刺杀岑彭。时王元军亦为来歙所破，述又遣刺客杀歙于武都。光武遣吴汉复由江道征述，又遣臧宫从斜谷道入汉，连战辄胜，长驱直逼成都。延岑自广汉还，教述散财物，募死士，出奇兵，大破汉军。适臧宫军至，复围成都。述视占书曰虏死城下，谓汉等当之，乃自将攻汉。兵败被刺，堕马死。吏民开城降，汉乃夷述妻子，尽灭公孙氏。纵兵大焚掠，多所残害，时建武十二年也。

建武十八年，刺史郡守抚恤失和，蜀郡史歆怨汉军之残掠也，拥郡自保；巴郡宕渠杨伟、朐忍徐容等各起兵以应歆。光武以天下初平，民未忘兵，而歆唱之事宜必克。复遣吴汉击平之，汉诛伟容等，徙其党数百户于长沙，多行诛戮。光武消谴汉，汉惶恐陈谢，蜀土乃安。④

---

① 述废铜钱，置铁钱。官百姓货卖不行。蜀中童谣曰：黄牛白腹，五铢当复。好事者窃言，王莽称黄，述自号白，五铢汉钱，言汉当复也。
② 《马援传》："援素与述同里闬，相善。以为既至，当握手欢如平生，而述盛陈陛卫以延援入，交拜礼毕，使出就馆，更为援制都布单衣，交让冠，会百官于宗庙中，立旧交之位。述鸾旗旄骑警跸，就车磬折而入礼，飨官属甚盛，欲授援以封侯大将军位。宾客皆乐留держ，晓之曰天下雌雄未定，公孙不吐哺，走迎国士，与图成败，反修饰边幅如偶人形，此子何足久稽天下士乎！因辞归。"
③ 《后汉书·岑彭传》："围隗嚣于西城。时公孙述遣将李育，将兵救嚣，守上邽。帝留盖延耿弇围之，而车驾东归。敕彭书曰：两城若下，便可将兵南击蜀虏，人苦不知，足既平陇，复望蜀。每一发兵头须为白。"其后彭还荆州，拒田戎来歙下陇，遂伐蜀。
④ 《后汉书·述传》，谓吴汉平述，入成都纵兵焚掠。帝闻之谴汉，又让汉副将刘尚曰："城降三日，吏人从服，孩儿老母口以万数，一旦放兵纵火，闻之可为酸鼻。"《吴汉传》谓："蜀郡守将史歆反汉，发广汉巴蜀三郡兵，围成都百余日。城破，诛歆。乃浮江下巴郡。杨伟徐容等惶恐解散。"不言残杀受让，颇与《华阳国志》异。兹从《华阳国志》。

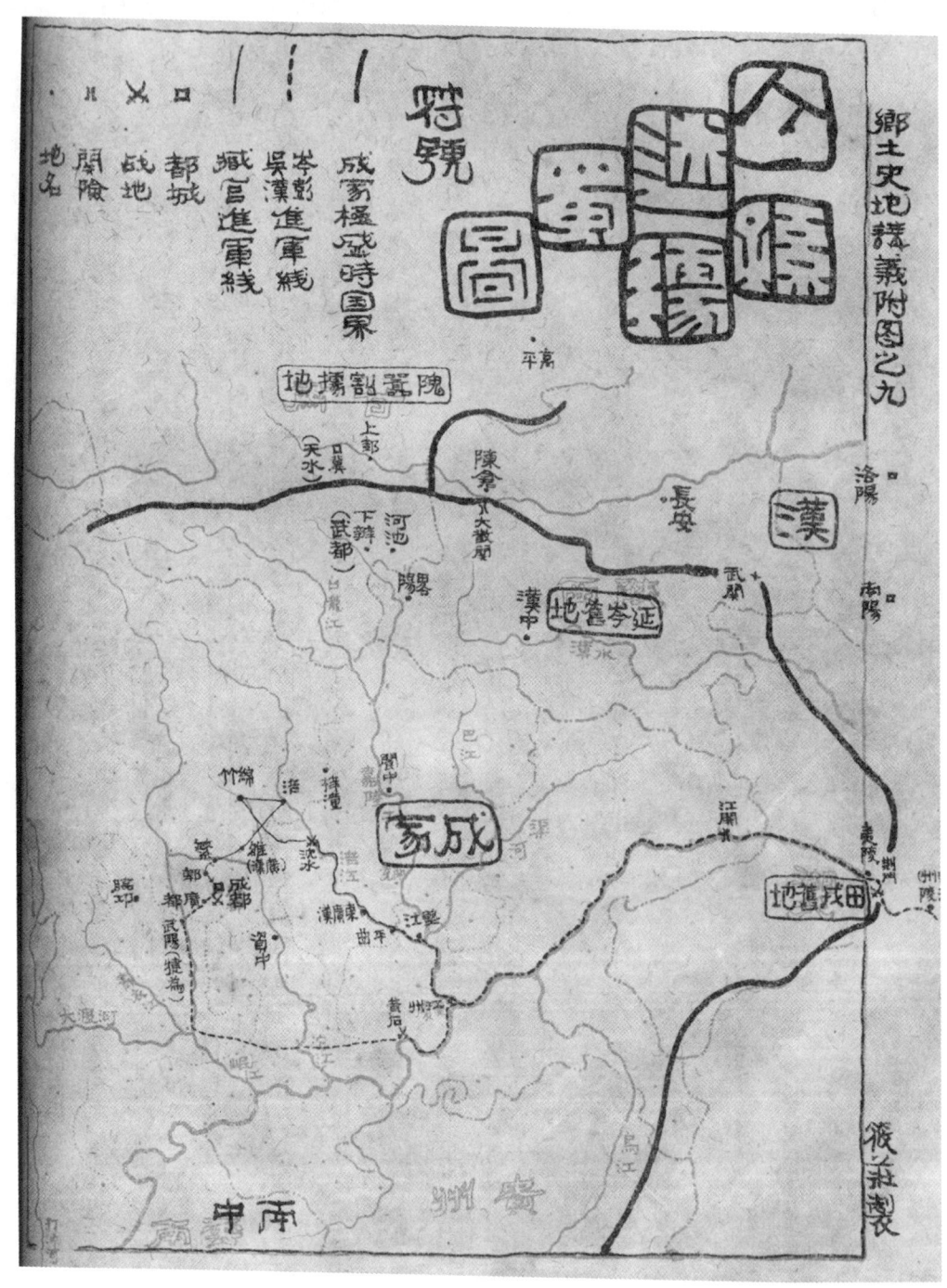

《乡土史地讲义》附图第九幅

初，阆中谯玄、梓潼李业皆以明经仕于汉。王莽居摄时，先后逃归，隐遁乡里。及公孙述称帝，连征聘之，皆不诣。述羞不能致二子，乃使人持毒酒奉诏命以劫之，曰：若起，受公侯位；不起，饮此药。业遂饮药死；玄受药，其子泣血请以家钱千万赎父死，太守为请于述，得免，玄竟不仕。蜀郡王皓、王嘉亦于莽篡位时弃官西归。述称帝，遣使征之，恐不至，先系其妻子。皓嘉皆对使者自刎，犍为费贻，惧为述征，漆身为厉，佯狂以避之。述破后，始出仕。又，是时犍为任永、广汉冯信，并好学博古，述征以高位，皆托青盲以避。业妻泣于前，匿情无言见子，入井，忍而不救。梓潼文齐保郡自守，不受述命。犍为功曹朱遵，起军拒述败死，不悔。述臣常少李隆，劝述降汉。述不从，被幽，皆发愤病死。① 蜀人之厌恶僭乱如此，此述之所以速亡也。光武既平蜀，表李业二王之闾，还谯家钱，为朱遵立祠，封文齐列侯，征聘费贻任永冯信，迁葬常少李隆，以尊显忠义，奖励气节，责谴吴汉。刘尚安绥众庶，于是西土悦服，终汉之世，蜀无悖逆之乱，而多忠贞之士矣。

## 第八节 后汉术数之学与刘二牧

巴蜀当后汉之世，多能吏与大儒②，文学不甚著③，而术数之学乃大盛。盖自汉武帝好方术，王莽、公孙述皆矫用符命，光武中兴尤好谶言，士之赴趣时宜著皆驰骋穿凿抵掌谈之。桓谭、尹敏以乖忤沦败，郑兴、贾逵以附同显用。于是天下争尚奇文，贵异数，推究图纬、占候之术矣。而蜀人更以富厚畏祸，遭彼世乱，皆欲资术数以自免，故能精研而深究之，得其奥要。不仅如刘菜疆华之徒，引附图纬，诡俗欺世而已。是故，巴郡有洛下闳、任文公，其后有周群父子；广汉则景鸾、段翳折像翟酺杨氏父子任安董扶；蜀郡则杨由张裕杜琼皆有雅才伟德，而能极数知变者也。附诸人小传于次：

洛下闳，巴郡阆中人，明晓天文历数。汉武帝征拜待诏太史，定浑天仪，改颛顼历为太初历，迁侍中不受。（《汉书·律历志》）

---

① 谯玄费贻事，详《后汉书·谯玄传》。李业、二王、任永、冯信事，俱见李业传。文齐事见《西南夷传》，朱遵常少李隆事详《华阳国志·先贤志》，李隆《后汉书》作张隆。
② 能吏如王涣、王堂、陈禅、张禽、张纲、冯绲、张霸、王阜等，大儒如杨终、杨厚、任末、景鸾、任安、董钧等，《后汉书》皆有传，诸儒仍多通术数。
③ 后汉时，蜀人之以文学称者，仅李尤、李胜二人。尤字伯仁，广汉雒人也。少以文章显。和帝时，侍中贾逵荐尤有相如、扬雄之风，召诣东观作赋，拜兰台令史。安帝时，为谏大夫，受诏与刘珍等俱撰《汉记》。年八十三卒。所著诗赋铭诔颂七叹哀典凡二十八篇。《后汉书》文苑有传。胜与尤同郡，为东观郎，著诗诔颂论数十篇，附见尤传。

任文公，阆中人，父文孙，明晓天官风星秘要。文公少修父术，哀帝时为益州治中从事。时大旱，白刺史曰五月一日当有大水，宜令吏人预为备，刺史不听。文公独储大舶，至其日，旱烈刺史笑之。日将中，大雨，湔水涌起十余丈，突壤芦舍，所害数千人，文公家独免，遂以占术驰名。王莽篡后，文公推数，知当大乱，乃课家人负物百斤，环舍趋走，日数十回，时人莫知其故。后兵寇并起，逃亡者少能自脱，唯文公大小负粮捷步，悉得完免。公孙述时死，自知死日。益部为之语曰任文公，智无双。（详《后汉书·方技传》）

周群，字仲直，阆中人。父舒，字叔布。少学术于广汉杨厚，名亚董扶，住安数被征皆不诣。群受舒学，专心候业，于庭中作小楼，令奴更值楼上，视天灾，才一气即曰群，群自上楼视之不避晨夜。故凡有气候，无不见之，是以所言多中。（详《三国志》本传）

景鸾，字汉伯，广汉梓潼人。少随师学经，涉七州之地，能理齐诗、施氏易，兼受河洛图纬、风角杂书、占验之术，皆有著述，隐居寿终。（详《后汉书·儒林传》）

段翳，字元章，广汉新都人。习易经，明风角，有就其学者，虽未至必预知其姓名，隐终。（《后汉书·方术传》）

折像，字伯式，广汉雒人。有赀财，通京氏易，好黄老言，感多财厚亡之义，散金帛资产，周施亲疏，曰今世将衰，子又不才，不仁而富，谓之不幸。年八十四自知亡日。终时家无余资。诸子衰劣，如其言。（《后汉书·方术传》）

翟酺，字子超，雒县人。四世传诗，酺好老子，尤善图纬天文历算。安帝时拜尚书。屡因灾异多所匡正以失权贵意，免卒于家。（《后汉书》有传）

杨统，字仲通，新都人。世修儒学，父名春卿，善图纬学。统修父业，又从同郡郑伯山，受河洛书及天文推步之术。建始中，为彭城令。一州大旱，统推阴阳，消伏县界，蒙泽太守使为郡求雨，亦即降澍。自是朝廷灾异，多以访之。作家法章句及内谶二卷解说。位至光禄大夫，年九十卒。其子杨厚，字仲桓。少学统业，精力思述。安帝时，洛阳大水，召问统，统以属厚。厚预刻水退日期，有验。除中郎，后以忤邓太后旨，免归。复就犍为周循，学习先法，不应州郡三公之命。顺帝时，特旨征聘为议郎，迁侍中。每预上灾祥，无不奇验。梁冀专政时，称病引退，修黄老，教授门生，从学者三千余人。屡征不就，年八十二卒，门人为之立祠。（详见《后汉书·杨厚传》）

任安，字定祖，广汉绵竹人。少游太学，受孟氏易，兼通数经文，从杨厚学图

谶，究极其术，不仕，居家教授诸生。自远而五，年七十九建安九年卒。（详见《后汉书·儒林传》）

董扶，字茂安，绵竹人。善欧阳尚书，兼通数经。又事杨厚，究极图谶。居家讲授，弟子自远而至。前后十辟三征，再举贤良方正博士。有道皆称疾不就，灵帝时特旨征拜侍中，甚见器重。从刘焉归蜀，年八十二卒。诸葛亮尝问扶与任安于广汉。秦密密曰董扶褒秋毫之善，贬纤芥之恶；任安记人之善，忘人之过。（《后汉书·方术传》）

杨由，字哀侯，蜀郡成都人。少习易，并七政、元气、风云占候。言多奇验。著书十余篇，名曰其平。终于家。（《后汉书·方术传》）

张裕，蜀郡人。晓占候及相术。与周群同时。（附见《三国志》周群传）

杜琼，字伯瑜，成都人。少学于任安，精究安术。年八十余卒。不教诸子内学，无传其学者。（详《三国志》本传）

汉灵帝时，政治衰乱。宗室太常刘焉（江夏竟陵人，字君郎）建言，刺史太守货赂为官，割禄百姓，以致离叛，可选清名重臣，以为牧伯，镇安方夏。因内求交州牧，以避世难嗣闻。董扶言京师将乱，益州分野，有天子气。焉心动，更求益州。会益州刺史郤俭，赋敛烦扰，流言远闻，并凉二州亦皆有乱焉，议得行，以焉为阳城侯，领益州牧。时黄巾贼凉州，马相等自绵竹聚疲疫之民数万，攻陷蜀广汉犍为三郡，称天子。道路不通。焉住荆州东界，其后州从事蜀郡贾龙等自犍为率吏民攻，相破灭之，遣吏迎焉。焉徙治绵竹，抚纳叛离，务行宽惠，阴图异计。时中国大乱，南阳三辅民数万家避地入蜀，焉恣饶之，引为党羽，号东州士。遣张鲁袭汉中，断北道，枉诛巴郡大姓王咸李权等十余人，以立威刑。犍为太守蜀郡任岐及贾龙由此反，攻焉。东州士多为焉致力，遂克岐龙。于是焉意渐盛，乃造乘舆车，服僭拟至尊。

焉四子，范、诞、璋皆从献帝在长安，惟瑁从焉。闻相者言，陈留吴懿妹当大贵，为瑁聘之。（后归先主，是为吴后）其后范诞与马胜通谋，袭长安，谋泄被诛。惟璋请省在蜀，时焉被天火烧城，车乘荡尽，徙治成都。既痛二子，又感妖灾，兴平元年疽发背卒。州大吏巴郡赵韪等，利璋温仁，共表璋代父。时京师大乱，不能更遣刺史，因除璋监军使者，领益州牧。

璋袭位，宽柔无威略。东州士骄纵，侵暴旧民。赵韪素得人心，因民怨起兵击璋，三郡皆响应。东州人畏祸，死力助璋攻韪，破于江州。是时汉中张鲁①，骄恣不承顺，巴人多叛诣鲁。璋怒杀鲁母弟，鲁遂据汉中，与璋为仇，俱通贡献于曹操。初扶风法正、蜀郡张松，皆恃才怨璋相善。松尝使操，不见礼归，因劝璋绝操而结刘备。举正使荆州，正还为松说备有雄略，密谋奉戴为州主。会曹操破马超、韩遂于凉州，传言操兵且南向，松因说璋迎备讨鲁，以备北军，璋然之，复遣正迎备。备自将步骑数万西上，自巴水达涪。璋就与会，欢饮百余日，厚加资给，使击张鲁。

次年，松谋泄被杀，备遂自葭萌还兵袭璋。广汉郑度说璋，驱巴西梓潼民内涪川以南，烧除仓廪，野谷深沟高垒，以困备。璋谓群下曰："吾闻拒敌以安民，未闻动民以避敌。"绌度不用。遣军拒备，皆破败，诸将多降备。诸葛亮、张飞、赵云等更以荆州兵西上，助备合围成都。时城中有精兵三万，谷支二年，众咸欲力战。璋曰："父子在州二十余年，无恩德以加百姓。攻战三年，肌膏草野，以璋故也，何以能安？"遂降于备。吏民莫不嘘唏涕泣。备入成都，还其财物，迁之南郡公安。时献帝建安十九年也。自灵帝中平五年刘焉为州牧，至是凡二十七年。

## 第九节　蜀汉始末

刘备，字玄德，涿郡涿县人，汉景帝子中山靖王胜之裔也。姿表雄伟，有大度，喜怒不形于色；好交结豪侠少年。灵帝末起义兵，从人讨黄巾起家。历官豫州刺史、徐州牧、左将军、宜城亭侯，数据徐州皆不能有。后依荆州刘表，表使屯新野。时琅琊诸葛亮寓居襄阳隆中，颍川徐庶言于备曰：诸葛孔明卧龙也。将军宜枉顾之。备由是诣亮，凡三往乃见。因屏人曰："汉室倾颓，奸臣窃命。孤不度德量力，欲信大义于天下，而智术浅短，遂用猖獗至于今日。然志犹未已。君谓计将安出？"亮答曰："自董卓以来，豪杰并起，跨州连郡者，不可胜数。曹操比于袁绍，则名微而众寡，然操遂能克绍，以弱为强者，非惟天时，抑亦人谋也。今操已拥百万之众，挟天子以令诸侯，此诚不可与争锋；孙权据有江东，已历三世，国险而民附，贤能为之用，此可与为援，而不可图也。荆州北据汉沔，利尽南海，东连吴会，西通巴蜀，此用武之国，而其主不能守此，殆天所以资将军。将军岂有意乎？益州险塞，沃野千里，天府之土。高祖因之，以成帝业。刘璋暗弱，张鲁在北。民殷国富，而不知存

---

① 张鲁者，张陵之孙。陵沛国丰人，客蜀学道鹤鸣山中，造作道书，以惑百姓。受道者出五斗米，时号米贼，后世以为道教之祖。陵死，子衡行其道。衡死，鲁复行之。鲁母有少容，往来焉家，故焉任鲁为督义司马，使表汉中，鲁遂据之。垂三十年，后降曹操。

古钱传单

奉天锦东县关古泉堂收买

庚申季秋印刷

古钱传单

《四川史地讲义》附图第十幅

恤。智能之士，思得明君。将军既帝室之胄，信义著于四海，总揽英雄，思贤如渴。若跨有荆益，保其岩阻，西和诸戎，南抚夷越，外结好孙权，内修政理。天下有变，则命一上将将荆州之兵以向宛洛，将军身率益州之众以出秦川，百姓孰敢不箪食壶浆以迎将军者乎。诚如是，则霸业可成，汉室可兴矣。"备大悦，恨得孔明晚。

建安十二年，曹操征刘表。会表死，表子琮举州降操，备奔夏口，连孙权，大破操军于赤壁，备遂据荆州诸郡。建安十六年，刘璋遣使迎备讨张鲁。十七年，备自葭萌还军，袭取益州。十九年，璋出降，备入成都。时蜀中殷盛丰乐。备置酒大飨士卒，取城中金银分赐将士，还其谷帛。于是，以诸葛亮为股肱，法正为谋主，关羽、张飞、马超为爪牙，许靖、糜竺、简雍为宾友。董和、黄权、李严，本璋所授用也；吴懿、费观，璋之姻亲也；彭羕，璋所排摈也；刘巴，宿所忌恨也，皆处之显任，尽其器能，有志之士无不竞劝。

建安二十年，曹操入汉中，降张鲁。留夏侯渊、张郃戍之而还。备争汉中。二十四年，克之。自立为汉中王，还成都。同时，使关羽自荆州取襄阳。吴人自后袭羽，羽败死。遂失荆州。二十五年，曹丕篡汉。备群下竞劝备称帝尊号，绍汉统，遂即帝位，是为先主昭烈皇帝。帝耻关羽之没，自将击吴，败于猇亭（宜都县西），退保白帝城。惭恚发病，托子禅于诸葛亮，曰：君才十倍曹丕，必能安国，终定大事。若嗣子可辅，辅之；如其不才，君可自取。又敕禅曰：汝与丞相从事，事之如父。遂崩于永安宫（即白帝城）。亮奉丧还成都，葬惠陵（今武侯祠内）。

刘禅立，是为后主。封亮武乡侯，开府领益州牧，事无巨细，咸决于亮。亮乃约官职，修法度，从权制，尽忠益，开诚心，布公道，抚百姓，示仪轨。时者虽仇必赏。犯法怠慢者，虽亲必罚。服罪输情者，虽重必释。游辞巧饰者，虽轻必戮。善无微而不赏。恶无织而不贬。庶事精练，物理其本，循名责实，虚伪不齿，邦域之内咸畏而爱之；刑虽峻而无怨者。以其用心平，而劝诫明也。于是，外连孙吴，内整戎旅，修复器械，究极工巧，科条严明，信赏必罚。至于吏不容奸，人怀自厉，道不拾遗，强不侵弱，风化肃然，邻国畏之。时南中蛮雍闿等叛，亮将北伐，乃先南征，五月渡泸，深入不毛，悉平南中。资其所出，国益富饶。然后治戎讲武，大举伐魏。屡克天水、南安、安定、武都、阴平诸郡，皆以粮运不继，兵还不能守。亮造木牛流马运输，仍不能给。后主建兴十二年，亮乃分兵屯田五丈原（陕西郿县西），为久驻计。耕者杂于渭滨居民之间，而百姓安堵，军无私焉。时魏遣司马懿拒亮。亮数挑战，懿不敢出，相持百余日，亮病死。年五十四。遗令葬定军山。长史杨仪等引军还。

诸葛亮卒，蒋琬、费祎、董允相继当国，承亮成规，循守不易。政事修明，上下和辑。蜀人以诸葛亮与三人为四相，亦称四英。允卒，吕代为尚书令，陈祗为待中。吕死，祗兼尚书令，与宦人黄皓相表里。皓始预政事，窃弄威权，至于覆国。先是，卫将军姜维，自负才兼文武，加练西方风俗，欲诱羌胡为羽翼，谓自陇以西可断而有。每欲大举。大将军费祎常裁制，不从。及祎死，维为大将军，得行其志，屡出师伐魏，皆无功还，蜀人罢怨。维尝请诛黄皓，后主不听。维惧，出屯沓中（松潘东北），以避皓。

后主炎兴元年，魏司马昭分遣诸军，五道伐蜀。邓艾自狄道趋沓中，以缀姜维；诸葛绪自祁山趋武街（甘肃成县），绝维归路；钟会督大军分自斜谷、骆谷、子午谷趋汉中。维自沓中还阴平，闻会已破关头（阳平关），退守剑阁以拒会。会不能克。邓艾自阴平行无人地七百余里，凿山通道，造作桥阁，或以毡自裹推转而下，将士皆攀木缘崖以进。破诸葛瞻于绵竹，遂至成都。后主出降。刘氏凡得蜀五十年，称尊号四十二年。

邓艾既受降，深自矜伐，辄依邓禹故事，承制拜汉帝以下官以书，言于司马昭，请留陇右及蜀兵煮盐、兴冶并作舟船，因平蜀之势以乘吴。司马昭不悦。时姜维及诸郡县围守，得后主敕皆放仗诣钟会降。钟会有异志，姜维知之，欲构成扰乱，以图恢复。说会锄艾据蜀。会乃密白艾反状于昭。昭以槛车征艾。会入成都，遂决计谋反。适魏郭太后薨，会悉召诸将，为太后发丧，称遗诏使起兵讨昭。因悉闭群官诸曹房。维欲使会尽杀北来将士，复立汉帝，会犹豫未决，谋泄。北来军士鼓噪攻会，诛会及维；众军抄掠，死丧狼藉，数日乃定。

论曰：刘先主，汉之宗室，假讨贼之名以据巴蜀，得贤相为辅，抚贤任能，有霸王之政。当时号称中兴。后世以为正统，蜀人视之自不以公孙述辈比也。是故，智能之士咸出就用，秦宓、谯周、周群、杨戏以学术称；黄权、马忠、王平、张嶷以武功著；张裔、杨洪、费诗、张翼以贤达显。① 然多轻脱褊戏，无宰辅器。终二

---

① 秦宓，广汉绵竹人。谯周，巴西西充国人。周群，巴西阆中人。杨戏，犍为武阳人。黄权、马忠皆阆中人。王平，巴西宕渠人。张嶷，南充人。张裔，蜀郡成都人。杨洪，武阳人。费诗，犍为南安人。张翼，武阳人。《三国志》俱有传。

主之世,蜀人无当政者。① 彭羕有俊才,且以猖狂贾祸。② 然则蜀人之短,可以知矣。

## 第十节　李氏据蜀

魏平蜀之明年,司马氏篡魏为晋,分益州东部为梁州。寻以南中为宁州。③ 以王濬为益州刺史。濬造楼船,浮江伐吴,咸宁六年灭之。

晋惠帝时,赵人赵廞④为益州刺史。廞以晋室衰乱,阴有据蜀之志。时关中遭齐万年之乱⑤,岁复大饥,流民就食汉川者数万家。既至汉中,上书求寄食巴蜀。朝议不许。遣侍御史李苾劳之。苾受流民赂,纵之入蜀。初略阳巴氏⑥李氏有子曰特庠流,皆有才武,善骑射,性任侠,州党多附之,及是亦在流徙中。流民有疾病穷乏者,特弟兄振救之,由是得众心。既至益州,廞厚抚之,以为爪牙。永康元年,赵王伦诛贾后,以诏征廞为大长秋,廞贾后之姻亲也。闻征甚惧,遂叛晋,自称益州牧。使李庠等,募六郡壮勇,以断北道。既而恶庠兵强,杀之,及其兄子宏等十余人。遣长史费远等,率万人断北道。李特收合党羽七百余人,夜袭远烟于绵竹,破之。遂攻成都,城中吏民争斩关委。廞独与妻子,以小船奔至广都,为其下所杀。

特入成都,纵兵大掠,遣人诣洛,陈罪状。晋拜罗尚为益州刺史,领兵万人入蜀,特等甚惧,各自解兵归。时关中乱平,朝廷符下秦雍,召还流民入蜀者。特兄辅自略阳来蜀,言中国方乱,不足复还。特因纳赂于尚,数为流民请留。流民感特,相率归之;蜀人恶流民剽掠,怨其不去。广汉太守辛冉营栅冲要,谋掩流民。流民

---

① 蜀汉前后当政者,诸葛亮琅邪人,法正扶风人,李严南阳人,蒋琬零陵湘乡人,费祎江夏人,董允南郡枝江人。(董和之子)吕南阳人,陈祇汝南人,姜维天水人,蜀人无富政者。
② 彭羕,字永年,广汉人。有俊才,资性骄傲,多所轻忽。刘璋时,坐事髡钳为徒隶。庞统与语,大悦,荐之先主。羕谈治世之务,建取益州之策,先主深器之,令宣传军事,指授诸将。奉使称意,由徒步拔为治中从事。诸葛亮密言先主,羕心大志广,难可保安。先主以是疏羕,出为江阳太守。羕怨望,往诣马超。超曰卿才具秀拔,主公相待至重,谓卿当与孔明、孝直诸人齐足并驱。宁当外授小郡,失人望乎。羕曰老革荒悖,可复道耶?又曰卿为其外,我为其内,天下不足定也。超大惊惧上其辞。羕被诛时年三十七。
③ 梁州辖汉中、巴东、巴西、广汉、梓潼、涪陵诸郡。益州辖蜀郡、犍为、汶山、汉嘉、江阳、朱提、越巂诸郡。宁州辖建宁、云南、兴古、永昌四郡,其后复划牂牁、夜郎入宁州。
④ 《晋书·李特载记》,不言赵廞县籍。但云"特之党类皆巴西人,与廞同郡"。《通鉴》遂谓廞为巴西人。按《华阳国志》:"廞字叔和,本巴西安汉人也。祖世随张鲁内移家赵,赵王伦器之。"是廞乃赵人,仅祖宗原籍属巴西而已。
⑤ 晋惠帝元康六年,秦雍氏羌反,拥齐万年为帅,僭帝号。关中大乱,加以饥疫,米斛万钱。至九年,将军孟观始讨平之。
⑥ 《十六国春秋》:"李特字元休,巴西宕渠人。其先廪君之苗裔。其后繁昌,分为数十姓。及魏武,克汉中。特祖父虎,将五百家归魏。魏武嘉之,迁略阳,拜虎等为将军。徙内者亦万余家,散居陇右诸郡及三辅宏农,所在号巴氏。"

大懼，归特者愈众，旬日间至二万人。特与弟流分为二营，缮甲厉兵以待冉。冉袭特，遇伏，败还。于是特自称镇北将军，承制封拜；兄辅、弟流及骧皆称将军，进兵攻冉于广汉，取之。遂围罗尚于成都。泰安二年，特入据少城，赦境内，改元建初。蜀民相聚为坞者，皆送款于特。特分流人就食诸坞。罗尚时保大城，遣人密约诸坞，刻期同发，大破特众，斩特及其兄辅、其子荡，李流收余众欲降。特子雄，诱说流民，袭击东军，大破之。军复振，进据郫城。雄领其众，进逼成都。罗尚不能支，东走巴郡。时巴蜀义民起兵讨贼者，纷起应尚。谯登保培城，文石在巴西，张罗守合水（犍为郡属地）。雄所得惟蜀郡而已。

先是流民无饷械，专恃抄掠。三蜀百姓，流离东徙者十余万户。遗民并保结坞，城邑空虚，野无所略。雄众饥甚，四出掘野芋食之。涪陵人范长生，率千余家保青城，资给李氏军粮，故雄军复振。长生晓天文术数，时称范贤。雄欲迎之为帝。长生固辞让于雄。永兴元年，雄称成都王，光熙元年，遂即帝位，国号成。尊长生为天地太师，封西山侯，复其部曲不预军征。罗尚卒，巴东大乱①，谯登等并败亡，雄遂奄有梁益宁三州地。

雄性宽厚，简刑约法，甚有名称。时海内大乱，蜀独无事。归之者相寻。雄乃兴学校，置史官，听览之暇，手不释卷。其赋男子岁谷三斛，女子半之；户绸绢不过数丈，棉数两。事少役稀，百姓富实，间门不闭，无相侵盗。然国无威仪，官无禄秩，班序不别，章服不殊，军无纪律，攻城夺地，虏获为先。此其所失也。咸和八年，雄病疡卒，谥曰武帝，庙号太祖。

雄有子十五人，而以兄荡之子班为太子，雄卒班立。雄子越杀之于丧次，立其弟期为帝。期多所诛戮，大臣咸不自安。李骧之子寿，屯涪城，自惧不免，遂袭成都，杀越废期自立，改国号曰汉。寿卒，子势嗣。势既骄吝，而性爱财色，荒淫多忌，不恤国事，刑狱滥加，人怀危惧，夷獠叛乱，军守离缺。晋穆帝永和二年，荆州刺史桓温伐蜀，军至青衣，势大发兵，自江北趣合水御之。温军自江南出彭模（即彭亡），直指成都。势出兵拒战，大败于笮桥（即今簇桥），夜奔至晋寿，奉表降温。温迁之建康，封归义侯，时永和三年矣。始李特以惠帝元康八年入蜀，至此凡五

---

① 永嘉四年，罗尚卒，朝廷以皮素为益州刺史。尚子宇杀素于巴郡，建平都尉暴重讨宇，杀之。巴郡大乱，官属表监军韩松为刺史。永嘉五年，暴重杀松，自领刺史。巴东将吏讨杀重，表巴郡太守张罗行三府事（三府谓益州刺史、平羌将军、西夷校尉）时氏民隗文反于宜都，罗与文战死之，表王异行刺史。江阳太守张启杀异而代之。永嘉六年，启卒。众表涪陵太守向沈代启，南保涪陵。建兴元年，沈卒。众表汶山太守兰维为西夷校尉，维将吏民走巴东，为雄将李恭、费黑所获。自是巴郡以东皆为雄有。

《四川史地讲义》附图第十一幅

十年，传六世，称帝者四十二年。

桓温以周抚为益州刺史，自还江陵。李势遗臣邓定、隗文等入据成都，共立范长生之子贲为帝。永和四年周抚击斩之。益州始平。

太和中，广汉人李洪自称势子，聚流民数千作乱，改元凤皇，私署百官，妖惑百姓；又有陇西人李高，诈称雄子，攻破涪城。抚子周楚遣兵讨平之，为乱皆不久。

## 第十一节　巴蜀流民与杜弢之乱

李特之乱，三蜀百姓相率东下江阳、巴郡、南安、越巂、牂牁，以避祸。蜀中城邑皆空，野无烟火。已而兵祸渐东，巴蜀之民又复东徙。其流离入荆州者十余万户。晋镇南将军荆州都督刘弘能抚集之，给其田畴，资以种粮，拔其贤隽，随才授用，流民安之。迨弘卒（光熙元年），牧守不复能加抚恤，流民大为土著所侵苦，并怀怨恨。于是蜀人李骧，聚众数百人，据乐乡为乱；南平太守应詹击破之。荆州太守王澄，受骧降而袭之，沉八千人于江。流民益怨蜀人。杜畴、蹇辅等复扰湘州。时巴蜀缙绅汝班、蹇硕等数万家，在荆湘间。湘州参军冯素与班等不协，言于刺史荀眺，曰：流人皆欲反。眺以为然，欲尽诛流人。班等惧死，聚众以应畴，共推杜弢为主。建平流民傅密等，亦起兵应弢。

杜弢字景文，蜀郡成都人也。以才学著称于蜀。州举秀才，为成都别驾。劝罗尚宽流民勿逼。尚不从。李特反，弢避地荆州，应詹爱其才而礼之，辟为醴陵令。乐乡之捷，弢有力焉。至是被流人推戴，称梁益二州牧、平难将军、湘州刺史。屡击败官军。遂南破零陵，东侵武昌，驱走荀眺，攻杀安城太守郭察、长沙太守崔敷、宜都太守杜鉴、邵陵太守郑融等。朝廷命王敦、陶侃、甘卓等讨之，前后数十战，弢将士多物故，请降不许。弢遣应詹书，诉其苦衷。詹甚哀之，乃启呈弢书以为之请。元帝（时为琅邪王）使前海南太守王运往受降，加弢巴东监军。弢既受命，诸将殉功者攻之不已。弢不胜愤怒，杀运。复遣其将王贡出奇兵向武陵，断官军运道。贡败，降陶侃。侃等诸军并进，攻克长沙。弢逃遁不知所往，湘州悉平。时愍帝建兴三年也。弢自永嘉五年据湘州，至是凡五年。

巴蜀流民既多东下荆湘，死于叛乱，不得回里。于是蜀土空虚，李寿乃徙牂牁，引獠入蜀以实之。（晋康帝建元元年）于是獠人遍布巴西、宕渠、广汉、阳安、资中、犍为、梓潼诸郡，挨山傍谷，十余万家。其与土人参居者，颇输租赋；在深山者，则不为编户，种类滋蔓，保据岩壑，依林履险，时出为乱。迨晋太元时，克复梁益，秦益州刺史王广奔还陇西，巴蜀人随之者三万余。秦政方乱，而归之者以夷獠乱其城邑，晋不能治故也。

论曰：两晋间流民之为乱者，江夏有张昌①，南阳有王如②，巴蜀有李特，荆湘有杜弢。他若汉中邓定，宜都陬文。③蜀中夷獠之乱等，多至不可胜纪，要皆由人民轻弃乡井，寄食他郡，主客相猜，互为侵苦之所致也。考其结果，土著既不胜其扰乱，流民亦鲜免于诛夷，两败俱伤，玉石同毁，其在巴蜀，受祸尤烈。盖陇西流民之入蜀者，悉赤贫无赖之徒，残掠暴略，出于天性，故其为祸至于野无烟火，尚不能已。巴蜀流民之入荆湘者，多富厚缙绅之家，为避乱来，非能为乱者也。故刘弘、应詹能抚绥之则得其用；王澄、荀眺加以残忍，始激为乱。晋史纪杜弢事，不言流人抄掠。又言城破之日，城中金宝溢目，应詹独取图书，岂有贼而蓄图书者耶？其为缙绅铤险自卫可以知矣。迨其赤忱不亮，横被凌逼，人劳警备，不得小休，请降不获，终陷诛夷。观弢与应詹书，良可哀矣。夫巴氏入蜀者，不过二万余人。谯登一介书生，犹能奋起乡曲，讨贼报仇，军撑持数年不挠。④乃此十万衣冠之族，不务纠其乡间，以为捍卫庐墓之计，而辙轻易惊，率然东徙，陨踣异乡，不保首领，是亦后人之永鉴矣。

## 第十二节　晋宋齐梁间蜀乱

桓温既平蜀，以周抚为益州刺史。抚讨平范贲、萧敬文之乱⑤，在州三十年，甚得物情。兴宁三年卒，朝廷以其子楚监梁益二州军事。梁州刺史司马勋⑥，常怀

---

① 张昌义，阳蛮也。太安元年，夏大稔，流民就食者数千。时昌聚党数千人，屯于安陆县境。诸流人及避戍役者多往从之。昌因以为乱，攻据江夏，立山都县吏丘沈为帝，易名刘尼，诡云汉后。妖惑百姓，旬月之间聚众十三万，跨带荆江扬豫徐五州之境。刘弘遣陶侃击斩之。《晋书》有传。
② 王如，京兆新丰人。遇乱流移至宛。永嘉四年，诏遣雍州流民还乡里，如等以关中荒残皆不愿归山简，遣兵促发。如结流民夜袭其军，破之。遂攻城镇，杀长吏，从至四五万，称藩于石勒。其后败降王敦，因事被杀。《晋书》有传。
③ 《华归国志》："永嘉元年三月，关中流民邓定、訇氏等掠汉中，冬辰势以叛（冬辰势地名）。巴西太守张燕遣兵围之，氐求救李雄。"《蜀鉴》："秦州流民邓定等，据成固，掠汉中。李雄遣李离等助之。遂陷南郑。离等尽徙汉中民于蜀。"又，《华阳国志》："永嘉五年，荆湘有乱，氐符、成陬文作乱宜都，西上巴东。"《蜀鉴》："陬文等驱略吏民，以降于雄。"
④ 登，字顺明。周之孙。其父居巴西，为李雄太守马脱所杀。登诣荆州刘弘，请兵复仇。弘表登为梓潼内史，自募巴蜀流民，得二千人，西上攻宕渠，斩脱，食其肝。遂取培城守之。成人来攻，屡为所败，支持三年，食尽援绝，熏鼠食之，人无叛者。永嘉五年，城陷，死之。《华阳国志》有传。
⑤ 《晋书·周访传》："征西督护萧敬文作乱，杀征房将军杨谨，据涪城，自号益州牧。桓温使督护邓遐助抚讨之，不能拔。引退。温又令梁州刺史司马勋会抚伐之。敬文固守，自二月至于八月，乃出降，抚斩之。"
⑥ 勋字伟长，晋宗室。少以勇闻，官至梁州刺史。镇汉中。数侵秦疆，累有军功。为政暴酷，西土患其凶虐。后成都溃，朱序获之，送于桓温。温斩之。（《晋书·附济南王遂传》）

据蜀之志，惮抚未发。及抚卒，遂自汉中拥众入剑门，自号梁益二州牧、成都王。围楚于成都。桓温遣朱序助楚，讨平之。楚又讨平李弘、李高之乱。咸安元年卒。温以梁益多寇，周氏世有威惠，乃以周仲孙代楚。①

宁康元年，桓温卒。秦王苻坚，遣将朱彤、徐成等入寇，拔汉中，克剑门。仲孙南奔，梁、益、宁三州并入于秦。

元康二年，蜀人张育、杨光等，结巴獠五万人攻成都，不克，死之。太元八年，苻坚寇晋，大败于淝水，秦国内乱。其梁州刺史潘猛、益州刺史王广，并弃城奔还秦陇，晋复取巴蜀。

晋安帝初年，有桓玄之乱。益州刺史毛璩，大起兵讨桓氏。使其弟瑗出外水，参军谯从、侯晖出涪水。蜀人不乐远征，至五城水口（今中江），侯晖率之作乱，共逼纵为主。纵巴西南充人，素和谨，蜀人爱之，故推为主；纵惧而不当，走投于水，众引出之，共逼登舆。纵又投地固辞，晖缚纵于舆，以袭涪城据之。璩闻变，奔还成都，遣兵讨纵，反为所败。益州营户②开门纳纵，众杀璩及瑗，灭其家。纵称成都王时，义熙元年也。既而纵称藩于姚兴，请兵助讨刘裕。裕表刘敬宣伐蜀。敬宣入峡，转战至黄虎（三台县），去成都五百里。纵拒险，不得进。会饥疫，引还。义熙八年，裕复遣朱龄石伐蜀，令龄石以众军悉从外水取成都，臧熹从中水（沱江）取广汉，老弱乘高舰十余，从外水向黄虎为疑兵。纵果使谯道福，以重兵守涪城备内水。明年，龄石至平模，破斩纵将侯晖，走趋成都。所过城守望风降。纵弃城走，投道福。道福不纳，纵自缢死。道福欲拒龄石，众溃。奔汉被执，全蜀平。龄石入成都，诛纵同祖之亲，余皆安堵。纵凡据蜀九年。

刘裕平蜀之六年，篡晋。改国号宋。宋文帝时，益州刺史刘道济聚敛刻虐，流民许穆之变姓名为可马飞龙，诡称晋室近亲，聚众为乱。道济讨斩之。其后，蜀人赵广等，复聚众攻陷涪城，略有江阳、遂宁、涪陵诸郡。阳泉寺（在今德阳县境）道人枹罕程养性为主，云是飞龙称蜀王。置百官，众十余万进围成都。道济以忧死。参军裴方明，频战破之。越年，贼众溃散，涪蜀皆平。（宋文帝元嘉九、十年两年事）

刘宋享国五十九年，为萧道成所篡。改国号齐。益州自晋以来，俱用名将为刺

---

① 仲孙，抚弟光之子。
周氏世系如次：梁州刺史 访——益州刺史 抚——监梁益二州 楚——梁州刺史 琼——梓潼太守 虓（陷于秦，病死）。
寻阳太守 光——监益豫梁三州 仲孙。
② 民之分配军营者，曰营户。

史，至齐始用宗室。始与王鉴为刺史。鉴时年十四，颇好文学。时益州夷獠为乱，暴掠百姓。鉴至州，夷帅韩武方出降。鉴宥其罪，抚定诸夷，蜀土获安。（齐武帝永明二年）

萧齐享国二十二年，萧衍篡之。国号梁。以邓元起为益州刺史。前刺史刘季连反①。元起讨之，围成都逾年，食尽出降。（梁武帝天监二三年事）是时，北魏浸强，南朝复多内乱，魏人始出兵争梁益。天监四年，魏邢峦取汉中，陷涪城，大败梁军，全蜀震动，城戍降者十二三。峦表请乘胜取蜀，魏主不许。自是以后，梁魏互争武兴（今沔县）、南郑、晋寿诸城，直至魏分裂时止。

梁武帝天监十三年，封第八子纪为武陵郡王，授益州刺史。纪少而宽和，勤学有文才，武帝甚爱之。在蜀十七年，南开建宁，西通资宁、吐谷浑（并西夷国名）；内修耕桑盐铁之功，外通商贾远方之利，殖其财用，器甲殷积。侯景陷台城，纪不赴援。帝崩，遂称帝成都，改元天正。留萧撝守蜀，自帅诸军东下。时湘东王绎亦称帝江陵，是为元帝。闻纪东下，大惧。乞救于西魏，曰子纠亲也，请君讨之。魏宇文泰曰：取蜀制梁在兹一举。遣大将尉迟迥伐蜀，自散关出，进袭成都。纪闻有魏师，遣军还救，迥击破之。纪仍进军自西陵，军溃被杀。迥围成都五旬，撝不能支，出降。于是，梁益皆入于魏。魏以迥为益州刺史。迥明赏罚布恩威，绥缉新邦，经略未附，华夷悦服。

论曰：巴蜀自晋惠帝元康八年李特入蜀，至梁承圣元年入于西魏，凡二百五十四年间，迭经丧乱，承平日少。学校凌替，贤士遁逃，人民惟偷旦夕之安，不暇从事学问。故历晋、宋、齐、梁四朝，蜀士无光显者。盖由杜弢之祸，斫丧于前；夷獠之族，搅乱于后。推原祸始，固当叹息痛恨于巴氏之役也。

## 第十三节　汉晋间乡土史地之学

巴蜀僻在西南，重山四塞，采风问俗，常有不逮；地方文献，每多埋没，非自有史志，不易传也。适乃其地富于文士，代有史才，且皆隐居乐道，厌薄仕宦，自悦其风土，而又喜以著述自娱；加以地属灵区，事多可纪，举凡州域之内、阎闾之间，瑰玮珍奇之物、俶傥仗义之行，随意掇拾，皆可成书。此所以巴蜀虽无史官，

---

① 季连，彭城人，字惠续。齐明帝建武四年，授益州刺史。在州骄暴，蜀民多怨叛。梁武帝以邓元起代之，季连惧罪，召兵算之，有精甲十万。叹曰：据天险之地，握此强兵，舍将安之！乃遣兵拒元起。

而乡土史地之学，反较他州为先发也。

纪载巴蜀史地之书，始于扬雄《蜀纪》，其后李尤、郑厪、谯周、陈寿、王崇、常宽等家多有著述。晋时，常璩作《华阳国志》最称完善，为后世乡土史地之楷范。自璩以后，巴蜀大乱，学术凌替，文献殆绝，唯梁李膺有《益州记》而已。兹论次诸人之书如次：

**扬雄《蜀纪》** 此书载蚕丛以前洪荒之事，下迄西汉。有本纪，有传。《隋书·经籍志》称为《蜀壬本纪》，入地理类。盖兼包史地之书也。自汉以来至于宋世，诸撰作者，多引用是书，至今仍不通行，未得见其单行本。但于他书中窥见数条，悉多神怪不经之语。① 盖以汉人记周以前事，又无史册可稽，但凭传说，固宜然也。

**李尤《蜀记》** 尤擅文学，与刘珍等共撰《汉记》，因撰《蜀记》以传乡土故事。其书亦言地理②，今佚。

**谯周《三巴志》** 周字允南，巴西西充国人，(传详南充篇) 师事广汉秦宓（字子敕，绵竹人）。宓学问深邃，文采茂美，尤精乡土掌故。③ 隐居不仕，亦不著书。周能具传其业，著作甚伙，有《三巴志》(隋书作《三巴记》) 及《益州记》。今并佚。《三巴志》犹有遗句存者。④

**赵宁《乡俗记》** 《华阳国志》："陈留高人。亦播文教。太尉赵公，初为九卿，适子宁还蜀，命为文学，撰乡俗记。"赵公即赵谦。

---

① 如云："蜀王之先名蚕丛，后代名曰柏濩，后者名鱼凫，此三代各数百岁，皆神化不死；其民亦颇随王化去。鱼凫田于湔山，得仙。今庙祀之于湔。时蜀民稀少，后有一男子名曰杜宇，出天堕山；朱提有一女子名利，从江原井中出，为杜宇妻。乃自立为蜀王，号曰望帝，治汶山下，邑曰郫。化民往往复出。""望帝积百余岁，荆有一人名鳖灵，其尸亡去，荆人求之不得。鳖灵尸随江水上，至郫遂活，与望帝相见。望帝以鳖灵为相。时玉山出水，若尧之洪水，望帝不能治，使鳖灵决玉山，民得安处。鳖灵治水去后，望帝与其妻通，惭愧自以德薄不如鳖灵，乃委国授之而去，如尧之禅舜。鳖即位，号曰开明帝。帝生卢保，亦号开明。"又如"后开明时以上至蚕丛，积三万四千岁"等。
② 顾炎武《郡国利病书》引李尤《蜀记》云："蜀出自绵谷葭萌，道径狭窄，北来担负者，不容易肩，谓之左担道。"但《四川通志》以尤《蜀记》列杂史类。
③ 《三国志·秦宓传》："先主既定益州。广汉太守夏侯纂，请宓为师友祭酒，领五官掾，称曰仲父。宓称疾，卧在茅舍。纂将功曹古朴、主簿王普，厨膳即宓第，宴谈。宓卧如故。纂问朴曰：贵州养生之具，实绝余州矣。不知士人何如余州也。朴对曰：乃自先汉以来，其爵位者，或不如余州耳；至于著作，为世师式不负于余州也，严君平见黄老作《指归》；扬雄见易作《太玄》，见《论语》作《法言》；司马相如为武帝制《封禅》之文，于今天下所共闻也。纂曰：仲父何如？宓以簿击颊曰：愿明府勿以仲父之言假于小草民！请为明府陈其本纪：蜀有汶阜之山，江出其腹，帝以会昌，神以建福，故能沃野千里；淮济四渎，江为其首，此其一也。禹生石纽，今之汶山郡是也。昔尧遭洪水，鲧所不治。禹疏江决河，东注于海，为民除害。生民已来功莫先者此，其二也。天帝布治房心，决政参伐，则益州分野；三皇乘只车出谷口，今之斜谷是也。此便州之阡陌，明府以雅意论之，何若于天下乎！于是纂逡巡无以复答。"盖朴亦宓之弟子也。宓又书商同郡主，商为严君平、李弘、扬雄、司马相如立祠。为辞甚典，俱足为谙习乡土掌故之证。
④ 如："阆白水东南流，曲折三回如巴字。"(见《佩文韵府》)"初平六年，赵韪分巴为二，韪欲得巴旧名故郡，以垫江为治，而割安汉以下为永宁郡。建安六年，以塞允讼分巴为三，以永宁为巴东，阆中巴西，垫江为巴郡。"(见《水经注》释) 皆直引周《三巴记》语也。

**陈寿《益部耆旧传》** 寿字承祚，巴西安汉人。（传详南充篇）为文善叙事，有良史才。先是，汉光武始诏南阳撰作《风俗记》，于是鲁沛三辅、庐江诸郡国，继之而有先贤名德等，序赞郡国之书大盛。① 益州自后汉以来，临邛郑廑，汉中陈术、祝龟，成都汉太尉赵谦，广汉王商等，皆以博学洽闻，各为其地方耆作传。寿以为不足经远，乃并巴汉，撰为《益部耆旧传》十篇。散骑常侍巴郡文立表呈其传，晋武帝善之，除寿著作郎，寿因撰《三国志》。张华深爱之，以为班固、马迁不足方也。寿又有《益部耆旧杂传》记二卷，今并不付。裴松之注《三国志》，援引其文颇多，赖以窥见一斑。

**王崇《蜀书》** 崇字幼远，广汉郪人。王商之孙。学业渊博，与寿良（字文叔成都人）、李宓（字令伯犍为人）、陈寿、李骧（字叔龙，梓潼人）、杜烈（字仲武，成都人）同入京洛，为二州标俊。三国时，魏吴皆置史官，蜀独无之②。陈寿撰《蜀志》，材料概由私家搜集，多有遗阙。同时，崇亦撰《蜀书》，其书与寿志颇不同今侯。

**常宽《后贤传》** 宽字泰恭，蜀郡江原人。博涉史汉，疆识多闻。李特之乱，随罗尚东徙，除繁令，随民县零陵。湘州叛乱，乃南入交州，虽在流离困顿中，仍纠合经籍，精研著述，撰《蜀后志》（隋书作《蜀志》）及《后贤传》。续陈寿耆旧，又作梁益篇。拜武平太守，卒于交州。时蜀郡太守巴西黄容，亦好著述，有梁州、巴纪等篇。汉嘉太守蜀郡杜龚，亦著《蜀后志》及志赵廞、李特叛乱之事。常璩《华阳国志·后贤志》多有取焉。

**常璩《华阳国志》** 璩字道将，宽之族孙也。少好学，有令名，仕李势为散骑常侍。桓温入蜀，璩与中书监王嘏，首劝势降。温善之，以为参军。撰《华阳国志》十二篇，序开辟以来，迄于李势。文辞典雅，记叙博赡，部分区别，具有条理。后世乡土史地之书，无有愈于此者。其《序志篇》云：

巴蜀厥初开国，载在书籍。或因文纬，或见史记。久远隐没，实多疏略。及周之世，侯伯擅威，虽与牧野之师，希同盟要之会。而秦资其富，用兼天下。汉祖阶之，奄有四海。梁益及晋，分益为宁。司马相如、严君平、杨子云、阳成子玄、郑

---
① 隋唐《艺文志·史部·杂传叙》曰："后汉光武，始诏南阳撰作风俗，顾沛三辅有耆旧节士之序。鲁庐江有名德先贤之赞，郡临之书，由是而作。"其《杂传》，盖专指耆旧风俗而言。扬雄《蜀王本纪》该志以列地理类，故有是云。
② 《三国志·后主纪》评曰："又国不置史，注记无官，是以行事多遗，灾异靡书。诸葛亮虽违于政，于此之类犹有未周焉。"《隋书·经籍志》曰："三国鼎峙，魏氏及吴并有史官。"

伯邑、杨君彭、谯常侍、任给事等①，各集传记以作本纪，略举其隅。其次圣、称贤、仁人、志士，言为世范，行为表则，名注史录。而陈君承祚，别为《耆旧》，始汉及魏，焕乎可观。然三州土地不复悉载。《地里志》颇言山水，历代转久，郡县分建，地名改易，于以居然；辨物知方，犹未详备。于是汉晋方隆，官司星列，提封图簿，岁集司空；故人君学士，荫高堂，翳帷幕，足综物士，不必待《本纪》矣。曩遭厄运，函夏滔湮，李氏据蜀；兵连战结，三州倾坠，民生歼尽。府庭化为狐狸之窟，城郭蔚为熊罴之宿，宅游雉鹿，田栖虎豹，平原鲜麦黍之苗，千里蔑鸡狗之响，丘城芜邑，莫有名者。嗟乎三州，近为荒裔！桑梓之域、旷为长野、反侧惟之，心若焚灼。惧益遐弃，城郭靡闻；乃考诸旧纪、先宿所传，并《南裔志》，验以《汉书》，取其近是，及自所闻，以著所篇。又略言公孙述、蜀书、咸熙以来丧乱之事，约取耆旧士女英彦，肇自开辟，终乎永和三年，凡十篇，号曰《华阳国志》。夫书契有五善：达道义，章法戒，通古今，表功勋，而后旌贤能。恨璩才短，少无远及，不早援翰执素，广访博咨，流离困瘵，方资腐帛于颠墙之下，求余光于灰尘之中，劀灭者多，故虽有所阙，犹愈于遗忘焉。（下略）

盖璩本江原巨族②，悲遭世乱，亲戚流难，州域沦陷，庐墓荒墟；及其东仕江左，江左矜门阀，鄙远人，璩不得志。此亦其发愤之所作也。

**李膺《益州记》** 膺字公辅，涪城人。梁时为益州别驾。撰益州记，盖纯为志地理之书。如载李寿纵獠入蜀，张道陵为蝮蛇所吞等③，多新义意，皆可取。（膺事迹附见《南史》及《梁书·邓元起传》）

---

① 子云即扬雄，撰《蜀记》。据湖南艺文书局校刊本（《汉魏丛书》之一），子云上无杨字。而郑伯邑下有之；据成都刊本则杨字在子云上。阳成子玄无考。郑伯邑即郑廑，与陈术同撰《益部耆旧志》。杨君彭城无考。按之《华阳国志·任熙传》云："熙同时，犍为杨彭，敬宗弟逑，训宗各以德行，称同察孝廉。"疑即指彭城，字衍文。谯常侍，即谯周，曾官散骑常侍。（《三国志》不著此官，《华阳国志·三州士女且录》云然）著《三巴志》。任给事，即任熙，成都人，太康中征为给事中，以疾辞，好著述，《华阳国志》有传。熙与严君平、司马相如何传记，皆无考。果如所云，则巴蜀乡土史地之书，尚不始于扬雄，汉武帝时已有之矣。

② 江原常氏，汉末有常洽，官京兆尹、长水校尉。其女常纪，为赵谦夫人。常良，官广都令。常忌，官河内令。常竺，官南太守，子伟闻中令，伟子骞关内侯。魏郡太守骞，族弟常勖，官郫令。勖弟宽等，皆以学行功业称，《华阳国志》并有传。《晋书》及《十六国春秋》皆不为常璩立传。或谓璩成都人也，然璩《后贤志》序称常宽曰"族祖武平府君"。故知其亦江原常氏也。《晋书》李势桓温传，各有及璩者一二语。兹参《华阳国志》及他传记为璩作传。如此语，皆有据，不毕举。

③ 獠入蜀，《资治通鉴》《晋书》《魏书》獠传等，皆言自出。唯李膺书云，为李寿引入。又记云："鹤鸣山，张陵登仙之所。传云常有麒麟白鹤游翔其上。有铭记云，张陵为蝮蛇所吸，门徒以为登仙矣。"

## 第十四节　隋唐蜀乱

西魏平蜀后三年，宇文氏篡魏为周；又二十五年，而杨坚篡周为隋。时有周益州总管王谦（太原人），据州抗坚。坚命上柱国梁睿讨平之，即以睿为总管。睿在州多所建立，威惠兼著，民夷悦服。

隋之亡也，郡县豪杰蜂起，天下大乱，巴蜀独宴平无事。唐高祖克长安，遣人徇巴蜀。巴蜀吏民无抗者。故唐定东方，无后顾忧，且借其力以平萧铣①。自隋建国，下迄唐肃宗之世，凡约二百年间，蜀无攻杀之祸，民物阜康，肆市殷盛。故安禄山之乱，玄宗幸蜀。盖自晋宋齐梁间，蜀人罢困兵革，久思休养，厌闻军事，虽有奸雄，不得诱致其力。乱极思治，物极则反，理有然也。自幸蜀后，朝廷威信丧失，藩镇骄横，叛乱相继，虽在巴蜀，亦不能免。然较河北诸州，尚不失为恭顺。洎乎僖宗又复幸蜀，则蜀亦大乱不可收拾矣。兹列有唐一代作乱者于次：

**段子璋**　子璋骁勇，从玄宗幸蜀，以功除梓州刺史。肃宗上元二年，与东川节度使李奂有隙，遂反。袭破奂于绵州，攻下剑州、遂州，自称梁王。西川节度使崔光远讨平之。士卒大肆剽掠，士女金银臂钏皆断腕取之，夷杀数千人。

**徐知道**　肃宗宝应元年，西川兵马使徐知道反。为乱四十二日伏诛。时蜀中大乱，夷獠乘险，道路不通者数月。

**崔宁、杨子琳**　崔宁卫州人，落魄剑南，受知于剑南节度使严武，奏为汉州刺史。拒吐蕃累有军功。武卒，郭英千代为节度使，与宁相怨互攻。英千败走，宁擒斩之，屠其家。于是东川节度使张献诚、邛州牙将柏贞节、泸州牙将杨子琳等，各起兵讨宁。益州大乱。明年，朝廷以杜鸿渐为西川节度使，往平其乱。鸿渐至，两和解之，且荐宁为节度使以自代。大宁三年，宁入朝，留其弟宽守成都。杨子琳乘间以精骑数千袭据之。宽丧家财，募兵力战。子琳大败，沿江下夔州，杀别驾张忠，城守以请罪。朝廷不能讨就，授峡州刺史。子琳旧泸南贼帅也。后归朝，赐名猷。崔宁因乱返镇，见蜀地险，饶于财，而朝廷不甚有纪，乃痛诛敛厚，赂权贵以固位。在蜀既久，兵浸强盛，而侈势穷欲。将吏妻妾多为污逼。朝廷隐忍，不能责。大历十四年，因入朝被留，后为卢杞害死。宁本名旰，因入朝赐名宁。

---

① 萧铣，故梁宗室也。隋末巴陵乱民奉之，称帝江陵，国号梁。东自九江，西至三峡，汉川以南，至于交趾，所有郡县皆奉事之。唐高祖武德四年，李靖发巴蜀兵，自夔州击铣，进围江陵，铣降，凡建国五年而亡。

**张朏** 德宗建中四年，中原方有朱泚、李希烈之乱，西川兵马使张朏袭成都，节度使张延赏出奔鹿头。朏酣乱，不设备。延赏遣人捕斩之，复成都。

**刘辟** 贞元元年，以韦皋为剑南西川节度使，代延赏。皋初入蜀，重加赋敛丰，贡献以结恩朝廷，厚赐给以抚士卒。南服南诏，西破吐蕃，功烈既著，府库充实，乃宽其民三年一复租赋。是以上下畏服，功烈为西南剧。在蜀二十一年，蜀人画像祀之。皋吏刘辟，时为剑南支度副使①，妄欲踵皋之辙，自为留后，朝廷征之不奉诏。时宪宗初即位，欲镇静四方，即拜为西川节度使，辟志益骄，求兼领东川。帝不许，辟遂发兵围梓州，执东川节度使李康以归。时藩镇久不用命，宰相杜黄裳力劝帝振兴纲纪，先计刘辟，以威诸镇。于是命高崇文讨蜀。崇文屯长武城，选兵五千，常若寇至，卯漏受命，辰巳出师，器良械完，无一不具。过兴元，士有折逆旅匕箸者，立斩以徇。故能连战皆捷，遂克成都。擒辟送京师斩之。崇文入成都，屯师大达，市肆不惊，珍货如山，无秋毫之犯。入蜀之师，风纪之肃，无过崇文者。

**南诏入寇** 南诏为唐代四大边患（突厥，吐蕃，回纥，南诏）之一。屡犯蜀境，再入成都，其事别详。

**巴南群盗** 宣宗大中六年，果蓬群盗依阻鸡山，寇掠三州。诏果州刺史王赞弘讨灭之。

**黄头军之乱** 自刘辟授首后，历宪、穆、敬、文、武、宣、懿、僖之世，约百年间，两川藩镇无复叛者。僖宗广明元年，黄巢陷长安，帝奔兴元。权阉田令孜蜀人也，其兄陈敬瑄方为西川节度使，故令孜拥帝幸蜀。黄头军使郭琪怨令孜颁赏不及蜀军，率所部作乱。② 令孜拥帝登楼，令诸军讨之。琪夜突围出，奔高骈于广陵。（中和元年）

**阡能** 陈敬瑄多遣人历县镇问诇事，谓之"寻事人"，所至贪黩。有二人过资阳，独无所取，镇将谢宏让邀之不至，自疑有罪，夜亡入绿林，而实无罪也。捕盗使杨谦诱而执之。敬瑄不知问，钉于西门，煎油泼之，备极惨酷。邛州牙官阡能，因公事违期亡命，迁复诱之。能方出首，闻宏让事发，愤为盗。旬月间众至万人，横行邛雅。于是蜀中群盗并起，罗浑、擎句、胡僧罗夫子、韩求等，合聚众数千，以应能。官军与战不利，多执村民为俘。日数十百人。敬瑄不问，悉斩之。其间亦

---

① 《唐六典》："凡天下边军，皆有支度使，以计军资粮仗。"
② 僖宗初年，崔安潜为西川节度使，募壮士为军，悉戴黄帽，号黄头军。田令孜为行在都指挥处置使，颁赏不及，蜀军颇有怨言。黄头军使郭琪即宴席间言之。令孜便以毒酒赐琪。琪不得已，饮之归，杀一婢吮血以解，吐黑汁数升。遂率所部作乱。

有老弱妇女，或问之，皆曰方治田绩麻，官军忽入村，系房以来，竟不知何罪。阡能陷蜀州，逼近成都。敬瑄以押牙高仁厚讨之。阡能胁村民为谍者，仁厚得之，纵令归，曰：语塞中人，云高尚书悯汝曹皆良民，为贼所制，若投兵迎降，当书汝背为归顺字，遣汝复旧业；所欲诛惟能。能五人耳。谍曰：百姓负冤日久，无所控诉，果如此，诚百姓所甚愿矣。及战。贼争投兵降。凡六日间，悉平五贼。敬瑄钉阡能等，剐之。（中和二年）

**韩秀升** 同年，涪州刺史韩秀升等为乱，断峡江路，江淮贡赋断绝。敬瑄复以仁厚讨之。仁厚攻焚贼寨，遣人凿沉其舟，遂大破之。擒秀升问之，秀升曰：自大中皇帝晏驾，天下无复公道，纽解纲绝。今日反者，岂独秀升。仁厚愀然，械叛徒在斩之。

**杨师立** 中和四年，东川节度使杨师立反，檄敬瑄十罪，攻成都。复以高仕厚讨之。连破师立军，进军围梓州月余，城中斩师立降。仁厚代为节度使后，为敬瑄所杀。

**陈敬瑄** 僖宗光启元年，回舆京师，俄而令孜得罪，流徙端州，竟依敬瑄，于成都不肯行。昭宗立，以韦昭度代敬瑄。敬瑄拒命。其后王建讨敬瑄，围成都。三年，敬瑄疲困出降，与令孜同日斩。于是王建据有两川黔中之地。

## 附　唐代蜀镇表

唐玄宗开元七年，始置剑南节度使，领益、彭、蜀、汉、眉、绵、梓、遂、邛、剑、荣、陵、嘉、普、资、巂、黎、戎、维、茂、简、龙、雅、泸、合二十五州，治益州。其后屡有增领。肃宗至德二年，更剑南节度号西川节度使。以梓、遂、绵、剑、龙、阆、普、陵、泸、荣、资、简等十五州为东川节度，治梓州。懿宗咸通八年，置定边军节度，领巂、眉、蜀、邛、雅、嘉、黎七州，寻废。僖宗文德元年，置永平军节度使，领邛、蜀、黎、雅四州；威戎军节度使，领彭、文、成、龙、茂五州。寻复废永平军。蜀中虽有数节度使，惟西川地势形便，土沃民富，有左右全川之力，故其节度使之贤否，实全蜀安危治乱所系。

兹列有唐一代剑南西川节度使名表于次：

| 姓名 | 籍贯 | 受任年 | 任内大事摘要 |
|---|---|---|---|
| 李浚 | 陇西人 | 开元初 | |
| 宋之悌 | 宏农人 | 开元中 | |

续表1

| 姓名 | 籍贯 | 受任年 | 任内大事摘要 |
|---|---|---|---|
| 王昱 | 待考 | 开元中 | 许南诏併六诏，围吐蕃安戎城，败还坐贬。 |
| 张宥 | 待考 | 开元二十六年 | 悉以军政委团练副使章仇兼琼。 |
| 章仇兼琼 | 颍川人 | 开元二十八年 | 取安戎城。 |
| 郭虚已 | 待考 | 天宝五载 | |
| 鲜于仲通 | 新政人 | 天宝中 | 南诏反。伐南诏。大败。 |
| 杨国忠 | 蒲州人 | 天宝十四载 | 遣李宓伐南诏，大败。 |
| 李璬 | 玄宗子 | 天宝十五载 | 玄宗幸蜀。 |
| 裴冕 | 河东人 | 待考 | |
| 李峘 | 宗室 | 至德二载 | 郭千仞反。（时玄宗在蜀） |
| 卢元裕 | 待考 | 乾元元年 | |
| 李若幽 | 待考 | 乾元三年 | |
| 李国贞 | 宗室 | 上元元年 | |
| 崔光远 | 灵昌人 | 上元二年 | 段子璋作乱，光远军士剽劫，见责以忧死。 |
| 高适 | 渤海人 | 上元二年 | 徐知道反。有獠乱。 |
| 严武 | 华阴人 | 广德元年 | 杜甫客蜀。破吐蕃于当狗城。 |
| 郭英义 | 瓜州人 | 永泰元年 | 与崔宁相攻。 |
| 杜鸿渐 | 濮阳人 | 永泰二年 | 和解两川之乱。 |
| 崔宁 | 卫州人 | 大历二年 | 杨子琳作乱。 |
| 张延赏 | 猗氏人 | 大历十四年 | 张朏反。 |
| 韦皋 | 万年人 | 贞元元年 | 南诏降。数破吐蕃。在职二十一年。暴卒。 |
| 刘辟 | 待考 | 永贞元年 | 据州抗命。高崇文讨诛之。 |
| 高崇文 | 幽州人 | 元和元年 | 因不习吏治，自请调边去。 |
| 武元衡 | 缑氏人 | 元和二年 | 有善政。 |
| 李夷简 | 宗室 | 元和八年 | |
| 王播 | 扬州人 | 元和十三年 | |
| 段文昌 | 临淄人 | 长庆元年 | 为政宽静，民夷咸服。 |
| 杜元颖 | 杜陵人 | 长庆三年 | 南诏入寇大掠成都。 |
| 郭钊华 | 华阴人 | 太和三年 | 南诏兵退。 |
| 李德裕 | 赵郡人 | 太和四年 | 建筹边楼，筑仗义城，御侮柔远。 |
| 段文昌 | 待考 | 太和六年 | 再任。 |
| 杨嗣复 | 宏农人 | 太和九年 | |

续表2

| 姓名 | 籍贯 | 受任年 | 任内大事摘要 |
|---|---|---|---|
| 李固言 | 赵郡人 | 开成二年 | |
| 杜悰 | 万年人 | 会昌初 | |
| 崔郸 | 贝州人 | 会昌中 | |
| 李回 | 宗室 | 会昌末（会昌共六年） | |
| 杜悰 | 待考 | 大中二年 | 再任。 |
| 李景让 | 文水人 | 大中时 | 巴南盗起。 |
| 白敏中 | 下邽人 | 大中七年 | |
| 魏谟 | 钜鹿人 | 大中十年 | |
| 李福 | 宗室 | 大中末任（大中共十三年） | 南诏借号寇播州。 |
| 刘潼 | 南华人 | 代福十年 | |
| 萧邺 | 兰陵人 | 咸通中 | 南诏寇巂州。 |
| 夏侯孜 | 谯人 | 咸通八年 | 南诏陷巂州。 |
| 卢耽 | 待考 | 咸通十一年 | 南诏入寇围成都。 |
| 路岩 | 魏州人 | 咸通十二年 | |
| 牛蕞 | 安定人 | 咸通末 | 南诏入寇至新津，又入寇大掠成都。 |
| 高骈 | 崇文人 | 乾符二年 | 南诏请和。筑罗城。 |
| 崔安潜 | 全节人 | 乾符五年 | 募黄头军。 |
| 陈敬瑄 | 成都人 | 广明元年 | 僖宗幸蜀，蜀大乱，与南诏和亲。 |
| 韦昭度 | 京兆人 | 文德元年 | 陈敬瑄叛，王建讨之。 |
| 王建 | 许州人 | 大顺二年 | 讨诛陈敬瑄，据有两川。 |

## 第十五节　南诏内犯

南中之地，自汉武置郡县，历晋宋齐梁，皆为宁州。自僚人入蜀，两川多事，朝廷忙于治僚，无暇抚夷。西魏以来，遂罢宁州。泸水以南，羁縻而已。于是诸苗部落，相为雄长。夷语酋为"诏"，初有六部，渠帅为强，自号六诏：蒙巂诏、越析诏、浪穹诏、登赕诏、蒙舍诏。蒙舍诏最南，故曰南诏。今云南大理腾越间地是也。其酋世朝贡于唐。玄宗时五诏微弱，南诏强大，其酋皮罗阁乃贿剑南节度使王昱，求合六诏为一。唐廷许之，赐名归义，册封云南王（开元二十六年）。于是以兵威胁服群蛮，遂破吐蕃，徙居太和城。（今云南太和县南）归义殁，子阁罗凤立，故事南沼常与妻子俱谒都督，过云南。云南太守张虔陀私之，又多所征求。阁罗凤愤怒，遂发兵反，陷云南，杀虔陀，取夷州三十二。（天宝十年）时杨国忠当国，以所羡鲜于仲通为剑南节度使讨南诏。阁罗凤遣使谢罪，请自新。仲通不许。进军西洱河，与战大败，死者六万人。阁罗凤遂称臣于吐蕃，吐蕃以为东帝。国忠掩仲通败状。复大募天下兵十万，遣侍御史李宓南征。至太伯城，又大败，死者十七八。会安禄山反，阁罗凤因之，取巂州、会同军，据清溪关，而降寻传、骠诸国（寻传蛮居怒江之西；骠蛮今缅甸国地）。奄有黔全域，建号大蒙。

代宗大历十四年，南诏酋异牟寻（阁罗凤孙），与吐蕃悉众二十万，分三道入寇：一趋茂州，扰灌口；一趋扶文，掠白坝；一侵黎雅，寇邛崃关。唐廷发诸路兵合击，大破之。追南诏至大渡河外，擒生捕伤甚众，颠踣岩崤者十万余人。异牟寻惧，筑羊苴咩城，延袤十五里，徙居之。吐蕃数责贡赋于南诏，又悉夺其险以立营，候岁索兵助防。异牟寻稍苦之。其清平官郑回①，因请自归于唐。会韦皋镇蜀，抚诸蛮，有威惠，异牟寻潜遣人通于皋。皋奏请纳之。异牟寻遂攻杀吐蕃使者以降。后又屡助皋破吐蕃。贞元间，册封之为南诏王。

异牟寻死，子寻阁劝立。寻阁劝死，子劝龙晟立。宪宗元和十一年，为弄栋王嵯颠所杀。立其弟劝利。嵯颠遂专国政。劝利立十年死，弟丰祐立。于时西川节度使杜元颖为治无状，障候驰沓，相蒙文宗。太和三年戍卒导嵯颠内犯，陷邛、戎、巂三州，遂入成都。元颖固牙城。南诏驻军西郛十日，大掠子女、百工数万人及珍货而去。明年上表请罪曰："杜元颖不恤军士。军士竞为乡导以诛处帅。诛之不遂，无以慰蜀士之心。愿陛下诛之。"唐廷贬元颖循州司马，以东川节度使郭钊代之。

蜀自南诏入寇，一方残破。时牛僧孺方得政，排摈李德裕之党。太和四年，出德裕为西川节度使。节度使李德裕至镇，作筹边楼，按南道山川险要，与蛮相入者图之；左西道与吐蕃接者图之；右其部落众寡，馈运远迩，曲折咸具。乃召悉边事者与之商订，凡房情伪尽知之。又请甲人于安定，弓人于河中，弩人于浙西，于是器械皆犀锐。率户二百取一人，使习战。缓则农耕，急充战士，谓之雄边子弟，有精兵十一军；又作仗义城，以制度清溪关之阻；作御侮城，以控荣经掎角势；作柔远城，以厄西山吐蕃；复邛崃关，徙巂州治台登，以夺蛮险。

---

① 《新唐书·南蛮传》："官曰坦，绰曰布，燮曰久。赞，谓之清平官，所以决国事轻重，犹唐宰相也。"又曰："故西泸，今郑回者，唐官也。往巂州破，为所虏。阁罗凤重其悍懦，号蛮利，俾教子弟得棰榜。故国中无不惮。后以为清平官，说异牟寻曰：中国有礼义，少求责。非若吐蕃凌刻无极也；今弃之复归唐，无远戍劳，利莫大于此。异牟寻善之。"

先是，吐蕃维州副使悉坦谋，以城降于德裕。德裕表上之。牛僧儒力争，以朝廷新与吐蕃和，不应受其降。诏德裕并其城还之。吐蕃尽诛悉坦谋等于境上，极其残酷。时论不直僧孺。文宗寻亦悔之。遂罢僧孺，征德裕入相。德裕在州二年，练士卒，葺保障，积粮储以备边。① 边防大固。南诏知蜀有备，不复来犯。

南诏丰祐死，子酋龙立。唐廷以名近玄宗讳，不予册封。酋龙遂自称皇帝，国号大礼，建元建极。屡寇岭南、邕州、交趾等处。至宣宗时，高骈连破之于交州。乃遣使至成都修和。

懿宗时，凤翔少尹李师望建言：成都经总蛮事，旷日不能决，请析邛、蜀、嘉、眉、黎、雅、巂七州为定边军，建节度，制机事近且速。天子谓然。即诏师望为节度使，治邛州。师望至州，哀积无厌，私贿以百万计；又欲激蛮怒，以求功，杀南诏使臣。朝廷征师望，以窦滂代之。滂贪残又甚于师望。故蛮寇未至，而定边已困矣。咸通十一年，酋龙倾国入寇，分数道陷犍为、凌、荣、嘉、黎、雅、邛等州，所至大掠。西川人民争扶携避入成都，闾里皆满，户所占地不得过一床，雨则冒箕盎以自庇。城中井为竭，至取摩河池泥汁，澄饮之。蛮围成都，节度使卢眈尽力守卫，得不破。唐廷以颜庆复督诸路援军，击蛮于新都。蜀民数千人，争操芟刀白梃以助官军，大破之。又与蛮战于成都郭外，又大破之。蛮夜撤营遁去。蛮俘华民，必劓耳鼻已而纵之。事平后，居民刻木为耳鼻者十八九。巴蜀蛮夷之祸，未有烈于此役者也。

咸通十四年，南诏复寇蜀。缓舟大渡河以济，遂陷黎州，攻雅州，定边军卒皆溃入邛州。成都大震，人亡入玉垒关，士皆乘城。蛮至新津而还，回寇黔中，经略使秦匡谋奔荆南。

僖宗乾符元年，南诏劫略巂、雅间，破黎州，入邛崃关，掠成都野。成都闭三日。唐廷徙高骈为西川节度。骈逐蛮至大渡河，执酋长五十斩之；收邛崃关，复黎州，筑城于戎州马湖镇，号平夷军。又筑城于沐浴川、大渡河，皆蛮入蜀要道也。各置兵数千戍之。又筑成都罗城，周二十里。于是蜀防益固，南诏夺气。

酋龙年少嗜杀，兵出无宁岁，屡覆其众，国以耗虚。乾符初年，恚发疽死，子法立。年少好腊，酣饮委国事于大臣，国势浸衰，遣使来请修好。法死，子舜化立。

---

① 《新唐书·李德裕传》："旧制，岁抄运内粟瞻黎巂州。起嘉眉道阳山江而达大度，乃饷诸戍，常以盛夏至，地苦瘴疠，篙夫多死。德裕命转邛雅栗，以十月为漕。始先夏而至，以佐阳山之运饷者，不涉炎月，远民乃安。"按嘉眉由水道至大度近于邛雅。德裕改漕，当系改为泸运，辅以青衣一段水道而已。用力实多，为时则短，取其不涉炎月而至耳。非如何奇策也。故正文未采。

国益衰，时则中国亦大乱，不复与通。

吐蕃者，本西羌部族。至唐而强。据地东接松、巂，北抵突厥，西南极天竺，方万余里。屡扰陇蜀，为唐四大外患之一。至宪宗朝，始请和互市。武宗以后，以多内乱，国渐衰。

## 第十六节　陈子昂

文章自晋以来，竞尚俳绮，浮华靡侈，浸淫六朝。隋之初年，曾欲遏止浮伪，力求复古。然而士大夫习与性成，积重难返，虽以天子之力，未能振刷之矣。① 隋末唐初，皆仍江左陋习。至武后时，蜀人陈子昂，始以经典体格为文诗，追建安以上②，天下学者靡然慕之，遂开盛唐③之局。于是文则萧李韩柳④，诗则燕许李杜⑤，起八代之衰，复风雅之旧，皆由子昂启道之也。盖巴蜀当六朝时，大乱相循，人方忧死不暇，无心文艺，固不遑揣摩时尚，逐流江左。迄隋唐间，回复治平，士大夫之裔，整理旧籍，则犹古之典型在焉。突有天才卓绝之士，好而修之，则其成就譬如素丝之染色，更鲜丽。故能震铄当世，风靡后人。非如江左河北习染已深，一傅众咻，难为卓立也。

陈子昂，字伯玉，梓州射洪人。家世富豪。年十八未知书，尚气，弋博自如，他日入乡校感悔，即痛修饬。初为感遇诗三十八章，京兆司功王适见而惊曰：是必

---

① 《隋书·李谔传》：" 谔又以属文之家，体尚轻薄，递相师效，流宕忘返。于是，上书曰：'……魏之三祖，更尚文嗣，忽君人之大道，好雕虫之小艺。下之从上，有同影响；竞骋文华，遂成风俗。江左齐梁，其弊愈贵贱贤愚，唯务吟咏，遂复遗理。存异寻卢逾微，竞一韵之奇，争一字之巧，连篇累牍，不出月露之形，积案盈箱唯是风云之状。世俗以此相高，朝廷据兹擢士。禄利之路既开，爱尚之情愈笃……开皇四年，诏普天下公私文翰，并宜实录。其年九月，泗州刺史司马幼之文表华艳，付所司治罪。自是公卿大臣咸知正路，莫不钻仰坟集，弃绝华绮，择先王之令典，行大道于兹世。如闻外州远县，仍踵敝风。……上以谔前后所奏，颁示天下。' 又文举列传序曰：' 高祖初统万几，每念斫雕为朴。发号施令，咸去浮华。然时俗辞藻，犹多淫靡。故宪台执法，屡飞霜简。'" 于此可知隋初禁遏浮文之严，与士夫之习惯难改矣。
② 建安，献汉帝年号。其时曹操秉政。操子丕，丕弟植，与鲁国孔融，广陵陈琳，山阳王粲，北海徐干，陈留阮瑀，汝南应场平，刘桢，并有文采。自孔融以下，号称"建安七子"。其诗与文，皆道逸类两汉，后世称为建安体。
③ 唐代诗文体格数变，后人分为初唐、盛唐、中唐、晚唐四期。大抵开元以前百年间为初唐，时尚绮丽，颇近六朝。王勃、杨炯、卢照邻、骆宾王四人为其代表，号称"初唐四杰"；开元以后五十年间，为盛唐。崇尚浑朴道劲，铲除六朝旧习，苏颋、张说、李白、杜甫等为其代表；代宗以后八十年间，为中唐。韩愈、柳宗元、元稹、白居易等为其代表。宣宗以下，至于唐亡，为晚唐。诗文俱不及盛中两期之雄健，杜牧、李商隐等为此期之杰出者。
④ 萧士颖，字茂挺。李华，字退叔，并开元中文人，始屏绝骈俪，倡为古文，世称萧李；韩愈，字退之。柳宗元，字子厚。皆宪宗时人，其文宜上规三代，西汉下不之道，世称韩柳。
⑤ 苏颋，字廷硕，袭爵许国公。张说，字道济，封燕国公。皆玄宗时人，为文不尽脱骈俪旧习，而时则浑厚近雅，时称燕许大手笔。李白、杜甫并称李杜。详后。

为海内文宗矣,由是知名。文明初,举进士。时高宗崩,将迁梓宫长安,于时关中无岁。子昂上书盛言东都胜垲,可营山陵,欲谏止之。武后虽不听,然奇其才,召见金华殿,以占对慷慨,擢麟台正字。垂拱初,诏问群臣,调元气当以何。道子昂因是劝后兴明堂太学,后人以此笑之。①武后尝诏见子昂,赐笔札。中书省令条上利害,子昂对三事:

其一言:九道出大使巡按天下,申黜陟,求人瘼,臣谓计有未尽也。且陛下发使,必欲使百姓知天子夙夜忧勤之也,群臣知考绩而任之也,奸暴不逞知将除之也。则莫如择仁可以恤孤,明可以振滞,刚不避彊御,智足以照奸者,然后以为使。故辒轩未动,而天下翘然待之矣。今使且未出,道路之人皆已指笑。欲望进贤下不肖,岂可得耶?宰相奉诏,旧有遣使之名,无任使之实。使愈出,天下愈敝,徒令百姓治道路,送往迎来,不见其益也。臣愿陛下,更选有威重风概,为众推者,因御前殿,以使者之礼礼之;谆谆戒敕,所以出使之意,乃授以节,自京师及州县,登拔才良,求人瘼,宣布上意,令若家见而户晓。昔尧舜不下席而化天下,盖黜陟幽明,能折中者。陛下知难得人,则不如少出使。彼烦数而无益于化,是烹小鲜而数挠之矣。

其二言:刺史县令,政教之首。陛下布德泽,诏书必待刺史县令,谨宣而奉行之;不得其人,则委弃有司挂墙屋耳。百姓安得知之。一州得才刺史,十万户赖其福;得不才刺史,十万户受其困。国家兴衰,在此职也。今吏部县令如补一尉,但计资考,不求贤良,有如不次用人,则天下嚣然相谤矣。狃于常而不变也,故庸人皆任县令,教化之凌迟,顾不甚哉。

其三言:天下有危机,祸福因之而生。机静则有福,动则有祸。百姓安则乐生,不安则轻生者是也。今军旅之弊,夫妻不得安,父子不相养,五六平矣。自剑南尽河陇,山东举青徐曹汴,河北举沧瀛赵郑,或困水旱,或顿兵疫,死亡流离略尽,尚赖陛下悯其失职,凡兵戎调发,一切罢之,使人得妻子相见,父兄相保,可谓能静其机也。然臣恐将相有贪夷狄利,以广地强武说陛下者,欲动其机,机动则祸构。宜修文德,去刑罚,劝农桑,以自疲民。蛮夷知中国有圣主,必累译至矣。

---

① 《新唐书·陈子昂传》赞曰:"子昂说武后,兴明堂太学。其言甚高殊,可怪笑。后窃威柄,诛大臣宗室,胁逼长君而夺之权。子昂乃以王者之术勉之,卒为妇人讪侮不用。可谓荐圭璧于房闼,以脂泽汗漫之也。"吕东莱论曰:"陈子昂明堂之对,正对也。然君子不以为正,以其所对者武后之。"

凡数上书陈事，多中时弊。① 词皆典美，后颇纳之。迁右卫曹参军，再转右拾遗。子昂多病，居职不乐，会武攸宜讨契丹，表子昂为管记，军中文翰皆委之。攸宜轻易，无将略，子昂数为谋划。攸宜以其儒者，谢不纳。圣国初，以父老解官归。侍诏以官供养，会父为县令所辱，发愤死，冢次哀痛，闻者为涕。县令段简贪暴，闻其富欲害之。家人纳钱二十万缗，简薄其赂，捕送狱中，忧愤而卒，年四十三。子昂貌柔野，少威仪，性褊躁。然轻财好施，笃于朋友，与陵庆王无竞房融崔泰之卢藏用赵元最厚。文辞宏丽，当世以为法。有集十卷，友人卢藏用为之序，称其文卓立千古，横制颓波，天下翕然文质一变。又称其有卓荦之行，王霸之才，以为海内一人而已。其集盛行于当代。马端临文献通考谓：子昂文不脱偶俪卑弱之体，唯诗语高妙。盖子昂所为表序，犹有排俪语，故云然也。若其论事书奏，皆甚浑朴，近汉魏。至于为诗，则尤高古，兹举其与东方左史虬修竹篇，可以见其诗之品格矣：

东方公足下：文章道弊五百年矣。汉魏风骨，晋宋莫传，然而文献有可征者。仆尝暇时观齐梁间诗，彩丽竞繁，而兴寄都绝，每以永欢。窃思古人，尝恐逶迤颓靡，风雅不作，以耿耿也。昨于解三处，见明公《孤桐篇》，骨气端翔，音情顿挫，光映朗练，有金石声。遂用洗心饰视，发挥幽郁，不图正始②之音，复睹于兹。可使建安作者，相视而笑。解君云：张茂先、何敬祖、东方生与之比肩。仆亦为知言也。故感叹推制，作修竹诗一篇。当有知音，以传示之：

龙种生南岳，孤翠郁亭亭；峰顶上崇崒，烟雨下微冥；夜闻鼯鼠叫，书聒泉壑声；春风正淡荡，白露已清冷；哀响激金奏，密色滋玉英；岁寒霜雪苦，含彩独青青；岂不厌凝冽，羞比春木荣。春木有荣歇，此节无凋零，始愿与金石，终古保坚贞。不意伶伦子，吹之学凤鸣，遂偶云和瑟，张乐奏天庭；妙曲方千变，箫韶已九成。信蒙雕琢美，常愿事什灵。驱驰翠虬驾，伊郁紫鸾笙；结交嬴台女，吟弄升天行；携手登白日，远游戏赤城。低昂玄鹤舞，断绝彩云生。永随众仙去，三山游玉京。

---

① 据《新唐书》所载，子昂有"谏绝吐蕃书""谏开蜀山道袭吐蕃书"等；又有"奏论政要八科书"，一曰措刑，二曰官人，三曰知贤，四曰去疑，五曰招谏，六曰劝赏，七曰息兵，八曰先安宗子。皆切中时弊，得其体要。
② 正始，魏帝曹芳年号。时司马氏夺政，文人王弼、何晏、夏侯玄等，皆好老庄之学，为文冲淡玄远，尚无晋宋卑弱之笔。后世称为正始文学。

子昂之子光复，以文称，终商州刺史。子易甫、简甫皆位御史，决狱发奸，宦业显著；又有成都间丘均，射洪李浦，梓州王慧，遂州张九宗，盐亭赵蕤等，皆以文学称，承子昂之风也①。

## 第十七节　李白杜甫

有唐一代，陈白玉为海内文宗，李太白为古今诗圣②。皆蜀士也。

**李太白**　其先陇西成纪人，以罪流西域。武后时遁远蜀地，家于绵州③。白有宿慧，十岁通诗书，志气宏放，飘然有超世之心；喜击剑，有任侠，轻财重施，笃于朋友④。初隐岷山，游峨眉。嗣游江淮，客齐鲁，居任城之徂徕山，与孔巢父、韩准、裴政、张叔明、陶沔日事沉饮，号竹溪六逸。天宝初，南入会稽，与道士吴筠善。筠被召，荐之于朝，征至长安。太子宾客贺知章见其文，赏曰子谪仙人也。言于玄宗。诏见金銮殿，论当世事，奏颂一篇。帝赐食，亲为调羹。有诏供奉翰林。白仍时从饮徒醉，与贺知章、李适之、汝阳王琎、崔宗之、苏晋、张旭、焦遂为酒八仙人。玄宗与贵妃游沉香亭，意有所感，欲得白为乐章，召入。已醉，内侍以水沃面稍解。援笔成文，婉丽精切无留思。帝爱其才，数从宴饮。白尝沉醉，引足令高力士脱靴；力士素贵，耻之。摘其诗以激贵妃，曰白乃以赵飞燕比妃子。故帝欲官白，妃辄沮止。白自知不为亲贵所容。恳求还山。天宝三载，赐金放还。于是北抵赵魏，西涉邠岐，历商于，至洛阳，游梁最久。复之齐鲁，南游淮泗，再入吴，

---

① 《旧唐书·陈子昂传》："子昂卒后，益州成都人间邱均亦以文章著称。景龙中，为安乐公主所荐，起家拜太常博士。而公主被诛，均坐贬，为循州司仓。卒有集十卷。"
李浦，官至右拾遗，著有《捕履书》十余卷，世号补履先生；王慧，博学能文，仕至左补阙。张九宗，以儒业起家，仕至御史。遂宁文学，自九宗倡焉。（俱见《四川通志》）
《新唐书·艺文志》："赵蕤，长短要术十卷。蕤，字太宾，梓州人。开元中召之，不赴。"《北梦琐言》谓：蕤梓州盐亭人，博学韬铃，长于经世。夫妇俱有隐操，不应辟召，著《长短经》十卷，其书今存九卷。（杨升庵谓蕤，字云卿）
② 一语出杨慎、周受庵诗选序。今世通称李白为诗仙，杜甫为诗圣。时以前人似以白为诗圣，甫称诗史也。（诗史见《新唐书·杜甫传·赞》）
③ 《旧唐书》以白为山东人。然白上裴长史书曰："见乡人相如，大夸云梦之事。"又白诗曰"学剑来山东"，则刘昫误引。魏颢《李翰林集》序谓："白冢于绵，生于蜀。"《唐故翰林学士李君碣记》谓为广汉人。范传正《唐左拾遗翰林学士李公新墓碑》云："隋末多难，一房被窜于碎叶，流离散落，隐易姓名。故自国朝以来，漏于属籍。神龙初，潜还广汉，因侨为郡人。"唐代广汉固绵州县也。
④ 白《上安州裴长史书》有云："曩昔东游维阳，不逾一年，散金三十余万。有落魄公子，悉皆济之。"此则是白之轻财好施也。又昔与蜀中友人吴指南同游于楚，指南死于洞庭之上。白禫服痛哭，若丧天伦，炎月伏尸，泣尽而继之以血。行路闻者悉皆伤心。此则白存交重义也；又昔与逸人东严，子隐于岷山之阳，白巢居数年，不迹城市。养奇禽千计，呼皆就掌取食，了无惊猜。广汉太守闻而异之诣卢亲睹。此则白养高忘机不屈之迹也。"（杨慎李诗选题辞）

转徙金陵，上寻阳，登匡泸。永王璘重其才，辟为府僚佐。及璘擅引舟师东下①，逃还彭泽，坐系寻阳狱。御史中丞宋若思释之，荐于朝廷，不报。初白游并州，识郭子仪于行伍间，为免脱其死刑。及是坐璘党当诛，子仪请解官以赎。有诏长流夜郎，既入三峡，遇赦得释，复还游江南诸郡。宝应初，往依从叔李阳冰，至当涂②以白衣卒。唐孟启本事诗云："李白才逸气高，与陈拾遗齐名。先后合德。其论诗云，梁陈以来艳薄斯极，沈休文又尚以声律，将复古道非我而谁。与故陈李二集，律诗殊少。尝言寄兴深微，五言不如四言，七言又其靡也。况使束于声调俳优哉。故戏杜曰饭颗山头逢杜甫，头戴笠子曰卓午，借问何来太瘦生，总为从前作诗苦。盖议其拘束也。"白诗文，人多已读之，不录。

**杜甫** 字子美，本襄阳人。其父为巩令，遂家河南。少贫不自振，客游吴越齐楚间，举进士不中第。安禄山之乱，关辅大饥，儿女饿殍者数人。肃宗时流落剑南。严武镇蜀，奏为节度参谋、检校工部员外郎。甫于成都浣花里，种竹植树，结庐沈江，纵酒啸咏，与田夫野老相狎荡。武以世旧，待遇甚隆。甫狂放无拘，检武过其卢有时不冠，尝醉登武床，瞪视曰严挺之乃有此儿。武亦暴猛，欲杀之。武母奔救得免。武卒后，西川有崔宁之乱，乃往东川依高适。会适卒。又从戎、渝下夔州，住瀼西有年。大历中因杨子琳乱，又出瞿塘，下江陵，沂湘流，以登衡山。因容耒阳。永泰二年卒。年五十九。

杜善陈时事，律切精深，至千言不少衰，号"诗史"。（《新唐书》）中和中，词人元稹论杜诗曰："……唐兴，学官大振，历世能者之文互出，而又沈宋之流，研练精切，稳顺声势，谓之为律诗……至于子美，盖所谓上薄风骚，下该沈宋，言夺苏李，气吞曹刘。掩颜谢之孤高，杂徐庾之流丽，尽得古今之体势，而兼人人之所独夺矣……"（《旧唐书》）甫与李白，游梁时以诗相契。其后，唱和甚多。李诗豪宕雄奇，杜诗精练严整，皆后人所不及。世以李杜并称。韩愈诗云："李杜文章在，光焰万丈长。"其受时人推重如此。

---

① 天宝十五载，玄宗幸蜀，以子永王璘领四道节度使，镇江陵。于时场薛璆等以天下大乱，惟南方完富，宜据金陵保有江表，如东晋。故肃宗关之，敕璘归蜀。璘不从，竟引舟师东下，破沿江诸郡，拒守兵。江淮大震，江南采访使李成式等起兵讨之，璘兵溃被诛。
② 李白有"上从叔当涂宰阳冰"诗，《一统志》谓阳冰合州人，开元中为当涂令。善篆书，古今独步。李白尝往依之，不言为其从叔，又他书多谓阳冰赵郡人。（待考）

## 第十八节　前蜀始末

前蜀先主王建，字光图，许州舞阳人也。为人隆眉广颡，状貌伟。然少无赖，以屠牛盗驴贩私盐为事。后为忠武军卒，稍迁都头。唐中和四年。僖宗在蜀，忠武军将鹿宴弘叛，据许州。建与晋晖、韩建、张造、李师泰等，各率一部奔行在。僖宗得之大喜，号随驾五都，以属田令孜。令孜以为假子。及令孜得罪，建为壁州刺史，招募溪洞夷落得八千人，袭据阆利二州，自称防御使。东川节度使顾彦朗畏之，数遣使问馈。陈敬瑄恐合江图己，谋于田令孜。令孜遣使召之。已而敬瑄悔，遣人拒建。建军已至鹿头，大怒。破关进拔汉州，屡败敬瑄兵。遂围成都。文德元年，诏以韦昭度为西川节度使，分邛蜀黎雅为永平军，拜建节度使。敬瑄不受代，昭度将诸道兵十万讨之，三年不能克。时建已取西川各州，于是逐昭度，以兵扼剑门，而急攻成都。环城堑亘五十里。自四月至七月，敬瑄因令孜出降。建入成都，唐廷因以建为西川节度使。（昭宗大顺二年）乾宁二年，建遣王宗弼等攻东川。时顾彦朗已卒，其弟彦晖代为节度，乘城拒守，建不能克。四年，建自攻之，破梓州，彦晖自杀。于是建有两川之地。天复初，宦官韩全海等劫昭宗幸凤翔，朱全忠围之，李茂贞拒守。建遣王宗涤将兵五万，声言迎驾，以攻兴元，陷之。于是并有山南、西道。是时，荆南有乱，建乘间攻下夔施忠万四州，于是奄有全蜀。三年八月，唐封建蜀王。

朱温篡唐，建乃即皇帝位，国号蜀。改元武成。以王宗佶、韦庄为宰相，唐道袭为枢密使，郑骞为御史中丞，张格、王锴为翰林学士。是时唐衣冠之族多避乱在蜀，建皆礼而用之，使修举故事。故其典章文物，有唐之遗风①。建急于督责，虽仓库溢，而聚敛不已。末年，苦于痢疾，痛楚尤剧，但坐锦囊。疾中顾左右曰：我见百姓无数，列于床前，诉我曰重赋厚敛，以至我伤害而死。今已得诉于帝矣。我实不知外间如此。今如之何！未几而殂。在位十二年，年七十二。庙号高祖。建十一子，长子元膺谋作乱，伏诛。幼子宗衍，徐贤妃出也。以母宠立为皇太子。至是即位，是为后主。改名衍。衍为人方颐大口，垂手过膝，顾目见耳，颇好学问，能为浮艳之词。年少荒淫，委政宦者，以韩昭为相，鬻官如市，时有谣云："嘉眉邛蜀，侍郎骨肉；导江青城侍郎亲情；果阆二州，侍郎自留；巴蓬涪壁，侍即不惜。"衍起

---

① 韦庄，为唐相韦见素之孙。张格，为唐左仆射张濬之子。

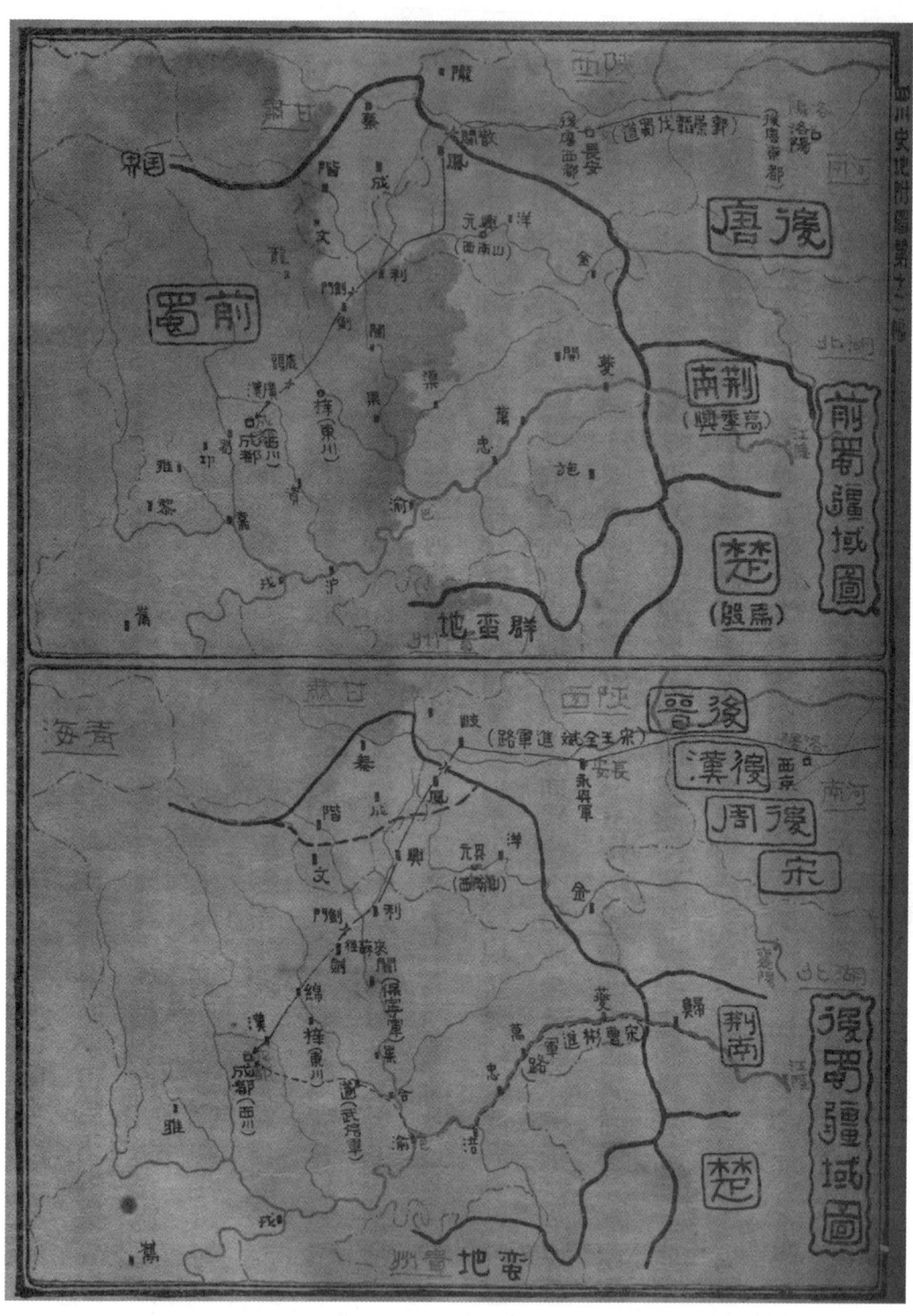

《四川史地讲义》附图第十二幅

宣华苑，与诸狎客妇人日夜酣饮。其中，嘉王宗寿，流涕谏。诸狎客共以谩言嘲谑，喧然乱之。衍不能省也。数出游幸，穷极侈靡①。后唐同光二年，遣李严使蜀。衍与俱朝上清宫，帘帷珠翠，夹道不绝。严见其人物富盛，而衍骄淫，归乃献策伐蜀。明年，唐魏王继岌、郭崇韬伐衍。初寺人王承休与其妻严氏并有宠于衍，选诸军骁勇者，置龙武军，以承休为都指挥使。承休言于衍曰：秦州多美妇人，请为陛下采之。衍遂以为天雄军节度使，承休至镇，强取民家子女，教歌舞图形，献之。请衍临幸，亦以严氏故欲幸之。行至绵谷，而唐师入境。回跸至金牛，则唐卒已塞峡而至，衍留王宗弼等拒之。蜀师皆不肯战，遣使遽促，则回枪刺之曰。请换取龙武军来，宗弼等皆送款于唐，衍奔还成都，上表乞降。自出师至是才七十日，唐庄宗徙衍及诸将家族数千人于洛阳。至秦川驿，杀衍，夷其族。王建自光启三年入阆州，至同光三年蜀灭，凡三十九年，称帝十八年。

　　郭崇韬，素为宦官伶人所忌。伐蜀之役，颇夺军政，多纳宝货妓药。以是为群小所构，被杀，五子并见害。②其将李绍琛与董璋相恶，魏王继岌率诸军北还，至武连遇敕，令璋将兵诛朱令德。③绍琛以不见委自疑，怒谓诸将曰：国家南取大梁，西定巴蜀，皆郭公之谋，而吾之功也。至于去逆顺，与国家犄角，以破梁，则朱公也。今朱、郭皆无罪族灭，归朝廷之后，我能免乎！遂自剑州拥兵西还，自称西川节度使。移檄成都，招谕蜀人众至五万。继岌以任圜、董璋讨之，追及绍琛于汉州。绍琛迎战，大败。奔绵竹被擒，诛继岌。东归至长安，适伶人弑庄宗。又言明宗入据洛阳，继岌自杀。

---

① 《新五代史·世家》："衍立之明年，改元乾德。乾德二年冬，北巡至于西县，旌旗戈甲连亘百余里。其还也，自阆州浮江而上，龙舟画舸，照丽江水，所在供亿，人不堪命。三年正月，达成都。"又曰："衍自立，岁猎于子来山。是岁，又幸彭许阳平山、汉州三学山。以王承休妻严氏故，十月幸秦州。"《通鉴》："衍常列锦步障，击球其中。往往远而外人不知。爇诸香昼夜不绝。久而厌之。更爇皂荚以乱其气，结缯为山及宫殿楼，观于其上；或为风雨所败，则更以新者易之。或乐饮绘山，涉旬不下。山前穿渠，乘船夜归，令宫女秉蜡炬千余，前船卻立灵之，水面如昼；好为微行，酒肆倡家，无所不到。"

② 《新五代史·郭崇韬传》："崇韬素嫉宦官，尝谓继岌曰：王有破蜀功，归旋必为太子。俟主上千秋万岁，当尽去宦官，至于扇马亦不可骑。继岌监军李从袭等，见崇韬志任军事，心已不平，及闻此言遂皆切齿，思有以图之。庄宗闻蜀破，遣宦官向延嗣劳军。崇韬不郊迎。延嗣大怒，因与从袭等共构之。延嗣还，上蜀簿，得兵三十万，马九千五百匹，兵器七百万，粮二百五十三万石，钱一百九十二万缗，金银二十二万两，珠玉犀象二万，文锦绫罗五十万匹。庄宗曰：人言蜀天下之富国也，所得止于此耶？延嗣因言，蜀之宝货皆入崇韬，且诬其有异志，将危魏王。庄宗怒，遣宦官马彦珪至蜀，视崇韬去就。彦珪以告刘皇后。皇后教彦珪矫诏魏王，杀之。崇韬有子五人，其二从死于蜀。余皆见杀。其破蜀所得皆籍没。"

③ 朱令德，时为武信节度使。在遂州。其父朱友谦，许州人。为梁太祖朱温假子，镇河中。太祖被弑，以河中附于晋，封西平王。庄宗灭梁，友谦入朝，赐名李继麟。宦官伶人多求赂遗，友谦不能应。遂诬与崇韬婿王存义，通谋怨望。庄宗杀之，并诛令德。

## 第十九节　后蜀始末

后蜀先主孟知祥，字保胤，邢州龙冈人。仕唐为太原尹，尚琼华公主。郭崇韬伐蜀，预荐为西川帅。蜀平，庄宗遂以知祥为西川节度使。同光三年，知祥至成都。时崇韬已死，魏王东归，李绍琛作乱，绍琛就擒。时蜀中群盗，犹布满山林。知祥乃择廉吏治州县，蠲除横赋，安集流散，下宽大之令，与民更始。大盗康延孝等，负隅未服，知祥悉讨平之。明宗入立，知祥阴有据蜀之志，乃训练兵甲，益置义胜、定远、骁锐、义宁等军七万余人，令李仁罕、赵延隐、张业等分将之。唐廷知其志，遣客省使李严为之监军。知祥怒，执杀严。明宗不能诘。

时东川节度使董璋，亦跋扈。明宗用安重海谋，以夏鲁奇为武信军节度使，分果、阆二州，为保宁军，以李仁矩为节度使。益兵戍守诸州，以备两川。知祥与璋大惧。二人素有隙，至是结为婚姻，谋併力以拒朝廷。长兴元年，知祥联董璋反。璋破阆州，擒仁矩杀之；知祥围遂州。明年克之。鲁奇自杀。时唐廷以石敬瑭讨两川，克剑州，以粮运不继，烧营北还。已而安重海以逸诛。明宗因遣人谕知祥，以重海夺命兴兵，今已服罪，令各回镇。知祥闻唐厚待其家属，遣使邀璋同谢罪。璋怒曰：孟公亲戚皆完，而我子孙独见杀，尚何谢为由。是复为仇怨。长兴三年，知祥与璋战于汉州，大破之。东川将王晖，杀璋以降。知祥于是并有两川地。长兴四年，唐封知祥蜀王。从所请也。及明宗崩，闵帝立。知祥遂称皇帝，国号蜀。改元明德。以赵季良为相，李昊为翰林学士。称帝六月而殂。子昶立，是为后主。

昶，知祥第三子也。本名仁赞，病中立为太子。即位后，改名昶。时年甚少，好打毬走马，不亲政事。然颇纳谏，能立威刑。时将相大臣，皆知祥故旧。知祥素多优纵，及兹事昶，益骄蹇，多逾法度，夺人良田以为宅第，发人坟墓，酷法厚敛，蜀人皆怨之。昶即位数月，以次诛夷故将旧臣殆尽，始亲政事。时契丹灭晋，汉高祖刘智远起于太原，中国多故，雄武军节度使何建以秦、成阶、文三州附于蜀。昶因遣将攻下凤州，于是悉有王衍故地。

周世宗时，常愤中国日蹙，有削平天下之志。而秦州民夷，有献策请恢复旧疆者。世宗纳之。显德二年，遣凤翔节度使王景伐蜀。昶遣李廷珪等拒之，大败于黄花谷（今凤县境）。于是秦、成阶、凤复入于周。

昶幸中国方乱，据险一方，君臣务为奢侈以自娱，至于溺器皆以七宝装之。宋太祖乾德二年，遣王全斌、崔彦进出凤州，刘光义、曹彬出归州，以伐蜀。昶遣王昭远等领兵拒战，三战皆北，遂失利州，昭远焚桔柏津浮梁，退保剑门。全斌遣史延德，分兵出来苏小道夹攻之，擒昭远。时刘光义等克蜀夔州，略定峡中诸州县。昶遣子玄喆救剑门，至绵州，闻败军溃遁还。昶惶骇失次，问计于左右。有老将石斌对曰："宋师远来，势不能久。请聚兵固守，以老之。"昶曰："吾父子以温衣美食，养士四十年。一旦临敌，不能为吾东向放一矢。虽欲坚壁，谁与吾守者耶？"乃上表出降。自兴师至是，才六十六日。昶至汴京，封秦国公，七日而卒。自同光三年孟知祥入蜀，至乾德三年昶降，凡四十年，称帝者三十三年，史称后蜀，以别于王氏。

王全斌等在蜀，日夜宴饮不恤军士，纵部下掠夺子女财物。蜀人苦之。惟曹彬一军，秋毫无犯。彬屡请旋师，全斌等不从。既而宋祖诏，发蜀兵赴汴，优结装钱。全斌等擅减其数，仍纵部曲侵扰之。蜀人愤怨，行至绵州遂叛。劫属邑，众至十余万，自号兴国军。获蜀文州刺史全师雄（成都人），推以为帅，称兴蜀大王。攻下彭州据之。崔彦进等进攻，反为所败。全斌退保成都。邛蜀眉雅等十六州皆起兵应师雄。乾德四年，刘光义、曹彬等击师雄，破于新繁。全斌等复败之于灌口。师雄走金堂，病死。余党据铜山，推谢行本为主。时宋廷以康延泽等为招安巡检使，攻拔铜山，分道招辑。久之始定。明年王全斌等以罪征还，令中书问状，俱伏黩货杀降之罪；特赏曹彬。

## 附　两蜀大事年表

| 干支 | 蜀年号 | 唐及五季年号 | 大事举 |
|---|---|---|---|
| 丁未 | | 唐僖宗光启三年 | 王建袭据阆州　李茂贞为凤翔节度使 |
| 辛亥 | | 唐昭宗大顺二年 | 王建克成都尽有西川地 |
| 丁巳 | | 乾丰四年 | 王建并东川 |
| 辛酉 | | 天复元年 | 李茂贞封岐王 |
| 甲子 | | 天祐元年 | 梁王朱全忠弑昭宗立昭宣帝 |
| 丙寅 | | 三年 | 王建封蜀王 |
| 丁卯 | 唐天复七年 | 梁太祖开平元年 | 朱全忠篡唐　王建称帝　高季兴为荆南节度使 |
| 戊辰 | 蜀高祖武成元年 | 二年 | 晋王李克用卒 |
| 辛未 | 永平元年 | 乾化元年 | 岐攻蜀败还 |
| 壬申 | 二年 | 二年 | 梁朱友珪弑父自立　均王朱友贞讨之 |
| 癸酉 | 三年 | 三年 | 梁朱友贞立　蜀弑术子元膺 |
| 乙亥 | 五年 | 梁帝贞明元年 | 蜀取岐四州 |

续表

| 干支 | 蜀年号 | 唐及五季年号 | 大事举 |
|---|---|---|---|
| 丙子 | 通正元年 | 贞明二年 | 契丹称帝 |
| 丁丑 | 天观元年 | 三年 | 蜀改国号汉寻 复为蜀 |
| 戊寅 | 光天元年 | 四年 | 蜀主建卒太子衍立 |
| 己卯 | 后主乾德元年 | 五年 | |
| 庚辰 | 二年 | 六年 | 蜀侵岐不克 |
| 癸未 | 五年 | 唐庄宗同光元年 | 唐灭梁 |
| 乙酉 | 咸康元年 | 三年 | 唐伐蜀前蜀亡 孟知祥入蜀 |
| 丙戌 | | 明宗天成元年 | 唐庄宗被弑 明宗立 李从曮降唐 岐亡 |
| 戊子 | | 二年 | 高季昌袭夔州 蜀兵击败之 |
| 庚寅 | | 长兴元年 | 孟知祥董璋以两川叛唐 |
| 癸巳 | | 四年 | 孟知祥封蜀王 唐明宗崩 |
| 甲午 | 蜀高祖明德元年 | 憨帝应顺元年 | 蜀王称帝寻卒 唐潞王从珂废主自立 |
| 后主 | 明德二年 | 潞王清泰二年 | 蜀杀李仁罕 |
| 丙申 | 三年 | 晋高祖天福元年 | 晋灭唐 |
| 己亥 | 四年 | 广政二年 | 蜀主昶亲政 |
| 壬寅 | 五年 | 七年 | 晋高祖崩齐王重贵立 |
| 丁未 | 十年 | 帝重贵开运四年 | 辽帅入汴晋亡 刘知远称帝于晋阳 蜀取秦凤四州 |
| 戊甲 | 十一年 | 汉高祖乾祐元年 | 蜀侵汉败迁 汉高祖崩子承祐立 |
| 庚戌 | 十三年 | 后主乾祐二年 | 郭威篡汉 |
| 辛亥 | 十四年 | 周太祖广顺元年 | 唐灭楚 |
| 甲寅 | 十七年 | 世宗显德元年 | 周太祖崩 世宗柴荣立 |
| 乙卯 | 十八年 | 二年 | 周伐蜀取四州 |
| 己未 | 二十二年 | 六年 | 周世宗崩子宗训立 |
| 庚申 | 二十三年 | 宋太祖建隆元年 | 宋太祖代周 |
| 癸亥 | 二十六年 | 乾德元年 | 宋收江陵南平 蜀约北汉伐宋 |
| 乙丑 | 二十八年 | 三年 | 宋伐蜀 蜀亡 |

# 第二十节 风俗颓敝时期

蜀土风俗，两汉最隆。人崇德义，户擅诗书，礼乐兴于堂庙，贞洁重于闾里；是以学士、高人、义夫、节妇，蝉联以出，简不胜书。迄李氏之乱，衣冠流徙，贤人隐遁，文献失征，然其为俗犹未敝也。故隋唐之间，仍以多产俊为世所重；泊乎天宝以后，藩镇骄横，纵欲恣志，蹂躏民德；或逼良家侑酒，或污僚吏内室。游宴不已，贿赂公行。正直者贾祸，谄媚者获宠。于是一变后汉高洁之风，而成晚唐浮薄之俗矣。是故，李杜以下蜀无闻人，道衰文丧，足以征焉。五季之初，中原丧乱，杀伐无已，饥馑相仍；淮扬夙称财赋之区，亦至饥民相食，父子相鬻。而巴蜀独以殷富丰乐闻于天下，中原世族相率来归，礼荣文物随之俱至。故两蜀虽割据一隅，而典章有上国之风焉。然王、孟二氏，皆以武夫崛起，不学无术，未能敦尚教化，返其敝俗；且王衍、孟昶又以少年践祚，素无严师诤臣以为之辅，血气未定，日事荒嬉，奢靡邪淫，自上倡之，市井竞从，如风靡草。① 于是，两川之间俨有六朝气象，士工便佞，女习轻薄，吏皆贪黩，政以贿成，廉耻扫地，礼教荡然矣。迄于宋初，蜀人犹不为中国所齿。② 盖四川风俗之颓敝，未有甚于此诗者云。

此时期内，蜀土非无贤者，大抵屏迹山林，不显于时；其显者，无非谀谄便佞之士。兹举其著，以觇一般：

**唐袭** （《十国春秋》作"唐道袭"），阆州人。始以舞童事王建，美眉目，使佞有心计，已而寝与谋划。建称帝，以为枢密使。太师王宗佶以军骄肆，屡呼袭名。袭潜杀之。③ 建嘉袭能，旌其乡曰列士乡。后与太子元膺有隙，复潜以谋反；元膺惧，率天武甲士攻袭，杀之于神武门。元膺以是诛死。

**王承休** 为前蜀宦官。与其妻严氏，并以美色为王衍所宠幸，多以邪僻奸秽事媚衍。与大臣韩昭相结，表里为奸。秦州之役，因以覆国，与王宗弼同日被诛。前蜀宦官，尚有唐文扆、宋光嗣、景润澄、欧阳晃、田鲁传等，皆巧佞奸贪之类也。

**王宗弼** 本名魏宏夫。王建以为假子，从攻东川，被擒，后为顾彦晖假子。彦晖败，复归建。王衍立，官太师兼中书令，内外迁除皆出其手。纳贿徇私，赃款巨

---

① 《野人闲话》："孟蜀后主时，城内人生，三十岁有不识米麦之苗。每春三月、夏四月，多有游花院及锦圃者。歌乐掀天，珠翠填咽，贵门公子华轩彩舫，共赏百花潭。上至诸王功臣以下，皆各置林亭，异果名花充溢其中。城头尽植芙蓉，秋间盛开，蔚若锦绣。"《十国春秋补遗》："伪蜀孟王僭位，诸勋贵竞起甲第。伪中令赵廷，隐起南宅北宅，千梁万拱，奢丽莫之与俦。后枕江渎，池中有二岛屿，遂甃石，池四岸皆种垂杨，或间杂木；芙蓉池中种藕，每至秋夏花开，鱼跃柳阴之下。下有士子执卷者、垂纶者，执如意者，执尘尾者，谈诗评画者一日；岸之隅，有萍一苹，十分两岐，开二朵，其时太平无事，士女娑拖肆艳游者甚众。"于此足见当时甲第之美、兴游宴之侈矣。盖成都在唐时风气多质朴，百花潭等名胜，其时不过荒塘而已。及王衍纵游，民间风气一变。迄于孟蜀，遂有如此之盛，此风直历宋元，至今不复替矣。
② 宋人颇鄙夷蜀人。眉州王腾，曾撰《辩蜀都赋》以为蜀人辩。
③ 《新五代史》前蜀世家："宗佶本姓甘氏，建为忠武军卒时，掠得之，养以为子。后以军功累迁武信军节度使。后建所生子元懿等稍长，宗佶以养子心不自安，与郑骞等谋，求为在司马，总六军开元帅府，凡军事便宜而后闻。建以宗佶创业功，多优容之。唐袭，本以舞僮见幸，后为枢密使，宗佶犹名呼之，袭虽内恨，而外奉宗佶愈谨。建闻之怒曰：宗佶名呼我枢密使，是将反耶？宗佶求大司马章三土。建以问袭，袭因激怒建曰：宗佶功臣，其威望可以服人心。陛下宜即与之。建心益疑。宗佶入奏事，自请不已。建叱卫士扑杀之，并赐骞死。"

万。唐兵至，衍命宗弼拒之。阴纳款于郭崇韬，遁回成都，迁衍家族于西宫，杀素所不快者以降。时贵戚大臣，纳金宝、进妓妾，救死于宗弼者不可胜计。宗弼赍衍玩用值百万献于魏王，以求西川节度；继岌曰：此我家物也。焉用为献！宗弼又数遗郭崇韬，以求之。及崇韬被疑，遂族诛宗弼以自明。

王建有假子数十人，多具才艺，有战功。行事虽不必皆如宗弼，然不羞为人义儿，则廉耻道丧可知也。

**王衍狎客** 王衍以韩昭、潘在迎、顾在珣、严旭等为狎客，皆俳优自畜，诙谐调笑，以逢迎衍而已。《蜀梼杌》曾载顾在珣《十臣文》，录以见当时君臣相狎之状与其政俗之恶。在珣，盖蜀人也。

"衍会僻君臣，举觞不饮，容色不悦。在珣曰：'臣闻主忧臣辱。今陛下临轩不乐，臣愿请罪。'衍曰：'北有后唐，南有蛮诏，既不能吊伐，又不为臣子，此所以忧也。'在珣曰：'朝廷有十臣在，陛下何忧。'退而令太子洗马林罕者，作《十臣文》以进，曰：'只如兴土木于禁中，选骁雄于麾下，爰持斧钺出镇藩篱，饰宫殿于遐方，命銮舆而远幸，为衅之端，为祸之原，有王承休在；摧挫英雄，吹扬佞媚，全无才智，谬处腹心。断性命于戏玩之间，戮仇雠于枢机之下，有功劳而皆弃，非贿赂而不行，有朱光嗣在；受先皇之付嘱，为大国之栋梁，既不输忠，又不知退。恣一门之奢侈，任数力之矜夸，徒为贪饕之人，实非社稷之器，有王宗弼在；谬陟烟霄，殊非謇谔，兴乱本则逞章程之妙，恣奸谋则事颇舌之能。心口倾危，尚居左右，有韩昭在；性怀惨毒，心恣贪残，焚爇军营，要宽私第，不顾喧腾于众口，惟思自任于忿怀，有欧阳晃在；酷毒害民，市井聚货，叨为郡守，宝负天恩，疮痍已遍于阳安，蒙蔽由凭于密勿，有田鲁俦在；为君王之元舅，受保傅之尊官，但饰奢华，不思辅弼，宅第回同于上苑，金珠求满于贪心，有徐延琼在；出为留守，入掌枢机，无謇谔以佐君，但唯唯而徇旨，有景润澄在；搜求女色，取悦宸襟，常叨不次之恩，每冒无厌之宠，敷对惟夸于便捷，佐时不识于经纶，素非忠勤，实为悉窃，有严凝日在；唱亡国之音，冲趋时之侈，每为巫觋，以玩圣朝，致君为桀纣之昏，使上乏唐虞之化，有臣在。陛下任臣如此，何忧社稷不安。'衍览之大笑，赐在珣彩五百段，加封开府。在珣以彩之半遗罕。"

**王昭远** 成都人，幼孤贫，依僧知谌为童子。孟知祥饭僧见之，爱其聪慧，令给事太子昶读书。昶即位，遂知枢密。宋师来伐，昶命昭远率赵崇韬等拒之。昭远谓李昊曰：是行也，非只克敌。当以此数万雕面恶少，取中原如反掌耳。及行，执铁如意指挥军事，自比诸葛亮。已而与宋军遇于汉源，赵崇韬布阵将战。昭远战栗，据胡床不能起。崇韬战死,昭远先众军免胄弃甲走,被擒降宋。

**李昊** 唐宰相李绅之后。仕前后蜀五十年,资货巨万,妓妾数百,奢侈逾度,王衍、孟昶降表皆其所作。蜀人鄙之,夜榜其门曰"世修降表李家"。

当时执政者之人格如此,行事如此,欲俗不坏其可得乎!传陈敬瑄时,进有一宠姬,为郫令某女。令欲求彭牧,以红绢数寸作二十八字,遣其妻私以授女,曰:"深宫富贵事风流,莫忘生身骨老头。因与太师欢笑处,为吾方便说彭州。"盖士类之无耻,自晚唐时已然矣。

## 第二十一节　风俗颓敝期之女诗人

前述晚唐五季之世,为四川风俗颓敝时期。此时期中,士类不只道德沦丧,即文章亦无足称;而女子之擅诗词者,反极盛一时。此实四川历史之导致也。盖其时,蜀土殷盛,风习侈靡,贵家女子饱食无事,则以诗文自娱。闺朋倡和好事者,辄为传之。亦且有藉诗文为装饰,冀攀豪门求富贵,如郫令某者。要皆非有大志于学问也。故其为文率多小词,继丽轻薄,实无当于大雅云。兹考列其尤有名者以见:

**薛涛** 字洪度。幼有才辩,善为诗。父名郧,故长安人,官蜀死于成都;母孀养涛,及笄诗名甚著。韦皋镇蜀,召令侍酒赋诗,于是扫眉传粉,从士族游,出入幕府。自皋至李德裕,凡历十一镇,皆以诗受知。其与涛唱和者,元稹、白居易、牛僧孺、令狐楚、严绶、张籍、杜牧、刘禹锡、胡曾、武元衡、李德裕、段文昌父子等,皆一时名士;海内文人,多有为之入蜀者。涛寓百花潭,好制小诗,嫌笺幅大,因作深红小彩笺,裁书献酬,时人谓之薛涛笺。后世皆仿为之。晚岁好道,居碧鸡坊,创吟诗楼,偃息其上。太和中卒,年七十五。段文昌再镇成都,为撰墓志。今其墓在成都望江楼下。涛有诗集,大抵皆言情之作,词旨清越,意趣缠绵。其《秋泉》诗云:"冷色初澄一带烟,幽声遥泻千丝弦,长来枕上牵情思,不使愁人半夜眠。"《春望》词云:"花开不同赏,花落不同悲;欲问相思处,花开花落时。"余诗多类此。元稹尝寄涛诗,云:"锦江滑腻峨眉秀,幻出文君与薛涛。言语巧偷鹦鹉舌,文章分得凤凰毛;纷纷词客多停笔,个个郎君欲梦刀,别后相思隔烟水,菖蒲花发五云高。"其见称于时如此。韦皋时,欲奏以涛补校书郎,护军以营伎无校书之号不可而止。然时人遂呼为"薛校书"。胡曾诗曰:"万里桥边女校书,枇杷花下闭门居,扫眉才子知多少,管领春风总不如。"

**卓英英、眉娘、元士** 并唐时成都女郎,以诗互酬唱。英英《锦城春望》云:

"和风装点锦城春，细雨如丝压玉尘，漫把诗情访奇景，艳花浓酒属闲人。"眉娘和云："蚕市初开处处春，九明衢艳起香尘，世间纵有浮华事，争及仙山出世人。"英英《游感福寺》诗云："牡丹未及开时节，况是秋风莫近前，留待来年二三月，一枝和雪压神仙。"元士诗云："数载幽栏种牡丹，浓香艳色待神仙，神仙既有丹阳术，携取何妨入洞天。"

**二徐妃** 成都徐耕有二女，皆国色，能为诗。王建纳之，姊为贤妃，妹为淑妃。贤妃生衍，以母宠得立为太子。衍即位，册贤妃为顺圣太后，淑妃为翊圣太妃。咸康元年，衍奉太后、太妃同祷青城山。历丈人观，朝上清宫，设醮祈福，各制词勒石。遂至彭州阳平化（地名），汉州三学山，观圣灯而还。其《回跸》诗云："为寻灵境散幽情，千里江山暂得行；所恨风光看未足，却驱金辇入龟城。"（太后）"翠驿江亭近玉京，梦魂犹自有青城；比来出看江山景，却被江山看出行。"（太妃①）国亡入至秦江驿，与衍同被杀。徐妃鬓发如云，而有色，刑者将免之，妃曰：国家丧亡，义不受辱，遂就死。

**李舜弦** 梓州李珣②妹也。雅有文才，尤工诗词，王衍纳为昭仪，所著《蜀宫应制诗》《随驾诗》《钓鱼不得诗》诸篇，多为文人赏鉴。③ 同时，另有李夫人者，善属文，能书画，国亡为郭崇韬掠得。

**李玉箫** 亦王衍宫人。擅声律④，宠幸亚于舜弦，尝作宫词云："鸳鸯瓦上瞥然声，画寝宫娥梦里惊，元是我王金弹子，海棠花下打流莺。"

**徐慧妃** 青城人，徐国璋女。幼有才色，孟昶纳之为贵妃，别号花蕊夫人。⑤

---

① 二诗皆作于天回驿。其上清宫勒石诗云："碧烟红雾扑人衣，露宿苍苔石径危，风巧解吹松上曲，蝶娇频采脸边脂，同寻僻境携手思，暗指遥山学画眉，好把身心清静处，解冠霞帔事希夷"（太后）；"丹景山头宿梵宫，玉轮金辂驻遥空，军持无水注寒碧，兰若有花开晚红；武士尽排青嶂下，内家皆在讲筵中。我家帝子传王业，积善终期四海同"（太妃）。观圣灯诗云："圣灯千万炬，旋向碧云生，细雨沥不暗，好风吹更明。声敲金地响，偶唱梵天声；若诮无心法，此光如有情。"（太妃）俱见杜光庭《青城山记》。又，《蜀梼杌》谓"姊生彭王，妹生衍。建即位，姊为淑妃，妹为贵妃。衍即位，册贵妃为顺圣太后"云云。与《五代史》《十国春秋》诸书有异，附识于此。

② 李珣，字德润，梓州人，以小辞为后主所赏。尝制浣纱溪词，有"早为不逢巫峡夜，那堪虚度锦江春"句，词家互相传诵。《十国春秋》有传。

③ 《十国春秋》载其应制诗曰："浓树萦花开后庭，饮筵中散酒微醒；濛濛雨草瑶阶湿，晓来愁吟独倚屏。"随驾诗云："因随八驾上仙山，顿隔尘埃景物闲，只恐西追王母宴，却忧难得到人间。"钓鱼诗云："尽日池边钓锦鳞，芰荷香里暗销魂；依稀纵有寻香饵，知是金钩不肯吞。"

④ 后主常宴近臣于宣华苑，命玉箫歌己所撰月华如水宫词，侑嘉王宗寿酒。词曰："辉辉赫赫浮五云，宣华池上月华新；月华如水浸宫殿，有酒不醉真痴人。"声音委婉，抑扬合度，一座无不倾倒。宗寿惧祸，亦为之尽觞。（见《十国春秋》）

⑤ 或谓花蕊夫人姓费。然宋吴曾《能改斋漫录》云："徐国璋纳女于昶，拜贵妃，别号花蕊夫人。煮花不足，擬其色似花蕊，翻轻也。又升号慧妃，以号如其性也。"又云："陈无己以夫人姓费，误矣。"《十国春秋·蜀徐夫人传》，亦如此云。兹故依之。又宋蔡绦《铁围山丛谈》云："花蕊夫人，蜀王建妾也。即后号小徐妃者……及孟氏再有蜀，传至昶，则又有一花蕊夫人，作宫词者是也。"是前后各有一花蕊夫人也。

长于诗咏，作宫词甚多，今并传。宋师平蜀，太祖闻其名，命别车护送入汴，召使陈诗，诵亡国之由。其诗有"十四万人齐解甲，更无一个是男儿"之句，太祖大悦，留之宫内，而昶遂死。徐妃心未忘昶，屡造毒谋弑太祖。太祖不忍诛，太宗数请除之，后竟赐死。妃所作宫词，清新俊雅，传者每与王衍诸人相乱。今择录其四首："梨园子弟簇池头，小乐携来候燕游。旋炙银笙先按拍，海棠花下合梁州"；"自教宫娥学打毬，玉鞍初跨柳腰柔。上棚知是官家认，遍遍长赢每一筹"；"管弦声急满龙池，宫女藏阄夜宴时。好是圣人亲捉得，便将浓墨扫双眉"；"月头支结买花钱，满殿宫人近数千，遇着唱名多不语，含羞走过御床前"。

他如张窈窕①、黄崇嘏②、侯继图妻③、韦庄妾④，甚至浣花之妇⑤，驿卒之女⑥，皆擅诗词，见称于世。当时妇女文艺之盛，可知矣。

## 第二十二节　宋初蜀乱与张咏政绩

蜀当五季时，虽两姓割据，未罹兵燹，富饶之号，喧腾中国。宋师平蜀，悉辇府库积蓄于汴京。后之任事者，竞商榷功利，务为厚敛，以悦朝廷。于常赋外，更置博买务，禁商贾不得私市布帛。益州土狭民稠，耕种不足给。由是行兼并者，益粜贱贩贵以规利；小民大困。太宗淳化三年，青神民王小波聚众为乱，曰："吾疾贫

---

① 唐时，成都有女张窈窕，其上当事者诗云："昨日买衣裳，今日卖衣裳。衣裳俱卖尽，羞见嫁时箱。有卖愁应缓，无时心转伤。故园戎马隔，何处是蚕桑。"（《四川通志》）
② 前蜀相周庠，初在邛南幕中留司府事。临邛县送失火人黄崇嘏，才下狱便贡诗一章曰："偶离幽隐住临邛，行止坚贞比涧松；何事政清如水镜，绊他野鹤向深笼。"周览诗召见，称乡贡进士，年三十许，应对详敏，随命释放。后数日，复献长歌。庠益奇之，召于学院，与诸子侄同游，雅善琴弈，妙书画，未几荐摄司户参军。胥吏畏服，案牍勤明。庠既重其英聪，又美其风采，欲以女妻之。崇嘏贡诗谢曰："一辞拾翠碧江涯，贫守蓬茅但赋诗。自服蓝衫居板掾，永抛鸾镜画峨眉。立身卓尔青松，操挺志铿白璧姿，幕府若容为坦腹，愿天速变作男儿。"周览诗惊骇，召见诘问，乃黄使君子之女，幼失覆荫，与老妪同居，原未徒人。周益仰贞洁，旋乞罢归临邛。竟莫知所亡焉。（《玉溪编事》）
③ 侯继图，读书大慈寺，忽桐叶飘坠，上有诗云："拭翠敛峨眉，郁郁心中事。搦管下庭除，书成相思字；此字不书石，此字不书纸，书在桐叶上。愿逐秋风起，天下有心人，尽解相思死；天下负心人，不识相思字。有心与负心，不知落何地。"后数年，卜婚任氏，方知桐叶句乃任氏在绵书也。继图后官蜀尚书。（《五代诗话》）
④ 韦庄寓蜀，有爱姬姿色艳丽，词翰精绝。王建闻之，托以教内人夺去。庄追念怅怏作谒金门词云："空相忆，无计相传，消息断隔桃源人，不识彩云何处见；新睡觉来无力，不忍把伊书迹。满院落花春寂寂，断肠芳草碧。"又有荷叶杯词云："绝代佳人，难得倾国，花下见无期。一双愁黛远山眉，不忍更思。惟闲掩翠屏，金凤残梦，罗幕画堂空碧天，无路信难通，惆怅旧房栊。"姬得词，不食而卒。（《古今词话》）
⑤ 顾氏积书岩选浣花女《潭畔芙蓉》诗云："芙蓉花发满江红，尽道芙蓉似妾容。昨日妾从堤上过，如何人不看芙蓉。"按此，足见当时妇女之轻佻，盖沾薛涛之遗化也。
⑥ 《能改斋漫录》传陆放翁入蜀，宿一驿中，见题壁云："玉阶蟋蟀闹清夜，金井梧桐辞故枝；一枕凄凉眠不得，呼灯起作感秋诗。"询之，驿卒女也，遂纳为妾。方逾半岁，夫人逐之。妾赋生查子词云："只知眉上愁，不识愁来路。窗外有芭蕉，阵阵黄昏雨，晓起理残妆，整顿欢愁去；不合画春山，依旧留愁住。"

富不均。今为汝辈均之！"贫者争附。遂攻陷青神，掠彭山，杀县令齐元振，剖其腹以钱实之，恶其诛求无厌也。四年，小波受创死，其党推小波妻弟李顺为帅，寇掠州县，众至数十万。五年春，顺攻下蜀邛汉彭诸州，乘胜逼成都，陷之。僭号大蜀王。遣其党四出，攻劫州县，两川大震。宋廷以宦者王继恩为西川招安使讨之。时顺以数万众犯剑门，为都监上官正与成都监军宿翰所破；又以二十万众围梓州，知州张雍等悉力守御，不能下。至是，继恩入剑，贼众崩溃，遂复绵阆巴蓬剑州。继恩至成都，大破贼众十余万，获李顺。遂复成都。顺党张余等西奔，陷嘉、戎诸州。

宋降成都府为益州，以张咏知州事。时王继恩、上官正、宿翰等，讨贼渐有功，顿师不进，专务饮博；其下恣横剽掠。张余等势益张大，转陷下流诸州郡。咏以言激正等，勉其追剿。正等惭愧，发奋深入，大致克捷。时贼攻开州、夔州、广安、嘉陵、合州、陵州者，皆为官军所败。张余窜回嘉州。明年（至道元年），为宿翰所获。其党悉平。

至道中，广武军卒刘旰等作乱，掠怀安军，入汉州，凡六日，劫掠五军州、十郡县，势莫可遏。其年，上官正计平之。

真宗咸平四年元旦，益州戍卒赵延顺等作乱，拥都虞侯王均为主。变起仓促，官吏奔逃。均遂僭号大蜀，改元化顺，署置百官，率众攻陷汉州。进趋剑州，为州兵所败，奔还保益州。宋廷以雷有终为川峡招安使讨之。十月，有终克成都。均与其党二万余突围遁。官军追及于富顺监，戮之。乱平。张咏者，字复之，濮州鄄城人。太宗时以强干出知益州，以言激上官正等，得平李顺之乱。时寇略之际，民多胁从。咏移文谕以朝廷恩信，使各归田里，且曰前日李顺胁民为贼，今吾化贼为民不亦可乎①。初蜀士知向学，而不乐仕宦。咏察郡人张及、李畋、张逵者，皆有学行，为邻里所称。遂敦勉就举，而三人并登科，士由是知。劝民有谍诉者，咏灼见情伪，立为判决，人皆厌服；或编集为词，镂板传布之。咏尝曰：询君子得君子，询小人得小人。各就其党询之，则无不审矣。以丁艰外去。

王均乱后，真宗以咏前在蜀治行优异，复自永兴军徙知益州。民间闻咏再至，皆鼓舞相庆。咏曲体人情，恩威并著，蜀人畏而爱之②。真宗尝令巡抚使传谕咏曰：

---

① 宋人《厚德录》云："张忠定公在蜀，主帅平贼，如风悖草，乱久不宁息。公谓主帅曰：有平民在党中，亦宜治之。翌日，帅送贼三十余人，请公治之。悉给公凭遣之，曰：著业去。帅怒，曰：何擅纵贼人。公曰：昨日李顺胁民为贼，今日仆与足下化贼为民，用固邦本。"此足为《宋史》咏传补注。
② 《厚德录》云："自王均、李顺之乱后，凡官于蜀者，多不挈家以行。至今成都犹有此禁。张忠定公知益州，单骑赴任，是时一府官属惮张之严峻，莫敢蓄婢使者。张不欲绝人情，遂自买一婢，以侍巾帻。自此官属稍稍置姬属矣。张在蜀四年，被召还阙，呼婢父母，出资以嫁，仍处女也。"又云："张忠定公视事退后，有一厅子熟睡。公诘之，汝家有甚事？对曰：母久病，兄为客未归。访之，果然。公翌日差场务一名给之，且曰：吾厅上有敢睡者耶，此必心极忧备使之然耳。"此皆足与咏传相发明。

"得卿在蜀，朕无西顾之忧矣。"在蜀四年，还朝后以瘐卒。谥忠定。

论曰：宋时虽分蜀土为四路，然政治重心仍属成都，治乱所系端在于此。自陈敬瑄以来，两川承平，罕见兵革。唐宋定蜀，皆不血刃，成都平原生聚日蕃。洎夫宋世，渐觉人满为患，执政者复不能善安绥之，此大乱之由也。张咏虽下急严猛，而能善体民情，得其治要①。再临蜀土，军民乂安。下迄宋亡凡二百余年间，蜀土无复叛乱，而科甲蝉联，英杰辈出，为政之道顾不重欤。

## 第二十三节　二吴保蜀与吴曦张福之乱

宋南渡初年，张浚谓高宗曰："中兴当自关陕，始虑金人或先入陕取蜀，则东南不可保矣。"因请身任蜀陕之事。富平之败②，关蜀洶惧。浚退保兴州，遣吴玠收散卒，守和尚原（今宝鸡市西南大散关之东），以拒金师；聚熙河兵于大潭（宋县属岷山故城在今甘肃礼县境），聚泾原、凤翔兵于阶、秦、凤三州，以固蜀。时关陇六路尽破，和尚原孤悬敌中。玠至，积粟缮兵，列栅为死守计。绍兴元年，金人两道来攻，玠力战破之，皆遁去。金人自起海角，纽于常胜，及与玠战辄北，愤甚。又亟欲下蜀，谋必取玠。于是，金乌珠（《宋史》作"兀术"）大会诸军十余万，结连珠营以薄和尚原。玠与弟璘力战，复大破之。乌珠中二矢，仅以身免。绍兴二年，金人以叛将驻秦州睨仙人关（今凤县西南），以缀吴玠；游骑出熙河，以缀大潭。乃令萨里干为奇兵，自商于直捣上津（故城在今郧阳县），破金州，长趋洋汉。时张浚已解兵柄。刘子羽驻兴元，闻耗亟以兵守饶凤关（今陕西石泉县西），而召吴玠入援。玠自河池日夜驰三百里，至饶凤助守。金人仰攻六昼夜，死者山积，不能下。嗣得宋降卒导之，从间道绕出关后夹攻，诸军始溃。萨里干遂入兴元，至金牛镇，四川大震。玠与子羽退保三泉，筑潭毒山（在勉县西）以自固。金人始谋，本谓玠在西边，故涉险东来。不虞玠驰至。及是攻潭毒不能克，沮气引还。玠与刘子羽还击破之，斩获不可胜计，尽复金房诸州。于是宋以玠为利州制置使，主秦凤至洋州之防，

---

① 《宋史·张咏传》："咏刚方自任，为治尚严猛……性躁果下急……自号乖崖。以乖则违众，崖不利物。有集十卷。"
② 高宗建炎四年，金乌珠萃兵淮上。张浚惧其复扰东南，谋牵制之，欲分兵同州鄜延，以擣其虚。乌珠闻之，遂自六合引兵趋陕西。浚闻乌珠将至，檄召熙河刘锡、秦凤孙偓、泾原刘锜、环庆赵哲四经略，及吴玠之兵，合四十万，以锡为帅，迎敌决战。诸将王彦、刘子羽、吴玠等皆谏，以为敌师方锐，宜且守要害，未可轻动。浚曰：吾宁不知此！顾东南事急，不得不为是耳。师进次于富平县，金将洛索会乌珠之来攻，锡等与之力战。刘锜身率将士薄阵，杀获颇多，胜负未分，而金铁骑直击赵哲军。他军不及救。哲因离所部，其将校望见尘起，遂惊遁，于是五路皆溃。（见《通鉴》）

屯仙人关；镇抚使王彦，主金房至巴达之防，屯通州；统制刘锜，主文、龙至威、茂之防，屯巴西；统制关师古，主洮岷至阶成之防，屯武都。

时吴璘仍守和尚原，玠以其地去蜀远，难制敌人深入，且饷馈不继，命璘弃之，别营垒于仙人关右，名杀金坪，以守之。四年，乌珠复以大兵十万骑，自铁山（在勉县北）凿崖开道来攻。玠与璘死力拒之。金人被重铠，以铁钩相连，鱼贯而上；关上矢下如雨，死者层积，金军践之以登，昼夜苦攻，明炬四山，震鼓动地，竟不能克。反以败还。是役也，乌珠以下皆携妻孥来，期再入蜀。既不得逞，度玠终不可犯，乃还据凤翔，屯田为久留计，不复轻犯蜀口矣。

玠与敌对垒且十年，常苦远饷劳民，屡汰冗员，节浮费益，治屯田，岁收至十万斛；又调戍兵治褒城废堰。民知灌溉可恃，愿归业者数万家。绍兴九年，金人请和，帝以玠功高，迁四川宣抚使，其年玠病卒。年四十七。川人思之，作庙仙人关，号思烈。淳熙中追封培王。

玠卒，胡世将代为宣抚使。绍兴十年，金人复大举，分道南侵。萨里干入同州，陕西州县迎降。世将在河池，仓促召诸将议，皆请少退；吴璘独请战，以百口保破敌。世将壮之，遂拒战。大败金人，复其城，萨里干败遁凤翔。十一年，璘进拔秦州，击破罕占于刘家圈（秦州东北），围之腊家城（刘家圈北）。城垂破，朝廷方主和议，以驿书诏班师。时璘势方张，陕西河东首领争来归附，而别军亦拔陇州，破岐下诸屯，复华州，入陕州矣。诏至，各浩叹引军还。

绍兴三十一年，宋闻金主亮将南侵，诏以吴璘为四川宣抚使，备金寇。其年，亮大举犯江，遣其将图克坦喀齐喀，将五千骑扼大散关，攻黄牛堡（今凤县东北）。璘闻信驰至，调内郡兵，分道赴援，击败金兵，复秦、陇、洮三州。三十二年，金主亮被弑于金山，国乱。璘乘势克复大散关、和尚原；又力战复顺德军（治陇干故城，即今甘肃静宁县境。璘弟兄即陇干人）遣别将复环、兰、会、熙、巩诸州。璘方攻敌于凤翔，而言者以兵宿于外，去川口远，恐敌袭之。廷议弃三路（秦凤、熙河、永兴三路），诏璘班师。师还，金人乘之，将士丧亡甚众。新复之十三州、三军复为金有。然，自是金人有蒙古之患，亦不复图蜀。孝宗隆兴三年，璘卒。年六十六。赠太师，追封信王。

玠与璘虽关西武夫，然皆好读史，晓大义。玠用兵本孙吴，务远略不求小近利，故能保必胜，未尝挫败；御下严而有恩，虚心询受，虽身为大将，卒伍至下者得以情达；选用将佐，视劳能为高下先后，不以亲故权贵挠之。故士乐为之死。璘大节似其兄，而略苛细。代兄为将，守蜀二十余年，隐然为方面之重，威名亚于玠。二人并智勇忠实，勠力同心，据险抗敌，保全蜀士，以功名终。方富平之败，关陇皆陷，金人一意睨蜀，东南之势亦棘微，若无玠与璘，则蜀早已残破矣。

璘子挺，累从征讨，多著功烈，官至利州西路安抚使。行军为政，有父叔风。光宗绍兴元年卒。

挺中子曦，官于京师，自以父祖三世镇蜀，咸得人心，潜怀据蜀之志。绍熙中，韩侂胄谋开边，曦因附侂胄求还蜀。遂以曦为兴州都统。宁宗开禧二年，廷议出师，诏以曦为四川宣抚副使。未几，兼陕西河东招抚使。曦与从弟晛等，共为反谋，阴遣人献关外阶、成、和、凤四州于金，求封为蜀王。时南北战衅已开，金军南侵，侂胄日夜望曦进兵。曦阳为持重，按兵河池，潜为金人地以困王师。诸将与金战者，曦务致其败，以悦金人，遂陷大散关。① 其年十二月，金遣人持诏书金印封曦蜀王。三年正月，曦遂僭位于兴元，导金人入，授以四州，议行削发左衽之令，遣人至成都治宫殿，将徙居之。吴晛为曦谋收用蜀名士，以系人心。蜀士皆骇避或自杀②。时宣抚正使程松闻变，逃遁兴州。合江仓官杨巨源（益昌人）与随军转运使安丙（广安人）共谋诛曦。会兴州正将李好义与兄好古、李贵等，皆有谋阴相结纳。二月甲戌，夜漏尽，巨源等率勇敢七十人，斧门入斩曦，裂其尸；丙分遣将士，收其党皆诛之。函曦首献于朝。诏诛曦妻子，吴璘子孙并徙出蜀。玠子孙免连坐。通主璘祀。韩侂胄初闻曦叛，甚惧将因而封之。诏未至，曦已伏诛。僭位才四十一日。

宁宗嘉定十二年三月，兴元军士张福等作乱，以红巾为号，侵入利州，掠阆、果，趋遂宁，焚蓬溪。所至残灭，诸镇莫能御。四川大震，甚于吴曦之变。五月诏，起安丙为四川宣抚使，讨之。③ 福屯于普州之茗山。丙自果州趋遂宁围之，悉擒其党，红巾平。

---

① 金使人约曦曰："若能按兵闭境，不为异同，使吾师东下无西顾忧，则全蜀之地卿所秦有，当加册封。一依康王故事。更能顺流东下，助为犄角，则旄麾所指尽以相付。曦得甚喜。金人破和尚原，入西和州，曦将王喜方力战。曦忽传令退保黑谷，军遂溃，陷成州。曦因焚河池，退壁青野原。时兴州都统制母臣以重兵守大散关，曦撤幕关之戍，使金人由板闸谷绕出其后。思孤军不能支，遂陷大散关。"（《通鉴》）
② 《宋史·叛臣传》："吴晛为曦谋，宜收用蜀名士以系人心。于是陈咸自髡其发，史次秦涂其目，杨震仲饮药卒，王翊、冢拱辰皆不受伪命，杨修年、詹久中家大酉，李道传、邓住善、杨泰之悉弃官云。薛九龄谋举义兵。"
③ 曦诛后，杨辅为四川宣抚使。丙为副使。时方议与金和，丙独戒饬将士，恫疑虚喝，以攻为守，威声甚著。金人至以银绢二万匹购其首。和议成，金人还大散关。丙乃分遣偏史经量洋沔兴元、大安民田，别定租赋，招徕百侄。金人迁汴，丙军讨之。朝廷戒饬勿动，而内遣袭秦州，败归。有诏征还京师。寻出知潭州，甚著政声。迁崇信军节度使，三辞还服。红巾起，自持十万缗偕聂子述（时为蜀帅，避贼于剑州）往益昌募士讨贼。子述曰：大臣非得上旨，未可轻出。丙乃如果州，劝子癸仲城守（时癸仲知果州）。张方、魏了翁等请起用丙，即贼亦曰须安相公作宣抚事乃定耳。丙至，贼平。丙凡镇蜀八年，甚有威望，论保蜀功，亦玠璘之亚也。

论曰：南渡以后，四川要政唯在防金。全蜀形势侧重兴元，故吴曦、张福之乱，皆自兴元起；即吴玠弟兄之保蜀，亦在翼卫兴元而已。夫二吴之功，咨自张浚。曦福之乱，定于安丙。能卫蜀者，其仍惟蜀人欤。

## 第二十四节　宋代蜀士

四川人才，宋代极盛。前若汉唐，后若明清，皆远不及。举其著者，如华阳范氏①，阆中陈氏②，梓州苏氏③，眉山苏氏、任氏④，绵竹张氏，仁寿虞氏（并见第二

---

① 华阳范氏，文章为西蜀首屈。张咏守蜀时，有范度者，以文艺节行见知。度子镇，为神宗朝贤辅臣，宋史称其与司马光甚相得，议论如出一口。光生为镇传，服其勇决，其学本六经，不道佛、老、申、韩之说。契丹、高丽皆传诵其文。哲宗时，累封蜀郡公，卒谥忠文。镇子百禄，官至中书侍郎，亦有贤名；又兄子百常，官知茂州，以功绩称。镇从孙祖述，为宋循吏，官至主管西京御史台。镇从孙祖禹，为宋名臣。宋史称其平居恂恂，不言人过；至遇事，则别白是非，不少异隐。每当讲筵，开列古义，参之时言，简而当，义理明白。苏轼称为讲官第一。其所撰《唐鉴》，深明唐三百年治乱，学者尊之，目为唐鉴公。祖禹子冲修，神哲两朝实录，极言王安石变法之非，蔡京误国之罪，与朱震为讲官；张浚称其名德老成，极天下之选，文章公名与父相骖。

② 阆中陈氏，其先河朔人，有陈翔者，为蜀新井令，因家焉。翔曾孙省，华智办有吏干，权知开封府，拜左谏议大夫，卒三子尧叟、尧佐、尧咨。尧叟官广西南路转运使，多惠政，入知枢密院，相业亦可称。宋史称其伟姿貌强力，奏对明辨，多任知数，久典枢机，军马之籍悉能周记，以足疾致仕，卒谥文忠；尧佐，亦以政事知开封府，入枢密。在弟兄中诗文尤工，既贵且寿，卒谥文惠；尧咨，于弟兄中最为少文，然以气节自任，工隶书，善射，性严峻，用刑惨急，官知开封府翰林学士，卒谥康肃。尧叟长子师古，至都官员外郎；希古，至太子中舍。孙知言、知章，并监作主簿。尧咨子述古，太子宾客，博古笃学，能文，为馆阁校勘。又尧佐从子渐，与其父尧封，皆进士及第，渐官至耀州节度推官，有文集十五卷及演农十五篇。

③ 梓州铜山苏协举，孟蜀进士，归宋累任州县，迁光禄寺丞卒。协子易简，聪悟好学，风度奇秀，才思敏赡，雅善笔扎，外931坦率，中有城府，由知制诰入为学士，年未满三十。在翰林八年，遂参大政，卒年三十九。三子宿、寿、耆，皆有官禄：耆字国老，有才名，仕至工部郎中，直集贤院，列张唐英嘉祐名臣传；二子舜元、舜钦。舜元精悍，任气节，为诗豪健，尤善草书，官至尚书度支员外郎。舜钦少慷慨有大志，状貌怪伟，所为古文、古诗歌，甚为欧阳修所称道，一时豪俊多从之。后坐事放废，买水石苏州作沧浪亭，隐遁以终。诗文草书并有名于世。

④ 眉山任氏，与苏氏并称。与苏洵同时有任孜，字遵圣，以学问气节推重乡里，名与洵相埒，仕至光禄寺丞。孜子伯雨，邃经术，文力雄健，中进士第，调清江主簿，以强干称，擢右正言，首击章惇蔡卞，极论君子小人并用之非。凡居谏省半岁，上一百八疏，大臣畏其多言，俾权给事中，抗论愈力。后为蔡卞所陷，南迁海隅，忧患迭至，处之如常，宣和初卒，年七十三，淳熙中谥忠敏；伯雨弟汲，亦知名，尝通判黄州，复知泸州，当时称"大小任"。伯雨长子象先，登制科，调奏州司户，闻父谪，弃官归养，终身不仕；仲子申先，以布衣特起，至中书舍人；又有任谅者，眉山人，徙汝阳，官至徽猷阁待制，知京兆尹。

十六节），丹稜李氏①、井研李氏②、临邛常氏③、蒲江高氏（附魏了翁传）等，悉皆科甲蝉联，青紫相属，文章勋业，冠绝当时。其他名臣贤吏、奇才异能博学有道之士，传载史册者，不可胜举。（详后表）考其所以能致此者，盖有数因：

（一）印书事业之发达。古时经传，概恃抄写，学者得书不易，又多讹讹，以故博洽之士甚少。至五季时，冯道创雕版印刷之法，书史流传由是大畅。穷乡治学，亦成通儒。宋代经术文章之盛，以此故也。先是后唐长兴中，初刻九经版，至周广顺三年始成。其时后蜀宰相母昭裔者④，性嗜藏书，酷好古文，精经术。尝按雍都旧本九经，命张德钊书之，刻石于成都。及闻中原刻九经，亦请后主镂板印行之；又命门人句正中、孙逢吉书《文选》《初学记》《白氏六帖》，刻板印行。诸书遂大彰于世。宋代蜀士皆有文艺，可称昭裔之遗泽也。

（二）学校之复兴。蜀士自唐末以来，学校废绝，母昭裔为相日，始出私财营学宫，立红舍，招致州县俊秀，教以古文经术书法诸艺，学校由是复兴。下迄宋世，州县皆有学校。据赵与时《宾退录》载云："嘉眉多士之乡，凡一成之聚，必相与合力建夫子庙，春秋释奠，士子私讲礼焉，名之曰乡校。亦有养士者，谓之小学。眉

---

① 丹稜李焘，唐宗室曹王之后也。父中，登第知仙井监。焘登绍兴进士第，官至敷文阁学士。博极载籍，搜罗百氏，慨然以史自任，；本朝典故尤悉，力研覈所，著有《通鉴》长编九百七十八卷、《易学》五卷、《文集》五十卷、《奏议》三十卷、《四朝史藁》五十卷、《通论》十卷、《南北攻守录》三十卷等。卒谥文简。张栻尝曰：李仁甫如霜松雪柏，无嗜好，无姬侍，不殖货，平生生死文字间，长编一书用力四十年，叶适以为春秋以后才有此书云。焘弟熹，知遂宁府，治民宽厚，多有惠政。焘长子垕，为秘书省正字，迁着作郎兼国史实录院编修。季子壁，在弟兄中为最英悟，嗜学如饥渴，日诵万余言，群经百氏搜抉靡遗，于典章制度尤综练。历官著作郎、参加政事兼同知枢密院，出知遂宁府卒。为文隽逸，所著有雁湖集一百卷，清尘录三卷，中兴战功录三卷，援毫录八十卷，临汝闲书百五十卷。幼子夏，历知成都府，升同知枢密院事，四川宣抚使。与父熹、兄壁皆以文学知名，蜀人比之三苏。
② 井研李舜臣，生四年知读书，八岁能属文，少长通古今。推迹与废，洞见根本，慨然有志于天下。登进士第，历州县，以才称，官至宗正司主簿，其学邃于易，著本传三十篇，朱熹每以门人称之。此外所著经义文集等甚多，以子性传贵，追封崇国公；舜臣三子，长子心传，闭户著书，不出应举，晚因崔与之、许弈、魏了翁等前后二十二人之荐，自布衣起修国史，成《十三朝会要》，官工都侍郎。余所著书有《高宗系年录》二百卷，诗文一百卷及《学易篇》《诵诗训》《春秋考礼辨》《读史考》《旧闻正误》《朝野杂记》《道命录》《西陲泰定录》《辨南迁录》等。次子道传，好河南程氏书，玩索义理，至忘寝食。后复私淑朱氏，尽读其遗书，笃于践履，气节卓然。嘉定初，官太常博士。请以朱熹四书颁之太学，以周惇颐、邵雍、程颢、程颐、张载五人从祀孔子庙，屡办赈政，全活甚多，知果州卒。于经史未有论著，于诗文未尝苟作。三子达可、当可、献可，为心传后，舜臣季子性传，嘉定四年进士，历官太常博士、国史修撰、礼部尚书、端明殿学士、同知枢密院事，有贤名。
③ 临邛常安民，少有俊名。任州县以政绩称。官监察御史，首论章惇、蔡京之罪，请逐去之；又劾张商英、周秩等，反复前后数十上疏曾布，始以安民攻惇，意其附己，屡称之于朝；其后并论曾布，布亦恨，与惇比而排之出，监滁州。流落二十年卒。安民子同，高宗朝复为御史，多所弹劾，议论亦如安民。同曾孙懋，以进士历任州县，公廉自持，不畏强御，疏决滞讼，听断发明，拜监察御史，知无不言。官至参知政事。
④ 母昭裔，河中龙门人，博学有才名，孟知祥镇蜀，辟掌书记。及登极，擢为御史中丞。后主践位之明年，拜中书侍郎，同平章事，进左仆射。性嗜藏书，酷好古文，精经术。所著有《尔雅音略》三卷。相传昭裔贫贱时，借《文选》于交游间，其人有难色，发愤曰：异日若贵，当版以镂之遗学者。后仕蜀为宰相，遂践其言。

州四县凡十有三所，嘉定府五县凡十有八所，他郡惟遂宁四所，普州二所，余未之闻。"（据《学海类编》）则当时蜀中学校之盛可知矣。

（三）民族性格之矫正。蜀士在汉，有柔弱褊陋之议；在唐，有轻急蔑陋之消磨。历数千年，虽有以文章名世者，庙堂之器究不可得也。迄唐末世，中国乱离，唯此蜀土独称清宴，中州之旧家世族，多有避地入蜀者，如韦庄、冯涓、韩昭、张格、刘季连等，即其著例。礼乐文物，典章仪型，随此诸家入于蜀土。故两蜀虽小朝廷，而政教有大国之风焉。蜀士受此熏陶，器宇渐扩，规模局度不复如前，故至宋世，将相名臣历朝不绝，虽或犹遗褊陋之议而已，全祛蔑陋之习矣。

（四）女学大兴之良果。晚唐五季之世，妇女文学大盛，既如前述。妇女之性，原较男子真挚，加以学问，道德更易，在当时风俗颓敝尚不闻有丧检败德者。宋世回复淳风以后，贤淑女子自必较多；以优生学理核之，母性聪慧贤明者，易生俊秀子弟；以俊秀之子弟，施贤明之母教，则其德业长进，自异常人。例如陈省华妻冯氏、苏易简母薛氏、苏洵妻陈氏、张浚母计氏、虞汲妻杨氏①，皆贤明有学问，能教其子成大名，著伟绩者。斯彰彰尤著者也。

（五）承平日久。有宋一代，蜀土除初期有小变乱外，历久治平，不见兵革；外

---

① 陈省华妻冯氏，生尧叟、尧佐、尧咨。性严。家本富有，禄赐且厚，冯氏不许诸子事华侈。景德初，尧叟掌枢机，尧佐直史馆，尧咨如制诰，与省华同任北省：诸孙任官者十数人，宗亲登科者又数人，荣盛无比。宾客至，尧叟兄弟侍立省华侧，不敢离也。（据《宋史·尧叟传》东都事略载云："尧咨善射。知荆南时，母冯氏问曰：古人居一郡一邑，必有异政。汝典郡有何治象？尧咨曰：荆南当冲要，郊劳宴饯迄无虚日。然稍精于射，众无不服。冯氏曰：汝父训汝以忠孝，俾辅国家。今不务仁政善化而夸卒伍，一夫之技岂汝先人之意耶！杖而击之。"于此足知尧叟弟兄成名之由也。苏易简母薛氏，当易简参政日，被召入禁中，赐冠帔，命坐。问曰：何以教子成此令器？对曰：幼则束以礼让，长则教以诗书。上顾左右曰：真孟母也。（据《宋史·易简传》）
苏洵妻程氏，生轼及辙。轼生十年，洵游学在外。程氏亲授轼弟兄书，程氏读范滂传，慨然太息，轼请曰：轼若为滂母许之乎？程氏曰：汝能为滂，吾顾不能为滂母耶？（据轼传）程氏盖眉山名族女。有姪之元，字德孺；之才，字正辅。皆有才名。之元尝知楚州，又持节岭南，元祐中任夔州路转运使，有政绩。
张浚母计氏，仁寿人。张咸妻也。生浚四年，二十五而寡。浚虽幼，行必端，视必直，坐不欹，言不诳。甫冠入学，母送之，泣曰：门户寒，赖尔成立，当以祖父之业为念。条戒语数十端授焉。浚虽隆贵，所为不当意，必变色示戒。（据《绳乡纪略》）
虞汲妻杨氏，国子祭酒杨文仲女也，生集及槃。当宋末世，汲挈家趋岭外，干戈中无书册可携，杨氏授诸子《论语》《孟子》《左氏传》、欧苏文。比还长沙，则已尽读诸经，通其大义矣。文仲以春秋名家，族弟栋明于性理之学。杨氏在室即尽通其说。集与弟槃皆受业家族，及出从吴澄游，学业日进遂成元代大儒。（据《元史·虞集传》）

赖二吴力战，却金人南侵之师；内多贤良牧守，为之休养教训，培育元气。① 终始三百余年间，皋比无辍讲之日，师友无避寇之虞，故其成就人才为独多也。（唯南方因涪夷、泸夷叛服不常，地方时有小乱，人民生活甚不安宁，故终宋世，泸涪之间无有闻人）

（六）执政之诱掖与前辈之提携。宋代蜀士多贤太守，能诱掖后进，使之力学成名。如张咏之于张及、李畋等，薛奎之于范镇②，崔与之于家大酉游似李心传等是也。③ 至如欧阳修之于苏洵父子，张浚之于赵开、虞允文，虞允文之于李焘、李垕等，皆前辈提携后进之例也。

《宋史》所载蜀人之有事传者，凡一百八十五人，以川西、川北为多；川东、川南甚少。兹取其名字属籍与重要著作，编为简表如次（表以今县名为纲，便识当代人才分布情形。唯今县与宋代州县沿革不一，故仍存史传县籍，便考订。各县人物以时代先后为序）：

---

① 宋代蜀中贤牧守甚多不胜举举其尤著名者如次：
任正中，济阴人。代张咏知益州，在郡五载，遵咏条教，蜀人便之。
韩琦，相州安阳人。益利路饥，以权制诰。为体量安抚使，逐贪残吏，汰冗役数百，活饥民百九十万。
赵抃，衢州西安人。为神宗时循吏，卒谥清献。初以转运使入蜀，以廉正率下，奸吏竦服。蜀风一变。后复再知成都府，匹马入蜀，一琴一鹤自随。为政简易，蜀民大悦。《宋史》称其："为政善因俗设施，宽猛不同，治蜀尤为世所称道。"
田况，信都人。曾知益州，多惠政，人以之比张咏云。
蒋堂知，益州广汉人。以文翁石室为学官，选学官以教诸生，士之翕然称之。
张方平，南京人。曾知益州，奏免横赋四十万，减铸铁钱十余万缗。边鄙译人造言，侬智高将入寇，蜀大惊扰。方平力学为镇静，诛造谣者，蜀人遂安。
张焘，饶之德兴人。绍兴九年，知成都府。在蜀四年，戢贪吏，薄租赋，抚雅州番部，西边不惊；岁旱则发粟，民得不饥；暇则修学校，与诸生讲论。及去，蜀人祠之不忘。
李璆，汴人。绍兴四年，为四川安抚制置使。修成都城，复三江堰（眉州），岁饥徒民发仓廪，振活殆百万家。治蜀之功多。
王刚中，饶州人。高宗末，官四川置制使。边将骄纵，守帅以文治，则玩于柔，而令不行；以武竞，则窒于暴，而情不通。唯刚中检身以法，示人以礼，不立崖堑，驭吏恩威并行，羽檄纷沓，从容裁决，皆中机要；表贤瘅恶，以未示民。蜀人化之，比云父名。遮道有送至数百里者。
范成大，吴郡人。孝宗时为四川制置使，修边备，复民兵，表高士，兴文学，凡人才可用者，悉致幕下，用所长不拘小节。在蜀数年，著述甚富，有《范石湖集》。
袁说友，建安人。官四川安抚使时，尝命属官程遇孙等八人，辑蜀中诗文，自西汉迄于淳熙，为成都文类五十卷。深有表章文献之功。
余玠后详。
② 薛奎，字宿艺，绛州正平人。以枢密直学士知益州，以持重明决称。召还参知政事，卒谥简肃。邵伯温《闻见前录》云："薛简肃公，知成都。范蜀公方为举子，一见受之，馆于府第，俾与子弟讲学。范益自谦退。简肃还朝，载以去。或问成都得何奇物？曰：蜀珍产不足道，吾归得一伟人耳！"《宋史·范镇传》亦云。
③ 崔与之，字正子，广州人。理宗时，成都帅董居谊，以黩货为叛卒所逐，蜀大扰。朝命与之知成都府本路安抚使，至即帖然。安丙卒，诏尽护西南之师，开诚布公，兼用吴蜀之士，拊循将士，人心悦服。时诸州戍帅不协，边境日削。与之戒以同心体国之大义，于是戎帅复和，军政始立；边防既固，整理计政，初至府库钱仅万余，其后至千余万，金帛称是；蜀知名士若李性传、李心传等皆荐用之；其名浮于实者，黜之。《宋史》有传。

| 今縣 | 姓名 | 字 | 籍 | 如何人物 | 重要著作 | 見 |
|---|---|---|---|---|---|---|
| 成都 | 王著 | 知微 | 成都 | 善書法 | | 見宋史何鑄 |
| | 卡震 | | ,, | 幹吏工詩 | | 宋史本傳 |
| | 李建中 | 得中 | ,, | 博古工書 | 有集三十卷 | 本傳 |
| | 卜袞 | 垂象 | ,, | 宋初能吏 | | 佞倖傳 |
| | 侯莫陳利用 | | ,, | 通黃白術 | | |
| | 房庶 | | 益州 | 精曉音律 | 樂書補亡三卷 | 天文志 |
| ? | 魏漢津 | | 蜀人 | 通術數曉音律 | 樂書 | 本傳 |
| | 陳充 | 若虛 | 成都 | 詞學典贍 | 有集二十卷 | 文苑傳 |
| | 薛映 | 景陽 | ,, | 真宗時能吏 | | 本傳 |
| | 何郯 | | ,, | 仁宗時直臣 | | ,, |
| | 呂陶 | 元鈞 | ,, | 哲宗朝名臣 | | ,, |
| ? | 買復 | 豐從 | 蜀人 | 神宗時以曆學見稱 | | 律曆志 |
| ? | 楊震仲 | 革父 | 成都 | 死吳曦之亂 | | 忠義傳 |
| | 曹琦 | | 蜀人 | 不從趙安降敵自殺 | | ,, |

| ? | | | | | |
|---|---|---|---|---|---|
| 張栻 | 朝宗 | 蜀人 | | 從文天祥兵敗死 | |
| 華陽 句正中 | 坦然 | 華陽 | | 精於字工各體書 | 雍熙廣韻一百卷 | 文苑傳 |
| 羅處約 | 思純 | 〃 | | 宋初幹吏有詞采 | 東觀集 | 〃 |
| 梁鼎 | 凝正 | 〃 | | 強幹有介節好學工書 | 隱書三卷詩文七十篇 | 〃 |
| 王罕 | 師言 | 〃 | | 能吏 | | 本傳 |
| 彭乘 | 利見 | 〃 | | 仁宗朝學士精於校讎 | | 王珪傳 |
| 范鎮 | 景仁 | 〃 | | 神宗朝賢輔與司馬光齊名封蜀郡公 | 有文集行世 | 〃 |
| 王琪 | 習玉 | 〃 | | 仁宗時循吏 | | 本傳 |
| 王珪 | 禹玉 | 〃 | | 神宗朝宰相 | | 王珪傳 |
| 李大臨 | 才元 | 〃 | | 清鑒有守 | | 〃 |
| 鄭少微 | 明舉 | 〃 | | 以文知名 | 有集行於世 | 文苑傳 |
| 范百祿 | 子功 | 〃 | | 神宗朝名臣 | 唐鑑十二卷帝學八卷 | 范鎮傳 |
| 范祖禹 | 淳甫 | 〃 | | 哲宗時名臣 | 有文集行世 | 〃 |
| 字文虛中 | 叔通 | 〃 | | 徽欽世忠臣 | | 〃 |
| 范沖 | 元長 | 〃 | | 高宗朝名臣 | 修神哲兩朝實錄 | 〃 |

| 縣 | 姓名 | 字 | 籍 | 事略 | 著作 | 出處 |
|---|---|---|---|---|---|---|
| 雙流 | 章 管 | 隱之 | 雙流 | 隱士善太玄 | 易太玄發隱三篇 | 隱逸傳 |
| | 宇文昌齡 | 伯修 | ,, | 神哲朝名臣 | | 本傳 |
| | 宇文常 | 權可 | ,, | 徽宗時循吏 | | 宇文昌齡傳 |
| | 宇文紹節 | 挺臣 | 廣都 | 寧宗朝名臣 | | 本傳 |
| | 鄧綰 | 文約 | 雙流 | 諛附王安石 | | 本傳 |
| | 鄧洵武 | 子常 | ,, | 諛附蔡似其父綰 | 屢修國史 | 鄧綰傳 |
| | 甕周輔 | 幡翁 | ,, | 能吏善屬文 | | 甕周輔傳 |
| | 甕辰序 | 授之 | ,, | 深文刻覈似其父周輔 | | |
| 新津 | 張唐英 | 次功 | 新津 | 好學有史才 | 蜀檮杌、宋名臣傳、 | 張商英傳 |
| | 張商英 | 夫覺 | ,, | 徽宗朝賢相 | | 本傳 |
| 新繁 | 梅摯 | 公儀 | 新繁 | 仁宗時循吏 | 奏議四十餘篇 | ,, |
| | 句濤 | 景山 | ,, | 高宗時名臣 | 有文集奏議等行世 | ,, |
| 郫縣 | 張愈 | | 郫縣 | 仁宗時高士 | (著書未就卒) | 隱逸傳 |
| | 王翊 | 公輔 | ,, | 嘉熙元年死節 | | 忠義傳 |
| 崇慶 | 張公裕 | 益儒 | 江源 | 英宗時博士 | 周易註解 | 本傳 |

| | | | | |
|---|---|---|---|---|
| 胡晉臣 | 子遠 | 蜀州 | 孝光間賢輔臣 | ,, |
| 李𧦬 | 濟淑 | 晉原 | 寧宗時循吏 | 桃溪集一百卷 | ,, |
| 宋之德 | 正中 | 蜀州 | 忠正 | | ,, |
| 彭縣 趙彦吶 | 敏若 | 彭州 | 吳曦時四川置制使 | | ,, |
| 金堂 賈子坤 | 伯厚 | 懷安軍 | 金人陷西和州死事 | | 忠義傳 |
| 廣漢 蘇雲卿 | | 廣漢 | 隱士張浚許爲管樂流亞 | | 隱逸傳 |
| 簡陽 劉涇 | 巨濟 | 簡安 | 支務奇怪語好進取 | | 文苑傳 |
| 劉光祖 德修 | | ,, | 寧宗朝諫諍名臣 | 後溪集十卷 毛詩說 雜文等仁世奏議 | 本傳 |
| 許奕 | 成子 | 簡州 | 寧宗朝鯁諫名臣 | | ,, |
| 許彪孫 | | ,, | 拒蒙鹽草降表死 | | 忠義傳 |
| 瀘縣 代淵 | 蘊之 | 導江 | 宋初隱士 | 周易裴旨、老佛雜說 | 本傳 |
| 句龍如淵 | 行父 | ,, | 附秦檜 | | 本傳 |
| 安世道 | | 青城 | 高行道士 | (曦書) | 隱逸傳 |
| 理番 謝方叔 | 德方 | 威州 | 理宗時宰相 | (有劉楊輔討吳曦書) | 本傳 |
| 德陽 何充 | | 德陽 | 守黎州不降元死 | | 忠義傳 |

| | | | | |
|---|---|---|---|---|
| 綿竹 | 楊允恭 | | 綿竹 | 本傳 |
| | 楊告 | 道之 | ,, | ,, |
| | 楊繪 | 元素 | ,, | 神宗朝諫臣 | 有集八卷 | ,, |
| | 宇文之邵 | 公南 | ,, | 隱士 | | 隱逸傳 |
| | 張浚 | 德遠 | ,, | 中興第一名臣有比爲諸葛武侯者封魏國公諡忠獻 | 易解十卷文集十卷奏藏二十卷 | 本傳 |
| | 張栻 | 敬夫 | ,, | 理學名臣 | | 道學傳 |
| | 張枃 | 定叟 | ,, | 吏材敏給所至有稱 | | 張浚傳 |
| | 張忠恕 | 行父 | ,, | 正直名臣 | | 本傳 |
| 梓潼 | 袁廓 | | 梓潼 | 強項峻急（宋初） | | ,, |
| | 文同 | 與可 | ,, | 善詩文工書畫 | 丹淵集四十卷、春秋本旨、廬江集 | 文苑傳 |
| 南充 | 何涉 | 濟川 | 南充 | 北宋大儒 | | 儒林傳 |
| | 游仲鴻 | 子正 | ,, | 光寧朝名臣 | | 本傳 |
| | 游似 | 景仁 | ,, | 理宗朝賢相 | | ,, |
| 西充 | 何羣 | 羣夫 | 西充 | 處士有白衣御史之目 | （有著書） | 隱逸傳 |

| | | | | | |
|---|---|---|---|---|---|
| 廣安 | 張庭堅 | 才叔 | 廣安 | 徽宗朝諫臣 | | 本傳 |
| | | | | 與章惇蔡卞蔡京齊名 | | 姦臣傳 |
| | 安丙 | 子文 | ,, | 南宋名方鎭 | 晶鉉集 | 本傳 |
| | 安惇 | 處厚 | ,, | | | 陳堯佐傳 |
| 閬中 | 裴莊 | 端己 | 閬中 | 宋初名臣 | 北行記 | ,, |
| | 陳省華 | 善則 | ,, | 宋初能吏 | | |
| | 陳堯叟 | 唐夫 | ,, | 眞宗朝名相 | 請盟錄三集二十卷 | 陳堯佐傳 |
| | 陳堯佐 | | ,, | 眞宗朝相臣 | 文集三十卷 又有潮陽編、愚邱集、遣興集、野廬編 | 本傳 |
| | 陳堯咨 | 嘉謨 | ,, | 剛戾嚴猛工書善射 | | 陳堯佐傳 |
| | 陳漸 | 鴻漸 | 閬州 | 通太玄經 | 演玄十五卷 | ,, |
| | 鮮于侁 | 子駿 | ,, | 神宗朝循吏能文 | 十五篇文集詩傳、易斷、文集 | ,, |
| | 蒲卣 | 君錫 | ,, | 循吏 | | ,, |
| 南部 | 蒲宗孟 | 傳正 | 新井 | 哲宗時酷吏 | | ,, |
| 昭化 | 楊巨源 | 子淵 | 益昌 | 忠節良將 | | ,, |
| 劍閣 | 黃裳 | 文叔 | 普城 | 孝宗時理學名臣 | 翼山集 | ,, |

| | | | | | |
|---|---|---|---|---|---|
| 巴中 | 張思訓 | | 巴中 | 太宗時獻渾天儀甚精巧 | 天文志 |
| 三台 | 姚希得 | 叔剛 | 潼川 | 理宗朝賢輔臣 | 本傳 |
| 中江 | 蘇易簡 | 太簡 | 銅山 | 太宗朝名臣 | 續言行錄、橘州文集、翰林志、文集二十卷 |
| | 蘇耆 | 國老 | ,, | 登宋名臣傳 | ,, |
| | 蘇舜元 | 才翁 | ,, | 豪健善草書 | ,, |
| | 蘇舜欽 | 子美 | ,, | 詩文甚為歐陽修推重 | 蘇舜欽傳 |
| | 吳泳 | 叔永 | 中江 | 循吏 | 鶴林集 |
| 射洪 | 與昌裔 | 季永 | 中江 | 理宗朝名諫臣 | 儲鑑、蜀鑑、文集 |
| | 蹇 彝 | | 通泉 | 端平中守金州戰死 | 忠義傳 |
| | 張述 | 紹明 | 小溪 | 仁宗時良臣 | 本傳 |
| 遂寧 | 馮康國 | 元通 | 遂寧 | 張浚說士 | ,, |
| | 楊輔 | 嗣勳 | ,, | 寧宗朝名臣 | ,, |
| 安岳 | 姚渙 | 虞舟 | 普州 | 仁宗時循吏 | ,, |
| | 景泰 | 周卿 | ,, | 良將 | ,, |
| | 劉儀鳳 | 韶美 | ,, | 苦學工詩好藏書 | ,, |

| 姓名 | 字 | 籍貫 | 事略 | 著作 | 傳 |
|---|---|---|---|---|---|
| 景思忠 | 進之 | 安岳 | 與夷人力戰死 | | 忠義傳 |
| 景思立 | | 〃 | 與羌人力戰死 | | 〃 |
| 景思誼 | | 〃 | 夏人陷永樂死之 | | 景恩忠傳 |
| 張山翁 | 君壽 | 普州 | 不屈于胡 | | |
| 馮山 | 允南 | 安岳 | | 山集 | 高應松傳 |
| 馮澥 | 長源 | 〃 | 澥父 | 南紀縉紳、藏雲集 | 馮澥傳 |
| 趙開 | 應祥 | 〃 | 善理財 | 春秋通解、允南集 | |
| 孫抃 | 夢得 | 〃 | 文佛蘇軾而論主熙豐 | | 本傳 |
| 朱台符 | 拱正 | 眉山 | 仁宗時輔臣 | | 〃 |
| 蘇洵 | 明允 | 〃 | 太宗朝部臣敏於周辟 | 有集三十卷 | 〃 |
| 蘇軾 | 子瞻 | 〃 | 文學 | 嘉祐集 | 文苑傳 |
| 蘇轍 | 子由 | 〃 | 神哲朝名臣 | 東坡集 | 本傳 |
| 家愿 | 處厚 | 〃 | 神哲朝名臣 | 欒城集 | 〃 |
| 程之邵 | 懿叔 | 〃 | 直臣 | 罪言 | 〃 |
| 王當 | 子思 | 〃 | 善理財 | | 〃 |
| | | | 哲宗世名儒 | 春秋列國名臣傳、經旨、史論、 | 儒林傳 |

| 姓名 | 字 | 籍貫 | 事蹟 | 著作 | 出處 |
|---|---|---|---|---|---|
| 任諒 | 子諒 | | 徽宗朝能吏 | | 本傳 |
| 任伯雨 | 德翁 | | 徽宗朝名臣 | 兵壽 | ,, |
| 任汲 | 師仲 | | 與兄伯雨齊名稱大小任 | | 任伯雨傳 |
| 蘇過 | 叔黨 | | 文學有孝行 | 斜川集 | 蘇軾傳 |
| 蘇元老 | 子廷 | | 文學幹濟 | （有詩文行世） | 蘇轍傳 |
| 孫逢 | | | 不屈於叛邦昌死 | | ,, |
| 孫昭遠 | 顯叔 | | 集義兵拒金敗死 | | 忠義傳 |
| 唐文若 | | | 高宗時名臣 | | 本傳 |
| 史大秦 | | ,, | 途目拒吳曦之招 | | 忠義傳 |
| 石揚休 | 昌言 | 眉州 | 賢達 | | |
| 家鉉翁 | | ,, | 宋末忠臣遂於春秋 | | ,, |
| 陳希亮 | 公弼 | 青神 | 仁宗時循吏 | | ,, |
| 杜莘老 | 起莘 | ,, | 高宗時骨鯁敢言 | | ,, |
| 楊大全 | 渾甫 | ,, | 光寧朝正臣 | | ,, |

| | | | | | |
|---|---|---|---|---|---|
| | 楊泰之 | 叔正 | 〃 | 理宗時名儒 | 克齋文集、論語解 | 儒林傳 |
| | 楊棟 | 元極 | 〃 | 理宗朝理學儒臣 | 崇道集、平舟文集 | 本傳 |
| 彭山 | 楊文仲 | 時發 | 彭山 | 度宗朝諫臣 | 見山文集 | 忠義傳 |
| | 唐重 | 聖任 | 〃 | 北宋末名臣戰死 | | 忠義傳 |
| 丹稜 | 唐庚 | 子西 | 丹稜 | 文學 | 文集二十卷、眉山集 | 文苑傳 |
| | 劉汲 | 直夫 | 〃 | 北宋末力拒金人戰死 | | 〃 |
| | 孫道夫 | 太冲 | 〃 | 高宗時名臣 | | 本傳 |
| | 李燾 | 仁甫 | 〃 | 高孝朝名臣有史才 | 通鑑長編、易學、春秋學、南北攻守錄、歷代宰相年表、文集、奏議等共七百餘卷 | 李燾傳 |
| | 李垕 | | 〃 | 與父燾同柱國史 | (有重刊華陽國志序) | 〃 |
| | 李垐 | | 〃 | 官夔州路提刑 | 雁湖集、援毫錄、臨潁閑書、溍鹿錄、中興戰功錄、等共三百餘卷 | 本傳 |
| | 李壁 | 季璋 | 〃 | 光寧朝輔臣 | | |

| 地 | 姓 | 字 | 籍貫 | 事略 | 著作 | 出處 |
|---|---|---|---|---|---|---|
| 臨邛 | 李絢 | 公素 | 依政 | 仁宗朝能吏 | | 本傳 |
| | 趙禼 | 公才 | 〃 | 神宗時西北重臣 | | 〃 |
| | 常安民 | 希古 | 臨邛 | 哲宗朝名御史 | | 徐禧傳 |
| | 李稷 | 長卿 | 依政 | 酷吏 | | 〃 |
| | 吳時 | 伸道 | 邛州 | 有立地書廚之目 | | 〃 |
| | 常同 | 子正 | 臨邛 | 高宗朝名臣 | | 本傳 |
| | 常懋 | 長孺 | 〃 | 末宋賢臣 | | 〃 |
| | 鄧得遇 | 達夫 | 邛州 | 德祐間死事 | 鶴山集、九經要義、周易集義、古今考、師友雅言等。 | 忠義傳 |
| 蒲江 | 魏了翁 | 華父 | 蒲江 | 寧宗朝理宗名臣 | 存齋文集、北門類稿、薇垣類稿、經說等、 | 本傳 |
| | 高定子 | 瞻叔 | 〃 | 寧朝名臣 | 稿、經說等、 | 〃 |
| | 高稼 | 南叔 | 〃 | 安撫關外死事沔州 | 縮齋類藁二十卷 | 忠義傳 |
| | 高斯得 | 不妄 | 〃 | 晚宋名臣 | 恥堂文集、詩膚說、徽宗長編、孝忠繫年錄、 | 本傳 |

| | | | | |
|---|---|---|---|---|
| 名山 | 曹光寶 | | 百丈 | 宋初驍將 | |
| | 曹克明 堯卿 | ,, | 真宗世良將 | | 咸平集五十卷 | 本傳 曹光寶傳 |
| 洪雅 | 田錫 表聖 | 洪雅 | 太宗時名諫臣 | | ,, |
| 夾江 | 皇甫坦 | 夾江 | 善醫術及相法 | | ,, |
| 樂山 | 劉甲 師文 | 龍游 | 理忠朝忠孝名將 | 奏議一卷 | ,, |
| 榮縣 | 王庠 周彥 | 榮州 | 隱士以學行見稱哲宗世 | 經說 | 荊南世家 |
| 仁壽 | 孫光憲 | 貴平 | 博學 | 置書…… | 北夢瑣言、荊台集、鞏湖編玩、 |
| | 陳祐 純益 | 仙井 | 徽宗朝正直諫臣 | | 文苑傳 |
| | 韓駒 子蒼 | ,, | 蘇轍門人 | | 文苑傳 |
| | 何㮚 文縝 | ,, | 欽宗宰相陷金死 | | 本傳 |
| | 喻汝礪 迪儒 | 仁壽 | 不屈於張邦昌死 | | 孫逢,, |
| | 虞允文 彬甫 | ,, | 高宗孝宗朝重臣 | | 本傳 |
| | 虞剛簡 逢儒 | ? | 善理財（安內同時） | 詩文十卷奏議二十一卷…… | ,, |
| 陳寅 | | 慶子 | 守和州拒元兵闔門死事 | | 忠義傳 |

| 地 | 姓名 | 字 | 籍 | 事迹 | 著作 | 出处 |
|---|---|---|---|---|---|---|
| 井研 | 李舜臣 | 子思 | 井研 | 孝宗時以經學見稱 | 易傳、羣經義、文集 | 本傳 |
| | 李心傳 | 徵之 | ,, | 以布衣起修國史 | 高宗繫年錄、朝野雜記、西陲泰定錄、道命錄、春秋考、禮辨、舊聞正誤、學易編、詩文集… | 儒林傳 |
| | 李道傳 | 貫之 | ,, | | (不肯著述) | ,, |
| | 李性傳 | 成之 | ,, | 理學名儒 | | ,, |
| | 牟子才 | 存容 | ,, | 理宗度宗朝名諫臣 | 存齋集、四朝史藁 | 本傳 |
| | 鄧若水 | 平仲 | ,, | 買似道當政時以骨氣稱 | | 忠義傳 |
| | 黃申 | 酉卿 | | 不肯降元 | | ,, |
| 資中 | 趙逵 | 莊叔 | 資州 | 不附秦檜喜薦士 | 棲雲集三十卷 | 本傳 |
| | 趙雄 | 溫叔 | ,, | 孝宗宰相力持恢復議 | | ,, |
| 瀘縣 | 李鳴復 | 成叔 | 瀘州 | 理宗時輔臣 | | ,, |
| | 程公許 | 季與 | 宜化 | 理宗時名臣 | 塵岳文集 | ,, |
| 宜賓 | 司馬夢求 | | 敍州 | 元軍陷沙市死事 | | 忠義傳 |
| 合川 | 度正 | 周卿 | 合州 | 高宗時以鯁亮激切稱 | 性善堂文集 | 本傳 |

此多碩學通儒達官名臣宋史無傳而散見他書者集表於次（例同前表）

| 今縣 | 姓名 | 字 | 籍 | 如何人物 | 重要著作 | 見何書 |
|---|---|---|---|---|---|---|
| 涪陵 | 譙定 | 天授 | 涪陵 | 程頤弟子遂易不仕 | | 隱逸傳 |
| 榮昌 | 郝仲連 | | 昌元 | 北宋末拒金河中敗死 | | 本傳 |
| | 趙卯發 | 漢卿 | ,, | 守池州拒金死事 | | 忠義傳 |
| 巫山 | 姚邦基 | | 大昌 | 不汙劉豫之命 | | ,, |
| 成都 | 李畋 | 渭卿 | 蜀人 | 以著述為志 | 孔子弟子傳贊、道德疏、張乖崖語錄、谷子 | 澠水燕談錄 |
| | 吳師孟 | 醇翁 | 成都 | 反對新法六君子之一 | | 氏族譜 |
| | 梁成 | 子中 | ,, | 循吏 | | 氏族譜 |
| | 劉處厚 | | ,, | 范祖禹第為元祐循吏第二 | | 四川通志 |
| ? | 宇文黃中 | | 蜀人 | 官至太常博士 | 修神宗寶訓定九域志 | 四川通志 |
| | 宇文賜 | 黃中子 | | 建炎間直龍圖閣 | | ,, |
| | 唐慎微 | | 蜀人 | 博學嗜醫 | 證類本草 | ,, |
| | 趙介冑 | | 成都 | 官侍講 | 北征錄、通鑑綱目 | ,, |

| | | | | | | | | | | | |
|---|---|---|---|---|---|---|---|---|---|---|---|
| 史松 | 華陽 劉美 | | 雙流 | 雙流 宋堂 | 陴縣 楊應詢 | 新津 任淵 | 廣漢 嬰震 | 閬中 費東平 | 南部 馬涓 | 三台 魯雍 | 柳申錫 |
| | 世濟 華陽 | 劉永年 居錫 | 劉從廣 景元 | | 楊應詢 仲謀 | 任淵 子淵 | 嬰震 直夫 | 費東平 如山 | 馬涓 巨濟 | 雍孝聞 交叔達 | 柳申錫 |
| 〃 醫學 | 官武勝軍留後 | 〃 仁宗英宗世幹將 | 〃 循史 | 〃 處士著作頗究時務 | 牌 幹吏 | 新津 仕至潼川憲 | 廣漢 嘗為台諫多所建白 | 汝止 廣漢 議俠有文不仕 | 南部 元符諫官入黨籍 | 梓州 蜀士之秀有聲太學 | 潼川 理學 |
| | | | | 碩儒從學者甚衆 | | | | | 新井 官廣部員外郎長詩 | | |
| 素問靈樞集註 | | 〃 | | 蒙書、春秋薪意、西北民言、住事龜鑑、通書、二江集 | 明統志 | 沂菴集四十卷 | 嘗為台諫多所建白 | 東平詩集 | | 三江集 | 三易圖說、先天太極書 |
| 全蜀藝文志 | 〃 | 宏簡錄 | 〃 | 通鑑長編 | 宏簡錄 | 四川通志 | 繩鄉紀略 | 四川通志 | 揮塵前錄 | 宋詩紀事 | 四川通志 |
| | | | | 〃 | | | 宋史紀事 〃 | | | | |

| 籍貫 | 姓名 | 字 | 關係／籍 | 事蹟 | 著作 | 出處 |
|---|---|---|---|---|---|---|
| 中江 | 牟袞 | — | 中江 | 真中時翰林學士 | （有詩文行世） | 蜀人物志 |
| 遂寧 | 馮正符 | 信道 | — | 善春秋 | 春秋得法忘例卅卷 | 遂寧縣志 |
| 眉山 | 史炤 | — | 眉山 | 博古能文 | 通鑑釋文三十卷 | 蜀人物志 |
|  | 王賞 | — | 炤弟 | 高宗時禮部侍郎 | 玉台集 | ″ |
|  | 王偁 | — | 賞子 | 孝宗時吏部郎中 | 東都事略百三十卷 | 四川通志 |
|  | 王騰 | 慶長 | 眉州 | 　 | 辯蜀都賦 | 明統志 |
| 青神 | 家大酉 | — | 愿曾孫 | 官工部侍郎以正直稱 | 　 | 　 |
|  | 史通 | 子深 | 青神 | 元祐進士 | 世要機務、芻蕘策 | 眉山集 |
|  | 楊汝明 | — | 　 | 拒吳曦召官至工部尚書 | 　 | 蜀人物志 |
| 丹稜 | 唐彥通 | 庚父 | 　 | 處士以經學稱 | 五經徹旨、辨三傳 | 眉州志 |
|  | 李燾 | 季永 | 肅父 | 理宗時名臣 | 悅齋集 | 宋詩紀事 |
| 臨邛 | 計用章 | 膜卿 | 臨邛 | 宋祠仕至都官員外郎 | 　 | 蜀人物志 |
|  | 計有功 | — | 用章孫 | 慶曆進士 | 唐詩紀事 | 四川通志 |
| 夾江 | 李觀 | 用賓 | 夾江 | 官至參知政事 | 　 | 蜀人物志 |
| 資中 | 李石 | 知幾 | 資州 | 為趙雄所忌 | 方舟集 | 朝野雜記 |

| 縣 | 姓名 | 籍貫/履歷 | 事跡 | 著作 | 出處 |
|---|---|---|---|---|---|
| 巴縣 | 稅安禮 | — | 博通經史 | 禹貢指掌圖 | 巴縣志 |
|  | 馮時行 當可 | 恭州 | 力斥和議 | 縉雲集 | 四川通志 |
| 眉山 | 稅與權 巽甫 | — | 魏了翁門人 | 周易古經、易學啟蒙小傳 | 巴縣志 |
| 達縣 | 王汲 | 通川梓州通判有政聲 |  |  | 蜀人物志 |
|  | 王昌 | 汲弟 有文名 |  | 三江集、太平謏議 |  |

（出自任筱庄著：《四川史地》，南充中学印行）

## 第二十五节 三 苏

宋代蜀士，眉山最盛，而三苏又其翘楚也。先是，眉当宋初学者衰少，又皆怀慕乡党，不肯出仕。有苏序者，字仲先，始命其子涣就学，所以劝导成就者，无所不至。涣以进士得官，西归眉，父老纵观以为荣，教其子弟皆法苏氏，于是眉之学者日益，终宋之世，号为文物之邦。自序启之也。

**序季子苏洵** 字明允。初不学，年二十七始发愤，读书岁余，举进士，又举茂才异等皆不中，乃悉焚常所为文，闭户力学，遂通六经、百家之说，下笔顷刻数千言。文体模仿先秦，雄浑苍劲，世莫能及。至和嘉祐间，与其二子轼、辙皆至京师。翰林学士欧阳修方力复古文，得之大喜，上其所著书二十二篇。既出，士大夫争传之，一时学者竞效苏氏为文章。宰相韩琦，亦善洵书，奏于朝。诏与姚辟同修礼书，为太常因革礼一百卷。书成，方奏未报卒。有文集行世。今所传祐集是也。

**苏轼** 字子瞻。年甫冠，博通经史，属文日数千言。嘉祐二年，与弟辙同试礼部。主试欧阳修，方恶时文磔裂诡异之弊，得轼文惊喜语其客梅尧臣曰：吾当避此人一头地。随以才识兼茂荐之。英宗自藩邸闻其名，将欲大用。宰相韩琦曰：轼之才远，大器也。他日自当为天下用，要在朝廷培植之，使天下之士降服，然后用。乃以直史馆。神宗嗣位，王安石执政，素恶轼异己，出判杭州，历知徐、湖、黄、汝、常州，皆有善政。哲宗立，宣仕后主政，黜安石，召轼为中书舍人，除翰林学士。以论事为当轴者所恨，复出知杭州，政绩卓著，杭人为立生祠；后虽数召入，皆以谗请外，更知颍、扬、定三州。宣仕后崩，哲宗亲政，复安石新法，黜元祐旧人，贬轼英州，降惠州，贬琼州别驾。徽宗立，移廉州，更三州，大赦还。建中靖国元年卒于常州，年六十六。轼师父洵为文，既而得之于天。尝谓作文如行云流水，初无定质，但常行于所当行，止于所不可止，虽嬉笑怒骂之辞，皆可书而诵之。其体浑涵光芒，雄视百代，有文章以来盖亦鲜矣。所作诗文甚伙，今世传者《东坡全集》等种。轼喜纳义士，一时文人如黄庭坚、秦观、张耒、晁补之皆从之学，称

"苏门四学士"①。轼待诸子如朋俦,未尝以师资自予也。自为举子,至出入侍从,必行爱君为本忠规。论挺大节,群臣无出其右,但屡为人所排挤,不得安于朝廷之上,时人惜之。高宗即位,爱其文,读之忘倦,追赠太师,谥文忠。三子迈、迨、过,俱善为文。过名尤高,有《斜川集》二十卷行世。

**苏辙** 字子由,年十九与轼同登进士科,又同策制举。神宗初年,王安石执政,命辙为之属。安石出青苗法,使辙熟议。辙曰:以钱贷民,使出息二分,本以救民,非为利也。然出纳之际,吏缘为奸,虽有法,不能禁钱入民手,虽良民不免妄用;及其纳钱,虽富民不免逾限,如此则恐鞭箠必用,州县之事不胜烦矣。安石曰:君言诚有理,自此逾月不言青苗。会河北吏有请行之者,安石乃决行之。哲宗立,辙为右司谏。司马光执政,悉罢安石诸新法,复旧制。辙屡言宜以渐易之,光不能从。嗣拜尚书右丞,迁门下侍郎。自元祐一新,庶政行之。五年,元丰旧党分布中外者,多起邪说,摇撼在位。吕大防、刘挚患之,欲稍引用以平宿怨,谓之调停。宣仁后疑不决,辙力争曰:"君子小人势同冰炭,同处必争;一争之后,小人必胜,君子必败。何者,小人贪利忍耻,击之则难去;君子洁身重义,沮之则引退。古语曰:一薰一莸,十年尚犹有臭,此之谓矣。"宣仁后以为然,调停之说遂已。宣仁后崩,哲宗亲政,起用安石党李清臣、邓润甫,有绍复熙宁、元丰之意。辙上书极谏,哲宗不悦,出知汝州。居数月,元丰诸臣皆会于朝,累谪至化州别驾,居岭南五年。徽宗即位,徙复大中大夫。崇宁中,蔡京当国,再降,再复②致仕,筑室于许,终日默坐,不复与人相见,如是者十年。政和二年卒,年七十四,淳熙中,谥文定。辙性沉静简洁,为文汪洋淡泊,似其为人,不愿人知之,而秀杰之气终不可掩;其高处殆与兄轼相迫,奏议尤为世人所称,著作甚多,今世汇为《栾城集》。

论曰:闻之苏轼为童子时,已有颉顽韩富杜范诸贤之志。弱冠至京师,一日而声名赫然,动于四方。既而登上第,擢词科,入掌书命,出典方州,器识之闳伟,议论之卓荦,文章之雄隽,政事之精明,四者皆能以特立之志为之主,而以迈往之

---

① 黄庭坚,字鲁直,洪州分宁人,号山谷道人,又号培翁。学问文章,天成性得,善行草书楷,法亦自成一家。其诗远法杜甫,近师苏轼;年少轼九岁,轼以友接之。世人以其诗与轼相配,称曰"苏黄"。秦观,字少游,高邮人。少庭坚三岁,文丽而深思,尤工长短句。张耒,字文潜,楚州淮阴人。少观三岁,为文汪洋冲澹,于骚词尤长。晁补之字无咎,钜野人,亦以诗文称于时。以上四人,称"苏门四学士"。其后,陈师道、李荐亦从轼游,称"苏门六君子"。师道,字履常,一字无己。彭城人。高介有节,安贫乐道,于诸经尤邃诗礼,为文精深雅奥,诗学黄庭坚,开江西诗派之流者也。荐,字方叔,济南人。东坡称其笔墨澜翻,有飞沙走石之势。

② 元丰诸臣既会于朝,辙贬知袁州。未至,降朝议大夫,筠州居住三年,又责化州别驾,雷州安置,移循州。徽宗即位,徙永州、岳州,已而复大中大夫。蔡京当国,又降朝请大夫,居许州,再复大中大夫,致仕。

气辅之。故意之所向，言足以达其有猷，行足以遂其有为，至于祸患之来，节义足以固其有守，皆志与气所为也。仁宗初读轼辙制策，退而喜曰：朕今日为子孙得两宰相矣。神宗尤爱轼文，宫中读之，膳进忘食，称为天下奇才。二君皆有以知轼，而轼卒不得大用。王安石怒之，司马光亦怒之；王珪蔡确不能容，元祐诸臣亦不能容，岂非其好文讥刺，局量褊急有以致之欤。①辙论事精确，修辞简严，奏议之美不劣于兄。自洵与轼，皆深恶安石。辙独以寡言鲜欲，得安石敬心。故能以数语枳其青苗法，虽持议坚挺，而言无偏激，若是者试，宜若不及。然辙之与轼，出处进退无不相同，独其齿爵皆优于轼，盖亦有故也。蜀地僻远，在宋初年，文雅未盛，洵独教其二子成名，文章学术自为一家亦豪杰之士也。

## 第二十六节　张浚虞允文魏了翁

蜀士之能立功立事，建不世之勋，成不朽之名，出将入相，为国柱石者，惟张浚与虞允文；而讲学之风，则自魏了翁始。兹并为之传：

**张浚**　字德远，汉州绵竹人。唐宰相九龄弟九皋之后。靖康初，以进士为太常簿。张邦昌僭立，逃入太学中。闻高宗即位，驰赴南京。②建炎三年，金人南侵，高宗走钱塘，浚留吴门捍卫。会苗傅、刘正彦作乱。③浚纠合诸镇张俊、吕颐浩、刘光世、韩世忠等讨贼。事平，高宗欲相浚。浚以晚进不敢当，谓中兴当自关陕始，慷慨请行。诏以为川陕宣抚处置使，得便宜黜陟。浚至兴元，即出行关陕，访问风

---

① 神宗任王安石行新政，轼上书极论其非。神宗竟行新法。轼见安石赞神宗以独断专任，因试进士发策，以晋武平吴，以独断而克；苻坚伐晋，以独断而亡；齐桓专任管仲而霸，燕哙专任子之而败，事同而功异为问。安石滋怒，使御史谢景温论奏其过，穷治无所得，轼遂请外通判杭州。轼知徙湖州，上表谢，并以事不便民者不敢言，托诗以讽。御史李定、舒亶、何正，言媒蘖所为诗，以为讪谤，逮赴台狱，欲置之死。神宗怜之，以黄州团练副使安置。神宗数有意复用辙，为当路者沮之。神宗尝语宰相王珪、蔡确曰：国史至重，可命苏轼成之。珪有难色。神宗曰：轼不可用，姑用曾巩。巩遥太祖总论，神宗意不允，遂手札移轼汝州，有曰：“苏轼黜居思咎，阅岁滋深，人材实难，不忍终弃。"
　　轼旧善司马光。哲宗初年，光为相，将罢免役复差役法。轼争之，光不以为然；轼又陈于政事堂，光愀然怒。轼曰：“昔韩魏公刺陕西，义勇公为谏官，争之甚力，韩公不乐，公亦不顾。轼昔闻公道其详，岂今日作相，不许轼尽言耶"。光笑之。元祐四年，轼积以论事，为当轴者所恨，自恐不见容，请外。遂以龙图阁学士，出知杭州。
② 宋初都汴，号为东京开封府，以洛阳为西京河南府。真宗时，以宋州（今河南商丘县）为南京应天府。仁宗时，复以大名府为北京，是为四京。靖康末，金人破汴京，立张邦昌为楚，虏二帝诸王北去。康王构即位于南京，是为高宗。已而金人南侵，宰相黄潜善等，拥帝幸扬州。后遂渡江都钱塘，为是南京。
③ 建炎三年，帝在杭州，扈从统制苗傅、刘正彦以赏薄怨帝。又恨中官，杀签枢密院王渊作乱，逼帝禅位。皇子敷甫二岁，而使隆祐太后听政。（元祐皇后孟氏，以废居私第，得免北狩。高宗立，尊为隆祐太后）改元明受。迄浚率诸路之师且至，傅等惧，宰相朱胜非说使自反正，苗刘大之。已而浚军败，其党苗翊于临平，傅正彦拥兵遁入闽中。韩世忠追获之，送行在斩之。

俗，罢斥奸赃，以搜揽豪杰为先务，诸将惕息听命。富平之败，退保兴州，命吴玠聚兵扼险以固蜀，金人不得逞。浚在关陕三年，训新集之兵，当方张之敌。以刘子羽为上宾，任赵开为都转运使，擢吴玠为大将，子羽慷慨有才略，并善理财；而玠每战辄胜，西北遗民归附者日众。故关陕虽失，而全蜀安堵。且以形势牵制东南，江淮亦赖以安。而宰相朱胜非以宿怨日诲短浚，诏浚赴行在，寻谪居福州。其年，金乌珠等率刘豫之众入寇。高宗思浚策，免胜非，改相赵鼎；召浚知枢密院事，赴江上视师。时韩世忠大捷于大仪，赵鼎辅帝亲征。及浚至，将士勇气十倍。乌珠方拥大兵在扬州，约日渡江决战，闻浚至，变色引去。绍兴五年，除浚上书右仆射都督诸路军马，与赵鼎同辅治务。在寒倖门抑近习。巨寇杨幺据洞庭，荆襄川陕气势不通，浚督岳飞等军荡平之。遂奏遣飞进屯荆襄，以图中原；韩世忠据楚州，以图淮阳；刘光世屯合肥，以招北军；力请高宗幸建康，以励士气。刘豫闻之，先遣刘麟、刘猊等入寇，众三十万，声言金人同来。朝廷及诸戍并畏惧，谋退守江南。刘光世先舍庐州，归采石，淮西汹动。浚闻，疾驰至采石，令曰：渡江者斩。光世复还。会杨沂中兵大破猊众于藕塘（安徽定远县东），北军遁去。已而赵鼎罢相，浚总中外之政，凡事丛委以一身任之。每奏对必言雠耻之大，反复再三，上未尝不改容流涕。时高宗方厉精克已，戒饬宫廷，事无巨细必以咨浚。赐诸将诏，往往命浚草之，辞皆激切，人咸感愤。淮西军叛①浚引咎去位。浚既罢，言者论之不已。落职居永州。

浚谪岭南二十载，天下士无贤不肖莫不倾心慕之。武夫健将言浚者，必咨嗟太息；至儿童妇孺亦知有张都督也。金人惮浚，每使至，必问浚安在，惟恐其复用。当时秦桧怙宠固位，惧难为正论以害已，令台臣有所弹劾，论必及浚，反目浚为国贼，必欲杀之。会桧死，得免。二十五年，复观文殿大学士，判洪州。浚时以母丧将归葬，念天下事二十年为秦桧所坏，边备荡然；又闻亮篡立，必将内侵，自以大臣义同休戚，不敢以居丧为嫌，上书极言之。相臣沈该、万俟卨等皆笑为狂，复谪永州。三十一年，亮果大举南侵，复浚判建康府。时金骑充斥江北，诸戍皆溃。浚至岳阳，丞买小舟冒险赴难，既至建康，虞允文已大捷于采石。浚具行宫仪物，请驾临辛。卫士见浚无不以手加额。孝宗即位。锐意恢复。进封魏国公。除枢密使。都督江北诸路。倚为长城。对近臣言必曰魏公，未尝斥其名。浚用李显忠、邵宏渊

---

① 绍兴七年，淮西都统王德，与副都统郦琼不协，交诉于都督府及御史台。诏德还建康，而令杨沂中为淮西制置使，刘绮副之。时浚以督府参议吕祉节制淮西，祉密奏乞罢琼兵权。琼探知之，又闻朝廷将召已，遂执吕祉，以全军四万人叛降刘豫。祉不肯行，骂而死。

分道出兵，复虹县，克宿州，中原震动。寻以二人不协，引还。浚乃大饬两淮守备，凡要害之地皆筑城堡，招徕山东、淮北忠义之士，及山东江西群盗，凡二万余人，增置江淮战舰，诸军弓矢器械悉备。金人尝屯重兵河南，虚声胁和，迄闻其来，亟撤兵归。右相汤思退，秦桧党也，急于求和。浚力沮之，曰：金强而来，弱则止。不在和与不和也。思退乃令人盛毁守备不可，恃费国不赀以中浚。浚亦请解督府，凡八章乞致仕。诏从之，行至余千得疾，薨，谥忠献，赠太师。自浚薨后，朝廷遂决弃地求和之议矣。

浚幼有大志，及为熙河幕官，遍行边垒，觉观山川形势。时与旧戍守将握手饮酒，问祖宗以来守边旧法，及军政方略之宜。故一旦当枢管之任，悉能通知边事本末，在京城中，亲见二帝北行、大臣系虏、生灵涂炭，誓不与敌俱存。故终身不主和议。每论定都大计，以为东南形势莫如建康，人主居之，可以北望中原，常怀愤惕。至如钱塘，僻在一隅，易于安肆，不足以号召北方。与赵鼎共政，多所引擢，从臣朝列皆一时之望，人号小元祐。所荐虞允文、汪应辰、王十朋、刘珙等，后皆名臣；拔吴玠、吴璘于行间，谓韩世忠、岳飞忠勇，可倚以大事；一见刘琦奇之，付以事任，卒皆为名将有成功。一时称为知人。至其攘却勍敌，招降剧盗，能使将帅用命，所向如志，远人视其用舍为进退，天下占其出处为安危，爱君忧国之心至死不衰，论者以比于诸葛亮。使其得君如亮，诚未必让之也。事母以孝称，学邃于易，著有易解及杂说十卷，诗书礼春秋中庸亦各有解。外有文集十卷，奏议二十卷。二子栻、杓，及孙忠恕，均有学行。为宋名臣。

**虞允文** 字彬甫。隆州仁寿人。少以文学致身台阁。金治汴都，允文知其将南侵，屡请备边。不听。绍兴三十年，金主亮大举入寇，众号百万，毡帐相望，钲鼓之声不绝。淮西将王权，首弃庐和；淮东将刘琦，亦以病甚回镇江。两淮尽失，中外震恐。十一月，亮率大军临采石，而别以兵争瓜州。朝命成闵代琦、李显忠代权。时枢臣叶义问，督江淮军；允文参谋军事，往芜湖犒师。权已去职，其部犹在采石，三五星散，解鞍束甲坐道旁，漫无统制。敌且渡江，而显忠未来。允文谓坐待显忠则误国事。遂立召诸将，勉以忠义，羁勒部备，分甫皆知舟数白艘，已大呼，绝江而来，瞬息抵南岸者七十艘，直薄官军大阵，军小却。允文入陈中，抚统制时俊之背曰：汝胆略闻四方，立阵后则儿女子。尔后即挥双刀出，士殊死战。敌舟在江者，为允文预伏之海船所冲，皆平沉。敌半死，日暮未退。会有溃卒自光州至，允文援以旗鼓，从山后转出，敌疑援兵至，始遁。允文命劲弩尾击追射，大败之。明日，敌又至。允文行已部分夹击，又大破之。亮大怒，杀首教其济江者梁汉臣，悉众趋瓜州。显忠至，允文分六千人，疾趋保京口。未几杨存中、成闵、邵宏渊诸军会京口者二十万，金人夺气，弑亮，议和而退。两淮尽复。张浚时自岳阳赴难，比至池阳，则亮已死矣。允文请乘势恢复，诏除川陕宣抚使。遂与吴璘经略中原，而参知政事史浩议弃陕固蜀。允文十五疏争之，不听，已而召还。张浚既罢，汤思退议割唐邓四州，又上书力争，亦不用。乾道元年，拜参知政事。三年，吴璘卒。复出为川陕宣抚使。五年召还，拜尚书左仆射。七年，复出。为四川宣抚使，封雍国公。淳熙元年薨，谥忠肃。允文姿表雄伟，慷慨有大志，出入将相，垂二十年，孜孜忠勤，临死无二；性喜荐士，及为相日，籍人才为三等，有所见闻即记之，号材馆录。所举如洪适、汪应辰、胡铨、周必大、王十朋、赵愚、晁公武、李焘父子其尤著名者也。方完颜亮之南侵也，其锋甚锐。于时，张浚在谪，刘琦方病，中外失倚。帝且浮海避之，允文以一儒生纠溃卒，一战挫敌，亮用自毙。宋事转危为安，实系乎此。虽周瑜之于赤壁，谢玄之于淝水，无以美之。至其力持恢复，反对和议，援引贤俊，忠勤王室，与夫至孝之性，闳肆之文，则皆张浚之俦匹也。尝注唐五代史，藏于家。有诗文十卷，经筵春秋讲义三卷，奏议二十二卷，内外志十五卷行世。裔孙集，为元时大儒。

**魏了翁** 字华父，邛州蒲江人。少读书，英悟绝伦，过目不再览，乡里称为神童。登庆元五年进士第，历官知嘉定府。史弥远专国，了翁以丁生父忧解官。了翁东游，受学于朱熹门人辅广李燔①（注四），及是归蜀，筑室白鹤山下（是为鹤山书院），开门授徒，士争负笈从之，由是蜀人尽知义理之学。寻起知汉州、眉州，治行彰闻，擢潼川路转运判官，戢奸吏，询民瘼，举刺不避权右，风采肃然；上疏乞与周敦颐、张载、程颢、程颐、锡爵定谥示，学者辄向，朝论韪之。后复知潼川府，约已裕民，厥绩大著，若游似、吴泳、牟子才皆蜀名士，造门受业。十五年，被召内用，迁起居舍人。理宗立，或劾了翁欺世盗名、朋邪谤国，谪靖州居住。湘湖江浙之士，不远千里，负书从学。乃著九经要义百卷，订定精密，先儒所未有。绍定四年，起知泸州，茸城堞，修器械，申军律，兴学校，蠲宿负，复社仓，创义冢，建养济院，百废俱举，政化大行。史弥远卒，理宗新政，因人望召了翁，权礼部尚书，前后数十陈事，皆苦心空臆，直述事情，言人所难。上悉嘉纳，将引与共政。为

---

① 辅广，字汉卿，号潜庵，庆源人。师事吕祖谦及朱熹。嘉定初，筑傅贻书院，教授学者，时称傅贻先生。
李燔，字子敬，南康建昌人。朱熹没，高弟子熹为白鹿书院堂长，学者云集，讲学之盛他郡无比。李心传称其经术行谊亚黄干，当今海内一人而已。

《四川史地讲义》附图第十三幅

忌者因边警，举出督江淮。帝命开府江州，封临邛郡开国侯，赐便宜如张浚故事。忌者复以建督为非，寻复召还。嘉熙元年，卒于福建安抚使任。诏赠太师，谥文靖。累赠秦国公。所著有鹤山集、九经要义、周易集义、易举隅、周礼井田图说、古今考、经史杂抄、师友雅言。

了翁同产兄，蒲江高定子兄稼，稼子斯得，皆宋名臣，著述亦富。

## 第二十七节　蒙古定蜀

宋理宗宝庆三年，蒙古灭夏，自凤翔侵京兆，关中大震。四川制置使郑损弃沔州遁。三关不守，于是蒙古尽有关中地。金人集全力扼守潼关，蒙古不能进。绍定四年，蒙古图赖（亦作拖雷）欲自宝鸡侵。金遣使来假道，至沔州，统制张宣杀之。图赖遂以骑兵三万入大散关，破凤州，屠洋州，围兴元；分军入河州、大安军，开鱼鳖山（宁羌县东南），编筏渡嘉陵江，并江趋葭萌，略地至西水县，破城寨百四十而还。其东军，趋饶风关，自邓州伐金，遂围汴。

端平元年，宋及蒙古军破蔡州，金亡。

端平二年，蒙古怒宋败盟①，命库腾（亦作阔端）侵蜀，别将分侵江淮，库腾破沔州，围四川制置副使赵彦呐于青野原。利州统制曹友闻，救之，击走蒙古军，进扼仙人关。

三年，蒙古攻武休，陷兴元。彦呐檄友闻控制大安，以固蜀口。友闻与库腾战于阳平关，败死。蒙古兵遂长趋入蜀，一月之间成都、利州、潼川三路所属府州、军监、关隘、县寨俱破没。库腾入成都，四川所存，唯夔州一路及潼川路所属泸、合州、顺庆府而已。已而，库腾兵北还，攻文州。官军复成都等府州县。嘉熙三年秋，蒙古塔海将兵八十万入蜀，自新井趋成都。制置使丁黼战死，遂陷汉、邛、简、眉、阗、蓬州，遂宁、重庆、顺庆府，渡兵万州湖滩（万县西），施、夔震动。以京湖制置使孟珙有备，兵败引还。四年，以孟珙为四川宣抚使，知夔州。珙至镇，厘蜀政之弊，为条颁诸郡县，且曰："不择险要立寨栅，则难责兵以卫民；不集流离安耕种，则难责民以养兵。"乃立赏罚，以课殿最俾诸州奉行之；以李庭芝权建始县，

---

① 蒙古既破汴洛，金哀宗守绪奔保蔡州。蒙古与宋约，夹击破之。事定，宋得唐邓申息等州，陈蔡西北归蒙古，各罢兵归。已尔宋赵葵欲乘时抚定中原，建守和据关，恢复三京之议。相臣郑清之力主其说，遂诏知庐州全子才与葵等会师，趋汴洛复之。时当残破，蒿莱满目，军食不继，至采蒿食之。蒙古军来，悉弃所得地而还，蒙古使人来责败盟，寻即以兵南侵。

训农治兵，选壮士杂官军教之，期年民知战守，善驰逐。无事则耕，敌至则出战。珙下其法于所部行之，又创南阳、竹林两书院，以处襄汉四川流寓之士。于是夔路政教大备。淳祐元年，蒙古塔海部汪世显等复入蜀，成都制置使陈隆之死之，遂屠汉州。

三年春二月，以余玠为四川制置使。玠字义夫，蕲州人。少为白鹿洞诸生，尝殴死人，亡命走江淮，好为大言。淮东制置使赵葵壮之，留置幕府。累功擢为副使。淳祐元年，授四川宣慰使。陛辞自许"当手挈全蜀还本朝"。至是加制置使，知重庆府。蜀中财赋甲天下，入户部三师者五百余万缗，入四总领所者二千五百余万缗，金银绫锦之类不预焉。自宝庆三年失关外，端平三年蜀地残破，所存州郡无几，国用益穷。十六年间，凡授宣抚使三人、制置使九人、副使四人，或老，或暂，或庸，或贪，或惨，或缪；或遥领而不至，或关隙而各谋，终无成绩。于是东、西川无复统律①，监司戎帅，各专号令，擅辟守宰，荡无纪纲。蜀日益坏，民不聊生。

玠至大更弊政，遴选守宰，筑招贤馆于府左，下令曰："集众思，广忠益，诸葛孔明所以用蜀也。欲以谋告我者，近则径诣公府，远则自言于郡，所在以礼遣之，高爵重赏，朝廷不吝以报有功，豪杰之士趋期立事，今其时矣。"士之至者，玠不厌礼接，咸得其欢心；言有可用，随其才而任之；苟不可用，亦厚遗谢之。播州冉氏兄弟琎、璞，有文武才，隐居蛮中，前后阃帅辟召，坚不肯起。闻玠贤，相谓曰："是可与语矣。"诣府上谒，玠与分庭抗礼，宾馆之奉，冉安之若素有，居数月无所言。玠礼遇有加，使人窥其所为，兄弟终日不言，唯对踞以垩画地，起则漫去。如是又旬日，请见玠，屏人曰："为今日西蜀之计，其在徙合州城乎。"玠不觉跃起，

---

① 《宋史·余玠传》谓宝庆三年，至淳祐二年，凡十六年间，凡授宣抚使三人、制置使九人、副使四人云。然各使姓名不尽可考，兹据《宋史本纪》及《通鉴》等，考得数人，列举于次：
宣抚使：
孟琪 随州人，字璞玉。嘉熙四年，由京湖制置使转任。
制置使：
郑损 宁宗嘉定十七年，制置使崔与之以疾归广州。损代为制置使。理宗宝庆三年，蒙古破关外诸隘，损弃三关遁。
桂如渊 宝庆四年，郑损免。以桂如渊为四川制置使，赵彦呐副之。其年，蒙古图赖破蜀，如渊逃归坐免。
李埴 桂如渊免，以李埴为四川制置使，知成都府。赵彦呐副之，知兴元府。
黄白固 代李埴仍以赵彦呐为副。
赵彦呐 端平元年，升正使。二年，蒙古库腾侵蜀，知沔州高稼与相约死守。许之，而竟遁还。沔州破，稼死之。彦呐闻沔州破，乃复进军青野原，及曹友闻战死，蒙古遂长驱入蜀。
丁黼 嘉熙三年，蒙古塔海寇成都。制置使丁黼迎战于城南，兵溃死之。
陈隆之 淳祐元年，蒙古汪世显围成都。制置使陈隆之守弥旬，誓与城存亡。部将田世显，叛纳北兵。隆之举家数百口皆死，槛车送隆之至汉州谕降。隆之大呼曰：大丈夫死尔。勿降也！遂见杀。汉州兵出战，城破。蒙古屠之。

执其手曰："此玠志也。未得其所耳。"班、璞曰："蜀口形胜之城，莫若钓鱼山（在合川县东，三面临江，崖壁峭险），请徙诸此。若任得其人，积粟以守之，贤于十万师远矣。巴蜀不足守也！"玠大喜，遂不谋于众，密以其谋闻于朝廷，请不次官之。诏班权发遣合州，璞权通判，徙城之事悉以任之。命下，一府喧然，同辞以为不可。玠怒曰："城成则蜀赖以安，不成玠独坐之。诸君无预也！"卒筑城徙之，移兴戎于此，以备内水。于是并筑青居，徙顺庆府治，移沔戎于此；徙阆州治于大获（山名。在今苍溪县东南，因崖为坚，奇险天成），移金州戎实之，以固蜀口；徙成都府治于云顶（山名。在金堂县西南，迤逦层叠，有若云盘）移利戎实之，以备外水；徙蓬州治于云山（一曰披衣山，在蓬安东南，与营山接界处）；移广安军于大良（广安东北）；徙泸州治于神臂（泸县东）。及天生、三龟、九顶、紫云等十余城，皆因山为垒，棋布星分，为诸郡治所。气势联络，如臂使指。屯兵聚粮，为必守计。且诛溃将，以肃军旅。又令嘉定俞兴，开屯田于成都，以裕军食。蜀民始有安土之心。

十年冬，玠率诸将巡边，直捣兴元，与蒙古将汪德臣等大战，无功引还。十二年。汪德臣将兵掠成都，薄嘉定。俞兴等开关力战，却之。初利州都统王夔素残悍，桀骜不受节度，所至劫掠，蜀人患苦之。① 玠决意诛夔，夜召夔计事，潜以亲将杨成代领其众。夔至，玠即斩之。寻荐成文州刺史戎帅，欲举统制姚世安为代。玠素欲革军中举代之弊，以三千骑至云顶山下，遣都统金某往代世安。世安闭关不纳，丞相谢方叔子侄避乱在云顶，世安厚结之，求方叔为援，以与玠抗。玠郁不乐。宝祐元年，以资政殿学士召，玠愈不自安，一夕暴下卒。或谓仰药死。玠之治蜀也，任都统张实治军旅，安抚王惟忠治财赋，监簿朱文炳接资客，皆有常度。至于修学养士，轻徭以宽民力，薄征以通商贾，蜀既富实，乃罢京湖之饷；边关无警，又撤东南之戎。自宝庆以来，蜀阃未有能及之者，其暴死，蜀人莫不悲之如失父母。

宝祐五年秋，蒙古主莽赉扣②（即宪宗）分道入寇，自以大军自陇州趋散关，别将由洋州趋米仓。时蒲择之为四川制置使，置司重庆。闻蒙古前将军耨埒（亦作纽璘）将趋成都，遣安抚刘整等据遂宁渡口拒之，大战一日，整军败。耨埒遂长驱入成都。六年春，择之命杨大渊等守剑门及灵泉山，自将兵取成都。耨埒自成都率

---

① 《宋史·余玠传》："利司都统王夔素残悍，号王夜叉。恃功骄恣桀骜，不受节度；所至劫掠，每得富家，穴箕加颈，四面燃箕，谓之蟆蚀月；以弓弦系鼻，高悬于格，谓之错系喉；缚人两股，以木交压踏，谓之干榨油。以至用醋灌鼻，恶水灌耳口等，以胁取金帛。稍不遂意，即死其手。蜀人患苦之。且悉敛都将倅马以自入，将战乃高其值卖与之。朝廷虽知其不法，在远不能诘也。大帅处分少不遂其意，则百计挠之，使不得有所为。"
② 今译作"蒙哥"。——编者注

诸将，大破大渊于灵泉，进围云顶山城，断其归路。择之兵溃，引还云顶城，食尽，杀其主将以降。于是成都、彭、汉、怀、绵等州，威、茂诸番，悉降蒙古。耨埩进攻苦竹隘（即小剑山），蒙古主渡嘉陵、白水二江，会攻克之。守将杨立、张实巷战死。歼其余众，进克鹅顶堡（昭化西南）。围胡大渊于大获。米仓之师亦略地来会。十二月。胡大渊降，由是青居、大良、云山、石泉、龙州（今平武县）守将刘渊、蒲元珪、张大悦、赵顺等俱以城降。

开庆元年，围合州，守将王坚力战御之。蒙古屡战不能克。秋七月，前锋汪德臣中炮死，军中大疫，蒙古主殂于军（或传中飞矢死），余众解围北还。当是时，蒙古呼必赉①（即元世祖）之大捷于江淮，围鄂州，下江西，势逼临安矣。会闻讣，始许贾似道和，引兵北还。自是蒙古迭有内乱，边警稍宽。

景定二年（元世祖中统二年），俞兴为四川宣抚使。潼川安抚副使刘整，素与兴有隙。会贾似道会计边费，兴遣吏下整，整诉于朝不达，遂以庐州叛降蒙古。兴移檄讨整，围泸州，昼夜急攻，几克。会蒙古援军至，大败退走。诏以兴妒功启戎，镌职，以吕文德代之。三年正月，整率所部入朝于蒙古。文德复泸州。

五年（至元元年），蒙古移都于燕，更号大都。后七年，改国号元，（以下以改称蒙古为元）

先是蒙古不识南朝虚实，且畏水战，故南侵每无成功。及得刘整，尽悉南方情事。整教其取襄阳，练水军，以图宋。咸淳元年（至元二年），遂围襄樊。九年，樊城陷，吕文焕以襄阳降。于是元用整与文焕为响道，连陷沿江诸州。德祐二年（至元十三年），元军逼临安，宋恭帝降。

元自宪宗殂于合州，始专从汉淮窥东南，不复用兵于蜀。江南既下，蜀土仍自城守。德祐元年（至元十二年），元以汪良臣行西川枢密院事，进攻嘉定。宋成都安抚使昝万寿拒战，大败。遂籍境内三龟、九顶、紫云诸城以降。于是两川郡县多送款于元。独张珏固守合州、重庆不下。珏字君玉，凤州人。元兵入蜀，与王坚协力坚守合州。坚还，代知州事，承凋敝之后，外以兵护农，内教民垦田，积粟未再期，公私皆足，合防益固。刘整献计于元，欲自青居进筑马鬃、虎头二山（皆在合川东北），扼三江口以图合州。珏击走其筑城者。至是元主建东西川行枢密院事，合兵万人，围重庆。珏时进制置副使，知重庆府不能赴，留合为拒守计。时元两川军不和，肆于劫掠，军政不一，故久无功。至元十三年（其年宋帝昰即位福州改元景炎），

---

① 今译作"忽必烈"。——编者注

冬，珏自合州出兵，复泸、涪二州，已而重庆围军溃，珏得入城，遣将四出，屡败元军。元主别遣哈丹布哈等领东西川行枢密院，分围合州、重庆。至元十五年（景炎三年），布哈督汪良臣等至重庆，珏悉众出战，军溃，都统赵安以城降。珏巷战不支，顺流走涪，元兵追及之于西安寨（涪陵西），解弓弦自经死。于时泸州食尽，安抚王顺昌自经死；涪州城破，守将王明死之。于是绍庆、南平、夔施、恩播诸州相继降附，唯东川行院攻合州久不能下。至元十六年（宋帝昺祥兴二年），合州守将王立以城降于西川李德辉，全蜀始定。同时张弘范袭厓山，宋亡。

论曰：蒙古以铁骑驰骋欧亚，灭国四十，所当者破，所向者摧。蜀土自端平残破，仅存半壁，险阻既失，沃野无存，乃能支持三十九年，与国同寿者，岂非余玠徙城之功耶！蒙古之制，攻城不降，石矢一发则屠之。破汴后虽除此法，然残忍之性已养成矣。自宝庆来，胡骑入蜀数十次，大小数百战，杀戮之惨，殆同献忠乱蜀。读《元史》至李德辉入合州受降事①，未尝不掩卷流涕也。四川经此大劫，衣冠沦丧，文物荡然，故元明之世，蜀士鲜可称者。宋世三百年盛运，由是而熄，亦足悲夫。

## 第二十八节　明氏据蜀始末

元灭宋后八十二载，当顺帝至正十一年，颍川刘福通、罗田徐寿辉等相继起兵，攻陷江淮郡县，中国大乱。随州人明玉珍，结乡兵屯青山（湖北随州南），结栅自固。徐寿辉破蕲州，称皇帝，国号天完。使人招玉珍。玉珍引众降，以元帅守沔阳。至正十七年，率斗船五十艘，掠粮川峡间。时青市盗李喜喜聚兵若蜀。元义兵元帅杨汉，以五千人御之，屯平西。右丞相完者都（亦作鄂勒札伊图）镇重庆，欲杀之

---

① 《元史·李德辉传》云：至元十二年，诏以西安王相抚蜀。时重庆犹城守不下，朝廷各置行枢密院于东、西川，合兵万人围之。德辉至成都，两府争遣使咨受兵食方略。德辉戒之曰："宋已亡矣。重庆以弹丸之地，不降何归。正以公辈利其剽杀，民不得有子女，惧而不来耳。向日兵未尝战，中使奉玺书来赦，公辈既不能正言മ告，严备止攻，以须其至；反购得军吏杖之，伪为得罪，使惧而叛去，水陆之师雷鼓继进，是坚其不下也。中使不喻诈计，竟以不奉明诏复命。如是者，非玩寇而何！况复军政不一，相訾纷纷，朝夕败矣，岂能成功哉。"德辉出，未至秦，泸州叛，而重庆围果溃。十四年，诏以德辉为西川枢密院副使，仍兼王相。诸军既发，德辉留成都给军食。既拔重庆，旋夔思播诸山壁水栅皆下。东川王府恶相属，愿独围合州。既而合州将王立死守，不能下。德辉获立调事者，纵使还谕祸福。王立惧东府诛，派人怀蜡书，间行至成都降。德辉即以从兵数百人赴之。东府怒其来，曰："立，珏牙将也，习狙诈不信，特以计致公来，使与吾争垂成之功，延命晷刻耳。未必诚降。"德辉曰："昔合州以重庆存，故立可以同恶。今已孤绝，穷而来归，亦其势然。吾非攘人之功者，诚恐公等愤其后服，诬以曾抗哔先朝，利其剽夺，而快心于屠城也。吾为国活此民，岂计汝嫌怨为哉！"即单舸济江，薄城下，呼立出降；安集其民，而罢置吏。合人自立而下，家绘事之。德辉卒，立衰经率军拜，哭声震山谷，由是可知渝、合之坚守，非为存宋，盖避死也。

而并其军。汉脱走出峡，遇玉珍，为言重庆可取状。玉珍未决，万户戴寿曰：分船为二，半贮粮归沔阳，半因汉兵攻重庆。不济，则掠财物而还，无损也。玉珍从之，袭重庆，克之。寿辉授玉珍陇蜀行省右丞。已而，完者都纠成都兵谋复重庆，屯嘉定之大佛寺。玉珍遣骁将万胜攻之，半年不能下。玉珍自率众围嘉定，遣胜轻骑袭成都，克之。遂破嘉定，执完者都等，于是蜀中郡县相继归于玉珍。

至正二十年，陈友亮弑徐寿辉，自立为汉王。玉珍遣兵塞瞿塘，绝不与通，自称陇蜀王。时有元进士刘桢者，字维周，泸州人，曾官大名经历，方弃官家居。玉珍往见，与语大悦，曰：吾得一孔明也！拜为参谋，尊礼备至。桢说玉珍曰："西蜀形势，东有瞿塘，北有剑阁，沃野千里，自遭青巾之虐，人物凋耗。大王抚有之，休养伤残之民，用贤治兵，可立不世之业。当于此时称大号，以系人心。"二十三年，玉珍即皇帝位，国号大夏。建元天统。都重庆。效周制设六卿，以桢为宗伯；分蜀地为八道，更置府州县官名。玉珍无远略，胜兵不满万人，然性节俭，颇好学，折节下士。既即位，设国子监教公卿子弟，建社稷宗庙求雅乐；开进士科；定赋税，以十分取一。蜀人咸便安之。皆刘桢之谋也。明年，遣万胜等三道攻云南，入昆明，已而引还。复遣邹兴取巴州，万胜取兴元；遣使通好于明太祖。时太祖方专意中原，遣使报聘，引孙刘相吞噬为戒。于是信使往来不绝①。

至正二十六年，玉珍卒。子升嗣，甫十岁，母彭氏同听政。改元开熙。葬玉珍江水之北，曰永昌陵，庙号太祖。于时诸大臣皆粗暴，不肯相下。右丞相万胜，忌都察院张文炳，遣人杀之；文炳所善玉珍养子明昭，复矫彭氏旨，缢杀胜。保宁镇将吴友仁，移檄讨昭。左丞相戴寿诛昭以谢。友仁入朝，遂柄国政。后三年，左丞相刘桢卒，国始衰矣。

明太祖洪武元年，克元都。明升奉书称贺。明年，太祖遣人谕升归命。戴寿欲降，吴友仁执不可。又明年，徐达定关陕，遂自徽州南克略阳、沔州，入连云栈；攻兴元，取之，置建守而还。吴友仁数攻兴元，不能克。四年正月，太祖遣征西将军汤和，率廖永忠等，以舟师向瞿塘趋重庆。前将军傅友德，以步骑由秦陇趋成都伐蜀。升先已遣莫仁寿，以铁索横断瞿塘峡口。至是，又遣邹兴益兵守之。北倚羊角山，南倚南城砦，凿两岸石壁，引铁索为飞桥，架木板置炮以拒敌。和军不能进。友德自陕西集诸军，声言出金牛，而潜引兵趋陈仓，攀援崖谷，昼夜行抵阶州，破

---

① 《明史的·明玉珍传》记：珍使参政邀好于太祖。太祖遣都事孙养浩报聘，遗玉珍书曰：足下处西蜀，予处江左，盖兴汉孙刘相类近者。王保保以铁骑劲兵虎踞中原，其志殆不曹操下。使有谋臣如攸或，猛将如辽却，予二人能高枕无忧乎？予与足下，实唇齿邦，愿以孙刘相吞噬为鉴，自后信使往来不绝。

之。渡白龙江，拔文州。夏成都守将向大亨拒之于绵州，败还，保汉州。时汉水暴涨，友德造舰以济，因削木牌数千，书克阶、文月日，投汉水以通军声于瞿塘。戴寿与吴友仁自率军援汉，未至友德已大破向军于城下，因势击败援师，遂拔汉州。寿与大亨退保成都。友德进围之。明水师之攻瞿塘者，闻友德已深入，殊自奋。廖永忠率所部先进，密遣人持糗粮水桶，衣青蓑，舁小舟，匍匐草木间，逾山出上流夹攻，烧断飞桥铁索，大破守军，入夔州，进次铜锣峡。升大惧，面缚衔璧舆榇出降于军门。于是寿、大亨等亦以成都降。自元至正十七年明玉珍入蜀①，至明洪武四年明升降，凡据蜀十六年，称帝十年。升至京师，授爵归义侯。明年徙高丽。

吴友仁自汉州战败，走保保宁，不降。明军围之，克其城。执友仁送京师斩之。蜀地悉平。

论曰：明玉珍以中庸之才，因乘世乱窃据巴蜀，但能节俭休养，用贤抚民，遂以弱小之师，久持富，在诸雄中最为后亡。十除年间，吏知守法，民无怨尤，号为治世，则蜀之易治，盖可知矣。巴蜀经蒙古蹂躏，文物荡然。玉珍用刘桢谋，兴学校，复廷试，求雅乐，习礼仪，圣贤之业由是复兴。明代蜀士，以蜀东南为盛。政教之关系，固如此其重也哉！

## 第二十九节　元明蜀士及杨廷和父子

四川自经蒙古蹂躏后，元气不易回复，故元明两代蜀士甚少可称者。按之《元史》，蜀人有传者仅八人，曰：张惠（新繁人）、虞集（允文曾孙）、赵世延（成都人）、伊济台（世延子）、谢端（遂宁人）、邓文原（绵竹人）、黄泽（资州人）、章卿孙（蜀人）。其中，赵世延父子，虽以功烈称，实皆蒙古旧族之寓成都者，非蜀人也。② 虞集，则自先世已移籍闽之临川者也。

《明史》蜀人有传者凡102人，依县籍列表于下（括号内为所附之传）：

---

① 《明史》及《通鉴》皆谓玉珍于至正十七年入蜀。《明史纪事本末》谓玉珍于至正十四年入蜀，十五年据成都，十八年克嘉定。兹从《明史》。
② 《元史》："赵世延，字子敬。其先永古特族人，祖阿勒楚尔，为蒙古汉军。征行大元帅镇蜀，因家成都。"又云："世延历事凡九朝，敭历台省五十余年；负经济之资，而将之以忠义，守之以清介，饰之以文学。凡军国利病、生民休戚，知无不言；而于儒者名教尤拳拳焉。"世延子伊济台，官四川行省参政，讨巴东贼至江陵战殁。

| 县籍 | 姓名 |
|---|---|
| 成都 | 何卿　邱德祖 |
| 华阳 | 王汝梅（黎贯传） |
| 双流 | 赵佑 |
| 新都 | 杨廷和 |
| 彭州（彭县） | 刘士元（附张文明传） |
| 广汉（汉州） | 刘希简（附陆粲传）、张允登 |
| 绵阳（绵州） | 金献民、胡汝霖（附桑乔传） |
| 绵竹 | 刘宇亮 |
| 梓潼 | 何光裕（附杨继盛传） |
| 乐山（嘉定州） | 安磐、程启元、徐文华、彭汝实、罗国瓛（忠义徐道兴传） |
| 荣县 | 胡子昭（附方孝孺传）、简仁端 |
| 夹江 | 王开运（附刘廷标传） |
| 眉山（眉州） | 万安 |
| 青神 | 余子俊 |
| 邛崃（邛州） | 刘纲 |
| 南充 | 任瀚（附陈束传）、王廷、陈以勤、陈于陛、黄辉（附焦竑传）、杨文岳 |
| 西充 | 张鹏翼、庞昌元（附邱德祖传） |
| 岳池 | 石天柱 |
| 广安 | 王德元 |
| 剑阁（剑州） | 赵炳然、杨于陛（附何天衢传） |
| 三台（潼川州） | 张翀 |
| 射洪 | 杨最 |
| 遂宁 | 黄珂、席书、席春（附席书传）、席篆（附席书传）、杨名、吕大器 |
| 安岳 | 汤绍恩、张任学 |
| 宜宾 | 尹伸、樊一蘅、刘之纶、郭咸（附刘显传） |
| 长宁 | 周洪谟 |
| 富顺 | 晏铎（附刘溥传）、熊过（附陈束传）、谢廷茞、聂纯昌（附董尽伦传） |
| 兴文 | 胡一夔（附董尽伦传） |
| 隆昌 | 李仁仪（附杨瑄传） |

续表

| 县籍 | 姓名 |
|---|---|
| 叙永（永宁卫） | 侯良柱、张令、胡缜（附董尽伦传）、李忠臣（同上） |
| 资中（资县） | 邓继、曾周冕 |
| 内江 | 刘瑞、高公韶（附萧鸣凤传）、赵贞吉、范文光 |
| 井研 | 陈演 |
| 泸县（泸州） | 高光（附董尽伦传）、吴长龄（同上） |
| 巴县 | 陈志、蹇义、蹇英（蹇义传）、陈瑛（附陈志传）、牟俸、刘春、姚学礼（附陆昆传）、刘起宗（喻汝砺传）、王应熊 |
| 江津 | 江渊 |
| 合川（合州） | 李实（附杨善传）、邹智 |
| 武胜（定远县） | 田大益 |
| 荣昌 | 曾异撰（附张耀传） |
| 大足 | 李翔（附王徽传） |
| 铜梁 | 张佳允 |
| 长寿 | 聂贤（附马录传）、陈新甲 |
| 涪陵（涪州） | 刘菪 |
| 达县（达州） | 卫承芳、王世琮（附杨文岳传） |
| 忠县（忠州） | 秦良玉、秦翼民（秦良玉传）、秦邦屏（同上）、秦民屏（同上）、高倬 |
| 梁山 | 来知德、赵趣（附吴景传）、徐敬之（同上） |
| 奉节（夔州） | 青文胜 |
| 蜀人流寓他省者 | 徐贲（附高启传）、王彝（附赵熏传） |

《明史》采收颇泛，除后帝诸王及列女、土司、四裔外，有传三千二百余，蜀士仅其三十一分之一而已。且查各传，文章事业并鲜可称，较之宋世，判如天壤。尤可异者，成、绵、邛、眉保宁诸属，从来人文蔚盛，至明乃骤衰；川东道及叙、泸二属地，向无闻人，在明反凌驾成、眉、邛、保宁之上，此何故耶？盖自余玠城钓鱼、青居、大镞、云顶、三龟、紫云诸塞，保全蜀南半壁；嘉定、潼川、阆州以北，陷于蒙古铁蹄之下，为日独久，士类夷灭，诗书散亡，旧家世族幸逃锋镝者，多已避地蜀东。及明玉珍建都重庆，复能备礼乐，张文教，故能致此也。

明代蜀士入相者，有蹇义、万安、陈以勤、陈于陛、刘宇亮诸人。① 诸人唯杨廷和相业可称；以文学著称者，有廷和子慎、任瀚、周洪谟、吕大器诸人②，唯慎篇超绝，故传二人事略于次：

杨廷和，字介夫，号石斋。其先卢陵人，元末避欧祥之乱徙楚麻城，再避赤巾乱入蜀，居新都。故为新都人。年十二举于乡，十九成进士。为人美丰姿，性沉静详审，为文简畅有法，好考掌故、民瘼、边事及一切法家言，郁然负公辅望。正德初年，与李东阳同为大学士，预机务。时刘瑾擅权，廷和等委曲其间，小有剂救而已。瑾伏诛，东阳寻亦致仕，廷和遂为首辅。武帝好游畋，数游宣府大同，未尝视朝。政事悉委廷和。廷和屡谏皆不听，乞罢亦不许。宁王宸濠叛，武宗亲征，留廷和居守，两更岁朔，颇以镇静持重为中外所推服。帝平宸濠归，不豫，十六年春崩于豹房，无嗣。廷和等上议太后，请迎立兴献王世子厚熜于安陆③，入嗣皇位。世子未至，廷和总朝政几四十日，请于太后，罢威武团练诸营归镇，革京城内外皇店，纵遣豹房番僧及教坊司乐人，放还四方进献女子，停京师不急不务，执权阉江彬诛之。中外大悦兴。世子至即位，是为世宗，廷和草登极诏，厘抉正德中蠹政且尽，所裁汰锦衣诸卫、内监司、旗校、工役为数十四万八千七百，减漕粮百五十三万二千余石。其中贵义子传升乞升一切恩倖得官者，大半皆斥去。中外称新天子圣人，且颂廷和功。帝数召对，慰劳备至。廷和益欲有所发，摅引用正人，布列有位，以帝虽冲年性英敏自信，可辅致太平，事事有所持诤。江彬既伏诛，复奏诛中贵钱宁、张锐、张忠、于经、许泰等，籍没其资产；又疏请敬天戒，法祖训，隆孝道，保圣躬，务民义，勤学问，慎命令，明赏罚，专委任，纳谏诤，亲善人，节财用。语多剀切，皆优诏报可。世宗初政之美，由廷和力也。及大礼

---

① 蹇义，字宜之，巴人。洪武十八年进士。成祖时，以吏部尚书辅太子监国南京。义熟典故，达治体军，国事皆倚办焉。仁宗即位，念监国时旧劳，进少师，赐绳愆纠谬图章，与夏元吉、杨士奇、杨荣杨溥同辅政，并为仁宣两朝贤相。英宗初卒，谥忠定。
万安，字循吉，眉州人。正统十三年进士。成化时入内阁，参机务。无学术，惟日事请托，结诸阁与万贵妃为内援。成化十三年，遂为首辅，俄进少师。孝宗嗣，因邹智等劾其妖妄。
刘宇亮，绵竹人。万历四十七年进士。崇祯十年擢礼部尚书入阁，翌年遂为首辅。嬉游畏葸，无绩可称，后免职，卒于家。陈以勤父子，详南充篇。
② 任瀚，详南充篇。周洪，字尧弼，长宁人。正统十年进士。宪宗时名臣。熟掌故，好建白，著有《四书五经撰疑》等书。
吕大器，字俨若，遂宁人。崇祯元年进士。为晚明名臣，颇有文学。此外，如陈以勤父子（时有"前有眉山，后有南充"之称）、晏铎（景秦十才子之一）、熊过（万历八才子之一）、黄辉等，皆有文名，然名益微矣。
③ 明宪宗生子十人，长孝宗。次兴献王宏治。七年甲寅，兴献王之国安陆州。正德二年，生世子厚熜。已而献王薨，世子受敕嗣理国事。武宗崩，自安陆入嗣皇位，时犹未正王位，故称兴世子。

议兴①，廷和持论不挠，先后封还御批者四，执奏几三十疏。帝常忽忽有所恨，外示尊崇而意已内移矣。廷和先累疏乞休，迄谏阻内官提督江南织造事不听②，而礼议复兴，求去益力，嘉靖三年正月，帝许之。廷和既去，礼议遂定。七年，明伦大典成，诏定议礼诸臣罪，廷和削职为民。明年六月卒，年七十一。隆庆初，复官，赠太保谥文忠。

**杨慎** 字用修，号升庵。廷和长子。年二十四举，正德六年殿试第一，授翰林修撰，纂修《武宗实录》，文章行谊并为时流称美。嘉靖三年，廷和去国，桂萼张璁等进用，议称孝宗皇伯考。慎偕廷臣伏左顺门力谏，帝大怒，命执首事八人下诏狱。于是慎及检讨王元正等撼门大哭，声彻殿庭。帝益怒，悉下诏狱，廷杖之。阅十日，有言慎等实纠众伏哭者，再杖几毙，谪戍云南永昌卫。巡按郭楠等，筑馆于云峰居之。黔国公沐绍勋等，数往存问。廷和卒，巡抚欧阳重为请于朝，获归营葬，自是或留戍所，或居云南会城，或居大理，或借戎役归蜀，遍游滇蜀诸名胜，所至大吏咸善视之。云南布政高韶、四川巡抚刘大谟，皆聘修省志。与三省大吏，四方名流唱和之作极伙。世宗以议礼故，恶其父子特甚，终身不迁调，每问阁臣慎作何状。慎闻之益纵酒自放，及年七十在泸州，云南巡抚遣四指挥逮归戍所，由是遘疾，嘉靖三十八年七月卒，年七十有二。

慎幼警敏，十一岁能诗，十二拟作古战场文，过秦能长老惊异；性尤好学，生长京师，得遍读秘阁藏书。在翰林时，以博赡见称，尝奉使过镇江，谒杨一清，阅所藏书，叩以疑义。一清皆成诵。慎惊愧，乃益肆力古学，既而投荒多暇，书无所不览，尝语人曰：资性不足恃日新，德业当自学问中来，故好学穷理，老而弥笃。

---

① 世宗即位初，即命礼官议崇祀兴献王典礼。礼部尚书毛澄，请于大学士杨廷和。廷和出汉定陶王、宋濮王事授之曰：此篇为据。异议者即奸谀当诛！于是群臣上议，以孝宗为考，兴献王及妃为皇叔父母，祭告上笺称侄署名。帝览之曰："父母可若是互易耶！"令再议。廷和等力争。议三上三却。永嘉进士张璁，揣知帝意，上疏谓："汉哀帝、宋英宗皆预立为皇嗣，养之宫中，是明为人后者也。今上入继大统，遗诏未尝明著为孝宗后，与预立为嗣者较然不同，宜别为兴献王立庙京师，不当拘执汉定陶王、宋濮王故事。"帝大喜，手诏谕廷和等宜从。廷和封还手诏，自四月相持至于十月，礼不能定。兴献王妃至通州，闻廷议欲考孝宗，恚不肯进。帝涕泣请于太后，愿避位归藩。群臣惶惧。廷和乃拟敕下礼部，称兴献王为帝，妃为后，假太后旨行之。帝不得已报可。兴献后至京，谒见太庙，帝复申谕欲加称皇后。廷和引汉昭帝、汉光武故事固争。因自请罢斥廷臣诤者百余人。帝不得已，乃以嘉靖元年诏，称孝宗为皇考，兴献帝后为本生父母，不称皇。然意恨廷和。二年冬，南京刑部主事桂萼上疏，申张璁前议，曰："夫孝宗有武宗为子矣，可复为立后；武宗以神器授皇上矣，可不继其统。宜称孝宗曰皇伯考，兴献帝曰皇考，而别立庙于大内。"于是礼议再兴。杨廷和求去，帝许之。诸臣汪俊等仍力持前议。帝召用桂萼、张璁、席书……遂更定大礼，称孝宗为皇伯考，兴献帝为皇考，去本生二字。杨慎等撼门哭争，各廷杖谪戍。七年。明伦大典成。追夺议礼诸臣官。
② 《明史·杨廷和传》："江左比岁不登，中官请遣官督织造，工部及给事御史言之皆不听，趣内阁撰敕。廷和等不率命，因极言民困财竭，请毋遣。帝趣愈急，且戒毋渎扰执拗。廷和力争，言臣等与举朝大臣言官，言之不听，顾二三邪佞之言是听。陛下能独与二三邪佞共治祖宗天下哉！……因请究拟旨者何人，疑有假御批以行其私者。帝为谢不审，俾戒所遣，官无纵肆而已不能止也。"

尝撰《蜀艺文志》六十四卷，二十八日而成，不携箧，不检籍，取之腹笥，蔚为巨编。明世记诵之博，考据之精，著作之富，推慎为第一。诗文外，杂著至数百种，当时刊行颇多散佚，今所传有《升庵全集》及外集八十余卷。慎尝自称云："慎苟非生执政之家，安得遍发皇史宬诸秘阁之藏。既得之，苟非生有嗜书癖，亦安从笥吾腹。既兼有是，苟非投诸穷裔荒徼亦不暇也。"清《四库提要》称慎诗：含吐六朝，于明代独立门户，文虽不及其诗，然犹古法，贤于何李诸家窒塞艰涩不可句读者。① 盖多见古书，熏蒸沉浸，吐属自无鄙话，譬诸世禄之家，天然无寒贱之气矣。

## 第三十节　鄢蓝方廖之乱

正德初年，刘瑾当国，政乱岁饥，湖广、江西、四川等省盗贼蜂起。四川有眉州人刘烈等起保宁，保宁人蓝廷瑞、鄢本恕、廖惠等起汉中，泸州人曹甫等起江津，四出剽掠，侵苦边邑。正德四年，蓝廷瑞自称顺天王，鄢本恕称乱地王，廖惠称扫地王，合众十万，置四十八总管，延蔓川陕、湖广间，谋分据保宁、汉中、郧阳等处。惠陷通江，已而弃去。四川巡抚林俊，发僰兵蹙之龙滩河（昭化西嘉陵江津济处），大破之。廷瑞以余众奔陕西，与本恕合。俊复追败之于大巴山。会总制湖广川陕河南军务洪钟入蜀会剿，与俊议多不合。俊遂移师击泸州贼；廷瑞等乘间收集散亡。时刘烈已死，其党廖麻子、喻思俸等，与廷瑞合，势复振。钟檄陕西湖广河南兵，分道进剿。湖广兵先追及于陕西石泉。廷瑞走汉中，遣人诣陕西抚蓝章，乞还川就抚。章恐急之致使陕省受患，遂令诸将护之出境。廷瑞入川，请至东乡受抚。洪钟许之。然贼意不在降，临抚不至。至则依山结营，要求营山县或临江市屯师，及旗牌官为质。钟俱许之。鄢本恕来见回营，蓝廷瑞始出见。见则肆甚。已而贼有出扰民者，官军杀之，遂杀质官复叛。官军为七垒守之，贼不得逸，其党渐溃。廷瑞以所掠女子诈为己女，嫁永顺土舍彭世麟为妾，结欢世麟。世麟密白钟，钟使受而图之。及期，廷瑞、本恕及其党土金珠等二十八人咸来会，伏发，悉被擒；惟廖麻子脱去。贼众闻变，四奔逸山谷，钟分诸路兵追剿，擒杀甚众。廷瑞、本恕凡扰

---

① 何景明，字仲默，信阳人。李梦阳，字天赐，更字献吉。庆阳人，徙扶沟。皆弘治中进士。诗文以复古自会，卑视一切，天下学者翕然宗之，遂开嘉靖、万历古文之盛局，世称之曰何李。梦阳有《空同子集》行世，清《四库提要》评其集有云："其诗才力富健实，足以笼罩一时。而古体必汉魏，近体必盛唐，句拟字摩，食古不化者亦往往有之。所谓武库之兵，利钝杂陈者也。其文则故作聱牙，以艰深文其浅易。明人以与其诗并重，未免怵于盛名。"

川陕间凡三年，至正德六年死。

先是林俊击曹甫于泸州，曹请降，而其弟瑄劫如故。指挥李荫斩瑄，甫遂围江津，杀长吏；分其众为七营，将攻重庆。俊发酉阳、播州土兵，助荫攻之，连破贼垒，遂克老营，斩三千余人。旋师会剿鄢蓝。甫党方四，亡奔贵州，与别贼任胡子、喻老人、麻六儿等合，有众万人，复攻南川、綦江，窥泸州。会俊已平鄢蓝，益发兵攻方四，复逐入贵州境。

廖麻子既脱走，收余众与曹甫合①，掠营山、蓬州。正德七年，为官军所败。洪钟见贼势穷蹙，复议招抚。副使张敏以单骑诣甫营，命甫听命。廖麻子忿甫背己，杀之，并其众。自合州渡江，转掠川东。官军不敢击，蹑贼后，馘良民为功。土兵虐尤甚。时有谣曰："贼如梳，军如篦，土兵如剃。"方四等复自贵州还寇四川，廖麻子与之合。声言欲取江津、重庆、泸州等处，以攻成都，远近震骇。林俊率诸军，分屯沿江州县以备之。方四等攻俊于江津，不克，退据山险；官军亦不敢进。或告贼首皆仁寿人，乃遣人诣仁寿，取贼家属往招抚之。方四杀其族属，不受抚。官军始奋击，破其险隘，斩任胡子等。四等复遁思南。七年，方四攻南川、綦江，败还婺川，众散，乃变姓名潜走，至开县被获，方四凡扰川黔间四年。

廖麻子自川东转掠川北。内江贼骆松祥，崇庆贼范藻等复起，分劫川西南州县，众号二十万。时林俊已致仕，高崇熙代为巡抚，与洪钟分剿不暇给。御史王纶劾钟纵寇殃民，罢职。八年，高崇熙亦以灭贼不尽逮下狱。马昊代为巡抚。廷命右都御史彭泽总制军务，讨四川贼。泽率苗兵攻廖麻子，破之，追擒廖麻子于剑州。② 喻思俸窜巴、通间，势复振。泽督都军围剿之，卒就擒，移讨内江贼，平之。九年，讨崇庆贼，复平之，蜀盗悉定，加泽太子太保。

论曰：明正德间，蜀土人稀灾眚，鄢蓝诸人必非迫于生活而为乱者也。观其惟肆剽掠，不据城邑，亦非有大志如赵廞、李特者也。乃其转掠抄杀，数年不定，附乱之民所至从风，岂非由官吏贪虐，政令苛暴，有以致之耶！林俊、洪钟皆时名臣，

---

① 《明史纪事本末》谓："正德六年正月元日，林俊破曹甫于江津，抵贼营，杀死曹甫等，先后擒斩三千余人。"唯《明史·林俊传》则云："以元日掩破其四营，乘胜捣老营，指挥汪洋中伏死，李荫复进，去贼十五里，甫以数十骑出遇，荫兵败走，官军乘胜进围之，俘及焚死者二千有奇。"不言杀甫。而《明史·洪钟传》则谓："廖麻子及其党曹甫，掠营山、蓬州。七年。总兵官杨宏，副使张敏、马昊、何珊等合击之。贼势蹙。钟乃议招抚。敏以军骑诣甫营，甫听命，遂赴军门受约束，归散其党。而廖麻子忿甫背己，杀之，并其众转掠川东。"是曹甫实未死于江津，乃死于廖麻子手也。
② 《四川通志》谓廖麻子即廖惠。《明史·洪钟传》则谓能滩河之役，廖惠被擒。又谓廷瑞本怨曁其渠二十八人被擒，唯廖麻子得脱。是惠与廖麻子为两人也。《明史纪事本末》又谓廖麻子有隐身术，剑州之役实未被擒。兹从《彭泽传》。

唯思招抚，不愿剿戮，是殆有直贼之情，存乎其中欤。迨其旋抚旋叛，贼志日张，党徒滋蔓，力不能扑，则发猓猡土兵助剿，人民既苦徭役，复困土兵，怨苦日深，而贼愈不可弭矣。谓为玩寇殃民不亦可乎。彭泽入蜀，不复言抚，群盗次第就擒，杀人不多，而保全者大。

## 第三十一节　播乱蔺乱

　　四川大江以南，至于苗岭，向为苗族盘踞之地。两汉之际，虽置郡县，然因夷夏不安，叛乱相寻，及魏而罢。唐宋以来，就其枭杰，授为土官，因其赋役，随俗而治，责以朝贡，羁縻而已。诸夷亦畏中国强大，未敢轻动，累世帖服，边境无事。至明，有鄢蓝之乱，川省兵弱。巡抚林俊等，先后调发诸峒苗猓土兵助剿，由是觇知中国虚实、蜀道险易、居民村落、市肆百货之状，渐生侈志，时出劫掠，为蜀边患。播乱、蔺乱特其著者耳。

　　播州，在四川、贵州之间，秦夜郎、且兰国地。汉属牂牁郡。唐分牂牁，置播州。其地广袤千里，北堑娄山，南阻江水，蒙茸镵利，居然奥区。唐乾符初，南诏陷播，太原杨端应募复其城，为播人所怀服。历五代至元，子孙世有其地。元世，授杨邦宪宣慰使，明代因之。世从征讨有功。隆庆五年，杨应龙袭职为宣慰使，雄猜阻兵嗜杀，嬖妾田杀妻张氏及其母妻、叔张时照等，上变告应龙反。贵州巡抚叶梦熊请剿。蜀中官吏以播邻蜀，石砫、永宁、酉阳土司皆与为婚媾①，恐兵动多事；且其兵骁勇，数征调有功，主抚。朝议命勘。应龙愿赴蜀，不赴黔。二十年，诣重庆对簿，坐法当斩，请以二万金赎。会日本寇朝鲜，征天下兵。应龙因请将五千人征倭自赎。诏释之，兵已启行，寻报罢。巡抚王继光至，复提勘结。应龙不出。继光遂决用兵。自重庆分三道，进娄山关遇伏败没，黔师协剿亦无功。贵州总督邢玠复主抚。二十三年，应龙缚下黄元等十二人请罪。时倭氛未平，明廷欲缓应龙事东方，许应龙输四万金赎罪，仍革职以子朝栋代。次子可栋羁府追赎。已而可栋死重庆，应龙请丧不得，遂叛。分遣土目，置关据险，厚抚诸苗，没入富人资产以养之，诸苗咸愿为出死力。二十五年，劫江津、南川，临合江，礳其仇袁子升而夫；大掠贵州诸村，又侵湖广四十八屯，阻塞驿站，陷偏桥（贵州镇远地）戮原奏仇民宋世

---

① 石砫宣抚马徽死，其妻覃氏行宣抚事。覃氏有智计，性淫，故与杨应龙通，聘其女为次千驷妻。千驷入播，同应龙反。及应败，伏诛。覃氏长子千乘，失爱。与其妻秦良玉，应调征播有功，得袭宣抚。良玉上节有传。永宁、酉阳二土司与应龙婚媾，见明史。其婚媾关系未详。

承、罗承恩父母，淫其妻女，备极惨酷。二十七年，贵州巡抚江东之以兵三千剿之，全军覆没。东之罢，以郭子章代，而起李化龙节制川湖贵州诸军事，调东征诸将刘𬘩南征。应龙乘大兵未集，突犯綦江、南川、江津，破綦江城，尽取资财子女而去。老弱者杀之，投尸蔽江，水为之赤；声言江津、合江皆播故土。四川震动。先是贼本无佗意，徒据险猖狂。既覆王师，益集九股生苗及红黑脚等苗，负嵎弄兵，然犹冀如往事曲宥，未敢鼓行深入。只云争界给葬，并索奸民。而总督因援师未集，蜀人畏贼，亦时时移文诘责，未无遽绝意计以缓贼。贼果具文求抚，不复西向。朝廷闻綦江事，追递两省抚臣为民，严旨进剿。二十八年，应龙勒兵数万，五道并出，攻下龙泉。时李化龙已至重庆，乃分川湖贵三省兵为八路，每路约三万人，官兵三之土兵亡剿应龙。刘𬘩大破杨朝栋于綦江境，攻入娄山关，连破龙川、海云诸寨，压海龙囤。而垒海龙贼所倚天险，飞鸟腾猿不能逾者，应龙敛精锐死守。八路之师筑长围环攻，自五月至六月，克之。应龙自焚死，灭杨氏，分播地为二：属川者，曰遵义；属黔者，曰平越。播自唐入杨氏，传二十九世，八百余年而亡。

今叙永、古蔺二县地，在唐为蔺州。元置永宁路。明为永宁卫，以仰倮人禄照为宣抚使。禄照死，子阿聂嗣。阿聂死，妻奢苏嗣。于是宣抚世归奢氏。万历初，宣抚奢崇周死，无子，族属奢崇明袭位①，外恭顺，而内阴鸷。其子寅，尤枭杰好乱，招纳亡命，阴怀逆志。

天启初，辽东有警，募兵往援。崇明父子请行。遣其属樊龙等，将兵二万至重庆，久驻不发。巡抚徐可求议汰其老弱。龙等以增行粮为名，杀可求及道府等官二十余员，据重庆反，分兵攻合川、纳溪，破泸州，陷遵义、兴文；徼外杂夷、播州遗孽及诸亡命奸人，蜂起附之。崇明等进围成都，伪号"大梁"。设丞相以下官，并力攻城。布政使朱燮元等，百方固守。自十月至二年三月，相持百有二日。四方援兵大集，贼亦日增。会贼将罗象乾遣人论款，夜纵火焚营。贼兵乱，崇明父子仓皇走泸州，成都围解。燮元亦已授四川巡抚，率师追贼，乘势复江安、新都等郡邑、卫所四十余。惟樊龙扼重庆不下，围之。城中食尽，燮元以计擒杀樊龙，遂复重庆。寻复克泸州。崇明奔蔺州。三年四月，罗象乾破蔺州，崇明奔水西。

---

① 按之《明史》，奢苏死后，嗣宣抚者为奢贵，嗣奢贵者为奢禄，皆女子也，并在成化之世。万历初，奢效忠嗣为宣抚，效忠死，妻世统无子，妾世续有幼子崇周，当嗣世统。以嫡争印，与世续相攻。明廷命二妇分地各管所属，俟崇周成立，赴袭予印理事。万历十四年，崇周袭宣抚职，未几死。奢崇明者，效忠亲弟，尽忠子也。幼孤，依世统抚养一十三年，至是送之永宁，使袭宣抚。

水西土司安邦彦，素与奢崇明合。崇明围成都，邦彦遂挟宣慰使安位以叛，为崇明声援。连陷毕节、安顺、沾益、偏桥等地。围巡抚李橒于贵阳十余月，城中人死亡殆尽。新抚王三善至，始解去。及是与崇明合军，分犯遵义、永宁。川师击败崇明，麎人龙场（在永宁、毕节两县间），擒崇明妻安氏及奢崇辉等，斩获万计，并平蔺州。燮元请以赤水河为界河：河东龙场属黔，河西永宁、赤水属蜀。崇明窜深箐，入水西。川师以蜀已靖，不穷追；而贵州巡抚王三善会师六万讨之，遂渡渭河（黔西县境），直抵安氏巢穴大方（今大定县治）。邦彦及安位皆走匿。已而邦彦袭三善，杀之。势复炽，将以逾春大举寇永宁。廷议以朱燮元总督川黔滇湖广五省军会剿。六年，奢寅为其下所杀，崇明年老无能为，邦彦亦乞抚。会燮元以父丧去，贼复炽。崇祯元年，起燮元故官，会师剿之，大破贼于永宁，崇明、邦彦伏诛。积年巨寇始平。

## 第三十二节　流寇祸蜀　附秦良玉

明末流寇李自成、张献忠、摇黄等先后入蜀，肆为残杀。兹记其入蜀原委，及其屠杀惰形为一节。（蜀以外事另详正史，不录）

崇祯元年冬，陕西群盗起，凡十余家，高迎祥（号闯王）、罗汝才（号曹操）、张献忠（号八大王）等最强。六年，诸寇自畿南渡河，掠南阳湖广。七年，张献忠等六路流寇，自湖北谷城犯襄阳，分陷紫阳、平利，南掠归、巴、夷陵等州县，遂入四川。陷夔州及大宁（巫溪县）、大昌（明县故城在今巫溪、巫山县间）、开县、新宁诸邑，犯梁山、太平、保宁，皆不克。自广元窜还汉南。

崇祯九年七月，陕西巡抚孙传庭擒高迎祥于盩屋，寇党推李自成为闯王，窜徽、阶、秦州。十年五月犯蜀，陷南江、通江，入汉中。十月，破宁羌州，分三道入蜀。总兵侯良柱拒战广元，败死。遂连陷昭化、剑州、梓潼、江油、绵竹，焚新都、彭县，掠郫县；别支自盐亭抄西充、遂宁、潼川，破金堂，合围成都，二十日不克。总督洪承畴，督总兵曹变蛟等来援。十一年正月，败寇于梓潼，寇窜岷山山中。六月，出犯阳平、白水，再图入蜀。诸将贺人龙等拒之，始东窜。是役也，共陷州县三十六，全蜀大创。

李自成东窜，洪承畴邀击于潼关，大败之。自成以十八骑逃匿商洛山中。其时，总理军务熊文灿主抚，张献忠等诸流寇尽降。京畿方有东师，朝廷移承畴督蓟辽，自成得稍宽。十二年五月，张献忠叛于谷城；自成亦出收众，复大集，窜扰川楚间。

十三年，官军围自成于巴西、鱼复诸山中。自成大困，弃辎重，轻骑走河南，召集饥民，势复大。遂据襄楚，陷陕西，直犯北京。

张献忠既叛，谋入秦，犯兴安。扼于秦军，遂转犯蜀。左良玉追之，大破献忠于玛瑙山（太平县境），已而竟不力攻；献忠得乘间西奔。其时，罗汝才亦自楚犯巫、夔，为石柱女土官秦良玉所败①，窜走大宁，献忠就与之合。其时，熊文灿以主抚误国，被逮论死。阁臣杨嗣昌督师讨贼，驻夷陵。嗣昌，楚人，不欲寇复蹂楚。因谓：蜀地险远，极边则松潘诸蛮。蹙贼而致之蜀，秦兵断栈道，临白水；滇军屯曲靖，扼白石江；自率大军驱贼入番中，可致贼死命。又恐蜀之门户坚，反而决斗，凡蜀兵之强者，辄调以饬他备；又令蜀抚，弃两省界中三十二隘口，夺守夔门。川抚邵捷春，争之不得，督秦良玉及总兵张令等进扼大昌。献忠已而入隘，十三年九月，遂陷大昌。张令战死，良玉亦败归。于是蜀军无可拒寇者。捷春收军扼梁山，寇从达州渡江，入川北。捷春退绵州，扼涪水。寇阻涪水，趋剑州，越广元，将入汉中，为秦军所扼，乃复西进，败官军于梓潼，涪师亦溃。寇遂屠绵州，围成都。不克。纵掠川西诸县，由水道下资、简，陷永川及泸州。时杨嗣昌进军驻重庆，寇复北窜，越成都、德阳，渡绵河入巴州。初嗣昌檄三军

---

① 《明史·秦良玉传》："秦良玉，忠州人，嫁石柱宣抚使马千乘。万历二十七年，千乘以三千人从征播州，良玉别统精卒五百裹粮自随……已偕酉阳诸军直取桑木关，大败贼众，为南川路战功第一。贼平，良玉不言功。其后，千乘为部民所讼，瘐死云阳狱，良玉代领其职。良玉为人饶胆智，善骑射，兼通词翰，仪度娴雅，而驭下严峻。每行军发令，戎伍肃然。所部号白杆兵，为远近所惮。泰昌时，征其兵援辽，良玉遣兄邦屏、弟民屏先以数千人往……天启元年，邦屏渡浑河战死，民屏突围出。良玉自统精卒三千赴之，所过秋毫无犯，诏加二品服，即予封诰。子祥麟授指挥使。良玉陈邦屏死状，请优恤。帝优诏报之……部议再征兵二千，良玉与民屏驰还，抵家甫一日，而奢崇明党樊龙反重庆，赍金帛结援。良玉斩其使，即发兵卒及民屏、邦屏子溯流西上，度渝城，奄至重庆南坪关，扼贼归路……已而奢崇明围成都急，巡抚朱燮元檄良玉讨。时诸土司皆贪贼赂，逗留不进，独良玉鼓行而西，收新都，长驱抵成都，贼遂解围去。良玉乃还军攻二郎关，民屏先登，已克佛图关，复重庆……崇祯三年，永平四城失守，良玉与翼明奉诏勤王。出家财济饷。庄烈帝优诏褒美，召见平台，赐良玉彩幣羊酒，赋四诗旌其功。会四城复，乃命良玉归，而翼明驻通籍……良玉自京师还，不复援剿，专办蜀贼。七年二月，贼陷夔州，围太平。良玉至乃走。十三年，扼罗汝才于巫山。汝才犯夔州，良玉至乃去……当是时，督师杨嗣昌尽驱贼入川，川抚邵捷春提弱卒二万守重庆，所倚惟良玉及张令二军。绵州知州陆逊之罢官归，捷春使按营垒，见良玉军整心异之。良玉为置酒，语逊之曰：邵公不知兵，吾一妇人受国恩，义应死。独恨与邵公同死耳。逊之问故，良玉曰：邵公移我自近去所驻重庆，仅三四十里，而遣张令守黄泥洼，殊失地利。贼据归巫万山岭，俯瞰吾营，铁骑建瓴下，张令必破。令破及我，败尚能救重庆急乎！且督师以蜀为壑，无愚智知之，邵公不以此时争山夺险，令贼无敢即我，而坐以设防，此败道也。逊之深然之。已而捷春移营大昌，监军万元吉亦进屯山，与相应援。其年十月，张献忠连破官军于观音岩、三黄岭，遂从上马渡过军。良玉偕张令急扼之竹菌坪，挫其锋。会令为贼所殪，良玉趋救不克，转斗败，所部三万人略尽，乃单骑见捷春，请曰事急矣，尽发吾溪峒卒可得二万，我自廪其半年饩之官，犹足办贼。捷春见嗣昌与己左，而仓无见粮，谢其计不用，良玉乃叹息归……张献忠尽陷楚地将复入蜀，良玉图全蜀形势上之巡抚陈士奇，请益兵守十三隘。士奇不能用。复上之巡抚刘之勃，之勃许之而无兵可发。十七年春，献忠遂长驱犯夔州，良玉驰援，众寡不敌溃。及全蜀尽陷，良玉慷慨语其众曰：吾兄弟二人皆为王事，吾以一孱妇蒙国恩二十年，今不幸至此，其敢以余年事逆贼哉。约曰：有从贼者，族无赦。乃分兵守四境，贼遍招土司，独无敢至石柱者。后献忠死，良玉竟以寿终。"

疾趋追贼，诸将皆从泸州躡寇后。及寇东走，诸路尽空，无可遏制。于是献忠自巴州抵达州，直走新开。十四年正月，总兵猛如虎追及，与战于开县之黄陵城，败绩。献忠遂东下，袭破襄阳，杀襄王翊铭。杨嗣昌自云阳引兵归楚，至沙市，羞愤服毒死。

张献忠既出蜀，连陷安徽、江西、湖广诸省。崇祯十七年正月，复自楚入蜀，陷夔州，破万县，败参将曾英于涪陵；巡抚陈士奇，以重兵扼铜锣峡。献忠潜行，破江津，掠船顺流夺浮图关，以地雷穴城。六月二十日，陷重庆，瑞王常浩①、巡抚陈士奇以下，死者万人。尚存军士三万余，献忠尽断其臂而纵之。自重庆趋成都，一路州县望风瓦解。八月，围成都，穴西北陬，实地雷轰之，城陷。蜀王至澍②、巡抚龙文光等死之。献忠踞蜀王宫殿，称帝，国号"大西"，改元"大顺"。以成都为西京，设丞相、尚书等官。③ 养子孙可望、刘文秀、李定国、艾能奇等并封王，主兵柄。分徇蜀诸州县，悉陷之。保宁、顺庆先已属李自成。献忠悉逐去其官吏，击走其将马科等，遂据全蜀。

献忠身长而瘦，面微黄，须一尺六寸，军中称为"黄虎"。性猜狠，嗜杀，入蜀尤甚。初陷成都，大杀三日。城中贵贱略尽，乃招各乡之绅士军民入城；凡逃村寨中者，尽捉赴城剁手。其官朝会拜伏，呼獒数十下殿，獒所嗅者引出斩之，谓之天

---

① 瑞王常浩，明神宗第五子，国在汉中，避寇奔蜀来驻，重庆城陷被执遇害。王好佛不近女色，丞监以下皆化之，临难时天无云而雷，献忠曰：若再雷者，释之，已而不免蜀人相传王乘白气冉冉而没。
② 蜀王至澍，明太祖子蜀献王椿之后。万历四十三年嗣位。城陷日，与其妃自沉井。初太祖诸子，惟蜀王最好学，有贤名，太祖甚爱之，妙选名儒方孝孺等入蜀侍讲，故其嗣王多以贤称。相传献王得黄白术，藩府饶财，然以祖制藩府不典兵，不与民事，故积不用。当流寇披猖时，成都令吴继善、华阳令沈云祚等，皆泣请拨饷募军，增设守备，王不能用。迨贼薄城，始出金购兵，已无及矣。
③ 太仓沈荀蔚著《蜀难叙略》云：献忠设宰相以下各府部内外文武官，以汪兆麟为伪相。兆麟，桐城诸生。从贼已久，残忍狡狯，知逆好杀，每先事承迎之以固宠；又以绵州严锡命充伪吏部，彭县令湖广王国麟充伪户部，彭县龚完敬充伪兵部，某县令某充伪礼部，而伪工部者王其姓，同逆起延安之弓工也。又云献忠伏诛，孙可望等奔云南，汪兆麟初散走，追及贼党于乌江。可望问何所师法，兆麟对以不须远学古人，但当以老万岁为法。盖指献忠也。可望大怒曰：蜀地富饶险固古来英雄所必争。我辈血战垂二十年始得之，自谓已成王霸之业。汝乃朝夕蛊惑，致万万生灵皆尽于锋镝，今已置身无地，尚复谁法耶！因剜其心，众争啖食之。按《蜀碧》献忠之礼部尚书名江鼎镇，南充县人，其后献因郊天祝文表笺有粘接处，杖鼎镇一百，合门自经死。龚完敬旋亦以道不治剥皮。汪兆麟因私宅壮丽被戮。皆贵不逾年而死。

杀；诡开科取士，集士于青羊宫尽杀之，笔墨成丘冢①；僧道医卜百工技艺之人，或托斋醮，或考试，或兴大工之类，诱至杀之。近则杀其姬妾奴婢等。其杀人之法，备诸惨毒，或割手足，谓之匏奴；分脊背，谓之边地；枪其背于空中，谓之雪鳅；以火围炙小儿，谓之贯戏；尝得剥人皮法②，先施于蜀府宗室，次及不屈旧官，又次及于乡绅，又次及委官将弁。凡所剥皮，掺以石灰，实以稻草，植立于殿外，累累夹道；间巷营伍间遍设巡役谓之查事人，画扮闲人，混迹询访。夜则听篱察壁，入户逾垣，凡有偶语者皆捕杀之。言及时事者，同住人并戮。其有未及报，而他处发觉者，则并查事人亦诛之。

已而，四路遗民渐有逐杀其官者。献忠大怒，命诸将分道出屠，穷乡僻壤、深崖峻谷亦搜及之。将卒以杀人多者叙功。③诸将有不忍至自缢死者。都督张君用、王明等数十人皆坐杀人少，剥皮并屠其家。初时，卒皆骄纵，得以严法杀之。既皆

---

① 《蜀乱》谓："献忠开科第，定为例。凡应试生员、会试举人，后至者妻女充院，本犯剥皮，有司教官俱斩，左右邻连坐诛十家。"《蜀碧》谓："初试得进士者百二十人。状元张大受，华阳人，年未三十身长七尺，善弓马，群贼诣献忠咸进表称贺，谓为天赐贤人。献忠赐美女家丁各十人，甲第一区，图绘其像传示远方，每见必大爱悦。至第三日，忽曰受他不过与我收拾了。于是并所赐美女家丁斩之。或云贼给诸生每人一元宝，令其自东门入，西门出。出即斩之，收其银，笑曰：还是我的；或云贼出新制黄旗，纵横一丈，令书满幅大字，一笔挥成能者免死。夹江生员王志道，年二十七，缚草为笔，大缸贮墨，潘濡之三日提出，书成如式。献熟视曰：有才如此，必将图我。立用祭旗。"又云云："贼于贡院前设长绳，离地四尺，令诸生按名序立，凡身过绳者，悉驱至青羊宫杀之，前后近万人。时惟二士年幼不及绳，留作书记，一遗其名，一嘉定欧阳直也。又诡试武生，时禁民间畜马，武生之至者，命集教场出厩马最狞劣者千余，驱之使骑，甫乘合晋大噪，发巨炮振金鼓，马奔人堕，践踏成泥，以为笑乐。"《蜀乱》又云："献忠调远近乡绅赴成都尽杀之，调各学生员听考，到即杀之。大慈寺齐集之日，自寺门两旁各站甲士三层至南城。献忠坐街头验发，如发某一庠过前，一人执高竿悬白纸旗一副，上书某府州县生员教官。在前士子各领仆从行李，在后鱼贯而行，至城门口打落行李，剥去衣服，出一人甲士即拿一人，牵至南门桥上斫入水中，积尸阻流十余日，方飘荡云尽。"《蜀难纪略》谓："顺治二年九月，献逆诡以秋选科试之法，诱绅进士举人贡监生员及其家属合数万。又开特科，死者复万七千余人。"大抵献忠试士不一次，各次杀戮之法亦有殊。士亦未必尽死。幸免之人，各传所见，故记载互异。当时士类，迫于严法，不能不来。初时杀人较少，入后渐多，南门桥之役似为最后一次。青羊宫近南门，所谓戮士青羊宫，当即《蜀乱》记的南门桥之役也。李调元青羊宫《伤蜀士》诗云："文人怪事竟如此，二万秀才同日死。官中笔砚堆如山，门外浣溪血流水。玉石不分尽遭戮，若比焚坑祸尤酷；即令元气虽复还，天黯犹闻酸鬼哭。富贵如浮云，儒冠解误身，君不见当日状元张大受，三日荣华万年臭。"

② 欧阳直《蜀乱》云："献贼入蜀王府，见端礼门楼上奉一像，公侯品服，金装人皮质，头与手中俱肉身。讯内监云：明初凉国公蓝玉，蜀妃父也。为太祖疑忌，坐以谋反，剥其皮传示各省，自滇回，蜀王奏留之，祀于楼。献忠遂效之。"

③ 《蜀碧》云："贼以遗民逐杀伪官，而四方义兵日迫。忿然曰：川人尚未尽耶！令伪帅孙可望等分道出屠，穷乡僻壤深崖峻谷无不搜及，得男手足二百双者，授把总；女倍之。官以次进阶。可望等或日四五县不等，童稚手足不计，止计壮男女手足，寅出西还比，赏格有逾十倍者，奖以为能。有一卒日杀数百人，立擢至都督。嗣后，贼营公侯伯甚多，皆屠川民积功所至也。顺治三年正月出，五月回，上功疏，可望一路杀男女若干万，文秀一路杀男女若干万，定国一路杀男女若干万，能奇一路杀男女若干万；献忠自领者，名为御营老府，其数自计之人不得而知也。又有振武南厂、七星治平、虎贲虎威中厂、八卦三奇隆与釜戈、天计、神策等营，分屠川南、川北。而王尚礼在成都，搜近城未尽之民，填之江中，蜀民于此真无孑遗矣。"

《蜀乱》云："每官兵回营，以所剥手掌验功。掌一双准一功。凡有军官衙门所在，手掌如山积。尝见一札付，自副将升总兵，其札头空白处，用朱笔细字备注功级，算手掌一千七百有零。"欧阳直陷献忠所部中，亲见如此，则《蜀碧》所云当非夸诞。

畏死谨行，无以为罪。乃量之以度，过与不及皆死。人不自保，莫可如何。

献忠残暴日甚，人人惧死，凡有险阻，皆举义旗。于是明遗臣王应熊复叙州，王祥守遵义，曾英复重庆，于大海等复涪陵，杨展复嘉定，曹勋起洪雅，朱化龙、詹天颜起松茂，赵云贵起龙安，谭宏、谭谊等据夔、万，各地难民争附之。献忠发兵往争，皆败回。顺治三年（明永历元年），献忠尽驱成都住民，于中园杀之①，弃成都城，沉财宝于江，纵火大焚，拔营走川北。所至焚掠，亦如川西法，赤地乃已。时其将刘进忠守顺、保，曾通款于曾英。献忠欲杀之，九月入顺庆，屠其城。进忠时驻保宁，潜遣吴之茂降清，迎肃王于汉中。献忠进营于西充之凤凰山，大治舟船，将复入楚。进忠导清军自盐亭袭之。献忠不意清军猝至，自率十余骑出窥虚实。进忠指善射者一矢殪之。众见献忠死，大溃。孙可望等率余众南窜，突至浮屠关，袭破重庆，旋奔云南，投永历帝。

与献忠同时，又有摇黄者，不得共主名，其头目有震天王、混天星、摇天动、黄龙、夺世王、争天王、争食王、行十万等，或称四家，或称十三家。②大约皆流寇别支，自陕入蜀者也。崇祯七年，摇黄攻破巴州、通江、东乡、太平、新宁、开县，屠其城。其时，川北各县衙蠹为虐，民变迭起，多有畏祸附贼者。十四年，摇黄众袭破达州、渠县、营山，出劫蓬州、西充、南充、南部、广安、岳池、邻水、大竹各地方，沿途裹胁良民，众至十余万。至定远、合州，为巡抚陈士奇等所败而回。

崇祯十七年，张献忠再入川，摇黄亦自新宁、梁山出争邻水。已而，献忠陷重庆，据成都；李自成将马科，兵循川北，颇严纪律，川北州县皆纳款；摇黄敛未出。

---

① 《蜀乱》云："剿局始自崇庆州，终于再屠成都。盖开城时，所屠者原在城内之人；今所屠者，招勒进城之人也。"
② "摇黄"二字，群籍悉无解释。诸家名号亦互不同。查《蜀难叙略》云："摇黄贼震天王、混天星、摇天动、黄龙等十三家出没于川东北者十余年。"是因其摇天动、黄龙得名也。《蜀乱》则云："摇黄贼夺世王争天王争食王行十万马朝薛仁贵等十三家攻破巴州……"其所谓争天王，即袁韬。行十万，名呼九思。别无黄龙、天动等名字。又《蜀碧》云："崇正中，川贼有姚天动、黄龙聚党劫掠。巡抚陈士奇等设骑夹击，斩贼千七百有奇，生擒渠魁马超一斗麻代天王等二十余人。贼奔脱他徙，而勉县人袁韬，因奸婶事发逃投乡，马贼马潮、呼九思等继踵姚黄，日事掠杀。及献入，遂乘势据蓬州仅仅陇南部各地方。"是诸部初起时，以姚天动、黄龙为著，姚天动绰号摇天动，故称摇黄。后经败散，马潮、呼九思、袁韬等，藉其余势而起，始有十三家之称。

又《明史·樊一蘅传》云："摇黄诸家据夔州，夹江两岸。而李自成余孽李赤心等十三家，亦在建始县。"是摇黄等十三家外，又别有所谓十三家，乃李自成遗部也。《蜀碧》又云："摇黄诸贼或称四家，或称十三家。袁韬、武大定及夔州谭文、谭诣、谭宏，巫山刘体纯，鄀城胡明道，金城姚玉川，施州卫王光兴皆是著。其王有……白蛟龙、杨炳英、李世杰等，莫可稽考，总所谓十三家贼也。"查所举袁韬等，确系摇黄支派，王光兴等则自成余部，即后所言"西山寇"是也。是《蜀碧》以西山寇之十三家与摇黄十三家相混。大抵川北。川东历明清数十年，为群盗出没劫掠之地，诸盗或出摇黄余党，或属自成遣部，或降或叛，或分或合，不可条理。难民传述每多淆混，著书者各据所闻，志其鳞爪，本书详考各籍，参以首尾而条理之。

《四川史地讲义》附图第十四幅

明年（顺治二年），献忠逐马科等北去，摇黄复出，屠巴州、通江、东乡、太平、达州、梁山、新宁、开县各地方，人烟俱绝。广安蠹吏蔡惟先等，聚无赖劫宕渠往投之。摇黄复攻破长寿、垫江、邻水、大竹、广安、岳池、西充。营山、定远各州县。城野均被焚掠，炮烙吊烤，逼取财物，已复尽杀士绅及军民老弱男妇，屠戮之惨，积尸遍地，臭闻千里；唯少妇及幼子女不杀，掳逼为奴；壮丁则用生湿牛皮条缚之，文其面，使负粮。无人得脱。摇黄不受献忠统制，献忠亦不能剿。

顺治三年，巴山食尽，摇黄诸众俱移营于渠江沿岸，下抵合阳，上抵达州，连营千余里，数月内，草根木皮俱尽；远出采粮，至月余路而后返。时曾英至重庆，召集难民为舟师，往御摇黄。战于渠口，摇黄大败，宵遁。此后转徙顺、蓬、巴、达间，倏忽无定。顺治五年，犯保宁，为清军所败，始分窜西南，受诸镇招抚。

## 第三十三节　清初蜀乱　附吴三桂之乱

方张献忠陷蜀时，明福王亦即位南京，起故阁臣巴县王应熊总督川、湖、云、贵军务，起宜宾樊一蘅总督川、陕军务，专办蜀贼。时川中诸郡，唯遵义未下，应熊、一蘅入守之，檄诸旧将会师大举。于是州县豪杰蜂起应之，献忠由是覆亡。时诸将中，曾英最强，驻重庆。献忠死后，孙可望等南窜。英出不意，仓促拒战，兵败投水死。清军尾追可望者，遂入重庆，抵遵义；西向者入成都，陷内江，巡抚马乾死之。是时，巴蜀之间或千里无烟火。无民之所等于大漠；有民之处，皆聚众自守，不受招抚。岁复大饥，藜藿鼠雀皆尽，城内杂树成拱，猫犬食人肉；山深处升米银二三两；荒败甚者，虽万金无所得食。清军乏粮，悉撤还保宁以北。顺治四年（即明永历二年），明将王祥收复遵义，北逐清师，并复顺、保二郡，全蜀仍为明有。樊一蘅进驻江上，为收复计。当是时，明南部已覆，鲁王、唐王俱败殁；桂王即位广西，改元永历，进大学士遂宁吕大器代王应熊督西南诸军。宗室朱容藩、西充李乾德俱以总制入蜀，各自置官，官多于民。诸将袁韬据重庆①，于大海据云阳，李占春据涪州，谭诣据巫山，谭文据万县，谭弘据天字城（丰都境），侯天赐据永宁，马应试据泸州，杨展据嘉定，王祥、朱化龙、曹勋各据地自擅，一蘅令不行，保叙

---

① 袁韬，本汉中土豪，因奸婶事发，逃依摇黄为贼，自号争天王。朱容藩入蜀，韬与行十万、呼九思同受招抚。容藩封韬定西伯，九思镇西伯，助王祥兵复重庆。时重庆城无人烟，草木充塞，祥委之回遵义，韬等遂留重庆。后容藩败死，韬就食泸州，九思移注富顺，复因粮绝，并降于杨展。九思病故于嘉定。

州一郡而已。

永历三年，蜀诸将相攻，朝命不能制①，时唯杨展最富强。② 袁韬久驻重庆，无所得食，以其众归展；又有武大定者，故李闯余部，奉宗室秦王入蜀，为龙安营将赵荣贵所夺，亦走降展。展喜与二人约为兄弟，徙韬屯犍为，大定屯青神，厚资给之。李乾德有怨于展，说二人图之。四年，展往犍为贺韬生日，韬等乘醉刺杀之，遂据嘉定。其年，朱容藩闻粤西危迫，自称天下兵马副元帅，建行台于夔州，称制封拜。招摇黄为护卫，外倚三谭与李赤心之军。吕大器等恶其佞妄，檄李占春计之。容藩兵败，走死云阳。

永历五年（顺治七年），孙可望在云南闻杨展死，将图蜀。上书为展讼冤，遣其将王自奇等，向川南；刘文秀、白文选攻遵义。王祥拒战败死，文秀遣别将卢名臣（或作石臣）取重庆，自引兵渡金沙江，攻建昌，陷越巂、黎州、荥经，袭曹勋于雅州，取之。遂攻嘉定，袁韬、武大定战败被擒，李乾德投水死。时重庆为李占春、于大海所据，名臣军大破之。于大海东走入楚，降清；占春战死。三谭与李赤心等，咸受名臣约束，于是全川悉归于文秀。

永历六年，文秀还云南，留白文选守嘉定，刘镇国守雅州。三月，清将固山、吴三桂等入蜀，由成都长驱至嘉定。文选、镇国挟曹勋，由大渡河奔云南。川南巡抚范文光、总督尚书樊一蘅，俱不降死。③ 清军东下者，亦陷重庆。川东诸将皆遁

---

① 李乾德以总制入蜀，实无一兵，乃深结袁韬为心腹。当收复重庆时，韬自以攻入佛图关功，高踞宿将李占春、于大海之上。于、李不平，并恶乾德，发兵袭之。乾德先亡去，于是袁李交恶。占春避居涪州之西平坝。大海壁忠州之花陵河，与李唇齿。遵义王祥忌于李之盛，而又欲为好于袁也，诈请占春议事，伏兵执之。占春乘间杀守者，逃回其营。已而袁韬与祥亦相责。王祥时进忠国公，颇骄蹇，凡过往缙绅，若非得其欢心，每有劫掠之虞。以故士大夫皆畏之。御史钱邦芑移书杨展，云有密旨联络勋爵图祥，展信之。道于景新率兵南下，至沪卫，谓马应试作梗，袭杀之，夺其兵，至永宁。祥连侯天锡拒战，景新大败还。时清师出境，而总督无权。诸镇互图兼并，故相攻也。

② 据《蜀难叙略》载，张献忠东走时，以其所聚金宝，发千余人运赴江干，测江水浅处，多支流以杀其势，筑堤决水，于江底穿大穴埋之。杀其运夫，仍决江流复故道，盖为再来时计也。未尽金银，俱剖木成鞘实之，载千余艘，将运入楚。至新津，悉焚于江口，而北走川北。杨展自嘉定蹑踵至成都，有舟子知其藏银处，告杨展。展募善泅者捞取金银，运回嘉定。时蜀中无莪种，军饷皆远诣各边土司籴运，斗米值六七十两，尚难寻买。饿死兵民无算。独展以所得金银散给民兵，远籴救荒，故上南之民多所全活。展又分官督农耕，屯于嘉峨间，故富强为诸镇冠。川南诸将李占春、袁韬等，皆以饥困乞救于展云。

③ 范文光，内江人。崇祯中，为工部主事告归。献忠据蜀，文光偕邛州举人刘道贞等举义兵讨之，奉宗室朱平鼎为蜀王，推黎州参将曹勋为副总兵，屡与贼将艾能等撑拒。后得雅州居之。献忠死，文光保境如故，永历帝命为右佥都御史巡抚川南总督。李乾德杀杨展，文光恶之，遂入山不视事。清军下嘉定，文光赋诗一章，仰药死。

樊一蘅，于永历三年与吕大器、李乾德及诸镇将会于嘉定，议恢复策，事成筑室，讫无成议。时诸镇骄肆，一蘅回保叙州一郡而已。李乾德杀杨展，一蘅移书诮之。乾德不理，乃白文选攻杀王祥。一蘅势益孤，遂谢事避居山中。再闻范文光、詹天颜等相继死，忧愤病卒。

走。龙安赵荣贵、松潘朱化龙、茂州詹天颜，亦相继败死。① 于是，全蜀皆入于清。

永历八年（顺治十年），刘文秀复自永宁攻叙州，克之。进攻嘉定。固山、吴三桂等战败，退守保宁。文秀进围保宁，反为所败，遁还云南。时白文选亦下重庆，收复川东州县，方约会师保宁，未至败闻，亦遁归。孙可望大怒，解文秀兵柄，以别将镇嘉定，保有川西南诸州县。后孙可望降清。十一年，晋王李定国自安龙奉永历帝入滇，起文秀将其众，同奉永历帝，封蜀王。文秀复入川，舍嘉定，别营洪雅之天生城以居，帝制自为，官属皆备。明年二月，孙可望犯云南，文秀奉旨回滇拒战，寻卒于滇。

永历十三年（清顺治十五年），清军分川、湖、粤三道大举代明，吴三桂自保宁率师南向，川东诸城皆溃，遂取重庆，由遵义入黔。明年，清军取川南，克叙州、马湖诸府。适嘉定守将高承恩以残暴为下所杀，共拥郝承裔为主，至成都降。于是全蜀悉为清有。又明年，承裔叛于雅州，越年败死。

先是李自成被戕九宫山，其将刘体仁、郝摇旗、袁宗第、蔺养成、王进才、牛有勇六大部，及其妻高氏、从子李锦、高氏弟必正之众，共数十万，先后入湘，受抚于巡抚何腾蛟。腾蛟推诚抚慰，赦罪责功，深得诸将欢心。其后从腾蛟转战湘、桂间，咸致死力。腾蛟死王事，诸将窜川、湖间，耕田自食，不为清用。川中旧将王光兴、谭弘等附之，众犹数十万。孙可望之乱，明大学士文安之，欲结诸将，共扶王室，受川湖总督命，赍敕印来川东。会清师入滇，永历帝奔永昌（顺治十六年）。安之率刘体仁等十六营，由水道袭重庆。清巡抚高民瞻等坚守，不能克。已而谭弘、谭诣杀谭文，安之欲讨弘、诣，二人惧而降清。安之率众东还，闻永历帝已入缅甸，明地尽失，忧愤病卒。于时，刘体纯据巫山之老木孔及巴东县，郝永忠（即郝摇旗）据大昌县，王光兴据建始县及施州卫，袁宗第据大昌之茶园坪，贺珍据大宁，拓天宝、马胜云据竹山、房县，李来亨②据茅麓山寨，屯田自给，不受清室招抚。所谓"西山寇"是也。康熙元年，四川总督李国英攻之，至三年，始以次攻下。来亨等自焚死，全蜀悉定。

---

① 赵荣贵，初降清肃王。王使荣贵入成都，见千里无烟火，弃之还龙安。往攻朱化龙，感其忠烈，复与共约扶明。会武大定据固原叛清，兵败奉明宗室秦王入蜀。荣夺之，与将士各书明抉字于左襟。清军攻之，兵败走阶文，被擒于平落驿。秦王投紫水河死。
朱化龙在松潘，闻荣贵败走，督军袭龙安以扰清，军败于绵竹，奔守土门报石巢沟，待詹天颜。援师未至，清军来袭，兵败死之。
詹天颜时受永历帝命为川北巡抚，守茂州。闻化龙兵败，遣裨将曹洪救之不及，接战大败被擒。清军遂袭天赉垒，破之。天颜与洪，俱不降死。

② 李锦降明，更名赤心。从何腾蛟征战甚忠。腾蛟败死，赤心走保邕宁山中，已而病死。子来亨，代领其众北返，据川湖间，受朱容藩节制。后随文安之袭重庆，不克。还屯茅麓山，隐然为西山群将之主。

自顺治元年献忠再入蜀至是，共二十余年间，迭经献忠、摇黄、刘文秀、郝承裔、西山寇之乱，全蜀无寸土得免兵祸。献忠、摇黄杀人尤惨，计凡九府一百二十州县，唯遵义、黎州、武隆（今酉阳地）等处免于屠戮，上川南一带稍存孑遗，余则无论城邑，人口殆尽，田地荒芜，粮食俱绝；其有未经大剿地方、险远山寨，逃出三五残黎，初则采芹掘蕨，继食野草、剥树皮；草木俱尽，劫人为粮，至于食及死尸，父子不避①。于时复有瘟疫流行，奇病百出②，死人之数不可胜记。人烟既疏，豺虎昼出，或结群入市，或逾垣抟人，至于村民爇火鸣仗，始敢出汲；巡逻守更，始敢夜寝③。前之幸免于饥疫者，至是仍多膏虎口焉。迨清军入蜀，已千里无烟火者数年。如成、绵各属，向称天下沃壤，至是则惟遍地荆棘，麋鹿纵横，行军往来，视同大漠，明清官吏皆委弃之。余如重庆、叙、泸虽为明清迭争驻防之地，亦非采粮数百里外不得食也。清师定蜀后，渐招秦、陇、湖、湘诸省流民入蜀领垦，至则插木为界，广狭任意，先施棚帐于髑髅瓦砾间，然后因树为柱，诛茅覆之，以为栖息之所。地既久荒，田皆膏腴，用力少而成功多。且无赋税，力之所及，即为永业。江西、闽浙之人闻之，皆有至者。直至康熙末年，垦民渐众，始编户籍、定赋税，限制移民云。

当时蜀中，唯保宁以北归清，最早休养生息，优于他县。故清初总督等官，皆驻于此。康熙十三年，吴三桂自云南叛清，连陷贵州、湖南等省。四川巡抚罗森，以全省应之。陕西提督王辅臣等，亦举平凉附于三桂。三桂称帝，国号"周"。遣其将王屏藩、吴之茂等，自蜀侵陕，接应辅臣，为清将张勇所阻，陇蜀之路不能通。十九年，辅臣复降清。屏藩退据汉中，吴之茂亦还成都。同年，清将赵良栋攻下龙安，入成都。之茂奔保宁；同时，清将王进宝破汉中，追逐屏藩至保宁，大战锦屏山下。屏藩兵败自杀，之茂被擒。全蜀复为清有。

---

① 吃人惨剧，《蜀乱》纪之甚详："献忠末年，此风最盛。有军营将弁发，率四出觅人为粮者；有茌弱小民结伍，拦路袭人以谋一饱者；甚至有无人可食，入衙杀官以图一饱者。"《蜀难叙略》则云："是岁顺治四年，蜀大饥，藿藜雀鼠皆穷，遗民相食殆尽，如父子夫妇喂死。欲战必用茶毗法，否则人发而食之矣。有哭之虽极哀，旋于火中掣而啖之者，有毁灭天性径自相食者。"则是家人父子亦相食矣。此数年后，遍地野谷滋生，食人之风始戢。
② 《蜀碧》云："其时瘟疫流行，有大头瘟，头肿发赤，大几如斗，有如马眼，双眸黄大，森然挺露；有马蹄瘟，自膝至甚胫，青肿如一，状似马蹄之。病中者，不救。"盖顺治五年事也。
③ 《蜀乱》云："蜀中升平时，从无虎患。自献贼起营后，三四年间，遍地皆虎。或一二十成群，逾墙上屋，浮水登船、爬楼，皆古所未闻。"大抵虎患以顺治八九年间最盛。

## 第三十四节 "教匪"之乱

自清师勘定吴、周后，蜀土绝兵鼓者数十年。乾隆中，虽有大小金川战事①，远在蛮荒，蜀人苦资给转运而已。由是休养生息，渐就阜康。至乾隆末年，而有"教匪之乱"，川东北区受祸甚酷。

先是乾隆中有刘松者，河南鹿邑人（或曰安徽人），以符咒祈祷治病，密传白莲教②于楚、豫之间。乾隆四十一年，被捕遣戍甘肃。其徒安徽人刘之协、宋之清等，仍布教于陕西、四川、湖北诸省。日久，党徒益众，乃宣言"清运将终"，诡称童子王发生为朱明后裔，以惑众。乾隆五十六年，事觉被捕；独之协远遁。清廷责所司穷缉。时当乾隆末，政吏治废弛，官吏贪婪，胥役横肆。至是奉命，恣为诛求，株连罗织，县辄数百千人，富者破家，贫者瘐死。向曾奉教之民，无不自危；加以苗疆用兵③，军费紧重，诸省人民方苦征徭，仇恨官府，各地豪杰乘之作难。于是聂人杰、张正谟等起于荆州；齐王氏④、姚之富起于襄阳；徐天德、冷天禄等起于蜀东；张士龙、张汉潮等起于陕南。所至裹胁良民，三省大乱。其时常备军久已废坏，无力剿贼，徒能择无贼处屯驻，瘝杀良民；或遥尾贼后，劫掠财物。官吏又皆以贼为不足平，反日以威刑求民货贿。良民进退皆死，从贼日众，前仆后继，蔓延数省，凡经十二三年始平。兹记四川部情形为一节如下：

嘉庆元年九月，达州教民徐添德等据亭子铺，东乡人王三槐、冷天禄等据达州

---

① 金川在蜀西徼外，大渡河上游，有大小二流，曰大金川、小金川。康熙五年，土酋内附。雍正中，两金川分裂。乾隆十二年，大金川酋莎罗奔不受檄谕，出兵讨之。地险民悍，官军屡败。十三年冬，将军岳钟琪轻骑入敌营抚之，莎罗奔曾服其威德遂降。后两金川相结狼狈，侵略邻境各土司。乾隆三十六年，清廷大举分两路进讨小金川，明年克其巢美诺，诸番多逃依大金川，朝廷索囚，大金川不与。三十八年，清军西进为敌所袭，大败于木果木。清将阿桂、明亮等复分两路进。三十九年，攻克勒乌围。四十年，围葛尔崖（大金川酋根据地），莎罗奔等穷蹙乞降，金川平。凡用兵三次，前后亘二十八年，然诸番始终未犯内地。
② 白莲教，始于元末。有乐城人韩山童者，倡言弥勒佛降生，诱民焚香祈福，秘结会党。其后，刘福通等与之同谋，以红巾为号起事，遂以覆元。明天启时，苏人王森得妖狐异香，创闻香教。其徒徐鸿儒等，借众作乱，仍号白莲教。相传有邪术，然实不验。鸿儒败死后，此教为政府所禁。至清，复有八卦、天理等教兴起，皆此教之别派也。
③ 湘黔间山岳地，向为红苗占领，沅江流域皆其旧居。乾隆初年，汉人已渐蚕食苗地，筑城集市，据土开垦。至乾隆五十六年时，永绥等处皆为汉人侵占，苗地蹙甚，不堪压迫，争起杀官作乱，焚松桃、围绥，陷乾州。苗疆大震。乾隆六十年，命云贵、四川、湖广、陕豫七省会兵讨之，历年余，不能下。嘉庆元年，主将忠锐（云贵总督）。和琳（四川总督）、福康安（嘉勇公）等，相继卒于军中；而内地教匪蜂起。湖广总督毕沅，力请罢兵。时乾隆训政，切责不许。延至二年三月，官军小胜，始罢兵归。朝廷虽以大胜相祝，而苗之劫掠益加惨烈，凡数年后始定。
④ 齐王氏，教首齐林之妻。林在襄阳一带传教，乾隆五十九年被捕处死。王氏代为总教师，与其徒姚之富等指挥诸众，侵扰川、楚、陕、豫，隐然为群寇首领。嘉庆三年一月，败死于郧阳之卸花坡。

之丰城作乱。十二月，巴州罗其清等据方山坪，通江冉文俦等据王家寨，太平县龙绍周等据南津关，皆系为官府所逼，踞险逃死，不相联络。其时川军半赴苗疆，见兵不能讨伐，三槐等遂破东乡，据之。二年二月，陕甘总督宜绵率师入蜀，攻克东乡。适襄阳齐王氏等西走入川，与王三槐、徐添德等败军合，势复大盛。始以青、黄、蓝、白等为号，设掌柜、元帅、先锋、总兵等名目。齐王氏称襄阳黄号，徐添德等称达州青号，王三槐等称东乡白号，龙绍周等称太平黄号，罗其清等称巴州白号，冉支俦等称通江蓝号。齐王氏与徐王合股，南犯云阳、奉节，一路沿途教民群起应之。云阳林亮功称月蓝号，据开县之白岩山。奉节龚文玉称线号，据铁瓦寺。八月。齐王氏仍东入楚，留其党王光祖、樊人杰与徐、王合，从大宁趋太平，与龙绍周合。往来渠县、广安、邻水、大竹、梁山、新宁、开县等处，使人约罗其清、冉文俦等下山，同向通江、巴州、仪陇等处滋扰；而襄阳蓝号张汉潮等，亦由陕入川。全蜀震恐。清廷以云贵总督勒保代宜绵，总督四川。三年正月，勒保入川，进军梁山县，与徐、王等大股相持；罗、冉一股，由别将惠龄剿之。

先是教匪流转诸省，居民散处，多被裹胁。清将明亮、德楞泰等，建坚壁清野之议①，湖北随州行之颇效；又有合州知州龚景翰，条呈奖励乡勇之法②，勒保并采行之，通令各属百姓，扎塞屯粮，团练乡勇，以期自卫。四川之有寨堡、团练自勒保始。而教匪之不复易于蔓延，亦赖有此也。是时嘉庆帝亲政，肃清吏治，整饬军纪，下诏赦宥教民。③ 勒保遣贡生刘星渠，往抚王三槐等于云阳之安乐坪。三槐留星渠为质，自诣清军议降。勒保遂以生擒逆首奏，解三槐京师斩之。余众分股溃散。时罗其清、冉文俦据守营山县之箕山，徐天德等北走。适楚之襄阳黄号王廷诏、白

---

① 嘉庆二年，将军明亮、德楞泰条陈云："查各州县城居之民，有城池为之保障，贼匪不能攻下；其村落市镇，恃一二隘口，乡勇或远不及防，或失守间道，仓皇逃避，不仅衣粮尽为贼有，备卫之火药器械反资藉于寇盗；而贼所至，得屋舍衣食火药，逼胁良民为之乡导。所以用兵以来，所杀不虞数万，而贼不加少。为今之计，困贼必须卫民；近贼州县，劝于市镇修筑土堡，环以深沟。其余因地制宜，或十余村立一堡，或数十树立一堡。贼近则更番守御，贼去则乘暇耕作。如此所谓以逸待劳，贼匪自可得而清。近日襄阳士绅梁有谷者，用此法以守，贼遂不可犯。此保障之也效也。"此条陈当时未蒙采用，而民间已先自行之。勒保入川，因合州知龚景瀚条陈，首先采用此法；追蜀既收效，清廷始命名首仿行，制匪死命实在于此。
② 龚景瀚，号海峰，闽县人。谓：八旗官兵军纪废弛，所过地方受害甚于盗贼，并调兵（调外省兵来助剿）及增兵皆无益而有害，莫如供给武器于民间，募集乡勇，节省经费，且可卫身家免房掠；当使嗣后乡勇有功者，如八旗官兵保奏议恤，以收敌忾同仇之效。此议与坚壁清野之议，先后为勒保、德楞泰等所采用。至嘉庆二年，四川省乡勇之数达三十万人，匪势赖以稍戢。及勒保再入四川，匪势日衰，乡勇先后裁汰，仅存尤余；然从无解勇激变之事。及乱定后，各归里间，悉为良民。唯有数千有业之民，留为勇兵而已。其法之有利无弊如此。
③ 嘉庆四年，发布御制邪教说。但治从逆者，不治从教者。诏曰"国家深仁厚泽百余年，百姓生长太平，非迫于万不得已，安肯不顾身家，铤而走险。皆由州县官吏，朘削小民以奉上司，上司以馈结和坤（乾隆末宠相）。今大憨□去，纲纪肃清，下情无不上达，复不致为下民累。惟是教匪胁良民，遇官军又驱之前行，甚以剪发刺面防其逃遁，小民进退皆死。朕日夜痛之。安可负洪亮吉之直言"云云。

号高均德等，窜入川境，与天德合，会集箕山。清将德楞泰、额勒登保亦自楚追之入蜀，与惠龄合围箕山。其年十一月，克之。天德等仍窜入楚，其清窜至巴河被擒；文俦窜据麻坝坪。四年正月，德楞泰攻破，屠之；冷天禄初自安乐坪西窜岳池，清将杨遇春等尾追至广安人头堰，天禄中箭死，余党由大竹窜去；云阳月蓝号林亮功，先于嘉庆二年病死，其党萧占国、张长庚北窜阆中。四年二月，与额勒登保战，败走，死营山县之谭家山；别支包正洪据云阳之小茅坪，凭险抗拒，是年三月病死。其众杀头目降；奉节线号龚文玉，亦屡为德楞泰所破，窜大宁之瓦屋沟被擒。余匪悉入楚界，暂时肃清。八月，清帝以勒保经略半年无功，逮问入都，以额勒登保为经略大臣。

嘉庆五年，楚之冉学胜等窜入甘肃，势复张。清廷调额勒登保赴甘。于是川中诸匪复起。通江蓝号冉文俦之弟添元，东乡白号分股元帅张子聪，奉节线号先锋陈得俸，太平黄号首领徐万富，青号赵麻花（本名易应）等，从定远之石板沱抢渡嘉陵江，肆扰遂宁、蓬溪、西充等县。川北镇总兵朱射斗战死于西充之高院场。总督魁伦退守潼河，全蜀大震。德楞泰复自甘肃入蜀援剿，至武连驿，闻匪众屯剑州之元山场，欲向江油接应；甘肃匪因先驰，扼龙安要路，相战于江油之马蹄冈，大破其众三万余，擒冉添元、陈得俸。余匪窜南部、盐亭，德楞泰紧蹑其后，复大破之于蓬溪等处。匪由王家嘴偷渡过潼河；白号张子聪一股南窜遂宁、安岳、乐至；黄蓝青线四号之匪西向中江，直趋成都。时勒保复用援蜀，与魁伦追剿，逼诸匪过嘉陵江，潼河左右肃清。甘肃贼匪由番地窜入龙安境，勒保复拒走之，遂渡嘉陵，与德楞泰等分剿川北、川东。时团练已成，塞堡益固，乡勇可用，官军深得用助，教匪势日蹙。

七月，樊人杰、张子聪、鲜大川、苟文明四股屯小米溪、白沙场一带。德楞泰由望水垭、龙市镇，勒保由草街子、元日镇夹剿，大破之。嘉陵左右渐就平靖。德楞泰军驰赴太平，追剿东乡白号庹向瑶一股，击溃之。九月，青号赵麻花结合窜大宁之青号部众，折回至云阳大水田。德楞泰会勒保军迎击，破之。赵麻花为乱军所杀，余众向云阳、开县溃窜。官兵追及丁大茅坪，斩首领工珊等，大股剿净，川东肃清。

齐王氏等，自川入楚，于嘉庆三年败死陨阳。余党奉其侄齐国谟为首，嘉庆五年十一月自陕入川，欲渡嘉陵江。德楞泰及勒保与战于巴、渠之间，歼齐国谟党李炳、颜胜可，余众窜入陕，伙陈朝观分扰通江、西乡（陕西县）一带。六年正月，勒保进剿通江，驱其出境。于时，襄阳黄号樊人杰，与太平黄号徐万富、通江蓝号冉添泗等，率其党五六千人，自宁羌入广元，至南部，欲渡嘉陵江。勒保闻知，由达州赶至自新政坝，追至碑湾寺，斩徐万富，复追败之于通江。樊股败残已极，复窜楚境，川北肃清。

勒保留军驻广元、南部、蓬州、合州一带，严防嘉陵江；自率大军移剿辛聪、颜胜可、魏棒棒、李炳、陈朝观等于开县云阳境。各股分窜楚、陕。其时诸省乡勇多堪拒贼，官军之中亦多能将，而塞堡星罗，匪难奔突，于是徐天德淹毙于西乡①，冉天泗、冉学胜被擒于通江②，辛聪被擒于南江③，魏棒棒被擒于巴州④，庹向瑶被擒于古佛寺⑤，樊人杰败死于竹山县⑥，苟文明被擒于宁陕厅⑦，三省肃清。余匪窜匿巴山老林，冀图苟活。十一月，额勒登保自陕而南，德楞泰自楚而西，勒保自蜀而北，同会巴山，搜剿残匪。自八年春至秋七月，三路军大会于太平，飞报肃清。额勒登保、德楞泰并以功封侯，勒保封伯。仍留德楞泰为成都将军，督师搜捕深山老林。至九年八月，乃告藏事。

论曰：乱民初起，皆只保守山寨抵抗官府，不据城池，不僭名号，军无系统，兵无部勒，其无大志可知矣。特以官府逼迫，挺险逃死耳。而适当乾隆末政，朝廷讳乱，官吏诿过，不善安抚，徒逞威刑；而军纪废坏，人多枉杀，遂使滋蔓数省，贻祸十年。当王三槐解京之日，对军机大臣会审时，但答以"官逼民反"四字。呜呼！所谓"教匪"，实民变耳。善夫洪亮吉之书所⑧曰：

---

① 徐天德自达州东窜，滋扰楚境数载，号称悍贼。嘉庆六年，为湖广总督书麟逼剿于竹山一带。添德窜入陕境，抢渡西乡县之仁河，因盛夏水涨，舟覆淹毙。其弟添寿，奔至东乡县之石婆山被擒。余众奉陈侍学为元帅，于火峰界口收集青、蓝、白、线等号余众数百人，匿巫山县境。七年九月被获，其众殄灭无遗。
② 冉添泗，为文俦从子，添元亲弟。添元在太和镇被擒，众推为元帅，以让于王士虎，自为老掌柜。嘉庆六年八月，同在通江县之报晓垭为额勒登保所擒。额勒登保遣其党杨步青返谕贼众，步青遂率其众，与通江蓝号李彬合股，扰川北一带。李彬于明年正月在南江县之白崖山被擒。步青自称元帅。其年五月，败死于通江县之猫儿垭。冉学胜，与张汉潮同起事，依陕阳刘起荣为战。嘉庆四年，起荣败死，众推为元帅。转战陕甘湖北数省，屡抗官军。是年穷蹙，率残匪四百人，越巴山老林至通江卢家湾，为勒保所擒。
③ 辛聪，为襄阳黄号樊人杰之分股元帅。滋扰川陕湖广诸省。嘉庆七年正月被额勒登保生擒于南江之关门。
④ 魏棒棒，本名学胜。为襄阳白号头目，骁悍善战。凡贼落后者击以木棒，故贼中呼为魏棒棒。嘉庆七年三月，与首张添伦、陈国珠等被擒于巴州土地堡之金子寺。
⑤ 庹向瑶，为冷天禄之徒。嘉庆元年与王三槐等同起事，旋入东乡白号。五年八月，官军败之于杜家湾，向瑶投冠泗水逸逃，匿古佛洞。七年四月被擒。
⑥ 樊人杰，与王光祖同为齐王氏留扰川境之襄阳黄号首领。王光祖于嘉庆四年六月跌毙于夔州之羊耳山；人杰独为首领，窜扰楚蜀陕西省，号为大股。自嘉庆六年败，窜入楚，为德楞泰所尾追，自房山县逼入竹山县山中。因抢渡白铁河，为湍流淹毙，全部败没。
⑦ 苟文明，与罗起清、冉文俦同起事。群贼再起时，为小股匪首。及群贼败死，文明逃匿老林。七年七月，为官军侦得搜捕，文明扑巅骨折而死。
⑧ 洪亮吉，字稚存，号北江，阳湖县人。生有至性，博览无所不窥，为乾嘉时东南名儒。于嘉庆三年上书，指斥传事，其书深中时弊，人争诵。时仁宗私居，尝座右。然洪竟以傲忤当轴，遣戍伊犁。仁宗亲政时赦还，官至贵州督学，有《北江集》行世。

楚蜀之民，始入白莲、天主、八卦等教，欲以祈福；继由地方官挟制万端，又黔省之苗氛不靖，派及数省，赋外加赋，横求无尽，怨不思患，欲借起事以避祸。故临阵撑拒，必云受地方官之害，以致背皇上大德……邪教入一村则烧一村，入一镇则烧一镇，仅以胁良民为贼。邪教既退，州县官又利其烧尽所余，屏民而不得归；良民于此，始不得不从贼。邪教滋蔓数省，首尾三年，烧村镇愈多，无身家衣食之民附之者愈众。邪教之徒又不爱惜此等，每两行必驱之使前，或抑之在后，以抵官兵。故诸臣入告杀数千人、数百人者，即此无业游民，非真邪教，非真贼也。

……今日州县之恶，百倍于十年、二十年以前，上敢赚天子之法，下敢竭百姓之资，臣所闻湖北宜昌、四川达州，虽有邪教，民皆保身家不犯法；州县官既不能化导于前，及事已萌蘖，即借邪教之名诛求之，不逼至为贼不止。此辈一日不可姑容。如明示惩治，既可舒万姓之冤，亦可塞邪民之口。盖今日之州县，其罪有三：凡朝廷赈恤之项，中饱于有司，此上恩之不下逮一也。无事蚀冒粮饷，有事避罪就功，州县以之蒙府道，府道以之蒙督抚，督抚以之蒙皇上，此下情不上达二也。若有功，长随幕友皆冒得之；若失事，掩取迁流颠踣于道之良民以塞责。然此实不止州县，封疆大吏、统率将弁皆公然行之，安怪州县之效尤三也。

当时蜀中文学未盛，史记阙如，予撰此节，仅据《四川通志》。别的谬理之官书，徒夸军功①，未申民痛；欲为补苴厘正，而苦无所据。他日有暇，当详为考订，以传民变真相。

## 第三十五节　蓝李之乱　附石达开入蜀

清自教匪之乱，国脉大耗。由嘉庆传于道光、咸丰，外侮既纷至沓来，内乱亦继续不已。至太平军起，清社几倾，仅得不亡而已。四川于道光十四年末，曾起骚乱，延至翌年六月始平。太平本军，始终未入四川，唯蓝李附之而起，酿成数年之扰乱。兹记其本末为一节：

蓝大顺者，亦名朝柱，云南昭通人。云南产鸦片，游民贩卖，越关漏税，辄纠数十百人，达阛市遇兵役则私赂以免。于是杂职末弁，倚为利薮。大顺为私贩魁，

---

① 自嘉庆六年以来，股匪概已肃清。向之匪首或委众逃匿山谷，或拥众投降乞活。清将得之者，悉报生擒，以夸军功。其实当时以抗拒斗死，或被擒者极少。注文依据《通志》词多害意，阅者幸能别之。

常率其徒往来叙州、云南间。咸丰九年（太平天国八年），老鸦滩私贩有讼事，汛官索赂未餍，严诘党羽，词连大顺、李永和。

李永和者，居昭通边地，以发短而性暴，滇蜀人皆呼为"李短搭"。初贩盐，为蜀吏所捕，被杖几死。其徒醵金贿之得释，闻贩鸦片利较巨，可以贿得官弁庇护，乃率党徒数十人走叙府，与大顺合伙。往来滇蜀间，年获数万金。永和性慷慨，不论兵民有困急告贷者，莫不倾囊助之。以故有义侠名。大关①典史常向索金，已赂之不能满其欲。于是并大顺捕之，系县狱中。其党愤怒，乃聚游民谋劫狱。道路恟恟，皆言私贩反。县官惧先遁。于是蓝、李党徒入踞县城，破狱出二人，奉之起事。旬日之间，陷筠连、庆符二县，有众数千人；永和自率二千人，攻武来取之。永和留兵守城，自合大顺兵围叙州。时太平天国翼王石达开，方以十万众纵横大江以南，意拟入蜀；清将萧启江，自湘西上防蜀，以四千人救叙州。蓝军战不利，大顺欲自王，而北走自流井。永和曰："清军方扼我，而太平翼王复将入蜀，我若自王，是左右皆敌也。且我曹仓促起事，兵皆乌合，遇劲敌不能战，克坚城不能守。又多树敌，覆败可待。不如通款翼王，假太平旗帜以号召，则胜不难为；太平王败，亦有所归计较善也。"大顺从之。

时石达开方在湖南，兵众甚盛。大顺遣人如其军，愿受约束，自称滇蜀太平军。统领分其军为二：大顺自叙州趋自流井，永和沿岷江趋犍为。其时蜀中兵力弱甚，城守者望见旌旗即投戈降。大顺辄收其军械，而后驱杀之。追至自流井，复募集盐丁、灶夫，众至数万。乃申约束，禁淫掠，归者益众。十年（太平九年），大顺与永和会军嘉定，屯五通桥，众共十万。大顺自将攻井研，为萧启江所败。解围走定远，连营十余里。时清廷移湖南总督骆秉璋督四川剿贼。秉璋方率湘军入峡，遣部将黄醇熙自梁山趋顺庆（南充），截击之。大顺方造浮桥欲渡嘉陵江，醇熙骤进击，蓝众皆乌合，一战而溃，死者万人，狼狈走潼。将渡涪，阻涪水涨而止，屯二郎场。醇熙追及，中伏败死。大顺得辎重无算，军复振。进围绵州，分屯其众于绵竹、什邡、罗江、安、彭等县。时萧启江已卒，秉璋遣曾传理领湘军援绵。传理分三路抄袭，

---

① 本节取材自《太平天国野史》（文明书局出版）。该书《李短搭传》谓"宜宾典史向之索金。已赂之，不能满其欲，旋陷以他事自府县，并大顺捕之，系县狱。其党愤怒"云云。《蓝大顺传》则谓"老鸦滩私贩有讼事……词连大顺、李短搭……县官因捕二人，系之狱，将杀之。其党愤然"云云。察二传文稿似出一手，事皆吻合，而地名歧异。如此必有一误。宜宾为叙州首县，蓝李起事，既陷筠连、庆符、武来，始攻叙州，则其劫狱起事之地非宜宾无疑。所系既非宜宾县狱，则宜宾典史何能捕系？大顺传谓系老鸦滩，较为可信。再考，老雅滩在云南境横江上游，即清大关府地，今为大关县地。当叙州、昭通往来之冲，清代驻有汛兵及典史，蓝李实起事于此处。然则短搭传之宜宾典史，实大关典史之误。所谓"白府县"者，系白昭通府与大关汛官，非谓叙州府、宜宾县也。特为辨证之。

竞施火器，大败蓝军。大顺解围走丹棱，时则咸丰十一年也。

方大顺之围绵州也，李永和亦围眉州。有众五万人，分屯彭山、丹棱、青神等县，进逼成都。追大顺败走丹棱，曾传理乘胜攻克彭山，进援眉州。永和拒战于松江口，亦败走青神。清军移攻丹棱。丹棱永和辎重粮饷所在地也。乃分军东出掠铜梁、璧山、永川、大足、定远、南充、岳池、广安，以牵制丹棱围师。然自教匪之乱，塞堡完固，李军驰突困难，所至不得大逞。清军遂能专力于丹棱之围。

大顺军拒战屡败，遂于是年冬焚城走蒲江，略崇庆、双流界，入彭县，南走隆昌、富顺。所过民团、官军狙击抄袭，杀伤甚众，势遂不振。而永和则坚守犍为之铁山。其别军东出者，渡嘉陵江，破广安、营山、渠县、东乡、新宁。其时石达开由湖北利川趋入川境，同治元年三月围涪州；永和别遣一军屯涪州游鹤坪以应之。已而，石军为川将唐友耕、唐炯等所拒，自綦江入贵州仁怀。清军解涪州围，进攻青神、铁山。永和自铁山走宜宾，还救青神，为川将萧庆高所败，失青神。还走宜宾，分屯其军于天洋八角砦。时石达开进驻叙永。永和自将劲旅赴江安，会大顺同入叙永谒之。达开益其军，使攻长宁，克之；达开亦攻破筠连、宜宾、高县。骆秉璋屯横江以扼石军。达开与战，败绩，退还滇中。清将刘岳昭、唐炯等亦并力破大顺军，复长宁，大顺遂北走入陕。

李永和克长宁后，复回八角寨。及大顺北走，石军南还，势亦孤。清军乘时攻之。永和弃寨走犍为，清将胡中和围之龙孔桥。永和并力突围，马蹶被擒，解成都被杀。

同治二年（太平天国十二年）二月，石达开别部陈得才①等入汉中，破兴安。骆秉璋分军援之。达开后自滇入蜀，先命赖裕新率中旗出宁远，李复猷率右旗赴黔境，自率前旗四五万众，由米粮坝渡金沙江。会裕新战殁于宁远，中旗被围。达开自出宁远援之，欲遂由此取间道袭成都。误入邛部土司境，与其辎重相失。清军拒之于大渡河，石军阻于河水涨不得进，土司夷兵复扰其后方，部众饥困溃散，不可制。四月，达开走至老鸦漩，旋被擒，送成都被杀。②

蓝大顺既入陕，以其军隶陈得才。得才为之请于天王，封为天将。闻达开败死，

---

① 陈得才，本石达开部将。同治元年（太平十一年），奉达开令北结捻党，犯陕西。至西安不利，遂流转河南、湖北、陕西三省间，清军不能制。二年，破兴安，为民团所袭败而西走。会闻达开败死，痛愤大哭，誓由汉中入蜀复仇，遂破汉中据之。十三年，天京围急，召得才赴援。清军闻之，围汉中。得才突围东走入楚境，闻天京陷，士卒气沮。闻后主在湖州，欲取道江西入浙，至麻城败死。
② 清"稗史"传说：达开危时，有养女之婿某，冒达开名出降。达开实未死。光绪时，浙人某曾遇之于蜀中舟次云。

益无回川志,力助得才破镇平,克汉中,又自取盩厔守之。会东南军事急,天王封得才扶王,召援天京。同治三年(太平十三年),得才将二十万人东行,清军乘势复汉中。大顺援之不利,弃洋县退保盩厔,增寨濠坚守。清将多隆阿,将数万人百计攻之,数月不能下。已而,多隆阿中炮死,盩厔亦破,大顺被十余创,率卫士数十人夜奔南山,为民团所杀。

## 第三十六节 清代蜀士(上)——武功相业类

四川自遭献忠、摇黄之祸,世家硕学,无有存者。其后,各省移来之民,又率亡命无赖之辈,忙于垦殖,无心弦诵之业,一时书史旷废,文物荡然。清世二百年间,蜀士鲜可称者。然因各省移民混居之故,社会风俗一矫历代柔弱偷生之习,而有犷悍强武之气,故其武功有足称者焉。迄清末叶,张之洞督学四川,聘致湘潭王闿运主讲尊经书院,而后经术辞章之学渐兴,廖季平、吴之英等,极研典艺,重兴蜀学,上承湖、湘之盛,下启康、刘之辨[1],亦蜀土之光也。目前清史未出,省志失修,僻地之书,传赞不具,诸人事迹未易搜寻。兹仅就见闻所及,类列清代蜀士之以功名、学艺称者如下:

清代蜀人之以武功显者,康熙、雍正间有岳钟琪等,乾隆、道光间有杨遇春等,咸丰、同治间有向荣、鲍超、黄鼎等,兹列诸人小传于次:

**岳钟琪** 字东美,号容斋。其父升龙,字见之。陕西庄浪卫人。康熙末,任四川提督,以母老疏请入籍成都。钟琪生有至性,嗜学工书,能诗善射。康熙末年,由须次同知,历官永宁协副将,以平藏番功,授四川提督。雍正元年,青海罗卜藏丹津叛,寇西宁。钟琪率松潘汉土兵,与年羹尧,自西宁进剿。深入五千余里,平定青海。进三等公,授川陕总督;疏请划定巴塘以内归内地土司管辖,以中甸划为云南,与云贵总督鄂尔泰合定乌蒙、镇雄诸番,改土归流;对于三省州县改置,夷

---

[1] 清代治经学者,苏皖为盛。咸同以后,江淮间经术渐衰,而王湘绮奋于湖南,承江淮之运,为一代经师。湘绮老后,廖平等大兴蜀学(蜀学之名,起于北宋,与朔学、洛学对称之辞也。元明时无此称。清季复出,则对湖湘之学而言也)。近代大经师,如仪征刘师培(字申叔,号左庵),南海康有为(字长素)等,皆师廖氏。刘著《周官古注集疏》《礼经旧说考略》;康著《新学伪经考》《孔子改制考》,义皆异古,为文甚辩。廖氏实启之也。(廖氏传详下节)

汉纠纷，多所施置。① 雍正七年，曾静之徒张熙，来蜀说以叛清。钟琪不听，上其事于清廷②，旋奉旨为宁远大将军，会靖边大将军傅尔丹，进讨回疆。十年，进剿至哈密，以逗留夺爵，旋递职拟斩。乾隆二年释归。金川莎罗奔叛，清军讨之不利，钟琪单骑往招降之，复封三等威信公，免西征应赔银七十万两。寻命就四川提督任。十七年，平杂谷土司苍旺之乱。十九年，重庆人陈琨作乱，亲往督缉，还卒于资州，谥襄勤。钟琪虽历武职，颇以诗文自喜，有《姜园蛮吟》等集。长子浚，字厚川。历官福建按察使、湖南布政使、山东广东云南巡抚。钟琪叔父超龙，亦以军功累官至湖北提督。子钟璜，官至四川提督。

钟琪兴于蜀，所用皆蜀人，如张朝良（阆中人）、谭行义（三台人）、冶大雄、颜清如（皆成都人）、马良柱（张掖人，皆隶蜀籍）、本进忠（西宁人，改隶蜀籍）、宋宗璋（武威人，改隶蜀籍）等，皆以军功历官至总兵、提督。

**杨遇春** 字时斋，崇庆州人。乾隆时武举，从大军征讨甘肃回乱、台湾林文爽之乱、西藏廓尔喀之乱，以及贵州苗乱、川楚教匪，皆有功。官至陕甘总督。道光五年，回酋张格尔作乱，陷喀失噶尔、叶尔羌和阗、英吉沙尔诸城。六年，诏遇春以陕甘军讨之。七年，大军自阿克苏城分道进剿，大败回军。遇春与提督杨芳（松洮人）乘胜进击，尽复西部四城；芳获张格尔，回疆平。遇春自结发从戎，大小数百战，皆陷阵冒矢石，未尝受毫发伤，世称福将。每战必张黑旗，世称杨家军。封爵一等昭勇侯，卒谥忠壮。

**胡超** 长寿人。嘉庆间从征教匪，又剿陕西南山木厢匪，从遇春征青海，平张格尔于喀什噶国，并有功。官至甘肃提督。

**向荣** 字欣然，大宁县人。初为杨遇春部下，以军功累官至固原提督。道光三十年，洪秀全起事广西，清廷命荣进剿。时广西群盗锋起，荣先讨禽李得芳、陈亚

---

① 《四川通志·岳钟琪传》："时四川乌蒙土知府禄万钟，扰云南东川府，其党镇雄土知府陇庆侯助逆，而建昌之冕山凉山诸苗为之羽翼。钟琪与云贵总督鄂尔泰会剿。明年正月万钟就擒，庆侯乞降，乌蒙镇雄改土归流；冕山、凉山亦以次底定。五年，筑松潘镇城堡，改贵州之永宁县归四川，辖于东川土府，设义学于西宁、北川，口外之大通川、白塔川及箐尔阁，设镇营驻守，量增官兵三千六百。六年二月，奏请升四川夔州府属之达州为直隶州，改建昌卫为宁远府，增设西昌县，附郭改宁番卫为冕宁县，盐井卫为盐源县，并会川卫入会理县，均归宁远府属。其所辖河西、河东、宁番、阿都、阿史各土司，及纽结歪溪等土目五十六处，悉为区划疆界；择苗番者成殷实者，为乡约保长，令约束之。夷人有掳劫汉人者，汉民有诱取夷人什物者，苗保有带刀出入、私藏鸟枪者，悉严禁之。请升甘肃之肃、秦、阶三州为直隶州，于陕西子午谷增官兵防守，于四川里塘、巴塘等处设宣抚司、安抚司、长官司、副土司、土千户、百户等官，约束番众。是年，雷波土司杨明义，勾结云南乌蒙苗妇陆氏滋扰，钟琪遣兵剿平之。"

② 曾静，湖南郴州人。读吕留良（浙江石门人，明亡后，著书论夷忧之防。誓不仕清）书，谋革命。遣其徒张熙入蜀，诡名投书，劝以国谋举义。钟琪大骇，阳与设誓，许迎聘其师。遂尽得静与留良之徒严鸿达等往来谋事状，并拘送清廷。

贵等。明年为咸丰元年，秀全等自广西犯湖广，遂东下据金陵；荣自后蹑之，复武昌，逼金陵，军于孝陵卫，是谓江南大营。与总统琦善所统江北大营之师，合围天京者四年。城中数出兵突围，荣军与战无不胜。已攻下雨花台，逼南门而阵矣，然因饷馈乖时，士卒怨望，杨秀清等乘之，密约镇江、溧水等处发军，与城中锐卒夹击江南大营。荣军大溃，部将张国梁以身翼荣突围，走保丹阳。荣愤懑成疾，以军付国梁而卒，谥忠武。当湘军未著以前，洪军所畏者惟荣。至是荣卒，天京将士皆额手。

同时有新都人周天受者，字百禄。以湖南提督办宁国军务。咸丰十年，江南大营再溃。① 太平军陷苏常等地，自嘉兴侵宁国，天受败死。

**鲍超** 字春霆，奉节县人。初从塔齐布为战手，后以哨官从曾国藩，转战湖北、安徽战无不克，世号霆军，宿松、太湖之战与多隆阿齐名。② 李秀成犯江西，国藩调霆军御之，连克诸城，驱秀成等入浙境；曾国荃等围金陵，超自江西进军，取宁国、句容以通饷运。金陵破（同治三年），太平军多窜江西、福建，超屡战破敌，江西得完。同治四年，清师克福建，太平将汪洋海等入粤；时超假还夔州，所部霆军闻将入关剿捻，哗溃入粤与洋海合，声势大盛。清廷促超率军入粤，逾月岭表肃清。粤事既宁，移剿捻于楚、豫间。尹隆河之役，为刘传铭所卖③，愤怒解职归。曾国藩、李鸿章等，屡书慰解，皆不起，遂罢霆军。超凡领兵十余年，大小七百余战，斩首三十余万级，降二十余万众，官至浙江提督，封一等子爵。及是解职，卒于家，谥忠壮。

**黄鼎** 字彝封，崇庆州人。为诸生，有大略。咸丰率乡勇助官军平蓝李之乱。同治初，蜀乱平，陕事方棘，巡抚陈蓉领军入陕，调鼎率乡勇为蜀军从之。转战陕

---

① 向荣既死，张国梁代统其众，声势渐振，复围天京数年。咸丰十年，李秀成、陈玉成等合力大破之。国梁败走丹阳，跃马溺毙，是为江南大营之再溃。
② 咸丰八年，清将李续宾阵亡于三河。太平军势大振，湖北震动。清廷署湖北巡抚进驻黄州。适多隆阿、鲍超大破敌于宿松，太平军遂不能上攻。九年，官军进窥安庆，攻太湖。太平英王陈玉成，集捻首张洛行等，由庐州上攻，众十余万；多隆阿撤太湖之围，檄鲍超屯小池驿，当前敌。敌军连营数百，扑超营甚急。超部下仅三千余人，苦守不退，历六昼夜，伤亡颇众；多隆阿分亲军入超营助守；曾国藩自宿松，胡林翼自黄州，飞调各军援之。十年正月二十五日，诸营合力，大破太平军，战功为入皖第一，超亦负重伤。
③ 同治五年冬，东捻首任柱、赖汶光等，自河南窜湖北，众逾十万，屯尹隆河，以窥安陆。超与刘传铭，各统所部万余人，自河南进剿。翌年正月，会于安陆，期以庚午日辰刻进军夹击。传铭欲独居功，先期进兵，大败几不免；霆军按时至，解其重围，并大败敌众，斩获万八千人，夺还铭军所失器械辎重。复进追敌至枣阳、唐县界，杀敌无算。传铭内惭，具牍报大帅李鸿章，谓超愆期贻误，惊动后军，以至大败。及超据实客报至，鸿章已先入传铭言，竟具以入报。左都御史汪元方谓霆失机掩饰，虚张战功，力持拟斩。同列均以为疑，乃仅拟严旨斥责。超愤郁成疾，引发旧伤，奏请罢归调理。于是养疴家中，十年不出。曾国藩时已解兵符，知其枉，遗书让鸿章。鸿章悔。与左宗棠先后奏超功高，请加奖护。于是温旨稠叠，超竟不起。国藩知其与淮军诸将不相下，遂罢霆军。

西，敢战有名。西捻渠魁张总愚入陕，各路大军皆覆败，鼎独战胜，破坝桥之围，保守西安。蜀军威名大震。蓉罢官后，从左宗棠剿回于甘肃，官至按察使。鼎族侄虎臣，字啸山，亦以勇目从鼎，立功官至提督，时称蜀军三杰。

**徐占彪** 字崐山。西充人。咸丰间以勇目积功，奖六品蓝翎。后隶黄鼎军，历战陕、甘常为军锋，每战身先士卒。左宗棠甚倚任之，破金积堡后，分蜀军五营使统之；进攻肃州后，随宗棠入新疆，授巴里坤总兵。光绪十六年，病瘘卒。

清代蜀人以文学著宦绩者，大都明末劫后之遗民，如王新命、李仙根、李先复、孟邵等是①，其得备相位者二人：张鹏翮、卓秉恬。

**张鹏翮** 字运青。湖北麻城人，入遂宁籍。康熙九年进士，历官苏州、兖州知府，江浙巡抚，迁左都御史，河道总督。长于治河，凡所经画无不完固。内迁历刑部、户部、吏部尚书，两充会试正考官，加太子太傅。雍正元年，授武英殿大学士。因能授任持大纲，去烦细，时称贤相，年七十七卒于官。自弱冠入仕，及为相，凡五十余年。名满天下，性孝友持躬，一循礼法，清圣祖尝以理学称之，著有《忠武志》《敦行录》《信阳子卓录》。

**卓秉恬** 华阳人，字静逸，号海帆。嘉庆进士，由检讨擢御史，官至武英殿大学士。耿直敢言，封事无虚月。尝以左都御史兼顺天府尹，迄于大拜，凡十八年，群吏肃然。咸丰间卒，谥文端。

## 第三十七节　清代蜀士（中）——文学经学类

清代蜀士之以诗文见称者，道咸以前，推张问陶为巨擘。他如丹棱三彭，罗江三李，皆有声名。道咸以后之能文者，除湘绮门人外，有毛翰丰、杨锐、刘光第、赵熙等。如费燕峰父子，则明之遗民避乱家吴者也。并附小传于下：（杨刘另详）

**费密** 字此度，号燕峰，新繁人。明广西知府费经虞之子。献贼之乱，避窜西域，得不死。已乃溯江汉下游吴越，留焉。家传诗学，诗名满天下。晚年究心性之学，著有宏道书，圣门旧章，剑阁芳华集等书三十余种。论者谓蜀中著述，自杨慎

---

① 王新命，字纯嘏，三台县人。年十二遭献贼之乱，一家七十余口皆死。新命匿土穴中得免，随肃王军入都，隶镶蓝旗籍，历官湖广巡抚、江南江西总督、浙闽总督、河道总督，康熙四十七年卒，有《东山集》行世。
李仙根，字子静，号南津，遂宁人。顺治十八年进士，官至户部侍郎。曾奉使安南，著《浮生集》及《使事纪略》。
李先复，南部人。康熙十一年举人，官至工部尚书。雍正初致仕，卒于家，曾上疏请阻止移民入蜀。
孟邵，字少逸，号鹭洲。乾隆进士，官至左都御史。与校四库全书，以大理寺卿告归，年八十一卒。

后未有如密者。长子锡琮，字厚蕃。次子锡璜，字滋衡。皆慷慨豪放，工于为诗。锡璜幼遵密命，自扬州返蜀省墓，后游燕赵，与当时名士唱和。至今谈艺事者，尚推费氏为大宗。

**丹棱三彭** 丹棱彭珣，字东璧，号乐斋。遭明末之乱，客游滇黔吴越齐鲁燕赵。乱定归蜀，隐于三溪，为学邃于易，学者称三溪先生。生三子：端淑、肇洙、遵泗，俱以文章知名。时号三彭。端淑，雍正癸丑进士，婷雅宏通，湛深经术，官至广东肇罗道，著有《白鹤堂今古文集》《雪夜诗谈》；肇洙，字仲尹，雍正癸丑进士，官至河南道监察御史，著有《抚松亭集》行世；遵泗，字馨泉。乾隆丁巳进士，官至江防同知，著《蜀碧》。

**罗江三李** 罗江李化楠 号石亭。乾隆壬戌进士。善藏书，著有《万善堂稿》《石亭诗文集》。子调元，与侄鼎元、骥元并知名，时称"罗江三李"。李调元，字羹堂，号雨村。乾隆癸未进士，官至直隶通永道。好读书，博学多闻，才气豪放不羁，诗文亦如其人。官京都时，日与诸名士相唱和。后视学广东，分巡直隶，公余犹手不释卷，喜购书，家有万卷楼，为西川藏书第一家。尝辑刻"函海"书，多至二百余种，多属杨升庵著述。自著有《童山诗集》《雨村诗话》。鼎元，字叔和，号墨庄。调元从弟，生而颖异，好读书，成乾隆戊戌进士，官兵部主事，久滞冷官，自甘穷约。曾奉使琉球，著有《使琉球记》，可媲美徐葆光《中山传信录》。其诗古，文辞尤挺拔，有奇气，著有《师竹斋诗集》。骥元，字称其，号凫塘。鼎元弟。乾隆甲辰进士。官左春坊左中允，有云栈诗稿，多危苦萧飒之音。

**张问陶** 字仲冶，号船山。张鹏翮曾孙，开化知府顾鉴之子。生负异禀，读书过目成诵。乾隆庚戌进士。由检讨历官莱州知府，旋乞病游吴越间，寓于苏州。题所居曰"乐天天随之室"；状似猿，自号"蜀山老猿"。所为诗古文词，奇磔廉劲，一时名辈皆敛手下之。诗尤沉郁空灵，生气腾涌，为蜀中诗人之冠；书法险劲，画似徐青藤。著有《船山诗文集》。妻林氏，亦工诗，世传其绝句云："爱君笔底有烟霞，自拔金钗付酒家，修到人间才子妇，不辞清瘦到梅花。"

问陶兄，问安，字亥白。诗才超逸，著有《小琅环诗集》。

**毛翰丰** 字鹤西，仁寿人。同治时进士，官至普洱知府。工骈文及诗，其诗七古，绵丽近梅村，幽奇似昌谷，有龟床诗、龟床骈体文、南诏阿诗等书。

同时，蜀人有孔广翼者①，潜隐不仕，专究文史，所作上窥贾董班范，兼拟国左庄列，晚益宏肆，纪事之文，如黄河九派一折入海，其精到处往往突过前人；方物纪游之作，又诙诡奥折，别开生面。盖极文章之能事矣。有文集百卷，皆手书精楷，遗命不诉刊行。

**赵熙** 字尧生，荣县人。光绪进士，工书能画，诗文为近代所重。曾官湖北布政使，清亡后隐居荣县家中。

光绪初年，张之洞督学四川。其时蜀中有锦江书院，士之学者，揣摩制艺而已。张悯其陋，特自湘中聘王闿运入蜀，主讲尊经书院。然后蜀土始知有经学。一时人才蔚起，经术文章为天下冠。闿运，字壬秋，号湘绮老人，湖南湘潭人，博通群书，深湛经术。尝以经学家文字朴塞为病，因兼治辞章，骈散诗词皆臻绝顶；说经主公羊今文学，而兼取训诂义例，不偏执废，集有清一代学说之大成。历主尊经书院、船山书院，蜀湘经学文章随之而盛。末岁，遍历南北各省，经师词宗主盟坛者五十余年，一时知名之士大半出其门下。其在蜀中作育之士，廖平为首屈。此外有戴光、胡从简、吴之英、刘子雄、岳森等，各附小传如下：

**廖平** 字季平，井研人。初名廷登，字学斋，受湘绮之学，专治今文学。② 成进士后，专心经术，遍注群经百余种，自来经士著述之富，无其亚也。③ 然其说经，亦屡易其旨，初谓今文孔子真，古文刘之伪；后谓今文孔子所传，古文周公所述；最后谓今文、古文皆孔子书，而有大义微信之分。张之洞初赏识平，后恶其非圣无法，责使改其前说；廖不听，益沉思深究，自完其说，成今古学考等书，为近代经学界之杰构。晚岁，讲经成都，每好撷拾一二古籍字句，比附新说，附会诙诡，时论非之。然其专精博邃，今文学至平观止矣。初为公羊论，颇与其师出入。闿运尝曰：尔欲学郑康成，入邵公之室而操戈相伐乎？！闿运初訾其深思而不好学，已而博

---

① 李秦芬《中国最近世史讲义》称：广翼，字乙之。四川嘉陵人。《中国人名大辞典》则不著籍，但言其以布衣攻学，避寇家临羌山中云云。按临羌迩蜀界，境与广元接，而广元临嘉陵江，故疑其是广元人也。
② "六经"遭秦火后，编简无存。汉兴，赖齐鲁宿儒口授传之。传写者悉书成汉代字体，各家所传文字亦颇歧异。其后，鲁国恭王毁孔子宅，于复壁中得《尚书》《礼记》《论语》《孝经》之竹简，皆周时古篆，其文复与齐鲁诸儒所传大异，后人称壁中经为"古文"经书，齐鲁诸博士所传者为"今文"经书。又《诗经》等虽无古文，但因毛诗与齐、鲁、韩三家诗大异，世亦称之为古文。于是群经皆有今、古文之分。
③ 廖氏所著书目，全载在光绪三十年《井研县志》。

通公谷，交阐义旨，闿运重之①。仪征刘师培，尝入蜀共平讨校诸经（民国元年）。南海康有为，尤推崇平，取其说为《新学伪经考》《孔子改制考》。

**戴光** 字子先，合州人。精于《尚书》，著有《书古文考》《尚书补疏》二书。

**胡从简** 字敬亭，新津人。精三礼，著有《周礼句读》《礼经考》《礼经释例》《大戴礼笺记》《读礼管窥》等书，累六百余万言，后以灯以下篆录五十而瞽，子念祖，传父学。

**岳森** 字林宗，南江人。著《考工记证》《说文举例》《蜀汉地志》。

**刘子雄** 字孟雄，德阳人。与岳森并以通博见称。唯深造不逮廖平。子雄兼工辞藻，诗文能传湘绮衣钵。著有《群经宫室考补》《古文尚书考》《礼经表》《穀梁凡例》，遗稿未传。

**吴之英** 字伯杰，名山人。经术湛深，兼工诗文，为湘绮所重，尝曰能以庄列意，为贾董文者其吴生乎！于经通《礼经》《公羊》《左氏春秋》，于史专考水道、舆地。与廖平皆潜居勤学，不求仕闻，操行尤有足多者。

**活丘仲子** 蜀人又有署名活丘仲子者，亦湘绮门人，姓名县籍并失。文章朴茂雅洁，尤熟于近代掌故，叙事之文揖让班范之间，并世无其匹也。论文不满于桐城派，如林纾等皆有微词，尝撰清史数百卷，毁于兵燹。近年追忆旧作，成近代名人小传、当代名人小传，纪述简赅，文辞朴茂，为近代杰构。

**宋育仁** 字芸子，富顺人。亦湘绮弟子之工于骈文者也。湘绮骈文取径范蔚宗，力摹两汉，以枚马杨张为师，不专主四六，骈散参间，自成一派。育仁即承其遗风者也。

## 第三十八节 清代蜀士（下）——气节理学艺术类

蜀人不长社交而慕高行，故多戆然守正，矜尚气节之士。夤缘奔走，蜀人实羞言之，自宋以来盖已然矣。清之末世，国势岌危。康梁等倡变法图强于前，孙黄等倡种族革命于后。要皆丑诋官僚，蔑其威势。蜀人激此潮流，气益煽烈，前有杨锐、

---

① 廖氏尝成今古学考，其自叙有云："千虑一得，颇有自信之。条著为专书，归狱歆莽，名师挚友，法言异语，自诩精详，翻此铁案。丁酉（按光绪二十三年也）秋间，宋芸子转述南皮师寄语，所谓风疾马良，去道愈远；系铃解铃，必须自悟为之。忘餐寝者累月，欲作书述怀，十易稿而不能自达，亦惟自督而已。戊戌春夏，读鲁颂翛然有会，乃三统之义，不惟分配三经，所有疆宇亦判三等，求之诗易而合，求之庄邹而合，再归而来之周礼尤合，符合求诗易义例，将及十年。新思创获，层见叠出，师中乏主，终不成军；得此悬言，百灵会合，木屑竹头，群归统属。"（光绪二十五年）

刘光第奋死国难；后有刘行道等六君子养成士风。故能由争路之潮，成鼎革之局。他若邹容、彭家珍等，皆激昂慷慨，杀身成志可传矣。

**杨锐** 字叔峤，又字钝叔，绵竹县人。性笃谨，不妄言邪视，好辞章。张之洞督学四川，拔识之，甚相亲信。光绪十五年，以举人授内阁中书。张出任封疆将二十年，有子在京师，而于京师消息及他所考察，皆托之锐而不托之子。锐性鲠直，尚名节，最慕汉党锢、明东林之行谊。自乙未议和后，愤国事日非，乃益慷慨谈时务，与南海康有为过从其密，极称之于给事高变曾。高之疏荐有为，锐之力也。光绪二十四年（西历1898年）二月，有为倡保国会于京师。锐与刘光第皆为会员；又自开蜀学会于四川会馆，以此甚为守旧者所忌。时光绪帝锐意维新，张之洞属湖南巡抚陈宝箴荐之，召见，加四品卿衔充军机章京，与谭嗣同、刘光第、林旭，同参预新政。命凡有折奏，皆经四人阅视，上谕皆经四人属草。于是军机大臣嫉妒之，势不两立。时孝钦后居颐和园，尚操政柄。旧党诽新政于后，后大怒，责帝紊乱祖法，意将废立。帝于七月二十九日召见锐，授衣带诏，命康有为与四人设法救护。锐居京师久，审朝局久，有裁抑吕武之志。自至奉诏，愤懑不自禁，与诸同志谋卫上变。事为后所闻，召见帝于颐和园，随即幽之瀛台。后再垂帘听政，逮革新党。康梁逃海外，锐与谭嗣同等六人授命，世称戊戌六君子①。锐博学，长于诗，尝辑注晋书，极闳博；又著有《说经堂诗草》，于京师诸名士中为尊宿。然谦抑自持，与人言，恂恂如不出口，绝无名士轻薄之风，君子重之。

**刘光第** 字斐村，富顺人。性端重敦笃，不苟笑，志节崒然；博学，能诗文，善书法。诗在韩杜之间，书学颜鲁公，骨气严整，肖其为人。自光绪进士，官刑部主事，居常闭户读书，不与时流通谒，故人鲜知者。以陈宝箴荐召见，授军授军机章京，参与新政，与谭嗣同识面，大相契。谭以为京师所见高节笃行之士罕其比也。孝钦后垂帘，同被逮见杀。氏家贫，刻苦勤勉，诗文甚富，今存有《介白堂诗集》。

---

① 谭嗣同，字复生，号壮飞，湖南浏阳人，湖北巡抚继洵之子。性慷慨磊落，志气异人，为康有为私淑弟子，倡新学甚力。曾官江苏知府，去之湖北，佐陈宝箴办新政，成就甚多；以学士徐致靖荐，召见授军机章京，变作不去，八月十三日斩于市，年三十二。著书甚多，其《仁学》一种，为近世杰作。
　林旭字，敦谷，福建侯官人。光绪举人，官内阁中书，与谭嗣同、刘光第、杨锐同日受命，参预新政，时号军机四卿。十日之中，所陈奏甚多，垂帘后被杀。
　康广仁，名有溥，字以行，康有为同母弟也。幼恶帖，括不事举业，无学问，而精明强干过十其兄，助其使光绪帝行新政，倡废八股甚力。变将作，有为奉旨出京，广仁留，遂及于难，时仅为候选主事。
　杨深秀，字漪顿，山西闻喜县人。博学强记，为山西儒宗。光绪十五年成进士，授山东道监察御史。虽于旧学而明达时务，与康广仁交最厚，赞襄新政甚力。孝钦后垂帘，新党悉逮捕或逃亡，秀独抗书诘问皇上被废之故，请撤帘归政。遂就缚。
　上述四人与杨锐、刘光第，世称"戊戌六君子"或称六烈士。除林旭外，梁任公并撰有传，见《梁任公文钞》。

嗣子某，于氏就义后，赴市曹伏尸痛哭一日夜死。

**刘行道** 字士志，达县人。光绪中以举人在京师，为蜀学会会员。后回蜀，与熊焘（字沉荪，泸州人）、徐炯（字子修，华阳人）、张澜（字表方，南充人）、罗纶（字梓青，西充人）、王铭新（字又新，温江人）诸人，办学成都，任高等学堂、通省师范绅班、法政等校教职员，又创分设中学。时满人锡良督川，官威綦重。学校初设虽以输入新知相召，而实束缚思想甚力；诸人乃日以提倡民权，鼓煽学者，绝无顾忌。时称四川六君子。刘氏尤慷慨激烈，与官府水火。选科师范监督王某者，素与官府接近，刘恶其人，至以茶具击之。某年冬，学界假南校场开运会，有某大员率兵入场，刘氏拍桌怒呵，立驱出场。其他类此者尤多，以故官绅对刘皆切齿。前铁路大臣翰林胡峻（字雨岚，华阳人），时亦在籍办学，能宛转调护之，故虽数濒于险，而卒免于祸。光绪末，入京授内阁中书。宣统初，感寒误服麻黄卒。刘氏为人治身谨严，接物诚挚，折节下士，而疾官府仇；意气壮烈，善演说，言必及革命，一时学者受其感化最深①，壮年逝世，闻者叹息。然蜀土士气由是养成。辛亥之役，蜀为首难。由刘、熊诸君子种其因也。（熊、张诸先生事略，另详南充篇）

**邹容** 字威丹，巴县人。光绪间留学日本，后回上海，著《革命军》一书，主张驱逐鞑满，光复中华。余杭章太炎炳麟为之序，上海《苏报》为文，以阐扬之。清政府控苏报馆，于上海会审公堂，章氏亦为清吏所捕下狱，容闻之自诣狱，病死。

**彭家珍** 彭县人。清末留学日本，入革命党。宣统末，潜回北京，刺铁良，同炸死。今北京万牲园四烈士墓，其遗骨处也。

清代理学甚盛，而蜀中不显。其有自抒所得著为文书，求正人心，有裨世道者，前有唐大陶、顾汝修等，后有刘沅、唐道宗等，宗则近妖妄矣。

**唐大陶** 达州人。后更名甄，字铸万。少嗜学，顺治丁酉举人，官山西长子县知县，罢还就居吴市，萧然四壁，炊烟时绝，著述不辍。其学以良知为宗，贯串经史，非秦汉之书不读。著有《潜书》九十七篇，宁都魏礼极称之。又有《毛诗传笺合义》《春秋述传》潜文、潜诗、日记若干卷；又或曰字铸采著有衡书，或曰唐大陶

---

① 附录南充秦建炎《记亡师刘士志先生》文，以见刘氏咸人之深："光绪三十有二年，丙午春，受刘士志先生史学，于预备学校，得闻道德民权之说。（先生尝云：有智识而无道德流，为盗贼。又云：中国有君权而无民权，此大病也）窃私幸焉，以为闻所未闻也。既而疑之，因逐日讲释稍解；及读书至民可近，不可下，抚我则后虐我，则仇孟子民为贵，社稷次之，君为轻，残贼之人谓之一夫。豁然曰：此非吾先生之所云乎哉！胡不思之甚也……戊申夏，以留学，复入成都先生主讲分设中学，仍留省中……溯自闻教以来五年，于慈矣和煦春风，历历在目；刚劲之声，喷喷人口，无如言在耳。……夫蜀中素乏道德文章、明毅果敢之士。天生斯人将以造蜀，幸也。盖蜀有荆棘，而先生则大刀阔斧也；蜀有雾霾，而先生则刚风烈日也；蜀之有魑魅魍魉出没无常，而先生则上帝天神百邪屏迹也；蜀之有先生，犹人之有严师畏友，不可须臾离……"

字铸采著衡书，另是夔州人。① 留此待考。

**顾汝修** 字息存，号密斋，华阳县人。乾隆壬戌进士，历官顺大府尹、大理寺少卿，以风节称。罢退后，掌锦江书院与山西平阳书院。晚精宋儒之学，著有《钩引篇》《四勿箴味》《竹轩诗文集》。

**刘沅** 字止唐，双流人。乾隆五十七年由拔贡中举，道光初授湖北天门县知县，改国子监典薄，寻乞假归，遂隐居。博览群书，过目不忘，人咸服其淹洽。先是沅父汝钦，精易学，悟彻性理，谓河出图、洛出书、圣人则实天启；圣人以明教化，不仅在数术也。沅承庭训，研求存养之功，内外交修，久而有得；对于经史，多所发明；平居讲道，以正心修身为本，循循善诱，弟子从学者数千人，成进士者数十名，播乡闾者无数。所著有《周易恒解》《诗经恒解》《周官恒解》《仪礼恒解》《礼记恒解》《春秋恒解》《四书恒解》《大学古本质言》《孝经直解》《槐轩文集》诗集等书十余种；又有家训、保身立命要言、下学梯航等篇，皆言显理微，足资启发。咸丰五年卒，年八十有八。侯官林鸿年，咸丰中为云南布政使，至蜀得沅书，惊喜，因受业于沅；弟子内阁中书刘芬，尽购其书去。及罢官归，遂以其学传于闽中，人称沅为川西夫子云。沅先无子，六十后连举八男，皆能传其学。沅本以理学授徒，非宗教也。然蜀人奉之者，众号曰刘门弟子，转相传授奉者益多，遂有入门仪式若宗教然。今其孙举人咸俊，字仲韬，为刘门教主。

**唐道宗** 定远人。与刘沅同时，亦引周易河洛之文，以说却病延年之法，谓儒释道三教同出于易，皆以致中和为工夫，由圣道以求天道。其说甚诡。其人无功名门阀，托云神授。② 初名某，自云癸卯冬，神更其名为道宗，赐号三复，阐教于蜀，东北中流人多信奉之，号曰唐门，与刘门对称。道宗著书有《圣贤实学》《四书直讲》《周易实事》《河洛心法》等种，由复真堂刊行。道宗死，子还三传其道。还三死，侄玉书传其道，见存。

自唐道宗采释道皮毛，比附易纬，割裂四书，以为宗教，别支歧出，浸淹蜀土，附会穿凿，妖妄益甚。遂有以附摩治病、驱神役鬼与天眼通、天耳通诸术，妖惑下

---

① 《四川通志》云：大陶，字铸万，更名甄。成都人。《中国人名大辞典》则云："甄，达州人。本名大陶，后以字行更字铸万。顺治举人，知长子县。罢还，流寓吴中。有圃亭集及潜书。"又云："唐大陶，夔州人。字铸采。官长子知县。著有衡书。"又曾见《潜书》所附传则合为一人。
② 《圣贤实学》为唐门入手之书，道宗自序有云："宗以薄德，幸邀天眷，得闻圣门传授心法。"又金鸡吴广毕序云："毕，江右金溪人也……爱藉末务而来蜀东。师事复真先生。先生知毕入道已久，访求心苦，颇知根本，授以先天大道。毕归而印之丹书，靡有不知，而独于易仍茫然无所解。遂谓三教有不同道也。继又再三请教于三复。三复曰不知为不知，未敢妄语欺人也。既而三复得其传，手执是书谓毕曰：幸蒙先圣宏慈。又以圣学易道授宗，且命速梓以公同好。"

遇，暗结团体。如今西充王成五教等，潜行民间者，亦社会之隐忧也。

清季，蜀人以技术鸣世者，医术有朱世续、陈周等。① 绘画有卓椿、竹禅等。② 占卜有马元榜、曾神仙等。③ 而萧开泰之算术，精巧尤足称道。

**萧开泰** 字汝阶，洪雅人。留心时务，专究算术，著《自强斋数学》十数种。翟鸿机督学四川，拔取同文馆学生；时值甲午后，开泰数上条陈，言测绘、战守器具，中有制火镜焚毁敌舰一条，遂大为世诟病。开泰愤而归，自以心得，制造各种器具。其镜能焚小物，于十丈外烤炙鸭猪等肉。故人终信其可用；制木鸢为人传信，制盐并起水机，多有用才。庚子时，乡人目为洋教，烧毁其居与其制造品，仅双身避免。著有《洗耻刍言》，详列其制器之说。其测绘器之精，实远出西人之上。而潜水艇之粗制，亦在西人发明之前。使竟其业，未必不成一空前绝后之盛业也。当时以开泰算学为蜀中三绝之一，不但算术造诣精深，且兼施之制器；由谈理而及自用，实前此治算学者所无也。（据李泰芬《中国最近世史讲义》）

## 第三十九节　路潮与军政府时期

清德宗光绪三十年正月，四川总督锡良奏设川汉铁路公司。明年正月，复奏准人民收租百石，提捐四石，以为自办川汉铁路经费。三十三年二月，川汉铁路改为

---

① 朱世续，通江诸生。得异人传，精医术。保宁黄氏患传尸痨，死数人矣，一女又病。延世续。世续曰：病有虫，虫出自愈。灸其肾俞穴，须臾有虫自鼻出，长寸许，状如蜻蜓，捣之不烂，斧之不断，乃沸桐油煎之，取置瓦瓶，埋于地下，病良已。余所传尤多神怪。（见《四川通志》卷一六六）
陈周，字献之。简州人。家富于资，幼入庠，好经通史，以好客任侠罄其家，遂至成都以医为活。然日诊不过五人，遇重难症，止诊一人，活人甚众。尝著药性论三篇，略谓本草黑色入肾，赤色入心，通草通气之类，皆不足信；又言药类不能治病者多，且草木品居十之八，金石血肉品居十之二，亦弗可解。时有孙子于者，以医名于蜀，而其用药专取平和，如泻散热寒之物，皆视为禁品。周著《医学扈言》四卷辟辟之叙云："今之所谓良医者，知其术不足以活人，则选药之无气味、无力量者，凡数十种，而佐以果品、花蕊之类；有抵治者，择其与病相近者，书方畀之，其人苟生，则医之功也；其人即死，则药非杀人之药，非医之过也。妇女儿童饰病者，多饮如是。药适与病符，而医之著矣。吾观古人用药，惟出于长沙者皆效，而世医避之如仇，盖承气桂枝之属，用误祸且立见。彼无术以审其当用与否，遂竟弃而不用，则亦何贵有此医哉。夫人之脏腑血脉，本有部位。治病次叙，自不可易。而世惑于医者意也，一语创为种种奇异，实皆不中理解，故有心疾食冢心鼠疮服猫头者。又有菊花去蒂，竹叶抽筋，桑枝东向，河水逆流，自矜精细以炫俗流，而医学晦盲。故世之病而弗死者，皆疾能自愈，非医药之力也。不服药，为中医之说，顾未能厚非我。"
② 卓椿，字春木，华阳人，工花鸟虫鱼、竹禅。梁山一氏子，避难出家，纵游吴越。善画水墨人物、老树、怪石。光绪间，返蜀示寂。
③ 马元榜，德阳诸生。精京房易，占卜有奇验。
曾神仙，丰都农家子，逸其名。以其善卜，人称神仙。卜必引《周易》为断，能解卦德、卦体、卦义，口举其词，而字不甚识也。又能以卦配人生命，决其富贵寿夭。尝解咸卦曰：咸者，感也。男子得之善友。然象曰以虚受人，女子弗宜也。解咸其脯，云：脯，足肚也。得此爻者，非仆隶即走卒耳。其说类如此。高家镇有女子，遗其簪，母挞之，将投江。曾卜之云：簪在陶人家。索之弗得，咸咎曾。曾迳往陶人家，指一瓮曰簪在是耳。深之，果得。其他奇验多类此。秘其术，不传人，年九十余卒。俱见《四川通志》。

商办，民股股金随粮征收。宣统二年冬，盛宣怀补邮传部尚书，倡议铁路收归国有，由政府借英、法、德、美四国数千万磅，寻又加入日本借款千磅，以为收回铁路之基金。宣统三年（辛亥）四月，四国银行借款合同签字，宣示国中凡全国干路皆归国，有将从前批准商办旧案一律取消，停止川楚铁路租股，宣布收回川粤汉铁路办法。（同时，川路公司亏倒巨款，亦有查办之命）一时川粤湘鄂四省人民大哗，四川绅士，于成都组织保路同志会，推举罗梓青、邓慕、鲁孝可为会长；又组织川路股东大会，推颜楷、张表方为会长，设分会于各县，连合全民，一致争路。谘议局局长蒲殿俊、萧素湘力主之，开会演说，群情激力；一面举代表刘立青（声元）进京抗争，一面对省政府力请遵循民意，依光绪帝旧旨商办。代理川督王人文，据谘议局呈电，奏请暂缓接收铁路。清廷严旨申饬，随调川滇边务大臣赵尔丰总督四川。时民气方张，罢课罢市以争，赵初亦循民意。嗣因湖北总督瑞澂弹纠之，又闻有川粤汉铁路大臣端方带兵入川之说，自惧不保，态度渐变。适有革命党人利用其机，印发四川自保商权书，主张川省独立。尔丰遂自议场召蒲、罗、张、邓、颜诸人，及王又新、叶秉诚（茂林）、罗江江三乘等入署，逮闭署中。诸人意气慷慨，相期以死。赵亦不能屈也。<sup>①</sup> 成都市民，闻九人被逮，大愤，相率焚香捧德宗皇帝木主，集督署求释九人。众至数万，老幼填塞跪署前，遣谕不肯去。尔丰命卫队开枪，毙四十余人，众始散去。尔丰以刀枪倚尸旁摄影奏京，谓革命党人围攻督署。

时各省谘议局皆大动公愤。浙江谘议局长陈黻辰，首电请斩盛宣怀、赵尔丰首以谢天下。清廷不省，于是川省革命党人与保路同志会员，联合附近州县义民与哥老会员等，组织保路同志军，凡数十起，出没近郊，声言围城。虽枪械不备，而军气甚锐，川西固多暴客，及是皆出应和同志军。当时政府军，分巡防、新军两种。新军为维新以来所招，中多曾受学校教育之青年，率与民众同情，不肯出剿；任战者，唯巡防军，又军纪不良，所至骚乱。故同志军未克，而民益怨矣。

清廷起复前川督岑春煊为钦差大臣，入蜀查办。岑先在蜀有遗爱，及是露布抚慰川人，川人皆喜跃。赵惧岑入则真相毕露，遽电清廷，告肃清。适岑至武昌，与鄂督瑞澂议多不合，遂止不入。既而清廷知川乱未平，更促铁路大臣端方入蜀查办。八月，端方带湖北新军入川，意主严剿。其月十九日，革命军起义武昌，瑞澂逃，

---

① 是役共逮九人，除蒲、罗、张、邓、王、颜、叶、江八人外，又有新津彭某者，旋即释出未被幽禁；外又有蒙公甫者，名裁成，盐亭人。本未被逮，慷慨自投，请与诸人同死，别拘于警察厅。世称蒲罗九人，合蒙公甫言也。此外，又有谘议局副议长萧秋素，于时开会莅京，方在归途，为湖北官吏拘捕，武昌独立后，得脱。

黎元洪被推为湖北都督。端方至重庆闻变，且多接川民呈诉，知赵所奏不实，乃反前主张，曲循民意，奏请释放蒲罗九人，再进向成都。甫离重庆时，各省独立者已有湖北。湖南、江西、陕西、江苏、贵州、云南、浙江、广西、安徽、广东、福建、山东等省①。清廷下诏罪己，革盛宣怀职，勅川省释放被捕士绅，罢斥激变官吏。赵尔丰进退无据，乃与同志会诸人议和，付以政权，自求入藏经营川滇边务。于是众推蒲伯英为正都督，新军统制朱庆澜为副都督，通电各省，加入民军，时旧历十月七日也。同日端方至资州，部下哗变，杀端方，溃散回鄂。

蒲朱就职后，仿照各省组织军政府，用黄帝纪元，定海棠花为国章，十八星绕汉字为国旗。军政府分十六部，各设总次长；外放各道宣慰使。缴旗民枪械，开放少城。分全省陆军为五镇：

第一镇周骏（字吉珊，金堂人）驻泸州。

第二镇彭光烈（字直先），驻川北。

第三镇孙兆鸾（信息不详）。

第四镇刘存厚（字积之，简阳人）。

---

① 当时各省地方独立，先后立如下表：
八月十九日，革命军起义武昌，推黎元洪为都督。
二十四日，湖北黄州为革命军占领。
二十六日，湖北沔阳为革命军占领。
二十七日，湖北宜昌为革命军占领。
九月一日，湖南省城军队响应革命军，占领长沙。
二日，江西九江军队响应革命军，占领九江。湖南岳州响应革命军。
三日，江西之湖口炮台、马当山炮台，均为九江革命军占领。湖北襄阳为革命军占领。陕西省城军队响应革命军，占领西安。
五日，贵州省城兵变响应革命军。是日清廷革盛宣怀职，释放四川被捕士绅，罢斥激变官吏。
六日，云南腾越厅响应革命军。
八日，山西省城军队响应革命军，占领太原。
九日，云南省城应革命军。是日清廷下诏罪己。
十日，湖南衡州府为革命军占领。江西省城宣布独立，响应革命军。
十三日，上海为革命军占领。
十五日，民军占领浙江省城。江苏省城苏州独立，归附民军
十七日，广西省城独立归附民军。
十八日，安徽省城独立归附民军。
十九日，广东省城独立归附民军。民军占领福建省城。海军各舰归附民军。
二十日，山东孙实琦奏请独立。奉天设立保安会
二十二日，山东烟台独立归附民军。
二十六日，吉林设立保安会。
二十七日，黑龙江设立保安会。
十月二日，重庆独立。归附民军。
七日，成都独立。归附民军。
十日，各省军政府公举鄂军政府为中央军政府。
十二日，民军攻取南京。
十三日，清军与民军议和。武汉停战。

第五镇熊克武（字锦帆，井研人）。

又提倡哥老会，时士绅、学子皆入流。于时政费不足，乃发行纸币，强人民行使，铸富五十当百铜圆。川省币制之乱自此始。

军政府仓促成立，百务草创，所有措施应付，每失人意。革命党人本嫌蒲非同党，川人排外，又多不慊于朱副督；赵尔丰亦未行，思得巡防军以自用。新军都统尹昌衡（字硕权）从而暗煽之，巡防军统领田征奎，遂于十月十八日乘东校场检阅时，藉求发恩饷，纵兵士哗散，抢劫藩库及成都市，是为"十八之变"。一时全城鼎沸，蒲朱二督皆匿避。于是省外同志军首领孙泽沛、吴庆熙、侯定国等，于沿途截杀变兵，随即入城平乱，市面略定。时尹昌衡方领新军，罗梓青为同志军所称道，众乃举尹为都督，罗为副都督。尹以兵乱出自巡防军，于十一月十三日戮赵尔丰于市。田征奎率防军残部出川，至重庆，为渝军政府所杀。

重庆军政府之成立，先于成都五日。先是革命党人张列五、杨昌伯、杨协芝等任教员，在渝运动学生、军人，图谋独立；川东道尹钮传善部下士兵多与勾结。当端方来离渝时，各省独立消息已纷至。张等乘时煽动，重庆一日数惊。适有成都新军排长夏之时，率所部驱同志军在外，与张等相结，转趋重庆。张等声言夏率大军来攻城，钮传善遂于十月二日以政权交付革党，微服逃去。于是众推张列五为都督，夏之时为副都督，建设重庆军政府，响应武汉民军。

民国元年，南北统一，袁世凯为大总统。川人倡成渝军政府合并之议，两方代表磋商，至夏秋间（或谓二月二日）始得实行。渝军政府移成都，共戴尹昌衡为都督，张列武为民政长，罗夏退让，（罗寻以国会议员入京）另于重庆设护军使，以胡景伊任之，由尹主张也，于是全省政权悉操于尹。尹亦风流自喜，俨然创业之主矣，张列五后被袁世凯调入京师。二次革命时，以革党疑被杀。

是年七月，中央政府始正式任命各省都督，尹昌衡亦受委任。时川边不靖，尹自愿入藏经营，引胡景伊入成都，护理都督事。九月，中央任命尹兼川边镇抚使。

胡景伊，字文澜，巴县人。与尹昌衡同学日本士官学校，经尹引援，历任重庆护军使，进摄都督。已而渐结心腹于袁世凯，图四川都督。二年六月，中央改任胡为都督，尹为川边经略使。尹怒胡背已，反攻成都，胡逃昭觉寺。及省众出迎尹，尹忽谦逊而去。七月，中央任命尹兼理川边都督。是年冬，被调入京，幽废。三年八月，褫裁其军官荣典。

## 第四十节　二次革命与护国之役

重庆自胡景伊西上，熊克武以第五镇移住于此，招练蜀军，声名甚著。时袁世凯专国，排挤民党，暗杀党人宋教仁等；又不经国会同意，擅借外债。于是，二年七月①，李烈钧据湖口宣布独立，称讨袁军，檄告远近，数袁世凯帝制自为；暗杀革命勋弁，渺法擅借巨款等罪。江苏、安徽、福建、广东、湖南等省先后响应。熊克武亦于八月四日宣布重庆独立，檄告省内讨袁讨胡。熊自为都督，杨昌伯为民政长。袁世凯既以重兵会攻江西，复调川、滇、黔、陕四省大军会攻重庆。八月十八日，政府军克江西。九月一日，克南京。闽广诸省均瓦解。川省则第一、二、四镇兵与滇黔军，分数道直逼重庆。② 熊、杨不能支，九月十二日取消独立，乘外轮逃去。第二镇军锋王陵基（字芳洲，乐山人）与黔军黄毓成之兵先入城，遂留驻之。王军驻江北，黄军驻渝埠。已而，两军相攻战于渝市，渝商倩西教士出面调停，由渝商出资馈黔军，求退出境；黔军焚其辎重而去陕军至城口乱平，未及与战而回。于是袁世凯并川军为二师：第一师，师长周骏，驻防重庆。第二师，师长刘存厚，驻防川南。裁第二镇，留王陵基为重庆镇守使；裁川边经略使兼都督事，以张毅为川边镇守使，均归四川都督节制。

自重庆之役，熊军溃逃者多挟械入山为匪。及是，被裁之兵相率附之，于是川东南匪势大炽，富民被拉劫者，日恒数起。都督胡景伊、民政长陈廷杰不能治。四年二月，袁世凯以所亲陈宦（字二庵，湖南人），率冯玉祥等北军入川剿匪。五月任命宦署四川巡按使兼行督四川军务事，加武威将军；加胡景伊毅威将军，调充参议院参议。时民政长陈廷杰已因案被押，于是川省军政事权全归于宦。宦发良民券，行十家连保法，合川军与北军围剿川东南，匪大部已就肃清，又收焚前军政府所发纸币；一面整饬吏治。于时川颇呈治象。

当是时，袁世凯嗾使杨度、孙毓筠等发起筹安会，主张变更国体。随即召集国民代表大会，投票选举大总统为皇帝。袁世凯遂于是年十二月，设立大典筹备处，定明年为洪宪元年。前云南都督蔡锷（字松坡，湖南宝庆人）潜回云南，说同学云

---

① 辛亥年十二月十三日，为阳历 1912 年 1 月 1 日，孙大总统即位南京，改用阳历，以是年为民国元年。以后年月日皆依阳历
② 时蔡锷为云南都督，唐继尧为贵州都督，各出兵合向綦江，攻入重庆。所谓黔军，实滇黔两省军也。滇黔军入川自是始。

南都督唐继尧（字蓂赓，云南东川人）反对帝制。于十二月二十二日致电北京政府，请诛杨度等十三人，限于二十五日上午十时以前答复。届时无回电，遂宣布独立。蔡锷自率滇军攻蜀。袁世凯饬近滇各省严筹防剿。一面以曹锟为总司令，率李长泰、张敬尧等大军入川；一面仍进行帝制。明年（民国四年），贵州都督刘显世（字如周，贵州兴义人）宣布独立，进兵湖南，攻克晃县麻阳等城；滇军亦于二月六日攻袭泸州，下纳溪。三月九日，曹锟等复纳溪，与滇军相持于泸州，军事无进展。十五日，广西陆荣廷宣布独立。滇军转克江安、南川、綦江，攻彭水；黔军亦克复麻阳。四川第二师师长刘存厚，以叙州独立响应滇军。北军每战辄败，袁知帝制不可行，乃自取消洪宪年号，与南军停战议和，冀收覆水。自四月一日，累展停战期至于五月中旬。南政府力持须袁退位，和议久不决。五月九日，独立各省组织军务院，遥尊黎元洪为大总统。于是各省宣布独立，响应滇黔者已有两广、浙江、福建、陕西；湖南及湖北之南湖，安徽之大通，江西之广信，江苏之吴江、江阴等处。四川除刘存厚先已独立外，第二师师长周骏驻重庆勒兵不动，若守中立；川北则前参议员张表方说驻军钟体道（字乃庵，成都人）独立于顺庆，称第三师。陈宧本袁氏腹心，及是迫于环境，亦于五月二十二日宣布独立。宧故以参谋次长与海军次长汤芗铭同受袁世凯知遇，特擢都督，授将军，信任甚笃。及是同以四川、湖南独立叛世凯。世凯由是忧愤致疾，至于不起。

周骏虽未助北军，亦未明叛北庭。袁世凯于陈宧独立时，任命骏为声威将军、重庆镇守使。王陵基为某职，使西上攻宧。周王竟为所用，直取成都。附南各军，知宧终不可恃皆不助，宧欲拒战，部下北军不用命，川军溃逸四散。六月二十六日，宧退出成都，自川北入陕。部下溃散，多为三师吸收。

时袁世凯已死（六月六日），黎元洪为大总统。南北统一，特任蔡锷为益武将军，督理四川军务兼巡按使。锷以滇军自川南攻成都，周骏败溃奔潼川，以其兵属钟三师，只身自陕南逸去。

七月六日，黎总统更定各省官名，改称将军都督、为督军，民政长为省长。任命蔡锷为四川督军兼省长。八月初蔡锷病，辞职赴日养疴。改任罗佩金（字镕轩，云南河阳人）暂署四川督军，戴戡署省长，兼会办四川军务。

北军自入蜀后，战辄不利。袁世凯死时，退驻川东。周骏之乱，壁观不动。黎元洪就职，曾委曹锟以会办四川军务，至是改任直隶督军。曹锟率北军全部出川。于是滇、黔军据有上下川南全部及于成都；川军所驻，唯川东北及川西一部而已。时川军仍分五师：

第一师周道刚（字莘池，双流人），吸收周骏残部，承替第一师师长，驻川东。

第二师刘存厚，仍为第二师师长，驻川西。

第三师钟体道，吸收各部溃军，为第三师师长，驻川北。

第四师陈泽霈（字镕生，四川人），自川西吸收一部溃军，为第四师师长，驻成都。

第五师熊克武，护国战役时自南方回川召集旧部，恢复第五师，驻重庆。

五师中刘存厚、钟体道最强，俱不愿滇黔人主持川事。蔡锷去后，主客愈不相能。罗佩金处置川滇各军尤多失当，优于滇黔而薄遇川；诱陈泽霈离部，以武力解散第四师。川军诸将益自惧，暗相结合，以谋驱滇。会罗、戴不协，刘存厚遂于六年四月发难驱罗。四师旧部和之，与滇军战于成都市，戴戡以黔军中立。其时段祺瑞当国，中央命令能行于各省。令罗佩金退出成都，改任戴戡兼督军事；恶刘存厚骄横，调之入京。刘不受调，与戴戡争权。七月，川黔军复相攻于成都市，纵火延烧南城民屋数万家。戴戡死守皇城凡十二日，困惫不支，求和于刘，愿率所部退出川境。七月十七日，戴率所部出城，沿途仍受川军截击，穷蹙自戕死。其时张勋拥清帝复辟，曾授刘四川巡抚。故戴数刘罪，有污伪命之语。然戴军出城时，段祺瑞之讨逆军业以收复京师，清帝退位，刘竟未宣布就职。

段祺瑞既平张勋之乱，重当国政。任命第一师师长周道刚为四川督军，嘉陵道道尹张表方护理省长，竟不予刘存厚以政权。然刘已雄踞成都，周道刚不敢往，就职于重庆而已。

## 第四十一节　护法之役至靖川之役

初大总统黎元洪以府院不协，免国务总理段祺瑞职①，召张勋入京以自卫。勋遂迫黎明令解散国会，已而拥清帝复辟。黎逃避日使馆，通电全国，任命段祺瑞为国务总理，使起兵讨贼。乱平，黎惭愧不肯复任。副总统冯国璋入京，代行大总统。段祺瑞再操政权，遂不恢复国会，而另图改选。于是云南督军唐继尧首于八月十一日通电护法，海军司令程璧光等和之。湖南零陵镇守使陈建藩、第一师第二旅长林修梅宣告独立；民党议员纷纷赴沪，拟奉孙文为大总统，在粤组织护法政府。广东

---

① 段祺瑞为国务总理，力主对德宣战，参众两院不予赞同。段派人员遂有购买市民包围两院，殴辱议员之举。议员群请黎总统免段祺瑞职。黎不能违。于是安徽省长倪嗣冲通电各省，声称与中央脱离关系。六年四月二十九，奉天督军兼省长张作霖，陕西督军陈树潘，河南督军赵周、省长田文烈，浙江督军杨善德、省长齐耀珊，与山东黑龙江直隶福建绥远山西各省次第宣告与中央脱离关系，组织督军团。全天津设立各省军务总参谋处。黎元洪自危，乃召安徽督军张勋带兵入京以自卫，谓其非段派也。

省长朱庆澜迎之，且得海军之赞助，孙文遂于九月十日就大元帅职于广东，恢复参众两院（称曰非常国会），令部下北伐。再成南北对峙之局。已而，护法政府废大元帅，改选国务总裁七人（唐绍仪、唐继尧、孙文、伍廷芳、林保怿、陆荣廷、岑春煊）；改组军政府。（唐继尧虽当选总裁，仍居云南）

是时，罗、戴虽已退出成都，滇军顾品珍、赵文新，黔军黄毓成、王文华、袁祖铭等尚在川境。川军欲尽去滇黔军，故通款曲于北政府，冀借其力以逐客军。适北政府方以吴光新为长江上游总司令兼四川查办使，率军入川查办刘、戴之乱。吴驻川东，川军倚为声援。于十月联合驱滇，连战克资、内、自井。滇黔军退据叙、泸。十一月，川军攻下叙、泸，且驱客军出省矣。而重庆突有第五师之变。

先是熊克武以民党带兵驻重庆，北政府甚忌之。督军周道刚尤畏逼，北政府曾于八月调熊为川边镇守使。熊不赴。及是发难，周道刚走合川，吴光新退出湖北；同时，南路川军亦因骄致败，复陷泸城。周道刚至合川，部下叛离，不能成军。北政府加周保威将军，免督军职；改任刘存厚督军。（时刘已进崇威将军、会办四川军务）然自是川军节节溃败。延至翌年（七年）二月，熊克武军逼成都，刘督军、张省长与第三师师长钟体道等，同自绵州退入陕西。张入京，刘、钟留驻汉中。熊克武入据成都，称总司令。于是黔军据重庆及川东；滇军据上下川南之地，及于简阳；川北，则石青阳据顺庆，颜德基据保宁，俱称靖国军。是年冬，熊克武改称督军，分川军为八师，如下：

第一师师长但懋辛（字怒刚，荣县人），驻成都。

第二师师长刘湘（字甫臣，大邑人），驻合川，所属多前一师旧部。

第三师师长向传义（字育仁，仁寿人），驻川西。

第四师师长刘存勋（字雨九，大邑人）。

第五师师长吕超（字汉群），驻潼川。

第六师师长石青阳（巴县人），驻顺庆。石故留学生，属民党，受黔军招讨使名义，乘钟三师兵皆调赴川南作战时，袭据顺庆。

第七师师长颜德基（开江人），驻保宁。

第八师师长陈洪范（字福五，大邑人），驻嘉定。

外有江防军总司令余继唐（字蕴兰，荣昌人），其兵插驻沿江各地，防区制自是成熟。

七年秋，川滇黔三省将领传会议于重庆，组织三省联军，拥唐继尧为联帅，共商北伐，名流章太炎等皆与会。是年十一月，川滇黔连合陕西于右仁军，合攻陕南、甘边等处。川军吕超等攻逼汉中，刘存厚坚守半月，吕军不能克，已忽大败奔回川境，北伐之师终止。于是刘存厚以计并钟体道之众，据有汉中全土。

联军北伐既无功，唐继尧犹数增兵入川境。熊克武畏逼，复倡排外之说，暗约各军一致驱滇。滇军之顾品珍，亦潜通于熊，愿趁是役自退回滇，逐唐代之；并约川人，共图赵又新军。九年五月，川滇军开战。六月，熊克武与川军各将领通电，否认唐继尧、刘显世为联军总副师司令。于时吕超亦潜联石青阳、颜德基、刘湘及滇黔之军驱熊，推吕为联军总司令，刘为副司令，仍拥唐联帅。然刘固与熊同谋，诸将不知也。时唯第一师与江防军效忠于熊。联军攻江防，余继唐败窜广岳，复为驻渝黔军所逼，奔突入合川境。于是刘湘始揭明态度救余军，南攻重庆，已入佛图关，城垂克矣，因将卒骄喜疏防，大败北走。其时熊军力战川南，但懋辛已克内江，顾品珍初退。继见吕超等叛熊，而向传义等拥兵观望，料熊且败，乃突反扑，熊军遂大败。时川军械弹奇乏，七月一日，熊克武退出成都，与刘湘军会合奔保宁。（颜德基已退绥定）吕超入成都，称总司令。

当是时刘存厚雄踞汉中，犹称川督。厚敛汉南，又得中央接济，军实充足而兵额不副；败窜之后，军无纪律，所至骚扰。汉南民不堪命，相起结为红灯教，揭竿与川军战，杀伤甚众，宁羌褒城之间数百里无人迹。刘怏怏思归，会熊败窜至保，遣人迎刘曰：但得同驱滇黔出境，保存省格，一切唯命。遂相结，约于八月十二日反攻入蜀，称靖川军。熊、刘任前锋，苦战于绵阳、罗江等处。九月八日克成都，滇军退扼龙泉山，川军力战克之。<sup>①</sup> 滇军大溃，直退至泸州。赵又新战死，顾品珍等率残部奔回滇境，不复犯蜀矣。

同时，黔军退保重庆。川军攻之。黔将领王文华等不能守。十月十日，率所部退入黔境。顺庆留守汤子沐亦为江防军击走，于是川省无客军。

---

① 龙泉山脉，横亘成都、简阳之间，自平地突起，高数十丈，盘绵百余里，为蜀郡东南奇险。滇军退出成都，退扼此隘，而以大军驻简阳，意图保有川南旧地。先是赵又新团长广安杨森以勇敢闻，驱滇之役以所部畔赵归刘湘节制。自保宁反攻时，杨最得力。至是猛扑龙泉山不利，部下死亡略尽，奔还成都。滇军尾追至城下，占领附郭兵工厂等处，成都闭门三日。昔时川军固以子弹匮乏至于败退，得刘存厚自汉中陆续运入，积叠成都如山。其师长田颂尧悉以分赠各军。于是刘湘等重行誓师，与杨森等袒臂握刀开关出战，滇军不支，仍退守龙泉。川军并集山下，不能克。熊部团长何光烈者，故隶向传义第三师。当靖川军反攻时，随旅长邓锡侯叛向攻滇（向传义三师由是消减）。至是潜师袭简阳，滇军出其不意惊溃，龙泉之师亦撤走。滇军转战连月，亦以子弹匮乏不能拒战，遂直奔出境。是为龙泉之战。民国以来川境最烈之战役也。

## 第四十二节　省自治时期

靖川之役，刘存厚军虽未与战，然赖其枪弹以得成功。民国9年十二月三十日，北京政府特任熊克武为四川省长，刘湘为重庆护军使，仍以督军属刘成厚。杨森在泸州首先通电承认刘为川督，而熊、刘诸部在重庆者不应。时当"五四运动"及直皖战争以后，国内思潮革新，谈政治者多主地方自治。湖南、浙江首倡民选省长，制定省宪之说，曰"省自治"，各省名流多响应之。于是熊、刘联络，主张自治，借以排刘成厚。10年一月八日，用第一军军长刘湘、第二军军长但懋辛名义通电，略谓"近数月来，各机关法团要求自治；全省各军将领，亦于前月十日在渝开会，议决依川省人民公意，制定省自治根本法，由人民公选省长，行使一切政权；并对于南北任何方面不为左右袒，永不许外省军队侵入本省境内，务期顺应民心，完成民治"等云；同日，熊克武通电，不承认为四川省长，并主张各省自制省自治根本法。于是，川东南诸将领，在重庆组织四川各军联合办事处。刘成厚由是不敢称督军，但称兼总司令而已。是月末，但懋辛通电，数刘十大罪，自重庆率诸军西上攻刘成都驻军；刘成勋等按兵不助刘。刘知不可留，避走灌县，其嫡系田颂尧、刘斌等军，退驻绵州、保宁。但军攻之，战于新都、广汉一带，不利而罢。是为新汉之役。

于时全川陆军，共有国军二师，川军十师又二混成旅。总司令熊克武，委三军长分管之：

第一军　军长但懋幸（为熊克武嫡系），驻下川东。

第二军　军长刘湘，驻重庆。

第三军　军长刘成勋兼成都卫戍司令，驻成都。

第一师　师长喻培棣（字华纬，内江人），驻下川东。（一军系）

第二师　师长唐式遵（字子敬，驻川东）。（二军系）

第三师　师长邓锡侯（字晋康，营山人），驻汉州。原为向传义旅长，驱滇之役脱离向部加入靖川军。

第四师　师长刘成勋（兼）。

第五师　师长何光烈（字新怡，南部人），驻顺庆。（一军系）

第六师　师长余继唐，驻隆昌。（一军系）

第七师　师长陈国栋（字益延，郫县人），驻遂宁。

第八师　师长陈洪范（字福五，大邑人），驻嘉定。

第九师　师长杨森（字子惠，广安人），驻泸州。（二军系）

第十师　师长刘斌（字季钊，资州人），驻绵州。（刘存厚系）

第一混成旅　旅长刘文辉（字自乾，大邑人），驻叙州。

第二混成旅　旅长张冲（字亚光，云阳人），驻万县。（一军系）

第三混成旅　旅长李树勋（字樾森，温江人），驻铜壁。（二军系）

第四混成旅　旅长袁斌（字成五，西充人），驻重庆。（原一军系，后属二军系）

第五混成旅　旅长张成孝，驻重庆。（二军系）

第六混成旅　旅长魏楷（字虎臣，泸州人），驻重庆，后经刘湘免职易以王陵基。（二军系）

第七混成旅　旅长蓝世钲（字敬之），驻成都。（三军系）

国军第二十一师　师长唐廷牧（字昌九），驻资州。

国军第二十二师　师长田颂尧（又名见龙等，简阳人），驻潼保。（刘存厚系）

川陕边防军　总司令王鸿恩（字植三，陕西人），驻广元。

四川边防军　总司令赖心辉（字德祥），故刘存厚部将，汉南之役有功。靖川之役不得为前敌司令，以是怨望。熊克武诱之。新汉之役叛刘归熊。刘湘资以兵士，称边防军。

民国10年六月六日，川省混成旅长以上各将领，开会推举刘湘为总司令兼省长。取缔各军联合办事处。七月二日，刘湘通电就职，仍驻重庆。是时湖北人蒋作宾组织自治军，联湖南赵恒惕军攻鄂。王占元不能支，直军吴佩孚、萧耀南等援鄂，与湘军激战于岳州附近。川省熊克武驻成都，使但懋辛出兵援湘攻鄂。于时，熊、刘相猜。刘恐熊军得利将为不利于己，亦令唐式遵等出兵攻鄂。熊军先攻宜昌失利。唐军至，助之反攻，孙传芳坚守。适吴佩孚已与赵恒惕议和罢战，以军西上，助击川军。九月二十五日，川军大败。十月十一日，退入川境。但懋辛退云阳，唐式遵退夔巫，寻回重庆，刘湘与孙传芳议和。

熊、刘嫌怨日深，刘湘于民国11年五月二十四日通电辞职，声明军民政务交王陵基、向楚代行，而一、三军将领无挽留者。刘遂下野，仍居重庆。先是，刘湘就省长职后，杨森为二军军长。杨素恶熊诡谲，欲蓟除之。至是，觉不可待，遂于七月五日突出兵东向，攻击一军驻防之忠州。但懋辛不能御，七日退梁山，十日退绥定。顺庆何光烈声明中立，不助熊。但汤子沐攻下涪陵，以牵制二军，复为王陵基击退。

一军危甚，熊克武在成都，以利说三军诸将袭渝。十二日，会议于成都，共推刘成勋为临时总司令。刘即令邓、田、刘及赖心辉各军，进袭泸、渝。杨森还救重庆，与赖、邓两军战于永川、铜梁、璧山间；一军亦自绥定反攻。二十六日，取泸州。八月七日，邓军攻入重庆。杨森退走夔、万；刘湘避居日本丝厂。邓初无意攻二军，部下为熊氏所诱，闻令即发，邓不能止。至是往晤刘湘。刘曰：吾败，祸且及君矣。邓以为然，遂据渝城不复追。一军追之，九日占万县。杨森退守夔州，力战不支，逃走宜昌。其残部窜湖北施、鹤一带。

川省自倡自治至今，且及一年。因熊、刘不协，政局杌陧，省宪迄未制成。至是，刘成勋、但懋幸、邓锡侯等通电，于八月九日就四川省宪会议筹备员职，进行制定四川省宪事宜。九月二十八日，省宪筹备会开会，议决召集旧省会议员，自十月二十日起，开始起草省宪法；同时，召集军事民事善后会议。十月二十五日，省议会通过临时省政府组织大纲。明日开军事善后会议，凡十四日闭会。续开民事善后会议，凡二十日闭会。此次各种会议，全由武人操纵，会员依违而已；就中军事善后会议，最为郑重，其所议决有实行裁兵，破除防区，统一财政，取锁护商，清乡公益捐等诸条①，概成空谈。唯省议会于十二月二日，推举刘成勋为临时省长，独符议案耳。

## 第四十三节　统一之役

初，杨森自重庆东走，其部下何金鳌（字香圃，西充人）一团西走铜梁、大足，受七师师长陈国栋收编，扩充为旅。既而何不愿属七师，运动调归总司令刘成勋直辖，由是陈、何交恶。民国12年一月二十日，两军开衅，战于大足。刘成勋免陈师长职，并委第七混成旅旅长蓝世钲前往查办。陈袭蓝。刘遂令第一军但懋辛所部（驻下川东），与边防军赖心辉军（驻泸州），夹击陈师；邓锡侯据重庆，久为一、三军所觊觎，至是畏逼，出师永川、铜、大间，以武装调停为名，请总司令严惩何金鳌。邓军既出，重庆遂为第六师余继唐袭据。刘成勋并免邓师长职。于是邓联宁羌刘存厚（民国10年自灌、茂退居于此）、川边陈遐龄、宜昌杨森及田颂尧、刘斌等，声讨熊、但历年乱川罪状，进攻绥定。但懋辛、赖心辉等亦电斥陈、邓，移兵攻击。

---

① 报载此次军事善后会议议决事项有：(1) 川省暂取自治态度，仍促成国宪之合法统一。(2) 仍推刘成勋为川军总司令，在省宪未制定以前，以总司令权摄民政。(3) 废除长制。各师旅原有单位暂不变更，仍分期实行裁兵，积极结束。(4) 破除防区，统一财政。限定十二年一月开始实行。(5) 取消护商、清乡、公益等捐，以纾民困。(6) 继续开办钢铁厂，定为官商合办。此外有兴办官银行，整顿交通，划一军事教育，开办全省讲武堂、高等军事研究所、武学书局等条。

一时成、渝、绥定间,成一混战之局势。

先是,去年五月,奉、直两军因内阁问题战于京畿。奉军败,退出关。大总统徐世昌退位,吴佩孚拥黎元洪复职,自居洛阳,遥执国政。南方则陈炯明,派将领逼孙文退出广州,赞成统一;贵州则镇远袁祖铭,组织黔军自湖南入黔,逐卢涛而代之,受吴节制。长江、黄河流域,除云南、四川外,殆全奉吴命令。杨森既败,自宜赴洛求助于吴。吴亦欲借此征服川滇,完成统一之局,资杨军械,改编其军为一师,俾俟隙反川。至是,杨乘机时窥夔、万,但军移兵东向拒之。吴佩孚决用四路攻川计划①,饬驻鄂北军王汝勤、宋大霈、卢金山等助杨入川。但军坚守万县,不支,退梁山。三月六日,杨森克梁山,但懋辛退重庆。同时,刘、赖军之作战于成渝间者,亦大失败。四月四日,邓、陈军攻至成都。中立派刘文辉等出面调停,让三军部队和平开出,即由刘文辉以卫戍司令名义,维持省城秩序。六日,杨森与北军旅长赵文华等攻克重庆。但懋辛退合州。于是,两方疲敝,罢战言和。于时,唐继尧击走贵州袁祖铭,复有滇、黔两省地。②熊克武乞援于唐,唐令其弟唐继虞等,率滇军万人,自黔入川助熊。驻泸州、纳溪但军,遂于四月二十八日分自合州、铜梁、永川向重庆攻击;滇军亦于五月一日,自泸州进兵协攻。川省战祸重开。杨森与北军一面拒战,一面联络袁祖铭、周西成出军綦江,截击滇军。攻渝诸军咸败退。渝军于五月二日占合州、铜梁。八日,占隆昌。九日,占泸州,进围熊军于潼川、遂宁。熊克武见东路失败,集全力北趋成都。八将领③先已组织联军,推邓锡侯为总指挥,田颂尧为左翼指挥,陈国栋为右翼指挥,与渝军联络,向遂宁、潼川。合围至是败溃,熊氏于五月四日攻入成都。其时熊称卫川军总司令,以自治排北为名,游说联军;联军刘文辉、彭远耀等皆与通声息,一时声势大振,分派重兵追蹑联军。十五日,下德阳。二十日,下绵阳。刘存厚所统北军,及邓、田、刘之众,

---

① 吴佩孚回路攻川计划为:(1) 以王汝勤为鄂西援川总司令,卢金山为总指挥,杨森为前敌指挥,率三师二旅军队,由施、宜入夔、万;(2) 以刘镇华为陕边援川总司令,吴心田为总指挥,王鸿恩为前敌指挥,率陕军及第七师军队约一师一旅,由宁羌、广元入川;(3) 以甘南滇守使孔繁锦为甘边援川总司令,率一旅由甘肃摩天岭入川;(4) 以袁祖铭为黔边援川总司令,率一师由毕节入叙州。袁祖铭尚未出兵,已为唐继尧滇军逐出贵,后遂立定川回黔之计,力助杨森攻守;陕、甘两路仅各出兵数团,由刘存厚率之入川,乘一、三军失利时,进占绵阳等地;若一、三军胜,则退向陕边,始终未曾力战。唯湖北军前后助杨顾云得力,然其战功则远逊于黔军也。
② 唐继尧于十年二月为顾品珍所逼,出走蒙自。其后,转入桂林。十一年三月,自桂反攻入滇,顾品珍被刺死,滇省复为唐有。同月,袁祖铭组织黔军,由湖南晃县攻黔,占领贵阳,组织自治省政府。十二年三月,滇军攻贵州省城,袁祖铭退镇远;刘显世复称贵州省长。时则杨初入川,攻下万县时也。
③ 指邓锡侯、田颂尧、陈国栋、刘斌、彭远耀、刘文辉(皆驻成都)、唐廷牧(驻汉州)、刘存厚(驻绵阳)诸人。刘存厚,时统率陕南北军及陕甘军队。

皆不能御，相率退保宁，扼梓潼而守。

方熊军之北趋也，杨军蹑之，攻下遂宁、安岳、乐至、资阳、简阳、金堂进薄成都。熊军至川北，侧击安岳。杨急反顾，反为赖心辉所乘，大败于龙泉驿。六月七日，失资州。退屯内江。于是，张冲自铜、大侧出，石青阳自泸、叙侧出，赖心辉自正面直攻。杨军不支，自六月十日后，节节败退，内江、荣昌相继失陷，退守永川。同时，泸州北军亦失利，六月二十日退永川，守重庆。吴佩孚闻讯，急调宜昌后路援军入川助战；促王汝勤兼程入川，主持军务，并分调湖北、河南北军，准备入川。于是，袁祖铭先以黔军西上，力敌熊军。六月二十四日，夺回荣昌。北军卢金山，亦于二十八日占领泸州。杨森得进驻永川，省军气势稍挫。

方省军败退时，杨森前所收编之颜德基、张威军（石青阳旧部），突于忠州叛杨助熊。二十七日，劫取输运渝于之军械，进袭万县，为距城三十里之防军所阻无功。适宜昌援军赶至，击退之。颜、张退守忠州；杨森以后方军务委之王汝勤，自与袁祖铭、卢金山、宋泽需等进攻成都，以次占领铜梁、璧山、安岳，与省军相持于资、内一带。熊克武扬言将派张冲、余继唐等，绕道小川北，助忠州颜张军侵扰东路。而杨所收编之黔军周西成，又有不稳说。杨急调邓锡侯、陈国栋两军，由保宁出绥定（时五师中立），以为东路后方之备。

周西成，故卢焘部将。去岁被袁祖铭驱逐入川，受石青阳收编。后降杨森，驻黔边、江津、綦江一带。江津在重庆上游，相去百二十里。熊、石因其形便，说以连滇袭渝，与颜、张相应。周果于七月十三日潜袭重庆，攻浮图关。适邓、陈两军自川北新至，迎击周军，相持至十七日，周败退綦江。而綦江已为杨春芳军所占。周退松坎。同时，颜德基袭渝亦失败，忠州、垫江相继为陈国栋攻克。颜退涪陵，与周西成及泸州退出之汤子沐会合，声势复振；重庆邓锡侯，以两师军力与之相持于南川、涪陵一带。当是时，广东陈炯明下野，孙中山回粤；北则黎元洪与吴佩孚不协，黎氏被逼出京，由国务院摄行大总统职权（六月十三日）。奉、直形势紧张，湖南、福建战事亦久未解决，洛吴已有左右拮据之势；川中诸军，各已疲敝。杨森得咯血疾，与王汝勤共定撤回前线，暂退重庆，借取守势，以复元气，计划战事再搁。于是纵横捭阖之士纷起，鼓煽于各军中，或倡二、三军联合以驱熊、但；或倡联合省军，以驱北军。诸将领依违其间，暗相结合，形成一新形势。就中刘湘以第三者崛起，复倡川人自治之说，结合第三军、边防军及中立派诸将领，以共同解决熊、但后，礼遣北军出川计划，号召各方。除中立派将领，皆与一致外，刘成勋、赖心辉、杨森等皆与接洽，并由各将领推刘为四川善后督办（七月三十日），主持和议。① 同时，孙中山代表吕超，在川亦游说川将领刘文辉、彭远耀等，协力拒北。彭部已受吕改编，加入熊、但方面；吕与熊、但相结，称讨贼军。七月二十五日，熊通电就讨贼联军总司令职，并迁调、改委各官长，借以振刷士气，抵抗自治声浪。熊之破坏和平运动，不遗余力。顺庆五师师长何光烈，因列名于刘湘之调和通电，被熊运动其部旅长吕伯啃袭执，解成都禁锢之。然三军诸将，悉已倾心于刘。熊、但益陷于孤立矣。八月上旬，和平统一之说不成，袁祖铭、杨森复主战，分三路进攻成都。② 八月中旬，右路袁祖铭军夺得安岳、乐至，进占广元寺，距成都仅二百里；左路杨森军，亦得刘文辉之助。而熊克武以全力对中路。中路北军卢金山不能支，连失内江、富顺，退守大足。七月十八日，赖心辉猛攻大足，卢军大败。袁军已至金堂，闻信退却。同时，周西成扬言且袭泸州，左路杨森军亦退。

周西成初扬言袭泸，至是纠合颜、杨之众，乘虚袭据重庆南岸之铜元局，向重庆猛攻。重庆被围七日，北军、杨军纷自前线退回援救，不能解围；袁祖铭调回本系黔军力战，始于八月二十七日击退周军。周军又于九月四日三次进袭重庆，与袁相持十日，始全师退去。

是年十月五日，北军国会受贿，选举曹锟为大总统。孙中山在广州，通电全国讨曹。云南唐继尧，复派滇军胡若愚等入川助熊，卒于十月十五日攻下重庆。杨森、刘湘退垫江，袁祖铭退长寿。二十九日，熊军克涪陵、长寿，杨刘袁等退守万县、忠州，与熊军相持。吴佩孚怒北军战不力，免施宜镇守使赵文华职，以于学忠接管其军，并促川北刘存厚等军，会于东路。十一月二十八日，刘存厚到东路，会议于万县，议决分三路反攻重庆。十二月十四日克之。连战得利，滇军退向黔边。熊、但退驻潼川，赖心辉退驻资州。杨森以奇兵乘旧历元日奔突入潼川，出熊不意，大克之。熊、但逾垣，微服逃成都，损失无算。二月九日，杨军急追至成都；刘成勋先退江津，熊、但狼狈走内江，部队溃散略尽。杨森入成都，总揽庶务一切，官署机关概由委人接管，比袁祖铭、刘湘继至，则一切无从染指。杨、袁不协。十九日，

---

① 当时报传刘湘向中立各军提出之条件为：（1）拥刘湘为四川军务善后督办；（2）请求熊、但离川，第一军改编；（3）第三军一律归赖心辉改编；（4）遣散招安军；（5）大局定后，礼送北军出境。
  刘成勋等提出之对案则为：（1）川事由各将领开军事善后会议解决；（2）熊、但愿率第一军出川讨贼；（3）第三军归赖氏指挥者，当交赖氏改编；（4）新招军队酌与解散；（5）北军须即出境。
② 当时袁、杨之军事计划为：以赵荣华所部北军守重庆，固后路；邓锡侯抵拒涪陵周颜汤等敌军。其进攻之军共分三路：
  （1）北军卢山等在前敌为中路，在资、内以下取守势；（2）杨森率川军，任左翼，由叙州、嘉定进攻成都；（3）袁祖铭率黔军，任右翼，由安岳、遂宁、武胜、邻水分四路，取道金堂进攻成都。

刘湘偕袁祖铭，以追蹑熊、但为名，东下驻重庆，以和缓之。熊、但收集溃军，意图袭渝。时赖心辉、刘成勋皆已背熊；熊不能军，三月四日乃率残部自江津、綦江入黔。四月初，曾引滇黔军进袭重庆一次，被袁军击退。其后十月，自黔入湘，自湘入粤，以嫌疑为蒋介石所囚。部下死亡离散净尽。

综计此次战役，自民国12年一月二十日陈何冲突起，至民国13年四月八日熊克武引滇军再袭重庆止，共经一年又二月零十八日，战区蔓延九十余县；加入战争者，前后二十余师，约四十万人。其时湘省战祸亦烈，据四月二十七日，使团会议提出川湘战争侨民损失，照会我国政府请速赔偿案谓，调查损失计二百二十余万，则川民损失之巨，更可知矣。

## 第四十四节　顺防之战　驱袁之役

杨森初入成都，自以二军军长兼摄民政。民国13年二月二十八日，北京内阁决定任刘存厚为四川督理，邓锡侯为四川省长，刘湘为川藏边防督办，袁祖铭为川黔边防督办，田颂尧帮办四川军务，杨森为川东护军使。因洛吴未予同意，未敢发表。其后，改杨森为督理，刘存厚为川陕边防督办发表之。邓受命不敢至成都，移省长公署于渝。方杨森之攻入成都也，前五师师长何光烈自禁中逃出，求得残部秦汉三等铜梁、璧山间，率之反攻顺庆。李伯阶因熊、但已败，军无斗志，只身遁去。何入顺庆，仍主保境中立，不为左右袒。其时，杨森气势甚张，自刘湘以下皆恶而嫉之。邓、袁诸部相结，图倒杨。希得五师防地，以通绵保之路。因重庆会议议决调何移住铜、璧，由邓部陈鼎勋旅接防；何不受调，则以田颂尧、李其相、陈鼎勋等五路出兵攻之。诸路军观望错落，何军得环走拒战，次第击溃联军；同时复乞助于杨。杨以一军出太和镇应之，顺庆之围遂解，是为顺防之战。熊克武之引滇军袭渝，即乘此变来也。

初，袁祖铭被逐于滇军，故投诚洛吴。吴令助杨定川，然后由川争黔，所谓川回黔计划是也。至是六月十二日分其军为三路回黔，与滇军战于川、黔边境。于时熊克武部但懋辛、石青阳，奔走于滇粤之间，联络孙、唐北伐讨曹，推唐继尧为川滇黔三省联军总司令。九月，唐就职，许袁回黔，协力北伐；同时，北方有奉直之战，结果冯玉祥联孙叛吴，吴乘舰南走，大总统曹锟退位，段祺瑞再出执政，是为临时执政府。南方气势复张，袁祖铭遂于民国14年一月二十日，通电接收贵州政权，并推卢焘为贵州省行政委员长，彭汉章（三台人）为清乡司令。本人仍驻重庆以观变。

于时川省倒杨之说再起，而孙中山代表吕超，在川力劝诸将领出师鄂西，会攻武汉，向外发展，以息内争。北京临时执政府，闻而害之，从陈宦谋，任命杨森为四川军务善后督办，刘湘为川康边务督办，所有该省区军队均归节制；免邓锡侯省长职，特任赖心辉为省长，刘成勋为西康屯垦使，刘文辉帮办四川军务善后事宜，盖以挑起保定系与速成系之嫌隙①，利用发生内讧，以取重于川省也。

其时，川省共有陆军二十一师，又十三混成旅与二总司令，属于刘、杨、邓、田诸系，军长名分已难统制，则增设督办以冠冕之。自混成旅长以上，概受北京政府委任。表列如下：

| 职名 | 姓名 | 字 | 籍 | 驻地 | 学系军系 | 受命日期 |
|---|---|---|---|---|---|---|
| 川康边务督办 | 刘湘 | 甫澄 | 大邑 | 重庆 | 速成 | 十四年二月七日 |
| 四川军务善后办 | 杨森 | 子惠 | 广安 | 成都 | 速成 | 同日 |
| 四川军务善后帮办 | 刘文辉 | 自乾 | 大邑 | 叙州 | 保定 | 同日 |
| 四川省长 | 赖心辉 | 德祥 | 三台 | 资内 | 讲武 | 同日仍兼边防军总司令 |
| 西康屯垦使 | 刘成勋 | 禹九 | 大邑 | 邛雅 | 武备 | 同日 |
| 川陕边防督办 | 刘存厚 | 积之 | 简阳 | 绥定 | 士官 | 十三年六月十日特派四川陆军检阅使 十四年一月四日裁 |
| 川黔边防督办 | 袁祖铭 | 鼎卿 | 贵州 | 重庆 | | 十三年三月十九日 |
| 国军第二十一师师长 | 田颂尧 | | 简阳 | 保宁 | 保定 | 刘成厚系 |
| 第二十二师师长 | 唐廷牧 | 昌九 | | | 速成 | 杨系 |
| 第三十师师长 | 邓锡侯 | 晋康 | 营山 | 合川 | 保定 | 刘成厚系十二年九月十五 |
| 第三十一师师长 | 陈国栋 | 益廷 | 郫县 | 遂宁 | | 无一定宗旨　同日 |
| 第三十二师师长 | 唐式遵 | 子敬 | 万县 | | 速成 | 刘湘系　同日 |
| 第三十三师师长 | 潘文华 | 仲三 | 仁寿 | 万县 | 速成 | 刘湘系 |
| 第三十四师师长 | 袁祖铭 | | | | | |
| 第三十六师师长 | 杨森 | | | | | |
| 川军第一师师长 | 李家钰 | 其相 | 蒲江 | 广安 | | 十三年四月二十八日 |

---

① 民国以来，川省将领出身，不外由日本士官学校、东斌学校、北京陆军大学保定学校、成都将弁速成学校、武备学校、军官学校、云南讲武堂等处毕业，与由绿林受招安者两类。其由学校毕业者，每以同学关系互相联络，以图抵制他派，是为学系。如刘存厚、周俊、周道刚等，皆士官系，旧时颇占势力；熊克武、但懋幸等为东斌系，与士官系比较接近；赖心辉等为云南讲武堂系，钟体道、罗纬、鲜英等为陆军大学系，现皆无甚势力；李其相、罗泽洲等为军官学堂系，现皆未露头角；唯保定、速成两系最盛，参看前表。

续表

| 职名 | 姓名 | 字 | 籍 | 驻地 | 学系军系 | 受命日期 |
|---|---|---|---|---|---|---|
| 第二师师长 | 李树勋 | 樾森 | 温江 | 泸州 | 速成 | 刘湘系十三年三月二十八日 |
| 第三师师长 | 陈鼎勋 | 书农 | 铜梁 | | 保定 | 邓系 |
| 第四师师长 | 杨春芳 | | 永川 | 泸州招安 | | 无一定宗旨十三年四月 |
| 第五师师长 | 何光烈 | 新怡 | 南部 | 顺庆 | 保定 | 中立十三年七月六 |
| 第六师师长 | 魏楷 | 甫臣 | 泸县 | | | |
| 第七师师长 | 陈伦方 | | | | | |
| 第八师师长 | 陈洪范 | 福五 | 大邑 | 嘉定 | 保定 | 中立十三年六月十二 |
| 第九师师长 | 刘文辉 | 自乾 | 大邑 | | | 十三年三月二十九 |
| 第十师师长 | 刘眷藩 | 季钊 | 绵阳 | | 保定 | 刘存厚系十三年四月四日 |
| 第十一师师长 | 蓝世钲 | 敬之 | 大邑 | | | 刘成勋系十三年十月八日 |
| 第十二师师长 | 张成孝 | | | | | 刘成勋系十三年十月八日 |
| 第十三师师长 | | | | | | |
| 国军第二十二混成旅长 | 王鸿恩 | 植三 | 陕西 | 广元 | | 十二年八月九日 |
| 第二十七混成旅长 | 孙震 | 德操 | 简阳 | 潼川 | | 田系十三年四月十日 |
| 第二十八混成旅长 | 王陵基 | 方洲 | 乐山 | 大足 | | 刘湘系十三年八月十八日 |
| 川军第一混成旅长 | 郭汝栋 | 松云 | 铜梁 | | 招安 | 杨系十三年王月六日 |
| 第二混成旅长 | 何金鳌 | 香圃 | 西充 | | 速成 | 同日 |
| 第三混成旅长 | 白驹 | 遵成 | 广安 | | 同 | 同 |
| 第四混成旅长 | 刘国孝 | | | 新津 | | 刘成勋系十三年十月八日 |
| 第五混成旅长 | 包晓南 | | | 邻水 | | 杨系 |
| 第六混成旅长 | 费东明 | | | 自井 | | 刘文辉系十三年八月四日 |
| 第七混成旅长 | 蓝文彬 | 绍侣 | 大邑 | | | 杨系十三年十月八日 |
| 第八混成旅长 | 郑世彬 | | | | | 同 |
| 第九混成旅长 | 范绍增 | 海亭 | 渠县 | | 招安 | 杨系 |
| 第十混成旅长 | 陈兰亭 | | | 永川 | | 招安 | 赖系十三年十月八日 |
| 边防军总司令 | 赖心辉 | | | | | |
| 江防军总司令 | 黄隐 | 逸民 | 永川 | | 保定 | 邓系 |

以上诸将领，或以同学，或以乡谊，或以军系历史，或以防地形势，纵横联络，互相利用。就中刘存厚据绥定数县，与据保属之田颂尧，绵属之刘眷藩，合州、广安、蓬溪之邓锡侯，取联横之势，为一势力中心，占地最广；刘成勋自成都退出，随即攻入川边，驱逐陈遐龄（民国13年二三月间），并有雅、邛二属，东至双流。地亦广阔；陈洪范据有嘉、眉两属，及犍、乐盐场，凤守中立，不与战事，休养生息，自成一区；刘文辉奄有叙属及自流井，收入之富为各部最；袁祖铭则由重庆、綦江连接贵阳，皆其部队，雄视两省，为反杨诸将领所倚重；刘湘各部，则满布于万、忠、涪、鄪各处，与资、内赖李诸将呼吸相通，隐然为诸将盟主。然皆以枪弹缺乏，不克畅所欲为。杨森在成都，虽防地不过数县，而独据兵工、造币两厂且逾一年，昼夜加工赶造，军实充足，冠于诸部。杨为人好大喜功，既以此自雄，即于民国13年冬，公开其武力统一川局，打破防区制，统提盐款等主张，极务练兵，扩充队伍至十万余众。各将领虽深嫉杨，数次相结为倒杨之谋，然畏其实力，莫敢先发也。

民国14年二月，杨森以兵逼田颂尧让简阳、潼川，随与刘眷藩争梓潼防地相攻，刘军大败，其部下除被杨森收编外，悉向川北溃退。杨遂并有绵属防地，随复借口保护盐税，特派白驹、吴行光、郭汝栋三旅，开赴自流井、五通桥等处，估提盐款。刘文辉通电各方，请求公判。赖心辉、邓锡侯助刘，出任调停无效。于是刘文辉、赖心辉、刘成勋、陈洪范等联衔，电请执政府惩杨。政府饬杨交现兵币两厂，盐款由刘湘统提统支。杨置不理。又内调杨参谋总长，以刘湘兼署善后督办，邓锡侯为清乡督办。杨仍不受调，决行武力统一计划。四月初旬，杨于一日发表六师长、四混成旅长、三路司令如下：

第二军第一师师长王缵绪（字治易，西充人，原为国军十六师三十二旅旅长）。

第二军第三师师长王止钧（字兆奎，富顺人，原为第十六师三十一旅旅长）。

第二军第九师师长郭汝栋。

第二军第十一师师长何金鳌。

四川陆军第二师师长白驹。

四川陆军第十四师师长朱宗悫（字召南，原为陈国栋旅长）。

第一混成旅长吴行光。

第二混成旅长杨汉域（杨森侄）。

第三混成旅长兼成都戒严司令向成杰（字时俊，荣昌人）。

第四混成旅长李镕（字逢春）。

督署警备第一路司令何畴（字成九，西充人）。

警备第二路司令郭明昌。

第二军独立旅长庄熙亭。

随即自新津进攻刘成勋于邛雅，克之。移攻陈洪范于嘉眉，又克之，攻刘文辉于叙州，又克之。悉有其地。二刘奔重庆，杨军攻赖心辉于资内，邓锡侯、陈国栋等联合助赖，皆不能御。时省军所至，势如破竹，旬月之间占领七十余县，及是泸、纳、资、内、安、乐诸城皆为杨森所有，联军势不支。① 袁祖铭回黔，且已订船矣。刘湘通电，主调停；杨亦欲借和议休养军力，且倡言驱以解联军之势。停战且一月，至七月十四日和议决裂；于时渝方自鄂购运械弹已到，反杨诸将领，共推袁祖铭为总司令，战祸重开。南路杨军与黔军战于合江境，中路与赖心辉等军战于荣隆，北路与陈国栋等军战于潼遂，激战数日，联军败退。杨军中北两路会攻大足，南路攻永川，重庆震恐。于是袁祖铭就总司令职，刘湘就兼督职，与邓锡侯等抽调劲旅，亲临大足督战，斩临阵退缩之营团长数人，士气复振。杨军大败，退据内江，阻河以守。

初，王缵绪以积功不迁怨望。② 刘湘屡使人说以叛杨，王有贰志，徘徊北路不力战，故及于败。杨森闻耗，自成都亲率手枪大队、警卫二队、宪兵大队、两混成旅赶赴资中督战，意在调王。王遂发电宣布中立，屯其军于安岳、乐至间，阻杨归路。邓、田军逼成都，杨饬所部炸毁兵工厂，同退嘉观变。八月九日，邓田军入成都。二十四日，联军将领集自流井会议，分配防区及财政问题；同时进攻嘉定。杨军苦守半月，城中饥困不支，突围走叙州（九月三日）。时叙州驻将李树勋、王正钧已通款曲于刘，及是迎会杨于黄龙溪，力阻入叙。杨使人刺李于途，抢入叙州，已而不守，退横江。于时，二军旧部纷投刘湘改编，遍布于川东南各地。刘不欲铲除杨森根蒂，使人招之。适是时江浙战兴，吴佩孚起师，鄂汉长江诸帅拥之，计任杨

---

① 反杨各军，当开战之初已在渝会议，组织联军，推刘湘为前敌总司令，赖心辉为东路总指挥，刘文辉为南路总指挥，邓锡侯为北路总指挥，田颂尧为第一路指挥，陈国栋为第二路指挥，刘眷藩为第三路指挥。其后，杨森以第二军军长予李树勋，李附杨。其余各部皆以子弹缺乏，观察不动。故二刘、陈、赖首受其祸，陈师由是覆灭。二刘只身赴渝，怂责诸将领负约。邓、陈、袁、刘诸部始增兵前线，助赖心辉作战。然已不能御矣。

② 王缵绪初与杨森同事，隶杨森后，任十六师三十二旅长，积有战功，求师长不能得。直至战事发动，始与郭白诸人同时发表师长。王所将皆十六师精锐之卒，所向有功，杨森又以军长属。李树勋由是怨望，刘湘使西充人鲜英等劝其叛杨，王意移。杨闻之，潜使其部下某旅长倒王。王锢某旅长，遂发难。

为四川讨贼军第一路司令。① 杨方向刘索旅费十万金，出川游历。闻命，即轻装东走，由泸州陈兰亭赠小轮一艘，疾驶入鄂。

于是，刘湘依自流井会议，召集军民代表开善后会议，解决川事。同时分配防地如下：

川康督办兼善后督办刘湘部，驻防下川东及重庆一部东连铜大资内。

中川军务善后帮办刘文辉部，驻防嘉眉叙州连接成都。

四川清乡督办邓锡侯部，驻防自邻广岳合至成都西连松茂。

四川省长赖心辉部，驻防泸州。

西康屯垦使刘成勋部，驻防邛、雅诸属至新津崇庆。

国军二十一师师长田颂尧部，驻防绵龙、保宁各属及潼川半属。

川军第五师师长何光烈部，驻防不动（南充、西充、蓬溪、南部、营山、蓬安六县）。

刘存厚部，驻防不动（绥定、宣汉、万源、城口四县）。

袁祖铭部，驻防重庆及渝南各县。

善后会议，自民国 14 年十二月六日召集至十一月日开会，十二月三十日闭会。此次会议较前次郑重，散会时且设有监察委员会，监督各方实行议决案。然所决如撤废兵工厂、划定教育经费、裁厘减税、停止预征、整顿币制、实行裁兵、统一行政各项，至今未能实行也。中间，袁祖铭以倒杨之功，要求甚多，善后会议排之甚力；袁忿回重庆。保定系诸将领欲借是连袁排刘。刘部驻渝师长鲜英（字特生，西充人），被袁免职，令何金鳌复任。鲜率一部兵士走铜梁。刘、袁隙日深。刘部驻渝者皆退出。先是杨森残部郭、白、吴、包、范、何诸军，受刘湘点编后，固结于铜梁、大足间。至是益畏逼，盼杨西上；而刘系潘文华、唐式遵等六将领，阻于袁邓，孤悬涪万间，亦自危。遂与郭、白诸部同欢迎杨。杨于民国 15 年二月二十五日由汉口回川，设总司令部于万县虎头寨。潘、唐六部虑不相合，借势西上攻袁。赖心辉

---

① 吴佩孚失败后，奉军入关，分布于直鲁诸省。乘十四年五月三十日上海英捕房惨杀华人事，以奉军入驻江苏。江浙驻军不甘压迫，十月十五日孙传芳就浙闽苏皖赣联军总司令职，自浙江出兵讨奉，进攻淞沪；奉兵败退江北。十八日，湖北、安徽、江西三省均响应孙传芳通电讨奉。时吴佩孚养晦鸡公山，又移岳州。故部散在江域者，多通电请其出山主持大计。及是湖北萧耀南率全体军官通电岳州，请其出山。二十一日，吴佩孚抵汉口，受十四省推戴，就讨贼联军总司令职。设司令部于汉口……二十七日，任袁祖铭为川黔讨贼联军总司令，邓锡侯为副司令兼四川联军第二路总司令，刘湘为川黔联军后方筹备总司令，刘存厚为联军后方援军总司令，杨森为四川联军第一路总司令，赖心辉为第三路总司令，王天培为贵州讨贼联军第一路总司令，彭汉章为二路总司令，周西成为三路总司令。然川省诸将领方将召集善后会议，讨论自治，对此令概徘徊不肯就。唯杨森得借用机会，脱赴汉口，为借军重来之计。

驻泸诸军与郭白诸部应之，合攻重庆。初杨森欲得人民助力，统一四川，力倡办团自卫，与刘湘皆数保护民团。故民团附之。及是川东团军势力已成，助刘、杨排袁甚力；而邓、陈诸部在成都者，逼于二刘，不能助袁；袁迫于事势，决计回黔。四月三十日，向川军各将领提出和平离川办法四条，要求以后每月由四川接济所部军饷四十万元，并先付三个月，共百二十万元，为开拔费，川人不应。于是，邓锡侯倾心要结于刘文辉，刘湘在成都势渐孤立，邓、田遂于五月二日以武力改编赖心辉驻成都之部队，并软禁赖，迫令卸边防军司令职。然赖部在泸州者李章甫等，仍力战胜袁，通电为赖呼吁。袁卒于二十三日率所部，由南川退回黔境。刘杨联军即日入重庆。刘湘亦于六月六日赴重庆，即以两督办署随行。同日，赖心辉逃逸赴渝。

袁祖铭回黔后，任周西成为贵州省长，决意叛吴。进攻湘西，受革命军左翼司令职。至民国18年一月三十日，常德兵变，为部下所杀。

## 第四十五节　最近形势（迄民国17年春）

民国15年六月六日，广州国民政府军事委员会任蒋介石为革命总司令，指挥各军进行北伐。其时，张作霖因郭松龄倒戈，几至覆灭；孙传芳乘势战败奉军，奄有苏浙皖赣之地；吴佩驱走岳维峻，据有鄂豫两省；冯玉祥在北京称国民军，与广州政府遥通声气，逼执政段祺瑞下野；张吴联合协讨国民军，冯军退绥远，扼南口而守。五月二十六日，吴佩孚自汉口北上，临行发表任邓锡侯为四川督办，田颂尧为帮办，兼西北屯垦使，杨森为四川省长；调刘湘参谋总长。邓杨代表会于绥定，商就职。杨既就职，而杨以外诸将领通电挽留刘湘。邓田遂不敢就。杨亦宣布暂不行使职权。时南北战端方开，川军各屏息观变，故得幸免战祸也。

八月，革命军定湖南，九月攻下汉口，黔将领袁祖铭、王天培等附革命军，与北军卢金山等战于湘西。卢请杨森东下拒战，杨以军进驻宜昌，名为援鄂，未著去向。十一月，蒋介石定江西，电委杨森、刘湘、赖心辉、刘成勋、刘文辉为国民革命军第二十、二十一、二十二、二十三、二十四军军长，杨即就职。十二月，宜昌为黔军王天培等占领。杨森军除投党军者外，悉退回川。

当是时全川共有陆军四十一师、三十三混成旅，其他已受编制称司令，称总领，称警卫旅等，直辖于督办及总司令者，又二十余部。其有人数枪支不足一旅，尚未编制就绪而称补充旅、独立旅及某支队等者，沿不可得而稽焉。兹录《民视日报》民国十五年夏季所载四川军队调查表如下：

| 督办军务刘湘所部 | | |
|---|---|---|
| 陆军第十六师 | 师长王缵绪 | 旅长陈其相　何沛霖 |
| 陆军第三十二师 | 师长唐式遵 | 旅长李圭如　刘光瑜 |
| 陆军第三十三师 | 师长潘文华 | 旅长郭勋　傅常 |
| 陆军第二十八混成旅 | | 旅长许绍宗 |
| 川军第三师 | 师长王陵基 | 旅长包衡　赵鹤 |
| 川军第四师 | 师长罗纬 | 旅长谢国钧　侯建国 |
| 川军第五师 | 师长何光烈 | 旅长秦汉三　杜伯乾 |
| 川军第十师 | 师长鲜英 | 旅长率射斗　李栋梁 |
| 川军第十三师 | 师长张邦本 | （旅长未详） |
| 川军第十四师 | 师长朱宗悫 | 旅长尚未委人 |
| 川军第十六师 | 师长蓝文彬 | 旅长傅渊希　梁俊 |
| 川军第五混成旅 | | 旅长穆银洲 |
| 川军第十三混成旅 | | 旅长杨吉晖 |

| 讨贼联军川军总司令杨森所部 | | |
|---|---|---|
| 讨贼联军川军第一师 | 师长曾述孔 | 旅长周绍轩　孟青云 |
| 讨贼联军川军第二师 | 师长李雅材 | 旅长李少舫　乔德寿 |
| 讨贼联军川军第三师 | 师长王正钧 | 旅长袁治　杨铭 |
| 讨贼联军川军第四师 | 师长杨淑身 | 旅长王丹邱　陈功甫 |
| 讨贼联军川军第五师 | 师长向成杰 | 旅长谭诗　范啸谷 |
| 讨贼联军川军第六师 | 师长魏楷 | 旅长唐庄　易吉安 |
| 讨贼联军川军第七师 | 师长王文？ | 旅长任显荣 |
| 讨贼联军川军第八师 | 师长杨国桢 | 旅长未详 |
| 讨贼联军川军第九师 | 师长郭汝栋 | 旅长廖泽　陈光仁 |
| 讨贼联军川军第十师 | 师长保金鳌 | 旅长何煜刘治国 |
| 讨贼联军川军第十一师 | 师长吴行光 | 旅长尚未委人 |
| 讨贼隧军川军第十二师 | 师长白驹 | 旅长张杰 |
| 讨贼联军川军第十三师 | 师长范绍曾 | 旅长李君实罗乃彤 |
| 讨贼联军川军第十四师 | 师长杨林 | 自兼旅长雷忠厚　杨汉忠 |

续表

| 讨贼联军川军总司令杨森所部 | | |
|---|---|---|
| 讨贼联军川军第十五师 | 师长杨春芳 | 旅长白登俊 |
| 讨贼联军川军第十八师 | 师长唐淮源 | （定边军改编。旅长未详） |
| 讨贼联军川军后备 | 总司令罗觐光 | 旅长冯绍麟　罗建亭　王仲澄　陈绍全 |
| 讨贼联军川东边防军 | 总司令龚达 | 旅长田瑞卿 |
| 讨贼联军宪兵 | 司令余渊 | |
| 讨贼联军川军第一混成旅 | | 旅长喻孟群 |
| 讨贼联军川军第二混成旅 | | 旅长李御 |
| 讨贼联军川军第四混成旅 | | 旅长包晓南 |
| 讨贼联军川军第五混成旅 | | 旅长李逢春 |
| 讨贼联军警卫 | | 旅长范毅 |
| 讨贼联军将校 | | 队长杨干材 |

| 清乡督办邓锡侯所部 | | |
|---|---|---|
| 陆军第三十师 | 师长邓锡侯自兼 | 旅长杨秀春　陈离 |
| 川军第三师 | 师长陈鼎勋 | 旅长孙幼农　游广居 |
| 川军第七师 | 师长马育智 | 旅长周世英　刘乃铸 |
| 川军第十一师 | 师长罗汉洲 | 旅长熊玉璋　王矗 |
| 川军第三混成旅 | | 旅长刁世杰 |
| 川军第十一混成旅 | | 旅长陈光藻 |
| 川军第十六混成旅 | | 旅长朱英 |

| 全川江防军黄隐所部 | | |
|---|---|---|
| 总司令 | 黄隐 | |
| 副司令 | 甘泽霖 | |
| 全川江防军第一区司令 | 许渭滨 | |
| 全川江防军第二区司令 | 黄慕颜 | |
| 全川江防军第三区司令 | 罗乃播 | |
| 全川江防军第一师 | 师长邓国璋 | 旅长李德发　龚渭清 |
| 全川江防军第二旅 | | 旅长魏孝宽 |
| 全川江防军第三旅 | | 旅长刘荏冰 |

| 边防军总司令李家钰所部 | | |
|---|---|---|
| 四川边防军第一师 | 师长李家钰自兼 | |
| 四川边防军第二师 | 师长陈能芬 | |
| 四川边防军第一旅 | | 旅长廖家孝 |
| 四川边防军第二旅 | | 旅长邓和 |
| 四川边防军第三旅 | | 旅长邓观群 |
| 四川边防军第四旅 | | 旅长余敬 |
| 四川边防军第五旅 | | 旅长饶泽韬 |
| 第八混成旅 | | 旅长张遂良 |

| 帮办军务刘文辉所部 | | |
|---|---|---|
| 陆军第三十一师 | 师长刘文辉自兼 | 旅长向岱昌 |
| 川军第九师 | 师长费东明 | 旅长张少阳　张志芳 |
| 川军第十师 | 师长夏首勋 | 旅长余中英　蔡海珊 |
| 川军第十二师 | 师长蕙南 | 旅长王治人　徐廷秀 |
| 川军第一混成旅 | | 旅长陈献周 |
| 川军第五混成旅 | | 旅长林云根 |
| 川军第六混成旅 | | 旅长张清平 |
| 川军第七混成旅 | | 旅长唐英 |
| 警卫旅 | | 旅长覃小楼 |

| 川西北屯垦殖总司令田颂尧所部 | | |
|---|---|---|
| 陆军第二十一师 | 师长孙震 | 旅长董玬黄正贵 |
| 陆军第二十二师 | 师长田颂尧自兼 | 旅长尚未委人 |
| 川军第十三师 | 师长王铭章 | 旅长范药聪　钟丙离 |
| 川军第八师 | 师长田颂尧自兼 | 旅长魏梯青　百愚生 |
| 川军第二十一师混成旅 | | 旅长罗乃琼 |
| 陆军第二十二混成旅 | | 旅长曾宪栋 |
| 汉军统领 | 吴畅 | |

| 四川省长赖心辉所部 |||
| :---: | :---: | :---: |
| 川军第一师 | 师长李宏琨 | 旅长赵锡之　马昆山 |
| 川军第一混成旅 | | 旅长范世杰 |
| 川军第二混成旅 | | 旅长李章甫 |
| 川军第三混成旅 | | 旅长魏泽民 |
| 川军第四混成旅 | | 旅长袁品文 |

| 西康屯垦使刘成勋所部 |||
| :---: | :---: | :---: |
| 川军第四师 | 师长刘成勋自兼 | 旅长周尚赤　陈万仞 |
| 川军第十一师 | 师长刘成勋自兼 | 旅长任敏良　敖向荣 |
| 川军第一混成旅 | | 旅长刘国孝 |
| 警卫旅 | | 旅长王植 |
| 川康边防总司令兼第一混成旅 | | 旅长孙涵 |
| 川康边防副司令兼第二混成旅 | | 旅长羊清泉 |
| 川康边防军第三混成旅 | | 旅长贺中强 |
| 川康边防军第四混成旅 | | 旅长苏普洲 |

| 川陕边防督办　刘存厚所部 |||
| :---: | :---: | :---: |
| 川陕边防军第一路 | 司令魏邦文 | |
| 川陕边防军第二路 | 司令余光武 | |
| 川陕边防军第三路 | 司令郑西屏 | |
| 川陕边防军混成旅 | | 旅长申介屏 |

　　方蒋介石之北伐也，所至设省县市党部，宣传革命并实行党治。远近青年争响应之，故所向无敌。于时川中已设省党部于重庆，然军力未至，尚无实权。十一月末，顺庆何光烈部秦汉三、杜伯乾，泸州赖心辉部袁品义、陈兰亭、皮德锐等，先后举事，驱逐何尤烈，杀李章甫。与合州江防军黄慕颜同受省党部委任，为四川国民革命军第一、二、三、四、五、六路司令。黄以其部赴顺庆，共戴刘伯承为总指挥。川中空气为之剧变，三刘及赖同于十六年一月二十四日就革命军军长职。邓、田诸部亦争派人与蒋、唐接洽矣。然同时顺庆为邓部罗泽洲师攻下，秦、杜窜走入楚；泸州寻亦被赖心辉、李家钰、刘文辉等会师攻克。

民国16年四月，南京蒋介石派与武汉唐生智、邓演达等决裂，鄂西夏斗寅宣言反共，由宜昌下攻武汉；杨森以兵东下助之，填占宜都、沙市、当阳诸县。六月，唐生智自河南旋军回鄂，击破夏军。夏东走，与蒋介石联合；杨军亦向西，退入川境。

于是蒋介石击灭孙传芳，尽有江浙皖赣闽广之地，在南京组织革命军政府，宣言反共。唐生智仍有湖南北地，在武汉组织党政府，与蒋对抗；云南唐继尧死，胡若愚等执政，与贵州周西成等，一致与广州合作；北方则冯玉祥自绥远败退，进占陕甘、河南，与奉军相持于鲁豫之间。山西阎锡山称革命军，与冯蒋连合。张作霖之奉军退守山东、直隶，挟有北京，东连关外，仗英日外助，以抵抗革命军。四川诸将领徬徨不知所从，左右两派党人，互角于成渝间。刘湘先于十二月二十九日解散右派之省党部。一时左派党人在川颇盛。刘部多数将领与办团人员并恶之，遂有三月三十一日打枪坝之屠杀。刘湘随于六月一日就蒋介石所委第五路总指挥职，宣言清党讨共。重庆左派失势。其在成都者，亦为邓刘田三军长以实力镇压，不复能活动。直至今日四川全省为南京政府之领土云。

川省自经两次统一战争以来，兵队复杂，财政困难，均已达于极点。所谓督办司令，徒拥虚名，骄将悍卒，无复体统。军事政治未有重心，合纵连横俱无所附；且部队猜贰，动虞离析，各部皆然，莫能发难。故历一二年未有剧争。虽白云苍狗幻变难知，而密云不雨亦已数见。将来或即由各将领守土相持，以待统一，未可知也。兹列目前川省割据情形如下表，参看书面地图：

**国民革命军第五路总指挥兼第二十一军　军长刘湘　驻重庆**

防地九县半：巴县、綦江、南川、璧山、永川、荣昌、隆昌、资中、内江（资内为王缵绪防地）、江北（与杨林军合驻）。

**国民革命军第二十军　军长杨森　驻万县**

防地十九县半：万县、云阳、奉节、巫山、巫溪、开县、开江、石砫、梁山、大竹、垫江、丰都、忠县、江北（与刘湘军合驻）、涪陵、长寿、酉阳、秀山、黔江、彭水。

**国民革命军第二十二军　军长兼四川省长　赖心辉　驻合江**

防地一县半：合江、江津（与黔军同驻）。

**国民革民军第二十四军　军长刘文辉　驻成都（刘成勋于十六年冬为刘文辉所并）**

防地六十县：成都、华阳（二县三军合驻）、双流、温江、崇庆、新津、邛崃、大邑、蒲江、彭山、眉山、青神、丹棱、井研、仁寿、资阳、威远、荣县、富顺、泸县、纳溪、江安、南溪、古宋、叙永、古蔺、兴文、长宁、珙县、高县、筠连、庆符、宜宾、屏山、雷波、马边、犍为、乐山、峨眉、峨边、夹江、洪雅、名山、雅安、芦山、天全、雅安、荥经、汉源、越嶲、冕宁、西昌、盐源、盐边、会理、昭觉、泸定、康定、懋功。

**国民革命第二十八军　军长邓锡侯　驻成都**

防地三十一县：华阳（三军合驻）简阳、乐至、安岳、遂宁、潼南、蓬溪、射洪太和镇（以上为边防军司令李家钰防地。李驻遂宁）。合川、铜梁、大足、武胜、（以上为第三师师长陈鼎勋防地陈驻合川）。南充、西充、蓬安、营山、岳池、广安、邻水、渠县（以上为第十一师师长罗泽洲防地。罗驻南充广安）、郫县、灌县、茂县、汶山、松潘（以上江防军防地）、成都、新都、新繁、广汉、彭县、崇宁（以上第七师师长马育智等防地）。

**国民革命第二十九军　军长田颂尧　兼驻潼川、成都**

防地二十九县：成都、华阳（三军合驻）、金堂、广汉、什邡、德阳、绵竹、罗江、绵阳、安县、梓潼、江油、彰明、平武、北川、中江、三台、盐亭、射洪、南部、阆中、苍溪、剑阁、昭化、广元、巴中、南江、通江、仪陇。

**川陕边防督办　刘存厚　驻绥定**

防地四县：达县、宣汉、万源、城口。

| 川省民国元年至十五年间军民首长表 ||
|---|---|
| 都　督 | 蒲殿俊　尹昌衡　胡景伊 |
| 将　军 | 胡景伊　陈宦　周骏 |
| 督　军 | 蔡锷　罗佩金　戴戡　周道刚　刘存厚　熊克武 |
| 总司令 | 吕超　刘存厚　刘湘　刘成勋　袁祖铭　熊克武 |
| 督理军务 | 杨森　邓锡侯（未就） |
| 督办军务 | 杨森　刘湘 |
| 副都督 | 朱庆澜　罗纶　张培爵 |
| 会办军务 | 陈宦　戴戡 |
| 帮办军务 | 田颂尧　刘文辉　田颂尧（未就） |
| 民政长 | 张培爵 |
| 巡按使 | 陈廷杰　刘埏泽　陈宦 |
| 省　长 | 罗佩金　戴戡　张澜　潘大道　杨庶堪　刘湘　刘成勋　杨森　邓锡侯　赖心辉　杨森（未行使职权） |

# 第四十六节　隋唐以来记载四川史地之书

蜀土自经李氏之乱，文物扫地，著述中衰。经隋历唐，罕有作者。迄宋而复盛。同时，印书术发明，几有著作皆能行世，成书之富不胜记录，其专纪四川史地者，亦多至百余种，各体咸备矣。元代著述稍衰，明末再盛。然较宋世已远不如。有清一代乃甚寂寥，虽有篡辑，亦鲜佳构；尊经诸儒，虽博通经史，而于地方掌故犹未达也。民国以来，日报蜂起，入主出奴，是非淆混，学者苟避忌讳，皮囊臧否而已。至于裒辑成书，直笔以传信者，尚未见之。兹类列此数时期中记载蜀土史地之书，举其尤著者，以见艺文之盛衰，且资学者考鉴焉。虽非蜀人作品，苟关蜀土文献，亦抉录之。

## 一、专　史

公孙述、刘备、李雄割据蜀土时，皆无史官。小朝廷事仅赖野人传之，甚不详备。王、孟及明氏据蜀，俱有大国规模，史官既备，纪录翔实，凡属此类具国史规模者，姑称专史，见存有下列数种：

**《蜀高祖实录》**　三十卷，孟昶敕其相李昊撰，记孟知祥事也。起唐乾符元年甲午，终昶明德元年甲午，凡六十一年。

**《蜀梼杌》**　十卷，宋新津张唐英撰，仿荀悦汉纪体，记王、孟两朝事。其有序云"王、孟父子四世，凡八十年，比之公孙述辈，最为久远。其间善恶之迹，亦可为世鉴戒。予家旧藏《前蜀开国记》《后蜀实录》凡一百三十卷，尝欲焚弃而不忍。今因检阅始终，削去烦冗，编年叙事，分为十卷，名曰《蜀梼杌》。盖取楚史之名，以为记恶之戒。非徒衍其小说，盖使乱臣贼子观而恐惧耳"。英宗治平四年，陆昭回刊行此书，称为《蜀春秋》。

**《明氏实录》**　一卷，明新都杨可学撰，记明玉珍父子始末，序次颇详，足与正史参考。

## 二、政　记

记载理乱之书，足资为政考鉴者，姑入此类。其尤著名者，有下列各种：

**《成都理乱记》**　亦名《锦里耆旧传》，四卷，宋句延庆撰。记王、孟据蜀时事，《蜀梼杌》《成都古今集》并采之。

《益州理乱记》 三卷，唐成都郑晔撰。赵抃《成都古今集》记采之，今佚。

《蜀鉴》 十卷，宋资州郭允蹈撰，记巴蜀开国至于宋世战守胜败之迹。用记事本末体，行以纲目，加以论断，对于行军故道皆详为考订。（或曰吴昌裔撰，或曰李子文撰）

《西陲泰定录》 九十卷，宋井研李心传撰。初只记吴曦叛逆及削平本末，起嘉泰辛酉，迄嘉定辛未，为三十七卷。后因平张福之乱，增修至辛巳之冬，首尾凡二十年，通为九十卷，用史记事表例。其他宋人记载吴曦之乱之书，多至数十种。不俱录。①

《痛定录》 二卷，明刘道开撰，道开，明末人。

《荒书》 四卷，清费密撰，纪陕贼乱蜀事。

《续荒书》 四卷，什邡李枢撰，纪清初蜀乱。

《艳预囊》 五卷，通江诸生李馥荣撰。用纪事本末体，纪流贼乱蜀事颇详。

《纪乱》 嘉定欧阳直撰。纪明清间蜀乱，皆其目击之事。末附自纪一卷，自述其历险情形。

《蜀难叙略》 太仓沈荀蔚撰。荀蔚为华阳令沈云祚之子，献忠破成都，云祚殉难。荀蔚年七岁，随母避匿西徼，康熙二年，蜀平，得还乡。记其经历见闻为此书，见《明季稗史续编》。

《山城纪事》 营山诸生王开禧撰，纪摇黄献贼之乱甚详。

《蜀记略》 二十四卷，什邡高士黄霖撰。

《蜀碧》 四卷，丹棱彭遵泗会合以上诸书及明史编成。用编年纲目体，末附杨展、刘道贞等传，全书大旨在表彰忠义。其后序有云："余读东林沈云祚传，后称献逆贼蜀由风俗之恶天示大罚。嗟乎！何言之悖也。自古乱蜀者非蜀人，昔贤论之详也……则何罪而以俗恶受罚归之一方何欤！"可以知其旨矣。

《蜀评》 民国14年蜀人吴山、石琢光、袁衡生、陆杰夫等在沪组织之月刊，为专以批评及记载川事之杂志，出至第十期而停。

### 三、人物传

人物传记有正史存录私家所撰成书者少仅得下列数种：

---

① 据《四川通志》所载，有《诛吴录》一卷，潼川张革之撰；《丁卯实编》一卷，茶马司吏毛方平撰；《平叛录》一卷，茶马司吏郭士宁撰，俱为安丙嫉功杀害杨巨源，为杨鸣冤而作；《靖蜀编》，胡西仲撰；《切齿录》，任光旦撰；《佚爵录》，赵公撰；《平蜀实录》，杨君玉撰；《耆定录》，撰者佚名；《海滨海父纪闻》，撰者佚名；《安西楼记》，安丙撰；《复四川本末》一卷，李好古撰；等。

《范太史家传》 八卷，宋范冲撰。

《三苏年表》 三卷，宋孙汝听撰，其东坡年表，今已佚。

《苏东坡年表》 一卷，南宋王宗稷（字伯言，五羊人）撰，附见《东坡全集》。

《蜀人物志》 无卷数，南宋刘甲撰。又明刘道开亦有《蜀人物志》，俱于《四川通志》存目。

《氏族谱》 元华阳费著撰，见《全蜀艺文志》。

《杨升庵年谱》 一卷，明郫县简绍芳撰，附见《升庵全集》。

《川省人物考》 清宜宾王遴撰，遴字遽轩，乾隆乙亥举人。

## 四、杂　记

稗官小说有资考订者，概入此类：

《锦里新闻》 三卷，唐段成式撰。成式，段文昌子，随父客蜀，杂著颇多。

《玉堂闲话》 十卷、《王氏见闻录》三卷、《唐末见闻录》八卷，皆天水王仁裕撰。仁裕事王衍，随衍入洛，又有《入洛记》一卷。

《鉴戒录》 十卷，后蜀东海何光远撰。记唐及五代杂事，凡六十六条。

《野人闲话》 五卷，陈振孙《直斋书录题解》云成都景焕撰。记蜀时事，乾德三年序。

《闲谈录》 二卷，宋苏耆（舜钦父）撰。记五代以来杂事，见晁公武《郡斋读书志》①。

《茅亭客话》 十卷，宋黄休复撰。所记蜀中逸事始于王、孟二氏，终于宋真宗时，多涉神怪。休复，字归本，里籍未详，《书录题解》疑为蜀人。

《东斋记事》 宋范镇撰（镇致仕家居时撰），多记蜀事，时新法方行，故所述多祖宗美政，有鱼藻之意。

《蜀都杂钞》 一卷，明上海陆深官四川布政使时撰，记蜀中山川古迹琐事逸闻。

《锦里新编》 十六卷，清汉州张邦伸撰，记蜀中人物时事。

---

① 晁公武，字子正，钜野人。绍兴中，为荣州守时，有南阳井宪为四川转运使，家多藏书，悉举以赠。公武乃躬自校雠，疏其大略，益以晚年所得，依经史子集分部，各为题解，名曰《郡斋读书志》，所录多蜀中书。

## 五、风土记

记游与风俗之书归于此类：

**《华阳风俗录》** 一卷，唐周封撰。封，字子坚，西川节度使李德裕从事。

**《入蜀记》** 六卷，宋陆游撰。游于乾道六年自山阴入蜀，就夔州通判任，记其途中所经，叙次雅洁，辨订各条亦有根据。

**《吴船录》** 二卷，宋范成大撰。淳熙丁酉，范自川制置使召还，蜀地水程随日作记，古迹名胜言之甚悉。范又有《峨眉行记》一种，俱见《全蜀艺文志》。

**《岁华纪丽谱》** 一卷、附《笺纸谱》一卷、《蜀锦谱》一卷，元华阳费著撰。记成都节候、风俗、游赛之盛，仿《荆楚岁时记》体，附载二物，皆成都所擅。

**《蜀道驿程记》** 二卷、《秦蜀驿程后记》二卷，清王士禛撰。

**《云栈纪程》** 清张邦伸撰。

## 六、方物记

专纪蜀土物产之书较少，除《岁华纪丽谱》所附之笺纸、蜀锦二谱外，尚有下列数种：

**《茶谱》** 一卷，五代毛文锡撰。文锡字平珪，高阳人，工小词，仕前后蜀，官至翰林学士。

**《蚕书》** 一卷，五代孙光宪撰。

**《益部方物略记》** 宋安陆宋祁撰。先是洪雅县东阳沈立撰《剑南方物录》，所记凡二十八种。嘉祐二年，祁知益州，补其缺遗，凡得草木之属四十一，药之属九，鸟兽之属八，虫鱼之属七，共六十五种。列而图之，各系以赞，附注其形状于题下，曰《益部方物略》。其图已佚，赞注见《全蜀艺文志》；《器物谱》一卷，《钱币谱》一卷，《楮币谱》一卷，俱为元费著撰，与《氏族谱》《岁华纪丽谱》俱载《全蜀艺文志》。

**《盐井图说》** 清遂宁某氏撰，记川中制盐法颇详。

## 七、图 经

古代志地之书，或曰记，或曰谱。自隋以来，多称图经；宋以后或称志。此等书籍，每因时代变迁，失其效用，渐就散佚，后世不传其名。见他籍略可考订者，约举数种如下（至若近世，则地志、地图之作甚繁，不俱录）：

《梁益州谱》 四十卷、《隋益州谱》三十卷，并见《隋唐经籍志》，作者佚名。

《西蜀图经》 已佚，名见卢求《成都记》序。

《成都记》 五卷，唐西川节度使白敏中从事卢求撰。求序有云："先是西蜀图经甚备，朝野之士多寄声写录；主兹务者不胜其繁，遂尽削而潜焚之。长吏至，即据显者集为一轴以献籨，是百不书一。大中八年，户曹参军蔺宏宗，甚好学，且目观司徒相国之异绩，愿付以传示于后。然不以文自任。剪截疏长，芜言朴略，相国乃属于小子。求受命震怖，又不欲以图经为目，乃搜访编简目，为《成都记》五卷，经与图之附益，愿终宏宗之职，庶以此为助也。大中九年八月五日序。"此书明人仍称图经，曰唐求撰，求籍里不详，察序语似亦蜀人也。

《益州路图经》 八十二卷、《利州路图经》六十三卷、《梓州路图经》六十九卷、《夔州路图经》五十二卷、《川峡路图经》三十卷，俱见郑樵《通志》。

《袁观潼川府图经》 十一卷、刘得礼《夔州图经》四卷、俞闻中《叙州图经》三十卷、佚名《江州图经》一卷、《忠州图》经一卷、《果州图经》五卷、《大宁监图经》六卷，以上俱见《宋史艺文志》。

《东京至益州地图》 见宋《艺文志》。

《蜀全省图》 明富顺刘泌撰。泌，崇祯丙子解元。

《蜀水经》 十六卷，清仁寿知县李元太初撰。

## 八、名胜志

蜀土虽多名胜而记载成专书者绝少可知者有下列数种：

《青城山记》 五代杜光庭撰。光庭括苍人，博学，工文辞。唐懿宗时，应试不中，入天台山为道士。后从僖宗入蜀，王氏据蜀时，归老青城，撰此书。

《青城山乙记》 宋王象之《舆地记胜》尝引此书，谓为范仲立编。

《离堆志》 十卷，见宋《艺文志》，撰者佚名。

《峨眉山志》 三卷，宋晁公武《郡斋读书志》云："皇朝张开撰。"

《仙都山志》 二卷，明丰都戴葵撰。

《峨眉山志》 十八卷，清初金坛蒋超撰。超字虎臣，顺治丁亥进士，晚入峨眉为僧，因辑是书。其后，建昌分巡道锦州曹熙衡素，征即其本而重订之，即今志也。

## 九、边防书

蜀地西南逼戎，历代多事。凡论防边治戎之书，多至数十种。举其尤著者：

**《开复西南夷事状》** 十七卷，唐西川节度使韦皋撰。

**《西南备边录》** 十三卷，唐西川节度使李德裕撰。德裕又有《西蕃会盟记》三卷、《西戎记》二卷，俱见《唐书艺文志》。

**《蛮书》** 十卷，唐樊绰撰。绰，蜀人，咸通中为岭南西川节度使蔡袭从事，纂述六诏始末，以成是书。

**《西南备边志》** 宋嘉州进士邓嘉猷撰。取秦汉以来，讫于宋世，凡史传所载蛮事，皆著于篇。

**《四川土夷》** 四卷，明万历中布政使谭希思，命僚属取全属土司土府绘图立说，裒为此书，凡七十八篇，所载多沿边城堡守御之类。

**《平播全书》** 十五卷，明李化龙平播后撰。所载皆当日疏奏、牌票、军书之文，中有善后奏疏一卷。

**《藏卫纪闻》** 二卷，清金陵杨揆随福康安征廓尔喀，经历前后藏，因纪军行见闻以为是书。

## 十、艺文志

搜集蜀中诗文辑成专书者，自成都文类始，全蜀艺文志次之，剑阁芳华录又次之；至明清以来各州县志，亦皆裒辑艺文，则非专书也。

**《成都文类》** 五十卷，宋庆元五年四川安抚使袁说友，属僚士扈仲荣、程遇孙等纂辑。所录凡赋一卷、诗歌十四卷、文三十五卷，上起西汉，下迄孝宗淳熙间。凡一千余篇，分为十一门，各以文体相从，故曰文类，说友为之序。

**《全蜀艺文志》** 六十四卷，明杨慎撰。慎谪戍滇南，于嘉靖二十年借役回里，四川巡抚刘大谟聘慎与王元正、杨名，分纂蜀志。慎任艺文，凡二十八日而毕。相传其不携箧，不检籍，取之腹笥，蔚为巨编。其后元正等书皆佚，独此志存。

**《剑阁芳华集》** 二十卷，清初费经虞及其子密辑明代蜀中诸遗老诗，各附小传。

**《蜀名家诗钞》** 二卷，彭端淑编。

**《蜀雅》** 二十卷，李调元编。

**《全蜀诗汇》** 十二卷，张邦伸编。

## 十一、方 志

荟萃以上各体以成方志，其工始于宋，明清而大备。四川方志以成都古今集记为最古，眉州、嘉州诸志次之。至明始有省志之纂辑，而各县县志亦大盛矣。兹列省县志之尤有名者如次：

**《成都古今集记》** 三十卷，宋知成都府事赵抃撰。王刚中云："清献公删取张彤、句延庆、郑昉、卢求、周封等书，为《成都古今集记》三十卷。凡废兴迁徙，及城郭、宫府、坊市、库廪、儒宫、佛堂、仙馆、神祠、陵墓、渠堰、楼台、池苑之名数，与风俗之好恶、人物之臧否、方伯监司之至去、蛮夷寇盗之起义、水石之殊、尤虫鱼之变、怪靡不毕载。"盖一完全之府志也。书成于熙宁七年，抃与华阳范百禄并有序。其后八十七年，当绍兴三十年，知府事王刚中为之续记二十二卷。又十八年，当淳熙七年，知府事范成大复续之，为丙记十卷。又后，知府事胡元质续之，为丁记。并各有序，载在《全蜀艺文志》。

**《四川总志》** 八十卷，四川总志创始于明正德时，撰者及卷数今并无考。至嘉靖辛丑，巡抚刘大谟礼聘戍卒鳌屋王元正、遂宁杨名、新都杨慎，重行分撰。元正序有云："乃维流火之月，及于初元之冬，大肆简帙之，收方落铅椠之手。凡例本诸一统志，遵其制也。稽旧志而稍增入者，补其遗也。"又云："方洲几一月，告完以先去；升庵几两月，告完而亦去。元正则匝三月，始得告成。"慎所撰为艺文志，疑名撰为人物志，元正所撰为地志也。今唯艺文志单行。

**《万历四川总志》** 三十四卷，前志成后四十余年，布政使檄督学副使郭棐、叙州府同知魏朴如、成都府推官游朴，及文学董良遂等同撰。凡分沿革、分野、形势、城郭、户口、田赋、国纪、藩封、风俗、山川、方产、公署、学校、富室、关梁、祠庙、陵墓、古迹、职官、名宦、流寓、科第、人物、隐逸、孝义、列女、仙释、经略、杂记、艺文为三十篇。棐有序。其后又四十年，经学使杜应芳等重修。①

**《蜀中广记》** 一百又八卷，明侯官曹学佺撰。凡十二目，曰名胜、边防、通释、人物、方物、仙释、游宦、风俗、著作、诗话、画苑，搜采宏富，不愧广记之名，其名胜记三十卷单行。

**《四川通志》** 二百又四卷，清总督常明等监修。先是清康熙十一年，诏各省郡县分辑志书。总督蔡毓荣、巡抚张德地等，续纂四川总志。时当兵燹之余，文献失

---

① 明杜应芳增补《四川总志》序云："蜀志凡三被修：初正德戊寅，次嘉靖辛丑，次万历己卯。戊寅志，居体要犹之椎轮也；辛丑志，出三先生手，而艺文独属杨太史，用修增华加丽，令洛阳纸贵；己卯补缉，维勤芟剔过半，得无挤壁之见哉？！"（下略）同时，吴之皞亦有序云："万历初重修，渐增沿革，其厘正之功固不可诬，而艺文裁抑强半，晦蚀之累亦不细矣！由己卯来更四十年，亡得睹升庵之遗者则亦蜀文一厄塞也。予亟谋重梓，赖督学杜君雅兴同嗜，收购古本，得二三残膄凑之。幸断圭复完，恨原日笔为刀误，殊多鲁鱼，况岁久漫漶，难以复读，遂檄诸帐下士拣其品识超韵者，司编校焉……"云云是明总志创于正德十三年。王元正、杨慎等重修于嘉靖二十年。郭棐等改作于万历七年，将艺文志删剔过多。其后四十年，即嘉靖末年天启初年，吴之皞、杜应芳复修之，其目的专在复升庵艺文之旧而已。杜曾有《补蜀艺文志》五十四卷，亦未刊行。

征，内容多所脱略。雍正七年，因修《大清一统志》，需省志作资料，因严谕促修，限期蒇事。总督黄廷桂等重修，至十一年告成，改称曰通志，增为四十七目。至嘉庆十五年，常明等重修。至二十年告成，凡分天文、舆地、食货、学校、武备、职官、选举、人物、经籍、纪事、西域、杂类等十二志，晰为七十目，二百零四卷。卷首冠宸章、诰敕等又二十二卷，即今志也。

**《康熙遂宁县志》** 六卷，张鹏翮撰。乾隆时知县石门田朝鼎重修，增为八卷。

**《乾隆富顺县志》** 知县金匮段玉裁茂堂撰。玉裁，乾隆举人，师休宁戴震，讲求古学，晚撰此志。凡五卷，体例谨严，文字雅洁，称为蜀中县志范本。

**《乾隆隆昌县志》** 知县金匮朱去骏画庄撰。仿明康海《武功县志》义例，仅分地理、人物两纲，建置、山川、祠祀、官师、先哲、选举六目，凡二卷，学使吴省钦甚称道之。

**《道光兴文县志》《屏山县志》《大足县志》《泸溪县志》** 知县武威张澍介侯撰。文章巨丽，为时所称。

**《民国合川县志》** 县人张森楷独撰。搜考详赅，多至二十厚册，为蜀土近世方志中最美备之作品。

# 附：四川大事期表

| 唐虞以前 | 养蚕术由蜀地传入中原；蜀人颛顼、帝喾、大禹、帝启入为中原之主。 |
|---|---|
| 虞至殷末 | 蜀地与中原隔绝，无史可纪。殷末巴蜀诸部，从武王伐殷灭之。 |
| 周世（巴蜀建国至灭亡） | 巴蜀受周封为诸侯，阻于秦楚，希与中原会盟；巴、蜀相攻，秦人乘之，灭巴蜀。秦置巴蜀为郡县。 |
| 秦世（秦灭巴蜀至秦亡） | 李冰为蜀守，兴水利，开盐井，大辟利源，蜀由是以富闻于天下。 |
| 西汉之世 | 汉高用巴蜀之人力与财力，统一中国；文翁为蜀守，大兴学官，于是有司马相如、扬雄等，作蜀地文章冠天下。武帝因巴蜀之众开西南夷，置郡县。 |
| 公孙述据蜀 | 公孙述乘乱据蜀，国号成家，招致蜀人，皆不至；未几为汉光武帝讨灭。 |
| 东汉之世（光武平蜀至刘焉入蜀） | 益部治平，人才蔚盛，数术之学尤发达。 |
| 三国（刘焉入蜀至魏灭蜀） | 刘焉乘乱据蜀，传子璋。为刘备所并。 |
| 刘备据蜀 | 于曹丕篡汉日称汉帝。诸葛亮当政，蜀土大治。亮屡伐魏无功。魏伐蜀，后汉后主降。 |
| 西晋（晋开国至李成灭亡） | 流民扰蜀，蜀民流徙荆湘，酿成杜弢之乱，死亡略尽。 |
| 李雄据蜀 | 称帝国号成。李寿引獠入蜀，蜀土自是多夷獠之乱。东晋桓温伐蜀李势降。 |
| 晋宋齐梁之世（桓温灭蜀至魏人取蜀） | 蜀多小乱。 |
| 谯纵据蜀 | 称成都王；晋刘裕讨灭之。 |
| | 梁武陵王纪与湘东王绎争国，西魏遣尉迟回伐蜀，取之。 |
| 周隋及唐初世（西魏收蜀至唐玄宗幸蜀） | 杨坚篡周。王谦据州讨坚，未几败亡。 |
| 唐高祖据关中遣人徇蜀地下之 | 于时蜀土治平，文物渐复。陈子昂、李白等先后崛起，诗文冠于时；唐玄宗避安禄山之乱幸成都。 |
| 中唐晚唐之世（代宗至僖宗） | 蜀地藩镇专横，祸乱迭起风俗败坏；南诏数次入寇；僖宗避黄巢之乱幸成都。 |
| 五代（自王建据西川至后蜀亡） | 王建乘乱据两川称帝，国号蜀。中原世族多避地入蜀。后唐庄宗遣人伐蜀，灭之。 |
| | 孟知祥乘后唐内乱据两川，称蜀帝。是为后蜀。蜀地始刻九经，兴学校。此期蜀土清宴，而风俗颓敝。女子之擅诗词者颇多。宋太祖遣人伐蜀，平之。 |

续表 1

| | |
|---|---|
| 两宋（宋平蜀至蒙古犯蜀） | 王小波、李顺王均等乱。旋讨平之。 |
| | 四川人才蔚起，文学如三苏等，功名如三陈、张浚、虞允文等，史学如李焘、李心传等，理学如张栻、魏了翁等。其他奇才异能之士，多至不可胜纪。 |
| | 金人犯蜀，吴玠吴璘等力战拒之。 |
| 宋末世（自宋宝庆三年蒙古初犯蜀至宋亡） | 五十一年，蒙古屡犯蜀土四川残破。 |
| | 余玠徙蜀中诸城于山寨。蒙古宪宗伐蜀，阻于合州城下。合州重庆一隅为宋死守至于宋亡。 |
| 元世（元有蜀土） | 残破之余，无史可纪。 |
| 明氏据蜀 | 明玉珍乘乱据蜀称帝，都重庆，国号夏。刘桢为相，复兴文教。明太祖遣将伐夏，明升降。 |
| 明世（太祖平蜀至流寇犯蜀） | 四川有鄢、蓝、曹、廖之乱，旋平。蜀地人才复盛，杨廷和父子尤为杰出。川南有播州蔺州之乱。 |
| 流贼乱蜀（自崇祯七年流寇寇入蜀至康熙三平蜀三十年） | 李自成、罗汝才、张献忠先后犯蜀，旋去。 |
| | 张献忠复据蜀称帝，国号大西，痛剿蜀人。寻为清军所诛。 |
| 清世 | 张献忠余党孙可望等入滇，奉明永历帝，遣刘文秀等入蜀据之。摇黄扰川东地。 |
| | 明遗臣据嘉定重庆等地与保宁之清军相抗。清军荡平蜀地。 |
| | 吴三桂叛清，蜀土附吴。 |
| | 各省人民填川。 |
| | 金川用兵。（乾隆十二年至四十一年） |
| | 教匪作乱。（乾隆末至嘉庆八年） |
| | 蓝李之乱。（咸丰九年至同治元年） |
| | 张之洞创尊经书院，蜀士复盛。 |
| 民国 | 路潮至护国之役：蜀人因反对铁路国有激成路潮已而成渝独立响应武汉革命军。 |
| | 南北统一。四川成渝两政府合并。（民国 2 年） |
| | 蜀地土匪猖獗。 |
| | 袁世凯称帝。滇省护国军北伐，蜀人应之。（民国 5 年） |
| | 川人驱逐滇黔军。熊克武响应滇军入据成都。刘存厚奔汉中。（民国 6 年） |
| | 川滇黔联军北伐。无功。（民国 7 年） |
| | 熊克武驱滇。吕超叛熊，入据成都。（民国 9 年夏） |
| | 熊克武自汉中迎刘存厚军回川，反攻滇黔军，悉驱出省。（民国 9 年冬） |
| | 川军通电自治。逐刘存厚。（民国 10 年春） |
| | 川军援鄂败回。（民国 10 年秋冬） |
| | 第二军攻第一军。一军联第三军，击二军出川。（民国 11 年夏） |

续表 2

| | |
|---|---|
| 民国 | 成都开善后会议。（民国 11 年冬） |
| | 杨森得吴佩孚援助，联邓锡侯等与一、三军大战一年。（民国 12 年） |
| | 熊克武败走出川。（民国 13 年春） |
| | 顺防问题发生，攻战月余。（民国 13 年夏） |
| | 杨森欲以武力统一四川，兼并刘眷藩、刘成勋、陈洪范、刘文斌防地。 |
| | 与重庆联军相持。旋因部下叛离，败走入楚。（民国 14 年） |
| | 成都复开善后会议。（民国 14 年冬） |
| | 川军驱袁祖铭。杨森受旧部拥戴复入川。（民国 15 年） |
| | 川军由五师扩张至四十五师又四十余混成旅。 |
| | 杨森援鄂。蒋介石电委杨森、刘湘、赖心辉、刘文辉、刘成勋为军长。 |
| | 杨在宜昌就职。寻退回川。（民国 15 年十一月） |
| | 顺庆。泸州兵变。刘、赖诸将领就革命军军长职。已而，邓锡侯、田颂尧亦被委为革命军军长。（民国 16 年一月） |
| | 刘文辉兼并刘成勋防地；杨森出兵助夏斗寅攻武汉，旋复败回。（民国 16 年五月） |
| | 重庆清党，有打枪坝之变。（五月三十一日） |
| | 成都捕杀有共产党嫌疑者十余人。（民国 17 年二月） |

任乃强全集·第三卷

四川上古史新探

上篇　羌族的迁徙与蜀族的发展

# 前　言

本书是巴蜀史研究会编辑的《巴蜀史研究丛书》之一。

巴蜀史研究会是在中共四川省委和四川省社会科学院的支持和组织下，于一九七九年二月成立的。研究会工作的重点，是本着"双百"方针，组织进行有关秦统一以前巴蜀地区的政治、经济、文化、民族等历史问题的研究，并对我国西南地区各民族其他方面的历史问题进行探讨，使历史科学更好地为我国四个现代化服务。随着工作的开展，研究会将陆续编辑《巴蜀史研究丛书》《巴蜀史资料丛刊》和《巴蜀史论文集》，尽力反映学术界在巴蜀史研究方面的一些重大成果以及不同的观点和看法。这些论文和资料的编辑由本会会长张秀熟同志主持，四川省社会科学院《历史知识》编辑部李有明同志负责具体工作。希望能得到省内外史学界和各方面专业的与业余的同志的帮助与支持。

本书为研究会请任乃强先生撰写的。初稿定名为《四川上古民族史》，后改名为《四川上古史新探》。参加本书编辑和审阅的，还有《历史知识》编辑部的魏明生同志。

巴蜀史研究会

# 第一章　古羌人与蜀族的关系

在我所写《羌族源流考》①中，认为西南的大部分民族及西北各民族皆是古时康、青、藏高原上居住的羌族支派。此说主要的理由在于：

## 第一节　古时青康藏大高原的地理条件最适合于人类生存和发展。最适于原始狩猎和畜牧。这些条件，使它成为亚洲原始文化发祥的地区，成为人类生殖繁衍的地区

古康青藏大高原，包括今四川的甘孜、阿坝两个自治州、青海省和西藏自治区的全部地面；高原平均海拔 4000 米以上，有许多山脉都是长期积雪的，平地多是草原，只少数河谷内有可耕之地。高原上空气稀薄，日晒酷热，而平均气温却很低。这在今天看来，自然条件很差，但在原始社会的人类生活环境中，则是福地，或说是"乐土"。当原始人类（可能在百万年前，还是猿人的时候）从横断山脉的森林猎食前进，进入了这一大草原地区后，便定居下来了。定居的原因在于，第一，那里的草食兽如羊类、牛类、马类、驴类和野禽，万千成群，容易捕获与驯养，食粮丰富。第二，没有毒蛇和瘟疫，肉食的猛兽很少，居处安全。第三，百万年前，这个高原的上升还未达到现在的高度（可能比今天要低一千米），气候还不似今天寒冷，而且北面又有很多崇山峻岭拒阻北方寒潮的侵入，气候稳定，少有自然灾害（例如地震、火山、林火、山崩、人风暴与大寒潮）。第四，有丰富的石器。这是比其他许多地区②特别优越的重要条件。因为它是元古代地层风化土的残积地，地面多有石英块和巨粒黄金。石英块砸碎就是锋利的石器，黄金块用为投掷武器效果最好，且易于收回。这在原始人类看来便是再好没有的地方了。第五，它还有很重要的而不

---

① 征求意见稿，见《民族研究》1979 年第 2 期及 1980 年第 1 期。
② 例如中原黄土区和四川红盆地、长江三角洲与西北沙漠地区。

为今人所注意的条件,就是它有丰富的食盐。原始人类重要的嗜好品是食盐,尤其是以肉为主食的人们总是围绕着产盐的泉池、海岸生活的。所以文化发育的地点,也多是食盐供应便利之区。这个大高原内,盐池、盐泉与盐湖最多,尤其是藏北的羌塘①,至今仍是产盐极多的地方,所以它能最先形成羌族聚居的地区。中华的"羌"字,即缘其自呼之音而造的会意字。

为什么羌人能最先育成牧业文化?人类出生以后,北半球曾经出现过几个大冰期。每个冰期都要经过二万五千年左右,凡受到北极寒气影响之地,经过长期冰冻,生物会要绝迹。人类虽然有火,也不能免。只有附近热带地方的人和动植物,才能够熬过几个冰期,不会绝种。康青藏高原在北纬 $28°\sim36°$ 之间,有重重山脉阻绝了北极寒流的影响,可能免受冰期之害。它的南侧河谷深陷,富有森林,即使冰害侵入,亦易避入森林,保存人种。所以中原的猿人②在第三冰期内虽很活跃,经过第四冰期的寒冻也会消灭。但居住在康青藏大草原的羌人并未消灭。他们在第四冰期内转入大高原侧的森林与草原之间,继续劳动,继续改造他们自己的身体和脑筋,改善他们自己的生活。当第四大冰期已过,他们回到旧时的乐土大草原内时,已由猿人阶段进入真人阶段了,在过去改进生活方法的基础上成功创造了高水平的牧业文化,任何其他地区的人类都不可能赶得上他们。所以我说住居在这大高原上的羌族,是亚洲最早创造牧业文化的优秀民族。

## 第二节 我估计,羌族牧业文化的诞生早于中原农业文化的诞生,有几条史证

第一,《左传》记蔡墨说"烈山氏之子曰柱,始为农耕"。这与《易·系辞》中"神农氏作,斫木为耜,揉木为耒,耒耜之利,以教天下"的记载,以及诸子百家说古史上的神农氏皆合。传说中的神农氏后裔至榆罔,为黄帝轩辕氏所灭。据推算,黄帝至今大概为五千年。再据《吕氏春秋》说"神农有天下十七世",《初学记》引《帝王世记》说"神农至榆罔凡八世,合五百三十年"。姑以烈山氏柱至榆罔为500—1000 年计,也还在六千年内。而那时羌族的牧业文化已经发展到相当高的程度,已经由野牧牲畜发展到舍饲牲畜,并且在农耕很艰难的情况下出现了谷物品

---

① 一作绛塘、绛通、羊同,时异译字不同。
② 如周口店房山洞内栖息的"北京人"。

种<sup>①</sup>。我把羌族发展牧业文化的时间估计为一万至五万年，即或这样算来，中原农业的诞生，也几乎与羌族农业诞生同时。而中原农业诞生以前，并无经过牧业生产阶段的传说，这与人类生产发展的规律不合。故我认为很可能中原农业就是直接承受羌族农业影响，或由羌族带动而发展起来的，所以才未经过牧业发展的阶段。

第二，我国古籍中经、史、诸子，无不说中华文化始于伏羲。说自他开始有婚姻制度，始制网罟，始养牺牲以充庖厨，始有河图洛书，始画八卦。又说他生于成纪而居邑在陈[②]。"成纪"，地在陇西，周秦时都还是羌戎居地，无论上古。"陈"，故邑在今河南淮阳县，属淮水支流的颍水与涡水之间的黄土丘陵地，在上古时为中原农业文化诞育区的中心，神农与成汤俱兴于这个地区。所谓伏羲氏，也许就是羌族居于陇西的一个氏族部落，他的舍饲牲畜和栽培牧草的方法，随其迁流所至传播到中原黄土区来。烈山氏之子柱，因种牧草之法而创造了粟这种谷物，使中原人开始粒食[③]，是为神农氏，从而发展成为中原的农业文化。我的设想是：中原农业文化的前期所应有的牧业阶段，是羌族在青藏高原上已经完成了的。中原所传伏羲氏这个氏族，只是把羌族牧业发展到陇西黄土区来，把进行舍饲牲畜和栽培牧草的方法传播到中原来的一个代表氏族。伏字亦写作虙、作密（古与伏同音）、作包、作庖，羲亦作牺、戏，都有以舍饲牲畜为食物的含义。舍饲牲畜，就必然要收割和栽培牧草。栽培牧草就会发展为栽培谷物。黄土丘陵适于挖窑洞住人和圈养牛羊。黄土丘陵土质松腴，适于木耒耕种，这两个优越条件，是青藏高原所没有的。所以羌族虽已完成牧业文化，进入农耕阶段了，但限于地理条件，需要进入陇西高原才能够得到进一步的发展。他们需要进一步的发展和更进一步的发展，所以更需向东，进入渭水盆地和三河盆地[④]，与淮济之间的黄土丘陵地带。《后汉书·西羌传》就曾把古羌族分布到这些中原部分的历史明白叙入。我的设想也不是凿空的幻想。

第三，中原文化的孕育和成长，也不是在一个地区内完成的。按近世发现的旧石器遗址说，绝大部分都在青海、陇西、河套、冀北、幽燕和辽东地区。这些纬度高、海拔也相当高的草原地区，是羌人乐于徙住的地区，而不是中原民族所先已住入的地区。陇山、壶口、太行、燕山这些山脉，介于中原与阜原之间，具有华羌分界线上的桥梁作用，使两者之间的居住者发生交流。所以殷墟甲骨文里，没有其他

---

① 中原麦种来自羌区，下将详述。
② 参看宋刘恕《资治通鉴外纪》和清人胡克家注。
③ 原种是狗尾草，人工选种培育成为粟谷，是中原最先育成的禾谷类作物。
④ 河东、河西、河南，为三河，即黄河东转的部分。

民族的专称字,而只屡见羌字。① 这是已经承认羌人在当时文化较高,中原居住的人类也多与他们有交流。

更还有"神农生于姜水","黄帝长于姬水","昌意降居若水,青阳降居江水","禹生于石纽"等传说。那些地方,在当时皆为羌地。即是说:上古年代的华族祖先,与西羌的祖先不但是友好相处,而且是互通婚姻,互为君长,亲密如一家人的。羌与姜两个字,是代表性别的民族同义字。周代的"姜戎氏",和申、许、甫、缯、齐、莒等姜姓国,都可认为是羌族华化者的后裔。即如周朝的始祖后稷弃,亦生于姜原,见于《周诗》中歌颂其祖先的《大雅·生民》篇。无论把姜原解释为一个女子,或一个氏族居住地,都可知他是羌族的血统。又,周代人以姬姜连称,公认为一代华贵之族。其实周王族之姓姬,自文王始(可能还是自武王或者周公开始),那只能是因为姜姓之族互婚后,互相称用的字。羌族称周族之女为姬,周族称羌族之女为姜。他们都是由母系氏族社会转进到父系氏族社会还不久,是保持尊重女性习俗的一种体现。

羌族保持母系氏族的社会制度最久。青藏高原地区,直到唐代,还有"东女国"与"西女国"两个部落。陇西地区,则到了东汉年代,还有"比铜箝"这样一个羌妇,具有很大的号召能力,能领导羌民与汉朝廷反抗。果洛地区各部至清代还共奉一个女王。《周诗》中的姜原,是个母系氏族首领,是无疑的。中原的华族,则从来就无母系氏族的记载。只曾有个女娲氏的传说,皇甫谧《帝王世纪》说她"号女帝,是为女皇"。似中华古代也知有女王之国。但那可能是指的西王母,不是中原有的部落。即如《世纪》所说:她与伏羲同姓风,也是"蛇身人首","代伏羲而立"。这就只可说她与伏羲氏同是羌族的部落,都出生在神农以前,同为中原华人所崇拜。

## 第三节 羌族驯养野兽成功早,进入农业生产亦早于中原

**养羊** 羊是最易捕获和最易驯养成功的动物,但中原文献并未见有驯养野羊的记载与传说。西藏虽亦没有驯养野羊的记载,但青藏高原的毛用羊种(绵羊)是双角卷曲的盘羊,与中华内地的伸角羊或无角羊种不同,而殷墟甲骨文的许多羊字都是双角盘曲、一对大眼的象形字,正是西羌羊种的形象,而不是内地羊种(咸羊)的形象。这就说明,羌族驯养野羊成功甚早,而中原的古代并未有过驯养野羊的工

---

① 其他民族部落多加有一方字为称。称羌方的很少见,一般只称作羌。

作，其所有的毛用羊种，只是从羌人地区传贸来的。并且这样习于高原气候的羊种，在中原养殖也未成功。大约秦汉以后中原人就改养自冀北引种的咸羊了。驯养绵羊的目的，是制御寒衣服。羌族驯养绵羊虽成功早，却没有剪毛的工具，所以习惯于穿羊皮（羌族剪毛纺织，是唐以来才开始有的）。中原虽很早就已有褐布（毛布为褐），却是从羌人购买羊的皮毛来剪毛纺织的。那种羊毛皮，称为"织皮"，见郑玄的《禹贡注》。这一事实也说明羌族养羊成功之早，说明中华古代的毛褐、羔裘，都是仰给于羌人的。

**养牛** 羌族最早驯养成功的是牦牛，是由西藏高原的野牛驯养成功的。野牛力大凶猛，群行好斗，甚难捕获，也难养驯。但原始的羌人把它捕获了，养驯了。驯善到吃苦耐劳，百依百顺，与现代的马骡相似。这一奇迹，不经过一万年以至于几万年是不可能完成的。这种牛，羌语叫"雅"（gyag），只能生活在高寒的青藏高原上。中原亦曾引种过，但未能成功，只留下一个"犛"字。其字本以牙为声，后讹为"犛"。中原养牦牛虽不成，仍重其项毛与腿毛之长美，用为车马、戈矛、旌旗装饰，大量从羌中输入，造作牻、髦等字，而称其牛为牦牛。这也可说明古代的中原，是有羌人华化的，重视牦牛而不能挚养，只好购入其毛。华族亦从而爱重之，是因原来遵从羌俗之验。

中原本来驯养成功的是黄牛，那是从塞北草原引种来的，也是羌支民族驯养成功的。《易·系辞》言黄帝"服牛乘马，引重致远，以利天下"。大概黄帝时已经引种黄牛成功了，却不是驯养牦牛成功。若要说中原民族驯养野兽成功的，可能只有猫和狼犬①，猫则至今还未全驯。也有养虎的记载（《庄子》与《列子》），但未成功。

**养猛兽** 这是驯养工作最难做的一部分。中原人养虎虽未成功，养虎方法的研究却是有成果的。若还继续养它几千年或几万年，也可能养得驯善。羌族人民驯养成功的獒犬，本是与狮虎相似的草原猛兽。这种驯养成功了的獒犬，曾经引种到中原，见于《尚书》。② 所谓"厥獒"，即如说：他们地方特有的獒犬。故太保之训曰，"犬马非其土性不畜"。这就说明，早在西周初年，羌族已经把那种草原最凶猛的野兽养驯了。但中原的周宣王，在已克殷的两百多年后还未把中原出产的猛兽老虎养驯。③ 可见，羌人进行驯养野兽的工作之早，可能比中原人要早几万年之久。

---

① 说在《羌族源流探索》。
② 《尚书·周书》："惟克商，遂通道于九夷八蛮。西旅厎贡厥獒。"所言"西旅"，正是指的羌擘诸民族，即《牧誓》所谓"逖矣，西土之人"。
③ 周宣王养虎，见《列子》。

**牲畜异种杂交** 这在中原上古时，是毫无成绩的。牛就是牛，马就是马，同种才交配，优劣听其自然。羌人便不同，早就已经采用塞北的黄牛与羌地的牦牛交配，育成犏牛这个更优良的家畜了。羌语把它叫作"牸"（近世藏语音转为卓，但有些地区牧民仍呼为牸）。这种牛，无论在乳量、肉味，毛质和运输性能各方面都比牦牛优越。但不能传种。虽亦能交配，所传的下一代则性劣能低，变得比牦牛不如，牧人照例屠杀不养。今世康青藏牧民仍具有如此育种技能。

《礼记》这部书里，记有许多牸字，全是祭享献牲的含义。它可说明秦汉之际，羌人冬季草枯时，把年齿近衰的过剩犏牛，驮运到内地来售卖，兑换农业区的商品回去。中原华人冬季祀祖，需要献牲和燕享，既不忍多杀自己的耕牛，恰好买到这些羌人出售的犏牛来代替。这种买卖，恐怕还不是周秦年代才有的，殷墟甲骨所记羌人贸易，动辄是牛若干牢，可能已有犏牛在内了。这可说明：至迟是周代，羌人已经有犏牛这样的异种杂交育成良种的方法了。

中原的华人也有用马与驴交配育成骡子这个优良役用家畜的方法，但可能不是华人自己创造的，而是秦汉之际开始从匈奴或东胡人那里学来的。因为这个"骡"字，秦汉时原写作"蠃"，从"蠃"省，马声，从马字为义。它是匈奴地域的特产，汉时才大量作为商品输入中原的，见《盐铁论》。上古中华文籍并无此字（"蠃"字是古"螺"字。"螺"与"骡"都是隶变后的简写）。若骡子是华夏早有的，则造字就不会那样麻烦了。若果如此，则马驴杂交产生骡子的方法，也当是羌支民族在犏牛育成的启发下创造出来的了。这些事实都足以说明，羌族在原始社会里，其牧业文化之优越。

**耕种业发展情况** 整个康青藏高原是不适于农业发展的，它只有百分之二三的河原台地可以种植麦类和蔬菜。按人类生活发展前进的规律来说，总必然是由渔猎生活进而养殖家畜，再由野饲家畜进入舍饲，由种植牧草进而种植谷物。当牧业文化发展到一定高度时，自然就会向粮食生产方向前进下去。羌族住区虽不利于发展农业，他们也不能乐于停滞在牧业经济的圈子里而不图前进，到了一定的时候，也能在草原边际的一些河谷地区，选些含养分比较多的牧草籽实，进行栽培选种，提高牲畜的营养。那里野麦比较多（主要是燕麦，至今还是遍地野生的），经栽培选种若干世代后，变成籽实壮重的稞麦了。今人把它叫作"青稞"，古代羌人把它叫作"来"。今天的藏族仍叫它作 Nas，这是羌族培育成功唯一的耐寒麦种，茎叶强劲，颖谷厚，能耐霜冻；籽实与颖谷分离（不似大麦那样相黏附），色黑或青绿；麸皮厚，磨粉色黑（不似小麦粉白）。中原、漠北、西域、中亚、北欧、中欧都引种它，普遍栽培于小麦生长困难的寒冷地区，也仍是呼为"来"音（字写作 Rye。即黑麦，是作黑面包的材料）。欧洲的小麦种，是否由这种黑麦改变而成，难定。中原的各个麦种，都是由这种来麦演变的，则有文字演变的证据。我国最早并无"麦"字，只有"来"字，写的形象似麦穗。《诗·周颂·思文》是周王祭祀后稷（弃）的诗，其中有"贻我来牟，帝命作育"两句。所有经师们的解释，一致认为后稷受天帝赐给的麦种叫来和牟。把它解为大麦和小麦，我的解释不同，载在《周诗新诠》和《羌族源流探索》两种专著里。这里撮要提出几个要点的补充：

来与牟，是羌族先祖培育成功的两种农作物的本称。来，就是青稞。牟，可能就是圆根萝卜，今天藏民叫作"油玛"，古代的羌民可能就叫它"牟"。它不能是麦类，若还是麦类，译音造字就不会与来字迥别。"来"字是像麦穗之形，用羌语之音。"牟"字则上像圆根之形，下加"牛"字以像其声。这种特别耐寒的根菜，引种入中原后，逐步转变为萝卜。

来、牟引种到中原，在后稷之时，可依此诗确定，但中原在上古年代曾经有两个后稷。按《左传》昭公二十九年蔡墨说："烈山氏之子曰柱，为稷，自夏以上祀之。周弃亦为稷，自商以来祀之。"所谓烈山氏，即炎帝神农氏。柱，是中原最早发明农耕的人，故自黄帝到夏王朝都奉为后土、社稷、田正之神来祭祀。弃是尧时的农师，《尚书·舜典》："帝曰弃，黎民阻饥，汝后稷，播时百谷。"这个后稷是周人的祖先，也是商周两代奉祀的后土、社稷、田正之神，均可称为后稷。《周诗·大雅·生民》也是祭祀"后稷"的诗，凡八章，七十二句，称颂祖德甚详。《周颂·思文》则只有一章八句，仅当《生民》的九分之一。这都还可以说是乐章体例不同，不是分别用于祭祀两个后稷。值得注意的是《生民》诗中，举有荏菽、禾、麻、麦、瓜、瓞和黄茂、秬、秠、糜、芑等很当时农作物的名称多，是农业已经进一步发展了的写照；而《思文》篇则只提出来、牟两种从外来。而且把麦类只称为"来"，用羌人本语；《生民》则不作来而作麦字。麦字从来，显然是指的大小二麦而不是指的青稞。按文字发展的规律来说，"麦"字"从来"，便当是因"来"字演化为新种后所造的名称字。即是说来（青稞）为引种时原种，麦为中原栽培青稞后育成的新种。新种更能适应中原的风土和人的口味，一般人便不乐于再种青稞而只种大小麦，于是"麦"字通行，"来"字只用为外来之义了。若这样推断是合理的，则可定《思文》所祀的后稷，是祀烈山氏柱，即后土之神。《生民》所祀的才是周的始祖弃。诗语各指一人。柱是引种来、牟入中原栽培的，后来发展为大、小麦和萝卜。弃是推动中原农业进一步发展的师，其时二麦已经育种成功，通行"麦"字，"来"字已退到只作"行来之来"解了(用许慎《说文》语)。

这样考据,对判断羌族与华族农业发展时间先后很有关系。若《思文》是祀周弃的诗,则是中原农业已经发展了几百年后才从羌地引进麦种来。若还是祀烈山柱,即神农氏的,则是中原农业发轫之始,已经引种到羌域的两个作物品种。即是说羌族开展粮食生产起码也比中原早几百年以至于千余年。《史记·五帝本纪》说黄帝"治五气,艺五种"。即是说:他研究五方风土之宜而引进其农作之种。五种,即五方的谷物品种,亦即后世"五谷"的取义。汉儒的解释是南方为稻,西方为麦,中央为粟与麻,北方为黍,东方为菽。果如此说,则黄帝时已有西来的麦种了。这也是与周弃引种"来牟"之说不合,而只能是烈山柱引进"来"作为育种才合适。

这里所举的羊、牦牛、犏牛、獒犬四种家畜,和来、牟二种农作物的育成,不过用比较显而易见的历史事实来说明上古时代羌族生产的发展情况,来说明羌族在原始社会里的文化程度是高过中原华族的。只可惜他受到地理条件的制约,不能像中原农业文化那样发展的迅速。相形之下,逐步落后,逐分离成华族与羌族的畛域来了。

## 第四节 羌族向中华内地的迁徙

**羌族流动的原因** 当羌族文化发展前进,人民生活要求逐步提高,对于先前所满足的环境感到不够满足时,就必然有一部分人向四面八方流动,去寻找更适合于他们生活的地方(自然也有一部分安于现状的人留下来)。

最初的流动,不能免于瞎闯。待闯到更满意的环境,便会呼朋引类到那里定居下来。定居到又感觉不满意时,又会扩散流动。如此波浪式地不断推进,是原始人类流动不已的定式。他们不需有人引导,只是如此波动,积百千万年,就会流动到难于想象的远处。例如从热带进入寒带之远,从亚洲进入美洲之远,都是原始人类已经做到了的、无可怀疑的事实。原始人类是绝对没有"安土重迁"意识与习性的。

人类"安土重迁"的意识产生于氏族社会形成以后。那是由于他们的群体组织已颇严密了,绝大多数人恋土,不愿迁徙,少数人也就不易于向外流移了。氏族集团的流动,只能有两种原因:1. 本地区的压力太大了。例如强大的氏族的压迫到了无法相处的时候(战败了,或仇怨结除了),或天灾、饥馑严重的时候。2. 新地区的吸引力大了。例如自然条件比旧地好,没有压力强大的氏族盘踞,《唐书》所称的"西山八国",就是逃避吐蕃的压迫,远徙到岷江上游地区来依附大唐的。《左传》所记的"姜戎氏",就是从瓜州迁徙到晋国来依托保护的西羌部落。也还有其他原因使个别或少数的人漂流远地的,如史传的"舜流四凶"与"泰伯入吴"之类,属于被动流放,与氏族自愿迁徙不同,但总可归为一类。

人类"安土重迁"的思想,是农业文化高度发展以后才产生的,在古代的羌族就不会有。据《后汉书·西羌传》记载,羌族进入陇西,在农业发展已到相当程度的年代,尚且流动强烈,在原始社会阶段的流动就更可想而知了。

**羌族向四方流动的史实** 羌族的原始居住地在西藏高原的羌塘,初步的流动范围不出于四千公尺以上的草地。大约经历了很多万年的时间,都只在那样的高原草地活动。到了倾向于耕种生产的时候,他们开始对高原上海拔较低的河谷感兴趣了,于是向四面八方的高原边际移进。一步一步地渐次移居,当移居到最适于农耕的地区(大约要经过一万年到十万年的时间,才会得到),又是没有民族压力的地区,便定居下来,就发展成为新的文化区。

新文化形成以后的羌支,在有了新的图腾以后,也就有其新的种号了。例如羌人进入雅鲁藏布河谷建成农业社会以后,便改称自己为"播巴"(即今之藏族),国号吐蕃。其进入怒江与澜沧江上游河谷与印度河流域的,改称为"苏毗",建成几个母系氏族型的国家(隋唐时中原称之为"女国")。循于阗河谷进入塔里木盆地的,在沙漠边缘的诸水草地区建成一系列母系氏族部落,即古之"西王母"唐代称之为"葱茈羌"(见《通典》)。他们自己亦有婼羌、且末、于阗、莎车、疏勒等国号(参见《史记》《汉书》之《西域传》)。逾祁连山进入河西走廊,在有人灌溉的绿洲上建成半农半牧兼营东西商运的富裕部落,改号"月氏",西域的善鄯、龟兹,皆其支系之国。其东进入河套地区者别号"渠搜"①,再东进者为"狄",为"胡",都在中华之北,所谓"塞上""朔漠"的草原地带。后世所谓匈奴、鲜卑、突厥、回纥,都有可能是他们支系子孙发展起来的别种②。

**羌族东进的结果** 到达江河上源地区的羌人,因为草原辽阔,绵亘甚远,可耕的土地小而闭塞,得以保持原来的氏族社会,"羌"这个名称和原有习俗亦保存最久,直至汉、魏、隋唐都自称为羌,只有氏族集团的种号,没有建成新的国家,也无新的国号。直到公元前的几个世纪(相当于春秋战国年代),才建成了陇西的义渠国和四川的蜀国,算得上是真正的羌支国的名号。但它们的寿命都相当短,因为当

---

① 后来为匈奴所破,流迁于葱岭以外。汉武帝逐匈奴,因月氏故地置武威、张掖、酒泉、敦煌四郡,从此进入中华腹地。
② 因为那些民族的兴起地区,不可能是人类出生的地区,也不可能是避过几大冰期遗留下来的人类。

其进入奴隶社会，建成国家之时，已有强过他们百十倍的中华统一政权，不容许其再在中华腹地各自为政了。唯有保存氏族制度、居住在交通不便之地的羌支部落保存下来，直到今天，川滇边地区山谷中和草原上仍有其后代。由于他们都受过吐蕃的统治，接受了喇嘛教，因而大多被划为藏族。只有极少数未肯接受喇嘛教的羌支，还自称为羌或其别称，如古宗、刺哈、普米、达布等。

# 第二章　羌支进入四川各地的路线

## 第一节　羌族的体质决定其所选择的路线

从森林猎食的猿人进入青藏大高原进化成为真人（Homo Sapirns），由原来不适合于高寒草地的体质，改进为适合高寒环境的体质，大约要经过几十万年。经过这样改造成功为一种特殊的体质，即后来藏族牧民的体质：皮肤致密，少汗孔，皮下脂肪层厚，色素浓，肌肉结实，肺活量大，视力远达，能耐饥寒等特点。这样的环境锻炼出的体质，对于温暖潮湿的气候与地理环境都是适合的。对于中原黄土区的山岳地带，也勉强适合。所以羌族的迁徙区，难以南逾喜马拉雅而南入印度，却很早就进入塔里木盆地、河西走廊、内蒙古和中亚细亚部分，进入陇西高原区和河套、冀北等地区。我估计，羌人最先进入这样一些草原地区，可能已距今很多万年。

由于陇西和朔漠以至辽东，皆与中原邻接，而中原气候又比较寒燥，有半年为良好的农业生产季节，能吸引一部分要求发展农业的羌民移徙进来。他们与土著的华族杂处，共同发展农业，从而孕育中华文化。自然还有绝大部分羌民是坚守牧业生产，不愿向农业迈进的。"羌"与"华"的区别，便在这时代内逐步产生。但他们之间，是农牧分工、物资交流、和平友好、相互通婚的，初无民族畛域的观念。迨中原的农业文化不断发展前进，进入铜器时代以后，而羌地的牧业文化却停滞不前时，华与羌的区别就显著起来了。再进入铁器时代以后，羌人还停留在石器阶段，民族畛域就更显著了。中原地区的大民族主义与羌人的地方民族主义冲突也起来了，其时间在西汉末期，距今约两千年。其事详著于《汉书·赵充国传》和《后汉书·西羌传》。[1]

---

[1] 有人说《易卦》"高宗伐鬼方，三年克之"的鬼方就是羌方，那是很错误的。殷代与其以前，华羌和睦相处，偶有小摩擦，都只是暂时性的，断不会有三年之久的战争。《竹书纪年》说："高宗伐鬼方，次于荆。"可见鬼方在中原之南，不在羌人入住的西北。

由于羌族进入中原的成功，与其在羌、华共处中的相得益彰，推动了松潘草地以西诸部羌人向低暖河谷移进的兴趣，于是川边高原上的羌人也纷纷从各草原向所在河谷低处移进，发展成为许许多多的羌支部落。且并有循金沙江与雅砻江河谷进入云南高原的，也有循白龙江与汉水河谷进入鄂西高地的。蜀族，则是循岷江河谷进入四川盆地的。这些，是依据羌族发展的地理条件与中华上古传说的一些记载来作判断的。

## 第二节　羌族向四方低地迁徙的必然性

如上所述，羌族是亚洲最早创造牧业文化和进入农业生产的民族，他们的原始居住地是今西藏高原的顶部——羌塘。那是一个海拔四千米以上至五千米左右的贫瘠草原，是大陆中心的内陆湖群和盐碱地区，水草丰美的地面不多，只适于发展牧业，而不能发展农业，不能容纳过多的人口。故当羌族在羌塘地区生活发展到一定高度时，就自然会向四面八方扩散去找寻新的牧场。它的四面八方地势都比它低，盐碱地也少些，水草丰美的地方多些，对他们具有吸引力。这是原始羌族必然四面迁徙的第一点。

羌人开始离开羌塘四面迁徙的时间很早，最初迁徙的面只能是从内陆湖区的边缘，进入四周各条河流上游的草原地区，如雅鲁藏布江与印度河上源部分、于阗河、黄河、金沙江、澜沧江、怒江的上源部分和柴达木区、青海湖区诸草原。这些地区，仍是海拔四千米左右的高原顶部，绝大多数羌人在如此广阔的草原内停留几十万年之久，形成"羌"这个部族。在这段时间内，他们的生活条件最好，文化最高，已经进入母系氏族社会。其中却有若干的小部落再向前推进到高原以外的地面，如喜马拉雅山脉南坡、克什米尔河谷、塔里木沙漠区的绿洲、祁连山以北的朔漠与阴山草原地带和河湟、陇西、川边山谷地带的高山草原去了。并且以河湟、陇西及川边山地草原为桥梁逐步进入了中原和四川盆地与云南高原。这种高草原向四方低暖地区慢慢前进的流动，几十万年来一直未停。从历代正史有关民族部分的资料和当前藏缅语系各民族分布地区的史料来综合分析，是确切不移的事实。这是第二点。

羌族中的一部分人必然要向四方低地迁徙，也是由于康青藏高原缓慢上升的影响。大约在三百万年中，康青藏高原由海面上升了四千至五千米多。他们有身体能适应当时情况而愿意留下的，有感到难以适应而乐于移向低地的，一批一批地移向新地。很多年以后，新地上升，气候环境变化时，又会有人感到乐于迁徙了。如此一浪一浪地向前波动,几十万年不停,便有几支羌人进入中华腹地来了。这是第三点。

推动羌人向四方迁徙的动力还在于盐。原始羌人住居地区拥有丰富的食盐,其四周诸河的上源部分,大都仰给于它。羌人逐渐能够用自己驯养成功的牲畜运盐到那些乏盐地面去兑换土产来丰富本地区人民的生活。那些行盐的羌人,既是提高自己生活的人,也就是导引其过剩人口向外流动的人。而且他们自己往往也成了领导迁民的"带头羊"。当这些迁民流动渐远,发现有另一个产盐地点时,他们就会以优胜者的身份,驱逐原来的土民,占领了那个盐池附近的草原,开展新的行盐活动。从而又发展为若干个新的羌文化的分支部落,或者形成另一个羌支民族地区。例如:羌人从羌塘行盐到通天河地区①是很自然的。再东进入黄河上源部便有哈姜盐海;又从柴达木区进入青海湖附近,便有茶卡盐海。他们在这两个新发现的盐池的附近形成新的羌族核心。《后汉书·西羌传》所记先零、烧当、钟羌等氏族部落的经济中心,就在于这两个盐池。②再如,羌人从青海地区推进到河西走廊后,沿着雅布赖、吉兰泰、花马池、察罕等相距各约二三百公里内的一系列盐湖向东发展前进,次第形成我国古代所谓"月支"(雅布赖·吉兰泰区)、"渠搜"(花马池与河套区)和"北狄""东胡"等(内蒙古地区)的羌支部落。③即如中原文化之所以能在河东地区勃然兴起,也与河东解池盐分不开。因为原始社会的物资交换主要是食盐和农、牧生产品与石器。其中,盐是受地理条件限制最深的,几乎成了主要的交换媒介。④羌族之能向川边地区与四川盆、甘地南盆地和汉中盆地等地区移进,也与这些地区缺乏食盐很有关系。这是第四点。

人类由狩猎集团前进到畜牧社会,由畜牧经济发展为农业经济,再由农业经济发展为工商业经济,这是社会发展的过程。当羌人畜牧业发展到一定高度时,就必然会种牧草。牧草选种,就会产生蔬菜和谷物,自然逐渐就进入农业社会,是故羌人进入高原四周河谷以后,就能够作育成为来(稞麦)和牟(圆根萝卜)这样一些农作物品种。农作物无不需要较高的温度,为了追求较高的气温,就不得不向海拔更低的地方移进。这是羌族人民必然要向四周河谷的中下游移进的更为主要的原因。历史事实也证明,羌族从青海湖地区进入赐支河首(今青海果洛州地)与大小榆谷

---

① 即金沙江上源部分,大约有五百平方公里地面不产盐的优良牧场,今为青海省的玉树州地。
② 另详《西羌传地名考释》和《吐蕃传地名考释》二稿。
③ 详见《羌族源流探索》。
④ 食盐在寒燥的草原地区不融化而便于携运和分剖,近代仍有些少数民族用它来当货币。

（今青海东部黄河与湟水流域地面）成功了。再进入陇西高原（今甘肃省的东部和南部）也成功了。更再进入渭水盆地，与三河地区（即"中原"或"华夏"的地面）也成功了。由陇西再进入甘南盆地、汉中盆地也都成功了。由赐支河首转进入川边山谷区也都成功了。这些农业区的海拔都在千米左右，纬度也在北纬30°以上，气候与高原草地相差还不太大，他们在逐步移进中不断改造自己身体的适应能力，并逐渐与之适应而定居下来了。再要移进到长江流域的四川盆地和两湖盆地，就有困难。但是他们毕竟徙入了几支，那就是三苗和荆楚进入了两湖盆地，蜀族与另一些羌支民族（如青衣、百濮等）进入了四川盆地。为了追求农业的高度发展，羌人毕竟进入了四川盆地。

## 第三节　羌族进入四川各地的路线与其沿途留下的痕迹

羌人进入中原的路线是以茶卡盐池为出发点，随着行盐路线前进的，已如上述。其进入四川各地区的出发点为哈姜盐海。

哈姜盐海，位于黄河上源鄂陵，扎凌二大湖区的东侧，黄河南侧的草原上，今属青海省果洛自治州最西的玛多县。① 这里的食盐行销区，从古至今都是一样，可以分为下列各地段：

**如何进入玉树州的东部**　今青海省玉树、称多、囊谦、杂多、治多、曲麻莱等县，从哈姜南到玉树，北至玛多渡黄河，经过一段半沮洳地的草原入青海和陇西，是吐蕃年代建成的华夏与蕃地交通的主要商道。但黄河以北一段并不行盐，因为那是茶卡行盐区。哈姜盐只销玉树，西至曲麻莱而止，南至囊谦而止。囊谦以南属昌都的察零多盐池行盐区。这两个不同的行盐区，也就是历史上两个羌支民族部落的分界线：玉树区属于"白兰"支派的分布区，昌都区属于"苏毗"支派的分布区。从羌人行盐以来直到唐代都是如此。② 由此，可以说明民族文化与食盐产销的关系。因为这两区现在都不属于四川，可以不论。

**如何进入甘孜州的西部**　自玉树、称多以下，金沙江水以东的地面，从来都只是吃哈姜盐的羌支部落。也就是从白兰羌支派分别发展起来的许多部落。③ 哈姜盐

---

① 新中国成立前属四川省的石渠县北界。原为四川松潘厅属的上俄洛土司辖地，民国时为青海马步芳军占领，新中国成立后设玛多县，划青海省。
② 从有关这两部分的历史记载、民间传说和现在这两部分人民的语言、习俗进行分析，都是如此。
③ 清代划分为一百二十个土司辖区，一同隶属于打箭炉厅，称为"炉边"。民国称为"川边"建成西康省。新中国成立后合并于四川省，为甘孜州。

行销这一地区是旧石器时代开始的事。拥有这个盐池之利从而最先进入氏族社会的可能就叫作"白兰",他们的主要根据地在今天的石渠县。从这个大草原向南行盐的干道分为东西两条。西条为金沙江与雅砻江两大水系的分水脊,即今日的祝靖、甑科、昌泰、曲登、毛垭、稻坝这一系列的草原路线。这乃是羌族牧民向南移进的跳石路线。到了牧业发展到高度以后,才各从所在分向河谷移进寻找耕地。由于北纬30°以南,高原边缘部分的地势陡落,所有河流皆奔湍漂疾,侵蚀力强,大都深陷成为峡江,少有河原台地可耕之土。纵或有之,亦零碎分散不易联络,是故这条行盐线路,地面虽广,进入农耕年代亦久,终未能建成规模较大的国家。就中缘近金沙江的部分稍有较为开阔的山间河原,例如白玉、麻陇、巴塘、得荣、乡城、稻城、冷卡石等足以容纳数百户至千余户农民之地面,亦只能形成比较有名的土司部落。又因他们距华夏甚远,限于山谷险阻,未有交通市易与使节往来,故其部落名称鲜为华所知。

白兰之名,初见于《华阳国志》。其汶山郡云:"有六夷,羌、胡、羌虏、白兰、峒、九种之戎。"①《隋书·附国传》举出"其东北连山绵亘数千里,接于党项(按:此指巴颜喀拉山),往往有羌"的二十种羌之中,亦有"白兰"。说他们"并在深山穷谷,无大君长,其风俗略同于党项。或役属于吐谷浑,或附附国"。《新唐书·党项传》还附有白兰专传云"又有白兰羌,吐蕃谓之丁零。左属党项,右与多弥接。胜兵万人,勇战斗。善作兵。俗与党项同。武德六年使者入朝。明年,以其地为维、恭二州。贞观六年与契苾数十万内属"。这些史料虽是六朝与隋唐人的记载,决不能说六朝、隋唐时才有"白兰"这个羌种。《华阳国志》汶山郡所说的"六夷""九戎",皆谓从汶山郡外来居住的少数羌支民族。既然魏晋时已有白兰人居住到汶山郡来(可能是行盐或经商来的),那就会远在若干年前白兰已经进入氏族社会了。《隋书·附国传》指明白兰等二十羌落皆与党项隔一条山脉,显然是指的巴颜喀拉山脉。我看这与古代史料和现代民族分布情形是相符合的。《新唐书》指出白兰的左侧是党项,即是今青海果洛自治州;右侧是多弥,即是今玉树自治州的通天河地区;这更说明白兰的根本要地在今石渠县(就合并邓柯后言)。尽管白兰这个羌支民族在此育成已久,人民流徙已远,远到汶山郡(今岷江上游地区)了,他的本部(祖源所在地)仍自凝聚未变。正如华族由中原虽已移居到江南、岭南,以至于海外去了,而

---

① 《后汉书·冉駹传》作"其山有六夷、七羌、九氐",盖缘《华阳国志》,以羌、胡、虏、峒、白兰与冉、駹为"七羌"也。

中原仍是华族住居的源地，不失"华夏"之名是一样。

从白兰原始居地随行盐向南扩散的这条路线，尽管史料极其缺乏，仍有一些地区名称可以证明羌民曾经如此向南移进，并曾成功建造一些支族部落的。例如：

（一）今白玉县，从藏文所志义为"白国"。即《隋书·附国传》里的"婢药"，传者谓原是白兰部落分支的部落。早在宋代就有红教喇嘛来此阐教建寺，就称此地为"白域"，以为寺名。此地距石渠草原约二百公里，属昌泰草原的西侧。应是白兰羌分支南下较早建成的农业部落，别称为白域，不忘本也。

（二）今巴塘县，从藏文所作读起来，只一"巴"字音（塘字因清代设粮台所加，取塘铺驿传之义），其喇嘛寺称"丁零寺"，正与《新唐书》"吐蕃谓之丁零"义合。足见巴塘这个土司部落也是白兰羌所建成的。

羌族由巴、理塘地区再南进入云南高原，即为古宗（姑缯）、摩莎（拉锡）等民族。

羌族又如何进入甘孜州的东部呢？白兰羌从石渠大草原把哈姜盐运销到甘孜州东部雅砻江与大渡河之间的地带，不是循分水线的草原，而循雅砻江与鲜水河谷的一大断层湖迹草原推进的。

这个大断层，大约在距今三百万年前就产生了。南段昂头向北，阻绝北来之水。北段低头向下，潴为狭长的湖泊。其祝靖以东之部，湖水随雅砻江与鲜水河穿破南山流失而去，剩下湖迹盆地，海拔在三千五百米以下，成为川边北部最温暖的草原，并与雅砻江上游的石渠草原衔接。白兰羌人循这一带草原行盐于甘孜州东部，自很顺适。并且很快就会发觉这个湖迹草原带宜于农耕，可栽培青稞和圆根萝卜等农作物，使之成为康北最大的一个半农半牧的部落。《隋书·附国传》里所谓"东北连山绵亘数千里接于党项"的二十种羌部落之中，有"北利"一种，即是从白兰分支在今甘孜河谷经营半农半牧经济的一个部落。这个部落后来建成一个国家，奉行苯波派的佛教（墨教），传世到明代末叶才被青海蒙古固始汗（顾实汗）摧毁，改兴黄教，仍立其后裔之恭顺者为白利王，直至清末才缴印改流。即今甘孜县白利乡是也（我另有《霍尔五土十三大寺考》）。《通典》卷一九〇将"北利"讹为"叱利"。顾颉刚先生据以改《隋书》卷八三的"北利"字，是未悉藏文史料之失。附此校正。北利（白利）最强大时，在元明之际，今甘孜全县与德格的杂柯和玉隆两乡皆其领土。它的农业发展，最初大约与中华的黄帝时代同。传说中，黄帝曾派遣他的儿子昌意来过此地。

在北利尚未强大之前，大约公元六七世纪时，这个断层海迹平原的东部，即今道孚，炉霍两县地后来也曾建成一个比较强大的羌国，今藏族人民把它叫作"虎国"（打日王朝），即《隋书》所称的"附国"①。今丹巴县，即《附国传》里所谓"嘉良夷"（今曰嘉绒，即大小金川地方），在隋代也是归附国统治的。《附国传》说："嘉良有水阔六七十丈（指大金川），附国有水阔百余丈（指道孚城外鲜水河），并南流，用皮船为舟而济"，皆与今世地形符合。其他如"土宜小麦、青稞。山出金银，多白雉（今云"马鸡"，属于雉类，羽毛灰白色）"以及住宅、风俗，无不符合。道孚南山今犹呼为"打日"（虎峰），传为古打日王祭坛所在。看来这个羌国，是西康地区最早建成的一个农业大国。其名虽始见于《隋书》，其国之建成可能早在魏晋六朝之时，或许更早到两汉之际。其开始经营农业约与中原的黄帝同时，则可肯定。只是耕地有限，四方闭塞，无条件再发展前进而已。

这个康北断层湖迹草原狭长地带与折多山脉西侧的木雅草原衔接。这个南北狭长的大草原，包括今道孚县的乾宁乡②、康定县折多山以西、雅江县大河以东与九龙全县的地面，海拔比道孚河原高几百米，但仍在四千米以下，也是河谷适于耕种的大草原。牧民食盐亦仰给于哈姜，所以很早（大约一万年以前）就有比较进步的牧羌行盐到此，建成以牧业为主并自行生产粮食的繁荣部落了。《后汉书·西羌传》里说"其后子孙分别各自为种，任随所之。或为牦牛种，越西羌是也"，就是指的木雅草原的羌落。③以出产牦牛为汉代巴蜀商人所重④，到三国时为"牦牛王"之国，屡见《张嶷传》。元明清世为"明正土司"地，有四十八个小土司分管，仍保持半农半牧制度。

哈姜盐，行销至木雅乡止。九龙以南，行黑、白盐井的盐。牦牛种牧民，停止在木雅草原上了。但牦牛先主的裔支，仍前进入大渡河与雅砻江中下游河谷，去找寻更好的农耕之地。移进入这些温暖河谷低地的羌人，另自立为"白狼种"。《后汉书·笮都夷传》里说的"白狼槃木"和"白狼楼薄"，就是分居在越嶲郡界与蜀郡地界两支白狼夷的名称。他们也应是白兰的支裔，还保持其族源的旧称。作《后汉书》的范晔，把他写作"白狼"而已。窃疑白兰的"白"字，在羌语为羔子毛之意（今藏民呼作"巴尔子"）。大约白兰羌就是以首先育成绵羊种，或首先发明鞣制绵羊羔

---

① 可能是由于修《隋书》的唐人避虎字讳，改作附字。
② 旧曰泰宁，新中国成立前曾乾宁县。今划归道孚。
③ 原文"氂"字，从牙为声，即羌呼牦牛为 ya 的本音。其后华人不解羌语，改读为"毛"，改读为"黎"，皆非古义。
④ 《汉书·地理志》："巴、蜀、广汉，……南贾滇、僰，滇僰僮。西近邛、笮、笮马、牦牛。"笮都，汉武帝置沈黎郡。置郡仅十四年而座，以其所辖县分隶越西郡与蜀郡。故云越嶲羌。

皮为商品的人，所以自称为白兰。"兰"是首领之意，其子孙虽流动很远，亦不忘其祖源，而保存着这个"白"字（作北、作巴、作婢、作播，都是一音之转。作兰、作狼、作利或作"白狗"，俱汉人用字之异）。白狼槃木种，今尚保存在川滇之间的，称为"普米"。意为"白人"，以颜色为义。羌毛绝大多数是白色，意亦可通（古羌语与古华言同音义之名词、形容词甚多，此其一例）。

**如何进入阿坝州** 巴颜喀拉山脉，是黄河与长江两大水系上游的分水岭。按地质学家的推断，它出生在古生代的石炭纪，距今已六千五百万年了。① 经过六千五百万年的风化，嵯峨高山已经夷为平地。除极小部分还保存海拔五千米左右的残体外，一般都成为接近海拔四千米的草原，只有馒头状丘陵连缀成的一条分水线表示它当年的部位。这条山脉分解出来的沙砾和土壤，填满了山体两侧的一些低洼部分，成为许多水草丰美的大草原。其气候、风物与羌人原始居住地羌塘相似。故它成了原始羌人向东移进的走廊。居住其上的羌民，应比居住进断层湖迹的羌人为早。可以设想：若干万年以前，已经住满羌人并从哈姜盐海行盐到山脉东端的松潘草地了。②

但由于高原的不断上升，他们逐渐退出分水线带的丘陵，集中到一些较低的平原草场和温暖河谷去开展耕地栽培。例如石渠县大草原（白兰部开始形成），上杂柯、大塘坝（这是瓦述部的诞生地），色达坝子（今色达县治），卓斯甲、党坝、松冈，梭木四土司辖区的大草原和毛儿盖与阿坝、红原、包座、漳腊等大草原。这些草原繁盛起来后，成了节节行盐的牧运路线。各地牧民也利用他们的剩余牲畜，贩运食盐分向附近河谷地区进行交换，从而也逐渐有了徙居河谷经营耕种的羌人。这样移进，是距今约一万年的事。

松潘草地，是羌人进入四川盆地的起点地区，他们以岷江上游河谷为主要的桥梁。羌人从松潘草地进入此河谷后，建成了"蜀山氏"这个氏族部落，发展成为蜀国。同时还有从大渡河谷、涪江河谷、南坪黑水与白水河谷及白龙江河谷发展起来的羌支部落，留在第三四章叙述。

**哈姜行盐最北的界线** 巴颜喀拉山的黄河上游地区，为今青海省的果洛藏族自治州，它是很早的羌族根据地之一，载在上古典籍。《禹贡》称这部分羌人为"析

---

① 据刘鸿允《中国古地理图》和《辞海·理科分册下》第229页的地质年代表。
② 今松潘县城以北，海拔三千米以上的地面，包括漳腊、毛儿盖、若尔格、红原、阿坝、壤塘与马尔康等县的藏族住居地面，川人习惯呼为"松潘草地"。

支"①，《后汉书·西羌传》把它写作"赐支"（赐亦读同析）。《隋书》《唐书》把它叫作"党项"，都是当时当地羌人自称的语音。古羌俗以氏族祖先之名为族称，氏族有代谢，故名称有变异。其地东接松潘草地，有大片沮洳地妨碍交通，北耸大积石脉（阿尼玛靖大雪山）与陇西河湟诸羌隔绝，自为风气者数十万年，保存古羌族习俗与语言最多。故其人族性强固，不易接受外来文化，社会进步濡缓，虽迭受异族武力统治，而心不悦服。吐蕃称之为"果落"，义为"捩头人"（谓意识形态相反的人）。蒙古统治时期译仍其音。《明史》作"鄂罗克"，清代称为"俄洛野番"，其人实甚善良，重品德，守古羌遗风。清时，划归四川松潘镇管辖。原只分上、中、下三部，清末已分为五部，仍共戴一女王，民国初，乃转入男性氏族阶段，被青海马步芳军队征服，开始置县征税。中华人民共和国成立后，遂隶青海为自治州。

果洛人民与白兰羌人皆依哈姜盐海行盐之利以致强大。白兰前方地势开阔，故其人随行盐所趋，扩散极远。果洛地形不利扩散，北接大积石山脉逾河曲为西倾山脉，东连秦岭，与中原隔绝，故陇西只行茶卡池盐。古代的果洛行盐，只限于白龙江盆地、甘南的徽成盆地（属嘉陵江上游）和陕南的汉中盆地一线。果洛羌民亦只沿这条盐路向东发展，在河谷地区形成宕昌、参狼、白马等羌支民族部落。其开始东进的时间很早，最远处曾缘大巴山脉到达鄂西"神农架"地带。下逮距今一万年左右，由于当地的居民文化已高，鄙视古羌，另自成族，羌人乃不再东进了。

位于秦岭山脉与大巴山脉之间的甘南、陕南地带，是介于中原与四川盆地的居间地带，历史上被划为梁州及益州。正因为他们与四川同属于哈姜行盐区，所以古代人民的族源相同，习俗相近（就秦汉以前说），故附带在本章论及。自大积石山与秦岭以北，属于茶卡行盐区，文化发展就不同了。

## 小　结

由于这两章的讨论扯得太远，略嫌泛滥，这里结束为下面的几句话：

——羌族是亚洲地区文化发展最早的民族之一，它为了不断提高自己的经济生活，不断从原始居住的高原向四方迁徙。

——其向中原方面推进的出发点是茶卡盐池。向四川方向推进的出发点是哈姜

---

① 《禹贡》：雍州，"织皮昆仑、析支、渠搜、西戎即叙"，谓这三个西戎部落皆以生产连毛的羊皮来与华夏市易。昆仑部在今青海柴达木与通天河区。渠搜部在陕北的河套地区。

盐池，行盐能到哪里，人便流动到哪里。

——哈姜盐行销地面最广阔，但多是交通不便地区，社会发展缓慢，长时间停滞在牧业社会。茶卡盐行销地面较狭，因与中原接近，社会发展较快，又因河东解池行盐区与塞北许多行盐区逼近，故羌人在华夏的活动范围限于陇西和青海地。由于华夏农业条件优越，羌人除融合于华族之外，只好接受华夏政权的统治。持反抗态度的，一次一次都归于失败，终于退回高原牧业地区。

——哈姜行盐地区由于对华夏险远，保持羌族本俗最久。又因川滇与甘南、陕南也对华夏有一定的交通障碍，所以羌支进入这些地方也很早，而且融合得较晚。

# 第三章 蜀山氏

羌人从松潘草原循岷江河谷南下，找寻更好的耕地，大约要经过一万年时间的艰苦奋斗才能进入成都平原，形成蜀山氏。

## 第一节 "蜀山氏"名称所自来

"蜀山氏"三字，在今存典籍中，首见于《史记·五帝本纪》与《大戴礼·帝系篇》。两文皆出于西汉中叶，大同小异，兹并摘录，对比分析：

《大戴礼》云："少典产轩辕，是为黄帝。黄帝产玄嚣，玄嚣产蟜极。蟜极产高辛，是为帝喾。帝喾产放勋，是为帝尧。黄帝产昌意。昌意产高阳，是为帝颛顼。……黄帝居轩辕之丘，娶于西陵氏之子，谓之嫘祖氏，产青阳及昌意。青阳降居泜水。昌意降居若水。昌意娶于蜀山氏。蜀山氏之子曰昌濮氏，产颛顼。……"

《史记·五帝本纪》云："黄帝者，少典之子，姓公孙，名轩辕。……有土德之瑞，故号黄帝。……黄帝居轩辕之丘，而娶于西陵之女，是为嫘祖。嫘祖为黄帝正妃，生二子，其后皆有天下。其一曰玄嚣，是为青阳。青阳降居江水。其二曰昌意，降居若水。昌意娶蜀山氏女，曰昌仆，生高阳。……黄帝崩，其孙昌意之子高阳立，是为帝颛顼也。……帝喾高辛者，黄帝之曾孙也。高辛父曰蟜极。蟜极父曰玄嚣。玄嚣父曰黄帝。"

司马贞《史记索隐》云："太史公乃据《大戴礼》以嫘祖生昌意及玄嚣。"是谓史迁之文较大戴为后出，考又不然。查《史记·儒林传》，礼家诸学者，鲁高堂生、徐生、至"瑕丘萧奋"而止。似不曾知有大小戴，何能引据其书？宋淳熙乙未刻《大戴礼》，韩元吉《序》谓"按《儒林传》（戴）德事孝宣，尝为信都太傅"。今《汉书·儒林传》礼家云："孟卿，东海人也，事萧奋，以授后仓、鲁闾丘卿。仓说礼数万言，号曰《后氏曲台记》，授沛闻人通汉子方、梁戴德延君、戴圣次君，……德号大戴，为信都太傅。"未著何时。然上叙徐生云，"孝文时，徐生以颂为礼官大夫。传子，至孙延、襄。……延及徐氏弟子公户满意、桓生、单次，皆为礼官大夫。而瑕丘萧奋以《礼》至淮阳太守"（此全用《史记》文）。是萧奋与徐生之孙同时，奋以为师，再传乃至大小戴。孝文帝（即位于公元前179年）至宣帝（即位于公元前74年），一百又五年，传经阅六代，为可能。然则至宣帝时犹在之大戴，其生年应较史迁为晚。迁撰《史记》，"至太初而讫"（《自序》原语）。太初（公元前104—101）至宣帝三十年，则迁实未引据大戴之文可定。至少，也只能说大戴著书与迁同时，分居朝野，未相闻问。迁实未见其书，只所引据同出于先秦的另一种书耳。①

史迁《五帝本纪》所有文字，除此段外，其他与《大戴礼》雷同者还多。如叙五帝资质、德行各句，与《大戴·五帝德》篇，只有个别字异，其义殆无不同。《史记》文字较详（例如：颛顼"北至于幽陵，南至于交阯，西至于流沙，东至于蟠木"等句，《大戴礼》有。黄帝"东至于海，登丸山，及岱宗，西至于空桐，登鸡头；南至于江，登熊湘；北逐獯鬻，合符釜山"等句，则《大戴礼》无）。就成书时间说，似可以猜为《大戴礼》截取《史记》为文，但这也说不过去。因为，史迁之书原只"藏之名山，副在京师"（迁《自序》语），至元帝时褚少孙为之增补，始得外传，戴德亦应未见。由是可知二人实同时著书，同据前古成简。故其文基本相同，而亦有用字各异处。例如《史记》"青阳降居江水"，《大戴礼》作"泜水"。《大戴礼》"嫘祖"，司马贞引《史记》作"累祖"，刘恕《通鉴外纪》引作"嫘祖"，罗泌《路史》所引又有作"雷祖"者。黄帝时尚无文字，传者只录其音而作字不同。后世既有文字，引书者不遵原文，各行所体会之意以为字，歧出日多，往往失其本义。是故治史的方法，不止于援据旧文，尤当善于鉴定旧文，探其本源，别其正讹；不可谬执一书，陷于从误。考古者，尤当留意于此。

《史记》与《大戴礼》关于"蜀山氏"所据之书，可以肯定为《世本》。班固因刘向《七略》撰《艺文志》，春秋家有《世本十五篇》，注云："古史官记黄帝以来讫春秋时帝王、诸侯、卿大夫世谥名号。"② 又《司马迁传·赞》云："孔子因鲁史记而作《春秋》。而左丘明论辑其本事以为之传，又纂异同为《国语》，又有《世本》录黄帝以来至春秋时帝王、公侯、卿大夫祖世所出。"盖谓《世本》为左氏所纂辑。

按《国语·楚语》记申叔时与庄王论教太子，有"教之《世》而为之昭明德而

---

① 吴序所云"德事孝宣帝"，未详所据。窃疑其出于谯周《古史考》。谯局重经学，颇斥司马迁，所撰《古史考》悉遵经义。收用大、小戴、白虎观诸儒之说为多。去戴氏时近，故能知其仕宣帝时。其书今佚，唐、宋人汇书犹多引之。张澍《蜀典》曾有辑文，虽亦未得此语，意者宜有之。
② 家藏尊经书院刻本此注显有脱文。兹用司马贞《史记索隐》注裴骃《史记集解序》引刘向旧文补"帝王，卿，世谥名号"七字。

废幽昏焉，以休惧其动"句。韦昭注云："世，谓先王之世系也。"古世之人、地、书与动植物名多只一字。如此次所举书名：《诗》《礼》《乐》《令》《语》①，皆只一字。唯《春秋》《故志》《训典》三者为二字。东周以后，始皆加字悉成复名。如《周诗》《礼记》《乐记》《法令》《国语》等称谓。是左丘明以前已有《世本》流行矣。黄帝至尧舜时有无文字与史官，还是很大的疑问。而能传《世本》者，氏族社会时人例能传诵其始祖与历史杰出祖先的名称与其简要的事迹。许多无文字的民族，随时随地皆在教其子孙背诵这种简单的"历史"。其能者，递世传承，远及始祖。或能编成诗歌，更可不忘（如近世凉山黑彝，有能背诵其祖先世次至七十世者，一般皆能达四五十世），故黄帝、尧、舜之事能传至今。自有文字，即当已有《世本》这样的记载，不过难免加工增饰之讹。黄帝事，子孙传诵应最翔实。经师（戴德）、良史（马迁）多所收采，应无足怪。

以此，可定大戴与史迁所记"蜀山氏""西陵氏"与黄帝同时，并已通婚，是可靠的。

班固《艺文志》数术类又有《帝王诸侯世谱》二十卷、《古来帝王年谱》五卷，应即周东迁以后，史官增益《世本》所作。《五帝德》之文，或即采之。其书久佚，无可稽考。唯《世本》保存最久，且多有后世增益，故唐、宋人犹能见之。②

## 第二节　何以叫作"蜀山氏"

蜀字，原造字时作罗，象虫形，所指为野蚕。野蚕与家蚕全同，但形体较小，两额有黑斑一对，似眼（是为眼斑，家蚕亦有，改良种乃或消失）。故造字时特夸大其目，以与其他蠕虫字区别，或曰象蚕吐丝之形。上四，即古蚕字，象其环节，亦通，要其字为野蚕。野蚕者，家蚕之原种，专食桑叶，凡桑林所在皆有之。色暗白，亦有眠蜕三期，逐步长大。成熟时，奔赴桑下草丛、枯叶、乱石、竹篱间吐丝结茧，化蛹。蛹化蛾后，吐液溶丝，穴茧而出，飞向桑林，产卵于桑皮皴裂部越冬。翌年春暖，桑叶发，卵亦孵化为蚁虫，奔赴桑叶，每叶只一虫，鲜有二虫共一叶者（故蜀又训独），如此循环生活。其蛾嗅桑之所在传播，其茧较家蚕茧微小，暗黄色，可

---

① 韦昭注："令，谓先王之官法时令也""语，治国之善言""故志，谓所记前世成败之书""训典，五帝之书"。
② 《颜氏家训》谓皇甫谧《帝王世纪》说："《世本》左丘明书，而有燕王喜、汉高祖，由后人所羼，非本文也。"又章怀太子注《后汉书·廪君传》亦引《世本》，皆非周代事，应是后世多有增益之验。唐、宋人书引《世本》者多，或作《代本》，或作《系本》，元以后亡佚。

以缫丝，但多颣节（丝分歧为颣），只适于制绵，或缫粗丝。其丝强韧，宜作弓弦。因其以卵越冬，虽卵上附厚胶质，亦不能耐零下二三十度的霜冻。非冬寒不甚严重之地，野蚕卵即不能存活孵化。川边草原羌族原住地方，既无桑树，亦不可能有野蚕（河朔高草原地区与西域沙原地区同）。陇、蜀山谷与中原虽有桑，野蚕亦未易自生。因冰冻严重能杀卵，只有人工藏种发明后（野蚕培育成家蚕后，乃有迫其产卵纸帛，藏以越冬之法），方能人工繁殖。原始人类，只能拾取野蚕茧蠕丝、制绵，就是拾取野蚕茧来抽丝与制绵的过程也是不容易取得的。原始人类从草原雪地，转进到森林河谷，景物全非旧时所习见。尤其是桑这样的阔叶树和野蚕那样微小的虫，他们由素不相识到了相识，素不注意到了注意，经过无意有意地接触、观察，了解到它的生活方式了，也有若干世代都认为与人类生活无关。直到发现它的野茧后，开始也只能拾来玩。迨发现野蚕蛾从唾润处排丝成孔钻出茧来，又才会发觉茧可溶解抽丝、制绵，比毛和麻好。今天到处的桑林都有野蚕和野茧，却还很少（或者说极少）有人注意到它。甚至一般养蚕售茧的农民都不知他的桑林有野蚕野茧。几千年以前的蜀山氏，能够做到这一步，其对人类贡献之大，是很值得研究的。

黄帝之世，我们全国只有一个"蜀山氏"。可以设想：这个氏族是最先重视野蚕，创造出拾茧制丝的氏族。他们这种成功的发现和创造，尤其是以绵与丝作为商品同邻部交易，到处见重。从而亦知重视野蚕，拾取野茧抽丝、制绵了（西陵氏的嫘祖介绍其法入中原）。中原华人不忘其法所自来，而称他们为"蜀山氏"。那些跟着学的人，先见到了丝和绵，后才注意到蜀这个虫，乃称此最先发明者为"蜀山氏"。

## 第三节 蜀山氏之国究在何处

既然《史记》与《大戴礼》同样说黄帝娶西陵氏女生昌意与青阳，昌意降居若水娶蜀山氏女生颛顼，和青阳降居江水（泜水），其孙为帝喾。只就这些地名，就可知蜀山氏居地是今何处了。

首先，可以肯定它当年在华夏之西、陇蜀之间的河谷地区，而不是山东的蜀山或蜀邑。理由是：

（一）黄帝生平事业在兖州以西，不在泰山以东。

（二）黄帝所娶之"西陵氏"，论是今何地，总当在华夏的西方，不会在东方。

（三）昌意降居的"若水"，《汉书·地理志》明确指出，在旄牛县界。其文云：

"鲜水，出徼外，南入若水。若水亦出徼外，南至大笮入绳，过郡二，行千六百里。"汉旄牛县治在今汉源县。其辖境，则包有今甘孜州东部，本为沈黎郡地。汉武帝初置沈黎郡。南部为大笮，定笮、笮秦三县，隶越西郡。"鲜水"，今藏语仍称"鲜曲"，即道孚河，经三查坝，至雅江界入雅砻江。"若水"即雅砻江，发源于今石渠县，经甘孜、新龙，雅江、木里、九龙、盐源等县，至渡口市入金沙江，金沙江古称"绳水"。志云"过郡二"，谓蜀郡，越巂二郡也。古今地理无不吻合，则若水为雅砻江可定矣。雅砻江在甘孜段，与其支流鲜水的炉霍、道孚段，合为一斜长的断层河原，温暖可耕种。昌意所降的"若水"部落，应即在此。昌意既降居此，则所娶蜀山氏，应亦去此不远，他断不可能远娶到山东。

（四）青阳降居的江水，《大戴礼》作泜水。泜水名，曾见《史记·张耳、陈余列传》，云："汉三年，韩信已定魏地，遣张耳与韩信击破赵井陉，斩陈余泜水上。"徐广曰，泜水"在常山"。《汉书·地理志》常山郡房子县云："赞皇山，石济水所出，东至瘿陶入泜。"是彼泜水在今河北、石家庄地区，距若水遥远，不可能是昌意婚娶处。江水，在上古为岷江专称。岷江上源羊膊岭，属松潘草地，有路平通陇西，为上古牧民游牧于华夏与陇蜀间行盐、经商的孔道。故黄帝能遣其子降居于此江水与若水。昌意居若水，其与华夏往来亦须经过江水，故得因青阳与蜀山氏联姻。以此推测，青阳所居为今岷江上游，而非常山泜水，可定。大戴实误因冉駹为氏类，而改江作泜字，非江水有泜之别称也。

（五）松潘草原的北、东、南三方，皆有河谷行水，亦皆流入四川盆地，亦俱自海拔四千米降落到五百米以下。如：北侧的白龙江，西南侧的大渡河，上源部分皆纡曲回绕，久久才入暖谷，有桑林。唯岷江径向南流，六百公里即入成都平原，海拔降低三千余米。故循江水而南的羌支氏族，进入农耕生活，较从其他河谷寻求耕地者为早。从松潘循江南下，不到五十公里，至镇江关以下，海拔降到二千米。再四十公里至叠溪，为茂汶县地，海拔又下降了四百米，便有桑林和野蚕了。根据以上所述，可以这样认为：与昌意联姻的蜀山氏之国，位置似在今镇江关与叠溪之间的岷江河谷。或许还可再南一点，也不能过杂谷脑河口（今汶川县）而止。从松潘到叠溪这段岷江河谷，已经可以进行耕种了，但可耕地面太少，估计当时的蜀山氏仍只以牧业为主，兼营狩猎和养殖，耕种业还很薄弱。其出色的产业，在于拾野蚕茧制绵与抽丝，所以特以"蜀山"著名。

（六）这种拾野蚕茧抽丝制绵的新事业，可能要经过几百年以至几千年的观察、试验，才能够从素所未见的情况下把它试制成功。一经成功后，就会成为当时人类所爱好的商品，随其流通所届，传其技术。于是凡有桑林和野蚕的地方，也都能照样办了。我国相传西陵氏女嫘祖为黄帝妃，始传蚕丝业于华夏，这也可能是向蜀山氏学得的。嫘祖这个嫘字，本只作累，音同于雷。雷字，初造时只作◎（雷纹），象抽丝之形，篆隶演变才写作靁、雷、累字。足见嫘祖，只是传抽丝制絮之法而得名，初无养蚕之义。华夏"蚕"字制作颇晚（周代之书乃见），丝字制作则甚早（殷代已多见之）。故知嫘祖只是介绍蜀山氏拾野茧抽丝制绵之法于中原者，非教养蚕者。

（七）"蜀山"二字，亦见《汉书·地理志》的蜀郡本注（班固原注），原文为"《禹贡》桓水，出蜀山西南，行羌中，入南海"。今按《禹贡》梁州云，"西倾因桓是来"，谓西倾之夷，循桓水入梁州市易也。①《汉书》所言"蜀山"，正是指的蜀山氏所居岷江左右之山。出其西南的桓水，谓大渡河也。大渡河上游有二源，东源出今红原县之埌口，经梭木、松冈、卓克基、党坝（四土司地今并为马尔康县），会麻尔柯河后，与西源（多柯河）合，再经大金、丹巴、泸定至石棉县。原是直向南入安宁河。后因拖乌地垒涌起阻断，乃东折入岷江。

---

① 胡渭《禹贡锥指》定白龙江为桓水，《一统志》以白水江为桓水，俱与《汉书》悖谬。《地名大辞典》解桓水为梁州贡道，尤与地理形势不合。梁州贡道，为"浮于潜，逾对沔，入于渭，乱于河"。不由桓水。"西倾"，谓极西之羌落。其来梁州，系为交易，非为入贡甚明。

# 第四章 蚕丛氏

蜀族得名于蜀山氏。然蜀山氏未能养成家蚕，家蚕养殖成功自蚕丛氏开始，此后支别遂为蚕丛氏。

## 第一节 何谓蚕丛氏

野蚕性孤独，各据一叶，以保证其食叶充足。故蜀字亦引申为孤独之意（犬旁为后人所加）。扬雄《方言》："一，蜀也。南楚谓之独。"《尔雅·释山》："大山垣，属者峄，独者蜀。"孔颖达疏："虫之孤独者蜀。是以山之孤独者亦名蜀也。"丛者聚也（《说文》）。自聚为集，被聚为丛（叢）。故丛聚之字并从取。蚕丛氏始聚野蚕于一器而采桑饲养之，使便于管理。结茧于簇，则茧无遗佚。选蛾交配，则种可优良。产卵于皿，则卵不散乱而便于冬藏控制孵化。凡此种种，皆今世养蚕者遵奉之法而导始于聚饲者也。野蚕性不聚食，其初强之聚食，须经多次失败。迨其成功，则使制丝之术成为一次飞跃，故世遵行其法者敬之，颂为"蚕丛氏"。不言丛蚕而曰蚕丛者，羌语宾语在谓语后。盖其时蜀族仍为羌之一支，群羌称之如此。

驯养多数野蚕于一器，不惟技术难度大，所需器物条件亦较高。故蚕丛氏阶段与蜀山氏阶段，在社会发展方面有很大的不同。例如：要把赋性孤独的野蚕强迫聚食于一处的器具，就不是旧石器时代所能有的，起码也要用盆形加盖的陶器。陶器加盖就不通气，盛入多数野蚕会要闷死，就非用穿有多孔的陶器不可。但这样的陶器迄今并无发现。可以设想：蚕丛氏可能是用细眼竹筐加盖，强制聚养野蚕的。筐眼要小到蚕体不能通过，就还需随蚕体的发展多次换筐（换筐又便于除去粪砂）。这样逐步改进，致使野蚕驯服，安于聚饲，也须经过几百年以至于千年才会成功。后世养蚕只用浅边平坦的箔子，不曾知道先民创造养蚕成功的辛苦过程。先民学其术者却是充分知道的，所以"蚕丛氏"这个尊号能够永远流传至今。但是由于时间荒远，人已莫知其取义了。

竹，是岷江河谷所盛产的（今天仍是满山的箭竹）。石刀能伐竹，但若制成细眼竹筐，则需有刀能劈竹成篾片不可。那刀只能用青铜器刀，不能仍用石刀。提出这一问题，就可说明蚕丛氏不是石器时代的氏族，而只能是铜器时代的氏族。

岷江上游河谷产竹，但不产铜。附近虽有铜矿，他们也还没有条件进行采冶和铸造。唯其时中原（华夏）的文化高，早已进入青铜器时代了。由于两地素有通商往来的关系，所以有铜器和刀输入岷江部落使用，帮助了养蚕事业的发展，使蜀山氏子孙创造成功家蚕饲养的方法，而以家蚕丝运入中原与华族交易。

原始社会的氏族组织是随时分支别出另为一氏的。相传"黄帝二十五子，其得姓者十四人"（《史记·五帝本纪》）。就说的他有十四个儿子各有才能，其子孙另成一个氏族。如降居江水的玄嚣，为青阳氏。降居若水的昌意，其子颛顼名声大，则自别为高阳氏。青阳之孙喾有声誉众望，亦自别为高辛氏。《后汉书·西羌传》里先零分支为烧当之类为例甚多。蚕丛氏后之立国，犹承用蜀之名，可知蜀王蚕丛，是自蜀山氏分出的了。

## 第二节　蚕丛氏时代的推断

常璩《华阳国志》说他看到"司马相如、严君平、扬子云、阳城子玄、郑伯邑、尹彭城、谯常侍"八家作的《蜀王本纪》，折中取舍，"齐之国志，贯之一揆"（《自序》语）。颇似考究史料很审慎的。其《蜀志》说：

蜀之为国，肇于人皇，与巴同囿。

至黄帝，为其子昌意娶蜀山氏之女，生子高阳，是为帝喾。封其支庶于蜀，世为侯伯。……周失纪纲，蜀先称王。有蜀侯蚕丛，其目纵，始称王。死，作石棺、石椁，国人从之。故俗以石棺、椁为纵目人冢也。次王曰柏灌。次王曰鱼凫。……

他这一段文字，留下的问题很多，我准备陆续分析订正。先谈蚕丛称王的时间问题：

其所谓"周失纪纲"，应指幽王以后，即东周时期（公元前八世纪），距今约三千年。但是，殷墟甲骨文中，已经有家蚕的象形字了。《诗·豳风·七月》乃殷代农奴歌谣，已有"蚕月条桑"和"春日载阳，有鸣仓庚。女执懿筐，遵彼微行，爰求柔桑"等句。足见世传嫘祖教民养蚕之说虽不可靠，殷代的中原已经通行饲养家蚕了。然则，蚕丛氏岂能是东周时代的人？若说蚕丛氏的后裔有人称王，还说得去。若说蚕丛氏的姓氏始祖（创造饲养家蚕成功者）是在东周时期就说不过去。

李白《蜀道难》诗云"蚕丛及鱼凫，开国何茫然。尔来四万八千岁，不与秦塞通人烟"。未知他是依据的何人之说。他把蚕丛、鱼凫合并为一个时代，显然错误，又把年代拉得太远。到底是文人之笔，不似史法谨严。若说蜀国开始于蜀山氏，上推到秦以前的四万多年，则是与社会发展的规律符合的。若就生物进化过程来说，则蜀与蚕显然是两个阶段，时间性是不可混淆的。殷代的象形文字虽已有了蚕字，那也只是公元前一千四百年以后（盘庚迁殷以后）的字。纵然嫘祖已经教导中原人民养蚕了，那也只能早到距今五千年，距秦代两千多年。有些推算上古年代的纬书，如《春秋命历序》《遁甲开山图》之类，皆周、秦、汉世方士所造，汉、唐、宋世注经者（如郑玄）、说史者（如皇甫谧、罗泌）每引据之。李白所据可能即是纬书，并且又把氏族名称误为一个人名，又再把两个不同时代的氏族混淆为一个时代的人了。我们过去的谈史者，犯了此病的很多，不可不辩。

蜀是象形兼会意字，其产生应距原始字时代不远。蚕是谐音兼会意字，笔画用得很多，按文字发展的规律说应该比蜀字的产生晚。两者相距的时间，也就是人们改变称呼的时间（称呼野蚕与家蚕不同的时间），可能有几百年以至一千多年。是故，只就蜀山氏与蚕丛氏的称呼来说，他们就是显然不同的两个时代。可以这样说：黄帝至夏代的蜀族祖先，皆当属于蜀山氏阶段。自殷中叶到周东迁，都属于蚕丛氏阶段。蜀族至蚕丛氏阶段才开始富庶、强盛。

## 第三节　蜀族在蚕丛氏阶段的社会性质

蜀族在蜀山氏阶段是母系氏族社会，因为羌族是母系制度保持最持久的部族。在蚕丛氏阶段，可能仍然是母系氏族社会。因为养蚕缫丝就必然是妇女所发明的，故几千年来的社会习惯都仍是妇女执行这个专业。但当其农耕事业发展到了一定程度后，也可能受中原文化影响，转入父系氏族制度（以男性为中心的社会制度）。因为养蚕缫丝虽须女性操作，卖丝远贸和耕种粮食、猎取野兽多依靠男子。

父系氏族社会，很容易战斗，并须团结邻部的力量来战斗。从而进入向国家过渡的氏族公社。我猜想蜀族在蚕丛氏阶段有组成氏族公社的可能是由下列条件推断的：

（一）蜀山氏与黄帝联姻，足知他与中原文化甚为接近。中原的黄帝、颛顼、帝訾三帝（帝字，是代表社会权威人物的用语），都只是氏族的首领，当时还并未组成公社。中原的公社制度，至陶唐时才算真正组成。到虞舜时代，亦才只由八个人统领，说明其仍只是个公社。《尚书·尧典》有这样几句话：

允恭克让，光被四表，格于上下，克明俊德，以亲九族。九族既睦，平章百姓。百姓昭明，协和万邦。黎民于变。时雍。

这段文字，显然是距尧不远的后代人民纪念帝尧功德的歌词，流传到周代而改写成散文的（《虞书》四篇，皆依古歌改写）。唐虞无史官，文字也还不够记录史事，惟歌谣盛行，可作诗史看待。故《尚书》仍当信为真实史料。这几句话，正好说明黄帝时已经企图组织几个氏族为一国，但未成功。直到帝尧，克明俊德，上下感格，能够把一个强有力的公社组织成了。这个公社，是以黄帝子孙为基础的。其时黄帝之族，分布在四面八方①，合留居中央的为九，故云"九族"。九族和睦，力量大了，就会有效地解决附近各氏族和与本氏族杂居人们之间的纠纷，从而把他们团结起来（平章百姓）。"百姓"即指自己的九族以外的所有氏族。百，是当时用为数目颇大而未能确定的数字。姓，是氏族再分的用字。杂居于九族之间的百姓之族都团结一起，就算氏族公社组织成功了。当时称之为邦。仍还有尚未组织到本邦来的，称他们作"万邦"。万，是当时使用为最大未知数的字。对于那些独立的氏族公社要求协和，即是互不侵犯，经济交流，友好相处。这样帝尧的公社（邦）就成了华夏之域的中央公社。由于这个公社拥有河东盐池之利，能帮助他控制附近仰给之族，所以阅舜及禹，便过渡成为统一华夏的国家了。"黎民"是指的奴隶。②

蚕丛氏承蜀山氏之后，在生产方面有很大的发展，就表现在养蚕缫丝方面，其术既然流传到中原，则其亦能受中原文化影响而进入氏族公社的组织，是可以理解的。

（二）从夏禹的生地与其生平事迹，可以推断他就是蚕丛氏阶段出生在蚕丛氏地域的人。他一生的事迹，最原始的记载是《尚书》的《虞书》四篇（《舜典》《大禹

---

① 氏族分布，有时会很远。如凉山彝族的戈基、罗候等大家支，有远离凉山，居住到冕宁、盐源、会理、宁南、雷波、峨边、马边等县的。但如一处有事，木札传到，他们都能无条件地出人、出钱，以至于出兵来像同体手足一样支持出事之家。所以它虽未建成国家，却有不受侵犯的实力。黄帝之子昌意降居若水，青阳降居江水，都可作为支系扩散之证。九族二字，可以如此体会。
② 氏族之间的战争，所得俘虏，不投降的要被杀害，或允许敌方赎回。其愿降附者称为黎民，其实就是本氏族的公共奴隶。近世藏族部落还把奴隶（娃子）称为"黑头"，亦即"黎民"之义。"黎民於变"，是说衰亡了的氏族成员，来依附于本族的，受到尧的感化，都变得驯服，善良了。所以尧时社会雍和，人皆安乐。

谟》《皋陶谟》《益稷》）和《世本》。还有周代人伪托的《禹贡》。司马迁依据它们撰成《夏本纪》。还有先秦诸子与纬书、野史的有关他的一些传说。可定为确有其人。各书一致说他的生父是鲧，为黄帝后裔（只世次有争议），取有莘氏女，生禹于西羌。① 他究竟出生于西羌何地？《史记正义》引扬雄《蜀王本纪》云："禹本汶山郡广柔县人也，生于石纽。"又引《华阳国志》云："今夷人共营其地，方百里不敢居牧。至今犹不敢放六畜。"（其文在汶山郡，宋刻本已佚）《三国志·秦宓传》曰："禹生石纽，今之汶山郡是也。"裴松之《注》引谯周《蜀本纪》曰："禹本汶山广柔县人也，生于石纽，其地名剁儿坪。见《世帝纪》。"今汶川县绵虒镇南约二十里，新店东南山上有地名"跨儿坪"。其对岸瓦寺土司官寨后山曰"涂禹山"，俱传为大禹生地。又茂汶县治东北公路逾土地岭（比茂汶县治高七百米，相距只五公里）后循河谷平行约二十公里至北川县武安公社（墩上），有石纽山，有"禹穴"等大字勒石，《北川县志》谓其是禹生处。无论究是何处，要皆属今茂汶羌族自治县地。岷江至茂汶，海拔降至千五百米以下，再至绵虒，更降到一千米。其间地形最为宽展，气候温暖，物产富饶，历代汶山郡皆建于此。其为蚕丛氏之国可定。然则大禹虽非蚕丛氏之族，实生于蚕丛氏之地，亦犹颛顼、帝喾之非蜀山氏之族而生于蜀山氏之地，其自边裔著明德，获为中原人所尊仰，奉为大君则同。缘其时岷江地区文化与中原接近，人物交流如一家也。

以此推断：蚕丛氏据有岷江上游的时间，与中原的唐尧、虞舜、夏禹之世相当。可能延续至殷、周之交。《尚书·牧誓》之"庸、蜀、羌、髳、微、卢、彭、濮人"中的蜀国，可能是这里的蜀国，不能是已经进入成都平原的蜀国。蜀自此区转进到成都平原，应还有更艰苦的历程。

## 第四节 蚕丛氏的疆域

典籍无言蚕丛氏疆域者，然其疆域不难推断。因为它居于岷江上游，已经创造饲养家蚕缫丝的方法，为世所称。能饲养家蚕，就必须已有定居的住宅。定居的住

---

① 《史记·夏本纪》："禹之父曰鲧。鲧之父曰帝颛顼。"《索隐》云："《系》本亦以鲧为颛子。"《大戴礼·帝系》同。《汉书·律历志·世经》则谓："帝系曰：颛顼五世而生鲧。鲧生禹。"又与《大戴礼·帝系》异，刘恕《通鉴外纪》据之。这些分歧，考之无益。要皆谓是黄帝子孙。
又，《太平御览》卷八二引《帝王世纪》曰："伯禹母曰修已，见流星贯昴，梦接意感，又吞神珠苡薏而生禹于石纽。……长于西羌。"《史记·正义》亦引，称《帝王纪》，文同，末句作"本西夷人也"，亦是"长于西羌"之意。

宅，就只能是农业生产到了一定高度才会有的。农业生产又必然有较广阔的良好耕地，才能够发展到一定高度。岷江河谷，与其附近的许多从松潘草地流出的河谷，一般是最上游草原部分才有宽阔的河原，那里只能发展畜牧，不能发展农耕，也不可能栽桑养蚕。过此，便都是狭促湍流的谷地，无田可耕，或耕地碎小，虽较温暖，亦难于发展农业。惟岷江河谷自叠溪以下，河谷比较开阔，断断续续有些可耕的台地。尤其是茂州（今茂汶县治）与威州（今汶川县治）附近，各有宽达三五公里、长十余公里的平原与浅丘，耕地蝉联五十公里，温暖腴沃，独成一方奥区。是为"茂汶盆地"。历代汶山郡与其重要属县皆置于此。道路四通，横联小面积河原盆地亦多。故可判断：蚕丛氏的农业文化只能是在这一地面发展起来的。

叠溪为汉代的蚕陵县治，唐代曾立丛州。民国初年曾发现古碑，有"蚕陵"字。见龚煦春《四川郡县沿革考》。可以肯定蚕丛氏是自此处发迹的。他们必然会为追求更好的耕地而向南展拓，从而发展为更高的农业文化，与中原文化相比拟。他们与中原之间仍是从松潘草原和陇西草原之间的牧场通往来的。在牧畜运输时代，那样的草原道路是主要的商道。正由于蜀族进入茂汶盆地以后农业文化有突出的飞跃，能与中原相当，而又互相往来，所以崇伯鲧和禹，会到这一地区来，生活一段时间，又到中原去做了唐虞两代的重要人物。若不从地理条件来求解释，则颛顼、帝喾和大禹生于川边羌域而为中原大君的事实，就无法说通了。

这个茂汶盆地，过了威州（今汶川县治）便渐形狭窄了。再约三十公里至绵虒（旧汶川县治）便更无河岸平原了，只东西两岸高处原有可耕的梯级台地。再约十公里到了下索桥的草坡公社，便连河岸梯级台地也不可得，只有岸山撑天的峡江了。这段峡江限制了蚕丛氏子孙的循江南进，而只能从另一条路进入成都平原。是故，蚕丛氏阶段的蜀族领域的南界当至绵虒与草坡而止（其中包括跨儿坪和涂禹山）。

但是，茂汶盆地的耕地发展，并不限于沿江一带。江水西侧还有几大河谷的可耕之地作为其发展的余地。

首先是杂谷脑河，《汉书·地理志》称为驰水。它从阿坝高原的鹧鸪山南流约百公里下降到了海拔两千米以下，自扑头折而向东又约一百公里，至汶川入岷江。自理县以下，渐有河岸平原与台地，海拔皆在两千米以下，适于耕种。实际是茂汶盆地的分支歧出部分，今为理县通化区、薛城区、城关区的社队分布地。农户略与茂汶盆地相当。它的农业，显然是从蚕丛氏开始，从茂汶盆地推展来的。

还有一条黑水河，其北源从松潘草地的毛尔盖流出，蜿蜒万山间约八十公里入于黑水，海拔降到两千米以下始有耕地。其西源从阿坝高原的边缘小垭口山脊流出，约五十公里至黑水县治以下,乃渐有可耕之地。又约二十公里与北源会后,再百余公里入岷江(当叠溪与茂汶之间,相距各百华里)。由于河岸平原的缺乏,不可能是蚕丛氏历史阶段的主要推进地区。

岷江东岸,全是一带高山:北为雪宝顶大山脉,海拔五千多米,突出于四千多米的草原上,还不显得十分高险。南为九顶大山脉,最高峰虽还不到五千米,但它逼在茂汶江水的东南侧,相距不过三十公里,高度突出三千多米,显得太雄伟了。其山脉直抵漩口,扼制了岷江不得径入成都盆地(只许在漩口急剧折转向东流入),因而也阻扼了蚕丛之人从茂汶盆地直接进入成都盆地之路。

唯有这南北两段山脉之间,接近茂汶县治之部有段甚为低落的山脊叫土地岭(旧称土门关),海拔两千米,只稍高于茂汶河原四百多米,距茂汶城只十五华里。越过此山脊,进入马羊沟,便属于北川县界,又是一大片宜于耕种的河谷农地。旧为石泉县境,是为"石泉盆地"①。这个盆地,属于涪江大支流通口河的上游。其东界,当曲山关(今北川县治)之西,有十多华里的江水流行于峡中。此峡把石泉盆地与四川盆地隔绝了,几千年都没有通路。其上游约百多华里的地段有河边台地,在海拔一千米以下,适于耕种。还有北来的青片河与白草河两大支谷,耕牧皆宜。这地区的农业技术,必然是蚕丛氏开导的。应也是蚕丛氏后期疆域一部分(墩上的禹穴,在此盆地西部)。

## 第五节　蜀王柏灌考略

《华阳国志》云:"蜀先称王有蜀侯蚕丛……次王曰柏灌。次王曰鱼凫。"蚕丛氏与鱼凫氏之间,是否还有一个柏灌氏?由于旧籍里从无一句说到植灌事迹的话,无从考订。兹从蚕丛氏的地理条件与社会发展的自然法则两方面结合考订,窃认为他是一个蚕丛支族的领袖,并且亦自成立为一个独立的氏族。还可能就是进入北川盆地的一个氏族首领。由于他未发展成为国家,华夏族之史家(如扬雄、常璩)知其名而不详其事,所以只作了这样的安排。如此推测的理由如下:

旧籍言蜀先世者,皆谓据扬雄《蜀王本纪》,而文各不同。如:

---

① 土地岭,昔年叫土门关,其东侧的水,直向东流,二十五公里至墩上,为北川县西界,青片河至此会合。又东二十五公里至旧北川城,白草河自北来会,是为这一盆地的中心。又东八九公里至漩坪入峡,为这盆地东界。出峡为曲山关,为龙门山脉过峡处,亦即"四川盆地"与"川边山区"的分界。是故石泉盆地在历史上与茂汶盆地关系密切,与四川盆地相当有隔阂。

（一）《文选·蜀都赋·注》云："蜀王之先名蚕丛、柏濩、蒲泽、开明。是时人民（萌）椎髻、左言，不晓文字，未有礼乐。从开明上到蚕丛，积三万四千岁。"

（二）《太平御览》卷一六六云："蜀之先称王者曰蚕丛、柏灌、鱼易（凫）、开明。是时，椎髻、左衽，不晓文字，未有礼乐。从开明以上至蚕丛，凡四千岁。"

（三）《太平御览》卷八八八云："蜀王之先名蚕丛。后代名曰柏灌。后者名鱼凫。此三代各数百岁，神化不死。其民亦随王化去。"

（四）《艺文类聚》卷六云："蜀王始曰蚕丛，次曰伯雍，次曰鱼凫。"

综合这四处与《华阳国志》文，加以分析，窃认为《太平御览》卷八八八所引的一条是正确的。其特别可取处，还在于"神化不死"句。常璩虽斥"鳖灵死，尸化西上"之说，谓"有生必死"（在《序志》篇）。犹称"鱼凫王田于湔山，忽得仙道。蜀人思之，为立祠"（在《蜀志》篇）。盖羌俗火葬，无坟茔。汉儒不解其王无墓之故，妄从羌人自解之语，以谓"仙去"。至于其尽皆无墓，亦谬谓其："随王化去。"扬雄《本纪》之文，合当如此。后人疑"神化"之说荒唐而摒弃之。《华阳国志》只传鱼凫一王如此，恰好印证扬雄本有此文，说明扬雄原著是符合羌俗的。常璩与其他引用时多所改窜，是不符合原语的。

这条引文的第二优点，还在于"此三代各数百岁"句。鲜明地说明了蚕丛、柏灌、鱼凫是三个氏族的称号而不是三个人的名字。一个人不能活数百岁，只有一个氏族才能够传世数百岁。任何一个强大的氏族，亦只能保持数百岁的团聚而不分散和不消灭。这就比常璩把三个氏族说成王位相承的三个人好。《华阳国志》把蚕丛称王说在"周失纪纲"之时的错误，正是由于不懂羌俗与社会发展过程，妄行改窜历史资料所致。至于另一条《太平御览》引文，说"从开明以上至蚕丛凡四千岁"，虽嫌夸大，还算是与"三代各数百岁"接近的。《文选注》说为"三万四千岁"，显然是妄据他书夸妄之言窜改了扬雄之文。

《文选注》说有蒲泽这个王。按《华阳国志》说，"杜宇称帝，号曰望帝，更名蒲卑"。他是鱼凫氏最后一个王，不能改变鱼凫氏的族名。应该说：开明氏篡取蜀族统治地位之前，蜀族曾更迭为蜀山氏、蚕丛氏、柏灌氏，鱼凫氏四个氏族称号。而蚕丛氏、柏灌氏是已经建成氏族公社向立国过渡的阶段，所以汉儒称之从"王"，并非他自称为王。

# 第五章 鱼凫氏

蜀族在蚕丛氏阶段，尽管农业技术已经发展到相当高度，勉强可与中原的农业文化相颉颃了，毕竟因地面偏狭，发展受到制约，夏殷以降，社会发展的进度逐渐落后于华夏甚远。直到他们进入四川盆地以后，有了"沃野千里"的资凭，才能取得生产上另一次的飞跃。从茂汶盆地进入成都平原，曾有一段艰苦的历程，其间为鱼凫氏时代。

## 第一节 蜀族是从哪里进入成都平原的

蜀族于茂汶盆地从事农耕，已经大有发展，足以立国，本应继续前进。但隔九顶山脉，首先是岷江过绵虒索桥以下，全是峡江，当时无路可通（龙溪与娘子岭山路，是秦灭蜀以后才打开的）；其次是西循杂谷与黑水河谷，愈前进愈是高寒山地。而北方都是他们祖先的牧业地区，不可再进。唯茂州土门关一路，可以更入石泉盆地，地面也是有限的。

他们历尽艰辛，发现今彭县海窝子是他们展拓耕地的适当之地，并由此打开了进入成都平原的通道，终于建成强大的蜀国。那时蚕丛氏与柏灌氏皆已衰败，建成蜀帝国为鱼凫氏。但他们仍承认蜀山、蚕丛、柏灌是其祖先，所以仍以蜀为国号，只是氏族名称变了。

他们是从汶川翻越九顶山脊进入海窝子的。那个山口为从汶川径入彭县的唯一通道，叫作安乡山。从汶川雁门关东岸安乡山急流而下的一条小溪，沿岸曲折上升，直到山脊，升高到海拔四千米，行程不过百里，但高差为三千米，可谓艰险万状。到山脊后，天晴可以望见成都（距离约五百里，高差三千五百米）。这是人类很难经历的一条山道。但是从山脊下行不过二十华里，进入湔水河谷，良好的河原沃土就开始铺开了，并且富有铜矿，这在进入铜器时代的蜀族子孙是应极感兴趣的地方。今天的地名叫大宝公社，河原海拔只有一千米稍多。再下不到十里，河谷平原更宽阔了，一般宽过二里至三里，长约三十里，才被寿阳山和牛颈山这样对峙如阙的山脉截断了。这就是李冰所称的"天彭阙"。山下地名关口，即是成都平原的北界，亦称彭门（彭州、彭县之名据此）。关口的两山，是湔水浸刻构成的，因其相对如阙，水响如雷，故称天彭阙。山内大河原，显然是远古内湖的遗迹，故称海窝子。现在有新兴、通济、复兴、大宝，思文和白鹿等几个公社在这湖迹平原与其支谷内，生产优异，民户安乐。大宝山的铜矿仍在开采。

以今天的情况推测三千年前的蜀族，当其从九顶山外艰难到达海窝子这里时，是必然会欢快地停留下来，重新开展其已经进入灌溉耕种的高度农业文化生活的。但是由于九顶山脉的隔绝，已不似在茂汶盆地时代那样与中原多有联系，而当自为一区，独自发展。迨其下入成都平原建成国家时，便是不"奉王职"，不参预华夏"朝聘会盟"的蜀国了（用《华阳国志》语意）。所以该划为另一阶段。

从海窝子流入成都平原的河，古称湔水，它上源部分与流出关口场的部分，飞湍喷沫，速如燕飞，可能取名"湔"的取义，即因前字与古剪字同义，状物动之迅速。蜀族初来时，成都平原尚有湖迹沮洳地，不能居人。故蜀族停留在海窝子地区很久。但从湔水平原的北端罗元坝（复兴公社），有条小路，约十五六华里，翻过一座小山岭（老熊坪），进入白沙河上游，又是一个长近二十里的宽阔河原，是为虹口坝子。循白沙河谷，经九甸坪出白沙街、紫坪铺，便是岷江的都江堰了。老熊坪这座山，即是《华阳国志》说的"鱼凫田于湔山，忽得仙道"的湔山。它是湔水与白沙河的分水岭，所以取名湔山。虹口平原，显然是鱼凫氏开为耕地的，所以后来"蜀人思之为立祠"。今虹口公社有"庙坝村"即古鱼凫祠故址。以此知海窝子与虹口区，为鱼凫氏所开。从而可知，应把蜀族进入此区的一个阶段称为"鱼凫氏"阶段。①

白沙、紫坪与灌县城东的蒲阳、白果、向峨、宽河坝、木瓜园等高丘河原的耕地，与虹口区皆当属于湔山范围（鱼凫氏开辟之地），故秦代称此带羌支为"湔氏"，汉为湔氏道（县），蜀汉为"湔县"（这与李冰之兴都江水利应有关系）。

---

① 湔字，取前字为音义。音煎，亦取急意。《汉书·地理志》绵虒县云："玉垒山，湔水所出。东南至江阳入江。"本谓秦汉之世，海窝子地区属绵虒县（今汶川县），玉垒山即今之九顶山，安乡山道即在其下，所流出水即湔水。湔水入于郫河，即《禹贡》的沱江，经蜀郡、犍为、江阳三郡地界，至今泸县入江，"行千八百九十里"。把灌县的内水只算作江水的分支别出入于湔水的（当时的绵虒县也属蜀郡）。后世学者重《禹贡》，才把内水亦称为沱，而以湔水与绵水、洛水同为沱江的支流。不明地名沿革的人，遂有把都江内水也称作湔水的。

湔水自关口以上为海窝子盆地（湔水盆地）。其西侧之山为湔山，至岷江北岸为极。故岷江岸之地置县为"湔道"（湔氏道），都江堰水坝称"湔堋"，蜀汉于此置"湔县"。古音江水字音同于缸，与湔音迥别。其后蜀人读江如煎，字义遂亦相混，不可不辨。

蜀族也还有从土门关进入"石泉盆地"与循绵水、洛水进入成都平原的，还可能有循通口河进入涪江平原的，都因缺乏平原，不能像进入湔水湔山地区那样发展顺利。是故，他们在鱼凫氏阶段只能成为鱼凫王的附庸部落。

## 第二节 鱼凫氏与蒲泽氏

鱼凫，是一种善于捕鱼的水鸟，经人驯养后，能为渔人服务，今俗呼作"鱼老鸹"。因其全羽黑色，又叫"黑老鸹"。双眼有金光，眈视可畏，故被称为"乌鬼"，杜工部夔州诗"家家养乌鬼"是也。蜀族可能在茂汶盆地居住时已有人驯养此凫捕鱼，故其子孙用为图腾，称鱼凫氏。也可能逾九顶山进入湔水盆地（海窝子）后才开始下入成都平原内捕鱼，而被称为鱼凫氏。总之，它之得名与蜀族开始捕鱼有关。

当蜀族的这一支进入湔水之时，虽然成都平原还是一片水域，不可居人，其已能进入平原水域捕鱼，则是必然的。既然要下山来捕鱼，就会发觉这块湖沼未涸的沮洳地内，仍有局部的陇冈丘陵是可以住人的。专业渔户就会因捕鱼之便，迁居到山下平原丘陇地来长住。从而开始在丘陇上试行耕种，逐步拓展，终至于开辟了成都平原，以至于建成国家。纵然没有任何文献依据，只按地理与社会发展的一般规律，亦当如此。

《华阳国志》叙鱼凫氏下云："后有王曰杜宇，教民务农……始治郫邑，或治瞿上。"这几句话就提出了上述鱼凫氏还未下居成都平原的证据。既云后有王，则非田于湔山的鱼凫王明矣。但他们仍是鱼凫氏之后，故曰后王。他们所居的郫邑，并非秦汉以后的郫县县治，乃是今彭县西北二十余里的九陇山（大约在今磁峰公社的庙子坪、茶园坪附近）。唐置九陇县，犹称其治所为小郫者是也。① 九陇山并非岩石山，乃第三纪黄土覆盖层，被水流侵蚀划破之九条丘陇（成都平原沙河铺、大面铺一带陇冈亦是这样的黄土构成，地形相似），此处较为高平。蜀族早已能耕种于河原台地，但尚未习于耕种于这样黏重的酸性土壤。时冲积平原尚未排水，沮洳大泽，不可耕种，故只营邑于陇冈高处曰郫，而创耕种黄泥之法教民种植，是为蜀族开垦成都平原之始。郫字义为卑邑，对海窝子与虹口湔山而言，地势为卑，故曰郫也。瞿上者，谓关口之天彭阙，俯瞰成都平原如鹜鸟之雄视，双目瞿瞿状也。盖指今新

---

① 《元和郡县志》彭州九陇县，"本汉繁县地。旧曰小郫"。凡蜀、巴地名，凡徙县治后，新治用旧县名者，旧治所仍存旧名而加小字以示区别。如广汉徙治后称小广汉，涪县徙治后称小涪城，宕渠徙治后称小宕渠，飞乌徙治后称小飞乌，其例甚多。宋以来，例以旧县治为镇，始不再用小字。

兴公社处。郫邑对瞿上言，卑下，潮湿，多水患。故杜宇有时仍回居瞿上与未迁徙的旧民相处（故曰或治瞿上）。杜宇王位为开明氏所篡，是为鱼凫氏最后一王，也是鱼凫氏开始开辟成都平原，受人尊敬的一王。

《华阳国志》说的"蒲卑"与《文选注》的"蒲泽"应是一人，即杜宇受到高名盛誉并建成国家后，为其子孙别立的氏族称号，取泽居之义。其时成都平原为行将干涸之大泽，遍生蒲苇、野芋、菱、荷之属，蜀人似曾称之为蒲泽，而内水为蒲水（后世称为蒲阳河。灌县的蒲村在此水之阳，今为蒲阳镇）。是泽为正字，蒲卑为缘郫字之讹。

杜宇为鱼凫氏阶段之结束者，其时间当在东周的春秋之世。

## 第三节　鱼凫氏为何逾山进入海窝子

这是一个应当解决的问题。按常理说，既已有了茂汶盆地这样好的地方，已经定居下来，而且已开渠灌溉，组成与华夏匹敌的氏族公社了，其人就该已丢掉"迁徙无常处"的习惯，不会艰难跋涉翻过刀脊式的安乡山，迁徙到海窝子和虹口、湔珊这个地区来。然而他们毕竟迁徙来了，并且发展成成都平原的开拓者，建成了蜀国。推动他们如此前进的原因，从前无人说道。兹缘地理条件，作如下的几种推测：

（一）他们为了打猎，翻过安乡山来，发现海窝子这块沃土，分出一支人扩张到这里来。又才从海窝子发现湔山、虹口、湔珊、小郫这样一些地区，以至于开辟成都平原与四川盆地。于是原居茂汶盆地的蜀人也陆续迁徙来了，其仍居的一部分人，别称为冉氏、駹氏，成为蜀部的附庸。这种推断方法，叫作"引力说"，即是说：蜀人是出于自愿，主动迁徙来的。

（二）当柏灌氏的文化发展到相当高度时，引起了草原地区游牧羌落的垂涎，他们因农牧市易而开始接触，而发生纠纷，而结为仇怨，而爆发战争。牧民强悍而贪，每次战争都要大肆侵掠。农民为了避免侵掠，被迫迁徙到敌人难到之地。正如周族的太王去邠迁歧而兴。这种推断方法，叫作"推力说"。即是说：蜀人是被迫兼主动翻过雪山，迁入四川盆地的。

（三）由蜀山氏、蚕丛氏、柏灌氏到鱼凫氏，已经有几千年的发展了，氏族分支很多，各以恩怨相结、相仇，内战频仍，势分力弱，为羌支冉氏駹氏所乘，突来暴力，蜀人无能抵抗，由岷江西岸退守东岸，仍不能御，由河谷退居高山，不能生活。于是退入山后河谷分散为若干部。入海窝子者初最艰苦，然而得天独厚发展成为蜀国。其他各支皆成附庸。

比较三者，第三说最有可能。而且可作这样的估计：

——蜀族在殷周之际，已经分成南北两大部落了。北部以居于茂州河原者为首领，其附庸有石泉盆地、叠溪盆地、黑水盆地三部分。南部以居威州河原者为首领，其附庸有杂谷脑盆地、绵虒盆地与湔水盆地三部分。他们分歧为若干氏族，像近世凉山夷支一样的打冤家，削弱自己，外敌是必然要从草原地区来收渔人之利的。

——从杂谷脑方面侵袭来的是称为駹的部落，来得很早。当其最初侵入杂谷脑河上部时，是臣服于威州柏灌氏的。迨其蚕食到这河谷中、下段时，还是自居附庸之列。柏灌氏（或鱼凫氏）力不能讨，迁就敷衍，相处下来。一旦南北两部开衅作战时，駹水部落突然转附北部，联合进攻，所以鱼凫氏只好翻过大山，退到湔水湔山来了。

——北部的蜀族，暂时统一了茂汶盆地，不久仍与駹族决裂。另有冉族的部落从北袭来，与駹族联合，击逐了蚕丛后裔，重新分据南北。原居北部的蚕丛之裔只好向石泉盆地退却。他们拥挤在石泉盆地，生活困难，也必然会北向青片、白草两河谷推进垦殖，南逾山进入洛水、绵水与通口河谷去找耕地，亦终于进入成都平原。由于他们后来与河谷的发展条件差了，只成为鱼凫氏的附庸。

这样做的推断，不是毫无文献依据。试看秦灭蜀国，置蜀郡，并不管到冉駹地区。到汉武帝时，才"以冉駹为汶山郡"，足见冉駹并非蜀国统治之地，而其地又是蜀族原始居住和开辟出来的故国。这就可以肯定冉駹不是蜀族分支留下来的部族而只能是外来部落鸠夺鹊巢。又，威州的鱼凫氏先人，不从土门浅岭退向石泉盆地，而从安乡雪山险道徙到湔水盆地，就可见其时茂州河原是他的敌国。茂州地区，又复转为冉族之地，足见冉族所夺占的时间比駹族入据南部为晚。至于駹族，是从杂谷脑河来的，由《汉书·地理志》称它为"駹水"可知。冉族是后来夺据北部的，亦可由"冉駹"联称与《魏略·氐传》举"蚺氏"而略駹氏而定。盖茂州河原局面阔大，居之者容易发展统一之局，駹水流域只能居于附庸地位。①

---

① 《史记》与《汉书》的《西南夷传》，皆以冉駹联称。浅识者遂谓冉駹为一个民族部落。不见《司马相如传》有"朝冉、臣駹"句（《文选》同），《张骞传》又有"出冉出駹"句，《魏略》又以"冉氏"单称，此所谓"囫囵吞枣"，文士荒唐之谬见也。又，駹水既为駹族之国，则岷江茂汶段之为冉氏之国可定。两族为后来羌支而非蜀族亦可定。

## 第四节　关于石棺椁为纵目人冢的问题

《华阳国志》说："蜀侯蚕丛，其目纵，始称王。死，作石棺石椁。国人从之。故俗以石棺椁为纵目人冢也。"常璩此说，大成问题。近人据为重要史料遵用，当辨。

石棺，中华人民共和国成立前芦山县最先发现（详拙著《芦山汉石图考》），系汉人王晖墓棺，其墓志有建安年号（其椁是砖砌）。其后十余年，理县又发现大批石棺墓，其椁为乱石砌。近年又发现凉山地区许多处石棺，皆汉代僰族人古墓。又发现康南、滇北西逾金沙江地区亦有石棺葬，考查者断为古羌人墓。是各民族皆有石棺葬，不必纵目人。常氏固云"俗以为纵目人冢"，谓是魏晋时蜀人访于羌人之言如此。新中国成立前理县工作人员询之当地居民，云是"戈基人冢"。理县藏民传有与戈基人之战争故事，不能定其时代。

我国典籍未见有"戈基人"，并其谐声文字亦不可得。四川大学教授冯汉骥、蒙文通等均曾进行调查、考订，迄未得戈基究为何人。有人认为是羌族未至以前，该地原始居住的野蛮民族。此必不然。比羌族更落后的民族安能有条件制造石棺？又有人说戈基人是蚕丛后裔，据有此地。羌人后至，与战逐去之。这与《华阳国志》蚕丛王目纵之说合，与羌人后至之说亦合。而且有进行体形考察的民族工作者分析说：氐人眼角多上斜，判蚕丛与冉駹皆"氐类"，戈基当亦为氐人，为后至之羌人所逐。此说较有道理。但我所见的氐人，眼角并不上斜，例如平武白马乡的达布人就是一般人说的氐族，眼平，而角稍向下，仅不如一般汉人眼角向上。即如测定工作者，亦只说"眼角多上斜"，非尽上斜。然则《华阳国志》所云，只传说之无足取者也。

世传马明王像、灌口二郎神像与川主神像，皆额上有一纵目。人类固不能多有一目在额上，然人额正中多有纵陷褶襞，相法谓是凶征，亦为威武之征。窃疑纵目当如此解。川主即李冰，二郎神传为其子，实皆蜀族名人。马明王者，实古代之蚕神，即蚕丛王也。其说迂回，兹申言之。

《荀子·赋篇·蚕赋》云："此夫身女好而头马首者欤。"[①] 马缟《中华古今注》

---

① 《蚕赋》颂蚕"功被天下"，"屡化如神"，为已有蚕神之验。"身女好而马首"，则明明说的是神像。

程雅问蚕云:"蚕为天驷星化,何云女儿?"崔豹对以"马头娘"事。①《甘石星经》谓房四星,其一为天马,一为天驷。《协律辨方书》谓天马为丛辰,"为掌蚕命之神"。这些资料,都说明蚕丛与马明王的关系。《蚕赋》谓蚕"女好而马首"者,盖谓蚕丛氏之神像为母系氏族之王,故像女好(后世以为是嫘祖之像)。蚕首与马首无相似处,而云"马首"者,蚕丛出于牧羌,善养马,既又创养蚕,恒以良马和蚕丝与华夏贸易,故华人谓"蚕与马同气"。以天驷为蚕,天马为丛辰,护持蚕命。故俗于饲蚕之月禁杀马,而绘蚕丛神像作马头。华夏周秦之俗如此,汉魏晋世亦当如此。故晋人传马头娘故事(崔豹、程雅皆晋人)。又有好事别立马明王庙,祀马神,与之相并。至宋,宰相王钦若驳先蚕为天驷之说(详《宋史》本传)。朝廷乃命蚕神改塑翁媪持茧像,但称"先蚕",废马头娘像,而马明王庙不废(今世称白马庙,蜀中处处有之)。汉魏塑马头娘与马明王皆有额上纵目,故常璩称氐类为"纵目人"。其实是因蚕丛神像(蚕神)有纵目,李冰父子像亦有纵目,遂谓"氐类"为纵目人种。在天文,天马与天驷同参宿;在儒生,遂谓"蚕与马同气";在世俗,遂有马明王与马头娘同祀。都只缘去蚕丛世远,格于华夷,随意造神,失其本义。要该缘蚕丛为养蚕始祖之说所演变。亦犹"杜十姨嫁伍髭须",任随世俗诞妄而已。

至于石棺椁之制作,当取决于砂岩、页岩的有无。苟其地无层理匀密之砂岩、页岩,任何民族也不能做石棺椁。羌俗火葬,《墨子》《荀子》早有记载。今世羌支之顽强守旧者仍习于火葬。蚕丛与其他氏类,皆出于羌,故其分布地无坟墓,更何庸制棺椁?今世蜀人皆制木棺石椁。仅古代有制石棺与瓦棺者,亦有凿石为崖墓者,皆因四川盆地内多砂岩、页岩,易取石板,作石穴,因自然资源之便。其徙居于石灰岩地区,与古生代地层地区,虽资富有孝子,亦不可得而有。僰人多石棺者,僰人分布地多砂岩、页岩,遂世代养成风习。羌人居高草原无此石材,亦不易得木棺,故习于火葬。蚕丛氏阶段,岷江地区是否已有铁器与青铜器,大成问题。若仅仅有石器,则造木棺尚不可能,何得遂有石棺椁?以此知《华阳国志》"纵目人冢"之说,决不可取。而藏民所传之戈基人墓,乃可取。

戈基人,绝不可能是羌支民族或北来杂胡,而只能是汉置汶山郡后,徙人居住

---

① 晋人崔豹《古今注》记事物原始掌故,多有遗佚。唐末马缟搜缉补足为《中华古今注》。所补马头娘故事云:"《程雅问蚕》:蚕为天驷星化,何云女儿?答曰:太古时人远征。家有一女,并马一匹。女儿思父,乃戏马曰:尔能为我迎得父归,吾将嫁汝。马乃绝缰而去,之父所。父骇(疑)家有故,乘之而还。骏马见女辄怒而夺。父系之。父怪而密问其女。父具以实答。父乃射杀马。曝皮于庭所。女以足蹴之曰:尔马也,欲人为妇,自取屠剥,何如!言未竟,皮欻然起,抱女而行。父还失女。后大树之间得,乃尽化为蚕。……今世人谓蚕为女儿,盖古之遗语也。"(宋人《茅亭客话》所传马头娘故事,略同,但说为颛顼之时)

之汉民。汉民乃有棺椁之制,有石棺石椁之葬。岷江北部有砂岩、页岩,故能留此遗迹,其时间最早在后汉重开汶山郡。因后汉时墓葬多石工、碑、阙、石棺、崖墓所发现,下限可能至五代。因唐末至五代,此区民族战争最频繁,宋元以后就少见了,羌番与戈基人战争的故事可能由此产生。

"戈基人"的称谓,须从羌语中求意。杂谷脑藏民奉喇嘛教,其人大都是从康藏地区迁来的"西山八国"之裔,在羌族各支语言中,属康巴系。康巴呼头顶为果(戈音近),数目之首为几(基音近),是否"戈基"为统治阶级的民族之意?如有可能,则正是汉族入居此区者与吐蕃战争的故事,与汉族有右棺椁葬制符合。是则番言戈基人,盖指汉唐世住居到杂谷脑河区之华族蜀人也。

## 第五节 关于杜宇的其他事迹

蜀族是何时由母系氏族嬗变为父系氏族的,是如何有了这一转变的?探索这个问题,须得从有关杜宇的记载索解。

《华阳国志》云:"鱼凫王田于湔山,忽得仙道,蜀人思之,为立祠。后有王曰杜宇,教民务农,一号杜主。时朱提有梁氏女利,游江原。宇悦之,纳以为妃。移治郫邑,或居瞿上。七国称王,杜宇称帝,号曰望帝,更名蒲卑。自以功德高诸王,乃以褒斜为前门,熊耳灵关为后户,玉垒、峨眉为城郭,江、潜、绵、洛为池泽,以汶山为畜牧,南中为园苑。会有水灾,其相开明决玉垒山以除水害。帝遂委以政事,法尧舜禅授之义,遂禅位于开明,帝升西山隐焉。时适二月,子鹃鸟鸣,故蜀人悲子鹃鸟鸣也。"

这是常璩兼采八家《本纪》,加以己意折中体会之说,是记杜宇事迹最详的。除关于农事部分已论述外,兹参用其他异文,加以订正如下:

所谓鱼凫王"忽得仙道"与"帝升西山隐焉",实际都是被迫移交政权,与"尧幽囚,舜野死"之说相似。氏族公社的首领是由群众推选交替的,不一定是由本人主动择人授权的,更没有父死子承的事。不过群众归心的人,必然是本氏族内的人,只有发展到几个氏族联合建成一个公社时才会有氏族交替的事。所谓"尧舜禅让",只是儒家矫伪的妄言。杜宇能教农,就会受众人拥戴,前酋长不能不退位。开明能治水,又会受众人的拥戴,杜宇亦不能不退位。

子鹃即催耕鸟,一曰杜鹃,一曰子规,一曰雟周。栖于密林间,羽色与林木相似,人不易见。二月春阳发,则鸣呼求偶,似有意催耕,故蜀人拟为望帝魂归也。

蜀族自蜀山氏至鱼凫氏，皆母系氏族。所谓"梁氏女利"者，实鱼凫氏最后之女王。所谓杜宇"纳以为妃"者，应是女王纳杜宇以为鱼凫氏女利之婿，因其才能得众拥戴，遂为蜀国元首。犹舜娶尧二女而得代尧，非先得位，而后纳以为妃。这样判断的理据，在于他书关于女利之说与常志不同。

《水经注·江水》引来敏《本蜀论》曰："望帝者，杜宇也，从天下。女子利，自江源出，为宇妻，遂王于蜀，号曰望帝。"来敏，三国时人，其说亦当与常氏同出于扬雄《本纪》而体会不同。"从天下"，显然说他非从江源而来的蜀族。女子利则是从江源来的蜀族贵女，或许就是女王。杜宇得以为妻，遂能得到王位。其人不能从天而下，疑他能教农耕，是从华夏来的人，故谓其从天上来。

《史记·三代世表》褚先生曰："蜀王，黄帝后世也，至今在汉西南五千里，常来朝降，输献于汉。非以其先之有德泽流后世邪。"《索隐》："案《系本》，蜀无姓，相承云黄帝后，且黄帝二十五子，分姓赐姓，或于蛮夷，盖当然也。《蜀王本纪》云：朱提有男子杜宇，从天而下，自称望帝。亦蜀王也。则杜姓出唐杜氏，盖陆终氏之胤，亦黄帝之后也。"

今按：司马迁"以《五帝系谍》《尚书》，集世纪黄帝以来讫共和为世表"（《三代世表序》），与其所制《五帝本纪》，皆误以原始社会的氏族首领作为封建帝王看待。后世史家沿误，把各地氏族部落首领皆说为黄帝后裔，颇使研究民族源流者发生混乱。黄帝之子昌意降居若水，娶蜀山氏女，生高辛氏帝喾，为中原"五帝"之一。说他有蜀族血胤，是可以的。从而就说蜀族是黄帝之胤，则当不然。蜀族自是蜀山氏子孙，一直发展成为蜀国，不能因其先世曾有女子嫁与黄帝之子，遂谓其族亦为黄帝子孙。至于汉世还从五千里外来朝贡的"蜀王"，可能是开明氏的支系如安阳王之类，于蜀国灭亡后逃至异地立国。褚先生遂因蜀字误为黄帝之裔，是不足取的。司马贞《索隐》体会为"或当然也"，正该不然。至于张守节《正义》引之《谱记》谓：蜀之先肇于人皇之际。黄帝与子昌意娶蜀山氏女，生帝喾。立，封其支庶丁蜀，历虞、夏、商。周衰，先称王者蚕丛。国破，子孙居姚、巂等处。则是撰《谱记》者用常璩《华阳国志》文。① 常璩已是误解，毋庸详辨。

唯《索隐》所引《蜀王本纪》谓杜宇是"朱提男子"很值得注意。"朱提"，在今云南昭通，是万山丛中一幅海迹平原，海拔二千米以上的可耕之地。它的附近诸

---

① 《书·艺文志》有《世本》，无《谱记》。《隋书·经籍志》搜列《世本王侯大夫谱》以下宗谱近四十部，亦无《谱记》这部书名。而张氏所引有"姚、巂"州名，则其为唐初人纂辑姓氏、宗谱之书，而非《华阳国志》以前曾有之书明矣。

银矿绝佳,大约在殷周之世,已有中原矿工(当时矿工全是奴隶)逃到其地采银了。周秦之间,中原来此教导土民采银与铜者日多(朱提之南的东川市,至今仍以矿产著名),缘矿业兴盛,于是相次来垦者亦多。故虽远在万山群夷之中,很早已成华人聚居之邑。秦灭蜀后即已缘之置县。汉世因之。其后西南夷屡乱,朱提县仍内属,盖因银铜矿业由华工所开,华人聚居者多,历世积久,能支持华夏政权故也。朱提地区的银与铜,名誉之大,自周秦、两汉,下迄魏晋,皆为中华所艳称,著于历代《食货志》(近世朱提矿衰,遗坑遍山,而东川铜业未衰)。由此文,知杜宇实华夏人亡命至朱提,实以农艺技术教朱提人,开发了一方农业文化,奠定秦汉置县的基础。其与蜀族女子(王)利结婚者,应是已为朱提酋长,运银铜至蜀市易,为王利所爱而结婚。因其教农为蜀人敬重,女利一切信任之,遂篡政权,别立"蒲泽氏"。并建立营邑于郫,号曰望帝。故《华阳国志》云"移治郫邑。或治瞿上"。瞿上,鱼凫女王旧邑。郫邑,别立蒲泽氏时之新邑。新邑初为便于渔业而设,嗣为杜宇教耕黄土丘陵之处,后遂为建成国家的都邑。

然则,《华阳国志》云"朱提有梁氏女利游江源者",审扬雄本语之误。雄固谓男子杜宇自朱提来,非谓女利。女利自是蜀族女子,蜀族自是由江源发展而来,常氏误改作"游江源"也。纵使有朱提女子来蜀市易,亦不会去游江水之源。《太平御览》卷一六六引《蜀王本纪》云:"后有一男子名曰杜宇,从天堕,止朱提。有一女子名利,从江源井中出,为杜宇妻。乃自立为蜀王,号为望帝,移居郫邑。"(原误邦邑)综合各篇,细致分析,扬雄原文可得。雄原文本是女利"从江源井中出,为杜宇妻"。《华阳国志》不信井中出人,又疑杜宇本为蜀王,遂改作"游江源,宇悦之,纳以为妃"。缘不知原始社会情俗与原始传说语言所致。原始传说"从井中出"者,谓蜀族自岷山来,在天文为"东井",故说来自江源为"井中出",以配杜宇"从天堕"之男子为相当。盖当时媒合者语也。"为杜宇妻"者自愿以杜宇为夫,非杜宇"纳以为妃"。引史文,最忌以自己体会之意擅改原语。此常璩之失,不可不辨。

"杜宇"之名,应是在朱提时已有,因耕事起则杜鹃鸣,而杜宇催耕之令亦发,故称其地域为杜宇。张守节以为姓杜,亦非。

杜宇既得志于蜀,朱提故地亦即为蜀国的一县。故杜宇时蜀国领域已北至"褒斜",南迄"南中"。如常璩所云。但不可遂认为是统一的国家,亦不是杜宇及身所致。只可以看成是杜宇之时,大西南广阔地面,氏族部落已成立很多了。他们在农业、矿业、工商业方面都比蜀国落后,都乐于亲附蜀族,结成经济和文化的氏族集团。而杜宇领导的蜀族，已经组织许多氏族成为一个中央领导的公社，正如尧舜时河东解池地区组成一个陶唐，有虞等氏族的中央公社一样，有九族、百姓、万邦和黎民的区别，是已由氏族公社向国家组织过渡的组织形式。到开明氏，才算得真正建成国家了。不过杜宇的末年，开明氏已经当政。《华阳国志》叙述的杜宇疆域，实际是开明氏阶段的蜀国疆域。

# 第六章 开明氏

蜀族进入成都平原，发展农业，进而立国，自杜宇始，但其帝位，为开明氏始祖鳖令所篡。下迄蜀王，皆属开明氏统治。

这一段蜀国史事，汉晋人曾有多种记载，神话颇多。晋代常璩搜集司马相如、严君平、扬雄、阳成衡、郑廑、尹珍、谯周、任熙八家的《蜀本纪》，删去其可疑者，整理为《华阳国志》的前篇。历世传抄流行，自宋有刻本至今保存着。其中仍有传抄窜易之迹，近人研究，体会不同，每有偏执之见。要皆不与该族来历牴牾。兹用自然科学理论与社会发展规规，厘定常璩旧文，补充诸家异说如下：

## 第一节 成都平原的开辟

成都平原，在地质史上属于侏罗纪内海的最后残迹。大约在白垩纪末期（去今七千万年时），龙泉山脉与"四川内海"的西北部分的许多山脉涌现出水，成为川湖西部与川湖中部的分界（其时已有华蓥山脉为川湖东部与北部的分界，又有铁山为川中的南部与北部的分界，把白垩纪的四川盆地分为四部）。白垩纪湖水从巴东三峡泄流，大部成为红土丘陵以后，川西部分仍保存为淡水湖。经过第三纪（距今六千万年左右）至第四纪（距今二百五十万年开始），川西地区还在上升。同时岷江，沱江、涪江和青衣江四大水口亦逐步刻深，终归于把川西部分的湖水全部泄走成为陆地，即今世习称的"川西大平原"[①]。

这个湖迹大平原，分为三个梯级：最高一级涪江平原，包括今天的江油、绵阳安县（今为绵阳市安州区）三县的绝大部分和三台、中江两县的沿江平坝。它的海拔，全在五百米以上。由于下游海拔亦高，故其全面干涸的时间，较成都平原为晚。

---

[①] 今世成都，与温江、绵阳、乐山三地区的大平原，是有狭窄部分连成一块的，故当称为川西大平原。与成都平原和四川盆地有区别。

大约到了秦代，都还有一部分还是沼泽。例如彰明坝子，即今江油县附近，开置郡县就很晚，即缘沼泽存在的时间较久之故。

成都平原，包今温江地区与成都市区的广大地面，海拔比涪江平原略低（五百米至四百五十米之间的平坝为多）。由于新津和金堂两大江口与府河水道开通得很早，积水泄流得快，干涸较涪江平原为早。故蜀族先开辟的是成都平原。

最后一级是眉嘉平原，包括今乐山地区的沿江各县（即彭山、眉山、青神、乐山、峨眉、夹江、洪雅、丹棱和五通桥以北的沿河平坝与黄土台地）。湖迹平原很宽广，由于江水泄流得早，泥沙亦流失得多，今已不似成都平原的平坦，而是海拔五百至三百余米之间的平原残体。因而农耕方面的使用价值，不如成都平原与涪江平原。它的开发更比涪江平原为晚，自然也还是蜀国时已经开发了的。但至秦代才置两县（武阳与南安）。在汉代所谓"三蜀"郡县中，仍是比较落后的一郡。

川西部分的地壳有部分曾经下降，在低处沉淀了岷、涪、绵、洛诸水搬运来的泥沙和圆砾。时间可能早在白垩纪末期，龙泉山脉上升之后。背斜在上升，向斜部下陷，沙砾便填积在海底（有洪水年，便会填上一层石砾，有干旱年就只能填上泥沙。所以成都平原的冲积层，是有明显层理的）。进入第三纪后，又盖上了一层黄黏土（第三纪黄土，有礓石，无砾层）。进入第四纪之初，又盖上一层砾石混入的黄黏土。千百万年间，局部升降发生多次。最后显露于地表的，除小面积的山顶部分有第四纪黄土和圆砾如狮子山、牧马山、天回山外，第三纪黄土铺盖处多在冲积平原的边缘，接近山区的部分。例如灌、彭两县接界的九陇，龙泉山北的龙泉驿、大面铺、沙河堡、董家山和天回山附近的山麓浅丘与黄土浅陇皆是。占地略可与冲积砂泥平原相当。① 这种黄土，生产力大大低于砂泥冲积平原，但仍是可以耕种的。

这些黄黏土陇冈，一般都比砂泥冲积的平原为高。当蜀族最初进入成都平原时，所有砂土平原都还是水淹盖着的，或者是沮洳沼泽。是故鱼凫氏从山地下来，只能在九陇地区从事捕鱼。他们虽已是脱离了游牧而从事耕种已久的人，却只习惯于耕种山间河原的沙质土，无法开垦这种黏重固结的酸性黄土。到了杜宇出世，才成功创造黄土耕种的方法，把农业推进到大平原内部来。当然也会在冬季水落时耕种附

---

① 拙编《四川历史地图》（待刊）有四川盆地的地质图一幅。是根据谭锡畴、李春昱的考察材料，参考了李春昱主编的中国地质分幅图缩小绘制的，可供本文参考。

近较为肥沃易耕的平原砂土。杜宇的这一成功，使蜀族耕地大大展拓，国邑亦从瞿上进展到九陇来，营造为郫邑了。

## 第二节　关于鳖令治水问题

《后汉书·张衡传》载《思玄赋》有云，"鳖令殪而尸亡兮，取蜀禅而引世"。唐章怀太子注云："扬雄《蜀王本纪》曰：荆人鳖令死，其尸流亡，随江水上，至成都，见蜀王杜宇。杜宇立以为相。杜宇号望帝，自以德不如鳖令，以其国禅之。号开明帝。下至五代，有开明尚，始去帝号复称王也。"《文选·思玄赋》李善注，亦引《蜀王本纪》曰："望帝治汶山下邑曰郫。积百余岁。荆地有一死人名鳖令，其尸亡，随江水上，至郫，与望帝相见。望帝以鳖令为相。以德薄，不及鳖令，乃委国授之而去。"

《水经注》卷三二引来敏《本蜀论》曰："荆人鳖令死，其尸随水上。荆人求之不得。令至汶山下，复生，起见望帝（望帝者杜宇也，从天下。女子朱利自江源出，为宇妻，遂王于蜀，号曰望帝）①。望帝立以为相。时巫山峡（塞）而水不流，帝使令凿巫峡通水。蜀得陆处。望帝自以为德不若，遂以国禅，号曰开明。"

《太平寰宇记》卷七二"益州"云："扬雄《蜀王本纪》、来敏《本蜀论》、《华阳国志》、《十三州志》，诸言蜀事者，虽不悉同，参伍其说，皆言：蜀之先肇于人皇之际。至黄帝子昌意，娶蜀山氏女，生帝喾，后封其支庶于蜀。历夏、商、周。始称王者，总目名蚕丛。次曰柏灌。次曰鱼凫。其后有王曰杜宇。宇称帝，号望帝。自以德高诸王，乃以褒斜为前门，熊耳、灵关为后户，玉垒、峨眉为城郭，江、潜、绵、洛为池泽。以汶山为畜牧，南中为园苑。时有荆人鳖泠死，其尸随水上。荆人求之不得。鳖泠至汶山下，忽复生。见望帝，帝立以为相。时巫山壅江，蜀地洪水。望帝使鳖泠凿巫山，蜀得陆处。望帝自以德不如相，因禅位于鳖泠，号开明（帝）。遂自亡去，化为子鹃鸟。故蜀人闻子鹃鸣，曰是我望帝也。鳖泠或为鳖灵。子鹃为子巂。或云，杜宇死，子规鸣。"

其他引《蜀王本纪》言蜀开国事者还多，文字各有不同，要可以上举四者为代

---

① 《水经注》各引文中，每有窜入自别处引来作为夹注补充之文。后人传抄，一体写作正文。此处二十八字，显然是原本的夹注，故用括弧标别。

表。① 乐史说他"参伍其说"（犹言综合整理），是因为扬雄旧本早已散佚，应劭（东汉末叶人）、来敏（三国时人）、常璩（晋人）、郦道元（后魏人），引用不重原文，意为增删，只合综合分析，以求原意。他的这一工作是做得相当好的。大抵"南中为园苑"以上，皆取自《华阳国志》。"荆人"以下，则是他整理出来的《蜀王本纪》原意。兹用为《太平寰宇记》作些解说如下：

他为什么对鳖令事不用《华阳国志》呢？因为常璩反对鳖令尸化之说，不合扬雄旧文。他认为扬雄《蜀王本纪》是原始史料，不当破坏。

常璩《序志》说："世俗间横有为蜀传者，言蜀王蚕丛之间，周回三千岁。又云：荆人鳖灵死，尸化西上，后为蜀帝。……有生必死。死，终物也。自古以来，未闻死者能更生。当世或遇有之，则为怪异，子所不言，况能为帝王乎。"故他的《蜀志》只说"其相开明，决玉垒山以除水害。帝遂委以政事"。并"鳖灵"字亦不用。这本来是常璩的"书生之见"，合该不取。

"鳖泠"两个字，魏、晋、唐、宋人有鄨、鳖、令、灵、泠等多种写法。扬雄原字如何，已不可知了。来敏是引用最早的一个人。《水经注》传其字作"鄨令"，从邑，后亦作鳖。王先谦合校云："朱笺曰：'《汉书·地理志》牂牁郡有鄨县'。赵释曰：'一清案：《寰宇记》引《周地图记》作鄨灵。'"今按：鄨县，秦属黔中郡，故城在遵义，本楚国商于之地。秦灭巴蜀，"司马错自巴涪水取楚商于之地为黔中郡"（常璩《巴志》文）是也。汉武帝开南夷，唐蒙亦从巴符水入，先据鄨邑。故置犍为郡时，初亦治鄨，后乃渐徙至平夷、僰道与武阳，而以鄨隶曰郡。鄨为巴、黔、犍、牁四郡之间一奥区可知。"楚商于之地"者，楚在南国中文化最高，工巧发达，以商业经略诸夷部落。诸夷部既受其经济羁縻，渐亦接受其政令，请置官吏，理其商民（凡秦汉史言"请吏"者皆如此）。故楚国先有鄨县，有令长（县者悬也，今言飞地。战国初世，各国多有县邑，后乃以郡辖县）。开明氏之始祖，以荆（楚）人为鄨县令，有罪当死，乃亡命入蜀，投望帝于汶山之下。望帝任以治水之事。由于治水成功，耕地推进于平原沃壤，蜀人拥戴，遂得代杜宇为蜀主。其事与禹相似，实为蜀族群选鳖令代替已经衰老的杜宇作为其首领，以利于继续治水发展耕地。既非禅让，亦非篡夺。似当时蜀族较重公共福利，选举首领固当如此。

---

① 《路史》引《风俗通》，查今本并无其文。应是应劭作《十三州记》与《风俗通》，旧时并为一书，宋人分缮，故乐史与罗泌所引书名不同。

云鳖灵"尸随水上"者，其人犯罪当死，故谓其躯体为尸。① 循江水而上至郫邑，故曰"尸随水上"。楚国通缉不能获，故曰"荆人求之不得"。邑在巴与蜀境的甫徼外，介于楚、蜀、巴之间，其罪人不可奔巴。巴、楚世为婚姻，楚国能向巴国索囚。蜀、巴世仇，故奔蜀不患不容，且获重用，故曰"复生"。

荆为楚国旧称，故"荆人"即楚族的先代，治理泽田，开渠放水，建筑堤防，种稻、养鱼，生活得到改善。蜀族从山区来，初不精于治水之术，赖鳖令教之。此鳖令治水之实义也。

《华阳国志》说"开明决玉垒山以除水害"。来敏、乐史皆作"巫山"。"巫"字是绝对不通的。蜀国当时只占有四川盆地西北部，东南部为巴国。巫山又在巴国极东的楚国界上。蜀国何能去凿巫山？鳖令罪逃又安敢去到巫山？巫山之峡长百里，皆石灰岩，易受水蚀，不受斤斧，当时技术，如何可能凿开巫山？《华阳国志》作"决玉垒山"，较为得之。玉垒为釜华九顶之古称，四时积雪不消，故云玉垒。其脉抵灌县而极，故灌口之山，得承玉垒之名。岷至灌口，原有沱江（内水）分支，经宝瓶口砾岩裂隙流灌郫邑以东，但流量小而不稳定。每岷江大水泛滥，即不收分水排洪之效。可能自鳖令时已经有筑坝分水，防治洪水横流之法，使其不害农田（如沙市地区，江流高于农田数尺而水不为害，便是荆州久已行用之法）。李冰即因其法更创湔堋。若然，则蜀人之拥鳖令以代杜宇，比为"尧舜禅让"，亦正适当。惟称为"决玉垒山"，或"凿玉山"则恐非扬雄原文之意，而是后人因李冰之工所推测之语也。

或疑成都平原积水只有凿新津、彭山、金堂三处江口可泄，凿玉垒无益。因疑鳖令所凿是金堂峡与新津天社山（金字从玉，堂字似垒）。这也不然。金堂、天社与彭山江口，皆由地壳上升，江水刻蚀，积以岁月，自然生成，非可以人力凿通。亦犹巴东三峡之不能设想为人力开凿也。

---

① 凡古言"尸"者，不一定为已死尸骸，只有不得随意行动之义。如《左传》庄公四年："楚武王荆尸，授师孑焉，以伐随。"杜预注："尸，陈也。"此陈，当读为阵。故下文曰"更为楚陈兵之法……楚始于此参用戟为陈"。谓楚先世称荆时之阵法，严肃而呆板，军士皆木立如尸，故称其阵法为"荆尸"。又，周人祭祀祖先与诸神时，皆使一人端坐受礼，以象其神，不得言动，称之为尸。故曰："孙可以为王父尸，子不可以为父尸"（《曲礼》）。《诗》曰"皇尸载起"（《小雅》），"公尸来燕"（《大雅》）。祭毕乃起而言动。是故犯法当死之人，逃亡者称为"亡命"。亡命，犹言"无命"。其人虽犹活，不得自由活动，如云"行尸走肉"而已。鳖令尸亡之说，应即取于此义。《山海经》中，每有言头断而不死者为尸。如"夏耕之尸""贰负之尸""形天之尸"等，则皆谓一个氏族部落首领被诛后，余众仍自生存，远徙独立之部。其《海外西经》奇肱之国云："形天与地至此争神。帝断其首，葬之常羊之山。乃以乳为目，以脐为口，操干戚以舞。"刑天，亦作形天，一作刑夫，《淮南子·地形训》作"形残之尸"。皆谓此氏族之人，首领虽死，犹有头目领导作战。鳖令罪当死，乃率其族人奔蜀，故传为尸化西上耳。

《后汉书》《文选》《华阳国志》皆宋代才得刻版。宋以前只有手抄本，字句屡被改变。宋人谓妻与人通奸者为"龟鳖"。鳖字唯地名用，而形与鳖近，故传抄转讹为鳖。宋人又写作鳖，而有杜宇与其妻通之说，俱无足取。令古音本读如清冷之泠，音同于伶与灵。缘音而讹，尤不足怪。

## 第三节 开明氏阶段的蜀国

"鳖令"是否只身亡命入蜀？由于他做蜀王后，便自别为开明氏，就可知不会是只身入蜀，而有其家族若干人同来。否则，至少也要发展繁殖到若干世代才得成为一个氏族。大概他们是举邑叛楚，降附于蜀。由于受到楚国的讨伐，战败之后，才率族奔蜀的。那时的蜀国，实际只管得川西大平原的黄土丘陵地区。平原以外的山区部落，都只是蜀国的附庸，只有经济联系，并非政治隶属。《水经注》南安县云："县治青衣水会，襟带二水矣。即蜀王开明故治也。"足见鳖令不但率族奔蜀，而且还在今乐山市处建成过蜀国的附属部落。由于他到郫邑去，用楚人治田云梦之法游说杜宇。杜宇正苦无法开辟沮洳沼泽地面，授权于他，使其率族治水（旧说之为"以为相"，是因为许他调动蜀民）。迨治水成功，已得蜀国，遂以其从来之族自别为开明氏，而自称为"丛帝"。

开明氏人数应远远不足蜀族人民的万千百一，而为蜀国之君者，盖亦是自附于蜀族，作为蚕丛氏之一支（当时蚕丛之裔已有难于列举的几十百支）。故其自称为"丛帝"，取蚕丛之义（唐宋年代成都尚有蚕丛祠，疑开明时已有其祀典）。

开明氏称帝时，蜀国都邑已由郫邑徙居新都（今新都县名未改）。言新，以别于旧郫。又向南展拓为广都（故邑在今成都市东郊、沙河堡、中和场地界）。迨治水功成，乃定都于大隳山下的赤里街，是为成都。故《华阳国志》云："蜀以成都、广都、新都为三都，号名城。"（文在"广汉郡"）又云："开明王自梦郭移，乃徙治成都。"他未明确指出是哪一代开明王。按上文，指的可是第九世的开明帝，他始立宗庙，易服色。大概就是在徙都后才立宗庙、定制度的，那时的成都可能还只有郭，无城，故叫"赤里街"①。其故址，在今城北二十里昭觉寺附近略与砂原齐平的黄土陇上，故曰赤里（秦灭蜀后，张仪筑龟城，为蜀郡治，亦只在今城北的驷马桥附近。

---

① 丁为四通之邑的用字。凡古称邑者，皆无城垣，但四街尽头有门阙，是之谓郭。筑城者，城门外加筑瓮城，亦为郭。

唐代又徙向南。今城乃明代所筑，较唐城更向南扩展）。开明王徙治赤里街，说明其时成都沮洳平原已全面变为耕土，故蜀国都邑也从黄土丘陵徙到平旷的沙原来了。但还未肯进入沙原而仍只作邑在最低的黄土浅冈之上。秦汉以后，乃逐步移向平原中央。

《华阳国志》说："丛帝生卢帝，攻秦至雍。（卢）帝生保子帝。帝攻青衣，雄张獠僰。"其上文说杜宇的疆域，"以褒斜为前门"。褒谷、斜谷，在汉中之北的秦岭山脉。雍城在秦岭之北的宝鸡。这可以说，较杜宇时已经推进了一步。攻秦至雍，还不是占领了雍。但要翻越秦岭去用兵，就非先占有汉中和武都两盆地为领土不可。这两个盆地，在战国时，是蜀、秦、巴、楚四国互争之地。由这句话，可以肯定，在开明第二代卢帝时，是曾经占领过它一段时期，但未长期占领下去。①

保子帝为开明第三世，所攻的"青衣"当然是指住居青衣江地区的那支羌人，是同时进入四川盆地的另一支羌族。文化比蜀落后，但武力能与蜀抗衡，蜀南方地区的獠人和僰人建立的氏族部落都畏惧他。蜀帝能够征服他，那些氏族部落都转而亲附蜀国了。但还不是接受蜀国的统治，只算友好性质的氏族，与《尧典》所谓"万邦"意义相当。上文说杜宇"以南中为园苑"，不过说商业往来的地面。这里说的"雄张獠僰"则是军威已远震南中（獠与僰人之国，全在南中。将于第三编详之）。即是说：已由商业关系渐入政治关系了。

《华阳国志》说第"九世有开明帝，始立宗庙，以酒为醴，乐曰荆，人尚赤，帝称王"。这就说明他前几世的开明帝都还未有定居，只转居于治水未竟的工程所在的地面，卜宅未定。此时泽地治水已竟，乃卜宅建都，营为定制，所以才立宗庙。虽已立庙，"未有谥列，但以五色为主。故其庙称青、赤、黑、白、黄帝也"（俱用《蜀志》文），但知他们已学到中原的五行哲学了。称祭庙之酒为醴，亦是中原语义。称乐曰"荆"，则是保持其荆国固有之"南乐"，不习风乐和雅颂。华言曰南，楚言曰任，蜀言曰荆，皆一种乐类名称之异。言"人尚赤"者，荆在南方，五色为赤。皆不忘族源之义。政权既固，乃图以本族立新俗，以渐变羌支之旧俗。亦即蜀族与华族由接近而分离，再由分离而接近的开始。这是蜀族历史划分时代中一个带转折性的时代。

开明氏只十二代。第九代改制，又阅三世而国亡。此十二代中统治者虽自别为开明氏，其人民（百姓）仍为蜀族，故仍当为蜀族历史的一个阶段。

---

① 关于四国争夺汉中地区的过程，另详我的《华阳国志校补图注》，此书由上海古籍出版社出版。

去年新都出土战国时蜀王墓，陶器彝器甚多，皆精致而无文字。只一席上用为食用之小鼎。鼎盖内方镌有四字，有考证为"邵之食鼎"，有证为"启之食鼎"。我以后者为是。缘鳖令虽荆人，不必即是昭王之后。《春秋》初书荆，僖元年乃改称楚，书"楚人伐郑"。杜预注曰："荆始改号曰楚。"《蜀王本纪》称鳖令为"荆人"则是楚国先民之族，而非楚昭王之裔萌矣。荆在蜀国之东。启明为东方晨见之星，鳖令自号其族为启明，亦犹"东人"之义。① 与《山海经》"开明兽"的字义不同，若然，则开明字本应作启也。②

## 第四节　蜀族是何时进入奴隶社会的

《华阳国志》谓开明尚时，"蜀有五丁力士，能移山，举万钧。每王薨，辄立大石，长三丈、重万钧为墓志。今石笋是也。号曰'笋里'"。今按，移山举万钧，非一人所能办，亦非五人所能办。五丁力士不能释为五个力士，应解释为五个氏族，即支持开明氏为蜀王的五个羌支氏族（也是蜀族的五支，或是从鳖令来的五支人）。他们人多，力大，耐劳苦，有劈石技巧，故能移山，劈石条重千钧以为王墓的标志。③

氏族发展强弱不平衡，差距太大时，便会产生阶级分化，从而过渡为奴隶社会。以华夏为例言之：华夏进入奴隶社会，从夏代开始，殷代成熟，可为定论。周族，则是太王迁岐后才开始的。《大雅·公刘》称"于豳斯馆"，"止旅乃密"。是说公刘时已有非周族的人投附到豳来了。公刘都收留起来，作馆居之，还不是作为奴隶，但只"君之宗之"，"爰众爰有"，等于百姓看待。其后迁岐，伐密伐崇，战争渐多，俘虏降附，遂有阶级，便已进入奴隶社会。文王、武王能优待奴隶，颇得奴隶死力，以至强大（如南宫适、散宜生、泰颠、闳夭、新荒等人，皆开周立功最多的人，灭殷后竟无封国，就因为是奴隶，不能列为诸侯。箕子是殷周最有高名的知识奴隶，有陈《洪范》之功，求除奴籍，也只封于朝鲜，不得与诸侯朝见）。他的奴隶来源，就多出于南国的江汉之间。《周诗·二南》有《汉广》《江记》篇，旧说为"被文王

---

① 《诗·小雅·大东》："东人之子，职劳不来。"《毛序》："东国困于役而伤于财，谭大夫作诗以告病。"谭国在东方，故曰东人也。三国时，从刘焉自荆州入蜀者号东州人，亦取东人为义。
② 《山海经》："昆仑之虚，方八百里，高万仞。……面有九门。门有开明兽守之。"按《淮南子·地形训》谓八极："东方曰东极之山，曰开明之门。"开明，亦当是启明字避讳改。若昆仑九门，分在八方，即不适用启明义。故"开明兽"与"启明之门"字当不同。鳖令时不知有昆仑九门，即不知有开明兽。故可定其字本作启明。
③ 冯汉骥先生说：人类有过大石文化的阶段。奴隶主文化落后而拥有众多的劳力，用粗陋的石器与铜器劈取大石树立为宫阙和墓表，以相夸耀。成都之石笋，石镜与秦人之石牛，皆是大石文化的产物。今冕宁城外有大石墓数所，皆用高厚，长阔过五尺之巨石块镶成，无他艺术表现。亦大石文化产物也。

之化"。其实是江汉间人被卖为奴隶于周,歌唱其南乐旧章之辞。《小雅·南有嘉鱼、南山有台》皆南国商人来周者(主要是卖奴隶)受享之诗。所谓"南国",包括秦岭以南的国家,巴、蜀、庸、楚、褒、申等国皆在其内。

岐周以西的羌族部落,则汉魏间都未是奴隶社会,有些部分到了唐代才有奴隶主。吐蕃优待奴隶与岐周相似。川边的羌支,按《西羌传》文字看,到了后汉都还没有奴隶。那么,羌支发展起来的蜀国,是何时进入奴隶社会的呢?

按上面六章论述的史事推断,蚕丛、柏灌两氏阶段,不会有奴隶。当冉氏、骁氏侵入时,频频发生战争,可能已在向奴隶社会过渡了。但实际进入奴隶社会的时间是从杜宇开始的。因为它"以褒斜前门"。则从成都到汉中地区各氏族部落已被它征服了,必有俘虏成为奴隶。再到开明氏时,南中部落来投附的人必然很多,所以到开明氏,就能有"五丁力士"这样强武的奴隶队伍,把他们比着周族的泰颠、闳夭、新荒之类,是符合实际的。

《华阳国志》叙五丁力士,系据《蜀王本纪》。所言五丁掣蛇、山崩压死的故事,可能是说的蜀征梓潼氏国时,遇伏战死(关于梓潼氏,详后)。梓潼氏之国在蛇水河谷,故蜀人言掣蛇也。

蜀国奴隶买卖之盛,不仅周秦为然,直至汉代仍是极盛的。《史记·货殖传》说:巴蜀"南御滇、僰,僰僮。西近邛、笮,笮马、旄牛"。《汉书·地理志》作"南贾滇、僰僮,西近邛、笮马、牦牛"。"又(赀)千余万。"又说:"初,哀贾京师,随身数十百万。"当时行五铢钱。数十百万随身,非大力者所能胜。况行数千里,山险水恶,途多盗贼,纵挟数十百万商品,亦不可能。惟携值数十百万之奴隶,于义乃通。故知罗哀起家,便是贩卖奴隶。先贩僰僮,以才能受平陵富豪委托资遣,乃致巨富。传虽不及僰僮,而僰僮之利自见(僮即奴隶。王褒有《僮约》一文流传)。蜀王之富强兴盛,应亦与此有关。

但奴隶军队,在奴隶主虐待之下,不可与节制之师作战。故当秦军远来时,蜀王自恃其众,自率军至葭萌(故城在今广元县嘉陵江西岸的"老昭化"),虽凭江水之险仍不能御秦军,一战而溃。诸城邑更无能阻御者,竟至成都亦不能守,逃至武阳被杀。① 其傅相与太子逃奔白鹿山,俱为所俘。正如殷纣之于牧野,虽曰"其旅如林",一经交锋,即"前徒倒戈",一败涂地,唯有自焚而已。奴隶军队之不能战,从古皆然也。

---

① 《华阳国志》:"周慎王五年,秋,秦大夫张仪、司马错、都尉墨等从石牛道伐蜀。蜀王自于葭萌拒之。败绩。王遁走至武阳,为秦军所害。其傅相及太子退至逢乡,死于白鹿山。开明氏遂亡。凡王蜀十二世。"逢乡,即海窝子,逢彭古音同。唐于其地立彭州。

# 第七章 国亡后的蜀民

开明氏帝系发展到第十二代，已经衰老、腐化，脱离农耕人民，过着奴隶主的享乐生活，只讲声色犬马，不再关心劳动人民。其奴隶，亦不再像五丁力士那样忠于其主了。秦灭蜀，用封建制代替奴隶制，适应了社会的发展。因此，尽管有不少奴隶主贵族逃亡异乡，而大部分蜀民在秦代为社会发展做出了重大贡献。

## 第一节 奴隶主贵族逃亡异乡建国

### 一、蜀王子建国于越南

秦灭蜀，蜀王战死于武阳（今彭山县江口镇）。其太子率余众奔还海窝子，亦被俘。著于《华阳国志》。常氏《南中志》曾述晋与吴争交州事，而不知交州交趾郡为蜀王子所开，而列之为"九服之外"，是其阙失。赖有郦道元引《交州外域记》补述其概略。兹录其全文，加以分析解说（原在《水经·叶榆水·注》）。

《交州外域记》曰：

交趾昔未有郡县之时，土地有雒田。其田从潮水上下。民垦食其田，因名为雒民。设雒王、雒侯，主诸郡县。县多为雒将。雒将铜印青绶。后，蜀王子将兵三万，来讨雒王、雒侯，服诸雒将。蜀王子因称为安阳王（以上第一段）。

这一段是说：今越南的河内、海防一带（红河三角洲地面），地方卑湿，每有海潮能到之地，平时是稻田，朔望潮期若逢大水，稻田就会淹没。这种水田，叫作"雒田"。耕种这种稻田的人，叫作"雒民"。雒民部落的酋长，称为"雒将"。这样一个地区，也即被称为雒域（《史记·南越传》作骆）。秦汉间，人称南方民族为"越"、浙东地区为"东瓯"、福建地区为"闽越"、广东地区为"南越"、广西地区为

"西瓯",称此部为"雒越",合称五岭以南诸部落为"百越"。当时百越未能建成国家。秦始皇南平百越,置郡县(西瓯与雒属象郡),皆因其俗而治之,守令多仍雒将之旧。强大者任之以郡,则称雒王。弱小者任之以县,则称雒侯。蜀王子军来,征服诸雒将,重建蜀国。不仅见于《水经注》,越南人自撰之《大越史记》等方亦有记载。① 谓安阳王"名泮,巴蜀人也"。其为蜀亡国后之一漏网王子,率残部奔入南中,转至交趾重建蜀国,应无疑矣。《史记·南越王尉佗传》称其踞南越称帝在秦二世时(上距秦灭蜀百零九年)。至汉文帝时,佗上书,犹谓"蛮夷中间,其东闽越,千人众,号称王。其西瓯、骆、裸国,亦称王"。是其时安阳王国尚存在,南越仅"以军威边,财物赂遗闽越、西、瓯、骆,役属焉"而已(并见《史记·南越列传》文)。佗卒于建元四年(公元前137年),则其驱逐安阳王在汉景帝时(公元前156—141年),上距秦灭蜀国已一百八十年,安阳王当已传国五、六代之久了。则所谓"蜀王子",当秦灭蜀后蜀族的一个王子,他可能是从武阳率余众逃入南中,更由南中进入交州,抚有越裳支裔诸部落重建蜀国而称"安阳王"。又复传国数世,大体可定。其所率三万人中,不能全是开明氏之族裔,应有绝大部分为蜀族百姓,与少部分奴隶(奴隶不可能相从远逸,但亦不能绝对无有。例如服役于王子家庭的奴隶,与其他非战士的奴隶,亦能同走)。

蜀王子所以能脱于秦军追击者,由于当时南中诸部落,如丹犁、羮侯、头兰、夜郎、句町等国,他们早已臣服于蜀,秦军声威不能达,蜀王败报亦不易至。故王子与所率军队,能假蜀王威信,作循行姿态,所至取得供应,如行庭内,秦军无法深追。蜀王子亦不敢夺所至之国,每畏秦使追踪,亦畏诸部知其亡国而掩袭之,故直行而南。迨已出其属部之界,入于交趾,乃以财物加兵威招抚雒将。南中诸部落亦乐于助之,以自宁。故能顺利取得交趾,重建蜀国也。其相从而来之蜀族人民,善于治水,作堤防潮以捍雒田,并开垦泽国卑湿之地。故雒将、雒民亦乐归之。遂成大国,传数世。

其被南越战败之原因与其过程,《交州外域记》续云:

安阳王有神人名皋通,下辅佐。为安阳王治神弩一张,一发杀三百人。南越王知不可战,却军往武宁县(按《晋太康记》,此郡属交趾)。南越遣太子名始,降服

---

① 《大越史记》,越南人黎文休 1272 年(南宋度宗咸淳八年即元世祖至元九年)撰。其后潘孚先,吴士连等增订。有外记一篇,多记神话传说,以越南人世代相传者为多。亦有华文典籍已先有者,如《水经注》安阳王神弩之类是也。

安阳王，称臣，事之。安阳王不知通神人，遇之无道。通便去。语王曰："能持此弩，王天下。不能持此弩者，亡天下。"通去。安阳王有女名曰媚珠，见始端正，与始交通。始问珠，令取父弩视之。始见弩，便以锯截弩，讫，便逃归，报南越王。南越进兵攻之。安阳王发弩，弩折。遂败。安阳王下船，迳出于海。今平道县后王宫城，见有遗址（《晋太康记》县属交趾）。南越遂服诸雒将。①

这段说的"神弩"，应解释为蜀国制造的"侧竹弓"与"白竹弩"。破苦竹（绵竹）取青扎漆制成，质轻而劲，发矢能及远。此亦蜀族工巧匠师所优为。② 所谓神人皋通者，盖从蜀王子来之弓工。更取交趾濮竹制为强弩，以机发之，杀人更多。雒民以为神人耳。所谓"通去"者，谓皋通已死，后王不能修其业，故败于南越。数百年后，雒犹知其名，附会为神人耳。南越王尉佗姓赵，初畏安阳王强大，遣其子赵始与蜀女媚珠婚，因得知其弩制作法。乘其业废弩敝而发军攻之，遂取其国。

这一故事安南人也收入了自己的史记，经法国人鄂卢梭（L. Aurouseau）译成法文，收入其《秦代初平南越考》内，1932年冯承钧从法文译成汉文，如下：

安阳王得着一个龟爪，与以为机，造成神弩，一发可杀五百至一万人。赵佗遣子仲始求婚王女媚珠，潜毁其机。赵佗方能略取其国。

看来入赘于媚珠的赵始，是赵佗的第二个儿子。这就更可知南越击败最后一个安阳王的时间，在汉文帝之世了。但鄂卢梭的考证，则谓"安阳王国建立之年，虽然史无明文。然我以为当然应位于秦始皇死（公元前210年）同南越建国（公元前207年）的中间"。这即是说，蜀王子泮在雒越重建蜀国的时间在秦始皇死至二世降汉的三年之内。他还说："蜀氏唯一君主的安阳王在位时间必在（公元前）214至307年之间，或者就在（公元前）210至207年之间（引文俱在冯译本的第三章）。"查公元前214年，即秦始皇开岭南置南海、桂林、象三郡之年。亦即尉佗初至南海

---

① 上引文有两括弧内字，皆郦氏对所引《交州外域记》的加注。《水经注》原本是《水经》本文用大小字体分别开的。注文字小，另行。其所引文，又复有双行夹注。后世抄本，一律连写成大字。到清代的全祖望才看出其经注不分，加以分写。对于所引诸书句中的夹注仍未加以区别。但刻校本，对此九字，注有"此九字注中注"之语。兹用括弧区别。
② 常璩《南中志》记霍弋遣南中大姓率部曲夺取吴王孙皓的交州。其后兵败，孟干、爨熊、李松三人被俘入吴。当徙临海郡。他三人先已密约俟机逃归晋，"干等恐北路转运，以吴人爱蜀侧竹弓弩，言能作之。皓转付部为弓工"。遂得北还。又《巴志》，秦昭王以白虎为害四郡，募能杀白虎者。"夷朐忍疗仲，药何、射虎秦精等乃作白竹弩于高楼上射虎，中头三节。"于是害除。此皆巴蜀人善于用竹为弓、弩之证。

之年，上距秦灭蜀亦已一百又二年了，首任安阳王安能如此长寿，而其女媚珠还能爱赵佗之子仲始？所以，鄂卢梭教授这一考订是绝对不合的。

另一个法国汉学家迦节（M. L. Cadiere）编的《越南历朝世系》，参考了十一种越南的史书，辑录得非常简单明了。他说越南最早一个王朝叫鸿庞氏，第二个是蜀氏，第三个是赵氏。他一直说到1907年亡国的阮氏，为第十六个王朝。他说：鸿庞氏"国号文郎，定都峰州。……兴于纪元前2879年壬戌，亡于纪元前258年癸卯，计共建国2622年"。这所说的公元前2879年，即我国古史相传越裳氏九译来献的年代（《竹书纪年》在周成王九年）。那时中华都还只开始建成统一的国家，越南自然也只能是氏族部落。说两者之间已有往来市易，是可能的。说成是贡使往来的国家，便是没有史学常识的谬说了。任何一个氏族组织，也没有发展两千多年而不变的。我疑"鸿庞氏"的越南原语，与华言的"鸿蒙"相当（蒙、庞、逢、萌古音相通），是仅有氏族公社组织的雒将的统称，并不是越裳氏或雒王已有的国号。

但他说到"蜀氏安阳王"，便有清楚的事迹了。他说："其王姓蜀名泮。巴蜀人也，灭鸿庞氏雒王之国，而建瓯貉国。定都螺城。即今福安省东安县之封溪。在位五十年（公元前257—208年）。秦南海尉赵佗，逐安阳王而并其国。"① 公元前257年即周赧王五十八年，上距秦灭蜀五十九年，时间比较接近，仍嫌稍多了二十几年。只说安阳王于公元前208年（秦二世时）为尉佗所灭，则必不然。因为《大越史记》的作者依据的是中华典籍，中华并没有典籍确指安阳王建国和亡国的年代，所以推算不免有误。从而相信他所推算年代的人，也就不能免于错误了。

## 二、安阳王裔再进入柬埔寨建成扶南国

《大越史记》是依据中华典籍与地方传说编写的，其记安阳王事，依据的是中华正史与康泰《扶南国传》《交州外域记》和《水经注》等书，甚为明显。康泰，三国吴人，受吴大帝孙权派遣，通市易于南洋，撰《扶南国传》。当时所谓扶南，实即今天的越南南部高棉人住区和柬埔寨地方。当时孙吴承汉制，抚有交趾、日南、九真诸郡县，实际疆界只到今天的岘港。岘港以南，即扶南国地。

---

① 《大越史记外纪》云："秦始皇崩于沙丘，任嚣、越佗率师来侵。佗驻军北江仙游山，与王战。佗败走。时嚣将舟师在小江，染病，以军付佗。佗退守武宁山，通使讲和。乃分平江以北佗治之。以南，王治之。佗遣子仲始求婚王女媚珠。许之。"若描述这场战争的话有根据，就可见安阳王据雒已久了（那些地名，俱在今广西，说明秦始皇所遣任嚣是后来的）。又说"癸巳，秦二世胡亥二年，南海尉赵佗复来侵。安阳王败走，自溺死，蜀亡"（俱据冯承钧译本）。考胡亥二年，尉佗还只是南海尉职，任嚣还未死。佗之经营南海一郡，尚须时间，安能遂有兵力入侵瓯雒，灭安阳王之国？且安阳王兵败入海，也并未自溺（详下节），故知其说不确。

《三国志·吴志·吕岱传》说："延康元年，代步骘为交州刺史。……表分海南三郡为交州，以将军戴良为刺史。海东四郡为广州，岱自为刺史。遣良与（陈）时南入，而徽（九真太守士徽）不应命。……岱击，大破之。……斩获以万数。又遣从事南宣国化，暨徼外扶南、林邑、堂明诸王各遣使奉贡。黄龙三年，以南土清定，召岱还屯长沙沤口。"《太平御览》卷八○八引《吴历》云："黄龙四年，扶南诸外国来献琉璃。"《古今图书集成·食货典》引作"黄武四年"。孙权黄武四年（公元225年）即蜀建兴三年，蜀诸葛平南中之年。其后四年，吴改元黄龙。黄龙四年改元嘉禾，故黄龙无四年。则扶南献玻璃在黄武四年为是。盖因蜀平南中，南亚震动，故贡吴求庇也。康泰出使应在此时。

于时九真以北为吴国的交州，故扶南为"交州外域"。《水经注》所引的《交州外域记》，是否即是康泰的书，抑是晋、宋、齐间华人所纂，要其取材于泰之书可定。①

《太平御览》引有《吴时外国传》一条云："扶南之先，女人为主，名柳叶。有摸趺国人字混慎，好事神，一心不懈。神感至意，意梦人赐神弓一张，教载贾人舶入海。混慎晨入庙，于神树下得弓。便载大船入海。神迴风令至扶南。柳叶欲劫取之。混慎举神弓而射焉，贯船通渡。柳叶惧伏。混慎因王扶南。"②

这所说的《吴时外国传》，显然就是康泰、朱应撰的书。更还有题为《康泰行纪》的（见《太平御览》卷七八七）。《晋书》《南齐书》《梁书》《南史》《新唐书》皆有《扶南传》，亦皆依据康泰、朱应之书，而文字微异。例如《晋书》云：

其王本是女子，字叶柳。时有外国人混溃者，先事神，梦神赐之弓，又教载舶入海。溃旦诣神祠，得弓。遂随贾人汎海至扶南外邑。叶柳率众御之。混溃举弓。叶柳惧，遂降之。于是混溃纳以为妻而据其国。后胤衰微，子孙不绍。其将范寻复世王扶南矣。……③

---

① 《隋书·经籍志》未有《扶南传》与《交州外域记》，而有"《南越志》八卷，沈氏撰"，"《交州杂事》九卷，记士燮及陶璜事"，"《交州以南外国传》一卷"与《扶南异物志》，一卷，朱应撰"等目，皆可认为采《扶南国传》资料，更增益续有闻见之作。原书为后出者所掩，反不流传。然魏、周、隋、唐犹有私家藏本为宋代类书所收录。
② 据冯译马司帛洛（Georges Maspero）撰的《宋初越南半岛诸国考》，原注有云："《太平御览》所采的古籍文，都是转抄的，并不是出于原书。"还说："柬埔寨没有柳树，何来柳叶？"因谓柳叶是椰叶之讹。又说："慎，其他书文作填，或滇。康泰原纪似作填，是 kaundinya 的汉译字。"
③ 今行《晋书》，是唐太宗敕修本。其《扶南传》应采酌了齐、梁书文。但宋、齐、梁人亦多有《晋书》成卷。故必多所依据。

《南齐书》云：

……其先有女人为王，名柳叶。又有激国人混填，梦神赐弓二张，教乘舶入海。混填晨起于神庙树下得弓。即神舶向扶南。柳叶见舶，率众欲御之。混填举弓遥射，贯船一面，通，中人。柳叶怖，遂降。混填娶以为妻。恶其裸露形体，乃叠布贯其首。遂治其国。子孙相传。至王槃况死，国人立其大将范师蔓。蔓病，姊子旃篡立，杀蔓子金生。十余年，蔓少子长，袭杀旃，……旃大将范寻又杀长，国人立以为王。是吴，晋时也。晋、宋世通职责。……①

《梁书》云：

……扶南国俗本裸体，身被发，不制衣裳。以女人为王，号曰柳叶，年少壮健，有似男子。其南有徼国，有事神鬼者字混填，梦鬼神赐之弓，乘贾人舶入海。混填晨起，即诣庙，于神树下得弓，便依梦乘船人海，遂人扶南外邑。柳叶人众见舶至，欲取之。混填即张弓射其舶，穿度一面，矢及侍者。柳叶大惧，举众降混填。混填乃教柳叶穿布贯头，形不复露，遂治其国。纳柳叶为妻。生子分王七邑。其后王混盘况，以诈力间诸邑令相疑阻，因举兵攻并之。乃遣子孙中分治诸邑，号曰小王。盘况年九十余乃死。立中子盘盘。以国事委其大将范蔓。盘盘立三年死。国人共举蔓为王。蔓勇健有权略，复以兵威攻伐旁国，咸服属之。自号扶南大王。乃制大船，穷涨海攻屈都昆、九稚、典孙等十余国，开地五六千里。次当伐金邻国，蔓遇疾，遣太子金生代行。蔓姊子旃，时为二千人将。因篡蔓自立。遣人诈金生而杀之。蔓死时，有乳下儿名长，在民间，至年二十，乃结国中壮士袭杀旃。旃大将范寻又杀长而自立。……吴时遣中郎将康泰、宣化从事朱应使于寻国。……晋武帝太康中，寻遣使贡献。穆帝升平元年，王竺旃檀奉表献驯象。诏曰：此物劳费不少，驻令勿送。其后王憍陈如，本天竺波罗门也。……②

---

① 《南齐书·扶南传》叙宋末扶南王憍陈如，多载其书表，说明其文字亦是汉文。国王深信佛法。末云："人性善，不便战。常为林邑所侵击，不得与交州通，故其使罕至。"是其开始衰弱矣。
② 《梁书·扶南传》载其于梁武帝世屡通使，其王皆用梵语译音，盖范寻之后已失王位。隋、唐、宋人书虽亦有传扶南事者，多使用旧文，不详其原委，即不更征引。

分析这些关于扶南国的资料，可以得出下列结论：

（一）今天高棉人分布的地方（柬埔寨和澜沧江三角洲）在三国时为扶南国。由康泰开始记载其历史。晋、宋、齐、梁人续有补充。《交州外域记》与其他许多关于扶南的记载，辗转抄袭，至于宋代的《太平广记》《太平寰宇记》的引据，就淆乱纷庞，失其先后依据了。至于叶柳与柳叶颠倒，混填与混溃，激国与徼国字讹之处尤多。其事迹叙述之任意改窜更难免了。惟自三国至梁陈，只三百年，扶南与六朝国君，使节往还，商船互通，所传史事大体皆同。小处讹误无足轻重。

（二）范寻为扶南王"在吴、晋世"。"晋武太康中，寻遣使贡献。"晋太康元年（280年）灭吴，上距吴黄武四年（225年）扶南入贡，只五十五年。阅历了盘况、盘盘、范蔓、范金生、旃长六王才到范寻。盘况九十余岁乃死。盘盘"在位三年"。金生不算，王旃"十余年"，足见康泰、朱应至扶南在盘况时。《梁书》称"混盘况"，而其与混填之间，不详世代。足见混填入据扶南事，为康泰所记，已未能详混填下至盘况之世代，后来者更无依据。则混填与柳叶事更远，唯泰得其传说而已。康泰之书如此，《交州外域记》亦当如此。故齐、梁史不能补。

（三）《水经注》所引《交州外域记》说安阳王败于赵佗后，"下船迳出于海"。并未说他败死。越南人撰的《大越史记》竟说他"自溺死，蜀亡"。是没有根据的。像安阳王那样能率几万人于亡国之后远征到习俗全不相同的民族地区去，建成国家的，是断不会因一次兵败遂蹈海自溺死的。不仅国王不会，即其相从来到瓯洛建成国家的人，亦必不肯。他们既肯不守其"平道县后王宫城"而"下船，迳出于海"，就必然还有几千几万军士与族人相随。那时洛越以南沿海民族都无强大组织，挟其武力所至皆可生活，皆可重建国家，并非山穷水尽（如南宋末陆秀夫蹈海之时），则何至于蹈海自沉？

（四）最值得注意的是：《交州外域记》所记安阳王的"神弩"和传说的"能持此弩，王天下。不能持此弩者，亡天下"两句话，隐然如说因疏于治弩，而失瓯洛。因能修复此弩而又得建国于扶南。《交州外域记》说神弩"一发杀三百人"，齐、梁时书说混填的神弩"贯船通渡"，或说"贯船一面，通，中人"，或"穿度一面，矢及侍者"（也都是射穿船板伤及其人之意）。实际都只说的其人文化技术高，善制弓矢，足以威服土人，与安阳王之能征服瓯洛相似。而当时东亚地区唯蜀人善制弓矢，已如前述。是故可以设想：安阳王既因弓矢弛废败于南越，乃率其众，弃瓯洛王城入海企图休息后整治弓矢，再图反攻。其休止处，似在吴交州九真郡外的真腊（后称土赤）地界（今越南岘港以南）。因吴晋争夺交趾，先后配备兵力皆强大，统治很缜密，无机会反攻。乃于王混填时更向南取地建国，而通好于吴。康泰之书本以安阳王与混填通为一事。《水经注》与齐、梁人乃割绝为二耳（齐、梁世仍占有交洲，并增置郡县，故记扶南只记混填）。

（五）各书记扶南土俗，皆谓其旧时土著"人皆丑黑，拳发，裸身、跣行"（《晋书》），是原属棕黑人种。而今之高棉人，则体形肤色并与汉族相似，且较越南人更与汉族相似。窃疑其最初进入之黄种人是汉藏语支之蜀人，而非越语支之民族。高棉人的族源，是否由安阳王之族与扶南土著通婚所繁衍，值得研讨。即如上举史料，混填为善弩民族，柳叶属扶南土族，二人结婚，子孙分王属邑。晋宋时仍是姓混，齐、梁后乃因信奉佛法而名为竺某某，是已由混血之高棉人为王。

（六）再如《晋书》称"外国人混溃"，溃字当讹，"外国人"三字不讹。应是哪个外国呢？《太平御览》引《吴时外国传》作"摸跌国"，《南齐书》作"激国"，《梁书》作"徼国"。冯译伯希和《关于越南半岛的几条中国史文》（载商务印书馆 1934 年出版的《西域南海史地考证译丛》）谓即《太平御览》卷七八七引《扶南土俗》的"横跌国"。以为是印度"有一婆罗门到扶南"。由于高棉族信奉佛教很早，这样设想仅有可能。但所谓横跌国或摸跌国究竟在哪里，问题就多了，伯希和也并未找到。我从激与徼两字去着想，古今无此两字之国名。亦与摸跌之音不叶。横跌可与激叶。但《扶南土俗》说"横跌国在优钹之东南，城郭饶乐不及优钹"，又说"优钹国在天竺之东南可五千里，国土炽盛，城郭、珍玩、谣俗与天竺同"。那么优钹就该是泰国，横跌就该是柬埔寨（扶南）的邻近之国了。所以《梁书》写作"徼国"。徼国即有边徼相共的邻国之义。末世安阳王上船入海，先据真腊，正与扶南界。

### 三、秦封三蜀侯是否蜀王子孙

《华阳国志》谓蜀王自葭萌兵败，"遁走至武阳，为秦军所害。其傅相及太子，退至逢乡，死于白鹿山，开明氏遂亡"。又言："周赧王元年，秦惠文王封子通国，为蜀侯，以陈壮为相。置巴郡，以张若为蜀国守。戎伯尚强，乃移秦民万家实之。……六年陈壮反，杀蜀侯通国。秦遣庶长甘茂、张仪、司马错复伐蜀，诛陈壮。七年封子恽为蜀侯。……十四年，蜀侯恽祭山川，献馈于秦孝文王。恽后母害其宠，加毒以进王。……王大怒，遣司马错赐恽剑，使自裁。恽惧，夫妇自杀。秦诛其臣郎中令婴等二十七人。……十七年，封其子绾为蜀侯。……三十年，疑蜀侯绾反，复诛之。但置守。"看常氏本意，是以蜀侯通国与恽皆秦王之子，而绾为恽之子。

蒙文通先生著论，谓秦三封蜀侯，皆蜀王子孙，指出《史记·秦本纪》与《六国表》《甘茂传》和《华阳国志》许多矛盾。认为"三封蜀侯，只能是蜀王的子孙。绝对不是秦王的子孙"（详见《巴蜀古史论述》）。那时我正校注《华阳国志》，认为记秦蜀事的巴蜀史学家，先有扬雄、秦宓、谯周、陈寿、常宽、黄崇等许多人，常璩综合其说而汇通之，不单依据《史记》。既云"恽后母害其宠"，就必然是秦王之子。不宜于两千年后怀疑昔人斟酌已定之书。因曾与所倡议有所争执。迨全书注完后，参考典籍已多，反复审核，转服蒙氏卓识。蒙所引据，有几条是很能启发人思考的。例如：

——《秦本纪》说昭王六年"蜀侯恽反，司马错定蜀"。《六国表》作"蜀反。司马错往诛蜀守恽，定"。不作蜀侯反，而作"蜀反"，是有蜀仍以傀儡国存在的意味。不称蜀侯恽而称"蜀守恽"则秦灭蜀，初未以张若为蜀守，而是只以蜀侯守其故国。

——蒙氏又引《李斯传》说："秦无尺土之封，不立子弟为王，功臣为诸侯。"以证三蜀侯皆非秦人。并肯定"六国和秦都不把土地用来分封子弟"。细查战国各书，封爵、赐邑的例不少，封国为诸侯之例却未曾有。则蜀侯为秦王子，确是可疑的。

——蒙氏又以秦灭义渠而仍封其君为例，引《六国表》秦惠文王七年"义渠内乱，庶长操将兵定之"十一年"县义渠"，"义渠君为臣"（《本纪》同）。但初更五年秦又伐义渠，见《后汉·西羌传》。初更十年"伐义渠，取二十五城"（《秦本纪》）。至秦昭王时，宣太后诱杀义渠君，乃竟灭义渠，置陇西、北地，上郡（《西羌传》）。说明秦灭夷国而仍封其王子于故国，是有先例的。

——又引《张仪传》"卒起兵伐蜀。十月，取之。遂定蜀，贬蜀王更为侯，而使陈壮相蜀"。又《战国策·秦策》"蜀主更号为侯"。证明贬原来的蜀王为蜀侯。这些都是极其有说服力的。

诚如此说，则《华阳国志》中许多难解的问题也可解决了。如：

（一）《华阳国志》的"蜀侯通国"，《秦本纪》作"公子通"，《六国表》作"公子繇通"。这三处名字不同的原因，由于他是蜀王子、蜀语、秦语、后世人语有别，故作字不同。

（二）《华阳国志》说惠文王灭蜀，置巴郡。不言置蜀郡，而谓"以张若为蜀国守"，不言蜀郡太守。是由于初只为蜀国，以蜀侯为君，陈壮为相，而以张若监之，实主其行政，称之为守。①

（三）《华阳国志》"秦惠文王封子通国为蜀侯，以陈壮为相"的陈壮，可能是蜀王子通的旧臣。与丹犁和义渠勾结叛秦，欲自为蜀王，故杀蜀侯通（《华阳国志》"子通"句当读断。"国为蜀侯"，承上封字为句）而自立，仍求附于秦。秦未许其篡乱而讨杀之。故《秦本纪》言惠文王十四年"丹犁臣蜀。相壮杀蜀侯来降"。即在这年"伐义渠、丹犁"。言"臣蜀"，不言降秦，则其为相结谋抗秦可知。陈壮与蜀侯，皆秦所任命，而相杀。既杀蜀侯而又来降于秦，则其篡弑而仍求称藩于秦以避讨伐可知。若蜀侯为秦王子，则安敢杀蜀侯而求降于秦乎？

《华阳国志》言秦孝文王十四年，蜀侯恽冤死，"蜀人葬恽于郭外。十五年封其子绾为蜀侯。十七年闻恽无罪冤死，使使迎丧入，葬之郭内。初则炎旱，三月后又霖雨。七月，车溺不得行。丧车至城北门，忽陷入地中。蜀人因名北门曰咸阳门"。这段话，可疑之点极多。郭外、郭内，应相去不远，有何徙葬的必要？又何得言"遣使迎丧"？更何至于阅三月、七月的"炎旱""霖雨"，其丧始至北门？我查阅地方诸志，于《昭化县志》得知蜀侯通墓在昭化北山（今老昭化与宝轮院之间的石马坪古墓葬区），从而考得秦封的蜀侯，不是封在成都而是封在葭萌（汉葭萌县，晋代改名晋寿，清代叫昭化，今合并于广元县，把故县城叫老昭化）。葭萌故城扼桔柏津，历世为川北要地。蜀王封其弟苴侯于此以控制汉中地区。苴侯亲附于巴，蜀王讨之。苴侯奔巴，巴为求救于秦。秦军入蜀，蜀王拒战于葭萌，兵败，蜀国遂亡。秦封侯于葭萌而以张若守成都，是有其历史依据的。公子通既封于葭萌，葬于葭萌，则其相陈壮作乱亦在葭萌而不是在成都。所以陈壮篡弑，张若虽在成都，既未讨贼，也未从贼，而是请秦王出兵除灭陈壮。秦再封蜀侯恽，必然仍在葭萌。葭萌距咸阳近，故可以驰骑献胙。既冤死事白，又封其子绾，乃安置成都，使在张若监护之下。因而改葬其父侯恽之丧。从葭萌至成都，道阻且长，更值炎旱和霖雨，故阅时数月，迎丧乃至。其言"蜀人葬恽于郭外"者，谓葭萌之蜀侯国人葬冤死之恽夫妇于葭萌郭外，非谓成都郭外。"使迎丧入葬之国内"者，谓遣使至葭萌迎丧来葬于成都郭内。其墓，即近年发现的北门外羊子山战国墓是也。（其详细说明见拙著《华阳国志校补图注》）若如《华阳国志》说三蜀侯为秦王子孙，则不封国于成都而封于葭萌为

---

① 郡县守令制度，是秦代创立。其初县大于郡，取悬辖之义为称。统一后乃一律以郡辖县。守令之称亦有演变。大邑置守，为战国时制，多为武职，取领军镇守之义。统一后称太守，乃兼领军、民、财、讼诸政。至于国相，初亦不领民政，佐其王侯襄礼而已。国相治民，乃汉成帝以后之事。诸侯王乃为掌治其国者，至汉景帝中元五年"令诸侯王亦不得复治国，天子为置吏"（《汉书·百官表》）。秦封蜀侯，为置相，又复有守，其因缘如此。

难解，蜀侯通墓在昭化北山亦不可解，遣使迎丧改葬侯恽更不可解矣。迨蜀侯绾诛，乃除蜀国，改郡守也。

### 四、黄河流域的蜀族问题

蜀族部落，黄河流域也有，但与四川盆地的蜀族不同源。四川盆地的蜀族，即《尚书·牧誓》"庸蜀羌髳"的蜀，与山东、山西的"蜀"无关，即与魏晋南北朝的陕西蜀族亦当有所区别。

《春秋》成公二年"公会楚公子婴齐于蜀。丙申，公及楚人、蔡人、秦人、宋人、陈人、卫人、郑人、齐人、曹人、邾人、薛人、鄫人盟于蜀。"这个蜀，是鲁国南境与楚界接境的邑名。故《左传》："楚师侵卫，遂侵我，师于蜀。使臧孙往。辞曰：'楚远而久，固将退矣。'……侵及阳桥。孟孙请往赂之……盟于蜀。"是蜀为楚师驻地，在鲁国阳桥之南。楚师侵卫归，驻于蜀而侵及阳桥（上文云"楚令尹子重为阳桥之役以救齐"），胁鲁从楚以御晋也。此蜀邑应在今山东藤县的蜀山湖附近。湖旁有蜀山，亦是上古民族部落，后乃沦为楚邑。其地较齐鲁为暖，亦是野蚕繁育之地，故有蜀山之称，且与岷江之蜀山氏约略同时（是为山东开始养蚕的祖源所在）。与四川之蜀，相隔七千公里，决不能是同源，亦不能是昌意所娶的蜀山氏。杜预注谓"博县西北有蜀亭"，以齐国境内为说，亦必不然。时当鞌役之后，齐虽服于鲁，然更在鲁北。楚只侵卫及鲁，未侵齐，不可能驻师齐地。

此是为山东之蜀。

《后汉书·郡国志》颍川郡长社县有长葛城，有蜀城，有蜀津。刘昭注云："《史记》魏惠王元年，韩赵合军伐魏蜀泽。"[①] 此蜀泽古称"皇陂"，源曰"皇台"，应亦是古代氏族部落所居。

此是为河南之蜀。

《读史方舆纪要》云："浊泽，《括地志》云：'出解县东北平地，即涿水。涿音浊。《史记》赵成侯六年，伐魏取浊泽。《魏世家》惠王元年，韩懿侯、赵成侯合兵伐魏，战于浊泽，大破之，遂围魏。是时，魏都安邑。或以为河南之浊泽，误也。'"

今按：顾说亦误。河南浊泽，字本作蜀。山西涿泽，可能亦是蜀字之讹，其字作涿，不作浊。其地盖即《竹书纪年》所记晋人取蜀之蜀。是另一氏族部落，在后

---

[①] 《水经注》卷二二云："溴水，自枝渠东经曲强城东，皇陂水注之。水出西北皇台七女冈北。皇陂，即古长社县之浊泽也。《史记》魏惠王元年，韩懿侯与赵成侯合军伐魏。战于浊泽是也。"蜀、独、浊，音、义通，故各书引字不同。长社蜀泽，缘蜀水为称。后世讹为浊泽。

魏时仍称蜀族，其人亦与四川盆地之蜀无关。

马长寿有《四川古代民族历史考证》一文，发表在《青年中国季刊》第一卷第四期。其第二章《蜀与巴》云：

蜀族原居成都平原，后有徙居山西者。河东、汾阴，及绛与晋城诸地皆有蜀族。《魏书·薛辩传》云："其先自蜀徙于河东之汾阴，因家焉。祖陶，与薛祖、薛落等分统部众，世号三薛。"《太祖纪》："天兴元年，河东蜀薛榆……率其种内附。"此言薛氏，蜀也。其他部落尚多。天兴二年"蜀帅韩耆内附"。《太宗纪》：永兴三年，"河东蜀民黄思、郭综等率营部七百余家内属"。泰常三年，"河东胡、蜀五千余家相率内属"。八年，"河东蜀薛定、薛辅率五千余家内属"。薛氏蜀名谨者，初仕刘裕，继仕魏孝文帝。《北史》载孝文尝戏谓谨孙聪曰："世人谓卿诸薛是蜀人。定是蜀人否？"聪对曰："臣远祖广德，世仕汉朝，时人呼为汉臣。九世祖永，随刘备入蜀，时人呼为蜀臣。今事陛下，是虏，非蜀也。"帝抚掌笑曰："卿幸可自明非蜀，何乃遂复苦朕。"……①

这些河东地区姓薛的蜀人，正如薛聪所说，只是魏晋以来从四川迁去的汉人。不过，可能有山西地区的古代蜀族人遗裔与他们联结相附以度乱离之世而已，未必全是河东古代蜀族的后裔。

马氏又举《魏书·文成五王传》："河间王琛，以讨汾晋胡蜀卒于军。"有"建兴蜀亦反"句。长孙道生曾孙稚，"正平郡蜀反，假镇西将军，讨蜀都督讨之"与"孝昌二年，绛蜀反，费干之孙穆讨平之"。《北齐书·封隆之传》："大军讨伐东雍，平紫壁及乔山紫谷绛蜀。"皆蜀为民族称呼。应皆属于古河东蜀国遗裔之证，实与成都平原蜀国遗裔有别。

以上是山西之蜀。

马氏又云："《尔朱天光传》：'为雍州刺史，以讨万俟丑奴，赤水蜀贼断路，天光入关击破之。'《周书》贺拔岳、寇洛，李弼等传，皆言伐赤水蜀。则蜀人在陕西西南，势亦雄厚。其在四川郡县者更无论矣"（举有"氐蜀""山蜀"等例）。亦皆氐人缘附李氏割据称蜀，与周秦代之蜀民族无关。

---

① 南北朝时，士大夫重门阀，以族源相轻。北人谓南人为"南蛮"，南人谓北人为"索虏"，省称曰"虏"。氐人李氏据蜀，国最长久。其后谯纵复据蜀九年，以蜀为国号，其所联系面甚宽，故江在与河东、淮北、幽冀人称西南人曰蜀，视同夷狄。魏孝文帝本鲜卑族，入据中原，深慕华风，犹依积习轻视蜀人。故薛聪以索虏讥之。薛广德，《汉书》有传。以经明行修为谏大夫，代贡禹为御史大夫，至三公。沛郡相县人，中州汉族也。故薛聪首称之。

## 第二节 秦代蜀民的社会贡献

研究史的人，必须把统治阶级的人与被统治阶级的人区分开。研究蜀族的历史也必须把蜀族人民与蜀王族分开。先秦的蜀族还没有狭隘的民族观念，所以鳖令以荆人为蜀治水有功，也能奉之为君。追第九世开明帝用荆楚之俗建立制度时，蜀族也并不反对。同样，当秦灭开明氏用秦俗治蜀时，他们也未反对。奴隶作战不力，秦灭巴蜀如反掌之易。陈壮虽叛秦主蜀，蜀人不从仍是瞬即败亡。蜀人无意抗秦，并支持蜀守张若建设川西平原。

李冰是蜀族阳平山地区生长的人。他的治水才能，只能是从蜀族柏灌氏和开明氏世代积累经验的基础上再加以改进发展而取得的，前面已有论述。其功绩也不能是他一个人的，而当是许许多多的劳动人民，有与他同样的兴趣和基本技能，乐于协助他，他才取得成功的。同时，也还必须得到张若等朝廷官吏的信任和支持才有可能。后人一开口就称说"都江堰是李冰父子的功绩"，是不正确的。

关于李冰与蜀族人民在秦置郡县后在经济建设方面所作的贡献，《华阳国志》所记最为详备。

### 一、关于兴修水利

湔堋（都江堰）：都江堰的分水设计与水则工程，是世界著名的。《华阳国志》云："孝文王以李冰为蜀守。冰能知天文地理，谓汶山为天彭门。乃至湔氐县（旧本误作湔及县），见两山对如阙，因号天彭阙。仿佛若见神。遂从水上立祀三所……乃壅江作堋。"《水经注》卷三三云："江水又历都安县。……李冰作大堰于此，壅江作堋。堋有左右口，谓之湔堋。"又《华阳国志》云："于玉女房下白沙邮，作三石人立水中，与江神要：水竭不至足，盛不没肩。"（《水经注》同，其下更有"是以蜀人旱则借以为溉。雨则不遏其流"句，亦用《华阳国志》"旱则引水浸润，雨则杜塞水门"句）今按《华阳国志》与《水经注》办皆摘取汉世述冰事者旧文（如：应劭《风俗通》、桑钦《水经》与谯周《蜀记》之类），首尾割裂，窜缀他语，非遵各家原作顺序，致后世多所误解。考所谓"天彭门"者指岷江两岸山；"天彭阙"，指海窝关口。"白沙邮"，即白沙河口岷江北岸之白沙街。秦开湔氐道，置邮传于此。"湔堋"者，李冰于白沙外之大沙洲，用竹笼卵石为堤，俾能固定，因以分水为内、外二江。内江缘湔山出宝瓶口，灌成都地区田，外江缘南岸山灌江原地区田。于时蜀田重在内江地区，期于保持一定水量，故于外江头部作马杈堤调节水量。马杈以三脚木架挂笼石相续为之，加苇席为堤遏水。其工简易，随时可以增减。旱则闭遏外江以补内江。雨而水溢。则酌量砍除马杈之数以洩水，使内江水能保持定量。内江水平，至宝瓶口，水位已高于其南之外江。如值洪水，则从宝瓶口上方排水于外江。遇枯水，则于宝瓶口上方用竹笼石为堤以遏制湃水，是为"飞沙堰"。北岸崖上刻有"水则"作为控内江宝瓶口水位的标准。竹笼石砾，就地取材，砌以为堤，工省费小，水不能坏。唯须岁岁修理更换之（是为岁修）。此李冰所创法也。周秦人呼自湔水盆地至白沙河口之山为"湔山"。其所住之人民，蜀亡后被称为"湔氏"。秦置蜀郡后，始从白沙邮开龙溪、娘子岭山路迳通茂汶盆地，故称白沙新道为"湔氏道"。凡秦云"道"，皆置尉守护之，稽蛮夷出入，尉隶于县。至汉皆以为县。故《汉书·地理志》蜀郡有"湔氏道县"。蜀汉省称之为"湔县"（《三国志·蜀志》载后主"至湔。登观阪看汶水之流"）。皆缘湔山为称。"堋"，谓竹笼堤（今华北人称堤为"坝"，乃堋字之讹）。

凿离堆的意义：《史记·河渠书》言：自禹导河之后，"荥阳下引河东南为鸿沟，……于楚，西方则通渠汉水、云梦之野；东方则沟通江淮之间。于吴，则通渠三江、五湖。于齐，则通菑、济之间。于蜀，蜀守冰凿离堆避沫水之害，穿二江成都之中"。缘凿离堆与穿二江句连，后人遂谓所凿者为灌县宝瓶口，而以伏龙观为离堆。夫史迁既言"避沫水之害"，则当以"沫水"定其位置。《华阳国志》："青衣有沫水，出蒙山下，伏行地中，会江南安，触山胁溷崖。水脉漂疾，破害舟船，历代患之。冰发卒凿平溷崖，通正水道。"《水经·江水》："又东南过犍为武阳县，青衣水、沫水从西南来，合而注之。"南安县，秦灭丹犁置。治"青衣江会"，则今乐山县城也。青衣江，今雅安河，会芦山，天全、荥经、雅安四县之水，经名山、洪雅、夹江三县境至乐山界与大渡河合后东入岷江。正对凌云山崖（大佛崖）即溷崖，常冲逼江舟触崖破碎。故李冰率蜀人凿断凌云山崖为渠，俾水势分弱，又灌赑子街（篦子街）以南的沿江平原（今为牛华溪、五通桥平原）。《汉书·地理志》称青衣江为"大度水"[1]，称今大渡河为"渽水"，《水经》作"沫水"，郦道元《注》作"洩水"，与《华阳国志》沫水正合。不得谓岷江上游为沫水，即不得以灌县宝瓶口为李

---

[1] 《汉书·地理志》"蜀郡·青衣县"云："《禹贡》蒙山，溪大渡水，东南至南安入渽。"疑有脱文。其下严道县云："邛崃山，邛水所出，东入青衣。"是大渡水即青衣江之别称也。称大渡者，汉时，蜀与邛笮往来皆由青衣、严道逾邛崃山。临邛以东皆有桥，临邛以西无桥、要津皆舟渡而以青衣江渡为最大，故名大渡水。其后开西南夷，滇邛道通，乃以渽水渡为大渡，青衣江不再有大渡名。渽水（一作洩水）之名亦废。

冰所凿。宝瓶口系石灰质砾岩自裂，水下尚有数丈深陷，非人工可凿。凌云山系砂岩，秦汉间石工已能凿。原凿时江水位高，实为水渠。其后江水侵刻已深，渠成陆土，人乃忘其为渠，而亦不知李冰所率蜀人凿山开渠之劳。《华阳国志》广都县云："江西有安稻田，穿山崖过水二十里。"不云李冰所凿。然亦足见秦汉间蜀中凿山开渠数十里，已成风气。亦缘李冰始创其法，蜀民能致其功耳。

溷崖通，乌尤与凌云山离，故曰离堆。此《史记》《汉书》所云离堆也。宝瓶口裂，内江由之为门户，伏龙观自亦为离堆。离堆二字遂成表达地文之通用名词。《嘉庆四川通志》谓蜀有五离堆（乐山乌尤寺、灌县伏龙观、名山水口场之龟都寺、芦山飞仙关之二郎庙、南部新坝之离堆室）。抗日战争时期，地理学会组队考察嘉陵江，谓沿江有三十处离堆。

穿成都二江不当与都江堰工程相混：都江堰分内外水，即《禹贡》之"东别为沱"。若《禹贡》为西周时书，则殷周世江已分沱别流矣。最晚，亦当在鳖令时。李冰不过运其巧思，因内外水道之旧作堋而立水则，未可与凿凌云山崖与穿二江过成都工程相比。此两役，以当时工具之精度以估计工程速度，可能各需一万人开凿十年。若都江岁修，不过月余可竣。故史迁以凿离堆与穿二江并提，而不及湔堋。

《华阳国志》"冰乃壅江作堋"之下，接言"穿郫江捡江，别支流双过郡下，以行舟船。岷山多梓柏大竹，颓随水流，坐致材木，功省用饶。又灌溉三郡、开稻田。于是蜀沃野千里，号为陆海"。《水经注》引扬雄《蜀都赋》曰"两江珥其前"；又引《风俗通》曰"秦昭王使李冰为蜀守，开成都两江，溉田万顷"；又引《益州记》曰"江至都安，堰其右，捡其左，其正流遂东，郫江之右也"。

窃考李冰所穿二江，曰郫江者，分沱江之水南过成都城南，"市桥""江桥"皆跨其上，至万里桥与捡江会，南至武阳（彭山江口）再入岷江。今自谭家场分水，经洞子口至成都，今城西北之九里堤与城内王家塘、洗马池为其故道（秦城在此故河道之北，市桥、江桥皆跨其上。唐以后城向南移，二桥故道埋塞，城外别开新河，今城北门外油子河是也。新河绕城至东郊，仍循故道与捡江合）。缘其过秦时郫县城西，故曰郫江①。今世尚称此段沱江为郫河（俗讹作毘字）。

捡江，则自宝瓶口下即分内江之水东南流经笮桥至万里桥合郫江，距秦城江桥

---

① 《汉书·地理志》蜀郡郫县云："《禹贡》江沱，在西，东入大江。"水分别流复入者为沱。江、河、淮、汉、渭、汾皆有。故称郫县之沱为"江沱"。《汉书》因之。鳖令治水前，江沱漫乱无定流。今导之为一水，与湔水、洛水、绵水合流出金堂峡。其会湔以上称郫江（即今之蒲阳河段）。李冰因江沱之水，自郫县界内分流过成都，故曰郫河。

十五里。故迹为今从十二桥入城之金河。古时能行船（河岸系缆石桩清末犹存，李劼人云如此）。明洪武时筑城，始包入城内，而更于南门外开新河至万里桥与古郫江合。古万里桥，在今望江桥附近。今人称南门大桥为万里者，亦误。捡字，古与敛字和检字音义并通，像手掌向下拇指支出欲有所取之意（象意＝会意）。内江出宝瓶口外，北为蒲阳河，分南枝如出拇指作夹取之势，故曰捡江。唐、宋以来改称流江（取《蜀都赋》"二江之双流"为义）。

李冰开河时，原可行舟。故《史记》曰："此渠皆可行舟。有余则用溉浸，百姓飨其利。"（此乃统鸿沟、淄济，与此二江言之）其后支渠纷出，堰埧频起，成都以上舟不复通。惟成都以下，自万里桥起保持行船，以通吴蜀水路。故诸葛亮送费祎使于此桥曰"万里之行，始于此也"。（关于以上考订，另详《华阳国志校补图注》）

李冰所兴其他水利：常璩言李冰即作石犀以厌水精，"乃自湔堰上分穿羊摩江，灌江西"。是李冰所穿，又不止成都二江。羊摩江者，今曰"羊马河"，自岷江正流（外江）分出向西南，受味江、白木江诸水，至新津渡复合于江。"江西"者，正流之西，秦江原、临邛两县地（今崇庆、大邑、新津、邛崃四县）。盖冰既穿成都二江以后，应江西人民之请所开，是为成都西部兴修水利之始。羊马河，《汉书·地理志》称为郝水。蜀郡江原县云"郝水，首受江，南至武阳入江"是也。当时江原县治在此水侧。历世支渠纷兴，河道屡变，古之羊摩江，不可与今之羊马河全合。名称则相因。

李冰"又导洛通山洛水（或）出瀑口，经什邡、郫，别江会新都大渡"（或字当衍）。洛水，今云什邡河，源出九顶山主峰（海拔近五千米）峰群东侧，奔流向南，亦曰金河。至木瓜坪以南，始略平缓（红白、金花、三河、八角等公社皆在此部），与湔水海窝子盆地略似。穿高景关山岭而出，是为瀑口，亦似彭县关口。据《华阳国志》，亦是李冰所开。盖冰实生长于此。既穿成都二江与羊摩江，更兴什邡水利，于理可能。云"经什邡、郫，别江会新都大渡"者，秦时沱江（郫河）以北，只郫、繁、什邡与雒县，皆缘跨北山坡地，平为平原。冰为使湔、洛、绵水陡落平原后冲刷力减缓，似曾缘山开渠通灌四县低处。但因沙砾繁重，易淤败决堤，保持未久。故至文翁为蜀守时，再修理，分湔、洛、绵为三个灌区。① 仍俱会合于新都大渡，

---

① 《华阳国志》："孝文末年，以庐江文翁为蜀守，穿湔江口，灌繁田千七百顷。"又于李冰有"导洛通山"之文。并续谓"又有绵水，出紫岩山，经绵竹入洛（此洛指沱江），东流过资中，会江阳。皆灌溉稻田，膏润稼穑，是以蜀川人称郫、繁曰膏腴，绵洛为浸沃也"。既以为开辟绵、洛灌溉是李冰，开辟郫、繁灌溉是文翁，则何为又谓洛水灌及郫县？于理，不能谓李冰未谋湔江水利。此诸县皆平原北高南低，兴水利者，必图缘山凿渠乃利引灌，李冰不能不是如此。即今日，亦尚有缘山之渠。可知文翁但承冰旧业，有所改善耳。

即金堂峡北口（旧名赵家渡，原属新都县，唐置金堂县，乃分出），今为金堂县治。

## 二、关于交通建设

蜀族为了与中原往来之便，早在蜀王拥有五丁力士的年代就已开山修路，成功修了"石牛道"的坦途。这条路，与今世的宝成铁路路线一致。相传：五丁力士就累死在马角坝与雁门坝之间的"五妇山"。马角坝，原叫马鸣阁，是四川最早建成的桥阁栈道，是凿山计穷以后的蜀人想出来的通道方法（褒斜为北栈道，这里为南栈道。剑门山阁道，是诸葛亮创建的。剑阁道通，马鸣阁道才废坏）。以后的桥阁栈道，一直保存到中华人民共和国成立前。可以说这是蜀国民族创造的方法，并且由蜀人维修，保存其法阅三千年之久。华夏平原生长的人，是不能够发明那种方法来在悬崖修路的。

秦置蜀郡后，开凿了龙溪、娘子岭，把成都平原与茂汶盆地直接联系起来，为汉开冉駹置汶山郡奠下基础。这条道路即所谓"湔氐道"。显然是张若与李冰为蜀守时候，发动蜀国湔民开辟的。

还有临邛县与邛崃山之间的严道（《淮南王传》曰"严邮"），同样也是秦灭蜀后发动蜀国遗民开辟的。它为汉开西南夷奠下基础（这两道，也同在汉代建置为县）。这种劈山修路的工程，程度之大，比凿溷崖和开二江，或许还更大些。只由于李冰领导有方，蜀民积累经验，养成兴趣，所以能不声不响地便完成了。后来唐蒙开南夷，凿僰道。司马相如通西夷，镂零山道，就显得困难得多。因为那时的蜀国遗民已与汉族融合，经营农桑，不再有过去拔山扛鼎的气力了。

蜀地原没有桥梁，过大河用舟筏，过小河只徒涉。自李冰开始，在成都的两江上，架成七座木桥，是谓"星桥"。《华阳国志》谓蜀郡城"西南两江有七桥，直西门郫江中曰冲治桥（谓少城正西门外），西南石牛门曰市桥（少城正南），……城南曰江桥（大城正南），南渡流曰万里桥（在两江会处），西上曰夷里桥，上曰笮桥（三桥皆在捡江上），从冲治桥西北折曰长升桥，郫江上西有永平桥。长老传言李冰造七桥上应七星"（此文已有八桥，笮桥不在七星之列）。又"城北十里有升仙桥（今云驷马桥，亦不在七桥之列），……于是江众多作桥"。谓升仙桥与笮桥皆李冰以后民众所作。[①]

李冰所造只七星桥，皆木桥也。李冰前蜀地有竹索桥，可以过人不可以行车马

---

[①] 七桥故址考，另详拙著《华阳国志校补图注》。

（因中段下垂如反虹）。惟地多大木，作桥正平，可行车马，然冰时犹未能多造，所以仍以竹索桥为多（上文笮桥，即是）。冰修治蜀城与江原临邛邮传大道，亦系以竹索桥过岷江正流。《华阳国志》所云"冰又通笮文井江径临邛"。是也。①

当时对于陆路交通，只能发展至此。对于水道，则更只能听其自然。惟李冰亦曾作过努力。除凿平溷崖外，如《华阳国志》云："僰道有故蜀王兵阑。亦有神作大滩江中。其崖崭峻，不可凿，乃积薪烧之。"所云"蜀王兵阑"是蜀人所作的地名，谓其滩上礁石似兵器库，冬季出水，可辨而避。夏季没于水下，破害舟船。礁石崖立，石坚不可凿。乃于冬季积薪烧之，而沃以醋，则礁石层层剥脱，终得刊除。

### 三、关于开凿盐井

蜀族在岷江上源草地，食哈姜池盐，甚廉便。迨下至温暖河谷，食盐渐感艰难。但农业发达，文化日高，生产品为牧民所重，自甘运盐兑换，故亦不至匮乏。转入湔山地区后，羌盐断绝，惟仰给于巴盐（巴族从巴东盐泉煮盐，沿水道运至成都平原。故蜀国境内曾发现船棺葬墓。盖许巴盐商居留者之墓）。巴与蜀，时而战争，时而和好，应皆与盐商交易有关系。迨秦大举灭蜀、巴时，巴人似曾求救于楚，楚亦乘时因援巴之便侵据江州（今重庆）以东，枳邑以下，沿江盐泉所在各县，扼盐运以制秦。秦得蜀与巴、汉而无盐，人民怨恐。故秦又使司马错"率巴蜀众十万，大舶船万艘，米六百万斛，浮江伐楚。取商于之地为黔中郡"（《蜀志》在周赧王七年）。但因楚人抗击强烈，江州以下不能从水道更进。乃转由巴符水（今合江县古称巴符关，赤水河古称巴符水。宋刻讹为巴涪）取楚鳖邑与郁山盐泉。置黔中郡以捍之。蜀得此，聊可自给。而楚人扼枳邑，不能由水道运济。因为从巴蜀攻楚不能克，乃命白起更率大军，逾韩国，直取楚之鄢郢与夷陵，截断江路。张若亦浮江应之。楚顷襄王兵败东走，沿江十五邑与巴巫盐泉尽失。秦以楚地置南郡，以卫盐泉。故苏代谓燕昭王曰"楚得枳而国亡"（《战国策·燕策》）。但是那时楚国已兼有吴、鲁、陈、蔡之地，东方境土还宽，顷襄王到陈更起大军，就在第二年又打回来，收复沿江十五邑，再一度占有枳邑以下的巴东各盐泉，连郁山盐泉亦已收复。于是秦国所得的地面军民发生盐荒，汹汹不安。李冰想出办法领导蜀人开凿盐井，自行煮盐。

---

① 《华阳国志》："江原县，郡西，渡大江，滨文井江。"江原故治在今崇庆县元通场。文井江即分州河。成都至临邛路原是先由擦耳崖渡外江，即李架笮桥处。先至江原，乃至临邛（不是今日绕由新津路）。索桥虽不载车马，人行便速，仍为比较进步的措施。外江水涨落变化大，河床洲坝宽，木桥难架，故以笮通之。

这原是无可奈何中想出来的办法。初未料到这种办法，竟逐步发展成为四川盆地的井盐，竟会压倒巴东泉盐的优势，而著名于世界。

《华阳国志》说李冰"识齐水脉，穿广都盐井诸陂池。蜀于是盛有养生之饶焉"（汉魏人谓煮盐之水为齐水，音剂。明清刻本有妄改作察者）。其实是蜀人从军攻取巴东盐泉的人（或有李冰在内），看到盐水从地下涌出，料到四川盆地的下层有盐水，献计于张若，建议自己从地下掘取。李冰支持这一建议，并研究地文形势，揆度盐层所在，反复实践之后取得的成绩，并非他是神人。

这里所谓"广都盐井"，指的是龙泉山脉南侧，即今籍田铺、贵平寺，和仁寿县地面的盐井。当时开凿的是大井，即掘地为一大坑，深过淡水层，以求咸水，坑愈深则卤愈佳。于坑壁作螺旋盘道，以人负皮囊下挹取盐水出煮。平原淡水层厚，作坑难得盐水，选背斜层侧求之为易。故李冰最初得盐在龙泉山脉部分（当时属广都县）。若平原作坑，有至二三十丈者（如陵井与富世井），则得卤尤佳，且持久不衰；而气滞杀人，则作桥于坑口，以辘轳汲取之，皆李冰法也。① 若背斜层部作坑，得盐易而不久即罄。于是废为鱼池，蓄水灌溉，兼收菰蒲之利，亦李冰法也。《华阳国志》以盐井与"诸陂池"连称，原属一事之劳故也。

方蜀郡盐荒严重时，邛国池盐亦逾雪山、邛崃行销入蜀，兑换铁器。张若于临邛与成都设盐铁市官，以监护市易（《华阳国志》云，张若作少城，"城内营广府舍，置盐铁市官并长、丞"）。邛商多居临邛，故"临邛县"曰"本有邛民"。邛民又以其取盐经验，帮助蜀人开火井槽盐井与安宁盐井。于是蜀亦有盐泉二，产量虽不大，犹胜于无。蜀人称盐为临（龄字同），故"临邛"为盐邛之义②。今人但知有小井，不知李冰所创之大井；知有井盐，不知秦灭蜀以前泉盐之利；知临邛为秦汉巨市，误以为因邛崃山得名而不解盐邛之义，故略作辨订。

## 四、关于农业生产

秦灭蜀后，蜀族人民与中原地区经济文化交流增多，各方面的建设当较往昔有更大的发展。他们在秦汉之际农业方面的成就，由于史籍中资料太少，只可能举其大端如次：

---

① "陵井"在仁寿县治南，世传为张道陵所开，其实是秦井。依丘陵凿成，历世加深，至三十余丈。至宋代竹筒小井盛行乃废。富世井在自贡县，开凿较晚，卤质极佳。自流、贡井荣盛后，乃废。
② 陇西临羌县，王莽改名盐羌；巴郡临江县，王莽改曰监江；定筰临池泽，应劭《十三州志》作盐池泽，皆缘是产盐故称临，监与盐皆临字形变。

（一）农业方面。在水利建设的推动下，已大量开辟农田，这乃是使单位面积产量提高的主要因素。就成都平原而论，当其尚是沼泽时，取鱼之外，无可利用，杜宇始开垦黄土丘陵种麦。鳖令治水后乃能有稻田，水稻栽培，比之于麦，力省，肥料多，收粒倍多。唯须造平田，有灌水、排水之便，一劳而永逸。故开明氏时农业生产有一度跃进，李冰为蜀郡太守时更大力提倡之。其时人民犹畏开治稻田之难，且种稻宜水牛，蜀族习惯黄牛，于种稻未便，尚多徘徊于旱粮种植。李冰劝民畜水牛，开稻田，遂成"沃野千里"。《华阳国志》称李冰"作石犀五头以厌水精。穿石犀溪（汉魏人谓渠为溪）于江南，命曰犀牛里（今为犀浦镇）。后转为耕牛二头。一在府市市桥门，今所谓石牛门是也。二在渊中"（即石犀渊，在市桥下）。这个犀字，我考是兕字之讹。二字同音，原皆水泽凶猛野兽。犀三角在鼻，兕二角在顶，字象其双角之巨。蜀中原有犀，白垩纪地层多有其化石。但在第三纪已绝迹。李冰不能见其物，则安能造其形？兕被南方人驯养为耕牛颇早。其性喜水，嗜浴，今称为"水牛"，与喜燥、恶热之黄牛不同，特宜于耕种稻田。蜀地原无其种，初唯岭南养之。随种稻之术引进于云梦盆地，又随巴族引进于巴蜀。李冰凿石象之，以教民引种，故曰"后转为耕牛"。非犀能转为耕牛也。今蜀中沿江多有石牛、铁牛在水次，云能厌水害，亦皆作双角水牛状，不作犀状。足知厌水之说或出于冰，其形固是兕。是秦时只称水牛为兕，汉人讹其字为犀耳。

水田种稻之利既见于成都平原，红土丘陵地区，亦仿为之。《华阳国志》梓潼郡涪县："有宕田、平稻田。"平稻田即平原有灌溉之利的稻田。宕田即红土丘陵区的稻田，俗称"干田"，得雨则种稻，旱季则种麦。这种田，后汉、三国时已推进于川北山区，宕渠郡县，成为四川建造梯田的动力。我国梯田，中华人民共和国成立前唯四川与福建有之。中华人民共和国成立后始推行全国，人知其如此，而莫知其与李冰推广种植水稻有关。故特提及之。

四川的山区，原只种麦与芜菁。① 何时开始种黍稷，史无明文。然二种在汉代已成普遍栽培的粮食作物，则有古诗可证。常璩《巴志》土风诗云："川崖惟平，其稼多黍。旨酒嘉谷，可以养父。野惟阜丘，彼稷多有，嘉谷旨酒，可以养母。"又有"彼黍既洁，彼牺惟泽"句。显然为秦置郡县后，华夏族大量入居以后之诗。黍为华

---

① 芜菁，一名"诸葛菜"。相传诸葛亮南征时，从夷中引种。窃疑是蜀族人用羌人圆根培养的新种，由诸葛亮北伐时引种入汉中，传入中原，今川边高寒地犹多种植。味腴厚，可生炎，长于圆根三四倍，俗称"青皮萝卜"。

夏原产之旱地谷物，其由中原引种无疑。稷在中原一名"蜀黍"（今云高粱）[①]是否为蜀族最先育成再引种回中原，尚待考订。

（二）蚕丝方面，是蜀族祖传的杰出本领。进入成都平原后，虽无史文说到这方面的发展情况，也可由下列一些史事知道其是在继续发展，始终保持着全国先进部位。诸葛亮贻兄瑾书，说他"成都有桑八百株，子孙不虑衣食"。这说明三国时成都蚕桑业仍普遍发展，不似今时成都平原之情况。蜀锦之名噪于夷夏，更可见直至秦汉魏晋，丝织工业仍为全国所莫及。左思《蜀都赋》："阛阓之里，伎巧之家，百室离房，机杼相和。贝锦斐成，濯色江波。黄润比筒，籯金所过。"[②] 今按"贝锦"，今称锦缎。古章施只于素帛上绘以彩色，蜀人创扯综提花法，织花于素绢上，于锦江水漂濯之使净素，是为贝锦。其后更以漂白之丝染色后织花，是为蜀锦。成都城原在捡江之北十余里，故捡水清洁，宜漂丝、锦。其后城市南移，市水污江，则移濯于上游之浣花溪。浣花谓濯锦如浣花也。"黄润"，细绢也。蜀丝色黄胶重，绢工成绢，煮去其胶，则细润，不漂，则色黄，故称黄润。每匹可卷纳于竹筒中远销。张骞于大夏所见之"蜀布"，或即是此。古无棉织品，称丝、麻、毛织品与货币皆曰布。故刘逵注云"筒中细布也"。以上引据资料，虽皆出于汉魏，其工巧发展，则当上溯数年。周诗已言贝锦，则其造作之法远在杜宇之前可知。阅千余年，全国莫能及（唐以后江南丝织乃盛，仍不能夺蜀锦声誉）。

成都的"蚕市"和"蚕丛祠"，宋代犹兴盛。锦官城，则是因唐代已包入大城以内才消失了的。宋代吕大防为成都府尹还曾一度恢复锦官。见元人的《蜀锦谱》。这些史料，皆可说明成都地区传承蚕丛氏事业两千多年，日益臻盛。正由于家家蚕桑，户户机织，人人把它视同日常事件，所以反无史笔论述。今成都平原桑树罕见，蚕市改为花市，则是南宋以后的事。

（三）关于农产制造和运销方面，蒟酱与蜀布是最突出的。《史记·西南夷传》载：汉武帝建元六年，遣唐蒙使南越，"南越食蒙蜀枸酱。蒙问所从来。曰：'道西北牂柯'。牂柯江广数里，出番禺城下。蒙归至长安，问蜀贾人。贾人曰：'独蜀出枸酱，多持窃出市夜郎。夜郎者，临牂柯江。江广百余步，足以行船。南越以财物

---

[①] 中华农作物，由巴蜀传入中原者颇多。亦每冠有巴字，蜀字（如蜀椒、芭蕉之类）。亦有自尼泊尔，与西部亚洲及印缅输入者，如波薐、豌豆、生姜、棕榈之类。似亦不能不先试种于巴蜀，然后再入华夏。其在秦汉以后者，此当不论。

[②] 刘逵注："阛，市巷也。阓，门外内门也。贝锦，锦文也。"谯周《益州志》云："成都织锦既成，濯于江水，其文分明，胜于初成。他水濯之，不如江水也。"黄润，谓筒中细布也。司马相如《凡将篇》曰："黄润纤美，宜制袴。"扬雄《蜀都赋》："筒中黄润，一端数金。"籯，也。《韦贤传》曰："黄金满籯。"

役夜郎，西至同师，然亦不能臣使也'"①。于是唐蒙说武帝通使夜郎国，浮牂柯江出奇兵以袭取越南。结果是汉遣八校尉率大军从夜郎伐越，未能达到番禺，南越已被从海道去的汉军讨平了。但西南由是开置七郡。

枸酱者，蜀中野生枸杞遍地（其根入药，曰地骨皮），茎蔓生结小浆果鲜赤如鼠心，味甘，性滋补，蜀人种之，摘其果为酱，远销长安，南至番禺。故唐蒙一见即能联想之。问所从来，侍者答以来自牂柯。"牂柯"者，夜郎之别称，竹王之国名也。春秋时已为中华所知，著于《管子》。其国都夜郎，在今云南沾益之黑桥，临南盘江，为西江正源。西江出番禺城下，当时南越人以其从牂柯来，呼之为"牂柯江"。唐蒙因闻"自牂柯"，而联想到城外的牂柯江。又于长闻蜀贾人谈夜郎临牂柯江可行船，估计从此水可通货运，则从夜郎乘船可以奇袭南越。结果反落后于海道。汉军已平南越而牂柯一路犹未通。然遂因以开西南夷七个新郡。牂柯一路未通的原因，是因为南盘江只沾益、曲靖至陆良一段通船。陆良以下约千里至今不能行船。商旅须转陆运至剥隘，入广西右江，乃再由舟运至番禺。长安贾人只曾至夜郎，不知夜郎以下陆运之艰险，致误唐蒙与汉军也。

此故事，说明这条商路之开辟，全属蜀商与枸酱之功，其开通早在秦灭蜀前。安阳王的进军交趾，与此商道的引导有关。设非蜀地运货商人引导，则八校尉拥大军不能至南越，则蜀王子安可能于覆国之后率三万人远至交趾哉。

"蜀布"通过身毒（印度）行销至大夏，为汉使张骞所见。因而开通了西南夷，亦见《史记·西南夷传》、《大宛传》与《汉书·张骞传》。这个"蜀布"，究竟是什么布？有人猜想它就是黄润，有人猜想它是蜀中铸的铜币（如邓通钱）。我的猜测，它是苎麻布（另有《蜀布考》，见《华阳国志校补图注》）。这里只说它行销之远，不但到了印度，而且到了巴基斯坦和阿富汗，那是必然要通过邛国、滇国、哀牢和缅甸的。由张骞在大夏见到它，就可知早在秦灭蜀前，蜀人就种苎取麻，织为白麻布成功，并且次第远销到数千里外了。②

（四）关于采矿和冶金铸造方面，蜀族人民对秦汉国家的贡献也很大。

《禹贡》梁州："厥贡镠、铁、银、镂、砮、磬。"六品皆是矿产。镠即自然金块，说见拙著《四川的黄金》。铁是周代才提炼成功的（《禹贡》是西周作品，另有

---

① 《汉书·西南夷传》使用这段文字，做了错误的修改。后人如《蜀都赋》《华阳国志》《水经注》及《通鉴》等书皆用《汉书》改《史记》，相从以"枸酱"作"蒟酱"，"以道西北牂柯"作"道西北牂柯江"断句（中华书局印标点本亦从误）。兹点正。另有《蒟酱考》在《华阳国志校补图注》。
② 苎麻布是特别受热带人民欢迎的布，因为它耐湿不怕汗渍。在古代商品中称为"蜀纻"或"蜀苎布"。宋以后，这种苎布才在江西、湖南生产，而四川仍是遍地种苎的。

说)。《禹贡》唯梁州贡之，足见蜀地生产最早，不待山东迁来程郑、卓王孙之后才开采。银，是朱提最佳，亦蜀王所开，已前述。镂，是指青铜器雕刻工具，即是铜与锡的合金，其坚锐优于初制的铁器。蜀地渝山产铜，近年还在开采。平武响水产锡，曾以"响锡"著称于时。故知蜀人善制青铜器。近年蜀地发现战国钟鼎彝器甚多，可证。砮，石镞。古以石英锐片缚为箭射之，值廉，而杀伤力大。配合侧竹弓，为蜀地利器，亦为商品行销，列于厥贡。磬，以青石为之（青灰色页岩，在四川盆地边缘露头甚多），是上古重要的乐器，川中近年亦多有出土。足知周秦汉间蜀民之精于矿冶工艺。

南充中和公社于1972年发现天宫山汉賨王崖墓。凿石为三室相连，有四塌，最上一塌骷髅骨架完好，但已朽甚，触手成粉。旁置长刀二柄，已锈断，绫缠柄部尚完整。塌上五铢钱数千，皆完整。侧一室有塌无尸，盖示其日常治事处。侧壁浮雕十三人像，第三人汉装，盖示所雇用之汉文书佐。余皆夷装。其正对塌面的五人为歌舞奏乐之优伎。其下室左侧有二塌，亦堆有钱。其一杂有铁钱，又其一杂有斩边截角的东汉榆荚钱。可知其属祖孙三代做官者合葬，平民未得与。值得注意的是三件殉葬的铜镜。一件堂琅赤镜，有二十八字铭文和细致的图案，字虽隶体，每犹显出篆意，原有双刀和五铢塌，可以判断是秦代造的，用于汉武帝时賨酋殉葬。第二塌有一件白铜镜，工作尤巧，隶书铭文甚佳，有"黄羊作镜"字。第三塌的一白铜镜，体小无铭文，浮起龙形背纽间亦镌有"黄羊作"三字。闻四川省博物馆藏有黄羊镜尚多。考有关白铜的记载，汉武帝时上林苑始有，见《平准书》，系银铜金。其他郡国县道无所闻。兹审此二白铜镜，大镜铭文即当是汉武帝时作。然则上林白铜之法系自蜀地传入也。

"黄羊"可能是汉世蜀中白铜镜作坊名称，可怪的是恰与黄羊种羌字同。黄羊、白马两种羌，原皆居于石泉盆地，为蜀王的支族。白马羌自汉代已成大族，原居今北川县的白草河谷，陆续向东北发展，进入徽成盆地。汉武以白马羌为武都郡是也。其留者称"白草番"，宋以来颇有声名，清中叶乃与汉族融合。居片口河谷者为黄羊羌，六朝时属邓至羌部，明代曾与朝廷对抗。至黄羊镜工作坊主人黄羊，是否即出于蜀族，居于片口河的黄羊羌（番），是否即此镜工黄羊之后裔，大有探索之价值。但无论汉代之镜工黄羊与明代之白草黄羊是否为祖裔一系，要皆为蜀族人民则可肯定。应与朱提、堂琅银铜生产有一定关系亦可想而知。

# 第八章　进入四川盆地的其他羌支

## 第一节　大渡河与青衣江流域的羌支

### 一、大渡河与青衣江流域的地理概况

　　大渡河从巴颜喀拉山脉发源有四大支：色柯河会合多柯河自西向东流，梭磨河会合麻尔柯河自东向西，都流于海拔三千米以上的高原上。是为上源部分，属于阿坝、马尔康、壤塘、色达四县和大金县的西部的阿坝高原区。从古迄今都是羌族的牧场。两条相对流向的上源，就地文来说是因流行于一个横卧的山脉北侧而形成的。相会合后，乃穿破山脉，向南直流，成为一个丁字形，人称此水为"桓水"。羌族人则称它为"色曲"，义为金河。因为很早的羌人在这区拾得许多自然金块（镠）[①]。

　　这个大渡河上游地区的四县不只仅以产金著名，又是森林茂密、野兽繁多、水草茂美和牛羊蕃息的乐园。连山屏蔽于正北，西伯利亚寒潮不能至，属稳定的冷温带气候，河原可种麦类、蔬果，盛产药材。故羌族入居甚早，并与华夏交通亦早。"昌意降居若水"，便是由此往来的，《禹贡》称其人为"西倾"。

　　大渡河从东西两源会合处起，湍急陡落，二十公里间海拔剧降至二千米以下。历金川、小金、丹巴、康定、泸定、石棉、汉源县界，约三百公里地段，海拔在两千至一千米之间，是为其中游。

　　中游又可分为三大段：北段，羌语称为"嘉绒"，似为王谷之意，汉人称作"金川"。北来正流为大金川，东来大支流曰小金川，今为金川、小金两县。又有西来的丹东河与旄牛河，齐汇合于丹巴县治附近，是为金川盆地。河面海拔在一千八百米左右，为温和多雨的温带气候，盛产大小麦与各种果树，蔬菜和药材。虽已山高谷

---

[①]　参看上篇第二章，与本章下节。

深，但河原可耕之地、高山宜牧之地与山崖森林宜猎之地三相当，是川边羌族由牧业向农业过渡的最佳地段，也是川边羌族文化发育最早的一个地区。由于对外交通不便，其社会发展历史，不能似蜀族那样明确。只能知道汉代的钟羌、隋唐的嘉良与清代的金川都有过辉煌可惊的历史。清代镇压金川少数民族，征剿数十年，平定时附近土著几乎被全部消灭。乃开设绥靖、崇化、章谷、懋功、抚边五屯，移徙汉民耕种。唯有得到收降的若干小土司保存了其边缘部分的土民。这些土司、土民，是真正的嘉绒民族，虽已接受汉族文化近两百年，已经不知道自己的历史，仍还保其旧俗和语言不少，是很值得调查研究的。①

大渡河出丹巴入康定界，又通过一段绝峡，出峡后海拔下降到一千五百米左右，两岸高山，则海拔三千米到五千米（西岸的木雅贡噶雪山群高七千米以上），河谷壁陡之部甚多。谷中垂直温差极大，往往是高山降雪，谷底流汗；高山花开，谷底果熟。谷底燥热，每呈亚热带气候，有沙漠间出，仙人掌成林。盛产水稻、玉蜀黍、桃、李、梨、樱、胡桃、油菜豆类和花生，无牧场，为纯农区。是为大渡河中游的中段。若更细分，则还可从冷竹关到康定鱼通段划为泸定段。康定段有瓦斯沟与金汤河两支谷。其鱼通区最闭塞，保存羌俗甚多。瓦斯沟路通康定与泸定桥，汉民多，土著几乎完全与汉族融合了。②

泸定县原为咱里、冷边、沈边三土司分管地（还有岚州，察道两个古老的小土司）。冷、沈二司辖地皆在县境东岸的南部，以佛耳崖为界。佛耳崖以南，海拔降落到一千米以下，气候更炎热了，现在已引种柑橘成功。从沈村、摩西以南，经得妥、湾东、海耳洼、安顺场，下至富林与大树堡，至万工堰入峡，为大渡河中游的南段。河谷比较宽阔，水道比较平静，蜀滇之间的古驿道经过此区。社会开化得早，民族历史变化很大，自乾嘉以来殆已全面融合于汉族了。资源得到开发，生产技术与社会文化都得到提高，一切与内地相似。③ 但在公元前的各世纪内这区则是多种民族交织的地区。

大渡河穿过金口河峡以后，进入四川盆地，海拔降到五百公尺以下。经过金口

---

① 清朝统治者对金川用兵时打箭炉的明正土司、穆坪的董朴韩胡土司、汶川的瓦寺土司、理番的杂谷土司与道孚的霍尔土司，都是拥护清军协助征讨的。梭木、松冈、卓克基、党坝四土司，与丹东、革什咱、绰斯甲等土司降附最早。巴底、巴旺、中龙、大塞、别思满、汗牛等小土司归降冷较迟，但都曾助清军攻讨，所以在嘉绒中保存得多。
② 鱼通区在元代包括康定河谷。清代开辟打箭炉驿道，打通了瓦斯沟崖路，明正土司才把瓦斯沟以北的河段划为鱼通区，委派族人为小土司管理其地。其地不当驿道，汉人少到，自为风气，保存羌俗最久。
③ 这段河道，清代道、咸间开采银铜矿极盛，至今还被称为"铜河"。沿河有市场七处，号为"河道七场"，都是开矿时兴盛起来的。矿业衰歇后，经营汉、夷间生产市易仍很兴旺。

河、峨边、峨眉县界入乐山县境，岸山渐低，河谷开阔，至沙湾以下扩展为大平原。与青衣江汇合后，不到十公里入于岷江。是为下游。

大渡河与青衣江的分水线，为邛崃山脉。也就是四川盆地的西界。

邛崃山脉，从松潘县毛儿盖南山的西端开始与松潘草地形成分水线。经鹧鸪山（杂谷脑河与梭磨河分水的山口）、洪桥山（杂谷脑河与抚边江分水的山口）、巴朗山（汶川草坡河与小金川分水的山口）、夹金山（宝兴河与小金川分水的山口）、马鞍山、二郎山与蒲麦地（皆青衣江与大渡河干流分水的山口）、大相岭（青衣水与汉源河分水的山口）至东西瓦山，越金口河与万工堰间的大石灰岩峡为大凉山山脉，划分开四川盆地与川边高原的界限。

以上所举的许多山口与更多的小山口，海拔皆在三千米左右，成为大渡河盆地与青衣江盆地人民往来的主要通道，即古羌族由大渡河地区进入四川盆地的商路。

青衣江自飞仙关以西为上游，有芦山、宝兴、天全、荥经四县，是历史上的少数民族聚居区。自飞仙关以东，雅安、名山、洪雅、夹江、乐山五县界内为下游，属于腹地汉民很早就已住居的地区。

## 二、"西倾因桓是来"的西倾

《禹贡》梁州："厥贡璆铁银镂砮磬，熊罴、狐狸、织皮，西倾因桓是来，浮于潜，逾于沔，入于渭，乱于河。"孔安国《传》："西倾，山名。桓水自西倾山南行。因桓水是来，浮于潜。汉上曰沔。越沔而北入渭，浮东渡河：自所治正。绝流曰乱。"凡治古文尚书的皆从其说。《史记·夏本纪》文同。璆字，石经作镠。《集解》引郑玄曰："黄金之美者谓之镠。"又引马融曰："治西倾山，因桓水是来，言无余路也。"

今按《禹贡》导山，有"西倾、朱圉、鸟鼠，至于太华"句。导水，又有"导渭自鸟鼠同穴"句。又有"导河积石"句。《孔传》云："西倾、朱圉，在积石以东。鸟鼠，渭水所出，在陇西之西。三者雍州之南山。"此其原意，盖谓：河源的积石山为今所谓"大积石山"（藏名阿尼玛靖），在雍州极西，即古谓"河出昆仑"的昆仑山，故云"在陇西之西"。朱圉、鸟鼠在其东的陇西郡界，那叫"河源积石"，与后世所言"河关积石"（即刘家峡附近的积石关）是两个地方。河源积石之西为昆仑部落（即今通天河区），河源积石之南为析支部落（即果洛自治州），河源积石之东是朱圉、鸟鼠山，河源之南才是西倾山与西倾部落。其山，应指今天的巴颜喀拉山。是雍梁二州的界山，亦是江河二派的分水岭。故雍州不言西倾，而全国性的导山则把西倾、朱圉、鸟鼠与太华、熊耳联叙，因为它们都是雍梁二州的界山。至于西倾部落，则是属于梁州的部落，但也是牧部，贡物有镠（即自然金块。《孔传》释为玉名，是错误的，当从《郑注》）和织皮（连毛羊皮）。雍州的昆仑、析支、渠搜等西戎部落亦贡织皮，但不能把西倾连到雍州戎落去，而必须叙入梁州，故把西倾贡道与梁州贡道综合为一句叙述。这样设想，与古今地理和《禹贡》文义完全符合（尽管《禹贡》是周代人假想的制度，托名于禹。由于它所言地理形势几于完全符合实际，可以相信是一本很好的古地理书）。

后代的人不知道巴颜喀拉山叫西倾，妄把洮水发源的强台山，贴上西倾山的标签。于是把《禹贡》文义搞混乱了。《汉书·地理志》陇西郡临洮县说"《禹贡》西倾山，在县西南"，还不算错误。巴颜喀拉山本然是在陇西临洮的西南方。郑康成《禹贡注》删去"西南"二字，就变成在临洮县界内了。唐人《括地志》说"西倾山今强台山，在洮州临潭县西南三百三十六里"（《史记正义》引），就把这张错误的标签固定下来，乱了州界，便使《禹贡》文不可解了。清人《禹贡锥指》为了把强台山流出的水生拉活扯引到梁州界来，只好说白龙江流入嘉陵江，就是桓水。虽然勉强把贡道说通，却把州界混乱。雍州山列入梁州，还可说它是界山。界山的贡道不从临洮径入渭水，而要从梁州的潜水（嘉陵江）转入沔水，再由沔水翻秦岭大山入渭水。况且梁州重要部分在"东别为沱"的四川盆地，如何会以"西倾山"与"白龙江"为贡道呢？小处说得通，大处反转大不通了。

《汉书·地理志》蜀郡下班固自注说："《禹贡》桓水出蜀山西南，行羌中，入南海。"这是指的大金川南流。虽与今日的大渡河从石棉县转东流入岷江不合，若依《尔雅》把南海释为南方蛮夷之部，则也合得。况大渡河原是向南流入安宁河的，遗迹明显，汉时人考查不足，误传其流入南海，也不足怪。言其源"出蜀山西南"，就必然指的是大渡河。从而《禹贡》的"因桓是来"的"西倾"，就必然是大渡河上游部分的巴颜喀拉大山脉以南的游牧部落，相当今天马尔康和绰斯甲以北的阿坝、壤塘、色达县地面。这些牧部，是从古就出产羊皮与黄金的羌支部落。他们中有善于经商的人，搬运自然金块（镠）、连毛羊皮（织皮）和一些野兽的毛皮（熊、罴、狐、狸），从大渡河谷到巴蜀地面来，调换丝帛、麻布和金属工艺品回本部去，又可调换更多的土产商品。巴蜀的商人又把这些商品连本地的土产，贩运到华夏地区去调换商品。编造《禹贡》的人，知道这些商品的来历，便拟出各州的贡赋来。

就织皮这项商品说：雍州极西的"昆仑、析支、渠搜"诸部都盛产，也盛销于华夏（剪下毛来织褐布，故曰织皮）。梁州的西倾牧部也盛产，运销到巴蜀。分州制贡，就必须如此叙述。"西倾"之成为山名与部落之名，究是出于羌支本语，抑是华人的称谓，很难判断。

### 三、钟羌的根据地——金川

《后汉书·西羌传》里有一些关于钟羌的文字，并未说有钟羌是一种什么羌人、原始居住地在哪里、因何称作钟羌。为了解决这些问题，只能摘出所有有关钟羌的文句来作分析。

先零别种滇零与钟羌诸种大为寇掠，断陇道（事在安帝永初元年，公元107年）。……郡县畏懦不能制。冬，遣车骑将军邓骘，征西校尉任尚副，将五营及三河、三辅、汝南、南阳、颍川、太原、上党兵合五万人屯汉阳。明年（永初二年）春，诸郡兵未及至，钟羌数千人击败骘军于冀西，杀千余人。……其冬，骘使任尚……与滇零等数万人战于平襄，尚军大败，死者八千余人。于是滇零自称"天子"于北地。……三年（公元109年）……汉兵数挫，当煎、勒姐种攻没破羌县，钟羌又没临洮县，生得陇西南部都尉。……

顺帝永建元年（公元126年）陇西钟羌反，校尉马贤将七千余人击之。战于临洮，斩首千余级，皆率种人降。……自是，凉州无事。

（阳嘉）三年（公元134年），钟羌良封等复寇陇西、汉阳，诏拜前校尉马贤为谒者，镇抚诸种。马续遣兵击良封，斩首数百级。四年，马贤亦发陇西吏士及羌胡兵击杀良封，斩首千八百级，获马牛五万余头。良封亲属并诣贤降。贤复进击钟羌且昌。且昌等率诸种十余万诣梁州刺史降。（梁州当作益州）

自爱剑后，子孙支分，凡百五十种。其九种在赐支、河首以西，及在蜀、汉徼北，前史不载口数。唯参狼在武都，胜兵数千人。其五十二种衰少不能自立，分散为附落。或绝灭无后，引而远去。其八十九种唯钟最强，胜兵十余万。其余大者万余人，小者数千人。更相钞盗，盛衰无常。无虑顺帝时胜兵合可二十万人。……

如上诸文，钟羌初见于永初元年，与河曲先零别种滇零等相结，叛汉。这一次羌乱，竟把陇西郡县全部占领了，还侵扰到三辅、河东与汉中、蜀郡地面。滇零在北地建国，称天子，是为义渠以后羌族在陇西建立的第二个国家。但钟羌侵占的地面，则北至临洮（今甘肃临潭县）与汉阳（今甘肃天水县）而止，并未深入到金城、北地、上郡地面去。看形势，它并不是臣属于滇零皇帝，而是划地分据的。滇零败亡后，陇西大体平定，而钟羌仍据临洮、汉阳之地，与汉朝廷对立。到顺帝永建元年，被马贤战败，临洮部分羌民投降，于是"凉州无事"（东汉凉州，统陇西、汉阳、武都、金城、安定、北地与河西四郡凡十郡）。显然，同时退出汉阳了。但退出汉阳它是不甘心的，故阳嘉三年钟羌封良又率兵来争取，但被名将马贤战败而死，其亲属与部众全向马贤投降。钟羌的巢穴还有个首领且昌，率众在益州（今四川）。马贤乘胜进军击之，且昌也降了。传文称"率诸种十余万"，那就不能是出征在外的将领，而只能是一方的国王了。还可怪的是：这次马贤攻斩良封，居然使用了"羌胡兵"。凉州郡县本是羌胡与汉民杂居的，羌乱平定不久，羌人并非心服。征调降羌去攻杀羌人，马贤良将，何能不考虑到前徒反戈，而竟然调用？这必然有他必能同仇的保证。可以设想陇西羌不是钟羌的同种，起码是支系很远，情感不同的。或许就是它侵据临洮与汉阳时受其侵掠蹂躏的羌人，所以能同仇协力击破钟羌。

另一可怪，是马贤来征，他不去降马贤，却降益州刺史。① 考这时的益州刺史是张乔，甚有贤称和勋绩。可能是钟羌首领且昌，闻封良败死，怕汉军进攻他的巢穴，所以接受张乔招抚，"率诸种十余万诣降"于乔，表示不再出扰了。并非战败而降。

钟羌的钟字，不是人名（羌的氏族，一般是以人名为称。唯钟羌其首领名可知者曰良封、曰且昌，皆冒"钟羌"字，故可定钟是种落之名，非人名）。其种落被称为"钟"的取意，我考为：羌人谓乱石砌成之碉楼为"钟"，即《后汉书·冉駹传》的所谓"邛笼"。这种碉房，一般为三层，四方，墙壁坚固，只开一门，从内部用独木梯上下。下层住牧畜，中层住家人，上层住家主夫妇，供神。屋顶平铺土作晒场和眺台。每家一幢，相聚为邑，今人呼之为寨子。各寨更有高碉达七八层或十三四层，供防守眺望，指挥备战之用。更有作八角形者，亦皆乱石砌成，其技甚精巧。唯大渡河与岷江上游地区羌民擅其技。他处藏民建造官寨、碉堡与住宅者皆延金川与茂汶羌民砌之。其人善砌乱石，但有一侧平面者即可选用，不拘大小，不用绳墨，随石块形体施工。亦无黏结剂，但以碎石与沙土支衬，即自牢固。历三四级地震不坏。

今丹巴县大小金川会合处的东岸，有中龙、大寨两村，为百余户之邑聚，在一山弯的斜坡上。倚山临江，外人不易至。隔江望之，有数十高碉参天，恰似在上海

---

① 今本《西羌传》作"梁州刺史"。是益州字讹。汉武帝改梁州为益州，晋代乃分益州置梁州，阳嘉时无梁州刺史。同书《西南夷传》安帝元初中，卷夷大牛种封离等反叛，杀遂令久。"永昌、益州及蜀郡夷皆叛应之。……诏益州刺史张乔，选堪能从事讨之"可证。

望浦东工厂区的烟突林，为金川地区一大奇观。我曾泛皮船渡往考察，知其似烟突之高碉，皆十层左右之守望碉，亦皆乱石块所叠砌，多已废败。估计建成已千余年矣。此区在隋唐世称"嘉良夷"，声名甚大。疑此碉群，即嘉良故都，历久衰败耳。闻大金刮耳崖、小金新街子等处亦原有类似之碉群，故能抗拒清军二十余年。其人死尽，军事才得结束，其碉群亦毁成废墟。此中龙大寨之主人，或是投降较早，故得不毁。茂汶地区，虽亦多有羌寨，罕见高碉，更无论高碉群。以此，我判"钟羌"的根本地域在金川盆地。由于它的农业生产优于牧区，地方富乐，文化高于草地诸羌。其人缺乏凿石工具，沿河唯多乱石，用以砌屋。积累经验，遂成独擅的巧技。附近羌落皆延之兴建住宅，故称之为"钟羌"。

钟羌因其居地偏远，初未参加陇西羌乱。追先零、烧当诸羌次第败溃，其遗族溃入赐支河首者，乃与相结，复犯陇西。其时冉、骁已灭，岷江上游亦附钟羌。凡碉寨羌落皆成钟羌附落，故其兵力能远取临洮、汉阳之城而据有之。汉虽收复陇西，平定羌乱，终不能达钟羌巢穴。唯有许其投降，据地安处而已（参看第四章）。

尽管"钟羌"这个名词是后汉才出现的，但从其文化发展过程所需要的时间作推算，它是与蜀族进入岷江上游地区同时进入金川地区的。不过它发展比蜀族缓慢，到后汉时才成为强国。①

### 四、《竹书纪年》的"瑕阳人"与今世西藏的"夏尔巴人"

《竹书纪年》有这样一条：周显王八年，"瑕阳人自秦，导岷山青衣水来归"（《水经注》引作"梁惠成王十年"）。这个瑕阳人，乾隆中当涂徐位山作此书《统笺》有这样一段解说：

笺按：晋有二瑕。《左传》郇瑕氏之虚，京相璠曰："河东解县西南五里有故瑕城。"文公十二年，秦侵晋，及瑕。十三年，晋侯使詹嘉处瑕。《西征记》："陕州太原仓，北临大河，周回六里，即晋詹嘉所处之瑕也。"瑕阳人不知何属，无所考也。……《一统志》："青衣水，出雅州芦山县，……至嘉定州入大江。盖魏瑕阳人为秦导岷青衣水。至是，始自秦来归。若魏地，逼近大河，安用导青衣水来归哉。"

---

① 由于钟羌不侵犯内地州郡，华夏史便不注意到它，无所记载。可能南北朝的"邓至羌"就是它的代称。隋唐的嘉良、明清的金川，是大渡河中游北段的羌支国，就更不用说了。因其不在文本时间下限之内，可以不论。

《竹书纪年》，是战国时魏国人的史书。周显王八年，即魏（梁）惠成王十年。时周室已微，书曰"来归"，谓来归好于魏，非谓来归于周。徐氏执一瑕字求之，把古地名涉及瑕字的搜罗罄尽，判断其为魏国河曲地区的人。又因青衣水与岷山远在四川，不可能说成魏地与当时的秦地，遂设想为魏国的瑕地人为秦国去疏导岷山地区的青衣水，到这年才回魏国来。这样设想的错误有如下的几点：

（一）那时秦与三晋对立作战，诈虞相图，不会有魏人帮秦治水的事。

（二）那时秦未灭蜀，不会与岷山和青衣水发生联系。

（三）如其秦要治水，也只能像用外国人开郑国渠那样，在渭水平原兴工，不会远到岷山与青衣江。

（四）青衣江区山高、谷狭，水流湍急，纵使其人已附秦，亦无可以疏导水路之处。

那么《竹书纪年》这句话又该如何解说呢？我的解释如下：

（一）瑕阳人，是当时已从西倾地区游牧部落进入大小金川和鱼通、泸定（即"大渡河中游盆地"）内居住的羌支民族，其时川边高原的羌人把这个地区称"瑕域"，即"东方地区"之义。

（二）"瑕域"（瑕阳）这个名称是怎样形成的呢？这只能从地理条件来作答。大渡河中游地段，约长三百公里，宽不过五十公里，面积合大小金川计约二万平方公里，农牧生产地只可占得十分之一。因为岸山太高，坡度大。海拔虽在一千至两千米之间，全年气温都很高，接近于亚热带气候。康藏高原上的牦牛和藏犬不能在此河谷长期生活，所以康藏高原上的羌族不乐于居住到这一地区，唐代的吐蕃也未能征服这一地区。又由于它与四川盆地隔绝，华夏政府也未注意到它。汉代虽曾设至沈黎郡，未满半个世纪就罢废了。因为管理上有很大的困难，唐代也只把它们置为羁縻州，分隶于黎、雅两州，实际是放任不管。元明也只委为土司领地，清末才改土归流。不过打箭炉为茶贸重心，两藏与金川用兵连年，运茶、开矿、采木、经商和文武员弁的汉民通过此区者渐多，沿途习俗有所改变而已。是故这个介于汉、羌之间的大渡河中游盆地，实际上成为几千年间华蕃之间的空隙地带。从西倾桓水向南入居此区的民族，可以自由自在生活下去，有如理想中的"桃花源"一样，故最早的康藏人民称它为"瑕域"。其人原是羌支，也接受了这个称呼，而称为"瑕阳人"。

（三）《竹书纪年》的这句话，究竟如何解释呢？这是一句瑕阳语（羌语）的直译。其本意是：这个使者（实际是商人）自述他是溯青衣水经岷山，从秦国地界到魏都的大梁来贡献的。羌语主语在前，谓语在后。所以"自秦来归"这句话里夹上

"导岷山，青衣水"一个子句，又把最先经过的路段列在补助语的最后。并不是说他先从秦国到岷山，再去青衣水。魏史官不懂他的语法，便将来的路线排列倒转成为回去的路线了。

这里所谓来归的归字，古与馈赠的馈字相通，并不是归顺、降附之义。古时异域民族的商人，凡所经过的地域都要向其统治人物馈赠商品为贽见礼以求其保护。中华商人行贸于异域也是如此。瑕阳人到青衣夷邑、到岷山（指冉駹国）、到秦国，也皆必有所馈献，不必到大梁。不过秦国等国王无史官书入史册，魏史官特书其事以夸能来远人，赖以传此事耳。

（四）周显王八年，正是商鞅自魏入秦的一年。魏国正强大，居华夏正中，富力雄厚，故瑕阳人亦来贸易。其时蜀国也正强盛，瑕阳人入华夏，不从蜀境取捷而取道青衣水和岷山入秦，显然是与蜀国不通互市的原因，但不可设想为是他有联合秦魏攻蜀的企图。因为那时的瑕阳还未建成国家，魏与蜀之间还有韩国、楚国和巴国，无聘使联络的必要。故而只能设想到他是商人。通过青衣、岷山和秦国，语言习俗方便。至于道路艰险，并不是那时商人所畏惧的。

（五）那个瑕阳部落，究竟在这河谷的哪一段。我的推测，是在今天的康定鱼通段。从鱼通经金汤（上鱼通曾为金汤设治局）逾山到穆坪（今宝兴县）便是青衣水。溯青衣水逾夹金山入小金川盆地。再逾山入杂谷脑河（駹水）即岷山国，溯岷江至陇西，便是秦国地界。就是当时瑕阳人来回的商路。

（六）瑕阳人为何能行商到如此远处？大渡河中游段，农、牧相宜地面太少，其人口在安定生活中发展甚速，不能不经商远行。远出经商，能提高他们的知识与见解，可找到迁流展拓的土地。因而他们早在秦汉年代就已经发展到青衣江盆地，建成徙国了。其国邑在今天全的始阳镇。"始阳"这个地名始见于《魏书·地形志》。杨升庵说那就是《西南夷传》"徙，筰都最大"的徙国，和《司马相如传》"略斯榆"的斯榆。斯、始、徙、瑕都可能是 Sar 的对音，榆、阳、域都可能是筰的对音。只是，我还怀疑秦灭蜀以前，瑕阳人还未到达始阳。因蜀王征服青衣，"雄张獠僰"，不会容许瑕阳人入居青衣江盆地甚至建国。瑕阳人在始阳建国，只能是秦灭蜀以后的事。所以我认为瑕阳人入魏是从鱼通出发的。

## 五、"筰都为沈黎郡"的筰

《史记·西南夷传》："自巂以东北，君长以什数，徙、筰都最大。"又，"乃以邛都为越西郡，筰都为沈黎郡，冉駹为汶山郡"。

这个沈黎郡属今何境？筰都是今何地？我初步考订后认为：汉沈黎郡境，包括今大渡河谷的汉源、石棉、泸定、康定四县和雅砻江流域的道孚、雅江、康定木雅乡，以及九龙、盐源、盐边等县与渡口市区。据《茂陵书》，沈黎郡辖二十一县，可算得汉代面积最大的一郡。但元鼎六年（公元前111年）开置，天汉四年（公元前97年）罢废，仅阅时十四年，也算得汉代最短命的一郡。郡废后一部分有汉人杂处的县（如青衣、严道、旄牛和徙县）改隶蜀郡。一部分有僰人杂处的县（如定筰、大筰、筰秦、青蛉四县）改隶越西郡。其属羌族旄牛王的纯牧业地面的各县俱废，以其地遥属于旄牛县。故《后汉书·筰都夷传》曰："天汉四年并蜀，为西部，置两都尉：一居旄牛，主徼外夷；一居青衣，主汉人。"而《汉书·地理志》蜀郡旄牛县曰："鲜水，出徼外，南入若水。若水，亦出徼外，南至大筰入绳"（绳水即金沙江，若水即雅砻江，鲜水即道孚河）。旄牛县治在邛崃山下（今汉源县的青溪城），而县境远到鲜水、若水，其无法实际管理可知。但以旧郡关系，委旄牛都尉羁縻其人而已（其详另具《华阳国志校补图注》）。

又考沈黎郡治筰都县，在今泸定南境的沈村。沈村与隔河的咱威河坝相对，有石岗临江，今存植桩系溜索与候渡石室的遗迹。相传旧时有巨形溜索引渡两岸，对岸山冈亦有溜索下达此岸，以便汉番往来。木雅乡番人常有商队运货由雅加埂（木雅贡嘎山脉最低的山口）、磨西下来，人、货、牲畜俱由溜索渡过沈村。再由龙巴沟上化林坪，过飞越岭至泥头（古飞越县）及汉源，与汉商交易。有时亦到雅安贩茶，仍由此溜索运回。故明、清两代，建置土司于此，管理交通，是为"沈边土司"。由于泸定建桥，打箭炉开市，商道改变，此渡乃衰。乾隆初，山崩壅江，溜索败废，只用皮船泛渡，沈村才衰落了。

古人称溜索渡为筰。由这一传说与许多遗迹看来，古所谓旄牛夷（《后汉书·西羌传》作"犛牛种"，《三国志·张嶷传》称"旄牛王"），是住居木雅乡大高原的羌支部落。他们开辟了沈村的商路，深入内地黎、雅地区来市易（旄牛县，后为黎州），受到汉朝使者的招抚，申请置吏，遂置沈黎郡。嗣因汉官不能管理牧部，又废郡与筰都县，把牧部会隶于旄牛县。所谓郡治的"筰都县"就是今大的沈村。

地名叫作沈村，却并无一人姓沈。问他们的祖宗，亦举不出有姓沈的。即其土司，也是姓余，并无沈姓的亲戚。称"沈边土司"的取义何在呢？我的体会，是取沈黎旧徼之义。若不如此解释，就两个沈字联结不起了。

"筰都"的取义，是否就是说的筰国的都邑？"筰国"这个名词是否可以成立？我的看法是筰不成为一国，只凡岸高水急不能架桥，也难用皮船横渡的地区，羌人创造溜索飞渡方法，蜀人惊叹，即称之为筰区，称筰区之人为筰人。其实羌支民族，自己也并不自称为筰而是自称为"徙"（夏尔巴）和"白狼"（白兰）。《后汉·筰都夷传》所记的"白狼槃木"，与《三国·张嶷传》所记的"槃木王"，就是雅砻江下游地区的羌支民族（定筰，今盐源县。大筰，今米易县和渡口市。筰秦，今盐边县）。还有一个"白狼楼簿"，则在大渡河与青衣江地区，即天全六番之地。

汉旄牛都尉是否先曾设置沈村，后乃徙并于邛崃山下。由于无文献查证，可以不论。

### 六、青衣羌

青衣江，因青衣羌住区为名。开明氏第三世保子帝，"攻青衣，雄张獠僰"。足见这支羌人入居四川盆地内的青衣水区，约略与蜀族进入成都平原同时。按《竹书纪年》瑕阳人入秦、魏的文字，是战国初年这条河已叫"青衣水"了。这既可证明他们入居青衣水区之早，又可证他们虽亦属羌支，却与瑕阳是两支。按地理条件推测：瑕阳人是自西倾入大金河谷发展起来的，青衣羌是自西倾入小金河谷再逾夹金山入穆坪河谷发展起来的。他们两者族源很是接近，习俗多半相同。不过瑕阳人住的是个闭塞区，所以难于发展，至今还保存很多羌俗、羌语。青衣羌居住在四川盆地的边缘，与高文化民族接触的机会多，故进步得比较快。但又还不能与地理条件更好的蜀族和巴族并肩前进，只能成为蜀国的附庸部落而存在。

青衣羌，又或省称为"青羌"（《樊敏碑》）或"青氐"（《魏略·氐传》），不是他们自呼如此，只是汉人因其用旄牛毛绩织的本色褐布为衣，而呼作"青衣"（那种淡黑色，巴蜀人叫青色，与中原人称天蓝色为青不同）。其实羌族本俗就是穿的这种牛毛布，后来才穿白牦子与花氆氇。其进入内地的温暖河谷后，才仿照汉族种麻而穿麻布。瑕阳人与青衣羌住区皆不产牦牛，但瑕阳人与青衣羌狃于旧俗，至今都还重视牛毛布。其毛与布都是从藏区贩运来的，价值比汉地销入的麻布、棉布高。所以到了近代，这两地区的人衣色变了，但他们的盛装，总还是有牛毛布点缀的。

《西南夷传》对于大渡河与青衣江地区的民族部落，只提到"徙、筰都最大"，未提青衣。《汉书》蜀郡既有旄牛县和徙县（它两可以代表徙与筰都），又有青衣县。魏、周、隋后的徙阳县又在青衣江畔（今天全县的始阳镇），很能使人误解徙就是青羌。我近来考证汉代的徙县在大渡河谷，不在今天的始阳镇。故《汉书·地理志》把徙县叙在蜀郡青衣与旄牛之后。徙阳搬到青衣江区，是齐梁以后的事（此事我另有专文考证，将另行发表）。

汉代青衣羌的国邑，在今宝兴县的灵关镇。秦灭蜀以前，它的境域局限于飞仙关以西的今芦山、宝兴天全、荥经四县地面。飞仙关以东，是丹犁国。两国之间夹有个汉民插居地带，为临邛通往邛国、滇国的大道（关于丹犁国，详第四篇）。

青衣王子，一直是拥护汉政权的。齐梁之后，中国大乱，青衣王国曾扩大到整个青衣水流域，远及大渡河以南。故唐宋人的书典称嘉峨之间的青衣水为"平羌江"。而大渡河以南的越嶲郡界亦多有"青羌"的史事。元明世，青羌又退缩到天全六番以北去了。到明代，"穆坪董卜韩胡土司"曾经强盛一时。他就是青衣羌的遗裔。在清代，与打箭炉的明正土司结为一家，逐渐与汉族融合。其土司保存到一九一九年才改流。如今在最北的硗碛区，还有保存羌语的部分古羌族后裔，但不如鱼通地区保守羌俗之多。

为了便于大渡河区民族调查工作者的参考，特提供以上线索，不惜反复详述这部分羌支民族的历史发展痕迹。未免就越出题限的时间以外了。

## 第二节 岷江上游地区与蜀族同时存在的民族

蜀山氏这支羌人，从岷江上游地区发展起来，到达茂汶盆地，形成蜀这个民族。又被自后方来的羌支冉和駹族驱逐到四川盆地的成都地区来，开垦成都平原建成了大国，已如第一篇所述。当其被迫逾山进入四川盆地时，已经分散成为几支，后虽统一于蜀国，支系痕迹仍然存在。本章试作一些考订。

### 一、"冉駹为汶山郡"的冉与駹

由于《史记·西南夷列传》最先说出"自筰以东"北，"君长以什数，冉駹最大"和"冉駹为汶山郡"这两句话，都是以冉駹连称，遂有一部分人，把冉駹二字说成是一个戎国了。我考冉和駹，不但是两个羌支民族，而且还是先后不同时进入茂汶盆地，逐去蜀族，据其故地而分有之。大抵駹族最先从嘉绒地区进入杂谷脑河谷，故杂谷脑河古称駹水。① 其初来时，只据有杂谷脑以上河谷部分，臣属于蜀。冉族原是草地牧部，自北（如今之黑水地区）侵入蜀地，逼蜀族向南。最后乃与駹人联合逼蜀族自安乡山徙入湔水地区。于是茂汶盆地为冉地，杂谷脑河谷为駹地。

---

① 《后汉书·郡国志》蜀郡汶江道，刘昭注引《华阳国志》曰："涉水、駹水出焉。多冰寒，盛夏凝冻不释。"宋刻本汶山郡文大部阙，全失诸县。考后汉汶江道即前汉汶江县，是今理县地。涉水即《汉书·地理志》之湔水，亦即今之马尔康河。然则駹水即杂谷脑河无疑矣。从而可知其得名由駹国故域也。

当蜀族在成都平原成为大国以后，冉駹亦皆臣服于蜀。

秦灭蜀后，食盐为巴所扼，湔山以南闹盐荒，而冉駹有哈姜羌盐运售，故秦开湔氐道以通冉、駹，不灭其国以为郡县，即由于资其人运羌盐以资蜀民。其后汉武帝既灭南越，开西南夷，乃以冉駹为汶山郡，谓以冉与駹之地为郡也。

其时冉地北至松潘草原，駹地西至嘉绒盆地，其人皆已经营农业而犹保持羌俗。其王之役属于汉，徒因贪汉缯帛之赏，与土产市易之利，而请置吏。既设郡县，又不乐于汉吏统治，故建郡四十年又复"请省郡"。宣帝地节三年（公元前67年）遂废汶山郡，为蜀郡北部都尉领地，羁其王侯，视同属国。由于夷汉亲睦，商贾往来，汉民入居渐多，安帝时与灵帝时，皆曾复建汶山郡。但亦未几即复废为都尉。至蜀汉世，姜维经略西羌，以此为门户，遂仍置郡县，迄今未废。（详见《华阳国志校补图注》）

冉駹族，在东汉世融合于钟羌。钟羌降益州刺史张乔后，此部在西南诸夷中最驯服，三国以后遂更融合于汉族，故汶山郡能历久不废。隋唐后为茂州与维州，为吐蕃与唐争夺地面。吐蕃曾得维州（古駹地），唐则坚守茂州（古冉地）。其蕃域内羌落不服吐蕃而来依附于唐者，安置松、茂边徼屯垦，是为"西山八国"置诸羁縻州以御吐蕃。其人与吐蕃同为羌族支裔，言语习俗接近，久亦渐与吐蕃交通，接受其文化，故唐人又呼之为"两面羌"。其一部分坚决与吐蕃为仇，拒绝其喇嘛教文化者，衷心归属于唐，徙居岷江东岸以避蕃人侵扰，今茂汶羌是也。其历史演变复杂，皆在公元一世纪后，原不应在本文论述范围，兹只提其要领如此。另在拙作《康藏史地大纲》一稿详之。

## 二、"黄羊遣镜"的黄羊

一九八二年，南充中和公社天宫山出土的汉賨王崖墓（已详前篇第八章），有大小两具白铜镜，其一较大，有铭文"黄羊作镜四夷服"等六句四十二字①，显为汉武帝用兵匈奴时所造。其一较小，无铭文，但背间刻有"黄羊作"三字，似为王莽时银铜俱已缺乏时作。乍看，颇以黄羊为前汉世铜镜制造工之姓名或铜镜作坊主人之名，细详则不然。羊字古可通祥，但在汉代已与祥字分别为两种音义了。人有取祥为名者，无以取羊为名者。此二镜制作甚精，隶书甚工，白铜又是汉武帝世乃有

---

① 黄羊镜铭文为："黄羊作镜四夷服。多贺国家人民息。胡虏殄灭天下复。风雨时节五谷熟。长保二亲得天力。传告后世乐无极。"按：句中服当读如匐，《礼·檀弓》"扶服救之"《释文》作"匍匐"。又复字当读如愎。凡畐声之字，在《周诗》皆读如逼。此六句，一韵，为汉世蜀地行古音之证。辞意充满徭役之叹，为四夷平定祝愿，是为汉武帝时所作。

（见《平準书》），则人名不至单用羊字。若其有之，必是少数民族。故我窃疑有蜀族铜工，为其作坊主人创造白铜（银或镍与铜之合金）成功而致富者，自开铜镜作坊。用其发明者之名，为作坊名称曰黄羊。其工巧、图案与文字皆雇佣汉族工人为之，故其制作如此。

所以要如此设想，亦因为蜀族在湔水盆地时已知经营铜、锡矿，其湔山又多银、镍等有色金属矿，因而有发明白铜之机会。大概在东汉年代，黄羊镜曾行销很远，成为全国的名产。当永初羌乱，作坊停产时，其主人退还湔水地区，营采矿业，发展成新的氏族，仍称黄羊。其后蜀地兵祸相循，无宁日者数百年，湔水地区在汉官、汉吏和军队侵扰下，亦不易居，则更退入石泉河地区作多种经营的避世生活。就成为唐、宋、元、明的所谓"黄羊""白草番"，保存其名至今。今北川县片口河与白草河（上游在平武县和松潘县界）还有黄羊族人后裔，不过已全与汉人融合了。其全面融合当在石泉置县以后。明代的黄羊番曾发生叛乱，史籍始有记载。以前他们一直安静无扰，故无史籍记载。

### 三、"封雍齿为什方侯"的什方

《史记·留侯世家》："上已封大功臣二十余人，其余日夜争功，不决，未得行封。上在洛阳南宫，从复道望见诸将往往相与坐沙中语。……留侯曰：'陛下起布衣，以此属取天下。今陛下为天子，而所封皆萧、曹故人所亲爱；而所诛者皆生平所仇怨。今军吏记功，以天下不足遍封。此属畏陛下不能尽封，恐又见疑平生过失及诛，故即相聚谋反耳。'……上曰：'雍齿与我故，数尝窘辱我。我欲杀之，为其功多，故不忍。'留侯曰：'今急，先封雍齿以示群臣，群臣见雍齿封，则人人自坚矣。'于是上乃置酒，封雍齿为什方侯，而急趣丞相、御史定功行封。群臣罢酒，皆喜，曰：'雍齿尚为侯，我属无患矣。'"

"什方"，同书《高祖功臣侯者年表》作"汁方"，云"以赵将，前三年从定诸侯。侯，二千五百户，功比平定侯。齿，故沛豪，有力，与上有郄，故晚从"。传十世，至元鼎五年"终侯桓，坐酎金，国除"。

这同一《史记》的两篇，各作"什方"与"汁方"，字互不同。《汉书·功臣表》作"汁防"，《地理志》作"什方"；《后汉书·郡国志》以来乃作"什邡"。这说明它是民族古语的译音字，并无一定写法。《史记集解》引"如淳曰：汁音什，邡音方"，足见如淳所见《高祖功臣侯者表》本作"汁邡"字。《史记索隐》又云"县名，属广汉，音十方。汁又如字"。足见如淳所见本与司马贞所见另一本，俱作"汁方"，什与邡、防，皆缘音而讹的别字。且汁字本音亦与什异，不读十，自汉以来乃读如十。若民族本语就读，如十，那便无须再音作什与作十了。古称民族部落为方。上古的民族部落名称，一般只有一音的字，如朔方、徐方、羌方、蜀方、荆方、蛮方、鬼方，等等，例不胜举。这个"汁方"，当然是一个民族部落的译称。它的部位在今天的什邡县，古今一直沿用这个县名是肯定无疑的（相传什邡城南五里还有雍齿墓）。

今什邡县，有一半地面是平坝，一半地面是山区，以高景关为分界线。山区的水原产金，故称金河，秦汉世称为雒水，称高景关为"雒口"，常璩说李冰开雒水稻田，使绵雒为沃壤。可见这是一个远古已经闻名的地区，李冰就是这里的人。本来，汉高祖因自己是从巴、蜀、汉中三郡的封国兴起的，所以不以关中和巴蜀郡县封建诸侯。把雍齿封在"汁方"（什邡）是个特例，其目的是使功臣们知道封的是好地方。并且是将原不打算封诸侯之地用来封诸侯，故说"天下不够尽封"，用此权宜之法把功臣们的心稳定下来。其实它是一半山区的小县，不过有古国之美名而已。

至于汁方是何取意呢？我认为汁即原始的漆字，本作汧（柒与漆皆后世造出的繁体字）。缘古七字与十字极相似，作十与◆叶，象割漆树取汁之形。象多方综合，即全面之意。隶变乃作七与十。此区山地多漆树，其人盖即割漆之发明者与推广髹漆之法者，故被称为汁方。汁字之本义为液体，应也是取漆之意。原读如漆，后转为叶，汉魏人乃再转为什伍的十音。司马贞说"汁又如字"者，即谓时人虽已皆读汁方为什方，仍又有人读如汁液之汁音（如字）。汁液之汁，正可说明是保存取漆之原义。

汁方是怎样一个民族部落呢？我的推断，它是蜀族受冉夷胁迫，退过土门关，进入石泉盆地以后，骤难容纳，乃有一部分人从石泉河谷逾山而南，进入雒水与绵水河谷的上游森林地带，开垦沿河耕地兼营狩猎生活。因而发明了割漆，即以漆业行商华夏，彼称为"汁方"，与蜀族之以蚕丝行商而被称为"蜀方"是一样。它们也都是同时在龙门山脉地区发展起来的。不过蜀族开辟成都平原得早，能早强大；汁方开垦绵雒平原收功很晚，直到李冰后才成"沃壤"。所以汁方成了从属于蜀国的附落。秦灭蜀时，它已不成为独立部落了，但汁方故称还在人口，故秦立以县。①

---

① 《汉书·地理志》广汉郡县序，首梓潼，是郡治所在的表示。次什方，是置县最早的表示。其次才是：涪、雒、绵竹、广汉，都是蜀郡旧有，依立县次序排列。又其次葭萌与郪，是从巴郡划入的秦县。又其次新都，是初未从蜀郡划入广汉，设广汉西部都尉时才划入的。以下甸氏、白水、刚氏、阴平四县，则是合并西部时的新县。其他各郡的秦县皆可用此法由县序的规律去寻得。广汉北部都尉治阴平，主陇南地区夷落。另有西部都尉治新都，东部都尉治葭萌，南部都尉治郪。《地理志》只著北部都尉，盖宣、元时省其他三都尉。

## 第三节　进入涪江，白水地区的羌支民族

涪江上游为今平武县境。入今江油县境，扩展为大平原。仍有平通河、通口河、安昌河、凯江与梓潼河等大支流从西东两面流入。自射洪以北为中游，支谷多出山区。射洪以下为下游，地势平缓，至合川入嘉陵江。

涪江海拔较其他河谷为高，在四川盆地中，出水较早，古代民族入居亦较早，与蜀族、巴族及汉族相融合亦较早。其族源颇难考订，兹举其有线索可考的羌支民族如下。

### 一、氐与傁是否可以成为民族称

《史记·西南夷列传》："自冉、駹以东北，君长以什数，白马最大。"下面结束西夷一句云"皆氐类也"，谓"自嶲以东北"句下至此，一般称之为羌，但都属于甚接近于汉族，能接受汉文化的边徼民族，可以算作氐类。其下还有一句结束西南夷各部落的话"此皆巴、蜀西南外（指徼外）蛮夷也"，为《西南夷列传》解题。浅人乱了句读，遂谓西南夷都是氐类，或只有白马才是氐类，皆是谬误。

氐这个字，甲骨文未见。《诗·商颂》有"自彼氐羌"句，是个可疑的字。① 战国末叶的书才有氐为民族含义的文字。魏晋以下，才有齐万年、李特、苻坚、吕光、杨千万等已经汉化了几辈人的内地人，打出氐族的旗帜来，号召同类建立国家。其实，他们全属使用汉族语言、文字，有汉族生活习俗和制度的汉族队伍的组织。隋唐以后，便无氐这一民族的迹象存在了。自然也还有氐、傁、戎、狄、蛮夷等历史名称，有人任意使用。可是它究竟是什么民族？住在什么地方？有什么民族特性的标志？使用其字的人对于这些问题是全不负责的。举如陇南、蜀北地区，几千年来，民族混居，彼来此去，互有变化，每有各支祖先使用的名称，裔孙亦已忘去而另为称号者；亦有民族混居后，互相影响，互有融合者。文人好奇，率意取舍，张冠李戴，牛头马颈之误极多。若读古籍者不加鉴别，则出书愈多，混乱益甚，故世有"尽信书则不如无书"之叹。四川的涪江上游称氐傁者最久，兹就此二字略加分析示例。

---

① 《周诗·商颂·殷武篇》是宋襄公告庙诅楚之文。说"昔有成汤，自彼氐羌，莫敢不来享，莫敢不来王"，成汤时尚无氐字，何得有氐羌来王之说？宋襄时有无氐人之称，亦成问题。氐羌连称，见于《荀子》《吕览》与《淮南子》，不见于《春秋》《国语》《管子》《老子》等书，春秋世未必有之。疑《商颂》是狄羌二字，汉儒传写字讹。是否如此，尚待深考。

氐字，甲骨文未见，就可疑殷代还没有这样的民族称呼。金文作𢎨，象危崖上巨石欲堕之形。许慎《说文》作氐，云："巴蜀名山岸胁之自（堆）旁著欲落堕者。"引"扬雄赋：响若氐隤"（今行《史记》《汉书》之《扬雄传》与《文选》本，作坻、作邸不同，是古今字。当以《说文》为正）。窃疑"巴蜀名山"当作"陇蜀石山"。故应劭曰"天水有大阪，名曰陇坻。其山堆旁著，崩落作声，闻数百里"（《汉书》注引），用许说也。这种崖壁，在河谷深陷的陇蜀与大巴山区极多。每有宽阔可避风雨者，古代猎户恒依以住宿，古文厂字（音庵）与宕字，皆缘此制，今人呼为"崖腔"者是也。原始人类，猎食于此区者，或世据一崖，长养子孙，成为氏族，故其字引申为姓氏之义。本义固是山崖，读音如抵。亦常有顶岩下坠及地者，古制氏字以象之，引申为抵达之义。又引申为底下与低下之义。坻、邸字亦皆缘此本义制成。其只用姓氏义者，转为支音，又转为世音，本无民族自称曰氏者。唯古羌族随猎进入此区留居者，华人称之曰"氐羌"，亦如"闽越""瓯越""莱夷""岛夷"，是华人缘其住区所加之称，后遂单用其地区为族称，只作一氐字也。

鱼豢《魏略》有《氐传》一篇，今保存在《三国志》裴注（《魏书》之末）之中。所述氐人分布地面，有"或在福禄（县属酒泉郡），或在汧、陇左右"，又"或号青氐（按即青羌）或号白氐（即白马羌），或号蚺氐（即冉駹羌）"，又有"兴国氐王阿贵（按在甘肃天水区秦安县），白项氐王千万（即仇池氏王杨千万）"，又"国家分徙其前后两端者置挟风、美阳"，又"此盖乃昔所谓南戎，在于街、冀、獂道者也"，又"故武都地阴平街左右亦有万余落"。综合言之，除酒泉福禄县为祁连山谷区外，全属陇南、蜀北的高山深谷地区，则"氐人"的取义已可理解了。

它又记其语言习俗云："各有王侯，多受中国封拜。""其俗，语不与中国同，……各自有姓，姓如中国之姓矣。其衣服尚青绛。俗能织布（谓麻布），善种田，畜养豕、牛、马、驴、骡。……多知中国语。……其自还种落间，则自氐语。其嫁娶有似于羌。"又云："其自相号曰盍稚。"

从这"氐传"看来，魏晋人所谓氐，只是多种羌支民族居于蜀陇山谷间已倾向与汉族融合者之统称，并非他们自称为氐。他们自称为"盍稚"，当然是氐语。是何取意，无人能说。问过许多此区土著，亦莫能知。我想，南北朝时与宕昌羌齐名的"邓至羌"，就是兴于金川，发展到岷江上游和涪江上游与陇西临洮、汉阳地区的钟羌（已前详）。钟羌自且昌降汉后，仍据有陇西以南之地。其后乘中华内乱再发展起来，称为"邓至"。邓至与盍稚的"至"和"稚"，在羌语应是同一音义。即是古氐字（也就是氏字）的音变。"盍"与"邓"，是支分的名称，在陇者为盍稚，在蜀者为邓至。盖稚，因逼近强大的华夏，分化为若干部落，各有侯王。邓至因僻在华夏政权难到之地，组织比较集中，保持自己的名称较久。但在魏、周、隋代，岷江以东，已成中华郡县，邓至汉化者多。其本部金川，别有嘉良部起来据地自擅，于是邓至消失了。此为公元一世纪以后事，本文不当详述，提此研究线索而已。

陇蜀区民族称呼，在魏晋世又曾大量出现叟字，一作傁。每有氐傁连称文字。考孔安国《尚书传》，释《牧誓》之蜀为叟。后儒咸遵用而莫能通其说，竟有谬谓叟为蜀族之别称者。这问题，也值得考订。

我的看法是，《禹贡》雍州的"渠搜"，在"昆仑、析支"之东，同为养羊和生产织皮行销于华夏的部落。用今天的藏语来回溯羌语本义，则渠就是大河。渠搜、是指甘肃的黄河。羌语搜，为黄金色之意。所指为今大积石山以北至河套地区的黄河。这带地面，在殷周皆为羌支民族的牧场，曾经建成义渠国，周末为秦所灭。①

秦灭义渠，置北地、陇西、安定三郡。义渠人民，除融合于汉族者外，分为三部：其坚决保持羌俗者退回草地，迄今尚自称"俄"。一部分人向东北退入河套草原，仍复称为渠搜。《汉书》朔方郡渠搜县云"中部都尉治"，莽曰"沟搜"是也。一部分南向入陇，称为"氐傁"。《华阳国志》武都郡，不到六百五十字言氐傁者八次（阴平郡二次）。多指仇池杨氏。同书于齐万年，亦称氐傁。盖魏人对陇西羌之汉化者皆作此称。又越巂郡有"苏祈叟""叟大帅""斯都耆帅""四部斯叟"等字句（亦见《三国志·张嶷传》）。几乎把前汉所称的氐类，都称为叟了。《后汉书·董卓传》与《刘焉传》皆言"叟兵"。合越巂郡的"四部斯叟"观之，则所谓叟民，亦是"氐类"。他们不但接受汉官统治，且亦服兵役，供调遣，与郡县齐民无异。但尚保持有一部分羌支本俗，因而被称为叟。在邸区者为"氐傁"，在徙筰区者为"斯叟"，在苏祈（今西昌礼州）者为"苏祈叟"。实皆羌支民族之高度倾向汉化者之统称，非某族某支之专称。迨其既与汉族融合以后，叟名亦即消失（孔安国言"蜀叟"者，盖以武王伐纣时无蜀国，以为《牧誓》之蜀为叟人也。董卓之支持者为陇西羌、氐、叟，故其军多羌叟。吕布原附卓，故其军亦有。刘焉能遣叟兵五千助刘范者，亦缘作益州牧，能征用叟兵）。叟与氐皆不当为民族专称，尤不为今世的民族名称。

---

① 《竹书纪年》殷代武乙三十年，"周师伐义渠。乃获其君以归"。在古公亶父时，《史记·秦本纪》屡言义渠，《后汉书·西羌传》亦言之，可互参。《墨子》作"义渠"。仪字古读如俄，今河曲土民犹自呼为俄，果洛旧亦作"俄洛"。

## 二、刚氐、甸氐与黑白羌和紫羌

前汉元鼎六年（公元前111年）分蜀郡北部与汉中郡西部置武都郡。有甸氐、刚氐、阴平三道，皆秦所开。后汉永平中，陇西羌乱，扰及武都汉中，后乃分武都立阴平郡，此三县属之。安帝时，阴平郡没于钟羌，汉民尽徙。钟羌降后，乃以三县为广汉属国。蜀汉建兴七年，复置阴平郡。晋永嘉中，郡民逐太守，降于李雄，汉民皆还蜀。郡地入于仇池杨茂搜。其涪江流域之刚氐县，为氐傁李氏所据。唐、宋羁縻而已。至时，乃立龙安土知府。清代改流为龙安府，治平武县。

《华阳国志》甸氐县曰："有白水，出徼外，入汉。"所言即白龙江。则今甘南武都县为旧甸氐县地。又刚氐县云："涪水所出，有金银矿。"则今平武县地也。阴平县，云"郡治"。郡序云："土地山险，其人刚勇，多氐傁。有黑、白水羌，紫羌，胡虏。"阴平县，今为甘肃文县，原辖地包括今四川之南坪县。黑水、白水，皆今南平县河，合流后过文县，至阴平桥与白龙江会，至广元入嘉陵江。统称白水。

审此，可知羌之居于黑水山谷者曰"黑水羌"；居白水山谷者，曰"白水羌"；居甸氐河谷者，曰甸氐；居涪江上游者，曰刚氐，皆汉人所加之称，非其自名曰黑，曰白，曰甸，曰刚也。

此区无紫水，羌、氐、傁亦无紫衣、紫饰，而称"紫羌"者，盖即《魏略·西戎传》所谓"赀虏"。其人本月氏（月支）种，故被称为"赀"，音存而字变也。其人有来居于甸氐县与阴平县者，魏晋人字又讹作紫耳。"胡"，谓"卢水胡"，或"黄石，北地卢水胡"，皆匈奴遗种。"虏"，谓"三河槃于虏"，大抵鲜卑一类之来居此区者。已于《羌族源流》详考，此不备述。

阴平县因是郡治，汉民多，氐傁亦多。汉民撤退后，全是氐傁，故仇池杨氏据之最久。

## 三、白马种与参狼种

《后汉书·西羌传》："其后子孙分别，各自为种。或为牦牛种，越巂羌是也。或为白马种，广汉羌是也。或为参狼种，武都羌是也。"言巴蜀徼外，这三部分羌支是大种。牦牛种即《张嶷传》的旄牛王的部落、（徙、筰、白狼等部落皆其附落），史文明了。参狼种为甘南盆地的土著，即华人所称的甸氐，又称为"麻田氐傁"。《华阳国志》武都郡云："土地险阻。有麻田，氐傁，多羌戎之民。其人半秦，多勇慧。

出名马、牛、羊、漆、蜜。有瞿堆百顷险势，氐傁常依之为叛。"① 这可说明汉武都郡的民族，除汉民外最多是氐傁，即半似华人半似羌人的向华夏的过渡阶段。另也还有"羌戎之民"，即少量从羌族草原来的羌人和陇西来此混居的戎人。那时，还没有白马种入居到武都郡界的。那时的白马种还只住居在广汉郡界。这是就公元一世纪（后汉和帝永元十二年以前）言之。

《史记·西南夷传》："广汉西白马为武都郡。"这个"广汉西"三字，是深深值得注意的。《汉书·地理志》武都郡，班固自注云："武帝元鼎六年置。莽曰乐平。"颜师古注引"应劭曰：故白马氐羌"（所据为应劭的《地理风俗记》，今佚）。看来，白马种原只分布在广汉郡西部，到东汉末叶，则已经进入武都郡，与参狼种融合为一，而被称为氐傁了。并且由于已经融合于华夏，参狼与白马两个名称亦即消失，只缘仇池杨氏据瞿堆百顷二百余年，保存氐傁之称独久。周、隋以后，氐傁之称亦即消失。

《史记》未说参狼种，是因它不是"巴蜀西南外夷"，则《西南夷传》不列。唯上有"自冉駹以东北，君长以十数，白马最大"这句话，包括有几十个民族部落，应该包括参狼、黑白羌与甸氐、刚氐在内，不过白马最大而已。

言"广汉西"者，汉高帝始分秦之蜀郡与巴郡十三县地为广汉郡。其甸氐、白水、刚氐、阴平四县本秦时蜀郡北部（都尉领）。置广汉郡后，为广汉西部尉领（后汉为广汉属国都尉领）。白马种人原只分布于涪江与白龙江流域，其东之西汉水（嘉陵江）则为参狼种分布地。两种虽皆从羌族分支，来路则各不同。参狼种是从陇西地区向南进入武都区被称为"甸氐"的，白马种是从松潘草原进入涪江、平通河（苦竹沟）与通口河等河谷的，其主要分布地在广汉西北的龙门山脉地区，后被称为"刚氐"的。白马与参狼皆他们自称之名。

白马与参狼人，一般称为羌（白马羌）。魏晋世被称为氐（白马氐或白氐）。审慎的史学家如司马迁，则既不加羌字，也不加氐字，但称"白马"。如伏无忌，则称白马种（《后汉书·西羌传》的前半是伏无忌原著）。

若上 假说可定，则"广汉西白马"是从松潘草原下到涪江山谷区来的，或许比蜀族进入岷江谷地要晚些，所以到汉武帝时为汉人所注意。由于汉武帝把他们与参狼人都划归武都郡的属县，两种人乃渐混居融合，而产生氐傁的称呼。其留居在广汉郡界（四川盆地内）的白马，则全在友好生活中与汉民融合了。现在平武县还

---

① 瞿堆，即仇池山的西南角，为甘南最险处。其北部亦是险岭，上有平地百顷可耕牧，故杨氏能据之数百年。原号武都山，郡因民犹嗜麻布。故氐傁区沃土皆种麻，被称为"麻田氐傁"。

留有白马乡这个地名，那里可能就是最后融合的白马人居地。明、清的龙安府所辖地面包括今平武、北川全县和青川、江油与松潘之一部，就是依据古代白马人分布地面划分的。《水经注》曰江水："东南下百余里至白马岭而至天彭阙。"所谓白马岭，即今镇江关东山之古称。其东即石泉河、片口河与白草河区。故知古白马人住区与冉駹区的分界，即是此岭。当白马人来至石泉盆地时，冉駹亦似已驱逐蜀族入四川盆地以内，其原居的石泉盆地亦即为白马族所占领（汁方与白马，以典山关为界）。

### 四、梓潼与郪国

《汉书·地理志》广汉郡；"莽曰就都"，属县十三。郡治不在平原沃野而在山脊水浅的红土丘陵内之梓潼县，后汉才徙郡治到新都。蜀汉更把梓潼升为郡，领梓潼、涪（今绵阳县）、晋寿（今广元县地）、白水（今青川县地）、广汉、德阳（皆在成都平原内）。可见梓潼这个名声之大与其重要性。若以今世梓潼县地理位置与当时郡领各县对比，就令人无法理解。这乃是我国历史地理学上难以解答的一个问题。我曾勉为其难，初步解答如下：

梓潼是一个民族聚居区。族大人众，历史悠久。梓潼二字，"莽曰子同"。可以设想，二字是译民族本语的音，并无汉文取意。王莽改作子同，并非他也提倡简化字，只是"译无定字"。使用"子同"二字，还有表示"同属子民"之义，亦即说明这个地区还有一部分旧民族未完全融合，仍自称为"子同"，即梓潼。

更还可以设想：古梓潼县地面很宽，约有今天梓潼县的十倍。大概东抵嘉陵江，西抵成都平原，包括有今梓潼、剑阁、青川三县和江油、绵阳、盐亭和广元的大部分。这个广大地面，也就是秦汉间梓潼民族分布的地面（亦可说是古梓潼国的地面）。作此推断的依据，是因为它是四川盆地内红土丘陵区最高的部分，应该出水得早，当羌支人民向大巴山区猎食东进时，首先就会发现这一可耕之地区，留下一部分人定居开垦。次第发展几万年，才到秦代。虽然其部族组织未免松散，但由于形成民族的历史已很悠久，族性顽强，不可能以武力征服，只可以高度的经济和文化去抚绥他们，使之逐步融合。所以秦汉必须在这个民族核心的故国都邑，加强示范领导，建成地区首邑，开展工作。

至于这个故国的首邑，也不是在今天的梓潼县治，而是在今江油县东部的马角坝或雁门坝附近。这自然还待考古发掘来做证实，现在只是假说。为何要设想秦汉的梓潼县治，只能在那些地方呢？又是何时迁徙到今治来的呢？我的推断，当是三国以后才徙治的。因为三国以前，秦蜀之间的通道是经过马角坝这个地带的（即今铁路所经线)。诸葛亮开剑门阁道后,才改由昭化桔柏津渡河经剑阁、涪、雒至成都。旧路此后乃废(今马角坝,为古马鸣阁驿站,原有桥阁栈道。钟会伐蜀,阻于剑阁时,还从此道与邓艾联络)。

梓潼还很早就建成了一座雷神庙,来显示它的民族威力。那就是今天还保存下来的七曲山文昌庙。隋唐以后,才说他为"司禄命之神"。秦汉到南北朝都说他是凶恶的雷神,其庙叫善板祠。① 这样以神道设教来管理顽强的民族,可能是梓潼王创造出来的,抑或是蜀王所做的事,也可能是秦王做出来的(蜀王先已降伏此国,才可能把国境推进到褒斜去)。

梓潼民族虽是很早就居住到此区的民族,由于地方没有丰富的矿产资源,进入铜器时代很晚,文化发展缓慢,生产落后于蜀族和巴族。也很早就成为蜀国的附庸了。秦置郡县后,其地发展很快,在公元前,即已全面汉化,故王莽改县名为子同。

### 五、陇、蜀间的宕昌遗民

《魏书》与《北周书》皆有《宕昌羌传》,《梁书》亦曾说到它。这支羌人,是魏晋后才开始接近华夏,发生交涉,列入史籍的,原不应在本文论述之内。但它的后裔分布在今川、甘两省界上,至今都还保存有较多的羌语和羌俗,成为古羌族的活化石,所以值得一提。

他们有保存在甘南白龙江上游的迭部县与舟曲县的,有保存在白水上游文县与四川南坪县的,有在四川松潘县铁布寨的,有在平武县白马乡的。解放初平武白马乡达布人被划为藏族,他们一直有不同意见。四川省民族研究所邀集民族研究人员开会讨论多次,印行有《白马藏人族属问题讨论集》(1980年)。在族属问题上,有属藏、属羌、属氐,和直称达布、迭部、宕昌的主张不同,未作决定。我认为他们属于古羌族的支派是无可置疑的。由于他们的族属问题已有讨论集印行,此处不更引论。

## 第四节 嘉陵江与大巴山区的羌支民族

嘉陵江西源别称白水,其上游属甘南盆地的西部,历史沿革属阴平地区,古民族分布属白马族区,已如上章所述。其东源为嘉陵正流,一曰西汉水,远古曾自白

---

① 《华阳国志》梓潼县云:"郡治。有五妇山,故蜀五丁力士所拽蛇崩山处也。有善板祠,一曰恶子。民岁上雷杵十枚。岁尽,不复见,云雷取去。"这明明说的是雷神。"善板"者,古谓簿籍为板。小乘佛教未输入前,华人已有天帝鉴察人间善恶,著之于籍以为惩劝之说,谓霄神主其德,故曰恶子。

马关与阳平关两次流入沔水（汉水）。白垩纪内，乃决入四川盆地，与白水合流。以上源出于甘南礼县之嘉陵谷，故唐以来人称之为嘉陵江。① 白水汇口以上为上游，下至涪江汇口为中游，合川以下至重庆为下游。大巴山脉本与龙门山脉衔接，成为四川盆地北界。因被嘉陵和白水蚀断，乃为两段，分为两条山脉。大巴山北之水皆入汉；山南之水汇为巴河、渠江入嘉陵江。在这山水之间，广大的川北地面，为一个古民族地区。有许多先后支别的名称，统于本章做出清理，用供研究四川古民族历史者参考。

## 一、牧誓八国多在大巴山区

《尚书·牧誓》是周武王伐纣临战前的誓师之词。相传那次会师的有八百诸侯，这数目很嫌夸大。但那时所谓诸侯，实际都是华夏族各部落的小领主，数目确亦不少。他们都恶纣而亲周，相与从周伐纣的，要占全国的一半以上（《孟子》说：文王为西伯，"三分天下有其二"），所以能一举灭纣。誓词点名未能一一把国名举出，却把会师的八个戎国名字举了出来，遂有人相援称为"牧誓八国"。甚至有人说只有这八个国，那是误解了誓文。兹分析誓文的点名次序，说明其阵容如下：

**友邦冢君**　指来会师的诸侯。

**御事**　为诸侯御车来的，必然是各国的重要相臣。

**司徒**　各国办理兵役的大臣，率军来的。

**司马**　各国训练军队的大臣，率军来的。

**司空**　各国办理粮秣、兵饷的大臣，随军来的。

**亚旅**　《孔传》云："亚，次。旅，众大夫也。"出兵少的国家，国君与大夫皆不来，只派亚旅率兵来。

**师氏**　《孔传》云："大夫官，以兵守门。"今按：古称"当家娃子"为师氏。部落奴隶主未得建成国家者，只以师氏率军来会。

**千夫长**　出兵只数百人者只由千夫长率之来会。

**百夫长**　出兵只数十人者，只由百夫长率之来会。

及庸、蜀、羌、髳、微、卢、彭，濮人——尚未进入奴隶社会的原始氏族部落，其来会之师，无一定的指挥官，人自为战，故称曰"人"。

---

① 《汉书·地理志》武都郡有嘉陵道，考其地在今甘南礼县界，即西汉水源。亦有地理书说水出"陕西嘉陵俗"，误。

当时岐周也是奴隶社会的国家。其奴隶大都购自南国的江汉之间的民族部落，在《周诗》里表现得很多（另详拙著《周诗新诠》）。由于周室优待奴隶，能得其死力，故能使生产发达，战斗勇敢，短时便跃进为富强的大国。① 所谓"文王化行江汉之间"，实际就是由于奴隶乐于被卖到周国，各经营奴隶买卖的部落从而乐于与周室市易，由发生经济联系而产生友好往来，从而转入于主从的关系。

所谓"江汉之间"的南国绝大部分都在大巴山区。在殷末周初，这地区已经进入奴隶社会了，但发展还很不平衡。如申、邓、息、褒、巴、荆等依近华夏与大江的部落都已具备国家形式，比于诸侯了。他们出兵，便只在"友邦冢君"之列，不特举国族之名。"巴师勇锐、歌舞以凌殷人。"使殷"前徒倒戈"，克以灭纣。周赐巴王姬姓，"爵之以子"。汉魏间书，皆有文证。② 若国王不到，如何会有赐姓赐爵呢？庸蜀八国，显然是国君未来，甚至连正规军也未派出，只能由一些商人组成武装临时参加，不是正规派遣的队伍。故但称曰"人"。

我这样推测，文献依据虽不足，却有当时社会经济条件的依据。例如：庸国，就是当时贩运奴隶入周最多的一国。蜀国，就是卖蚕丝入华最多的一国。羌，应指的是西海盐池附近的羌落，是行盐入周最多的羌落。髳，虽难确指是何处，就字面看，也可知其为运售牦牛毛入华最多的部落。这些部落必是长期有商的人住在周国的。纵然本国不出兵，他们为了保持经商的顺利，也会自动组织一支队伍响应号召。若本国之君响应号召，也会派遣人来叫经商头人率领，才便于接洽一切。他们还可能随军经商。微、卢、彭、濮是何地的人，如何出兵助战，也就可以想见了。

关于这八国是今何地，从孔安国作《古文尚书传》开始，后来经师和史学家作考订的人不少。我看都只是缺乏科学知识的瞎猜，包括张澍《蜀典》在内。近世的徐中舒、顾颉刚、郑德坤、蒙文通、邓少琴诸先生，才开始用科学头脑作探索。见仁见智，未能尽同。我在他们的启导下，也作过多次探索。兹就我最近的看法写出其概要如下：

**庸** 是今湖北竹山县地，久成定说，无用论证了。但为什么要说它是贩奴隶入周最多的国家呢？须加解说。

---

① 岐周之勃兴，旧史归功为"文王之化"。文王姬昌究竟哪些"圣德"，各史文里全找不出具体的事实来。我撰《周诗新诠》，在三百篇里，发现多处体现为奴隶乐生的诗歌，和江汉之间（即大巴山地区）的民族部落与岐周友好交往的诗章。参验《汲冢周书》《竹书纪年》所记泰颠、闳夭、南宫适、散宜生等的忠勤史事，感到所谓"文王圣德"，就是他能优待奴隶。所谓"文王化行江汉之间"（诗序），就是大巴山区的奴隶主们能为他输送大量的优质奴隶来。
② 《华阳国志》此说出于谯周《巴志》。楚灵王妃曰"巴姬"，见于《左传》。

就地理条件说，竹山和竹溪这个大巴山区的高盆地，没有什么特产可以发展经济，用致富强。只因它在大巴山区，地面比较开阔，尚可耕种，又比较接近华夏，故而经济上有一定的发展。华夏进入奴隶社会后，各氏族奴隶主都需要购买廉价而得用的奴隶于少数民族地区。此地必然会成为最早的奴隶市场（正如滇国、邛国和僰侯之国成为汉代滇、僰僮奴的市场一样）。其附近大巴山区小部落的人民，是必然也像近世凉山地区的僰人和汉人一样会要受到掠卖的。庸国在此区最强大，其人以掠卖奴隶为业者必多，成为他发家致富的道路，以至受到国王的保护，成为庸国经济生活的要项。而当时唯岐周优待奴隶和贩运奴隶的商人，于是就会发展成为贩运奴隶技术最高、销量最大的"友邦"了。《牧誓》把庸列为八国之首，足见其虽无正规军队派出，临时组成的参战队伍人数必多。因为贩运奴隶的主子，随时都有一大串奴隶运来待卖。一并组队参军，随走随卖亦可，故知在八国中，它的队伍最大。

当庸国强盛时，几乎把楚国搞覆灭了，大巴山区的所谓"百濮""群蛮"都响应它的号召组成受它指挥的联军，有一举灭楚之势。但它们的组织非常松散，结果是次第解体，反转自己国亡地分（详下章）。足见它虽很久就列为诸侯，号为大国，但没有自立的经济基础，只靠贩卖奴隶。奴隶社会过去，它便忽焉亡国了。

庸虽早已亡国，但在周秦间历为郡县。仍然是迁罪人之地（秦代罪人多徙上庸），足见其地之荒凉和贫瘠，不似巴、蜀之具备发展经济，建成大国的条件。

**蜀** 《孔传》释"蜀"为"叟"，是谬释（已见前）。顾颉刚《史林杂识·牧誓八国图》把蜀定在汉中，谓"蜀之北境本达汉中"，亦有时间上的误差。殷末的蜀族固未到达成都，更未能到汉中。那时他还住在岷江上游的茂汶盆地（已详第一篇）。

**羌** 当时羌人还是游牧部落，分布辽阔，只茶卡盐池附近羌人运盐行销陇西与岐周。可能因市易关系出兵助周，不能是泛言群羌。

**髳** 张澍《蜀典》，释为《西羌传》之"牦牛种"，字义吻合，唯距岐周悬远，当时无缘联络。我疑是析支河曲或松潘草原贩运牦牛之羌民。地理条件适当，而苦无文献依据。顾颉刚援《春秋》成公元年"王师败绩于茅戎"，定为晋南之茅津。后复有人疑为"三苗"之苗字转髳，亦说得去。可能茅戎就是三苗之裔族。当留待更作考正。

**微** 《蜀典》有最荒谬的一条，说微与尾古通。并谓木耳夷有尾，居曲靖山中，即古微人所居。竟相信人类有尾，并且从曲靖山中远出数千里助周伐纣。这种"博览群书"的人，还莫如不读书好。

顾颉刚引《书·立政》："夷，微、卢烝，三亳，阪尹"，谓在"周近"，很有见地。近年，陕西岐山发现了微氏故邑。但我认为那是微子降周后，已封于宋（在成王时),所受朝周的汤沐之邑,不可能是《牧誓》的微人之国。但微子归周前,确曾封国于微。考其地,即今湖北十堰市的黄龙滩。有堵河(竹山河)支流曰"微水",今名"虎尾河"(这里适用微、尾古通之义),晋置微阳县。即殷封微子之国也。微子憎其边远,实未之国,但遥领之,既而降周。故微人发卒从伐纣(详见《华阳国志校补图注》)。

顾氏又采《彭县志》吕吴调阳说,以微又通眉,定其地在陕西郿县(吕说定为眉州),则不足取。八国不可能在周王畿内,眉州的眉字,晚出于《牧誓》后千七百年,中间无可联系。吕说亦非。

**卢** 字亦作纑。《孔传》:"卢、彭在西北",盖谓是卢水胡。考陇山以外有卢水,文王时为混夷(昆夷),地与周为敌国,未必肯从武王伐纣。且当时尚无卢水之名。陇山以西,羌人除西海盐羌外,未臣服于华夏(秦灭义渠乃置郡县)。故《孔传》谓"卢彭在西北",无取。唐人说"戎府之南为古微、纑、彭三国之地"(《史记·正义》),清人说"卢为泸夷","彭为彭州夷"者,亦皆误牵合古今地名字。惟卢为湖北中庐说,有《左传》桓十三年:"楚屈瑕伐罗……罗及卢戎两军之,大败之"可证。然蜀"有宾城、卢城",在宕渠郡,见《华阳国志》。巴又有卢戢黎其人,见《左传》。疑《牧誓》之卢,与桓十三年之"卢戎",是一跨大巴山之族,并且是与庸国同为经营奴隶贸易的小国,是相当进步的良族,早已华化。宕渠卢城,为其最后之故墟。地僻,故其史事难知也。

**彭** 彭这个地名,普遍存在于各地区。若望文生义,随地皆可黏合。审慎解释,当从社会发展的历史与地理条件各方面综合分析决定。前人成说,每有管窥偏见,宜慎采择。例如《彭县志》说它是古彭国。字是相同的,地亦在蜀,很能惑人。但就地理条件言,当蜀人未至前,彭县尚为内海,则安得已有彭国?《蜀典》说是"彭水夷",似亦可通。但彭水县名隋代才有。两汉、魏、晋,都只叫作涪陵,或黔中,则何能殷周间便已有称彭的人呢?这条河,今称郁江,古称丹涪水,产丹砂与食盐,为一方所重。《王会》有"卜人以丹砂"入贡之文,可能就是此间丹砂商人,愿助周伐纣。若其如此,亦当称为卜人,或濮人,可能因唐宋以来有彭水之称,遂说为《牧誓》之彭。其他类似如此误解者甚多,不胜引驳。

《汉书·地理志》巴郡阆中县,有"彭道将池在南。彭道鱼池在西南"两句,一般未加注意。我考二池遗迹(今缘江水深蚀湮灭),皆在县城附近。同名"彭道",是何取义,殊值研究。秦汉地名称道者,皆是夷落所在,新开道路,设尉官守卫处。如湔氏道、刚氏道、甸氏道、阴平道、严道、零关道、羌道、氐道、夷道、营道、泠道皆是。疑此原是彭夷故地，秦据汉中时开，故曰彭道。嗣复为巴据得，并徙都之。秦灭巴后，改名"巴道"（《常志》云"仪贪巴道之富"），汉乃改名阆中。彭道旧名，赖此二池保存，池废名灭，后世乃不知也。自此地，"浮于潜，逾于沔，入于渭"，便是周邑。大奴隶主多，故与周有联系。汉世著名的知识奴隶落下闳，与奴隶主大学者任文孙、任文公父子及范目与七姓賨王，皆出于此区，实为周秦间与褒（苴）齐名的大国。对周市易已久，故亦出兵助周。其地富乐，故巴王徙都之。①

这自然还不够证实就是《牧誓》的彭国，但比其他旧说切合实际。今后可能会有地下发掘来做证实。

**濮** 濮字，涉及地名尤为辽阔。若搜集考订，百纸不能尽。兹择要言之。

《牧誓》之濮，即《王会》之"卜人"。其地在今四川彭水、黔江两县，为郁山盐泉与黔江丹穴所在之地。其建国过程与其尾族历史，将于第三篇详之。这里先谈大巴山区的"百濮"。"百濮"是大巴山区的羌支。

《春秋》文公十六年（公元前611年），"楚人、秦人、巴人灭庸。"《左传》于此四言百濮。

楚大饥，戎伐其西南。……又伐其东南。……庸人帅群蛮以叛楚。麇人率百濮聚于选，将伐楚。于是申、息之北门不启。楚人谋徙于阪高。蒍贾曰："不可。我能住，寇亦能往。不如伐庸。夫麇与百濮谓我饥不能师，故伐我也。若我出师，必惧而归。百濮离居，将各走其邑，谁暇谋人。"乃出师。旬有五日，百濮乃罢。

从蒍贾这段话可以看出，濮是当时的一个民族的称呼。但他们的社会还很落后，尚未建成国家，只还是若干个支派分离的氏族部落，没有统一领导的酋长，连像唐、虞、夏那样具有核心力量的公社组织都还没有，所以称为"百濮"。就当时情况说，其中有个麇人的氏族是比较进步的，能够观察形势，游说附近的许多濮人氏族，乘楚国饥困而又受四面夹攻之际，附和庸国，准备向楚地大掠一次。这些落后的濮人，不能正式作战，只会一窝蜂出掠，无一定的方向和战略。他们只图乘楚军所不备，突然劫掠，抢劫后就分散回巢。战斗力虽不大，但破坏力大，又难于防备。故当其响应麇人号召，聚谋于选时，申、息等国都不敢开北门。楚国的人也打算搬到高险

---

① 阆中之南蓬安县，宋为蓬州。其东南仪陇县有大蓬山，又东南营山县有蓬城山。蓬、彭一音之转，可能皆是古彭国也。

处，以避免他们鸟来兽散的抢劫。芳贾即孙叔敖之父，却看出他们的虚弱，建议伐庸，表示能战斗讨伐。百濮不敢正式作战，见楚出兵，只十五天内便各自散回他们的居邑去了。

从麋（今湖北郧阳）、庸（今竹山、竹溪）、儵（四川巫山）、鱼（四川奉节），与申、息这些部落来看，庸国挂帅（称为帅）的"群蛮"全是大巴山南端接近长江的、比较先进的民族所建立的小国，麇人带头（称为率）的"百濮"，全是大巴山中部今川秦、鄂、豫四省之间的后进部落。至于谓戎，则可能就是"伊洛之戎"，在楚北方。推充他们的族源，都该是从西藏、青康大高原上的羌族祖先分支而来的。

但当上举那些盆地成陆以后，大巴山与秦岭已经有河谷可耕之地出现，生长的动植物种类增多，他们绝大部分的人就会要分向各河谷区移进，逐步进入农业时代，驯养家畜并开垦土地耕种。只因地形复杂，河谷分散，对外交通不便，发展得既很缓慢，也不平衡，更不能有像广原大野地区之出现统一组织。《左传》说的"百濮离居"，我认为只能如此解释。

更还当设想到：大巴山区，并不是只来过一批羌族人，而是随年、随月、随时都有人来的，正如水流浪滚一样。先来到的总是知识比较简单，生活比较落后的，也必是固步自封、难以推动社会前进的人，无论如何顽强也会归于淘汰，能剩下来的总不会多。相反，只要有地理条件促进经济发展的地方的居民，若能配合经济资源，不断想法发展生产，推动社会前进的，就会发展迅速，成为先进民族，创造出辉煌的历史业绩。例如巴族、楚族和更早的巫载民族，都是从大巴山区的羌支发展起来的。他们能在距今三五千年之前就已进入文明社会，就是由于他们拥有推动社会发展的地理条件（第三篇将详述）。而大巴山中部地区的地理条件就太差了，所以历史发展就不同，已经是春秋之世了，还只是"百濮"离居的氏族生活。

这样一些落后的氏族小部落，当然会被周围大部族欺凌、劫掠和吞并。成为掠卖奴隶的对象。他们自己氏族与氏族之间，也会因发生纠纷而互相掠卖。卖到庸、麇、彭、卢等国的奴隶市场去，向华夏输送。那些被掠卖的奴隶们，一旦被掠卖到生活条件好的中原去，他们并不是感受到伤痛而会感到幸福。尤其是遇到善良主子，给他一点人格的尊重和优惠的待遇，便会心悦诚服，为之效忠。岐周之兴，便是依靠其收抚奴隶、得其死力而取得的。诸如《周本纪》里的太颠、闳夭、散宜生与南宫括，《周书·世俘解》的荒新、侯来、百拿、陈本、百韦、新荒，这些人，实际都是周初很得力的奴隶。① 而周初的奴隶,绝大多数是来自大巴山区。

这里,还有必要讨论一下濮字的含义问题。

《左传》里的濮字,除文公十六年的"百濮"外,还有昭公元年的"吴濮有衅",那是晋国赵孟劝楚公子围释放鲁使叔孙穆子的话。这说明鲁、吴、楚三国界上有濮人部落,并且相当强大。每每有吴濮联合侵楚的事。其濮,当在今安徽的霍山、英山地区。

又昭公九年,东周甘邑人与晋人争田,王使詹桓叔谴责于晋,有"及武王克商,蒲、姑、商、奄,吾东土也。巴、濮、楚、邓,吾南土也。肃慎、燕、亳,吾北土也,吾何迩封之有"句。说明周初的濮族,与巴楚同为大国。《史记·楚世家》说:"楚蚡冒于是乎始启濮。"楚兴而濮灭,可见楚国之地,有大部分是故濮国地。《国策》吴起说:"三苗之地,左洞庭,右彭蠡。"也就是楚国的云梦之地。则三苗旧有濮之别称,今湖广的太湖地区亦曾被称为濮。

又昭公十九年,"楚子为舟师以伐濮"。费无极劝楚平王:"若大城城父而置太子焉,以通北方;王收南方,是得天下也。"这说明楚国的大江以南亦有濮国,相当强大。

《国语·郑语》:"叔熊逃难于濮而蛮。"(《楚世家》作"叔堪亡,避难于濮")可见楚国所开濮地之外,仍还有个濮地在楚国外。大概就是楚平王欲伐的濮,它远在大江以南的"群蛮"之内。

这些资料可以说明:周、秦、汉世人,常用这个濮字,泛加于从大巴山东至霍山地区,南至云梦地区与大江以南的少数民族,并不是什么民族自己有此专称。若言有之,则唯《王会》的"卜人"。但那是一个丹砂产地,与大巴山、霍山和云梦地区不相干。

到了魏晋年代,以上地区的濮字完全消失了,却在南中地区(今云南、贵州、广西部分)大量涌现出来。常璩《华阳国志》会无县说:"渡泸碍住狼县,故濮人邑也。今有濮人冢。"又《南中志》云:"夷濮阻城,成怨诉竹王非血气所生,求立后嗣。"又谈藁县"有濮僚"。又永昌郡"有穿胸儋耳种,闽、越、濮、鸠僚,其渠帅

---

① 周族,自太王避狄,由邠迁岐,初不过是一小邑周原的氏族部落。仅才三世,便已三分天下有其二,以至灭殷,统一华夏。其原因,旧史只说是"受天命"。天命的实际力量在那里。古语说得好,"天命自我民命"。能在奴隶社会里施行奴隶改良主义,得其死力,就什么事都能取得好效果。另外是没有条件取得如此成就的。我撰《周诗新诠》这部书,充分地说明此义。奴隶社会,奴隶主与奴隶是贵贱分明的两个阶级。奴隶,虽功多权大如伊尹,也不得进入贵族阶级享受封国。箕子虽是一代权威的知识分子,因为他是奴隶,武王虽尊为师友,也不能封为诸侯,只因他是殷人,派他到朝鲜做自由百姓,美其名曰"封于朝鲜,免其朝贡"。实际上不能比于诸侯,不得参加朝聘。以上这些功臣之不得有封国,亦是因他们身份不同,虽功大也只能解放为受田成家的自由农户,承担兵役,视同百姓而已。

皆曰王"。又"有闽濮、鸠僚、僄越、裸濮、身毒之民"。又"有大竹名濮竹"。又"李恢迁濮民数千落于云南、建宁界，以实二郡"。又"值南夷作乱，闽濮反，乃南移永寿"。又兴古郡"多鸠僚、濮"。又句町县"其置自濮王，姓毋，汉时受封迄今"。又青蛉县"有盐官、濮水"。《后汉书》多采《华阳国志》，不更录。

以上资料，说明魏晋世人书，于金沙江以南多用濮字代表少数民族，而长江南北地面的濮字完全消失了。至隋唐，则南中民族，亦无称濮者，难对永昌徼外热带民族，乃称为濮。如《通典》所纂，则有"黑僰濮""赤口濮""文面濮""折腰濮""木棉濮"和"尾濮"等。

看来，濮字不得成为一个民族称呼，而是华人强加于一些落后民族的称呼。又按《汉书·地理志》越巂郡青蛉县，有"僕水，出徼外，东南至来唯入劳。过郡二，行千八百八十里"。又蜀郡临邛县："濮千水，东至武阳入江，过郡二，行五百一十里。"《华阳国志》宋刻本皆加水旁，作濮字。《水经注》误通为一水，并作布濮水。他亦皆作仆字。可见仆、濮二字古通用，而且仆字用得早，濮是后人用于地名时才加水的新字。若更向原始追究，则还只能是一个業字。它与许多表示低下阶级的字，如僮、奚、奴、婢、臣、妾、倡、伎、俳、优、胥、隶等字，都是奴隶社会时代，先后制造出来，表示奴隶阶级职能、品位的字。奴与婢，是表示家庭奴隶，或本族人的字。僮、仆，是表示服室外劳役和异族人的字。隶、胥，是表示管制劳动者的字。臣、民，是表示为领导劳动者的字。僮与仆，表示从异民族来的含义相当清楚。奴隶社会的仆字，所代表的既是外族人，又是服粗笨劳作者。封建社会中，仆字含义变了，只为仆从之义，没有族别之义，于是地名仆者加水旁，而把异族奴隶称为僮（这在汉代人文字里，尤其是西南地区的文字，出现得最多）。可以说，周秦时人使用的仆字，到汉魏后，改用僮字了。它俩都是从西南民族地区买来的奴隶的名称字。不同在于：各民族尚未形成时，则用仆字代表其民族；各民族已形成，自有其族名以后，则统称其买来之奴隶为僮。

《尔雅·释地》的四极，"西至于邠国，南至于濮铅（仆沿）"，即是说，古代的华夏，南至仆人边缘为极边。西至邠国还算华夏，邠与岐周之外便是异族了。西极以外是羌戎，他们民族历史悠久，文化水平高于他族，民族自尊心强，不肯接受奴隶身份，虽被掠卖，宁死不服。故周虽兴于邠岐，其奴隶皆买自南方。其时自秦岭，嵩高，与济水以南，称为"南国"，盖统各尚未建立国家的氏族部落为之总称。其人为"南人"，其乐歌为"南乐"。其各氏族皆小，文化低于华夏，尚未形成固定的民族。他们成为华夏的奴隶供应区，其人"递相劫掠，不避亲戚，卖如猪狗。而己亡失儿女，一哭便止。被卖者号叫不服，逃窜避之"。"乃（至于）将买人捕捉若亡叛。获便缚之。但经被缚者，即服为贱隶，不敢更称良矣"（此六朝人描述僚人之俗的文字，引自《通典》）。这乃是奴隶社会开始时代一般民俗，不只僚俗如此。殷周所谓"南国"的社会，大都如此。

这种掠卖人口的风俗，对当时社会发展亦具有推动作用。各氏族为了保护自己的族人，组织加强了，遂能形成国家与民族，防治异族的侵掠，从而发展为自己有了奴隶主而进入奴隶社会。于是附近的弱小部落又成为他们掠卖奴隶的地区了。如此逐步推动，也如波涛状前进。当华夏还是奴隶社会时，南国就是奴隶供应区。称作"仆铅"。当华夏进入封建社会时，南国一般进入奴隶社会了，华夏的仆字含义也变了（太仆还成高级官员之称），南国亦成为封建诸侯之国了。只一小部分山区，还很落后，成为奴隶供应区，被称为"濮"。即《左传》所著的一些濮字。到了魏晋，整个长江流域都已进入封建社会，只西南边地还是奴隶社会，还有落后的奴隶供应区，华人也把它称之为濮。到了隋、唐、不便再把濮字用于国内了，乃把域外的落后民族称之为濮。看来好似濮人在流动转移，其实是标签在转移乱贴。并非有濮这一民族，更不是有自称为濮的人在转移。

民族，是有自称为卜的、为僰的。他们也是转移流动的，也可能原是濮类，但只能是"濮铅"之濮，不能是魏晋与隋、唐人所说的濮。类似这样混淆的民族文字还多，研究民族源流者不可不辨。

## 二、平州国与有果氏之国

《汲冢周书》有《王会》与《史记》两篇，多举有上古的国名和民族名称。如《王会》篇说的四夷与其贡品之中，有这样几句话：

西申以凤鸟。丘羌鸾鸟。巴人以比翼鸟。方扬以皇鸟。蜀人以文翰。方人以孔鸟。鸾扬之翟。仓吾翡翠。

这些贡鸟的国族，都可能是西南山林地区的民族。巴人、蜀人，就很指点得明白。"比翼鸟"，就是鸳鸯、雎鸠（今云黄鸭）一类的鸟，是雌雄相依、死都不肯相离的水鸟。巴人习于水居，故能得之。《周南·关雎》之诗，可能就是巴人奴隶贺婚的诗歌。①"文翰者，若皋鸡"是作者自注语。皋鸡即雉，今云野鸡，正是蜀地山间的特产。"方人"，可能就是汁方人，脱汁字，传写又衍人字。"孔鸟"谓大鸟，即鹜，九顶山区所产也。"仓吾"，应即苍梧（今广西），其人属西南夷类，故列在西方。"西申"即申伯的旧国，属汉水上中游地区。"方扬""鸾扬"未详，疑在三峡地区。

其《史记篇》，是左史戎夫为穆王陈"遂事之戒"（可引为鉴戒的故事），凡二十八条。其中有两条在巴。

功大不赏者危。昔平州之（君），功大而不赏，谄臣日赏。贵功日怒而生变，平州之君以走出。

昔有果氏好以新易故。故者疾怨。新、故不和，内争朋党，阴事外权，有果氏以亡。

平州地名今犹存在，在今旺苍县的东河沿岸。东河，从大巴山流出至阆中入嘉陵江，可以行船。晋代曾置县，应是古国旧邑。大巴山区的民族，社会发展原不平衡。此地水通阆中与汉中，接受华夏文化早，故其社会发展快。周穆王以前就已进入奴隶社会了。臣字，就是上古用于执政奴隶的字。有奴隶阶级才有奖惩，有功赏。看来这个平州君世已是公社的组织形式了。虽然尚未成为国家，亦已进入奴隶社会，所以才有"谄臣"（臣字本义是奴隶）。

南充市西山，古名果山，相传本为有果氏之国。隋唐以来为果州，即因故国为名。"好以新易故"，是事权已有专官分管之证。即是说，在西周初叶已经建成国家了，自然也还是奴隶社会。奴隶争权朋党，失意者勾结外人，因而亡国。其国大约就是被巴国灭了的，所以叙次较后。

### 三、葭萌的苴与汉中的褎

《华阳国志·蜀志》："蜀王别封弟葭萌于汉中，号苴侯。命其邑曰葭萌焉。苴侯与巴王为好。巴与蜀仇，故蜀王怒，伐苴侯。苴侯奔巴。求救于秦。"同书《巴志》云："秦惠文王与巴、蜀为好。蜀王弟苴，私亲于巴。巴蜀世战争。周慎王五年，蜀

---

① 我作《周诗新诠》，发现许多周诗里的奴隶诗歌。至于二南二十五篇，则是南国奴隶的诗歌，随歌手乐手入周而传录出来的。

王伐苴侯。苴侯奔巴。巴为求救于秦。秦惠文王遣张仪、司马错救苴、巴。遂伐蜀，灭之。仪贪巴道之富，因取巴，执王以归。置巴、蜀及汉中郡。"

同一书中，《蜀志》谓苴侯为蜀王之"弟葭萌"，《巴志》谓"蜀王弟苴"，常璩原文必不如此。应是弟字下的"葭萌"与"苴"字，皆后人窜入，宋刻缘之而衍。即应是"蜀王封其弟于汉中（苴故国），号为苴侯"。未可定为何时之蜀王。以理度之，不是最后之蜀王，盖自扬雄《蜀王本纪》已失其名。《华阳国志》于开明氏十二世蜀王中，失名者九世。则苴侯之封，或已久矣。其非最后蜀王之亲弟甚明，若是最后蜀王亲弟，则能封之，即能召回废之，何至于出师讨伐？唯其封国传世已久，乃能与秦巴为好而背其本族之祖国，以至于战争。《史记·张仪传》："苴、蜀相攻击，各来告急于秦。"言相攻击，则其为敌国已久，非兄弟之国也。

兹所当考者，为苴国境域与其人民的族属问题。

徐广《史记集注》引"谯周曰：'益州天苴，读为包黎之包。'"（《晋书·徐广传·注》亦引此文，包作苞）《韵补》苞，"逋侯切，音近褒"①。今按苴，有包裹之义，古音义并与苞通。《礼记·曲礼》"凡以弓箭、苞苴、簟笥问人者"之苞苴，为双声语。如今云包袱，亦双声语（伏羲，一作包羲，古音同也）。包、苞、褒，蜀语音同，古苴国即褒国也。褒姒，褒谷，褒斜道，皆缘褒国为名。其国即今陕南之汉沔平原。犬戎灭周后，其地亦属于戎。秦国既强，遂有其地，作南郑城以镇之。见于《秦本纪》。战国时，为楚、巴、秦、蜀四国互争之地（事详《华阳国志校补图注》），最后为蜀所得。《常璩》谓蜀王杜宇"以褒斜为前门"，又谓"周显王之世，蜀王有褒汉之地，因猎谷中，与秦惠王遇"。是当时蜀与秦以褒、斜二谷之分水秦岭为界，两王同住于界上而相遇晤也。褒国故地已为蜀有可知。此蜀王亦非最后的蜀王。此王之后，乃有遣五丁力士迎石牛，开通车道之事。又其后，乃有迎秦女事（在周显王二十二年）。又其后，乃有苴蜀相攻击，以至秦灭巴蜀事（在周慎王五年）。是蜀之封王弟于苴，起码在周显王初年，又五十余年而后灭蜀。还可能早到杜宇之世，则三百年左右矣。

蜀得褒国故地，势必建为重镇，以御秦、巴及楚，应是封王弟以建藩国的原因。故《华阳国志》曰："封于汉中。"汉中，即褒国故域也。唯其地距蜀甚远，王弟不愿远处，故营国邑于葭萌。葭萌即故昭化县，在嘉陵与白水汇合处的西岸，原是汉中盆地的西部（嘉陵江为西汉水，与汉沔坦道相通，故今略阳至昭化一段亦为汉中

---

① 据《康熙字典》引，未检原书。

盆地的西部），去蜀最近，故营国邑，阻江以自固。

苴侯以国接秦巴，修邻好而聘问秦巴，又通商以致盐、铜、工巧之货，是必然的。而蜀王禁之，遂相攻击。亦恃有巴秦之好，故敢于叛蜀。固未虞招致与蜀巴同亡之祸，秦汉中郡辖境，包有葭萌，远达梓，而以武都、阴平为蜀郡北部（《后汉书·郡国志》广汉属国都尉曰"故北部都尉，属蜀郡"），褒国故境固如此也。

苴侯既是因褒国之旧以为国，则其人为羌支民族可无疑。盖远古时，羌支猎人缘陇阪与秦岭，下达褒谷，开辟汉沔盆地，而至富强，与申、郫同为周族婚姻之国。周东迁后，褒国衰亡。至蜀，建为苴国。发展成与巴、蜀鼎立，同灭于秦，亦同时建为巴、蜀、汉中三郡。古音苴、苞与褒无别，秦汉时乃别有沮音（沮县，与沮水，皆汉时地名。因苴之字而音转为"千余反"。见颜师古《汉书·地理志注》）。

**四、七姓賨王和板楯**

《华阳国志·巴志》曰：

汉高帝灭秦，为汉王，王巴、蜀。阆中人范目，有恩信方略，知帝必定天下。说帝，为募发賨民，要与共定秦地。秦地既定，封目为长安建章乡侯。帝将讨关东，賨民皆思归。帝嘉其功而难伤其意，遂听还巴。谓目曰："富贵不归故乡，如衣绣夜行耳。"徒封阆中慈乡侯。目固辞，乃封渡勉县侯。故世谓亡秦范三侯也。目复除民罗、朴、昝、鄂、度、夕、龚七姓，不供租赋。

阆中有渝水，賨民多居水左右，天性劲勇，初为汉前锋，陷阵，锐气喜舞。帝善之，曰："此武王伐纣之歌也。"乃令乐人学习之。今所谓巴渝舞也。

我考这连写的两段文字，前段是常氏采自谯周的《三巴记》，后段是取材于《白虎通》。《白虎通》又是缘前汉乐官之说写出的，《晋书·乐志》有更详的叙述。详见《华阳国志校补图注》，此不更赘。单谈"賨"这个民族问题。

范目，《晋书》作"范因"，《风俗通》作范亘。究竟是哪部书传抄搞错了，颇成问题。免除租赋的七姓中，并无范姓，足见其人是从华夏来的客民。他又能游说七姓賨王出兵，助汉平定三秦，就必然是精通賨人语言、习俗，与七姓賨王素常往来、友好有素的人。当他既定秦地后，又再三辞谢爵赏，要把賨民队伍撤回故乡。可能賨王与他原只约定平定三秦为止，他讲信约，不肯远征关东而一定要同賨人回家。这种不贪赏赐而又不愿做官的性格，是巴蜀少数民族多有的性格。范目也同样具有这种性格，就说明他虽不是賨人，却是居住到賨区已经数世、生活习性已经与賨融合了的人。可能是早在秦灭巴蜀以前，就有祖先经商来此，世与賨王往还的人，还可能是賨人混血的子孙。这样的人，能够代表向封建社会过渡时期的社会特点，所以值得研究。

### 五、关于賨人名称的取义问题

旧说为"巴人谓赋曰賨"。他们只纳这种赋，所以叫作賨人。我认为这是倒果为因的错误解释。考常璩《巴志》说：秦昭王时，"夷朐忍廖仲、药何、射虎秦精应募"，射杀为害四群的白虎。"汉兴，亦从高祖定秦有功，高祖因复之（免徭役为复）。专以射白虎为事，户岁出賨钱口四十。"《后汉书·南蛮·板楯蛮传》作："秦地既定，乃遣还巴中，复其渠帅罗、朴、督（督讹）、鄂、度、夕、龚七姓不输租赋，余户乃岁入賨钱口四十。"两书微有出入（实皆取自谯周《三巴记》，今已无从检校），要皆先只称"夷人"，称"板楯"，秦时因其射虎有功，许夷人"顷田不租（不纳田租，超过者仍纳租），十妻不算"（娶妻不纳口赋）。汉高祖因其人有七姓首领从定三秦功，再一度免除他们户口的赋役，只按户每口每年纳人口税（口赋）四十个钱。这样的税制，特称"賨赋"，称其钱为賨钱。自此以后，乃称板楯夷为賨人。又因这次立功的七姓人民，多在阆中、宕渠地区（即华蓥山脉以北的红土丘陵区），所以后汉、三国年代，只称巴西的土著为賨民，对巴东的土著仍称板楯。不过也知道他们是同源的近亲民族，有时亦不分别。

賨赋的賨字，与"钟羌"那个钟字，有无联系，从来无人说道。地面既已隔远，两字又无联系，无人说到，应不足怪。近年南充天宫山，发现賨王崖墓的石刻中，表示其居宅的，正是金川和岷江夷区的"邛笼"（宗）。这就可知，賨赋者，賨民特有之赋。他族不得缘之而有。賨民即钟羌之东徙者，故其生活居处与钟羌同。缘秦汉间，其人已自称为宗，故制其赋曰賨，遂称其人为賨人也。

或疑：賨人是前汉高帝时已有之名，钟羌是后汉安帝时方出，中间相隔三百年，何能是巴西賨人为川西北钟羌迁来？

答案是：《西羌传》的钟羌虽是永初元年（107年）方出，但它的种落发展却不能是在永初元年才形成的。被称为钟，是由于它创造出邛笼这种住宅方式。这样一种建筑文化，也不会是永初年间才成功的，可能在几百年前、几千年前就已经创造成功成为民族标识了。后汉人呼其西方最强大的入侵华夏的一部分为"钟羌"，与前汉初呼其东进入巴西山区已颇进化的一部分为"賨民"，又何足怪呢？

这里所当研讨的，只是所谓賨民，是何时进入巴西地区的问题。

这有两个可能。一个是賨民是"百濮"进化了的部落。即是说早到距今几十万年以前的羌族东进入大巴山区时，与进入金川、岷江、涪江、白水与嘉陵河谷各支同源。由于下入嘉陵地区的羌支向金川区学会了石砌住宅之法，同被称为賨人。这一设想有许多难通之处。

另一个可能，是金川的羌支，早在几千年前已创造出邛笼建筑法。各羌支间相互往来频繁，有一支钟羌转入嘉陵江区来推广这种建筑，因成为賨人。这支賨人与金川钟羌结为一家。故永初至阳嘉间，钟羌出山时，蜀郡、广汉、巴西族同起响应，闹得天翻地覆，还赖板楯受抚后，钟羌降了张乔，巴蜀才安定了。

这次安定以后，巴西地区许多文学、武功和数术名人蓬勃产生，巴西、巴东完全进入封建社会，賨人、板楯名称亦消失了。

《后汉·西羌传》所记永初羌乱，专重关陇、华北地区，微及汉中、武都，于巴蜀几无成句。实则巴蜀亦甚严重，《华阳国志》记之特详。例如《巴志》："永初年，广汉、汉中羌反，虐及巴郡。有马妙祈妻义，王元愦妻姬，赵曼君妻华，凤丧夫，执共姜之节，守一醮之礼，号曰三贞。遭乱兵迫匿，惧见拘辱，三人同日自沈于西汉水而没。"国人为之作诗伤悼。这可见羌乱时此区汉民的惶乱情形。"西汉水"即嘉陵江之旧称。又："安帝元初三年，凉州羌反入汉中，杀太守董炳，扰动巴中，中郎将尹就讨之不能克。益州诸郡皆起兵御之。"又，"顺、桓之世，板楯数反"。"光和二年，板楯复叛。攻害三蜀、汉中。州郡连年苦之。天子欲大出军。"因益州上计吏程苞议，改用安抚之策平定之。又，《汉中志》："永初二年，羌反，烧郡城。郡人退住白水。会汉阳诸羌反，溢入汉，杀太守。汉阳杜琦自称将军，叛乱。广汉郡屯葭萌。汉使御史大夫唐喜讨琦，进讨羌。经年不下。诏赐死。更遣中郎将尹就讨羌。亦无功。诸郡太守皆屯涪。"至顺帝阳嘉中，益州刺史张乔招降钟羌，巴蜀乃宁。唐喜、尹就、张乔，《后汉书》皆无传，故巴蜀羌乱史文不著。按此各条史料分析，蜀中羌乱由钟羌，巴地羌乱在賨区，其有宗族关系迹象甚明。故虽公元以来事，亦辑附于此也。

以上论述大巴山区华蓥山脉以北四川部分的羌支古民族。其属于华蓥山脉以南的羌支民族，如巫戴与楚、濮等羌支民族，皆与巴国结合成另一个文化集团，另于第三篇论述。

# 小　结

羌支之进入四川省境先后数十支，以停留于川边高原者多，第六世纪以后，全都为吐蕃所并，同号"蕃巴"，今为"藏族"。其邑迁徙入云南高原者，已在四川省境以外，非本文论述范围。

唯自大渡河谷之羌支，因其地势狭促，发展不大。然亦以地形险隘之故，汉族与蕃族政权皆不易插入，故能保存最久。数万年来，氏族递起，名号屡更，而其保持羌俗，至今犹未大变者，尚有若干部落。诚今世考察民族源流者最宜重视之地区，故本篇自此区谈起。

岷江上游区，已先详述蜀族。蜀族进入成都平原以后，陆续又有来住于此区之羌支，则于本篇详之。此诸羌支，虽亦建成国家，不能不附属于强大之蜀国，并与蜀人一同融合于汉族。

涪江与白水上游诸河谷，羌支来历与蜀族不同，另成一羌支地区。其人与汉族融合更早的居多，亦有至今尚保持本俗，既坚决不接受吐蕃文化，亦不与汉融合如达布人者，所存数量甚小。

嘉陵江以东，及于大巴山区，为远古狩猎羌支所进居的地区，可以称为"大巴山羌支"。原分布于川、陕、鄂、豫四省交界部分，曾被称为"百濮"。周代之楚、夔、庸、麇、邓、申、褒、苴、微、卢、彭、濮及巫戬、鱼人，皆与之有血缘关系，而发展情况不同。

下篇

巴的兴亡与古老土著

# 第九章 巫溪盐泉与巫载文化

大巴山区的上古部落，在接近长江之部，进步较快。有许多山区小河谷的氏族文化发展的速度，能与华夏民族颉颃，比肩并立。这是由于长江水运的关系，巴东盐泉的作用或许还是更主要的。不过他们受重山叠水、对外交通困难的限制，局面都很小。比较能拓展局面的，只有楚和巴。

巴的境域，主要是在四川东部和长江上游可以行船的地区。巴不是羌族的分支，却作羌支民族的大国，主要是凭借巴东盐泉。这一历史事实，长久被掩盖着，没有揭示出来。

## 第一节 四川的盐泉

原始人类的文化核心地点，必然要具备下面几个条件：

（一）丰富的食物资源。无论是无毒的果实和块根，无苦味、毒质的花、叶、树皮和草根，还是易于捕杀的虫类、鱼类、兽类和鸟类。供应数量大而长久的地方，总会是原始人类聚居的地方，从而使生产得到发展。

（二）温和的气候，可避寒气侵袭。例如岩洞区、深谷区、密林区、土穴区及不受寒潮和暴风、地震等侵害之地。

（三）石器材料易得。例如火山地区、太古代和古生代岩层分布区以及石英石块众多的地区。

（四）食盐资源丰富。这是过去史学家们未曾设想到的条件，但是历史事实证明，这是一个很重要的条件。本篇各章，即将以巴族历史为中心，阐述其重要性。

（五）清洁的饮水。有人会笑我举出这条是无聊。但，他若想到沙漠和大海里为什么没有居民，他便会知道这一条是必须列入的了。

除此五条是决定性的地理条件以外，其他任何生活所需的条件都是人类自己创造出来的，这些条件不能成为原始社会发展的决定因素。只有这五者和劳动的人才是决定性的因素。

中国产盐的地方，有下列几类：

（一）沿海的海滩，潮退后若有未能回海的水自然成盐——海盐。

（二）内陆湖泽区，历史悠久的内陆湖泽自然成为浓汁卤水与沿湖的盐层——泽盐。

（三）古海地层的内陆，无雨的干燥区盐岩暴露可取者——岩盐。我国唯大西北有之。

（四）地下食盐岩层溶化于水、涌现于地面者——泉盐。我国唯大西南有之。

（五）地下食盐溶于水、经人工作井取出者——井盐。我国唯四川省有之。

四川省的食盐产地有：

（一）原石渠县北与同普县西有泽盐。① 现划出省界以外。

（二）盐源县的黑盐塘与白盐井，是地下盐泉从地面淡水湖泽底部涌出而成盐池。严格说来，只算泉盐的一类。这类盐产人类发现较晚。②

（三）巫溪县的宝源山、彭水县的郁山镇两处，皆有盐泉从山麓陆地涌出。这样的盐泉，人类发现得最早，因而由它所形成的文化核心区也最早。本文将于"巫载文化区"与"黔中文化区"两章详述。

（四）奉节县长江南侧的白盐碛、云阳县的云安井、开县的温汤井、万县的长滩井、忠县的㙛井、涂井和长宁县的安宁井这七处盐泉，都是从地面淡水河底涌出来的。最初是盐水与淡水混合流行，不为人类所觉，所以发现得很晚。最早是巴民族发现的，巴民族善泅，巧于行水，用独木舟采运巫溪盐巴自给，并转售于沿江与其支流分布地区，兑换土产。由于行水往来于各水下盐泉河段，发现潜在的盐泉，创为用木桶隔开淡水的方法，汲以煮盐，使泉盐产量大于巫溪盐泉十倍。巴族世专其利，发展成为统一川东南各民族部落的大国。

（五）四川盆地原是侏罗纪内海，沉积有将近两万万年的盐质，其上部的白垩纪岩层，亦还夹杂有部分含盐层（最上部地面岩层本亦含有一定的食盐，由于多雨，易随水流失）。川东地带的九处盐泉（包括地面盐泉与水下盐泉），也都只是侏罗纪岩盐层被地下水溶解，在复杂的褶曲地层内有机会涌出地面来的。

---

① 石渠县北的哈姜盐海，原是德格土司所连辖杂渠卡小土司地面，清末改土归流时划归石渠县。中华人民共和国成立后，黄河沿设玛多县，石渠北部次被划玛多，改隶青海果洛区。昌都县东北的策零多盐池，原是纳夺土司属地。清末土归，属同普县。其盐，由昌都藏官经营汲煮行销，现隶昌都县。
② 盐源县的两处盐池，是汉代才被汉族人利用的。其被西南夷之人煎煮，可能早些，但也不会超过一千年。因为泽水苦咸，附近不生草本，所以被人类发现得晚。

综观四川的产盐地区，也就是四川社会经济发展最出色的地区。其最早被人类发现的地面盐泉区，也就是人类文化发育最早的地区。巫溪与郁山两泉所诞育的"巫𢻫文化"与"黔中文化"，距今五千年以前便开展起来了。与中原解池所在的华夏文化的诞生，约略同时。不过受地理条件限制，发展面相形见绌，容易衰老，而很早消灭，更为巴楚文化所代替。

巴族承巫𢻫文化而兴，其时间晚于巫𢻫约一千年，比蜀文化的开展亦可早几百年。但由于其内部组织不稳固，容易衰老而卒为蜀秦文化所代替。综巴族历史兴衰、起灭之变，都是与巴东盐泉分不开的（详以后各章）。

蜀文化形成晚于巴。距今二千二百年以前，蜀族还是在巴盐支持下发展起来的。自李冰开凿地下盐井，蜀盐自给以后，蜀地文化再开始一个飞跃。两汉四川文物之盛与蜀盐自给、社会安定富乐，有密切关系。

李冰开凿的盐井，还是坑度浅，水淡而易竭的大井，所汲只还以白垩纪地层盐水为多。自唐末宋初发明了竹筒小井，汲取盆地下部岩盐溶水煮盐之后，四川经济的发展，再次出现一个飞跃，文化亦随之大进。[①] 虽然宋末、明末两次大乱，人烟几于绝灭，而文化复兴仍能迅速回复往时水平者，经济基础未变故也。泉盐、井盐与四川文化发展变化的关系，明白可见。

不过，食盐与文化发展的关系，愈接近于原始社会乃愈显著，愈接近现代社会则愈微薄。现代社会，水陆空交通便捷，海盐成本低廉，井盐、泉盐都有日渐淘汰之势。故经济学家与史学家已多不注意到盐。

## 第二节 《山海经》里的巫𢻫

巫𢻫这个国名，出在《山海经》。《山海经》这个书名，最早见于《汉书·艺文志》。《艺文志》是依刘向《七略》编写的。看来前汉年间已有这部书了。但《艺文志》是把它排列在数术类，形法六家之首的。他说："形法者，大举九州之势，以立城郭、室舍，形人及六畜骨法之度数，器物之形容，以求其声气，贵贱，吉凶。"看来那只是一部相宅、相墓、相地筑城的堪舆之书，与今本《山海经》文不相应。大约它原是战国时方士谈论河山形势的书，被堪舆家的形法一派利用为"捕龙"之说

---

① 四川社会经济的发展，汉不如唐，唐不如宋。唐代号称"扬一益二"，宋代则天下财赋重心在蜀川矣。这种社会发展的进度，也就与井盐发展的进度恰成正比。这不是偶然的。

的依据了。今传本的《中山经》十二卷，可能就是前汉世的"《山海经》十三卷"（加序目一卷）。后世更增南、西、北、东四篇合为《五藏山经》，托为夏禹所作。其《海外四经》，又是其后好事者采前汉方士们远出采药、求仙者侈谈之说所傅益，故多有杂取西域佛法图像之文。其《大荒四经》，又是三国以后好事者杂采海客传说所纂。故多雷同复出与分歧牴牾之处。郭璞为它作注，信为实然。后世疑者渐多，斥为虚妄。我曾审读数遍，觉其也与《水经注》一样，只采辑了许多前人著作，加以己意，剪接成篇。对于审辨资料和编纂方法是有许多缺点的。毕竟与向壁虚构者有所不同，在保存古逸书方面具有一定的作用。不过它未举出所据书名，又多所窜乱而已。在文献缺乏的今天，研究上古的地区历史，它能起一定的启发作用。兹引录其有关巫载的几条：

《海外南经》："三苗国，在赤水东，其为人相随。一曰三毛国。载国在其东①。其人黄能（能字一作色），操弓射蛇。一曰'载国在三毛东'。"

《大荒南经》："有载民之国（郭注：为人黄色）。帝舜生无淫，降载处，是谓巫载民。巫载民盼（音般）姓，食谷，不绩不经，服也（郭注：言自然有布帛也）。不稼不穑，食也（郭注：言五谷自生也。种谓之稼，收谓之穑）。爰有歌舞之鸟，鸾鸟自歌，凤鸟自舞。爰有百兽，相群爰处。百谷所聚。"

《大荒西经》："有人无首，操戈盾立，名载夏耕之尸。故（昔也）成汤伐夏桀于章山，克之，斩耕厥前。耕既立，无首，走厥咎（郭注：逃避罪也）。乃降于巫山。"

这三条综合起来，按古神话影射的方法分析，可以简括地说：三苗国的西方，有个"载国"，又叫"载民之国"，又叫"巫载"。传说载民的首领是帝舜的儿子"无淫"。这就等于说：虞、夏之际已经有巫载这个部族名称了。那里是个极乐世界，耕地很少，却为"百谷所聚"。其人不耕不织，而衣食有余。山谷多是森林，富有鸟兽，其人也不狩猎，自然就有肉食。让那些鸟兽们成群结队，载歌载舞。

《山海经》文，原未说到盐泉或食盐的字义。但它是把地位定在三苗西界的。三苗见于《尚书》，是与舜、禹国邑（今山西河东地区）接近的地方。"赤水"即今从

---

① 按此东字，当是西字讹。下文明书"一曰载国在三毛东"，则此原不作东字甚明。

陕南流入汉水的丹江。丹江之东，即今河南南阳地区，正是古代三苗居住所在。后来三苗南迁了。《国策》中吴起对魏王说："三苗之国，左洞庭，右彭蠡。"即是说大约殷周之际，三苗国已从南阳地方南徙入云梦盆地（今湖北、湖南之间）来了。①云梦盆地之西，正是长江三峡。巫山与巫峡，居三峡正中，也正好与巫载地位符合。载字，以至为声，实即原始的铁字。铁、台、垤、绖都是以至为声的字，皆与黛字声近。《后汉书·南蛮传》李贤注引《世本》把巫载写作"巫诞"。足见载字音与黛字相近，是可以肯定的。今川楚间人与往来长江的舟人，都把瞿塘峡口的大溪沟读如"黛溪沟"。那里近年发现新石器、中石器以至于旧石器时代的遗址甚多，可以设想，那就是古所谓巫载民族的遗址，它可以代表上古的巫载文化。

长江下行的舟船，出瞿塘峡，便是大溪沟口。以下的两岸山势突然开朗，有大约一百里长的水程，到巫溪口的巫山县城下，又进入巫山大峡了。四川湖北两省从巫峡分界，峡岸有十二奇峰，其中"神女峰"是最惹过客凝眸恋盼的。我考它代表的是巫溪的盐神。巫溪，发源于大巴山，全长二百余里，所经全是绝壁险峭的石灰岩山谷，耕地与牧场都很缺乏。原始交通应极其不便。原始居民，除猎兽外，应无其他资生之道。但因有了宝源山这眼盐泉，便转为原始社会的极乐世界，地方繁荣，民族强盛，形成长江中游川、楚之间文化突出的巫载之国了。相传有人逐一鹿至此，白鹿恋舐泉水渍地，不去。其人既杀白鹿，怪而试饮其泉，发觉咸，甚回甘，因而引其朋俦居此。初饮其盐水，逐渐发明煎取盐粒之法，用盐向四方居民兑换土产以致富盛。于是远近麇集，发展成为川、楚、江、汉之间的强大部落。于是《大荒南经》所说的极乐世界可以理解了。

在巴东的其他盐泉尚未发现以前，这里生产的盐，成了秦岭和伏牛山脉以南，整个汉中盆地、四川盆地、两湖盆地与鄂西地区的食品珍宝，各有商民，不顾道里远近，运其可以博得载民喜爱的物品，来兑食盐。所以他们能够不织而衣、不耕而食。意所欲得，无不自至。这安得不成《大荒南经》所说的极乐世界？

---

① 三苗（三毛）原在今河南的西部，可能是南阳地区，原是羌支民族，喜居高地。后世的"伊洛之戎""扬拒泉皋之戎"，可能即其后裔。一支南徙占有云梦盆地，即吴起所说的三苗之国。其后楚国强盛，三苗又分道避者，有可能被楚人称为蛮濮。其进入今贵州省者，被称为布依。其进入云南者仍称为苗，年年搬家，烧山垦种，与他苗不通往来，然已不自知其为三苗之裔矣。

## 第三节　巫戠文化区

　　巫溪自大巴山发源，横穿若干重山梁石阈，南入大江，汇口当巫峡西端。大江自此直西上至瞿塘峡口一百里，有自南而北的大溪沟入江。瞿塘峡一称"巴峡"，为巴东三大峡之首。其东口（即大溪口）与巫峡西口（即巫溪口）之间百里，河谷开阔，多耕地。与巫溪河谷、大溪河谷相连，构成一小盆地。天然成为这个盐泉民族（戠民）发展的地盘。是为"巫戠之国"。

　　巫溪由于运盐的需要，水道虽极湍恶亦很早就已通船了。大溪沟源流很短，水流同样湍急，至今无可通船地段，只有沿岸山间开有一条山路，南经庙坝，逾七岳山，进入施南盆地，与彭水县的郁江盆地通联。这两个盆地（合称为黔中盆地）在上古年代实曾隶属于戠国。起码也是巫戠文化区，所以这条道路开辟得很早。大溪沟这个"大"字，本地人读音为黛，与戠同音。近年在这溪沟附近，发现许多处古戠民的墓葬（特点是用鱼殉葬）。显然是巫戠国王曾推出首领驻此，推销巫盐。"大溪"，应是戠溪字讹。

　　巫溪上游有许多支流河谷，从这些支谷逾大巴山，有几条小路，通向汉中、安康和房山、竹山这些汉水支流各河谷盆地。那些盆地，自上古迄于近世，都只依靠巫盐为食。人力运负，每百里增值一倍以上。他们把巫盐当如珍珠玛瑙，商贾贩运利厚，而苦于山路艰险，故不须有官府提倡而就地集资，在那险恶的大巴山上，修建出一段段大石砌成、平稳宽舒、不再泥泞的"盐道大路"来，巫溪是凶滩恶水绵延不断的小河，原是不能行船的，因为用舟运盐入大河省费，古代盐商们才想尽一切办法疏导此河，使其能通舟运，其时比秦蜀间开辟南北栈道还早。若把盐泉这个因素抽掉，是难于达到那样的建设成就的。

　　此外，其他各种生产，在这石灰岩山谷中，也是很有发展的。例如煤矿的开发，在原始森林茂密的时代，他们用木柴煎盐，迨至森林残毁，燃料缺乏以后，促使他们不能不研求煤矿开发。因而这个山区矿业成就也是突出的。产业发达，地方繁荣，行政机构也就缘之设置。唐宋迄今，这一弹丸地面，随时都置有两县以上，有时还是三县（宋代是巫山、大昌、大宁三个县级机构设在这一短小的河谷内）。人口繁盛，文化普及，在四川边区中，这里也是挺突出的。这些都说明巫溪盐泉，不但是上古时代创造巫戠文化的唯一条件，而且也是保持这个边区地方繁荣的主要力量。由它在后代表现出来的卓越成就，以推究盐泉在上古时代的功能，是可以说明食盐这个东西在研究史前历史方面的重大作用的。

## 第四节　巫盐与巴、楚的关系

巫盐（巫溪大宁厂泉盐）经过艰难水道运入长江后，可以通过长江水运，行销川、黔、湘、楚广大地区。但此泉盐水虽尽量利用，每年也只能煎盐约二十万石，不可能使广阔地区人皆满足。就上古世言，能行盐的区域是有限的。用上古地理条件推断，陆路只能供应大巴山与汉水中下游诸盆地，水路主要通楚。楚地虽大，却不产盐。人民食盐，当仰给于此。是故，楚把巫山地区紧紧掌握着，牢固不放。若楚失去巫盐，人民就难生活；若巫盐落入他人之手，便不得了。楚人宋玉《商唐赋》说：天帝之季女，封于巫山之阳，"朝为行云，暮为行雨。朝朝暮暮，阳台之下"，并对楚怀王说"闻君游高唐，愿荐枕席"。这篇赋是宋玉献给楚襄王的，不能凭空造谣。后世文人只欣赏他的文章，盛传这个故事，却未有人研讨过文章的实质。近世的科学家们，也只把它看作文人游戏，付之一笑而已。我试把它结合到巫溪盐泉来分析，觉得他所说的巫山神女，就是代表的巫盐。巫盐对于楚人的生活来说，正如大旱之望云雨。巫盐能运来满足楚人食欲，宋玉喻为自荐枕席。楚襄王时，被秦国夺取了巫盐，楚国大乱，襄王曾竭其全力夺回巫盐。宋玉的《高唐赋》，便是此时作来歌颂襄王的。楚文学，好借神鬼为寓言，不直陈其实，屈原文章便是如此，故其弟子宋玉也是如此。①

不只楚如此，楚国以前住居云梦盆地的三苗和巴族也如此，巫盐与巴、楚文化必然关系很深。我的看法是：先有巫载文化，后才有巴文化与楚文化。巫载文化，现只存《山海经》里这几句话。若离开了盐泉来看，那便成了痴人的梦话，与《高唐赋》一样使人莫名其妙。一经结合到巫盐这个地理因素看，那就可以如上说了。

## 第五节　巫载的历史发展过程

《山海经》里所谓"载民之国"的国字，与其他诸国字，均当读如域，义为巫载民族分布地域。其时大约尚未建国，至多只是具有领导四邻部落力量的氏族公社而已。当巴和楚强大到建成国家之后，巫载文化便逐步消失，遂为巴、楚文化所代替。

按《山海经》所传，巫载之兴，亦当与虞夏同时，可以算得上我国上古时代两

---

① 关于宋玉《高唐赋》解释，另有《高唐赋发微》一文，尚未发表。

朵并蒂花。但它的所在地不似中原那样宏阔开展，而是狭促崎岖的一个石灰岩山谷地区，所以发展到了农业优先的时代，便不能不被巴、楚文化所代替了。

综上所述，可以把巫�文化的发展过程分期如下：

（一）巫盐发现初期，也可称为巫山氏族形成期。当时的领域，不出巫溪河谷。时间在五千年前，约与中原的黄帝年代相当。

（二）巫盐外销初期，也可称为巫�民族形成期。尽管巫盐已销到大巴山区的庸、濮诸部族。到底限于地形，不可能使他们融合为一个民族。唯循巫溪出大江，与�溪住民联络最便。所以他们自然融合成巫峡与瞿塘峡间这个盆地的巫�部落了。

（三）巫盐出峡时期，也可称为巫�民族的极盛时期。峡路水运既通，巫盐通过夔峡畅销于四川盆地，通过巫峡畅销于云梦盆地以及黔中高原等广阔地区。巫�国邑（今巫山县）繁盛起来，百货所聚，�民不耕而食，不织而衣，成了极乐世界。时间约在西周前后的六百年间。

（四）巫�衰老时期。即巫盐发展停顿，巴国兴起，开发了水下盐泉，夺取巫盐的四川盆地销场以后，巫盐无法与之竞争，巫�经济发展停顿，但它还是保持了其独立古国的地位。巴国与楚国都仍尊重它的地位，楚国更非仰给于它的食盐不可。楚和巴与它都是友好的，并能保护它。

（五）巫�覆亡时期。当它丧失楚或巴的友好时，危亡的征兆就出现了。可能就是楚庄王初年，它与鱼、庸、麇、濮联军伐楚，当楚、巴与秦联合灭庸（《春秋》文公十六年），巫�开始与楚有隙。但因与巴无间，未至亡国。楚亦因食盐需要，与它敷衍。但间隙总是会扩大的。大约在楚平王时，夺去了原属巫�的郁山盐泉。同时与巴国暗契，许巴国兼并了巫�作为交换。是故巫�国未入战国之世，便灭亡了。

# 第十章 巴族与巴国

## 第一节 巴族溯源

巴族在周代，虽已建成大国，有其卓越的文化成就，但它的族源问题，却是传说混乱，没有定论的。

《山海经》的末卷叫《海内经》，中有一条说：

西南有巴国。太皞生咸鸟，咸鸟生乘釐，乘釐生后照，后照是始为巴人。有国名曰流黄辛氏（郭注：即酆氏也），其域中方三百里。其出是尘土（郭注：言殷盛也）。有巴遂山，绳水出焉（阮元校云：此似释海内西经流黄酆氏也）。

此文前半段似出于《世本》，或魏晋人辑成的《续世本》，可靠性不大。但亦有些依据，不至完全出于虚构。如其所说，则巴族是伏羲氏之后，自太皞下三代人，便形成巴族了。咸鸟的咸字，就是古代咸味的本字，应与盐有密切联系。也就是说与巴东盐泉有关系。由伏羲传三四代，只可能在黄帝、尧、舜以前，可能已有巫载，不可能已有巴国。看来"太皞生咸鸟"一句，是表巴人族源的省文。从"咸鸟"起，才是巴族祖先可知者的开始。它可能是巫载国做运盐行销的商民，故被称为咸鸟。世业不替，到了第三代，便兴盛成为巴人氏族了。就时间性说来，是可信的。

其后段"流黄辛氏之国"，郭璞与阮元，都说为《海内西经》"流黄酆氏之国"的重复。校核这两处文字，只"中方三百里"句同，下文就不同了。"酆氏"与"辛氏"也显然不同。我体会他们是同族分离的两个氏族，他们代表的是巴族和巫载民族。"流黄"是黄莺的古称。这种美丽而鸣声悦耳的鸟，原产在我国长江流域温暖的阔叶林带。疑所谓"流黄酆氏"，就是指的巴国都邑酆都（《华阳国志》作平都）。而

"流黄辛氏"是指的巫载之民。所谓"巴遂山"可能就是巴国的山。① 绳水即金沙江，亦是四川长江的旧称。巴国正是沿这条河发展起来的。

古书一致称伏羲氏为"太皞"，说他是三皇之首，生于成纪。《汉书·地理志》天水郡有成纪县（后汉属汉阳郡），从来学者都说就是伏羲氏国邑所在。考其地，即今陕西陇县西界至甘肃天水区清水川一带，地文上属于陇山东端的天水盆地的边缘。他是以"养牺牲以充庖厨"著称于后世的。用现代研究史前历史的方法来推断，则他代表的古羌族东徙到了陇山地区的一个开始转向兼营农业的氏族。华族农民豢养牲畜，是从他那儿学来的。他只能是新石器时代初期的一个氏族。《山海经》说他才到第四代便开始形成巴族了，当然是荒谬的。但要把咸鸟说为太皞氏族的支裔，则又是可取的。上文说的巫载，正该是从陇西羌族分支东徙，缘大巴山来到长江三峡地区的（说在《羌族源流探索》）。"咸鸟"与"巫山神女"一样，是巴、楚人民用来表达巫盐的隐语。说："太皞生咸鸟"，即等于说巫载为羌族一个支族的意思。乘禧与后照，可能是巫载的盐工，或运销巫盐的船工的名字。巴族本就是由巫载运盐工人起家的。"后照始为巴人"，是说后照有才能，得封国，其子孙与崇拜者，遂拥戴他，自别为巴族了。

巴族虽缘为巫载运售盐巴而兴，却不是羌支民族。《山海经·海内南经》说："巴蛇食象，三岁而出其骨。君子服之，无心腹之疾。其色青黄亦黑。一，曰：黑蛇青首。在犀牛西。"

这里所说的巴蛇，明明说的是热带的蟒蛇。蟒蛇之大者，的确能吞食象等巨型动物。蟒肉鲜美，与其胆汁皆对人身有良好医效。这一传说，应是南方人民实知其物者，很古就有的传说。汉字的巴字，就是依据巨蟒的传说制成的。《说文》已部："巴，虫也。或曰食象它。象形。"篆文作张口吞物之形（已即古之蛇字，象形。《说文》蛇字作它，而释已与巳皆为时令字，是失了造字本义的）。中华不产如此巨蟒，而很早就亨巴字，并又成为民族名称，当是其族有此自称，并以巴蛇为图腾，巴字是依据其图腾造型而用其民族自称之声。若此种看法不误，则可以肯定，巴族是从南方来的，而不是从西北的羌人来的。即巴族不得与"巫载"及"巴氏"等同族源。所谓"太皞生咸鸟，咸鸟生乘禧"之说的"巴人"，只能是建成巴国的人，而不能理解为巴族是太皞的曾孙的氏族。

这样说来，则"巴人"这个民族部落，应该是华族的一支。它与华族是从桂林地区进入长江流域来的，初期以渔业为主要生业，其后华族由神农氏创始经营农业，

---

① 遂宁、遂州，这些地名可能缘巴遂山名取得。

并向中原移进，形成伟大的民族，成为东亚文化最先进的民族了。遗留在云梦盆地，从事渔业的部分，便是巴族（三苗虽也曾居住云梦盆地，那是比巴族较晚的时代）。

今天在两湖盆地（云梦盆地）内，还找得出许多巴族遗存的地名来，可以说明巴族住居在这一地区历史的悠久。

今天湖南的岳阳市，旧称"巴陵"。《元和郡县悉》说："后羿屠巴蛇于洞庭，其骨若陵，因曰巴陵。"《元和志》虽是唐代的书，却不能说它没有依据。唐以前我国只有写本书，自秦燔诗书，汉世专崇儒术，所以有许多写本书都隐藏起来了。隋唐统一后，古书才渐渐出世。故唐人著述引据，多有汉魏晋世著述所未见的，而用历史科学方法去分析推断，则是比汉魏纬书更可靠的。当地至今还传有"巴蛇洞"这样一些古迹。又还有"巴丘"地名两个。一个在今岳阳北的城陵矶，它是《三国志》中孙权命鲁肃防备荆州关羽的兵要重地；一个在今江西省内赣江之侧，是孙策初建吴国时命周瑜防备山越的驻兵地。按我国丘字的用法，一个是土丘适于居人作邑之处，一个是古代氏族部落的国邑所在。试审看城陵矶这个地势与部位，说它是巴族的中心邑聚，是恰当的。它位于云梦湖泊地带的中央，下临长江与洞庭湖水的汇口，地势高起，最适于渔业民族的聚居，南距岳阳只十来里，正是相传羿斩巴蛇之处。故可以认为巴族原住国邑在此。

又还有许多沿江地名，如鄂西的巴东、松滋、长杨等县皆有"巴山"。鄂东的罗田、黄冈两县界有一条小河叫"巴水"，其入长江处叫巴口。《国语》审白公子张谏楚灵王，有"巴浦之犀、牦、兕、象，其可尽乎"语。"巴浦"，谓云梦也。

这些地名，都不在春秋的巴国境内，而是在楚国境内。其地又不出巴蛇，而偏是使用巴字作名，流传甚久，就不能说是偶然的，而只能说云梦盆地以内，古代曾经是巴族渔业时代的居地了。

从"羿屠巴蛇"的传说推测，可以设想：巴族是当夏代有穷后羿当国时，在云梦地区被破灭了的。他们的大首领被诛，小首领分散逃走。其故地为华夏所有，开辟为农耕与水上商业的多种经营地区了。由于他们需食巫盐，有可能夏人把这个地区划归巫载管理。所以夏桀败亡时，"夏耕之尸"逃罪，远奔于巫载（已见上章）。

## 第二节　巴族与巫载的关系

如以上史实设想可以成立，则可以肯定巴族是在夏代从云梦盆地溯江进入四川盆地的。它进入四川盆地的过程，可以作如下分析和推断：

巴族善泅泳，习于行水，原是以捕鱼为生的，是我国独木舟的创始者。它有了舟，便可以沿江深入，远达众水上源之部去捕鱼，并与沿江河居住的农牧人民进行交易。所以它不仅是最先习于水上生活的独木舟制造者，又还是长江水系诸河流域最早成功的水运商人。它的扩散性大，早在石器时代，就已是长江中游地区流莺式的民族了（即上文的"流黄氏"）。他们到哪里都是受欢迎的，但那时还未建成国家。

他们由于历史悠久，族性顽强，不易为他民族所征服。他们守旧崇古的性格，表现在：当他们已在巴县建成了强大的巴国以后，他们之间的经济关系，是主从关系，而不是平等的关系。

当云梦地区转入夏王朝统治时，被征服的巴族民众，只有两条道路选择：一条是屈服于华夏，另一条路是向巫载逃去。

这时，巴族驾舟西逃，往投巫载的人必然很多。巫载恰也需要这些水上流莺来为它推广行盐。于是在短暂时间内，巴族由巫载的客户转变为巫载的属部了。这可能就是"咸鸟生乘禧，乘禧生后照，后照始为巴人"这句话的实际史事。

后照的后字，已经表示他已由巫之属民转变成为巫之属部的首领。用中华习用于古史的语言说，就是巫载王国的"诸侯"。

巫载王国的诸侯，不只一个巴族部落。在巴族尚在巴陵建国的时候，沿江一带已经有了鱼国、夔国、荆国和一些不必细考的部族。夔国（今湖北秭归巴东地面）与荆国（今长江与汉水之间的荆山地区）都在巫峡之东，后发展成为楚国。鱼国，在瞿塘峡之西，后来置县曰鱼复。这些氏族部落，都是仰食巫盐的沿江部落，而且都是从大巴山来的羌支民族。在上古世，他们有共同的语言。他们的首领，可能是从巫载族分出去的（诸侯）。到了后照时，由于巴族对于行盐有显著的功勋，便亦进为诸侯，而有巴国产生了。或许已营别邑于酆都，故曰"流黄酆氏"。

## 第三节 巴族最早立国地——巴乡

巴族的封邑，原在鱼国的西侧，今故陵镇这个地方。载人把它安置在这个地方，是为了运销巫盐向四川盆地沿江诸部落的方便，让后照与行盐的功臣们，往来取盐有个适当的地点息住。《水经注》卷三三云：

江水又经鱼复县之故陵。旧郡（按，谓刘先主以巴东江峡地为固陵郡。固、故字音同）治故陵溪西二里故陵村，即永谷也。……江水又东为落牛滩，迳故陵北。江侧有六大坟。庾仲雍曰：楚都丹阳所葬，亦犹枳之巴陵矣，故以"故陵"为名也。江之左岸有巴乡村。村人善酿，故俗称"巴乡清"。郡出名酒（按此句当在"故陵名也"句下，是另一人语。郦注杂取诸家之说，不全出庾仲雍）。

庾仲雍，东晋人，著有《江记》一篇，与盛弘之《荆州记》，多记述巴东地区地理。他与常璩略同时而出书稍后，故《华阳国志》未知其说，郦道元《水经注》乃多采之。所云"六大坟"，实巴族祖先之墓，非"楚都丹阳所葬"。楚都丹阳时，儋国（巫）、鱼国不但存在，而且甚强大。楚至庄王时，此二国与庸、濮联合，七败楚师，几覆楚国（见文公十六年《左传》）。则都丹阳（秭归）时，安能越儋、鱼二国境而葬其王墓于此，至六墓之多？庾仲雍楚地人，徒知楚曾强大，而未知巫、鱼历史，遂妄猜为楚先王陵墓。不如郦氏设想为"枳地巴王陵"之较正确。其所云"枳地巴王陵"，即今冬笋坝船棺葬墓（巴有东枳，有西枳，皆王墓所在，东枳墓今尚未发现）。巴为渔业民族，墓葬皆近水涯，恒属两水会流，鱼多之处，而以船作棺椁。此六墓今如犹在，可以发掘取验。验证其仍有鱼殉，则巴之先王墓也。楚国兴于山地，应无如此葬俗。

晋代上距巴灭已六百年，其地犹称"巴乡"，已非要地、显邑，仅属沿江村落，而产名酒"巴乡清"，足知其上古的繁盛，与巴族的工商业在此处已很发达。

不仅沿大江如此，其南岸两条小溪，即"阳溪"与"巴乡溪"，并穿过石灰岩绝峡而至故陵附近入江。当庾仲雍与盛弘之在时，此二溪石灰岩绝峡以西的上游部分，虽极偏僻险塞，仍是一片繁荣景象。表现于《水经注》的有：

阳溪，北流，迳巴东郡之南浦侨县西。溪峡侧盐井三口，相去各数十步，以木为桶，径五尺。修煮不绝。溪水北流注于江，谓之南集渠口，亦曰于阳溪口。（叙在故陵条前）

这里说的是今天的长滩井盐泉。因与云阳县的"北集渠"（彭溪的朐忍盐泉）连言之，故叙在前。其实就是故陵溪的上游（石灰岩碛外）的盐泉。李雄踞蜀，逐晋人，南浦县绅民之不服者，徙居于此（羊渠县），奉晋年号，仍称南浦县民，晋因羊渠地置南浦侨县。盐泉在县治西北，本水下盐泉，唯巴人行水能知其水下有盐泉，并造木桶隔断淡水取以煮盐（盐井之名始于此）。同时亦发现了云阳彭溪盐泉，用同样方法汲煎。阳溪盐泉仅三口，朐忍彭溪，则“翼带盐井一百所，巴川资以自给”（均《水经注》文）。巴族得擅此盐泉之利，国始强大，凌驾于儵、鱼、夔、濮之上。

同时，对巴乡溪上游，即石灰岩绝峡外的七岳山脉顶部、南浦侨县地面的描写说：

溪水伏流经平顶山（按此谓绝峡为伏流，峡两岸山为平顶山），内通南浦故县陂湖。其地平旷有湖泽，中有菱、芡、鲫、雁，不异外江。凡此等物，皆入峡所无（按此峡字指巴东的大三峡）。地密恶蛮，不可轻至。

这可以说明：这个七岳山脉顶部的小高原内，原是与晋人对立的“恶蛮”居地。但其风物，如菱角、芡实、鲫鱼，凫雁（鹅鸭）之类，本云梦盆地的特产，却有人引种到此地来。加以盐泉，使得地方繁荣如内地。虽然李氏据蜀后，巴东晋人曾逃来此地避难，却不能说菱、芡、鲫、雁就是他们引来的。这只可以设想为巴族早于几百年前从云梦地区引来的。仓促逃难来的巴东人，几十年后又回原县了，他们不可能引进这些自然物的品种。只有定居于此的巴族，经时几百年之久，才可能引入它们，并繁殖起来。巴族是善于行水，不受峡江限制的，所以他们定居故陵后，就能扩展到二溪上游的这个高原上来，发展生产，从而强大起来。①

巴国是从故陵这一巫载的附庸部落发展起来的。同时，也可证明他们的族源与华族同，而与羌支的巫载不同。只因为巫盐的关系，曾把他们结合为一个经济集体。又由于巴族发现了水下盐泉，并利用之来发展自己的实力，所以到周代便成为大国。由于有了压倒巫载盐泉的经济实力，故在春秋中叶，巫载（儵人）与鱼人反成为巴的附庸国了。巫峡之外，则荆楚强大起来，但楚必须仰食巫、巴的盐，所以巴、楚是和好、通婚，文化一致的（小摩擦自然也有，主流是和好的），而且是巴强于楚的。只春秋末叶开始，巴国才渐弱于楚，以至于亡。

---

① 我曾在泸定县的沈村土司署外山间一个水池中，发现养的金鱼和种的结实丰满腴美的菱角。又在炉霍土司地面，发现夹道的酸梅树。又在德格河坡，发现桃树林。又在新龙的博孜村，发现一棵良种的核桃树。皆是其他蕃区所不见的。经叮咛访问，才知是土司朝贡时引种的，所以别处无有。这类的事，所见还多，可以为此文真实性作证。

## 第四节　巴国发展的程序

巴族由于擅巴东盐泉之利而强大。它的发展程序为：

（一）巴族尚未建成国家以前，自为独立部落时，其部落核心在巴丘，时间在夏代。其经济生活为捕鱼和为巫载运销食盐。其人的扩散性很大，唯亦不出长江中游舟运所能至之地。

《竹书纪年》夏帝启八年："帝使孟涂如巴莅讼。"又《山海经·海内南经》云："夏启之臣曰孟涂，是司神于巴。巴人请讼于孟涂之所，其衣有血者乃执之，是请生（郭注：'言好生也'）。居山上。在丹山西。"（郭注："丹山，在丹阳南，巴属也。今建平郡丹阳城，秭归县东七里，即孟涂所居也。"《水经注》卷三四引此文的郭注云："丹山西，即巫山者也"）是可说明在夏帝启时，巴与巫载同是臣属于夏禹父子的。这两族曾因盐的供需上或运输上发生纠纷，同讼于夏帝。帝启命孟涂到巫山来解决纠纷。夏启时还没有夔、荆之国，巴族则沿江分布，与巫为邻，故有争讼。

（二）巴族的云梦故地为后羿所占后，巴人逃避到巫山地区来，依附巫载，为其开展上游地区的盐业。其时间在夏殷之间，可能有几百年巴人都住居在巫峡地区，为巫载服务。那时巴巫的食盐，已上销到整个四川盆地。

（三）由于巴族运盐功大，巫王许后照率族定居到鱼国之西的故陵巴乡，为附属部落，其时大约在殷代中叶。巴人守旧，仍信奉孟涂之神司讼。《海内经》所说的"孟涂司神于巴"，便是故陵的巴乡（"夏启之臣"云者，是追溯语）。故陵巴乡，也是在丹阳的丹山之西，不必只巫山在其西。《水经注》也误解了郭璞注语。巴族在这段时间，发现了所属境内南、北集渠的水下盐泉，创造作井取水煮盐之法而强盛起来。

（四）巴族强盛成立独立国后，又开辟了涂井、濟井两处盐利，于是更强大了一级，境域扩展到枳县（今涪陵）以下。于是徙都邑到平都（今丰都县治），时间大约在殷代末叶。从枳到万县这段长江河谷，是川东褶曲山脉间最大一幅开敞的向斜地带，是川东耕地最宽广的地带。当巴国徙邑平都时，合当已经开始经营农业了，渔业转成了副业，水运商业才是它的主要事业。其时巴人活动地面，深达成都平原与青衣江流域、涪江上游与嘉陵江上游，并与关中新兴的周族也发生了联系。

（五）巴族为与蜀人、青衣人，丹犁人，鄾人、苴人、褒人、氐人和关中诸民族联系之便,更西徙都。<sup>①</sup> 在枳似曾营邑一段时间,再西徙到江州(今重庆市)<sup>②</sup>。其时间似在殷末周初。这是巴国旭日东升,临近正午的阶段。从冬笋坝发现的巴王墓葬文物分析,当时工业、商业都已有惊人的成就。就《华阳国志·巴志》文分析,它的统治地区已经很宽,政权也是巩固的,农、牧、渔业也是发达的。它已把土著的各族人民管理得很好,文化相当地高。<sup>③</sup> 本族与土著的民族之间,已经产生为贵族与平民两个阶级。可能它与关中周族的关系,就是买卖奴隶的关系。<sup>④</sup>

周武王伐纣之师,巴国是以国王领兵去参加的,发挥了次于周师的勇锐作用。因而取得赐姓姬氏、列为子爵的荣宠。这段时间,楚国还未定都于丹阳。鬻熊虽封国于楚,并未之国(若干世后才建国邑于丹阳。参看《史记·楚世家》与我的《羌族源流探索》)巫戴(儋)、鱼与丹阳人成为依附于巴的部落。

(六)巴族营邑于江州以后,王族发展,成立了一些藩属部落,分管地方(例如巴蔓子和苴侯)。而其王族本身则循嘉陵江向关中方向转进。国都自江州徙至垫江(今合川),更由垫江徙至阆中。这显然是倾向于中原周族文化的体现,也是由渔盐商业经济转向农业经济的体现。

垫江(今属重庆合川)位于华蓥山大背斜层线的北麓,当嘉陵江、涪江、渠河三大水流的汇合处。其南为川东褶曲山区,山多田少,水运方便,适于商运,难于发展农业。其北属于红土盆地中心,白垩纪松软地层的山区,是适于农业发展,兼有水运之便的人口稠密地区。巴国徙都垫江,就意味着它已经倾向于农业发展了。其徙都垫江的时间,大约在蜀王杜宇之世。《华阳国志·蜀志》说:"后有王曰杜宇,教民务农。一号杜主。……七国称王,杜宇称帝,号曰望帝。……巴亦化其教而力农务。"据此,则杜宇是秦惠文王时人。"巴亦化其教",是巴国政务重心亦转向农业了,所以把国都徙至垫江。

---

① 这些民族,另篇论述。
② 《华阳国志·巴志》:"巴子时虽都江州,或治垫江,或平都。后治阆中。其先王陵墓多在枳。"今涪陵巴先王墓虽尚未发现,按地理形势言,枳之成为巴国要邑是肯定的。既有陵墓,当曾建都。常氏叙次,倒平都于垫江之后,足见其地理形势未明,摄取旧文资料,有所脱误。
③ 已详著于《华阳国志校补图注》。
④ 周族是以购买南国奴隶,并能优待奴隶,从而取得奴隶愿为之出死力搞生产和作战的效果,以致强大起来的。其说另详《周诗新诠》。

## 第五节　巴国的衰亡

巴族把国都徙到垫江，为的是羡慕周王畿和蜀国的富饶，从而决心发展农业。这是显而易见的一个方面的原因。更还有人所不易看见的一个方面，那就是王族已经由于长期养尊处优，逐步腐化。他们要求实物征用的范围扩大，就需要它的属民农业有所发展。《华阳国志·巴志》说："土植五谷，牲具六畜，桑、蚕、麻、纻、鱼、盐、铜、铁、丹、漆、茶、蜜、灵龟、巨犀、山鸡、白雉、黄润、鲜粉，皆纳贡之。"这不是泛谈巴国的物产，而是说的巴王族征取于属民的物资的广泛，其中绝大部分是农民生产的。其时巴无田赋，只有力役之征和土贡。土贡是无定额的，王族可以任意规定，予取予求，漫无限制。农民愈多，农业愈发展，王族的生活便可愈丰足，所以需要发展农业。

农业发展以后，王族生活美好，变成了社会的寄生虫，盐业、商业和一切产业都委于奴隶，而不自己经手了，甚至于兵力亦衰败不振。这就成了它必然亡国的原因。

巴族国都，从垫江徙到阆中的时间，大约在战国之初。那时他们的贵族已经不再是经营水上商业和煮盐等生产劳动的奴隶主，而是巴国官吏，只顾管理土民、发展农业以丰富他们的寄生生活了。所以要徙都到红土丘陵的中心部分来。

若还要探索徙都的第三个原因，还可以说是为了贩卖奴隶的方便。巴蜀地区，原主以贩卖奴隶著名。岐周购买的奴隶，大都来自江汉之间的巴蜀。《史记·货殖列传》《汉书·食货志》把这项商业活动表示得很清楚。所谓"南贾滇僰"的"僰僮"，实际包括有"百濮"之人在内。而《左传》文公十六年蒍贾所谓"百濮"，就是这一红土丘陵山区原始住民的统称。他们正是因需要食盐而臣服于巴王的土民，也就是巴王族掠卖奴隶的对象。

巴国徙都阆中，还有第四个原因。即是为了与秦、蜀、楚国互争汉中之地。在巴与秦、楚三国灭庸而分有其地之后，四国争夺汉中的拉锯战便开始了（其事与盐泉无关，本文不论，另在《华阳国志校补图注》阐述）。战国中叶，巴国曾经乘汉中人民叛秦之际，据有汉中与苴国之地。又后乃为蜀人夺去。《华阳国志·巴志》说："周显王时，秦惠文王与巴、蜀为好。蜀王弟苴（侯）私亲于巴，巴、蜀世战争。周慎王五年，蜀王伐苴侯，苴侯奔巴，巴为求救于秦。秦惠文王遣张仪、司马错救苴、巴，遂伐蜀，灭之。仪贪巴道之富，因取巴，执王以归。置巴蜀及汉中郡。"巴国便是这样覆灭了的。

# 第十一章　郁山盐泉与黔中文化

## 第一节　黔中地区的盐泉与丹穴

四川东部七岳山脉与湖南的武陵山脉之间，为一海拔较高的骈褶地带，与川东骈褶带属于同一构造类型，而地质不同。其农地利用价值远逊于四川盆地，从来为少数民族居住区。乌江（黔江）从贵州高原流经此区，通过一路险滩，至涪陵（枳）入于长江。其支流郁江上游的郁山镇有伏牛山盐泉自山麓涌出，被人类利用甚早（大约稍晚于巫溪盐泉）。早在巴族尚未立国以前，即已成为这一地区人民的食盐来源。

郁山盐泉的煎煮方法，可能是向巫溪盐泉学来的，或是巫载人去教会的。故这一骈褶地区，曾经是载民之国的一部分，这可由巫载与郁山间的山道开辟得很早而知。① 当巴、楚两国并兴时，此区仍是属于载民的。巴国强大以后，并未占领此区。大约春秋末叶，此区为楚国占有，称为"黔中"。秦始皇灭楚，即沿楚旧称置黔中郡，为三十六郡之一，皆缘有此盐泉之利。

此区不仅有此盐泉足以聚民兴利，还是我国古代盛产水银与丹砂的地区。丹砂，为水银之氧化物，中华自新石器时代，秦岭与王屋山中已产之。帝尧之子名丹朱，见于《尚书》。足见其时华人已知采用此物，甚见贵重。但采之易尽，供不应求。大约殷周之际，已有丹工入巫山地区，开采峡外的丹山了（楚都丹阳，在今秭归，即缘丹山为名）。这与巫溪盐业亦有关系。古时，煮盐、炼丹和医药等方技，都是巫师所擅。《山海经》说巫咸等十巫赴灵山采药，中有"巫朌"，就是"巫载民朌姓"的朌字（音颁）。可以设想，巫朌就是到巫山采药，从而改进巫泉煮盐和开采丹山朱砂的祖师。郁山盐泉的煎盐和黔江丹穴的采朱，与巫朌也有关系。《史记·货殖传》说：

---

① 大溪沟虽小沟，却有大道逾七岳山进入施南。施南盆地与郁山地区，是很早就合为一体的。

巴蜀寡妇清其先得丹穴，而擅其利数世，家亦不訾。清，寡妇也，能守其业，用财自卫，不见侵犯。秦皇帝以为贞妇而客之，为筑女怀清台。……礼抗万乘，名满天下。

《汉书》用《史记》文，巴下无蜀字。足见蜀字是宋刻本的衍文。秦始皇时的寡妇清，就是巴郡人，其好几辈先人，都是以开采涪陵丹穴而连续致富，成为富可敌国的专利者。虽然经过七国时兵戈扰害，都能用财自卫，未受侵害。可能她招募有卫厂、卫运输的军队，势力小的暴徒不敢侵犯她。还可能是捐斥一部分财物助军，买得统治者的保护。她家实际是战国时这个地区的土皇帝，所以"比于封君"。

从煮盐、采丹、聚集人口、开发地方产业、到疏通水道运输，便是郁山地区文化的特点，一切都与巫䍒文化相似。巫盐藉大江水运之便，行销甚远。郁盐地位虽然不如，但加上丹穴之利，便能与巫䍒比肩发展，进入封建社会了。这个古老的黔中文化区，是巫䍒文化区的孪生弟弟，他们很早是一家。

## 第二节　黔中地区的原始居民

黔中文化区的原始居民，可能就是《巴志》说的"獽蜑之民"①。獽一作狼。考西南民族地区古语，如"夜郎""且兰""头兰""黄螂""樟郎""堂瑯"与"白狼""白兰"等之 lang 音，皆有统治者（头领）和统治地区之义。《元曲》以来的戏剧，恒呼少数民族君主为"狼主"。可能獽人是川、黔地区最原始的民族名称。近世已经找不出"獽人"了。若把獽字读为攘（汝两切），则与冉同音。今世土家族的酉阳土司家正姓冉。土家族姓冉的还多，都说他们从来就住居在酉阳县（古黔中地）。这些古民族是否就是他们的祖先，还待考订（参看第五章）。

蜑，《后汉书·南蛮传》又作"巴诞"，可能与近世保存于沿海的水居民族叫作"疍户"有关。这三个字同音，这几种人又都与水居舟处分不开，可能就是巴族在洞庭地区居住时又别称为蜑族。

至于常璩《华阳国志》汉发县所云"蟾夷"，也是他书不曾发现的民族字。我很怀疑蟾应读如担，与丹同音。可能就是黔中丹穴主人雇用的华夏来的采丹工人，与土著妇女结婚、世守丹业的子孙，本自称为丹人。丹穴采尽后，转为当地农民了，

---

① 《华阳国志》涪陵郡："多獽、蜑之民。"汉发县（即汉复县）又云："诸县北有獽蜑，又有蟾夷也。"

被人讹字作蟾字。① 他们恋土不去，经营采矿、行盐等行业，有发展为地方大姓者（《华阳国志》涪陵郡有徐、蔺、谢、范等氏族与韩、蒋等大姓），有衰变为平民者，都是今日土家的先民。

这个地区的盐泉，只有郁山一处古今均产盐。至于"丹穴"则必然早已采尽了，矿工们又会向其他处寻找，随时代有兴、盛、衰、竭的变化。大概，当巫𧧽强盛时，秭归丹山一时兴旺。但是藏量小，易采尽。好在从秭归向西南斜行到贵州高原东部的狭长地带，都富有水银与丹砂蕴藏，而且愈向西南愈丰富。土民未知采取，古代华人特擅其术。故知此区采丹，是从巫𧧽地域开始的。涪陵区的采丹，按《货殖传》"擅其利数世"句推测，则应是战国初年便已兴盛起来的。丹兴县之部，则到蜀汉时已衰竭了。故蜀后主时省丹兴县，并入汉复。其后丹矿工业转入西阳、秀山、松桃、铜仁、印江一带。改庙湖南辰州集中，输销华夏。故唐宋以来称丹砂为"辰砂"或"朱辰砂"。近世，则更向贵州中部移进了。郁山的食盐，亦即随着生产丹砂的矿工，行销深入苗族住区。其结果，推动了贵州经济与文化的发展。

## 第三节 "卜人以丹砂"的解释

在周代，华夏人民不知道黔中地区的社会情形，只知这里出产丹砂。有贩运丹砂到华夏的商人，把这个地区的人称为濮人（卜人），楚国也把他们称为濮人。所以《王会》有"卜人以丹砂"和《左传》有"楚子为舟师以伐濮"②的记载。这可说明黔中土民与大巴山区土民是同习俗语言的，是同一族源的，是很早就已从大巴山区和川东骈褶地区渡过大江，进入此区来的。他们在濮族占据区内，由于拥有郁山盐泉和黔中丹穴，发展经济，成为强盛而先进的部落，故早在西周年代就已通于中华，名列《王会》。《牧誓》列名最末的濮国，可能就是这个濮人，而不是"百濮离居"的百濮。

---

① 蟾，旧只解为蛤蟆。窃疑人类无以蛤蟆为图腾者。古人对南蛮之称每用其音而加虫字，如"蚺氏"与"蛮"皆是。詹、丹古同音。丹工居此区久，血混，故后来汉民即可能呼其人为蟾。抑或本作蚪，缘与蚺字形近而改作蟾。读玁作攘，读蟾作丹，皆未有前人言及。姑倡此义以俟通人订正。
② 文在《左传》昭公十九年。

## 第四节　楚国是如何占有黔中的

楚平王作舟师，通过巴国境的水道来征伐濮国，当然是取得巴国同意的。这还反映出这个濮国（姑假称之为"丹濮"）虽然水通于巴，又偏在巴国枳邑的南面，但它并未成为巴国的属邑，而只是巴的邻国。大概也如巫载与鱼国一样，保存独立政权，仅仅与巴为好而已，因为它建国的历史比巴早。

此区出产的丹砂，是以舟运循郁江，入乌江，出枳，通过巴国，商运入中原销售的。故郁江和乌江的这一段河，又叫"丹涪水"。《华阳国志》涪陵郡"从枳南入丹涪水，本与楚商于之地接"是也。是故经营丹砂的主人，不是住在此区而是常住巴地（可能是枳邑或江洲），以便调度。故《货殖传》称"巴寡妇清"。自然也必有由陆路运丹砂、水银入楚的。陆路艰险，不如水运廉便，故知"丹涪水"才是它的主要运道。但郁山煎成的盐，则不出枳。因为巴国盐多，而黔中广大地面须得郁盐。只有巴国盐运进来补助郁盐之不足，没有郁盐运出巴境的。这也是巴国不必兼并丹濮的一个原因。

此区尽管距楚国较远，楚国则是十分垂涎它的，因为楚国需要食盐。由于巴国能顺江充分供给楚国食盐，而巴楚和好，故在春秋以前，楚国不考虑自己占有盐泉。但它有时也与巫载和巴国发生战争，必然会受到扼制行盐的痛苦。故当春秋末叶，楚平主取得巴国同意，作舟师通过巴境从丹涪水伐濮，取得了丹濮这块地盘。可能楚、巴的交换条件，就是许巴国也兼并巫载和鱼国。虽史无明文，形势是会如此发展的。

楚国是从山地发展起来的民族，水上活动非其所长，陆地商业则有惊人的成就。它的商人能在别个国家、别个民族占领地区内活动，并且由经济关系发展为政治联系。当时把这种关系到达之地，叫作"商于之地"。它在汉水流域并未到达武关、商洛、安康、郧阳和汉中地带，但它的商业努力，则早已到达了。所以汉水流域也有它的一个"商于之地"。《楚世家》说张仪欺楚怀王，许还所取楚"商于之地六百里"是也。它的政治势力还未到达郁山地区时，商业势力则很早已经超过这区，而远达夜郎、滇池了。是故庄𫏋能够孤军远征到了那么远而不覆亡，并且建成滇国。《华阳国志》涪陵郡说的"秦将司马错由之取楚商于地为黔中郡"，就说的巴南、黔西这一大块地面。楚商人贩运郁山的盐，东以济楚，西入夜郎，南入武陵，由于这样的关系，奠定了后来开置黔中郡县的基础。

自楚平王征服此国，取为楚地以后，便把这块地方与其附近的"商于之地"合称为"黔中"。于是才自己拥有一个盐泉，减轻了巴盐扼制的威胁。又不知何时夺去了巴国的巫山地区，使得食盐完全足以自给了。巴国那时已经倾向于剥削农民的寄生生活，恃在自己的盐泉还多，不感痛苦。后来，到秦灭巴蜀军事未定时，楚更进而夺取了巴国江洲以下的长江南北全部的盐泉地区，把自枳入涪黔的水道掌握在自己手里。这时楚国达于全盛，成为抗秦六国的盟主。但是因此而遭到秦人的痛恨，用尽一切办法来争巴东盐泉，必得而后已。楚失巴东盐泉，国事日非，不久即灭于秦，故苏代谓燕王曰"楚得枳而国亡"。

## 第五节　巴蔓子故事的考证

在巴国迁都阆中以后，由于统治阶级的腐朽，巴东长江盐泉区发生过一次民变。当地镇将巴蔓子不能平定，曾借楚军来平定了。楚国大概就是此役取去了巫山、鱼国和巴乡这三座城邑的地面。常璩《华阳国志》记载了这段故事，偏颂巴蔓子的忠贞，说他并未交出城来。志文是：

周之季世，巴国有乱。将军蔓子请师于楚，许以三城。楚王救巴。巴国既宁，楚使请城。蔓子曰："藉楚之灵，克弭祸难。诚许楚王城。将吾头往谢之，城不可得也。"乃自刎，以头授楚使。楚王曰："使吾得臣如巴蔓子，用城何为。"乃以上卿礼葬其头。巴国葬其身，亦以上卿礼。

楚国既能代为平乱，岂能无力取其所许之城。蔓子不过当楚军再来索地时，势穷自杀耳。楚王岂能遂因得其头为满足而遂听其欺骗，竟不取城？兹所当考者为乱在何地，三城为何城耳。

重庆市夫子池旧有巴蔓子墓碑，显然是后人妄因《华阳国志》文所制造。《明一统志》言巴蔓子墓在施州卫都亭山，全引《华阳国志》而续之曰："楚王以上卿礼葬其头于荆门山之阳。巴国葬其身于此。"都亭山在今利川县西，为施南名胜。利川县，在七岳山下，去万县最近。利川赴湖北的捷径，即从万县赶船。它在湖北省，为最偏远之一县。凡附会忠义遗迹者，率在大都市，无故不到僻县。而利川竟有此蔓子墓，为地方盛传之故事。则其可信度应远较巴地所传为高。利川在周之末世，已是楚国黔中的边界。蔓于因何至此自刎？结合拒授三城来推测，当是他原是巴东镇将，驻在巴族老家的故陵（巴乡盐出产地），管辖巫、鱼、朐忍一带盐务。可能是盐工们不胜暴敛，造反了。他自己无力镇压，又距巴国都城太远，无法待援，便擅自私借外援，以三城许楚。所许三城，就是巫、鱼、故陵三邑，也正是楚王欲夺之地，所以楚王亲自率军来为他平乱。平乱之时，实际已经占这三城了。还可能是巴王不许割地的诏令到来，蔓子拒绝授城，兵败，从羊渠后退到利川。走投无路，迫于自刎。楚国得了这三处盐泉，踌躇满志，感谢这位愚蠢、颠顸的将军，给予葬礼。巴人从而传扬称颂，得到常璩采录。正是此役使楚国占有巫、鱼地区，巫载故地，为后来进取朐忍、平都和枳邑开辟前道。

# 第十二章　秦楚争夺巴东盐泉的战争

## 第一节　楚、巴的历史关系

巴国以盐泉兴。由于东、西邻的楚国和蜀国的人口都需吃巴国供给的盐，所以楚蜀两国与巴决裂的时间少，和好的时间多。一旦发生决裂，巴不输出盐巴，两国的人就会发生慌乱。不明白这个经济因素的制约作用，就不可能正确理解这三个国家之间的历史关系。

简要说来：楚国依赖巴盐的历史最为鲜明。《左传》桓九年（楚武王三十八年），"巴子使韩服告于楚，请与邓为好"。这是巴准备超越楚境从邓境通商到中原去，请楚为之介绍。楚王立即派人去办。邓国的鄾邑人杀害了两国使臣，夺去所携的货币。楚国又派大将斗廉率军助巴师攻邓，"邓师大败"。这是巴国越过楚境远征至邓的一次战役。这时巴、楚和好，关系很深，是很明白的（有人认为巴通使外国都得请命于楚，是误解）。

又，庄公十八年《左传》："楚文王即位，与巴人伐申，而惊其师。巴人叛楚而伐那处（沿江地名，相当今之董市），取之。遂门于楚。楚子御之，大败于津。"当楚子战败回郢时，守城的鬻拳不敢开门，把楚子逼到黄国去（今黄冈县），死于军中。这说明楚国兵力远不能与巴为比。故巴国水军，打到郢都门外，楚子为之败死。

文公十六年灭庸之役。值楚大饥，"戎人伐其西南"，庸人、麇人与"群蛮""百濮"一齐联合攻楚。楚庄王勉强御之，"七遇皆北"，唯有求助于秦人与巴人。因巴人助楚，群蛮皆反与楚盟，百濮亦各还其邑，这才把楚国稳定下来。三国共同灭庸而分其地，此役巴国功最多，得地最广，这是巴强楚弱形势的顶点。其后楚庄王奋起，日益强大，巴国骄逸而渐衰。然楚、巴和好，世通婚姻。楚共王的王后巴姬，见于《左传》昭公十三年。灵王之后亦为巴姬，见《路史》引先秦旧文。常璩亦云，巴与楚"世婚"。

春秋末，鲁哀公十八年，巴人再度"伐楚，围邓"，被吴楚联军在鄾邑（在襄樊北）打败了，事在《左传》。这是巴国远征军第一次失败。这时邓与鄾皆楚国地，楚吴方睦，联军奋击，乃得击败巴师。巴国为何要伐楚？左氏未说原因。只看邓和鄾两个地名，也可联想到文公十六年前事，可能是灭庸之后，巴国分地已经与邓鄾接近了，边界人民发生了冲突。邓鄾那时已是楚地，故楚人联吴捍御。这与庄公十八年那处之役，用水军直向郢都不同。这次是从大巴山区出兵，直攻邓和鄾的。其时巴国已是徙都垫江之后，国力不如在江州时强大了。

由巴蔓子请楚援的故事（详前），可知战国年代，巴人经营的盐业已有一部分转入楚人手中了。巴东有些盐泉产地，亦渐为楚所侵占。例如巫泉与郁山盐泉，是很明显的。

在秦灭蜀、巴的战役中，楚国乘势占领了全部巴东盐泉。占领过程，是由郁山顺乌江占领了枳邑，于是自枳以下，占领沿江城邑，如平都（今丰都）、临江（今忠县）、朐忍（今云阳）、鱼复（今奉节）与巫山的盐泉地区。楚国并在巫山和枳邑驻有重兵，抵御秦人。时为楚襄王初年。于此，导致了秦与楚争夺巴东盐泉的战争。

## 第二节 秦得蜀、巴而失盐泉的苦痛

蜀国本身，也出产一点盐，但主要是仰给巴盐。巴国自垫江以北红土丘陵区的农民，也是仰给于巴东盐泉的。秦灭蜀与巴时所占领地区，恰只有这两大片仰给巴盐的地区。巴东盐泉全被楚国占去，给秦国以很大的不利。若还秦、楚交恶，楚国不肯把盐输过江州（今重庆市），则秦所占有的蜀、巴、汉中三郡人民大困，秦在蜀、巴政权不得稳固，将迫使其人民转而附楚。这一着，是秦所最为痛苦而无可如何的。无可如何之下的办法，就只能诉诸战争。

## 第三节 秦自蜀争夺巴盐的两次大举

《华阳国志·巴志》述司马错，张仪灭蜀后，"贪巴道之富，因取巴。执王以归。……仪城江州。司马错自巴涪水取楚商于之地，为黔中郡"。同书《蜀志》云："周赧王七年，司马错率巴、蜀众十万，大舫船万艘，米六百万斛，浮江伐楚，取商于之地，为黔中郡。"

合观这两条，可得此役全局概况。大抵张仪灭巴时，枳以下已为楚有。江州为最前线，张仪筑城储粮，就是为了大举伐楚。灭蜀在公元前316年，仅几年，便如此大举伐楚，但收功甚微。江州以下的水道，被楚国舟师拒绝了，攻不动，所以才绕由巴涪水进军。巴涪水，即今之赤水河。《史记》《汉书》作"符水"（有巴符关，郡今合江县）。巴涪水小滩多，行舟不远，即当陆行趋向鳖邑（今遵义），从枳邑后方攻取黔中，可能夺得郁山盐泉，但粮运困难，不可能更进夺枳。只取得了郁山盐泉与一部分楚国的商于之地，便罢兵了。这次战役，使蜀郡的渍江盐泉可以安全生产，不再受楚军的威胁，又夺得了郁山盐泉，增添了盐的给源。但那是暂时的。秦不可能长时间悬辖这样远在枳后的地方。所以，不久楚国又有了"巫黔中"郡。

由于秦国这次大举无功，所以秦史官不记。司马迁的《秦本纪》《楚世家》和《六国表》也都不载。只巴蜀人还记录得有，但也有些不清楚和不准确之处。

此役十九年后，在周赧王十六年，即楚怀王三十年（公元前299年），大概是秦从巴、蜀屡攻巴东不得，采取要挟楚怀王的诡计，骗他入秦。"秦国因留楚王，要以割巫黔中之郡。"怀王忿不许，困死于秦。楚人立顷襄王，坚决拒秦。"秦楚绝六年"（并引自《楚世家》）。此六年中，秦先后攻取了楚国的二十四城，然终不能得楚巫黔中。秦乃与楚和亲，以图商购盐泉。至楚顷襄王十九年（公元前281年），仍不可得，乃复用军事强取。《秦本纪》昭王二十七年（即楚襄王十九年），"发陇西，因蜀，攻楚黔中，拔之"。这次大举，巴、蜀兵为主力，更征发到陇西之军。大概仍是从巴符水入，取了郁山盐泉，再置黔中郡，驻兵戍守。或许还取得枳邑，打通了黔中水路。但临江、朐忍、鱼复、巫山诸产盐区仍是楚人坚守着的。

司马错伐蜀本谋"水通于楚，有巴之劲卒，浮大舶船以东向楚，楚地可得。得蜀则得楚。楚亡则天下并矣"。但失算在于：灭巴蜀后三十年了，凡次大举，只争得郁山一个盐泉。而蜀人反侧不安，屡有叛乱。在楚国，则它宁可失去汉中、黔中等"商于之地"，也一定要全力捍卫巫郡盐源。因为一旦失去了这些盐泉，秦亦可以闭关扼盐，使楚坐困瓦解。

## 第四节 "楚得枳而国亡"作何解

秦既不能从巴蜀取楚巫郡，乃遣大将白起率师，越韩国以向楚的旧都鄢邑，并以别军出汉中与商、郧，同取夷陵（今宜昌），截断郢与巫盐的水上运道（《六国表》在顷襄王二十年）。这一着，可成功了。于是楚人惊乱，顷襄王所率之军，自行崩溃，襄王东奔陈邑。秦取鄢、郢，烧夷陵，使巫郡失去后援，于是蜀守张若之军轻轻就把巫郡取得了。秦以鄢郢、夷、巫诸地置南郡，实现了司马错"楚地可得"的目的。《国策》苏代谓燕王曰："楚得枳而国亡。"谓楚乘巴乱而拓地至枳，使秦不能不争巴东盐泉，因两沦陷了郢都，等于亡国也。

但楚顷襄王不能甘于亡国。他奔陈之明年，又纠合十万之众，乘秦师归国后，打回郢来。沿江十五邑人民纷起响应，包括有大盗庄跻在内，各自驱逐了秦置的守令，复还为楚。这所谓"沿江十五邑"，主要就是宜都、西陵（夷陵）、秭归、巫山、鱼复、朐忍、临江、平都、枳与郁山等产盐和盐运中心的城邑。巫黔中仍还楚国。宋玉《高唐赋》歌颂巫山神女，朝云暮雨，会襄王于阳台，便是此时作的。

楚顷襄王三十六年卒，子考烈王立。考烈王十年，东徙寿春。可知其时秦又取去了巫山，楚国不能不再弃郢都以就海盐了。再十余年，秦灭楚，统一天下，乃如司马错本谋。

当楚国坚守巴东盐泉地区以制巴蜀，蜀民惊慌失措时，蜀守李冰，创取井盐法以自救。勉强获得安定巴蜀，终于待得楚亡。从来生产技术的创造发明，都是在人民生活切需而不可得的时候，乃有才能出众者想出办法来的。如其秦灭巴蜀时就已取得了巴东盐泉之地，就不会发生这几十年的秦楚战争，也不会有蜀地凿井煮盐之事，而楚国也不可能延命到公元前223年（距灭蜀九十四年）。

# 第十三章 国亡后的巴族

## 第一节 巴国的覆亡

巴族未入川前，三巴地面已经有人居住，这是肯定了的。所住之人属于羌支的濮系民族，是本篇论述的要点。可能也还有属于元谋人体系的原始住民，留待另篇讨论。本章只谈巴国灭亡以后，巴族是否也同归于尽的问题。可以肯定，秦是不会绝灭巴族的。但在巴国的巴族，确是绝灭了。

巴国，是已进入奴隶社会正向封建社会过渡的国家。巴族本、支本身是贵族，各都占有大量奴隶。它所征服的族落（即汉世所谓賨人和板楯），除俘虏皆分配给战斗有功者做奴隶外，其降附者也只算它的农奴，安置有头人管辖，无定额地征取实物与兵役，所以它末叶的军队打不得仗，一接触敌人就会崩溃。秦灭蜀后，轻易地就把巴王擒着了。秦灭巴的措施，不外是：抵抗的，就杀了；恭顺的，许其仍为奴隶主，只是没有政治权力。对賨民是如此，对巴王之族也是如此。由于巴族自有悠久的光荣历史，习惯于养尊处优，他们是不可能甘心屈服于人的，可能被杀戮的很多。有些勉强归顺的，虽然取得了合法的百姓身份，并且还是占有原来的奴隶，但由于他们过去蹂躏人民的罪恶太大，民愤很深，民族报复也必然强烈，秦国的郡县官吏也保护不了他们。其必然的现象，首先是原来占有的奴隶都逃跑了，没有人供养他们。他们自己既难生活得下去，又会转变为别人的奴隶。奴隶是以主人属籍为属籍、不能有自己的姓氏和名称的，并且很难活到第二代、第三代（仍是奴隶），自然便消亡了。所以，巴族这个不可一世的王国贵族，虽未被秦军杀完，也必为这样的社会所消灭。

只有一个例外，就是有技艺的巴族人，例如巫师、医师、乐师、文士以及其他符合当时社会需要的人，还能活下去。这些人，是会受到官府保护和社会优待的，因为需要。

例如落下闳这个人，《史记·天官书》《汉书·律历志》和《华阳国志》都记载了他演算天文历法的事迹，汉朝廷的人物，包括司马迁这个太史，不能治历，非把他和方士唐都请来研究不可。他俩为汉武帝制定了太初历，这个功劳很大。但是，既不授官，亦不给奖，历制成后，便无声无息地不说下落了。唐都这个方士，还有个姓氏。落下闳姓什么呢？史籍里能再找得出一个姓落下的人吗？有人把落下写作洛下，说他是"洛阳的隐士"。这是说不通的。隐士就不会研究天文学有那样的精深，隐士也不会隐在洛阳，更不会到长安去造历。我推测他和唐都，同是两个巴族的天文学者。唐都是郡县政府留用的人，故不给职位，但称"方士"。闳是被卖到赛民家的一个有知识的奴隶，他原是精通天文历法的一个巴王族之后，现在落于奴隶之中了。由于唐都推荐他，同被调到长安治历。历成之功，归于郡县守令和奴隶主，他们没有受赏的资格，所以没有其他的记述。"落下"两字，是闳自己表示自己身份下落的感慨之情的。史官讳其为奴，用来代表其姓。虽然这只是推断，却是符合当时社会实际的。

## 第二节  廪君与盐神

还有一个例外。那便是个别有本领、有志气的巴王族将领，逃出了秦国地面，召集了一批巴人，同到楚国地界重新建造族落。我认为廪君便是。《后汉书·南蛮传》有这样一段话：

巴郡南郡蛮，本有五姓。巴氏、樊氏、瞫氏、相氏、郑氏，皆出于武落钟离山（李贤注：《代本》曰，廪君之先，故出巫诞也）。其山有赤黑二穴。巴氏之子生于赤穴，四姓之子皆生；黑穴。未有君长，俱事鬼神。乃共掷剑于石穴，约能中者奉以为君。巴氏子务相乃独中之。众皆叹。又令各乘土船，约能浮者当以为君。余姓悉沉，惟务相独浮。因共立之，是为廪君。乃共乘土船，从夷水至盐阳。盐水有女神，谓廪君曰：此地广大，鱼盐所出，愿留共居。廪君不许。盐神暮辄来取宿……积十余日。廪君思其便，因射杀之，天乃开明。廪君于是君于夷城，四姓皆臣之。廪君死，魂魄世为白虎。巴氏以虎饮人血，遂以人祠焉。及秦惠王并巴中，以巴氏为蛮夷君长。……

按章怀太子原注，可知廪君一段，是范晔采自《世本》。"及秦惠王"一句以下，乃是晋宋间人所记"巴郡南郡蛮"事。《世本》即《国语》楚申叔时对楚庄王说的"教之《世》而为之昭明德而废幽昏"的《世》，是春秋中期已有的书。但战国、秦、汉、魏、晋都有人续写（例如孔子的世系）。尤其是关于槃弧、廪君这些氏族部落的传说，则全是魏、晋地方史乘发展以后，好事者搜集来傅益在后的。它与古《世本》性质不同，古《世本》是传录古帝王血统世代的。而廪君、槃弧只记一个人的神话，每每是有头无尾的。但也是根据地方上的传说，与向壁虚构的小说不同。它的地名、人名与其事体梗概，都有较大的可靠性。

这所谓"武落钟离山"即今天的七岳山大背斜轴的山脉。"钟离"，亦是终南山（秦岭）的别称。"武落"是武陵的讹字。大概这一大山脉，巴人曾经把它比为关中的秦岭。秦岭阻碍关中向南方的交通，逾山便是"南国"，故周诗叫它作"南山"。七岳山脉也阻碍了巴国向南方发展，逾山便是武陵地区，故叫它作"武陵终南山"，传讹为"武落终离"字。

称"巴氏"，明明就说的务相（廪君）是巴族的男子。"赤穴"亦"丹穴"之义。大概务相是巴族一个经营黔中丹业的商人。当秦人占领黔中时，务相与同其他四姓的矿工逃入楚界，在夷城依附楚国成立了一个小国。"夷水"，即今施南河，又叫清江。"夷城"，可能就是今恩施县。前说过的丹穴采丹工人，都是华夏来的，受雇于采丹主人，或就是其奴隶，故曰"皆生于黑穴"。

"盐水"即今天的建始河，从建始县治南流，入于夷水（清江）。自建始县治逾山，经大庙坝、大溪沟至巫山县，有条大路，是古代巫盐输入恩施盆地的"盐道"，故恩施人把这条河叫作盐水。"盐水有女神"，显然是用宋玉《高唐赋》的成法，以"巫山神女"来比喻食盐的魔力。在此处，是表示巫山地区的盐商来招诱廪君，劝他依附巫山，吃巫盐。廪君当时不愿接受，目的在于直接附楚（大概在这段时间，巫载国还存在，但已是楚国的附庸国，不是完全独立的了，所以廪君不愿附巫，而只愿直接附楚）。但他们若附楚，便不能不吃巫盐，因而不得不与巫周旋。故事说"盐神暮辄来取宿"，亦是《高唐赋》神女自来荐枕席的手法，表示的巫盐仍自运销来了。

廪君与盐水女神已经成夫妇了，又为什么要射杀她呢？故事说，因为她天亮后就化为虫飞，遮蔽天日，所以要射杀她。"掩蔽日光"这句话，我体会是因为：她的迷惑，使廪君之国人不能与楚国联系。《诗·齐风·鸡鸣》，是齐哀公中谗，不愿朝周，其夫人劝之往，痛其为周夷王所杀，用"虫飞薨薨""苍蝇之声"等词句来诉斥逸人的诗。故传廪君故事者用来比喻巫盐壅闭了通楚之路。故而从这段神话中可以设想到：当时的巫是想招合附近部落叛楚独立的。可能是楚国终于联合廪君，把巫山破灭了，所以说"廪君思其便，因射杀之"。思其便，就是考虑从巫从楚孰便的意思。既已认清从楚为利，便断姘妇之爱，射杀了她。这是说廪君在夷城建成了社稷，亲附于楚的经过。

章怀注引《世本》原文，还说廪君行谲，袭杀盐神。"使人操青缕以遗盐神曰：'婴此即相宜。'云：'与汝俱生，宜将去。'盐神受缕而婴之。廪君即立阳石上，应青缕而射之，中盐神。盐神死，天乃大明。"青缕为"情缕"的代词。"宜"字，也是使用《诗经》"宜其室家"之义。"阳石"，表示他在巫山之阳（山南）。看来写这故事的人，是熟悉《诗经》和《楚辞》的楚国文士，或稍在宋玉之后，或与宋玉同时，即楚顷襄王时候的人。其时秦已灭巴，与楚争夺巴东盐泉了。故可以如下判断：

巴氏之子务相，又名廪君，是巴王族的成员，在黔中经营丹砂业，原是与楚人相好的。秦灭巴时，他降附于楚，纠合矿工四姓，在施南建成了个附庸小国。楚亦因之占有黔中和柳，抵抗秦师。他们原是吃郁山盐的。当司马错大举从巴符水取楚商于之地时，郁山盐泉为秦所夺，只能改吃巫盐。巫山载族企图联合他叛楚，恢复巫载故国。他为了食盐，曾与巫人联合，大约经过十多年的时间（《后汉书》作"积十余日"）。当楚襄王从陈国起兵十万回转来争夺盐泉时，廪君奋起附楚，破灭了载民，夺回沿江十五邑，使楚国复兴。所以楚人称道他，编成了这样一个故事。时间、地点、社会情实和人事变化，都是符合的，只史文未明而已。

## 第三节　廪君与白虎

还有个重要的问题，"廪君魂魄世为白虎"这段话，是魏晋人的记载，不是《世本》已有这样文字，是很明白的。既言"世为白虎"，巴氏"遂以人祠"。那就是廪君后若干世人的记载了。《华阳国志·巴志》说："秦昭襄王时，白虎为害，自秦、蜀、巴、汉患之。……白虎常从群虎，历四郡，害千二百人。"（谓黔中、蜀郡、巴郡、汉中这四郡。秦为黔字音讹）这个白虎，显然就是影射的廪君与其后裔的军队，不必真是一头"常从群虎"的特别的大虎。今世出土有许多巴国的地下文物，具有白虎雕饰，考古学者判断为巴族的武器。巴国以商业兴起，农业亦颇发达，只工艺方面很少发现文字记载。其许多工艺品，可能是从楚国购来的。廪君附楚后，由于怨恨秦人灭巴，取得楚国之助，组成一支庄蹻式的远征军，从司马错置的黔中郡，打入巴郡、蜀郡、汉中郡，流转杀掠，不占城邑，使秦军无法消灭他。最后在从巴西杀回黔中的路上，被賨人廖仲、药何、射虎秦精等，在朐忍地方，设伏袭击，把他们消灭了。賨民对晚期的巴族是反感的，这次响应秦王的赏募，消灭了一支巴军。他们无文字纪实，只有口头传述，遂把廪君后裔组成的这支远征军说成是一只白虎。

关于射杀白虎这个问题，廖仲、药何、秦精等是巴国属民，白虎是巴国的国徽，廪君就是巴人。白虎何能危害巴地？巴人又何得射死白虎？现依史籍残缺不完的文字，结合地理因素分析是这样。

秦昭襄王元年（公元前306年），上距秦灭巴、蜀（公元前316年）为时十年，他在位五十六年。嗣孝文王未一年卒，嗣庄襄王在位四年，即是秦始皇元年（公元前246年）。又二十二年灭楚。廪君之国强盛时代应只不过五六十年，当楚幽王丧失巫郡和郢都东迁寿春时，廪君的后裔亦不可能再在夷城立国，必然是率族随楚东迁，部民亦随之流徙入南郡，故《后汉书》称之为"巴郡、南郡蛮"。

宋齐梁陈世，南郡蛮更由荆州向豫州、扬州移进。屡与官吏发生冲突，受到剿杀。直到隋、唐才未见有叛乱。南北朝史书里屡见的"蛮"（诸史多有《蛮传》），其实就是巴族残存的一部分人在廪君之国保存下来的后裔，但不能仍称他们为巴族。因为他们不但亡了国，亦已丧失了古代巴族的特征而被称为另一种民族了。

## 第四节　黔中的南界与其住民

《华阳国志》说：巴国的疆域，"南极黔涪"。黔涪是乌江（黔江）与其支流郁江（丹涪水）的统称，也就是秦黔中郡地的主要部分。黔中郡的南界，并不极黔涪而止，更还包有今湖南的湘西土家苗族自治州与黔阳地区和贵州的东部，即所谓"五溪地区"。那些溪谷住民，依靠郁盐为生，视同珍宝，有"斗米换斤盐，斤盐吃半年"之谚，至今还在土家语中流行着。是故，巴国虽然设官遣戍不到五溪，巴盐却在此区人民的经济生活中奠定了牢不可拔的纽带，为巴民族的向南发展打下了基础。即是说：郁盐的实际领域，也就是巴族的实际领域。秦灭巴、楚后，即以郁盐领域为黔中郡。巴国灭亡后必有一部分巴人避居于此，依楚抗秦。楚国灭亡后，他们虽作黔中郡民仍自保持其巴人旧俗，便是今之"土家"。

巴国王族在亡国后被暴秦杀害的人很多，至大江以南的黔中地区，必然还保存得不少，绝不止廪君的五姓，可能还有更多的人留在黔中。这可由下面一些条件推断：

第一，此区以郁盐关系，与巴国发生经济依赖，从而发生政治关系，同样在军事上也会有利。加以地形险阻，适合为巴族人民最后抗秦的地盘。陶渊明《桃花源记》虽被人视为小说，也可能有传说的事实作为依据。其地正在此区。

第二，巴国虽强大，其东、北、西三面的楚、秦、蜀更强大。要向那三方兼并小部落，到了一定限度就会受到限制，不能向前更进。商业征夺地盘亦正如此。唯独南方各民族都文化落后，资源丰富，最适合于巴民族的侵入。善于经商的巴人是最容易笼络其人的。当巴族还在经营四川盆地之时，他们还未注意到这样一些水道艰险、交通很不方便的民族部落。楚国的商人，早已从清江河谷深入到巴的地方，占领郁山盐利，行商到鳖邑与且兰地区。当巴既强大以后，楚国本身尚且受巴威胁，占去"那处"，逼近郢都。何况巴南这些民族部落，当然会被巴族所控制，又何能限于黔、涪，不向更南发展呢？

第三，黔涪以南的五溪地面，秦代是划属黔中郡的。汉废黔中郡，才把其南部的五溪地面划为武陵郡而以其北部的黔涪地面划隶巴郡。由有这一过程，亦可知巴国南界是到了五溪的（其实在秦灭巴蜀的战争中，楚国已乘时抢先占据了枳县以东的沿江城邑，和枳县以南的黔、涪、五溪的巴国故地，置黔中郡。秦不过因其旧制列入三十六郡而已）。

## 第五节　何谓土家族

秦黔中郡地，恰好是今天土家族分布的地面。这一地区，是从古以来行销郁山泉盐的地区，出产水银、丹砂历史最悠久与藏量最丰富，至今还能保持居全国首位的地区。又是一个林深箐密、溪洞迷离、外人难到的民族地区。政治上说，又是几千年来都在华夷接界处，封建官吏未曾加强管制，民族相当固定，社会改变不大的地区。现在这个地区的民族，除部分自腹地迁来的汉人，与少数苗族外，还有大多数若干世代的土著，自成一种民族，叫作"土家族"。他们自呼为"毕兹卡"。

据长期研究土家族的酉阳文化馆的同志说："他们没有人知道他们的祖先何时从何地迁来，也不知道他们自己是何民族，只知道他们是世世代代住居下来的土著民族。文字是用的汉文，语言也能说汉语，也保存有他本族的语言和一些本族特有的风俗。"当进行民族调查时，无法定名，只好叫作"土家"，以与外来的"客家"区别。

近年土家子弟普遍读书，也有研究民族的学者，自己考订他们的族源是巴人。但又有人说他们最远的族源是羌族，意似指的濮人源出于羌。这问题，值得详审分析。

我的看法，两种说法可以统一起来。"卜人以丹砂"，是《逸周书·王会》的话。这个民族是从巫载分出来的煎盐工人的后裔，又擅丹砂之利。他们住居此区，成为附近各民族部落最先进的民族，至今已有三千多年的历史了。由于他们擅长煎盐、炼丹之技，楚人统治需要他们，巴人统治时也需要他们，秦以及汉、晋以下各朝代统治他们的官吏，都有必要使用他们安定生产，所以他们能够世代居留，未曾迁流转徙。秦灭巴国，是从北来的。其时巴王定都阆中，距长江以南甚远。无论巴王能据守多久，总不是一天就能破邑擒王的。所以巴国南方的王族、官吏、戍军和商民能有时间退到江州以南，保存实力，仍可凭借郁山盐利与道路的险阻，支撑一时。那时楚国虽已占有枳县以下沿江城邑，却只是与秦争夺巴地，而不是与巴人为敌。可能还是用的助巴御秦的旗号进军，与沿江和黔中地区的巴族联合行动的。这在秦灭巴国之际，只起了保护巴人的作用，而不会是与巴国的地方将领和人民为敌。于是黔中以南的巴人亦如廪君一样，可以保留下来了。

## 第六节 酉阳的冉土司

酉阳县多冉姓。旧时土司就姓冉，有族谱说他的先人是内地人。凡土司家称内地人，多是伪托。认真考核，起码也只能是住居到当地若干世代了与土衷混血的氏族后裔，不能是纯血统的内地人。有可能，冉土司家就是《华阳国志》涪陵郡说的"獽蜑之民"的獽民。獽读如攘，与冉同音。

廪君在时，獽民是隶属于他的。廪君死，其族东徙后，为"巴郡南郡蛮"，已如前述。这支被称为"蛮"的民族，历晋、宋、齐、梁、后魏、周、隋，都还保持他们的民族性格，屡与封建守令冲突，见于正史。唐代才未再见，可能是死亡的人很多，接受封建文化而融合于唐人的也有。

其中有仍留住在三峡南北地区的，有冉氏、向氏、田氏三族，很顽强。杜佑《通典·边防三》记有这样一段：

自后魏与宋、齐、梁之时，淮、汝、江、汉间诸蛮，渠帅互有所属，皆受封爵焉。及魏末，为暴滋甚。有冉氏、向氏、田氏者，辄落尤盛。大者万家，小者千户，更相崇树，僭称王侯，屯据三峡，断遏水路。荆、蜀行人至有假道者。……后周明帝时，蛮帅冉令贤、向五子王等反，攻陷白帝。武帝天和初，诏开府陆腾讨斩之。蛮众大溃，斩首万余级。腾乃积其骸骨于水逻城侧为京观。后蛮蜑见者辄大号哭。

自此，狼戾之心辍矣。

这里虽以冉、向、田三姓并言，唯田姓最强盛，分布地面最广，大都流徙甚远。见于上文者，有宋文帝元嘉中，"蛮田向求为寇，破溇中"（在今湖南常德地区），"齐武帝永明初，黔阳蛮田豆渠"（在今湘西黔阳地区）。又永明六年，"除三左郡太守田驷路，田驴生、田何代"（皆在今湖北西北汉沔诸山区）。后魏"宣武帝景明初，太阳蛮田育邱等共二万八千户叛齐附魏。诏置四郡四十八县"（皆在今河南西境伏牛山区）。所谓"淮、颖、江、汉间诸蛮"，指的这些田姓的巴蜑（蛮蜑）之族（参看廪君条）。田姓是比较恭顺的，隋唐世已与汉族融合。另还有部分田姓后裔留居五溪的，唐宋世还有首领姓田的。另有一部分廪君子孙东徙入江汉汝颖地区的，叛乱，受到残酷镇压。如"鲁阳蛮鲁北燕等聚众万余攻逼颖阳"，讨平后，"徙万余家于河北诸州及六镇（六镇在今山西北界）。寻叛南走。所在追讨。比及河，杀之皆尽"。大概，凡巴族集团东徙入内地者，被称为"蛮"，宋、齐、梁、魏、周诸书皆有专传。隋、唐之世，更未见有"蛮乱"的记载，"蛮左"与"左郡"名称亦皆消失。这说明巴族的历史才真正结束了。

冉氏与向氏，则是停留在黔中地区的廪君族属。只有周明帝时冉令贤与向五子王一次叛乱，北渡江，攻占了白帝城。因遭到惨痛教训，不再敢谋叛了。唐、宋、元、明及清，皆设土官，因其俗而治，赋役甚轻。明代播州之乱，清代苗疆之役，此区土司皆不附乱，酉、秀、黔、彭与施南地区一直安静，约达一千四百年之久。他们无文字传其史事，早已不知其与巴族的源流历史了，只知他们世代居此，称为"土家"，姓冉的人特别多。若后周的冉令贤出于他们这一族，则他们是巴族遗裔就可以肯定了。

# 第十四章　滴江盐泉与僰侯之国

## 第一节　滴盐与僰侯之国

长宁盐泉从滴江侧涌出，故俗称"滴井"。产量虽小，却自巴人发现，进行隔开淡水，汲泉煎煮以来，产量始终如一，未衰歇过。早在蜀王开明氏时，已经从巴国取得了这个盐泉。取得的方法，或许是和亲，或许是战争，也可能是用郪、苴、梓潼地方与巴交换。总之当在巴国都邑向阆中方向移进，放松了商业，倾向于发展农业的时候。巴国向北发展，蜀国乘时向南发展，自然就会有办法取得这个盐泉。而巴国在满不在乎的忽视下，失去了这个盐泉。

蜀国取得这个盐泉时，这里已经有个叫作"僰"的民族居住在这盐泉附近。蜀王曾封有个亲属管理这个民族地区，称为"僰侯"。秦灭蜀后，在这地区建置僰道县。常璩《巴志》说巴国境域"西至滴道"，《汉书·地理志》犍为郡僰道县颜注"应劭曰：故僰侯国"是也。这个僰侯的国邑，原就在滴溪与长江的会口，距滴井不到十公里。近世都还有建筑遗迹可见。但他的辖地，则包括了今天的长宁、江安、高、珙、筠连、古宋、叙永、古蔺和贵州毕节及云南镇雄、彝良、大关等县，是当时的一个大国。当蜀王拒秦师，战败奔逃时，曾经逃向僰国，因秦军追得紧，才跑到武阳，就被秦军追杀了。但有一个蜀王子，却逃到越南去，取有其地，建国，称安阳王。这个王子是带领军士走的。他不可能是当时蜀王之子（当时蜀王的亲属全已死于秦军），只能是封为僰侯的蜀王子，才来到及逃跑，才可能率领军队逃走，才可能通过百千里的民族区到达越南，而取国称王。是故知道安阳王是僰侯，或僰侯之子。因他是蜀王分封至僰的，所以叫"蜀王子"。

《蜀志》还说："高后六年，城僰道。"犍为郡、僰道县又说："高后六年城之，治马湖江会。水通越巂。本有僰人，故《秦纪》言'僰童之富'。汉民多，渐斥徙之。"古称岷江为江，称金沙江为马湖江。"马湖江会"，即今宜宾县的位置。这就说明了原僰侯国邑不是今之宜宾。今宜宾市，原亦有僰族的人，由于筑城后，汉人来得多，把所有原来的僰人挤走了。僰侯国域虽然那样宽，最重要的还只在于渭江盐泉。故知渭江会口的废墟，才是古僰侯国都。

## 第二节　何谓僰僮之利

僰侯虽是蜀国王子，僰人却不是蜀王同族。僰人又是什么族属呢？《汉书·地理志》论巴、蜀、广汉的风俗，说："南贾滇僰，滇僰僮。西近邛、筰，筰马、旄牛。"《货殖传》说临邛卓氏"富至僮千人"。王褒文有《僮约》，这些僮字（《华阳国志》作童），都是奴隶。僰人被当时的奴隶主作为商品，视同牛、马一般卖与汉人。自然不只是掠卖僰人，而特"僰僮"见称者，应是因为僰人占最多数，而且是最标准的商品奴隶。

这里值得特加解说的，是为什么西南夷区的奴隶市场，要以僰僮为最标准。这必然是由于僰人与汉人在语言上没有很大的隔阂，起码是容易听懂汉语的（否则汉族富豪购来，不便使用）。其次才是性格、仪貌都是汉族买主惬意的，而不是憎恶的。这就可以说明汉族与僰人虽是两个民族，但他们之间曾有长时间的接触，文化是接近的。只有进入奴隶社会以后，才有奴隶买卖。驯顺的商品奴隶，又是进入奴隶社会很久才会产生的。是故从"僰僮"这个标签推断，就可知秦、汉时的僰族人民，已经进入奴隶社会很久了。正由于他们已经进入奴隶社会很久，他们才会有倾向封建社会的情感，而甘于卖到汉族商场来。若还停滞在原始社会的民族，是很难接受封建制度而投身到封建家庭去服役的。

## 第三节　僰人的族源问题

由此看来，僰人，是一个历史悠久，进化得相当早的民族，比西南夷中的其他民族文化高些。他们与华夏的汉族有很久的交往，语言、文化都与汉族相近，并且是乐于接受封建制度的。不过他们还保存祖先遗传下来的习俗，未与汉族融合，却是已经接近于融合阶段了。大概是由于他们从未建立过自己的独立政权，所以才会出现这样的情况——有悠久历史而无独立政权。所以他们能接受蜀王委派个王子来统治。蜀亡后，又接受秦、汉官吏的管理，终于不久就融合于汉族而同为犍为郡县政权的支持者（僰人在历史上，几未发生过叛乱）。

那么，这个地区的僰人，族源何在呢？我们可以作如下的几个推论：

（一）是本地自生的人。这项假定不能成立。若是本地固有的人，则当其进入奴隶社会时，应已与丹犁、鄨、徙、邛、夜郎等族自成大国，起码要与外来的巴、蜀发生摩擦战斗。但历史上没有这样的记载，甚至没有这样的迹象。

（二）是羌族从康藏高原扩散到此来的一支。这也难于成立。蜀国、青衣羌、白狼、牦牛（笮）都显然是从这方面来的羌支民族，许多到了近世还未进入奴隶社会。便如蜀族，由于占据了成都沃野，进化快速，但其进入奴隶社会也不过与僰族同时。僰族地在大江以南，应该比蜀族更来得早，何能不占四川盆地的良田沃土，反而居住到盆地边缘的山区瘠土，接受蜀王子的统治呢？

（三）是从大巴山区移徙来的百濮一支。这有可能了。第一，僰与濮音近，古时是同音字，汉人写得不同。第二，濮人参与牧野之师，历史悠久，早已与汉族亲附。还有第三个现还隐蔽的重要理由是，濮人是最先发明石板墓的民族，而凡僰族分布地也有石板墓的葬制。关于石板墓这点须得略加阐述。

前面说到"百濮"的分布地在大巴山区。大巴山区与四川北方山区，普遍分布着白垩纪砂岩。这种砂岩，层理清楚，水平重叠，就像书页蚀断一样显露于河谷山崖间。截断石材，只需轻轻循层加以钻锲，便可得平整如同木板的石板，厚、薄、宽、长，无不如意。濮人在石器时代，便已能用坚硬的燧石石器取出石板来进行建筑。葬时以代棺椁，较用木器方便。从古代的濮人墓，到现代的汉人墓，都是用石板修的。凡人事用品的创造发明，都是自然地理先有适合于创造条件的物资，才可能有利用厚生的发明。例如竹器必然是南方人最先发明的，石器必然是火山区的猿人最先发明的，木船必定是渔业民族发明的，皮船就必然是牧业民族发明的。住居在川北方山区的濮人，最先发明取石板和用石板作墓，是可以理解的。若是石灰岩的地区（如巫山地区）则是断不能有这种发明的。

但是，虽有这三种可能，定为僰就是"百濮"流变的一支，仍也有其不可能的地理因素来作否定。第一，川北地区阳濮人，不可能横越巴国，渡过大江，在叙南地区发展起来。第二，叙南的僰人，进入奴隶社会很早，早到与巴、蜀同时。而川北区的濮人，则在春秋世还停滞在原始社会，这就不可能说僰人是他的支裔。谁要否定僰为"百濮"之裔，是有理由的。

（四）是从郁山地区发展来的。这个可能性就大了。郁山就是早在石器时代渡过长江来此的濮人之国，是周初便已派遣军队从武王伐纣的国家。郁山盐是从来就向大江以南地区诸民族部落行销的，其濮人随行盐到了此区，便依恃涓江泉盐就近运销，从而发展为一个支族，仍自称濮，音变为僰，都是说得通的。他们原是石板墓的民族，其在郁山，虽多石灰岩，亦有砂岩，应仍能保持故时的葬俗。到了叙南，这种砂岩又多了，这种墓葬必会发展起来，成为僰族的定俗，从而流传到更广泛的僰族分布地。由于郁山文化前进得比其他濮类为早，故叙南僰族文化也随之比大巴山的百濮为早。又由于郁山濮族与华夏民族接触得很早，并也是从来从属于人，未曾自己建成国家，具有驯顺的性格，所以僰族也有同样的性格。这就成为全面都说得通的假说，不必待有史籍明文作证就可以肯定的了。

总结这些论述的理据，都是围绕于渭江盐泉这个因素的。是故关于僰族文化的问题，必须结合到巴东盐泉这个地理因素来作分析。结论是，秦汉华人，把濮人写作僰人，是古今援音作字，写得不同。叙南的僰人和巴山百濮是同源的。但这个同族源的各支，由于历史悠久，随地发展，很不平衡，百濮区是比较落后的，从秦统一起才开始接受汉族文化，到汉末，全部融合于汉族了。巫山区是最进步的，殷周间已建成了国家。到战国已融合于巴族与楚族，巴、楚文化代替了巫载文化。郁山区，是次于巫载的前进者，但未建成国家，历史上隶属于巫山，附属于巴，于楚，于秦，于汉，到汉末全部融合于汉族了。叙南区是又次于郁山的前进者，它随着郁山区进入奴隶社会，也未建成自己的国家，却在西汉年便已融合于汉族了。这后面的三个地区，都是由于盐泉关系成功孕育了三个不相连接的文化区，形成了同源异流的三个以上的古代民族，在不同的时代融合于汉族。他们在我国的民族史上，可以称为"濮系民族"。

## 第四节　僰人迁徙的地区

叙南区的僰人，是从郁山区向西徙来的。在渭溪停留发展成为叙南一大民族部落的期间，由于北有巴、蜀，南有夜郎、且兰的民族高压力，制约了他们的发展方向，迫于渡过长江，西向大小凉山这一民族低压区移进（那时彝族还在滇西，羌族还在笮区，邛族还未建成国家，凉山还是空白地带）。司马相如文把它称为"西僰"，字亦作蒲。《谕巴蜀檄》云"邛笮之君，西蒲之长"（《史记》、《汉书》、《文选》文字不同）。蜀汉时越巂郡沦陷于斯榆和邛、笮，太守退居安上县（今昭觉），就是依靠此区的僰人支持。昭觉古城坪宣统元年发现汉砖、汉钱甚多，证明那就是安上县。近年又发现许许多多的石板墓，证明那是住的僰人。

僰人虽无法进入蜀国本境内去发展，却曾自凉山区过大渡河，从蜀国边缘进入了邛崃山区。临邛县西山火井槽的盐井，可能就是僰人开的。故火井槽这条河，古称"布濮水"。蒲江这条河之所以称为蒲江，是否因西蒲人曾居住过，还难说定。西蒲与布濮，都是僰字的同音异字。

僰人又从大小凉山进入安宁河区，更渡金沙江进入云南境内，建有国邑。《华阳国志·蜀志》越嶲郡会无县云："路通宁州（今昆明）。渡泸得住狼县，故濮人邑也。今有濮人冢，冢不闭户，其穴多有碧珠。人不可取，取之不祥。"这是说会无（今会理县）县境大，管辖过金沙江（泸水）以外的一部分，从前曾设置过住狼县。后并入会无县了。那里（住狼县）原是濮人的部落，有濮人石板作穴的墓葬群；曾被人打开过，取得一些碧珠（铜矿、孔雀石琢成的珠子）。其人不久倒霉死去，据说是濮鬼为疠，所以后人不敢再去取了。我所见川北的古代石板墓，都是厚石板相嵌为穴的，前头饰为门户，有簷有柱，模拟住宅。苔藓厚结，久被破坏，穴内人骨已只残片，尚空静无人敢进入。也是传有鬼祟，与《华阳国志》所传濮人冢相似。可以设想这种濮人，亦必然是与川北百濮、郁山濮、叙南僰人、凉山西蒲同源流的。

西昌地区的土民，即《史记》《汉书》说的邛人，他们是否就是僰人，也很值得探讨。邛国名声大，但自东汉初年诛邛君后，邛族名字就不再见了，唐代以一，只把西昌地区的土著称为"白蛮"。白蛮与乌蛮（彝族）在越嶲（邛国）地区，唐代还是并存的，宋代白蛮便渐就消灭，或远徙，或融于其他民族了。现代在会理、盐边等山区还保存有零碎的一些被称为"白儿子"的人家，有可能就是僰人的支裔。濮、卜、僰、白，一音之转。单从古史文字，结合地理条件谈，他们应该是一个系统的民族，随着时代和地区的转变而被称不同。

濮族也还有散居到四川盆地中心部分的。他们与汉族区别不大，未久便已融合了。其迁居到云贵高原的，或被称为濮，或被称为僰，或被称为白蛮，都是唐宋以下的记载，不在本文论述的范围内。

# 第十五章　四川盆地最古的土著

四川省境的自然区划，可分为四川盆地、川边山谷区、康藏草原三大部分。

康藏草原部分，从古就是羌族住区，亦是羌族寻找耕地时代进入的地区。四川盆地是三者中最主要的部分。巴蜀两族凭之建国。但巴蜀两族进入盆地内部的时间，距今不过四千年。巴蜀两族未入四川盆地之前，盆地早已有人类居住了。

## 第一节　元谋人

### 一、元谋人居住的地理环境

1965年5月1日，在云南元谋县金沙江畔那蚌村西北一个小丘上，发现两颗古人类的门齿化石，接着又发现石器、炭屑和一些古脊椎动物残骸的化石。考古学家定名这一古人类为"元谋人"。据中国历史博物馆编印的《简明中国历史图册》说："根据科学测定，元谋人生活在距今一百七十万年前，它是我国目前发现最早的人类化石。"结合禄丰石灰坝和开远小龙潭两处出土的腊玛古猿的化石看，这种元谋猿人，可能就是生活在云南高原亚热带森林中腊玛古猿进化成功的。

按地理条件说：元谋县的龙川江，与自四川冕宁县泸宁区向南至渡口市入金沙江的雅砻江段，又自渡口市向南再折向东的金沙江段，几乎合成一条正南正北，挨近东经102°的一条直线。显然古雅砻江与古金沙江都是一直向南并行流入红水河（绿汁江，或元江）与黑水河（把边江，或墨江）入海的。由于云南高原的上升，截断两河，迫向东汇为金沙江的一条河，弯曲流入四川盆地。因而在渡口市与元谋县之间造成这一个纵横三四百公里的河谷盆地。这个盆地，河谷海拔低到一千米左右，两岸高山在二千米左右；纬度则仅在北纬25°至27°之间；气候属干燥的亚热带型，与一般的回归线地带相似，生产的动植物种类繁多。腊玛古猿是已接近于人类的古猿，在非洲与亚洲的西南部的回归线地带生活。他们进入此盆地后，进化成为真人，比居住在高原顶部的羌人容易。这当是元谋人能在一百七十万年前出现的原因。

可以设想：元谋人停留在这个盆地内很久，并且在这盆地里进化成为真人。正如羌族在康青藏高原进化成为真人一样。但他们也必然会在生齿日繁后向四面扩散。

他们扩散的路向，必然是循金沙江、雅砻江、安宁河、龙川江与大姚河这几条河谷推动的。因为他们的身体已与这些干燥而温暖的河谷气候适应了。他们的猎食技能，也日渐与这些河谷的生物群落适应。离开这些河谷，便是气温低、云雾重的潮湿地面，生物种类不同，他们一下子转变不过来。

但是，他们最后仍然慢慢地翻过了一些低小的山丘，推进到另一个河谷盆地去。并且定居下来，慢慢做到与新的环境相适应。对他们迁徙最为便利的路线是循金沙江河谷而下，一直进入四川盆地。这个大盆地内的金沙江（长江）河谷，海拔只有二百米左右，纬度亦只在北纬30°左右，气候与物产一切与渡口至元谋这个盆地（姑且称为元谋盆地）相似。即其支流各河谷，海拔亦多低于四百米，适合于这批元谋人后裔（姑且称为滇人）的再扩散。

自然，从元谋到四川盆地的金沙江渠道，还有四百多公里长，中间重重峡江，岸山绝高，足以阻碍人类的循江移进。可能要经过几十万年，他们才会发现四川盆地。从四川盆地的长江河谷，再向岷江、沱江、嘉陵江与其他支流河谷推进，又还须若千万年才能到达资阳。估计"资阳人"是"元谋人"后裔发展演变来的，似无不可。

从元谋盆地溯金沙江河谷上溯，也应是很适合的扩散路线。但不久便抵达三千米以上的康藏高原，气候变冷，那是元谋人不愿去居住的，而是耐寒的羌人所乐于居住的。从金沙江套、雅砻江套与大渡河曲以南，才是元谋人后裔可能发展的地盘。

从元谋县的龙川江与大姚河谷向南，以及金沙江一些支流河谷向南，不久便进入两千米高的云南高原了。这个海拔仅仅二千米以内的低纬度高原，没有霜冻，而有鱼盐之用，元谋人的后裔很快就能与之适应而定居发展，在昆明湖区与南盘江河原地区、其北的邛海与安宁河区以及洱海以东的海迹小盆地内发展农业建成国家。并且再扩展到其南的红水河、黑水河、盘江（西江）与黔东五溪地面去。《史记·西南夷列传》里若干的南夷部落，都可以设想为元谋猿人后裔演变所建立起来的。

## 二、《史记》中的南夷部落

《史记·西南夷列传》是我国最先记录云贵高原上古民族部落的经典著作。它说：

南夷君长以什数，夜郎最大。其西靡莫之属以什数，滇最大。自滇以北君长以什数，邛都最大。此皆魋结，耕田，有邑聚。

这里所举南夷三大部分，首称夜郎，次滇，皆在金沙江以南，属云贵高原农耕地最优越的地区。"夜郎者，临牂柯江，江广百余步，足以行船。"按这十六字来检核云贵高原上的地形，只有曲靖大平原北端沾益县的黑桥镇才符合夜郎国邑的形势（详具《华阳国志校补图注》）曲靖平原南邻赵州平原及路南平原，为云贵高原上最大的一个冲积平原，夜郎国便是在这样一个良好的农业基地上建立起来的。所谓"竹王"的族属问题，近年虽有许多拟议，亦还未得定论。

滇国，是楚人庄蹻建立的。在庄蹻未到以前并无国家。《史记》只称为"靡莫之属"，表示其还无城邑，无君长，是否已有农业都很成问题。比起夜郎来，文化差距很大。夜郎似还未曾征服它，只楚国的庄蹻将军"将兵循江上，略巴黔中以西，……至滇池，……以兵威定属楚"之后，那些民族部落都慑服了，才得开辟滇池附近土地，兴修盐、铁、工商之利，建成高文化的国家。

汉武帝开西南夷："滇王与汉使者言：'汉孰与我大？'及夜郎亦然。"司马迁笑他们"以道不通故，各自为一州主，不知汉广大"（并引《西南夷列传》文，本节引号内文同）。后世华人嘲笑妄自尊大者曰"夜郎自大"。不嘲滇王者，滇文化高，近似内地，故不讥；夜郎文化低亦妄自大，乃讥之也。

然夜郎自元谋人出生开始，阅百余万年未得外文化帮助，独自摸索于山谷间，用自己的劳动创造文化，不断前进，到汉武帝时，亦已进入"耕田，有邑聚"，建成大国，为一方民族首领，其创造历史的艰难历程与庄蹻用楚文化跨入而开滇池之国有所不同。则夜郎人之有自豪感，亦不足怪。且夜郎辖境实亦辽阔，司马迁所记南夷，自金沙江以南实皆夜郎文化属区。即汉世牂柯郡十七县与犍为郡堂琅、朱提、郁鄢、汉阳四县地。相当今世贵州全省与云南东部半省，约三十六万平方公里的地面，比今世欧洲的波兰、民主德国、联邦德国、捷克斯洛伐克、罗马尼亚、保加利亚、南斯拉夫、希腊、意大利、葡萄牙、比利时、荷兰、丹麦、瑞典、芬兰为大，亚洲的越南、泰国、马来西亚、菲律宾、朝鲜等国亦不能及。约略同时的巴、蜀两国亦正相当。徒不可与秦、汉比拟耳。其文化虽不逮华夏与滇，在元谋人扩散区内，则是最杰出的。其旁数十部落，都只算得它经济、文化领导下的附落。

这些附落，史有明文而可举者如下：

**且兰** 《西南夷传》云："及至南越反，上使驰义侯因犍为发南夷兵。且兰君恐远行，旁国虏其老弱，乃与其众反，杀使者及犍为太守。汉乃发巴、蜀罪人尝击南越者八校尉击破之。……遂平南夷为牂柯郡。"《汉书·地理志》牂柯郡治故且兰，沅水所出。考其地在今贵州黄平县的老黄平盆地。这是黔东仅有的一个湖迹黄土盆地，故能成为且兰这样的故国。南夷唯夜郎最大，建元六年，武帝已遣唐蒙风晓夜郎内附。"约为置吏，使其子为令。夜郎旁小邑皆贪汉缯帛，……听蒙约。"且兰应是听蒙约，请置吏的一国，故当受征调。犍为郡即于当年置，初治鳖邑（今遵义），距且兰只一百二十公里，故汉命犍为太守发南夷兵。而且兰反先杀犍为太守和征兵使者（犍为郡由是徙治平夷县，后又徙僰道，昭帝时又才徙治武阳），故灭且兰置牂柯郡时即以且兰为郡治。

**鳖** 本亦南夷国邑。为楚国商于之地。置吏，是为"鳖令"。战国初以罪逃入蜀之鳖令，是楚所置吏非鳖邑本族人也。汉以鳖为犍为郡治时，鳖君当仍存在，似因从且兰叛，其国乃灭。郡治亦徙。

鳖为犍为郡治与且兰为牂柯郡治，皆位于各该郡的极东，不取居中控驭之制者，凡夷郡新开，皆邑君与守令并治，守令但役使邑君，不问民事。畏夷人反叛，必居近腹郡以资威慑故也。

**头兰** 传云："头兰，常隔滇道者也。"故汉八校尉兵因南越已破，不更下牂柯江去伐越而"引兵还诛头兰"。《汉书》改史记文，作"会越已破，汉八校尉不下。中郎将郭昌、卫广引兵还，行诛隔滇道者且兰。斩首数万，遂平南夷为牂柯郡"。后人遂请"头兰即且兰"，皆甚错误。且兰在滇与夜郎两国邑之东千里，不能隔通滇道。所谓"滇道"，谓汉使通往夜郎与滇国之路，即唐蒙最先出使夜郎的旧路。建元六年，"拜唐蒙为中郎将，将千人，食重万余人，从巴蜀筰关入（《汉书》无蜀字），遂见夜郎侯多同。蒙厚赐，喻以威德，约为置吏"。所谓"巴蜀筰关"，是"巴符关"的传抄误衍字。《华阳国志》江阳郡云："符县，郡东二百里，元鼎二年置，治安乐水会。东接巴郡乐城。南，水通平夷、鳖县。"又"司马错自巴符水取楚商于之地为黔中郡"之巴符水，即安乐水，今合江县赤水河是也。唐蒙使夜郎路，系从褒斜道泛西汉水，至巴郡，溯江至符县，更溯赤水河至平夷（今毕节县地），过头兰入夜郎。即今自毕节度七星关，经赫章，威宁、宣威至沾益、曲靖之路。头兰当在威宁、赫章一带。屏蔽夜郎，故曰头兰（兰、郎，皆其土语"首领"之义的异译）。初贪唐蒙赏赐，故通。嗣恶汉使征发频数，故屡阻绝汉使。头兰诛而夜郎震恐，入朝乃得开置牂柯郡。八校尉兵先击灭且兰。闻越破，不下，乃回军灭鳖与头兰。夜郎服，入朝，乃更渡金沙江诛邛君、筰侯，略斯榆（徙）、青衣，朝冉，臣骁，还蜀。《汉书》混头兰为且兰。传抄《史记》本衍蜀字，讹符为笮，俱当订正（说详具《华阳国志校补图注》）。

**劳深、靡莫** 司马迁既云"靡莫之属以什数"，皆"耕田、有邑聚"。又云："滇王者，其众数万人。其旁东北有劳深、靡莫，皆同姓相扶，未肯听（谓从汉使者风谕）。劳深、靡莫数侵犯使者卒。元封二年，天子发巴、蜀兵击灭劳深，靡莫、以兵临滇。滇王……举国降，请置吏入朝，于是以为益州郡。"《汉书》同。皆谓"劳深、靡莫与滇同姓"。滇王为庄跻之裔，不得与劳、莫同姓。而云同姓者，盖二族与滇池土民同族源。庄跻王滇，是夜郎王划滇池居民隶之以立国。庄氏既抚有滇民，滇民乐其为君，因以同姓故诱致劳深、靡莫，为滇屏藩。滇邑东北距夜郎国邑不过百二十公里，则劳深、靡莫位于其间，相当于今嵩明、寻甸两县之地。原当亦是夜郎附落，不隶于滇，滇国亦未兼并其地，但二族皆已疏于夜郎而亲就结好于滇，为之屏蔽。这显然是滇文化比夜郎文化优越，受到人民爱悦的结果。

劳深与靡莫，自然与滇人和夜郎都是元谋人后裔的四个分支。夜郎国王号称"竹王"，是否竹是其族号，还待研讨。靡莫，前汉置县曰"收靡"，后汉为"牧靡"，显然靡是其族称，是否与楚国姓芈的字义有关，而把它作为与庄跻和其部族结婚后的新称谓，也值得讨论（从"同姓"二字设想）。至劳，与僚和牢同音，后世所谓僚人是否便是劳深演变的，抑劳深与哀牢同类，都有值得探寻之处。

**滇池的土著** 益州郡治滇池县。《前汉志》云："大泽在西。滇池泽在西北有黑水祠。"显然说的是两个湖泽在其境内，一个叫"滇池"，一个叫"大泽"。《后汉志》曰："滇池（县）出铁，有池泽，北有黑水祠。"也是"池泽"叠称。《华阳国志》云"滇池县，郡治，故滇国也。有泽水，周围二百里。所出深广，下流浅狭如倒流，故曰滇池"（系从谯周《南中志》说）。是否《前汉志》把滇池分作滇池与草海两部分了，抑是别指有泽？

窃按，滇池北有草海，是湖水日浅，北端沙州逐年出现所致，古代原无草海。滇池县治亦非今昆明市而是在今池东岸的呈贡、晋城地面，有滇王墓群与故城遗址可证。《前汉书》云"大泽在西"者盖指今之安宁盐泽，与黑盐井盐泉群。只"滇池"（泽字衍）是在晋城西门外。《后汉书》之"池泽"亦系兼指滇池与盐泽。《前汉书》连然县"有盐官"。《华阳国志》"连然县有盐泉，南中共仰之"是也。连然县治安宁井，为一盐泉群。其北龙川江上游，又有一盐泉群，世称"黑盐井"。凡盐泉群所在，原始人类不能管制，听其溢泛成泽，故南人恒呼盐泉所在为泽，或盐池泽。庄跻入滇后，始大兴煎煮，采冶铁矿，以工帝富民，国以富强。故言滇事者，首重在盐泽，滇池之美乃在其次。庄𫏋未至以前，前郎似未重视此盐泽。滇族之人，虽必已能挹取咸水制盐运销，因方法陋而成本高，故无可获利。

滇池，为滇人从安宁河舟运销盐于沿湖村聚的要道，遂以其人名湖，非取颠倒之义。湖水虽有广狭，不得遂被误认为"倒流"。故晋人之说无取。

安宁井与黑盐井，皆与元谋县上那蚌村相近，即属于元谋猿人聚居的核心地区。它与此猿人种族生活的发展进化应有密切关系。所谓"滇人"可能即是元谋猿人直系后裔之氏族，据此等盐的时间最久。此间人呼盐为龄，译写作临，作连。连然县名取义在此。滇，连为双声字。疑滇池、滇濮、滇歌、滇国等滇字。皆此民族远古已经使用之称谓字。经六朝剧乱后，盐利乃转入昆明人手。乃有昆明湖与昆明县之称以代替滇字，其时滇人与夜郎人皆已融合于汉族了。

**同师** 《史记》有"同师"地名，《汉书》作"桐师"，在叶榆南。常璩《南中志》有"滇濮、句町、夜郎、叶榆、桐师、嶲唐侯王国以十数"句，则是汉世一民族部落之称也。《汉书·地理志》牂柯郡有同并县。"应劭曰，故同并侯邑。并音伴。"是同师亦作"同伴"。古铜字只作同。疑其人是庄𫏋部队中采铜工人居此繁衍之部落，或更早之堂琅铜工采铜至此所繁衍，故史事极少而名颇著，并使用师、伴字称。

**句町、漏卧** 《汉书·西南夷传》续《史记》言孝昭帝时讨平姑缯、叶榆叛乱："上曰：钩町侯亡波，率其邑君长人民击反者，斩首捕虏有功。其立亡波为钩町王。……至成帝河平中，夜郎王兴，与钶町王禹、漏卧侯俞，更举兵相攻。"牂柯太守陈立召斩兴。"钩町王禹、漏卧侯俞震恐，入粟千斛，牛羊劳吏士。"《地理志》作句町，云"文象水东至增食入郁"，则其国当在今云南东南文山州内。漏卧亦为县，其地位置当在句町之北，滇、黔、桂三省之间。

以上南夷国之可考见者，大都原是夜郎附落，可以称为夜郎文化区，亦即元谋人裔扩散之地。苦谓滇人为元谋人嫡裔，则此谓诸部族皆属滇族分支可也。

## 三、竹王与牂柯

夜郎王号竹王。《华阳国志·南中志》有这样一段神话：

有竹王者，兴于遁水。有一女子浣于水滨，有三节大竹流入女子足间，推之不肯去。闻有儿声，取持归，破之得一男儿。长养，有才武。遂雄夷狄。氏以竹为姓。捐所破竹于野，成竹林，今竹王祠竹林是也。……武帝转拜唐蒙为都尉，开牂柯。

以重币喻告诸种侯王，侯王服从。因斩竹王，置牂柯郡。以吴霸为太守。……后夷濮阻城，咸怨诉竹王非血气所生，求立后嗣。霸表其三子列侯。死，配食父祠。今竹王三郎神是也。（夷濮，《后汉书》引作夷獠）

这条神话，可以说明所谓"竹王"，是夜郎由母系氏族转入父系氏族的第一代首领。因其以竹为氏，后人遂编造为破竹得儿之说。母系氏族，是狩猎经济与牧业经济时代的必然产物。父系氏族，则是有农业，已定居后产生的。夜郎之进入父系氏族，在何年代，无凭考订。由其神话传说之久，已经深入人心，到了"夷濮阻城，怨诉竹王非血气所生"的迷信程度，及为竹王立专祠，并配享其三子亦立祠祀的程度，应已有千余年的竹氏递嬗了。可以肯定：上举那些金沙江以南的南夷部落，在汉以前，全是夜郎竹王文化所被，经济相依，政治信仰所系属的地区。可以称为夜郎文化区，或竹王区。只庄蹻来后的滇区除外。

汉开南夷置牂柯郡，牂柯这两个字的含义，从来有多种解释。《南中志》又曾说："蹻，楚庄王苗裔也。以牂柯系船，因名且兰为牂柯国。分侯支党，传数百年。"《后汉书·西南夷传》则作"楚顷襄王时，遣将庄豪从沅水伐夜郎。军至且兰，椓船于岸而步战。既灭夜郎，因留王滇池。因且兰有椓船牂柯处，乃改其名为牂柯"。

这两种说义，可能同于一种旧说（谯周《南中志》或魏完《南中志》），各所体会去取不同。要皆谓庄蹻是从沅水、且兰去征服夜郎而王滇的。我认为理必不然。第一，是庄蹻是楚顷襄王自陈邑还军夺回沿江十五邑后溯江到枳，再由黔水向鳖邑到夜郎，而王滇的。不是从沅水到且兰就开始步战而灭夜郎。按当时地理与社会情势说《后汉书》错误更多，无取。第二，是齐桓公时已有牂柯国了，见于《管子》，不当至战国末年庄蹻系船而后有牂柯之名。第三，汉牂柯郡治故且兰，不是且兰先叫作牂柯国。第四，且兰国土扁小，只算得夜郎的附庸之国。牂柯郡十七县，皆围绕夜郎。夜郎未降，即不能有牂柯郡。故牂柯只能从夜郎求义，不得缘且兰求义。第五，"夜郎者临牂柯江"，只能是指的南盘江，亦即是唐蒙所见番禺城下的西江。以其"从牂柯来"，故称牂柯江，是郡名牂柯是取夜郎之牂柯江为义，与且兰之沅水无关。

南盘江又何故有牂柯之称？还当再进一步索解。我的设想是：竹王的"竹"，对音便是"牂柯"。只缓读，促读不同。《左传》僖五年的"寺人披"，僖二十五年作"寺人勃鞮"。译夷语者事所常有。竹王国邑与祠皆在南盘江上，则称南盘江为牂柯江，与称竹王水无异〔《华阳国志》："从者曰无水。（竹）王以剑击石，水出。今王水是也。"王水，应是"竹王水"，与牂柯江同义]。是牂柯之名缘于"竹王"。此第六解。

自牂柯为郡后，金沙江以南的南夷诸国的民族次第转入封建社会，逐步与汉族融合。这些民族，皆发派于元谋人直系之滇族，似可以统称之为"滇支民族"。即夜郎竹王，也是滇支之发展前进，跻乎较高程度者。这些民族部落名称，魏晋六朝以后，全部消失，而另有夷、獠、爨、濮、苗、俚等代称，不在本文讨论范围以内。

## 第二节　邛国民族的族源问题

### 一、建南高原的邛国

《史记·西南夷列传》有一个人所忽视的特点，即夜郎群君长、靡莫群君长及冉、駹白马等君长与嶲、昆明诸部落皆不称都，独于金沙江北与大渡河区的地区称都。如"自滇以北君长以什数，邛都最大"。又"自嶲以东北君长以什数，徙、笮都最大"（徙都、笮都连举，省一都字）。徙都一作"斯都"（见《三国志》与《华阳国志》）。若谓它的国名或族名本是二字，则何以各书以及《史记》其他地方又只用"邛君""邛人"与"徙""笮"之一字。或称"斯榆"也不称都？若说是表示它国邑所在，凑为二字以适华言习惯，则滇与冉、駹皆一字，何以又不称都？窃尝探求其故，盖由此间语言，与金沙江以南和四川盆地以北不同。都字，是羌语"多"字的音变。藏文译羌语，本义为：河原可耕，邑聚所在之处。康青藏地名如打折多（打箭炉）、结古多（玉树县）、察木多（昌都）、硕板多（硕督县）、阿兰多、策零多、东兰多等大小地名甚多。羌民尤其是白兰语支羌民乐于使用，因为用为地名能把该地点的地形性质同时表达出来，习惯上便与其地本名割不掉了。金沙江与大渡河之间，原是元谋人裔与羌支民族交会线上的地区。元谋人支虽自称为邛，羌支人民则必称之为"邛都"（徙都、笮都同）。司马迁赴滇，系自成都、临邛来，先入此种连有都字的称谓之地。殆入滇后，录滇系人语，不闻连有都字。返成都后，则蜀人已习以都为城邑首要者称，于冉駹亦不连都字。此正是司马迁叙史如实之处。称其国，就国邑所在则曰邛都、徙都、笮都，称其人则曰邛，曰笮，曰徙也。

金沙江与大渡河间的地区，即今世的凉山州地区，属于川边山谷地区内的开阔地带，地理学家称"建南高原"（旧上南道称建昌道，此区属建昌道的南部）。平均海拔二千公尺，与云南高原一切相似。只缘金沙江侵蚀深陷，划割成为两省。元谋人化石出土地点虽在金沙江南岸，但按猿人泅水能力估计，是必能在南北两岸扩散的。古所谓"邛人",必定属于滇族的一个分支。《史记》所云"自滇以北君长以什数"的数十民族部落,可能都是"滇支民族"。邛国只是其中最大一个而已。

邛国之所以能为最大一国,正如夜郎一样,因为它拥有一个大面积的冲积平原(在邛国为安宁河平原),农业文化成熟得较早。它与夜郎虽隔金沙江,彼此没有联系,但能各自就地劳动,发展前进,到汉武帝时,亦俱已进入"耕田、有邑聚"的衣冠之国了。所以建南高原内的其他邑君都必然要受邛人的制约,亦如金沙江南诸滇支民族之必须服属于夜郎是一样。可以说:周、秦年代,四川盆地内,是巴蜀民族的天下。金沙江以南是夜郎竹王的天下。建南地区,则是邛人的天下。这四者,是政治、文化不相隶属的四个独立王国,只民间的商业有频繁的往来作为其经济联系。

## 二、邛国的结束与邛人的转化

邛之为国,建立殊久,周世不与巴蜀通使,然其民经商者多至临邛。《华阳国志》曰"本有邛民",盖邛有盐泉,商人行盐有至者也。布濮火井旁有盐泉,可能即邛民所作。其主要商品,则为筰马、僰僮,与自蜀贩取绢、帛、蜀布与其他工艺品远销滇濮以至印缅,兑换海舶珍异。三国以前,海道未通,蜀、邛、滇、缅,为主要商路。邛人居于其间,经商极便。故其人与外界接触机会多,社会发展速于夜郎。邛王富乐自负,无视异域。不如夜郎竹王之贪缯帛,易役使。秦灭巴蜀,曾招抚之。故司马相如曰:"邛、筰、冉、駹者近蜀,道亦易通。秦时尝通为郡县。至汉兴而罢。"(谓因秦亡,其事不果也)武帝"以为然。乃拜相如为中郎将,建节,往使。副使王然于、壶充国、吕越人,驰四乘之传,因巴蜀吏、币物以赂西夷。……邛、筰、冉、駹斯榆之君皆请为内臣。除边关(谓废汉、邛边徼为一家)。关益斥,西至沫、若水,南至牂柯为徼(谓把边徼展拓到沫水、若水,与牂柯江上去)。通零关道,桥孙水以通邛都"。(《难巴蜀父老文》作"镂零山、梁孙原"。谓开凿小相岭山路,在孙水上架桥,今泸沽孙水关桥是也)新开十余县,置蜀郡西部都尉领之。厚赏赐邛、筰君长,理其国如故。嗣因劳民,从公孙弘言,权罢置吏,转饷诸役,但遣使者达朝旨。迨且兰反,杀犍为太守,邛、筰不受调遣亦杀汉使者。八校尉兵平南夷,"诛且兰、邛君,并杀筰侯",遂以"邛都为越嶲郡",时为元鼎六年(公元前111年)。

建郡后百三十余年,地方安谧。南中屡乱,越嶲为汉不贰。至王莽时,"郡守枚根调邛人长贵以为军侯。更始二年(公元24年),长贵率种人攻杀枚根,自立为邛谷王，领太守事。又降于公孙述。述败，光武封长贵为邛谷王……授越巂太守印绶。（建武）十九年（公元43年），武威将军刘尚击益州夷，路出越巂。长贵闻之。疑尚既定南边，威法必行，已不得自放纵。即聚兵，起营垒。……尚知其谋，即先据邛都，遂掩长贵诛之。徙其家属于成都"①。

《三国志·张嶷传》言："自丞相亮讨高定之后，叟夷数反，杀太守龚禄、焦璜。"《华阳国志》作："章武三年（公元223年），越巂叟大帅高定元称王恣睢。遣都督李承之杀将军梓潼焦璜，破没郡土，……"又云："斩斯都耆帅李承之首，乃手杀焦璜、龚禄者也。"斯都与叟，皆徙都旧族亦即白狼楼薄的变称。说明其时越巂郡为徙族人物所据。徙族后援为旄牛王与白狼槃木王，皆羌支民族也。邛国旧民，除一大部已与汉族融合外，尚有一部分据守安宁平原东北群山中，称为捉马。张嶷先抚有之，乃次第驱除旄牛、白狼等羌支势力，恢复郡土。故《张嶷传》云：

嶷将所领之郡，诱以恩信，蛮夷皆服，颇来降附。北徼捉马最骁劲，不承节度，嶷乃往讨。生缚其帅魏狼。又解纵，告喻，使招怀余类。表拜狼为邑侯。种落三千余户皆安土供职。诸种闻之，多渐降服。

盖张嶷初只仍居安上，招抚邛人。邛民未附者惟捉一马。然亦未附斯叟。故嶷先服其心，借以招怀诸部。遂克，恢复全郡。

自是之后，越巂复为腹地郡县。齐梁之后，没于僚人。仍奉正朔，称为"獠郡"。隋、唐复为巂州。签傈苏（乌蛮）据有东部山区，吐蕃攘夺西北山区。虽如韦皋之强未能恢复安宁河原全部。其后没于南诏，成为南诏入掠西川的孔道。元世祖征云南，亦取道此区。分设乌蛮、白蛮土司治理。明玉珍据蜀招抚诸部，而羁縻之。明太祖平蜀，立卫所守御之制，始复为建昌道与宁远府，由中央政府派官治理。邛族名称则已消灭千数百年矣。

---

① 此据《后汉书·西南夷传》文。《前汉书·西南夷传》作"越巂蛮夷任贵亦杀太守枚根，自立为邛谷王。会莽败。汉兴诛贵，复旧号"。二十八字《后汉书》作"长贵"者，盖贵上计时自称，取令长之义。实自有汉姓任氏。刘尚征南夷取道越巂，任贵实任转输有功，故得平定。归途诛任贵，复以汉人任太守，为当时体制所必然。公贵酿毒酒军者，"欲加之罪"之冤词也。贵以谷王兼太守者二十年，颇著威惠，为一方所怀。其称"谷王"者，盖邛人种稻，自贵倡始。故《后汉书》云"其土地平原，有稻田"。笮、徙种稻缘之而盛。故雅、黎、巂、会诸州人民奉任贵为"土主"之神，直至近世犹然。我于1942年在雅安看土主诞日"赛神"，山乡若狂。至土主庙看神像碑匾，记任贵为邛谷事，克知其如此。

### 三、建南盐泉的争夺

金沙江北、雅砻江套之南，今盐源县境，有盐泉两处，皆自地涌出成池。邛人自古据之，制盐运销于建南全域，远及蜀、僰与旄牛王地。其制盐方法极简陋，积柴薪于石盘上，焚而浇以盐池之水，盐粒与木灰相混，故曰"黑盐"。氯化钠加钾灰，刺激性强，狩猎、牧畜之民嗜之，行销远达临邛。邛国由是富强。汉虽开越嶲郡，因其国君为守令治之。其池偏在郡西，汉族盐工无至者，故其煎法迄未获得改进。《华阳国志》定笮县云：

县在郡西，渡泸水（指今打冲河）宾刚徼（谓县极西边徼），曰摩沙夷。有盐池，积薪，以齐水灌，而后焚之，成盐。汉末，夷民皆钢之（谓不供给汉人）。张嶷往争。夷帅岑、槃木舅，不肯服（《后汉书》作"定笮率豪狼岑，槃木王舅，甚为蛮夷所信任，忿嶷自侵，不肯来诣"）。嶷擒挞杀之。原赏赐，余类皆安。官运有之。（此下后人妄增"北沙河是"四字。白沙河，今云白盐井）

张嶷所夺回的只是定笮东池，即今盐源县治所在之"白盐井"。其西池（今云黑盐塘）在当时则为摩沙夷据。至于煎盐之法则两池俱同。

"摩沙夷"者，羌支民族，最早自康区南下，入居于康滇间河谷低地之民族也。盖与木里、木雅同源，自九龙与木里地区进入金沙江区。逐渐排斥邛民，占有黑盐塘建成国家。南诏时为"越析诏"（六诏之一），《元史》与明《徐霞客游记》均作"麽些"。沙、莎、析、些，皆一音之变，木、摩亦同。故其王号"木天王"，官曰"木瓜"。近世乃作"纳西"，又作"拉哈"。两千年中民族称呼音变之小者也。

南诏占有此盐泉后，昆明盐工煎盐，其法略有改进。设长灶，用多枚瓷碗作锅，次第加水。煎盐成臼窝状小块，俗称"碓窝盐"，色白，质固，便于运输和削用，优于黑盐甚多。直至近世，仍遵此法，与内地煎盐不同者，其地工矿落后，无铁锅故也。清季，黑盐塘为黑夷所据，仅东池开煎白盐，曰"白盐井"（实非井盐）。

自有邛人至近世，建南各族人民皆仰食于此二盐池，得之者富强，失之者困踬。以其关系一方民族数千年来兴衰、进退之迹，故下述至今世，冀有助于研究民族历史者参考。

### 四、姑缯的族属问题

《汉书·西南夷传》续《史记》文，云"孝昭始元元年（公元前86年），益州廉头姑缯民反，杀长吏。牂柯、谈指、同并等二十四邑凡三万余人皆反"。经过了大镇压，"后三岁，姑缯、叶榆复反"。这一战役，阅时两年，汉军初大败，后赖句町等部助汉，"斩首捕虏五万余级，获畜产十余万"。以后，不再见"姑缯"之名了。

《汉书·地理志》越巂郡有姑复县，云"临池泽在南，都尉治"。临池泽，刘昭《郡国志·注》引《地道记》作"盐池泽"，所指为今云南大姚县西北的盐丰镇盐泉区。汉越巂都尉驻此以护盐利，则姑缯为跨金沙江地面之一强族可知。"姑"，其族名，"复"者免其徭役之义。各县唯此称复，则他县皆当供力役与军役，独免此县可知矣。南中历次反叛，皆缘赋役繁重，此免役县民而亦反者必自有故。既其地有盐泽，驻都尉，则姑缯之复，由于其人专供制盐可知。亦如鱼复之鱼人，汉复之郁人，以煎盐运盐而免除徭役也。

"廉头"二字，既非县名，亦非族名，又非职官之称，加于姑缯之上，更不得为人名。第二次姑缯反，又无此字。我曾反复求义，以为南夷呼盐为临。临、连、廉音近，异地异时，人之作字不同。"廉头"，即盐工头目之义。姑缯之族，盖为当时都尉治下之盐工。不胜都尉苛暴，激成叛乱。盐工，是当时有组织的劳动集团，所以只称廉头姑缯，不用人名。盐工一叛，盐业停顿，二十四县三万多盐工与倚盐为生的人都响应，便成为难以镇压的怒涛了。第一次镇压杀的姑缯人似不少。杀的盐工不会多。但姑赠盐工是要失业的。他们不服，又逃到西部叶榆去，联合巂、昆明造反。这次镇压后，姑缯人存者不多，潜伏不动了。

今世云南西北部的苦聪人，《维西小志》作古宗（加有犬旁），他们是否是姑缯后裔的残存者，还待民族学家研究。若就是古宗，则当属于羌藏民族。若不是，则姑缯原在地正是元谋——渡口之间的金沙江两岸，应是元谋猿人的后裔。

## 第三节　四川盆地内的原始居民

### 一、资阳人来源的推断

1951年资阳黄鳝溪出土的"资阳人"，生活于距今二万年前，自不能说是"巴族人"或"蜀族人"。是否可以说是羌支民族呢？也觉不能。因为羌支人民在二万年前，还只能在高原地区和秦岭、巴山地区生活，不可能居住到资阳河谷内来。资阳河谷，海拔只有三百米左右，气候属亚热带型的热温带，不同于龙泉山脉以北的成都盆地。一万年以前的羌支民族还未曾有进入成都平原的痕迹，更何能进入资阳这样温暖的河谷。只需用柑橘、甘蔗的生产情况来比较就行了。从江津、泸县、内江到资阳的河谷内，所植柑橘同品种者同风味，品质不变。就说明它们同是亚热带气候。一经北逾龙泉山脉的金堂峡，则其西端牧马山下的岷江口，柑橘与甘蔗的生长情况就不同了：任何地方的良种引种到来，两年后便会劣变。南丰橘会变成四川桔，甜橙会变成酸橙，福建蜜橘会变成川橙，红蔗、白蔗的甜节会缩短到只有一二节，甜味变淡，纤维变硬了，这说明它不是亚热带气候了。

如生长于金沙江谷的元谋人进入四川盆地，必然能在万年以前生活于资阳河谷以至于简阳河谷，而不可能入居于金堂峡内的成都盆地。同样道理，还生活在龙门山地与大巴山区的羌支民族，也还不能进入成都盆地与海拔四百米以下的河谷。这是自然规律作出的限制。

因此，尽管"资阳人"还只是一块头骨和两颗牙齿，也可判断他的族源出于"元谋猿人"。而其在四川盆地内的活动范围，远在距今万年以前，只能是在海拔四百米以下的河谷。那样的河谷，也是羌支民族所不能到的。

但他们都不能永远停滞在这样的分界线内。近一二万年内，他们的身体都渐能适应这条界限以外的气候，把耕地和居宅向限线外推进。于是怕热的羌支民族与畏寒的滇支民族相互接近以至于错居生活了。进入这一阶段时两者的社会都会出现一次大跃进。互相友好，融合会成为社会的跃进；即使互相对立，战争持续也能促成跃进。四川的社会历史，应该从这个历史时代开展，尽管文献记录没有，地下资料缺乏，研究历史的人也该把注意力提高到这个时代来，等待地下发掘。

## 二、铜梁铜矿的发现人

左思《蜀都赋》："外负铜梁于宕渠。"刘逵注云："铜梁，山名。宕渠，县名。铜梁在巴东，宕渠在巴西，出铁。"其意谓左赋误为牵合。今案，川东褶曲山脉骈列，以华蓥山脉为最高。其北为红土丘陵方山区，为汉魏巴西与宕渠两郡地。其西南端，逾嘉陵江之温汤峡，为铜梁县与巴县地，有断陷部，车马可通。① 断陷之西乃再起为永川、璧山诸山。此断陷部，古代产铜，故华蓥山脉古称铜梁山。唐武后

---

① 华蓥山脉西段登山与铜梁之间的断陷处有温泉和纸厂，地名西泉，公蟠平通，不觉其为山口。

长安四年（公元704年）于陷口之北置铜梁县，因山名也。汉时尚能产铜。其铜用人力运至长江，舟运出川。今巴县"铜官驿"，即古铜官监运处也，今已久不产铜，而旧名犹存。

四川采铜历史，此为最古，临邛铜山次之。飞鸟铜山又次之。然皆属侏罗纪铜矿，采之易尽。不似东川、会理藏量之富，迄今未竭。①（今铜梁、临邛与飞鸟地区皆已无铜）刘渊林但知宕渠出铁，不知此间出铜而疑之，当订正。

我作这条考订，是为了进一步追溯铜梁采铜究是何时开始的问题。

这得回想到"元谋人"来。元谋人出现的地区，与会理、东川甚接近。那些产铜的山，多有翠绿色的孔雀石与空青、翡翠等宝石，为人类所喜爱。元谋人的子孙（前章已称为"滇支民族"）是否成为大西南最早的采铜民族，很值得探索。例如：东川会泽县，即汉代的堂琅县。堂琅铜周、秦、汉世，已远售到华夏，见诸金石文记。其时还未开南夷，无郡县官吏提倡采铜，则其采铜之早为属于滇、邛、夜郎等"滇支民族"之祖先为可定矣。纵使华夏曾有工巧奴隶逃来此处采矿，亦必先有土民发现开采，华工有所闻知，才会奔赴来帮助其提高采冶方法，相处成家。否则矿山在如此僻远之万山中，华人何能于建置郡县之先就已找到？

滇、邛、夜郎耕地面积不大而能成为南夷大国者，绝不可能单恃农牧生产。由其商运物资之远达（蜀布、邛杖远到大夏，枸酱远销番禺，皆滇、邛、夜郎商民所致），足知其工矿、商业亦盛。但史无文记耳。滇支民族之善于采矿则是可知的。

滇支民族之进入四川盆地者，首当聚居于最低暖之长江谷地，例如自宜宾至奉节之沿江谷地。再扩散，即必为乐山以南之岷江，内江以南之沱江，与合川以南之嘉陵江等四时温暖的河谷内。又再扩散，才会到达彭山、资阳、三台、阆中与渠县以南的河谷，而扩展于海拔四百米以下的丘陵地。他们是最先发现铜梁山中铜矿的人类，是可以初步肯定的了。

遗憾是尚无地下发掘的资料可以作证。至于文献资料，那更是断不可能有的。因为那是四川有文字以前几千年，甚至几万年的事。只有铜梁山这个名称提供一条探寻线索。

"铜梁"这个名词，可能就是其时滇支民族的语言，表示的这里发现和采冶铜斤氏族的专称。即是说：铜梁是滇支民族进入四川盆地后，最早著名的一个氏族，山名由之而得，县名也由之而得。

---

① 关于四川矿产，拟另撰文详论。

### 三、郪王城与郪县和郪江

两《汉书》广汉郡皆有郪县，无注。《元和志》《寰宇记》与明、清《一统志》皆定为今三台县。窃考三台县城，古称"伍城水口"。属涪县南界。刘宋始于此置北伍城县与新域郡，不当是古郪县治。①

汉郪县治，蜀汉曰"郪道"。《三国志·姜维传》谓姜维自沓中闻魏命钟会等伐蜀，回军守剑阁拒会军，会不能克。而邓艾军自阴平间行出江油破诸葛瞻，径趋成都。维欲还就后主，"或闻后主欲固守成都，或闻欲东入吴，或闻欲南入建宁。于是引军由广汉郪道，出审虚实"。维此时，既自剑阁撤退，当保存全军速就后主。决不能从涪、雒趋成都，致遭钟、邓夹击。亦必不能取五城水（今中江县之凯江）赴成都，因其道与巍军迫近，而后主之守与出走未可知。则循五城水撤退亦危道也。其取郪道者，必因能避魏军，又能兼顾三路。即后主能守，则便于自外围破魏军，解成都围。若后主东入吴，必从中水、内水；若奔南，必从外水（岷江），郭道皆便于奔赴。此其地，必在涪水与沱江之间，为魏军所难到达之处。这是分析史文以求郪道部位的第一点。

今蓬溪、三台、中江三县交界的蓬莱镇、千字坟、通山场（唐宋铜山县）与胖子店（唐宋飞鸟县）之间有涪江右岸一大支流，从古即称为"郪江"。其名早著于《隋书·地理志》的玄武县（今中江县）、《元和郡县志》与《太平寰宇记》的梓州郪县。后世地理书和方志莫不遵用。其上游支流歧错，山谷复杂，僻险郁闭，外人难到。其与涪江会口，在蓬溪、遂宁界上，距涪城二百余里。唯有商运小道自遂蓬通联中江、金堂以达成都，蜀郪道县，只合于此地区求之。此就地理形势以求故郪县部位的第二点。

秦汉巴高县治，全在水运通便之处。偶有置于山谷不通水运处者，必为原是旧国都邑，如什方、梓潼、青衣、徙、邛都、旄牛之类。郪字在汉文里，除此地名外，别无意义。其为故国名称可以无疑。郪江，亦缘其地为郪王故国而得名。此就郪字文义以定部位，为第三点。

《华阳国志·李特、雄、期、寿、势志》："既克成都，众皆饥饿。（李）骧乃将民入郪王城食谷、芋。"这就明明说有郪王之国了。郪王城应即郪王都邑，置县时以

---

① 五成水，即中江县之凯江。秦汉各郡皆有仓城。凯江曲原置五仓储谷，故曰五城。蜀汉于五仓置五城县，故三台山下凯江会口称五城水口。刘宋始分涪与五城县地立北五城县，后遂发展为新城郡、新州、梓州、潼川府。

为县治，县废乃曰郪王城。李特与罗尚战，出没于广汉郡界若干年，川西平原农事久废，人烟殆绝，无粮食可征，亦无草根树皮可食。唯郪水山原间有野谷（谓苡仁子）、野芋尚可疗饥，故李骧率众就之。盖其时郪县荒废已无官吏，故还称为郪王城耳。《寰宇记》梓州郪县云：

按常璩《华阳国志》云：汉高帝六年，置广汉郡管县六，郪县是其一也。旧县在今县南九里，临江（当云"九十里，临郪江"。脱二字）。郪王城基址见存。又云，以郪江为县名。《蜀志》：姜维等闻诸葛瞻破，乃引军由广汉郪道以审虚实，即此地。

这段文显有脱误。今本《华阳国志》文不如此。广汉郡是八县，非六县。只"郪道是其一"句合。以下三句，不知出于何书。"又云"二字亦非指《华阳国志》。其下"以郪江为县名"则当是隋唐时人之书。其时新城郡治已改称为郪县，故有"旧县、今县"之别。旧郪，治郪王城，临郪江，应是今三台千字坟（郪江公社）或菊河场位置。其距三台为九十里，非九里。乐史引据甚博，而文不矜慎。传抄者又复妄为删改，以至如此。要其窜乱之迹，犹可诊察，得其概略。这是我分析资料的第四点。

如上分析，可以肯定如下：

《汉书·地理志》郪县，是因故郪国设置。故城即郪王城，在郪江岸。蜀汉曰"郪道"。晋世因乱废。周隋以后，别于新城郡治立郪县。郪王城乃在县界。其后分郪故地立玄武、飞鸟、铜山、长江诸县，郪名乃转为新城郡治之专称。明初省入潼川州。清雍正十二年，升州为府。置三台县，以为府治（因三台山为名），郪名遂灭，人亦莫知有郪王之国矣。

郪王之国立于何时？我估计与巴蜀同时。由其距水道远，位巴与蜀之间，交通不便，赋役无足重，故得免于吞并。其时食盐仰给于巴（后亦自有盐井），故为之附庸，置县当在灭巴以后。汉高帝分巴蜀二郡地立广汉郡，郪县在割中。原不废其王，故以王城为县治。经六朝之乱，王族故绝，乃徙县于三台山下也。

郪国旧民，应为滇族的一支。其进入郪江河谷道路，可能与采铜有关。因郪江区古铜矿唐代尚在开采，宋代乃尽，其河谷与铜梁通近，故疑滇支民族循此发展为郪国也。

郪国既成立，其人民应已成为"郪族"。他们自负历史悠久，族性顽强，故巴蜀均未能吞灭之。秦汉不废其王，亦缘此故。蜀汉改名"郪道"者，缘《汉书·百官表》有"县有蛮夷曰道"一语，已大流行，故定县秩时，加道字也。其后县徙。王族多成地方"大姓"。皆有部曲如王侯。《华阳国志》鄨县云：

> 有山原田，富国盐井。濮，出好枣。宜君山出麋，尾特好，入贡。大姓王、李氏（此言晋时鄨县，汉民住区）。又有高、马家，世常部曲。蜀时，高胜、马泰皆叛，伏诛。

把高、马两大姓特划为"又有"，以与汉族大姓区别，显然是有种族歧视之见。"部曲"即家兵，蜀汉时，唯边邑少数民族乃有。① 鄨县在腹地，不当有。而云"世常部曲"，则其为鄨王世族可知。鄨王族仍是大奴隶主，有奴隶武力，故得缘边县例称为部曲也。

《三国志·蜀志·李严传》云："成都既定，为犍为太守，兴业将军。（建安）二十三年，盗贼马秦、高胜等起事于鄨。合聚部伍数万人，到资中县（今资阳县）。时先主在汉中。严不更发兵，但率将郡士五千人讨之，斩秦、胜等首。枝党星散，悉复民籍。"② 鄨王之族实际是至此乃灭。他们覆亡得如此容易，显然是由于封建制对奴隶制的优越性，高、马家不能不至此而灭。其枝党复民籍者，已与汉族融合。鄨族名亦澌灭。

### 四、"丹犁臣蜀"的丹犁国

《史记·秦本纪》惠文君十四年："更为元年。"盖其时，魏、韩之君皆称王。秦亦称王，故更为元年也。惠文王更元之九年"司马错伐蜀，灭之"。又"伐取义渠二十五城"。十一年，"公子通封于蜀"。十四年，"丹犁臣蜀。相壮杀蜀侯来降"。武王元年，"诛蜀相壮"。又"伐义渠、丹犁"。昭襄王六年，"蜀侯辉反。司马错定蜀"。不更见丹犁字。盖秦人已灭丹犁，以其地为蜀郡南安县也。

张守节《史记·正义》释丹犁云："二戎号也，臣于蜀。蜀相杀蜀侯，并丹、犁二国降秦。在蜀西南姚府管内，本西南夷。战国时蜀（属）滇国，唐初置犁州、丹

---

① 《华阳国志》涪陵郡云："大姓徐巨反，车骑将军邓芝讨平之。……乃移其豪徐、蔺、谢、范五千家于蜀，为射猎官。分嬴弱配督将韩、蒋，名为助郡军，遂世掌部曲，为大姓。"又《南中志》云诸葛亮"以多刚狠，不宾大姓富豪。乃劝令出金帛聘策恶夷为家部曲，得多者奕世袭官。于是夷人皆贪货物，以渐服属于汉，成夷汉部曲"。谓南中大姓，无论汉人、夷人，皆得有部曲。又有郡兵编制，即所谓"四姓五子"是也。
② 此处"枝党"二字，所指为共同类的氏族。分析此文，汉民无从乱者。鄨属广汉郡，而高、马不作乱于广汉界内，乃作乱于犍为郡之资中者，盖其同类多在资中界（其时资中县治在今资阳坝子，辖地则南抵内江）。这可能与原始的资阳人子孙分布有关。

州也。"中华书局校点本，据此分丹与犁为二，我以为不然。其理由为：（1）史文迭见，皆连称，不分为二。（2）唐代乃于云南之姚州都督府有犁、丹二羁縻州，地去蜀两千里，时距秦灭蜀近一千年，何能牵合两者为一事？（3）秦灭蜀已六年，丹犁二戎始远从云南来臣于蜀，岂有此理。所欲臣之蜀，为开明氏之蜀耶，则何能不在保子帝"雄张獠僰"之时而乃在其亡国数年之后。所臣服为秦王所封之蜀侯耶，则是求附秦也，又何能与"相壮杀蜀来降"于秦合连成句？审其文，为蜀侯欲反，招丹犁与义渠为援。蜀相陈壮不欲，反杀蜀侯以绝丹犁与义渠，乃报请附秦。秦讨其擅杀之罪，诛壮。并伐勾结作乱之义渠与丹犁。或相壮图据蜀，勾结丹犁与义渠，杀秦子通，乃诬以谋反，自请附秦为国王。而秦讨灭之，并伐从乱之义渠与丹犁。总之丹犁应是与蜀侯通和蜀相壮的居近之地，不能远到云南（义渠国界包陇西，公子通国邑在葭萌，亦颇相近。则丹犁当在蜀川附近）。（4）隋于眉州西界置丹棱县，无人能说县名取义。不止丹字同，犁、棱亦音近。其县在眉州西七十三里，属眉州西界的第三纪黄土丘陵区。南齐时置"齐乐郡"，见《元和志》，而《南齐书·州郡志》并无此郡，其为齐初暂时抚有之"夷郡"可知。夷叛即废。"周明帝复置齐乐县"者，再抚定，遂永为县治也。"武帝改为洪雅县。隋开皇十二年，因县南有洪雅镇，就立洪雅县，改今理为丹棱县"（并引《元和志》。同卷洪雅县云："开皇十三年改洪雅为丹棱县"）。此可以设想：丹犁虽为秦所灭，其民族仍存在，但只退入眉西瘠土丘陵地，为顺民。历两汉，六朝，皆自有王侯，承担赋役，习汉族语文、风俗，自语则仍称丹犁，音转为棱。周隋始置实县，因其自呼作丹棱，而以为县名也。舍此别无可解。

据此分析，丹犁故国，在武阳以南，青衣江下游洪雅、峨眉、夹江地界。秦灭丹犁，亦只开通岷江水道。其人民众多，族性顽强，不可尽诛，只分隶于武阳、南安两县，因其俗以治之而已。前汉立犍为郡，沿岷江只三县。武阳（今彭山）、南安（今乐山）、僰道（今宜宾）。武阳、僰道之间，四五百里，只南安一县。若眉山平原、青衣江盆地、犍为沿江皆无县治，可以说明夷强汉弱，难以治理的情况。丹犁一族，所据为川西平原之南部，亦至周隋乃克驯顺，接受汉制。则其民族历史悠久，不易屈服于汉族可知。

按元谋猿人的活动地面推断，丹犁人应属于滇支民族之最早入居于四川盆地者。其入居于嘉眉盆地之早，可能比蜀族与青衣羌更早。蜀国与巴国，虽文化较高，亦不能占有其地，但能通岷江水道而已。青衣与徙皆后至，故不能出熊耳映（今云竹箐关）与之争地。由其人文化低，经济生活当仰资于巴蜀，故少叛乱，史文鲜及。

追蜀已亡，乃欲相结抗秦，以至灭国。然非灭种，其种终归融合于汉族。

丹犁与鄭，实为四川盆地在巴蜀进入以前的土著民族中，已经具备国家组织的大奴隶主。谈巴蜀民族古史者鲜予注意，合当提及。

### 五、关于僚族的问题

本章已提到铜梁、鄭、丹犁是滇支民族。但都是没有文献资料可据，只能用地理条件推断。若历史地理学是不可靠的科学，则我这样推断不值一噱了。若还是值得研究的科学，也盼望得到学者们讨论，把它发展下去。

上章所提到的"牧誓八族"中的卢、彭、濮人和《王会》的"卜人"、叙南的"僰人"，他们是否也是很早进入四川盆地的滇支民族，亦很值得探究。本文只能提出问题，姑且表达我自己的初步看法。不能像我对于羌支的蜀族、青衣、徙、筰、钟羌和巫戳与巴、丹民族那样的自信。

另外，须要特别提到僚（古作獠）这个民族。

关于僚族的记载，莫详于杜佑《通典》，他纂辑南北朝关于僚人的记载，加以整理。兹录其文，校以《通鉴》，进行分析。

《通典》卷一八七《南蛮·獠》：

獠，盖蛮之别种。往代，初出自梁益之间。自汉中达于邛筰，川谷之间所在皆有。……蜀本无獠，李势时诸獠始出。巴西、渠川、广汉、阳安、资中、犍为、梓潼，布在山谷，十余万落，攻破郡县，为益州大患。自桓温破蜀之后，力不能制。又蜀人东流，山险之地多空，獠遂夹山傍谷与人参居。参居者颇输租赋。在深山者仍为匪人。

《通鉴》卷九七把僚患归咎于李势。其书说：

势骄淫不恤国事，多居禁中，少接公卿，疏忌旧臣，信任左右，谗谄并进，刑罚苛滥。由是中外离心。蜀土先无獠，自是始从山出，自巴西至犍为、梓潼，布满山谷，十余万落，不可禁制，大为民患。加以饥馑，四境之内遂至萧条。

比较两文，《通鉴》系因杜氏文，进行精简，删改未尽适当。《通典》比较审慎。如云"往代出自梁益之间"，就知蜀地有獠不自李寿始。至李寿时只因蜀地人稀，诸獠人始出居山谷，"与人参居"。非"蜀土先无獠"也。又如李寿时獠人分布地面，《通典》举了七郡，《通鉴》才举三郡。虽用"巴西至犍为、梓潼"句划出范围，究不如《通典》明确。

獠人亦非绝对野蛮，"大为民患"。《通典》说他们"参居者颇输租赋"，这就是各民族倾向于接受封建文化，自愿与汉族融合的进步现象，与鄜人、丹犁人、卢、彭、濮人和巴、蜀人之走向融合阶段是一样的。如在良好的政治之下，是会促进社会的安定与进步的。只有坚持大民族主义的人对他们处处歧视，才会发生所谓"獠乱"的说法。

当桓温伐蜀成功后，留下周处为益州刺史，他自己挟投降的蜀国君臣东还建业。故蜀遗臣邓定、隗文等立即入据成都，奉范长生的儿子范贲为帝。闹得晋的振威护军萧敬文都叛据了巴西和汉中，獠人却并无叛乱。从梁武帝封武陵于蜀开始，才与獠人发生冲突。《通典》说："至梁武帝，梁益二州。岁岁伐獠，以自裨阔，公私颇藉为利。"试看这句话，就可知当时的贪污官吏与劣绅土豪都以"压獠"为发财机会。他们不但掠其财物，并"获其生口，以充贱隶"（掳其人口为奴），"复有商旅往来者亦资以为货"（贩卖獠为奴隶）。故"公卿达于人庶之家，有獠口者多矣"（并《通典》文）。这何能怪獠乱蜂起，阅二百年，倾中国之力不能讨灭呢？

以下，试谈獠的族属问题。

"獠"，《说文》云"猎也"，与老、劳、撩同音。《史记·西南夷传》的"劳深"，近世黔、桂的仡佬，与中南半岛的"老挝"，皆可能是"獠"字的译变。按他们分布地面来说，都应该是元谋猿人的后裔。邛人、僰人、夜郎、且兰诸种是否与之同族源，是可以肯定的。但他们是否都是獠族，则难肯定。因为他们都早已融合于汉族，没有留下形体和语言来供鉴定。又缺乏地下资料，单凭封建文人偏见歪曲的习俗记载，是无用的。就《通典》所记文字说：只有"干栏"一条值得分析。

> 依树积木以居其上，名曰干栏。干栏大小，随其家口之数。往往推一酋帅为主，亦不能远相统摄。

这种居宅，是热带雨林原始住民的方法，我国古所谓"有巢氏"就合当是这样的居处方法。他们断不会是羌支民族。羌族的原始住地是树木不高的草原，不会如此生活；其后发展到森林区，则是住乱石砌的"邛笼"或木条扎的"板屋"。獠人也断不会是华夏系的民族。华夏系的民族，住窑洞，住瓦屋，住石崖，不把有巢氏认为祖先。干栏这种住宅，是在毒蛇猛兽威胁下必然要采取的方法，亦只有山谷森林中过猎食生活的人类，才有可能保持这种方法。我国造字的人，把"獠"字释为打猎；把居住干栏式住宅的人称为"獠人"，是有理致可解的。

我认为獠人，是元谋猿人的支系。正由于他们最先进入于四川盆地，并长期安于密林中的狩猎生活，所以长期落后，未能与巴、蜀诸族一同进入农、工、商业的社会。巴蜀诸先进民族，亦只向沿江河水道与其冲积平原及可耕的山原发展，未注意到那些森林内的居民。纵然有看见的，也只如鄂西人民看见神农架的野人一样，两不相犯地避开。

《水经注·汉水篇》记述了汉中南山有一条"老子河"。有人说它是獠子河的省写，是有道理的。这些獠人，由于没有强大的氏族组织，无力抵制外人砍伐、焚烧和开垦他们所占有的森林，遇到外敌侵入，只好后退。由温暖的长江河谷退入丘陵林区，还保持了很久的时间。秦汉设置郡县后，垦地日辟展，森林愈退缩，獠人被迫逐步退入四川盆地四周的高山区去了。他们并不妨害河谷农民的开垦，因而不与各当地人民发生冲突，所以不见于史籍。亦如近世云贵年年搬家的苗民一样，他们不妨害当地人，当地人亦不妨害他们流莺式的生活。

这段时间，大约五百多年内（公元前三世纪至后三世纪）的郡县时期，四川盆地部分是两个世界。一个是交通便利的农、工、商业活跃地区，全在川西北平原与川东南河道沿岸，汉族密集，城邑密布，已经进入封建社会，可称为"城邑区"。另一个世界则是山谷错杂，森林密布，汉民不处，官吏不管的"山林区"，那便是獠人所在地。原来山居的羌支民族，此时皆已进入平地经营农业，成为官吏的属民了，空出的山林，恰好供獠民退住。两个世界，面积相当，文、野悬殊，因而显晦不同。史籍所载，只汉族事。山林中人，只如《桃花源记》里的人一样，"乃不知有汉，无论魏晋"了。他们过着有巢氏时代的、散漫的、原始社会的生活。《通典》说："其种类滋蔓，保据岩壑，依林走险，若履平地。性又无知，殆同禽兽。诸夷之中，最难以道义招怀也。""道义"是封建社会的美名。"獠"是原始社会的人称。他们还未经过奴隶社会的阶段，如何就可以用封建礼俗去招怀呢？

但是，那些獠人，毕竟在被汉人掠卖不已的刺激下，进入奴隶社会了。他们最初只有小而散漫的氏族组织，"推一酋帅为主，亦不能远相统摄。父死则子继，若中国之党族也"。氏族太少，力弱，不能庇护其族人。经常被人掠卖为奴（秦汉世，蜀地掠卖少数民族之风盛行。所谓"僰僮之利"并非只掠僰人）。所以《通典》说他们"多仇怨，不敢远行"。所谓"仇怨"，实为掠卖者所借口（近世大小凉山掠卖奴隶，还是如此）。他们之间亦渐互相掠卖，发展私利。于是较强的世族，也就逐步发展成为奴隶主，有了力量霸据一块地盘与汉族官吏往来了。

他们在逐步发展向奴隶社会过渡的时间，大约在魏晋南北朝时。那时汉人掠卖他们，他们也相掠卖，并掠卖汉民。他们不愿被卖作奴隶，若强力机捷，有机会袭击掠卖者与买奴者，亦每反将其缚卖为奴。《通典》说："被卖者号叫不服，逃窜避之。乃将买人捕捉若亡叛。获便缚之，但经被缚者，即服为贱隶，不敢更称良矣。"这就是魏晋南北朝时，獠族已进入奴隶社会与汉族及其他各民族互相掠卖的情况。

当西晋末年，赵厩、罗尚、李特、李雄、谯纵和蜀中封建地主们的军队相互勾结，错综战斗数十年，所有城邑地区杀得人烟断绝的时候，那些一向隐蔽在山林中的獠人，恰好在互相掠卖的锻炼中强大起来，敢于出山来进行耕种了。初还只在山林边缘荒僻之区，未曾受人注意。迨李雄既死，蜀国政乱，李寿篡夺，连年用兵，民困田荒，而莫之恤。至李势时，诸獠大出，"布满山谷"，有"十余万落"之多。造成"不可禁制大为民患"的局势，是势所必至的了。是故桓温力能破蜀，而不能制獠。苻坚虽得全蜀，亦因不能制獠，旋复弃之。梁武帝时国最强盛，命其子武陵王纪镇蜀，必须"岁岁伐獠"。汉僚冲突，开始白热化。盖潜伏于山林数百年之獠人，一旦出山，生产发展突飞猛进，已由散漫氏族成为若干大奴隶主，其势足与州郡势力相抗，愈受战斗锻炼，愈益强大。历魏、周、隋、唐，数百年，乃获平静。

此盖元谋猿人后裔进入四川盆地者保存最久之一支，亦四川盆地原始土著之未被史学家所注意的一支。其至李寿时始大出平地，据城邑，始被载入史籍。后世史家，遂有谓李寿时始有獠人，或谓"李寿引獠入蜀"（宋人《蜀鉴》语），皆非。

# 羌族源流探索

任乃强全集·第三卷

---

* 本文初载 1980 年中国民族史学会所办《民族研究通讯》，1983 年由重庆出版社正式出版。

# 第一章　羌族的形成及其文化

## 第一节　羌族在中华民族中的位置

### 一、人类的出生地

探讨一个民族的形成和发展，不能不研究其所处的地理环境。因为地理因素乃是影响民族形成、发展的重要因素，起着制约或促进该民族发展的作用。辩证唯物主义认为：人具有改造客观环境的能动性，但他也不可避免地受到客观环境的制约。特别是原始人类对自然环境的依赖程度大，其所受影响也必然更大。在综合地质、历史、考古、语言等历史资料的基础上，本书拟侧重从历史地理学的角度，对羌族源流问题作一探索。

为了探索古代羌族的形成，有必要对亚洲中南部黄色人种的演变作一简要的分析。

人类是由猿类进化而成的，今天已成科学定论。哪一个地区的猿类最先进化为人类，则还没有定论。因为世界考古发掘的资料还不够解决这一问题。但是，我们可以大致认定，在地球赤道附近靠近火山活动地带可能性最大。因为热带雨林内的天然丰富食物，为猿类下树行走采食和生存发展提供了保障，火山熔岩如黑曜石等岩石，容易砸破为可使用的石器，促进了猿类前肢向手发展。另外，火山爆发，可能启发猿人利用火的知识，促进脑的发展。

地球赤道360°中，有230°内都是海洋，属大陆和群岛分布的地面约130°。中非洲、亚、澳两洲间的南洋群岛，中美洲的热带雨林区，都有火山活动地带，是否这三部分都是人类的出生地区呢？中非和南洋群岛现都已发现了生活于百万年甚至几百万年前的猿人化石，中南美洲却未有发现。按发现新大陆时印第安人的文化程度推断，美洲也不可能很早就有人类。恩格斯在《劳动在从猿到人转变过程中的作用》中曾说："数十万年以前，在地球发展中，由地质学家们称呼为第三纪时期的一段还不能确切断定的时间内，据推测是在该时间末，在热带某地方——大概是现今已沉到印度洋底的一片大陆上——曾有一种非常高度发展的类人猿生活过。"（外文书籍出版局印《马克思恩格斯选集》两卷集，第 2 卷第 80 页）

由此看来，地球在几千万年前，印度洋赤道附近，原是一块大陆，是当时世界上唯一具有热带森林和猿类孳生的大陆。当这块大陆下陷于印度洋时，其北的亚欧大陆内的"古地中海"却上升为陆地。原住在这下沉大陆上的正在向人类过渡的古猿，纷自向周围边缘陆地移进。向西进入非洲中部，后发展成为黑皮肤，曲卷发的阿非利加人（黑种人）。向西北进入阿拉伯与地中海区的，后来则发展成为淡黑皮肤的地中海人种（阿拉伯人种）。向北逾高加索进入欧洲的，发展成为白皮肤、波状金发的欧罗巴人种（白种人）。向东北进入南洋群岛，和东南进入大洋洲各岛的，发展成为棕黑皮肤的澳大利亚人种（棕种人）。自南洋群岛向北进入亚洲东南和中部的，发展成为蒙古利亚人种（黄种人）。还有进入印度半岛的淡黑人种和从亚洲渡海转进去的美洲土著印第安人种（铜色人种），等等。他们各随所在地区的气候、日照、食物和其他生活环境的不同，而形成各种体貌、肤色、语言、习俗和文化的不同。又因随其流动所到地域不同而发展为若干支派。支派一再分支，其所形成的民族也一再分支派生。经过几十万年的交错流动、斗争，比较进步的民族优胜、壮大、发展着；而有些落后的民族则劣败、萎缩，以至于消亡了。

### 二、孕育黄色人种的胎盘

众所周知，人类的进化阶段大致可划分为："南猿"——"直立人"——"智人"几个阶段。世界人类学者对于人类的进化系统，到底是开始于一千多万年前的拉玛古猿，还是开始于距今约三百多万年前的南猿，尚在争论，并有待于地下发掘的进一步证实。但从已知的材料看，南猿无疑是人类的远祖。他们是人类历史上第一阶段的成员。而拉玛古猿虽具有许多人的特征，但仍介乎猿与人的过渡阶段。拉玛古猿的化石，最早发现于亚洲南部；我国云南禄丰、开远也已有发现。目前世界上已有亚、非、欧洲的七个国家有过发现。但南猿的化石，已可知的却大都发现于非洲。亚洲仅爪哇桑吉岭地方和巴基斯坦的尤拜迪亚等地有过发现（我国湖北建始也曾发现过几颗南猿型的牙齿化石）。似乎可以认为：亚洲黄色人种的祖先，就是由在亚洲南部和东南部热带森林地区活动过的拉玛古猿、南猿进化而来，如元谋人、爪哇人，等等。他们在几十万年间，经过迁徙、扩展，并在和大自然的搏斗中逐步进化为智人；再经过几十万年的演变才发展成为现代人；并在各个演变的特定环境的影响下，形成了各具特点的不同民族。

那么他们是经由什么路线迁徙和演变的呢？目前还缺乏完整的资料。但从地理条件和民族特性方面来分析，似可作这样的推论：印支半岛是孕育黄色人种的胎盘，羌族的祖先就是从缅甸等地沿横断山脉进入康青藏大高原的猿人。试论证如下：

印支半岛由于地理位置的特殊，自然条件的优越，生物繁茂，气候温暖，有着原始人类生存必需的各种天然食物，如野兽、虫鱼、香蕉、椰子、木薯、槟榔、竹笋及各种块根、芳香植物。所以无论从哪个方面来的猿人，都会在此停留繁衍，从而扩散到整个半岛，包括今缅甸、泰国、柬埔寨、老挝、越南及我国的滇南等地。这样就使印支半岛成为孕育中部和东部亚洲的黄色人种各支派的胎盘了。

由于原始人类对天然食物的依赖性，居住在此半岛的猿人，最早发生的分歧可能就是对食物的偏嗜而形成的迁徙。嗜食鱼类者，群聚于沿海与河湖地区并沿海向东北方移进；嗜猎食禽兽者，群聚于山林并缘山脉向北方移进。还有杂食者，兼渔、猎、采集，生活习性较杂的，则主要选丘陵地区移进。这样各种移进，都可能是波浪式的前进：在甲地待一段时间后，为寻新的食物或躲避灾害，又向乙地前进；在乙地待一段时间后，又向更新的丙地转移；如此逐渐地、时快时慢地移进不息。在各个群体间，可能是一个群体走了，另一个群体又来占据这个地方。最初是杂乱的移动，若干年代后就自然形成几条人皆乐于趋赴的路线来。循着这样一些路线移进的原始人类，就这样自然形成各路不同的民族。

### 三、沿海渔食的路线

从印支半岛渔食移进的猿人，可能停滞在暹罗湾附近甚久，才沿海移进到北部湾附近。在北部湾地区又停滞很久，才进入我国的东南沿海。他们每当到达一个河流入海口附近，就会停留下来。因为河水入海处鱼类最多，所以他们移进的速度非常之小。大约在由猿变为人，并有地区文化以后，才转进到浙江杭州湾附近来。他们沿途留居，发展成为地方民族。今天的马来族、缅族、掸族、高棉族、越族，便是由此而来。

这路渔民，在我国东南沿海，曾经形成南越、东越、闽越、瓯越（东瓯）和山越等民族。在秦、汉、魏、晋年代，这些沿海各族次第与汉族融合了。杭州湾的海潮，可能对他们的继续移动发生了阻碍作用。从来未闻有逾过浙江和长江的"百越"。其原因大概是他们来得太晚，而当时五岭和杭州湾以北，早已成为华夏"书同文，车同轨"的地区了。

这一路渔食的猿人，在进入我国岭南海面的同时，已经进入了海南岛、台湾岛和琉球、日本诸岛。他们在海上比在大陆愉快，前进速度也比较大。他们还通过朝鲜半岛和库页岛重返大陆，并且经白令海峡的冬季冰桥及千岛群岛而进入美洲。

### 四、沿山猎食的路线

与渔食猿人相反，偏嗜射猎、食肉、衣皮的一部分猿人，从印支半岛上的山地向北移进。他们移进到云南高原的西部，集中到三条横断山脉上。有些沿途停留，分散开了。有些仍自勇往前进，直到横断山脉的北部，进入康青藏大高原，形成羌族。

这一路的猿人，进入横断山脉后，移进速度非常之大。因为这三条山脉面积很狭促，没有停留的余地。这些猿人，只要森林存在，什么危险也是不怕的。只怕林内禽兽逃逸，食物易尽。所以他们经常追逐禽兽而进。总的移进速度，大于渔食移进的猿人十倍、百倍。他们大约在距今百万年左右已经进入康青藏高原的草甸地带。并且在不断剧烈劳动之下，进入智人阶段了。

这路沿山猎食前进的猿人，在进入高原以后，还有沿西倾山脉、秦岭山脉和大巴山脉横出东进的。如近世发现的蓝田人、陨西人等遗址，都是百万年前已经居住到这些山区的猿人。更还有缘秦岭北支进入太行山区的。如生活在北京周口山洞的周口猿人（北京人），就是七八十万年前已经住在这个山区的猿人。那时中原的所谓"兖州"地区（今河南三门峡至渤海的一带低地）还是内海。雍、冀、豫州似还无人。

周口猿人，和蓝田、郧西的猿人，都可能在第四大冰期内消灭。但进入康青藏高原的猿人，赖有几重横列的雪山山脉阻住北来的寒潮，故能在许多南向的河谷内保存下来。所以一经进入第四纪冰期后的间冰期，他们就活跃起来了。

### 五、沿丘陵、岩洞移进的路线

另一部依循低山丘陵、傍水转进的杂食猿人的移转路线，是岩洞路线。他们的选择，偏重石灰岩的山洞。广西的勾漏山脉与桂林、柳江附近，都富有这样的山洞。湘西、鄂西、川东和贵州、滇东南地面也多有这样的洞穴，成为原始人类天然的住宅。它可以避风雨、储食物、御害敌、育子孙。只是附近食粮难觅，仍不能不随时移徙。他们在离开旧处，找得新居之前，奔驰很快。一经找得新居，便又会停顿一段时间。所以总计移进速度不大。

最好的山洞，在桂林地区。可以肯定原始人类会在此长期停留下来。尽管人聚多了，食物不够供给，他们也必然会想尽办法来克服。栽种植物和畜养动物，都可能在桂林平原和岩洞内开始。猿人在此区居住的，会因体力劳动和脑力劳动的加强而进化为真人，并在此进入了氏族社会。由于这一地区一直是人类互相争夺的多事地区，更换的主人太多，先后清除了各山洞中的旧废物，故至今仍难发现古人类的遗迹（近闻柳州白莲洞已发现旧石器遗址及骨针）。

在桂林以外，已发现有一些古代人类居住的岩洞遗址。如广东曲江县马坝狮子岩洞，贵州黔西县观音洞（湖北郧县梅铺公社的龙骨洞，则有古代猿人遗骸的化石，很难推断是从哪条路去的）。总之，原始人类是需要得到岩洞居住的，更多的山洞遗址尚待发掘。

## 六、华族移进的三个阶段

依傍岩洞节节移进的人群，前进路线不免要迂回些，但却相当稳定和安静。同时，寻觅食物的斗争，使他们脑力得到较快的发展。停滞在桂林地区很久的一群人，可能就已在当地进入女性中心的原始社会。他们人口愈发展，粮食愈不足。由于智力和器械的限制（没有良好的石器材料，只能用骨角制器），还不能进行种植和养殖，而只能进行远出采集与渔猎，于是，又被迫迁出流徙。

从桂林地区迁出的人，大约分为两群北进。一群是依靠射猎入山区森林去找新的岩洞。一群是依靠渔业和采集竹笋野菜生活，循着河流两岸的原野向湘、沅、资水移进，直到进入云梦大泽（两湖盆地中心的湖泊密布地方，古称云梦泽）。前者，在漫长的原始社会里没有多大的成就。只形成湘、黔、川、鄂四省界间一些比较落后的民族部落，如汉代的武陵蛮（马援传作武陵五溪蛮），清代的所谓苗人之类。后一群成就较大。他们从云梦泽起，逐渐发展为华夏民族。当他们进入云梦泽区以前，农业方面仍无成就。进入云梦湖泊区以后，因缺乏宜耕的土地，大部分人被迫放弃了农业，转而发展淡水渔业。但也有一小部分人，仍坚持农业生产的试验，并且终于在云梦北侧的黄土丘陵区，成功地进行了农业种植。是为中华古代传说的烈山氏（神农氏）。

这样，从印支半岛向北移进的杂食猿人，其前进发展，大体可以分为三个阶段。即桂林人阶段、云梦人阶段、中原人阶段。桂林人阶段，是由猿进为人；由散漫的群落进入氏族萌芽的阶段，大约经历了几万至几十万年。云梦人阶段，是由女性中心氏族进入男性中心氏族；由采集经济进入淡水渔业的阶段，大约要经历五千至几万年。中原人阶段，即农业发展、由氏族公社进入封建社会的阶段，大约经过了五千年。直到古代史（即春秋战国前后）结束前，都属于这一阶段。

## 七、华族的形成

从事农业生产最先成功的人，是烈山氏之子名柱。是我国夏代以前奉祀的后稷之神（说见《左传》昭二十九年蔡墨对魏献子语）。烈山氏一作历山氏，兴起之处，至唐代仍叫历山，有神农祠（见《括地志》），其地在今湖北随县（见《一统志》），湖北的枣随地区，是云梦泽北的黄土平原，与淮水流域地理情况全同（相隔的大别山脉多浅平山口，没有妨碍的作用）。故烈山氏的耕种方法，首先推广到淮水平原，他并建都邑于陈（今河南淮阳县），其后嗣大庭氏，迁到曲阜（今山东省属县）。足见这个农业先进部族，原是自西南向东北方向发展的。因为泰山北面的渤海，原是斜伸抵达孟津的。在神农世，渤海湾虽已退缩了，留下低湿地一大幅，还不能住人，所以他只好向东北方发展。这时候，这个海湾低湿地之北已成了羌族远支北狄、西戎分布之地。只孟津以上龙门以下的黄河与汾水、渭水、洛水、伊水各下游平原和平浅河谷是黄帝轩辕氏的部落盘踞的。我国古史传说的伏羲氏、神农氏、轩辕氏，便是由猎食北进的羌族与杂食移进的华族在中原地面接触以后形成的三个强大的氏族。黄帝轩辕氏，糅合了羌族文化与神农文化而成中原文化。最后兼并了烈山氏和北狄蚩尤；政治上，由氏族集团，发展为唐、虞的氏族公社，到夏、商、周的国家组织。他们当时并不重视民族界限。历世皆以经济联系、文化异同来划分华夷界限，自称为华族。地曰"华夏"。

## 八、苗族、巴族、蜑族

云梦盆地发展出来的民族，神农氏是最出色的。继神农氏而起的有"三苗"。按吴起说"三苗之国，左洞庭，右彭蠡"则恰是今云梦盆地了。云梦，是不产食盐的地区。三苗需要河东盐池供给食盐，所以他从南阳、伊洛地面与唐虞辖境接触，发生了交涉。虞舜曾命禹去征服他。禹三旬不能克，旋师后七旬，苗人又自来降服了。《尚书·大禹谟》把这事说为"诞敷文德"的效果。其实那时文字都还没有，有什么"文德"能感化苗人？只有不卖食盐给他，才能使他自来降服。

继三苗而起的，有巴诞民族。他的原始住地在"巴丘"，即今岳阳湖口的城陵矶。原是营淡水渔业兼水上商业的民族。华人因他们飘忽出没于江湖之上，喻为"巴蛇"（岳阳有巴蛇洞和羿斩巴蛇的传说）。淡水鱼生产多了，须得腌制才能保存运销。故巴族贩运巫盐最早。后遂溯江西上占有巴东各盐泉，在四川盆地内建成国家。其留居云梦泽内者，楚国强盛后循江而避，遂至入海，是为"蜑民"（诞、蛋、蛋同）。蜑民至今以舟为家，不居陆上。

巴族国亡后，有称"廪君"者，循鄂西清江（盐水，一曰夷水）回窜云梦西北山谷区，魏晋人称为"巴郡、南郡蛮"。阅晋、宋、齐、梁、陈、隋，至唐代乃完全消灭。

楚国与庸、蜀、彭、濮皆出于羌支。巴族与三苗、武陵、五溪诸蛮苗及俚族、傜族，均非出于羌支，而是华族体系的分支。尽管他们居处错杂，但从其语言、情俗及其历史发展情况看，仍是不难区别的。

### 九、元谋人的活动范围

1965 年在云南省元谋县金沙江谷上那蚌村的小山丘上，发现了两颗猿人的门齿化石和石器、炭屑。经测定，其绝对年代为距今一百七十万年左右，是我国迄今发现的最早的猿人化石。他是比北京猿人、蓝田猿人早约一百万年的"直立人"，比爪哇猿人也要早得多。而且发掘证明他已能制造、使用石器，已会用火。他的发现或可说明：我国西南地区是人类起源和演化的重要地区之一。他可以代表云南高原与泰、老北界地区最早的一种杂食猿人。他究竟是由亚洲南部（或非洲）的南猿迁徙演变而来，还是由禄丰拉玛古猿直接演变而成的"直立人"，尚需进一步探讨、验证。但就其产生的地域来分析，似乎可以认为元谋人活动的地面是比较窄的，因为他已经习惯于燥热的亚热带气候，除金沙江谷是亚热带气候外，很少有适合他们生活的气候区在其附近。但他的后代，可能慢慢演变成为云贵高原的民族，也可能进入四川，成为四川盆地内的原始住民（如资阳人）。自羌族进入川边地区和蜀族、巴族进入四川盆地后，那些四川盆地内的原始住民便被淘汰了。因为他们文化落后，禁不得巴、蜀、秦、汉等强大民族的压力。

元谋人在云贵高原的后裔，可能与劳深、靡莫、夜郎、邛、僰等民族有关。也可能早在五千年前被淘汰消灭了。这问题，还待进一步探讨。

以下各章专论羌族与其支派。

## 第二节　羌族的形成

### 一、横断山脉的桥梁作用

从印支半岛缘横断山脉先后进入康青藏大高原的若干群猿人，除一些小群陆续下降到河谷盆地，形成一些渺小的民族部落外，另有部分则坚持向前，移进到了大高原顶部的辽阔大草原内，停留下来，繁衍成为著名的羌族。他们在世界各民族中，最先创造出辉煌的牧业文化，并向四方扩散，派分出若干的支系种族。

横断山脉这个名称，是清光绪年间，江西贡生黄懋材受四川总督丁宝桢派遣，从云南入印度去考查"黑水"源流时，见云南高原与缅甸间高山深谷，横阻去路，因而取了这个名称。他所指的，是澜沧江以东的云岭山脉（其北段为宁静山脉），澜沧江与怒江之间的怒山山脉（其北段为他念他翁山脉），怒江与伊洛瓦底江之间的高黎贡山脉（其北段为伯舒拉岭）。这三条山脉，南端深入缅甸，北端深入西藏的草原地带，从北纬20°延亘至北纬32°，平均海拔在二千米以上。山脚，是四时温暖的亚热带河谷阔叶树森林。山腰，转变为温带阔叶林。上部，转入冷温带针叶树混交林。顶部，为寒带针叶林。有些山顶为冰雪亘古不消的极带气候。他们成了猿人由缅甸热带雨林进入西藏草原的桥梁。并且沿途留下他们同语言的群体，从而形成今天的藏、缅语支的各少数民族。

这三条缘山移进的猿人，在小面积的山坡森林猎食，时而升入寒带，时而降入温带。恃有毛皮御寒和火力自卫，抗寒能力也锻炼得一代胜过一代，因而他们能够由低纬度渐进入高纬度，入居高寒的草原了。

## 二、为何停留在高原顶部

他们移进迅速，大约在距今七十万年以前，便已进入西藏和西康、青海的草原了。那时的康青藏高原，还没有今天这样高，平均海拔可能只在两三千米左右（地质学者证明：大约五千万年前，高原顶部还是海漫区。以后徐徐上升，迄今还在继续上升着），大抵还是一个水草丰美的草原（这个高原上近年还发现有暖湿气候带兽类的遗骸），习于高山森林内生活的猿人，应是乐于入居并长期留住的。

草原对猎食猿人的吸引力，还在于遍地都是容易猎取的食草兽群，和食鱼的禽鸟。这些食物资源几乎随处都是，俯首可得。猛兽、毒虫的种类极少，而居住的安全，也远远胜过森林地带。

草原对远古猿人的吸引力，还在于这高原地区的石器，是天然丰富而且犀利、奇妙无比。这个高原，是富于白石英块和黄金块的高原。远在地壳凝固还很脆薄的太古代，每因不能制约地球内部热力冲荡而发生圻裂，让内部岩浆喷涌出来，成为山岳。这时岩浆喷放所成的山岳，多有黄金与石英相抱合的块、粒和碎屑（因为两者熔点比较接近。在地球内层部位也比较接近。而黄金喷射速度高，石英浆黏合力强，所以它们容易接触相抱合）。经过六七亿万年到人类出生时，这些山岳已经风化成为平陆了，所以地上地下都存在着黄金粒块和石英粒块（因为两者都是不易风化的物质）。黄金块粒，比重大于地面的一切物质。在猎兽时，用黄金块作为投掷武器，投进速度最高，易于命中，伤害力也特别大，效果高于其他石材。又因其光色炫目，易于寻获，所以黄金块是原始人类最佳的投掷武器（当时的黄金别无其他用途）。石英块砸破后，又是天然的最犀利的截割、锥刺武器（因为它硬度高而破片具有锐利的锋棱）。原始人类得到和使用天然犀利的石材、制器，无疑将大大提高其猎食能力。

猿人在如此优越舒适的草原上定居下来，经过长时间的安静生活，人口孳生的数量膨大，群落间发生的矛盾冲突渐多，内部摩擦频繁。他们在斗争的锻炼中逐步进化，成为具有智慧的"真人"。其时大约在距今三万年左右。他们当是世界最早的"真人"，起码也是亚、欧、美三大洲最早出现的人群之一。同时，他们开始孕育世界上最古老、最卓越的畜牧文化。

### 三、进入高原的三路猿人

从缅甸循三条横断山脉进入康青藏高原的三路猿人中，最大的一群是循云岭山脉移进的。他们在金沙江与澜沧江之间的宁静山附近，曾有过停留。在当时，宁静山顶部，已经是合于理想的草原了。那一地区，还有适于居住的岩洞群和满足人类食欲需要的盐泉（岩洞群在今察雅县界，藏名"以浦拉"，汉名"窟窿山"，为入藏官道所经。盐泉在昌都县东北，藏名"察零多"，从古以来就供给麻康、察雅、贡觉、同普、囊谦等地区人民的食盐。从那里流出的河水，藏名"察曲"，即盐水之意）。康区（旧西康省和西藏昌都专区）的古代民族，和滇北部分民族（如猓猡、麽些、普米）可能就是这部分人的遗裔，今天的藏语把这部分的土人叫作"康巴"。

从缅甸循怒山山脉移进的人，移进速度最快，而且中途很少有留下支派的。所谓他念他翁山，藏语叫作"喀哇革波"，意为"白雪老人"。这是一列万年雪山，走入这条路的猿人，备历艰苦，锻炼成为最能耐寒的人。他们移进到"察哇龙"（今左贡县），才得到狭窄的草原，停留下来一部分人。再前进到"类乌齐"，才进入到大草原地区。再前进，要避开唐古拉大山脉，分为两路：一路进入通天河区大草原（今为玉树自治州），停留下来。一路从怒江上游的黑河草原（原三十九族，即今类乌齐、丁青、巴青、那曲等县地），进入羌塘这个内陆湖区。这两路人，前进得最快，同在草原上合为一体，进化成为"真人"，并培育出羌族文化。

另一支缘高黎贡山和伯舒拉岭移进的，则比较畏寒喜暖，沿途向西南侧分出支派，后来成为滇西、缅北的许多小部族。当其先行的一支到达八宿草原时，羌族已经发展成为先进的牧业民族，并把他们融合了。

### 四、羌族的核心地区

人类发展的规律，是经受艰苦锻炼最多的人进步最快。羌族的祖先，进化早于渔食与杂食的两大路人群，是符合这一规律的。而羌族祖先的三大路、四大群中，又以缘怒山山脉前进的一路猿人最为优胜，也是符合这一规律的。其被唐古拉山脉分割的两大群中，就一般的地理条件看来，应是羌塘区不如黑河区好；黑河区不如玉树区好。但太古猿人却偏要从黑河区向羌塘区移进，而通天河区（玉树区）的猿人也偏偏要向东北移进得很远，这是什么原因呢？其原因很简单，即为了食盐。

人类嗜盐，是从猿人就已开始的。如上溯更早，则脊椎动物也都嗜好咸味。试看牛羊等家畜，每放牧到有盐汁渗浸的草地上，它总是恋舐不肯去的。现在非洲土人有利用狒狒在沙漠中寻找水源的方法，即利用狒狒嗜盐的特点，使其饱食盐块后，渴甚而急于寻找水源，便跟踪而得之。从全面分析民族社会发展的因素看，历史考古学者认为，食盐是一个重要的、不可或缺的因素。任何一个民族文化诞生区，必然具有食盐供应方便的条件。譬如河东解州盐池，便是华夏文化诞生的源泉。从这一观点出发可以认定，羌族与羌族文化的形成，不会超出四个核心地区：

（一）最大一个是羌塘地区。羌塘地区有百多个湖泊和近百个涸湖盆地，地面铺的全是盐块。故古代猿人乐于向它靠近，"羌塘"因以得名，羌民族和古羌族文化，就是在此诞生的。

（二）昌都东北的察零多盐泉，是宁静山地区猿人群长期留住的地方，后来发展成为苏毗、东女国，和西康地区一些部落。他们因为留恋这个盐池，迟迟未再前进，致其北面邻近的通天河区，被迅速移进的其他猿人先期占领了。

（三）通天河区的原始住人，其食盐供应起初是依赖羌塘的，所以他们曾密集于通天河上游，即所谓"牦牛石"神山地区（"石"这个音，在羌语为"河谷"之义）。但这里水草差些，于是有一部分人向下游移进，到了黄河上源地方，发现了"哈姜盐湖"（今青海省玛多县地），便固定下来，形成了又一个羌族文化中心。后来发展为"多弥部"，"党项部"，与康区的"白兰部"和昌都的"苏毗部"，构成古羌族的第三个文化核心（那时还没有藏族）。羌族文化发展，这时已近于顶点。其时间，大约在距今一万年以上。

（四）羌族从哈羌盐海地区，向北发展，艰难地通过了一个低湿地带后（从柴达木延伸到四川的若尔盖将近一千公里的斜长地带,当时还是泥海。只有勉强可以过人的迂回旱地),发现了察卡盐湖,从而形成了又一个羌族文化核心。察卡盐湖的发现及其形成第四个羌族文化中心,大约要晚于哈姜盐湖的发现几千年,已经相当于中石器时代了。近代发现青海、甘肃省界一些石器时代的遗址,可能就是这些古羌族的子孙遗留下来的。他们的后裔成为汉代河湟、大小榆谷的羌人。

## 第三节 羌族文化(上)

### 一、羌族文化

"羌族文化"可以在人类历史上成为一个具有特殊含义的名词。这是因为,它具有与其他各民族文化不同的,而且是异常卓越的特点。它在亚洲中部草原上形成,也只在这个广阔的草原地区上使用。但其所影响的地域很宽。现世许多强大的和弱小的民族,多曾与古羌族发生过直接或间接的文化关系,甚至是血缘关系,此章专门探索古代羌族文化,提出个人初步探索的见解。

### 二、女性中心的持久

古代羌族文化最大的特点是:在其社会组织中女性中心持续的时间很长。在人类历史上,从农业发展起来的民族,常有不曾经过女性中心社会发展阶段的,即有,也是很短。例如汉族祖先,只曾传说有过短暂的"女娲氏"时代。从渔业发展起来的民族,女性中心社会的时间就相对长一些。例如越南和日本的古代社会,都曾有过女子立国的故事。从猎业发展起来的羌民族,则直到公元第八世纪以前,都一直保存着女性中心的社会制度。例如《唐书》记载的"女国"和"东女国",就是世代以女子为王和朝官,来统治男子的。这就可以想见其古代,大抵从有社会组织开始,就是女性中心社会。起码在羌塘和阿里地区是如此。所以我国古史所记的"西土母"和"西海女国",皆当导源于此区。吐蕃初兴时代的所谓"苏毗",即"东女国",他的都城"康延川",即今日的昌都(传云:"岩险四缭")。吐蕃把其国境东部的附属部落地区称之为"康",(ཁམས=Kams)即用的这个"康"字。这两个占有盐矿的羌族女国(羌塘与昌都),拥有附近各部落生活所需的食盐,故能强盛,保持着传统的社会制度,到第八世纪,便成了世界保持女性中心制度时间最长的民族部落,也是羌族中覆亡最晚的两个国家。近年在西藏昌都县卡若发现的新石器时代遗址,表明这一地区曾经是个很兴盛的原始社会。他们这两块女性中心区域，也恰是羌族最早居住下来的地方。可以认为：这种社会制度在原始羌族时即已形成。因为那时男子都要外出猎取野兽，而妇女却须留守猎获物，并从事剥皮、制衣与石器等活计。待兽皮、石器和食盐积聚渐多后，男子又须远出百里、千里外去经营贸易，这样，就自然而然地形成了女性中心的社会组织。只有分支而出的羌族部落，由于接近或已进入农业社会，才有可能变为男性中心的社会。

吐蕃，就是羌族分出的一支。它因所在的地理条件适合于发展农业，故脱离女性中心社会较早。它又奉行喇嘛教。这种宗教贱视妇女。故依喇嘛教义建成的"吐蕃文化"，与羌族相反，是反对女性中心的。他征服了这一大高原，最后消灭了这几个女国，并把历史悠久的羌族文化改造为吐蕃文化，羌族的名称渐趋消灭，羌塘这个"羌"字也变成了吐蕃语的"北方"之义，而羌塘的羌族，也渐信奉喇嘛教而化为"播巴"（藏族）了。

### 三、驯养毛用羊的成就

古文的"羌"字，即是"羊""人"二字的组合。故《说文》曰：羌"从人从羊"（段注《说文》改为"从羊儿"。儿亦古文的人字），释为"西方牧羊人"。可见当时羌族的畜牧业生产水平，已经为世所知。古代羌族文化，在生产方面的最大成就，便是驯养野兽成为家畜。他驯养羊、牛、犬、马成功之早，远远超过世界其他任何民族，具体论述如下：

藏羊，是羌族驯养成功最早的家畜。它是远古栖息于高原草地的一种"盘羊"，其双角是旋卷盘曲的。远古的猿人很早就开始大量捕获，加以圈养，并进行驯化。羌族把这种原始的野羊叫作"那哇"，藏文写作 gLa-Ba。而"那哇"与"古代"又是通用字，这也不难看出：羌族驯养野羊是最早的。

羌族又是最早把这种古代野羊改良成为绵羊的民族。他们用石英制成的玉刀，把这种柔软的毛割下来，搓拧成为毛线，用以织布（"牦子"或作"毡子"）。这种布，古代曾作为商品输入华夏，华夏人称之为"褐"。迨羌人割毛和纺织方法落后于华夏以后（即中原已经用了剪和织机以后），华夏便自行织褐。而只输入羌族的连毛绵羊皮，即《禹贡》所称的"织皮"。其时大约在殷末周初（《禹贡》是西周人的著作）。我国最早创造的羊字，就是画的盘角、大眼的西藏绵羊的头像。如殷墟甲骨文中，就有⊕、⊕、⊕、⊕等字，说明当时中原养的羊即是羌人育成的绵羊种，而不是后来从北方引入的"咸羊"（小头无角的绵羊）。

## 四、驯养山羊

羌族驯养山羊较晚。因为山羊栖息在山岩间，不易捕获，驯养也较困难，而且毛皮不似绵羊软暖，所以他们对于驯养山羊不那么感兴趣，大概还远落后于驯养野牛。他们把野生的山羊（羚羊）叫"果"（藏文标音为rGo），驯养的山羊叫"热"（Ra），但也叫作"果哇"（rGo-Ba）。他们把动物的毛叫作"查"（rTsid），把牛毛与山羊毛都叫"查巴"（rTsid-Pa）。绵羊毛另取了一个专用名称，叫"巴尔"（Bal）或"路巴尔"（Lug-Bal），把绵羊皮（毛皮）称作"路巴斯"（Lug-Pags）。把山羊皮则称为"热查"（Ra-Tshag）。可以看出：他们驯养这两种野羊的时代和用途都不同，养山羊，目的不在用毛，而只是为了补充牛肉以外的食品和皮张之用。

由于羌族纺织业的停滞不进，影响到绵羊的育种工作亦同样停滞不进。直到今天，大高原上的"藏系羊"还是粗毛绵羊，远远逊于经过育种的"美利奴羊"和"新疆细毛羊"等。

## 五、驯养野牛的成就

牦牛，藏语为"雅"（གཡག＝g·Yag），它原是羌塘地区出产的一种野牛，经羌人驯养成功的家畜，才叫牦牛。这种野牛体大、力大、凶猛、狂暴，成群吃草，触怒了它，整群皆不顾死活地冲来，可以叫你立成齑粉。（我国古籍把它叫"牛乍"，音"昨"）。它被羌人捕获而驯养成为今日这样驯顺、忠勤的家畜，大约须要经历几万年的时间。我们人类的祖先，曾经驯养过各种动物，结果证明：愈凶猛的野兽愈难驯养。例如我国古代很早就曾养过虎，（《庄子》《列子》都有养虎技术的记载），但未获成功，养熊亦然。就是养猫，至今也未能做到驯顺得用。阿拉伯古国亦曾养狮，并在两千年前贡献狮子到我国来，但直到今天距驯化的要求也还很远（头脑简单的野兽，又比头脑伶俐的野兽为难。故我国很早就有"豢龙氏"这样驯兽的专门人材）。羌人把野牛驯养成为牦牛，当比他们驯养成功绵羊的时间要晚得多。但当中原文化发育时，绵羊毛皮与牦牛颈尾的长毛，都已同时成为输入中原的重要商品了。连毛绵羊皮，中原人称"织皮"已如上述。牦牛尾毛最长，中原古籍作"旄""髦""氂"字，用于装饰车、马、旌节和戈矛；又用为蝇拂。"牦"字又通作"毦"，原是用整条牦牛尾作商品。其毛之尤长美者，汉魏人把它结成美观的拂子。如《三国志》注有："刘备性喜结毦"），或编为假发（髦）。牛和羊都在冬季输入中原为商品，中原人为之造字作"氂"，作"犛"。汉代别作"旄牛"（旄牛县名缘此），唐代又依羌语本音作"雅"（雅州之名缘此）。犝、犛、犪等字的创造表明，羌族在中原的殷、周之前，已经把野牛驯养成为乳、肉、毛、役兼用的主要家畜，并且作为商品被中原人大量使用。

### 六、进行异种杂交的成就

羌族不但早在中原文化诞生前就已经驯养牛羊成功，而且在殷周之际，把牦牛与黄牛杂交，创造出犏牛这样一种新型的家畜。牦牛、黄牛、水牛，虽都叫作牛，却是不同种的三个反刍偶蹄动物。它们之间是不易交配传种的。进行人工交配所产的小牛，有兼备父畜、母畜之长的上品；也有徒具父畜、母畜之短的劣品；还有偏得父畜或母畜若干优缺点的变种。只有在杂交的技术上，精于选择父畜母畜，历时若干年，才会生产出乳、肉、毛、役都优胜于父、母畜的犏牛来。正如马和驴杂交可以产生骡子一样，但他们只有一代生命，不能传种。犏牛虽也能产小犊，但皆纤弱而劣性，通常产后即被杀掉。唯独犏牛这一代不同，其性格之驯顺，产乳量之高，肉味之美，毛之软长和耕犁、驮运、适应能力之强，皆远胜于牦牛。例如牦牛在气温高的地方即不能劳动，否则易发狂而死。犏牛则较为耐劳耐热，故凡大高原的长途运输，须逾越温暖河谷者，即只能用犏牛，不用牦牛。牦牛只能在高原顶部早、晚役用，中午休息放草。所以，在犏牛育种成功后，羌族的社会经济便有了一个明显的跃进。

羌人把犏牛叫作"犆"（འབྲི = aBri），今藏语作（འབྲོག = aBrog），早在华夏的周、秦年代，他们已经大批地生产这种优良的牲畜。每年冬季，便把服役超龄的犏牛，驮运商品到中原，连货带牛一齐卖掉，以节省草场的牧草消耗。而中原的贵族却买来饲养，供冬春的肉食，也用于祭祀燕享。但汉、羌间从前汉末即开始摩擦，至后汉时已战争频仍、交通断绝，羌族的牧运牛队，不能深入华夏，华夏的典籍也不再见到这个"犆"字了。不难看出：中华这个"犆"字，就是羌语 aBri 字的音译；羌族育成犏牛的时间，不能早过殷周之际。所以甲骨文里并没有这个"犆"字，汉以后的典籍，也无"犆"字的记载。即在唐蕃和好市易，再把犏牛运入华夏时，唐人也不再将之称为犆而称为犏牛，并与旄牛混为一物了（见《汉书·司马相如传》颜师古注《上林赋》云："旄牛，即今所谓犏牛"）。西藏人原把牛分为三种，叫"犴、雅、犆三"，后因野牛淘汰，常见的只有雅牛和犏牛。但还把牧场叫"犴塘"。

犆字，见于《礼记》者最多。如《王制》："天子犆礽"，"诸侯礽犆，禘一"。《玉藻》："君羔幦、虎犆。大夫，齐车、鹿幦、豹犆。"（士同）。《少仪》："丧、侯事，不牰弔。""牰豕，则以豕左肩五个。"《春秋·穀梁传》，隐十一年，"滕侯薛侯来朝……牰、言同时也"。郑玄注经，已不识牰字本义，或释为独一；或释为特牲；或释为直条的衣缘，皆望文生义。在我看来，都是说的祭祀献荐之事。按《王制》："宗庙之祭，春曰礿，夏曰禘"，"天子社稷、皆用太牢"。"大夫、士宗庙之祭，有田则祭，无田则荐。"依这些礼制来推断，则"牰礿"就是以犏牛为牲代替"太牢"，所以恤耕牛。"诸侯礿牰"同义（原注云："互明牰礿"是也）。"禘一牰"，指诸侯五庙，只大庙用牰。若春祭，则各庙皆用牰。《玉藻》之"虎牰""豹牰"；《少仪》之"牰豕"，都指祭前田猎，国君以得虎献祭为礼，大夫、士家以得豹献祭为礼。不得虎豹，仅得野猪，皆可以代牰。不田猎，则献牰。本以牰为牲之祭，是为牰祭。牰即是礿祭之别称，因所用牲为犏牛（牰），即称牰祭。故牰字又为牲之代称。《穀梁传》之牰，指滕、薛二君同在牰祭时朝鲁助祭。

黄牛原种出于塞北草原，其受人类驯养，远较牦牛为晚。羌人开始培育犏牛，当在羌族已经进入陇西与塞北草原以后，约在距今五千年前，并历时一千年左右才成功。塞北的胡人，用驴与马杂交而产出兼备父母之长但不能怀孕传种的骡子。这一异种杂交的成就，比羌族育成犏牛要晚一千多年。（骡字，古作臝。《史记·匈奴传》，桓宽《盐铁论》和许慎《说文》都可证明：它是周、秦间塞北胡人的创造发明）。而这一创造发明的人，仍当是羌的别支。现在，人们用异种杂交方法培育农牧优良品种已十分盛行，但是，知道这种方法是首创于羌族的，却寥寥无几。

### 七、西藏马与西宁马

羌塘今天还保存有若干大群的野马和野驴。足见羌族在驯养家畜的马和驴方面，羌不如塞北胡人的成功。这是因为羌塘人只注意牛羊的养殖以供他们生活需要，而不大注意马和驴。《新唐书·吐蕃传》以"牦牛、名马"连称，足见羌人养马原亦有成就。今日西藏虽亦产马，但马的体格相当小。一般藏族都喜欢买西宁马（怒斯马），甚至引进印度马。西宁马。可能是塞北马引种到大小榆谷地区来的良种；也可能是塞北种与羌塘种交配的改良种。它仍属于羌族子孙"西羌"在河湟地区的创造。这种马，是我国历来最好的战马。西宁区的驴子与骡子，也是全国很著名的良种。大概因西宁区是历史上各大民族争夺战斗最频繁的地区，所以其人善于培育战马。至于驯养马、驴技术的提高，则是周秦以后的事。

总的说来，羌族驯养食草动物，无疑是世界上开始得最早的，也是成功得最早的。但其最出色的创造则是在羊和牛，尤其是牛。牛、羊既已能满足生活的需要，他们也就无心驯养更多的草食动物。特别是在创造了帐幕居处以后，享受安静生活的时间很长。所以他们也不重视培育战马。待吐蕃兴起以后，穷兵黩武，需要战马了，反须从西宁、印度、中亚等处去买马。羌族部落则徒有牛羊之富，而缺乏捍御之武。所以轻易为吐蕃所吞并。

### 八、驯化藏犬的奇迹

在驯养肉食野兽方面，羌人创造了比驯养野牛更出色的成就。

康青藏大高原的顶部，原有一种猛兽，它以草食动物为食料，与狼相似。高原上大群的狼与它争食，但都被它逐渐消灭，若干万年来，高原上已经无狼了。羌人原是善于猎取猛兽的。进入高原草甸后，与这种野兽争斗最为剧烈。结果是它们终于被征服了，纷纷被杀死或成为俘虏。可能是出于好奇心，他们把稚龄的放入土窖内饲养，取名叫作"猰"（藏文作ཁྱི＝kyi）。经过驯养，成为非常得力的一种家畜，这就是今人所谓的"藏犬"。

驯养这种野兽，比驯养野牛更难十倍。但是羌人善于驯服，终使成为守家、御盗、捍卫人畜都很得力的家犬。羌人藏人每家都养有藏犬一条或几条。它能识别家人；在牧场捍卫畜群，使牛羊不走失，害敌不敢行近。家养时，必须用铁链拴系住，因为它见生人就要猛扑，并专咬喉部，不畏刀棍，死不退缩。长达里余的藏商驮队，只要有藏犬一头随行，便能保证安全。它经常需要肉食，但在贫家亦能随主杂食。羌人能把凶顽的野兽驯养成为如此忠勇的家畜，的确是创造了人类驯兽的奇迹。当然，这需要经过很长时间（人类驯养狼犬，也经过了大约一万年的时间。驯养藏犬比狼犬更难数倍）。

我国古籍如《山海经》《淮南子》《说文》皆记有羿杀猰的故事。那个猰，可能说的就是藏犬。《穆天子传》说的"狻猊"，《尔雅·释兽》作"狻麑"，可能说的是猎用的藏犬。《尚书》说的"西旅贡獒"和《左传》说的"公使獒焉"的獒，则是指已经养驯了的藏犬。若说羿杀猰，就是羌人放出来伤害后羿的藏犬，则羌人驯养藏犬成功，距今至少已有四千年左右；即使低估到周代，也有了三千多年。华夏养狼犬成功的历史虽尚不详，但从文字发展过程看：犬字是人字加上一个棍。即犬还未驯，有咬伤主人的危险，故在系绳上加条直棍，使其不能扑到人身。就是说：在初制象形会意字时，犬还未驯顺。其驯顺时间，当是远在羌人驯化藏犬之后。

中原曾经对藏犬做过引种饲养，但似未成功。《左传》宣公二年，晋灵公唆獒犬去杀赵盾，就是证例。但此后。便没有再见到有关藏犬或猰的文字记载。

### 九、羌人猎业的衰歇

羌人，原是靠缘山猎食进入高原草甸的。经过猎业生活的艰苦斗争，促使四肢和脑力发展，智慧增高，氏族组成，养畜蕃盛，帐幕定居，并有藏犬捍卫以后，生活变得舒适稳定，衣食丰备，安乐无争，武备成了无用之物，射猎成了多余的事。这样，羌族便由强悍走向萎缩，终至于消失。但在这一变化中，由于他们的欲望转向个人享受，如需要多样化的食品，因而开始创造耕种制度；需要珍宝装饰，使金玉琢磨、陶土器皿有了突出的发展；需要处理过剩的家畜、畜产品和兑换不同地区的特产，于是商业大大发展起来。这是羌族文化发展的第二阶段，即农、工、商业萌发的阶段。

## 第四节  羌族文化（下）

### 一、麦种的创造者

羌族原住地不适于发展农业。当其进入草原边缘的河谷上游地带时，不能不从单纯的肉食而进于杂食。于是栽培植物的试验出现了。他们最先育成的，是一种叫作"来"（藏文音作 Nas），后来陇西汉人把它叫作"稞麦"的耐寒谷物。近人则把它通称为"青稞"。

这个高原河谷的上游地区（海拔约三千至四千米）并无野麦，只有燕麦野生，相当普遍。可以推断：羌人是因为牲畜喜食燕麦而进行栽培的。又因逐年选种，使粒穗密接饱满；经过若干年代后才变成"青稞"的。其育种成功的时间，当在华夏有麦种之前几千年。何以见得呢？在我国最古的诗歌中，有一篇《周颂·思文》，全文是："思文后稷，克配彼天。立我烝民，莫匪尔极。贻我来牟，帝命率育。无此疆尔界，陈常于时夏。"后来的说经家，都说这是周室颂其始祖后稷（弃）功德之歌。弃在尧舜时为后稷，教民"播时百谷"（《尚书·舜典》语）。此诗说天帝给他"来牟"的种子，叫他教导百姓种植。这个"来"字，旧说概以为麦种，恰好就是羌语 Nas 或 Las 的对音。这就可以证明：中原原无麦种。中原麦种，是后稷从外域引种来的，故后世传为天帝所赐（来牟二字解释详后）。

汉儒虽说《思文》是颂周始祖弃的，却有可疑之点不少。如：（1）"后稷"不是弃的专称。在唐虞前，已有"烈山氏之子曰柱，为稷，自夏以上祀之"的传说（《左传》昭公二十九年蔡墨说)。烈山氏为神农氏别称,所谓柱,即神农氏时的后稷,与周始祖弃之后稷各是一人。(2)《思文》中"立我烝民",郑玄释:立为粒,指谷粒。中原粒食始于神农,不始于弃。(3)《大雅·生民》为叙述周弃一生的诗史,长达二百九十六字,所言农艺之事甚详。如述种植,列举了荏、菽、禾、麻、麦、瓜瓞、黄芑、秬、秠、穈、芑等字。它不用来字,而作麦字,字形与音皆变,又不特言帝命。《生民》与《思文》皆西周初年之诗,且可能皆出于周公旦一人之手(说在拙著《周诗新诠》)。可以怀疑:《思文》是颂烈山柱之诗,用于社稷祭享;只《生民》是歌颂周弃的。(4)按来与麦字制造的先后推断:来字已象麦穗之形,应是华夏初见麦穗时所造字。中原原始农作物为禾(今之粟谷),如黍、稷、穈、秋字皆从禾,显然是其变种形成后所造新字。来字不从禾,而象麦穗之形,可见并非中原旧有谷类,而是由羌域输种的。新种自高寒地引入低暖地,必然多生变种。经巧农的善为培育,于是有小麦种在华夏育成。为了给新种起名,在旧的"来"字基础上,加麦粒之状;正与"禾"的变种为黍,其造字之法相似。可知麦字是在华夏已经育成小麦新种时造的新字,用以与来麦的原种相区别的。事实上,《周书》所云"尝麦",与《左传》所云"不食新麦矣"的麦字,及其他秦汉书文中的麦字,均是专指的小麦。汉儒把大小麦称为"二麦"后,就不再用"来"字表示麦类,而是指"远来"一类意思。这说明殷、周、秦、汉的华人由于只种吃大、小麦,不吃稞麦,因而使用的字义亦随之改变。

通过上述周初的诗分析可以看出:周弃所育成的麦种是指的小麦。最先引种来麦的人,是夏以前奉祀的后稷柱,而不是周始祖弃。他二人时间相距大约五百至一千年(《吕氏春秋》谓神农有天下十七世。古书记周以前年代皆不甚准确,只能依社会发展进度大体推估)。这样,羌族进入农业生产的时间,当比汉族更早;其育成麦种的时间,比汉族至少要早五百至一千年。

羌族的来麦,不仅华夏引种进来,发育成为小麦、大麦、蓝麦、油麦等品种;并且很早传入新疆和中亚细亚,被称为穄麦(《穆天子传》),又传入欧洲而为黑麦。黑麦西文作 Rye,(仍是 Nas 的对音),至今仍是东欧和北欧的主要粮食作物。那些地区的农业,是七世纪才发展起来的,以前也是牧区。故只能说:欧洲黑麦是羌族来麦传去的种,而不能设想:来麦是欧洲传来的种。至于西亚和欧洲的小麦,是否来麦的变种,则应当继续考订。过去,史学界多以埃及和巴比伦是世界文化发育最早的地方,主要食粮又是小麦,便说世界麦种都是从那里传出来的。殊不知:埃及、巴比伦地区的文化发育时间,最早也不过距今七千年;而羌族育成的麦种,至少也在万年以前了。因此,说世界麦种是由羌族创造出来的,是更为适当。虽然羌族创造成功的只是原始的来麦（青稞），但它无疑是随后派生、发展而成的各类新麦种的祖先。我们只能说：是来麦进化为小麦；而不能说：是小麦退化为来麦。所以，麦字从来，正如黍字从禾，犏字从牛一样。

## 附 来牟辨

我国古代经学家，否认羌族古代文化的发展先于汉族；否认麦种是从羌域输入，对于《周颂》中的"来牟"二字也作了一些谬解。有些人见到来字古篆象麦穗形；又见麦字从来，故释来为麦类，但究竟是哪一种麦子，则说不出。至于相连的牟字，从牛从口，而牛鸣声大，遂以来为小麦，牟为大麦，并有写牟作麰者。后世字书均从此说。段玉裁《说文注》云："古无谓来小麦，麰大麦者。至《广雅》乃云麦麰小麦，麰大麦。非许说也。"但他仍未作出牟字的新解释来。我怀疑牟字是另一种羌地育成的农作物品种，不是麦类。因为，如是麦类，在造字时必从来，而不会从牛。按羌族农作物，唯稞麦（来）与圆根两种育成最早。圆根是由十字花科野菜育成，块根圆大，味甘而色白（微苦），富于养分，形似羌菁。今藏人呼作"油马"，是最耐寒的根菜，产量相当大。但"油马"不是它的原始名称，因羌语古物名皆只单音，而双音多是吐蕃时语。藏语"油马"，本义"萎黄"，不成其为农作物名称。大抵，按羌语原名叫"牟"，因多在叶老萎黄时拔取，后人就叫"油马"。它与来麦同时传入华夏，故《周颂》连称，亦是缘音造字：取"厶"象其形（♌）；牛喻其大而可爱。故后之牟字亦有"爱也"（扬雄《方言》）；"大也"（顾野王《玉篇》）与"拔取"之义。"牟"在青藏高原上，为母牛与牛犊的保健饲料；它引种入华夏食粟之区，亦当为牛的美饲料。故《说文》解为："牛鸣也"，就是因牛望见它，会喜而鸣的意思。

### 二、特殊的耕犁方法

羌族用二牛耦耕，犁辕很长，犁刃只用一条坚木。犁辕前端，系于一横木上。横木为轭，不加于牛项而是加于两牛的额上，缚于两角，使二牛以头顶推挽着犁前进。这种耕犁方法，是任何民族也没有的。唯独羌族才有，并且保持到现代。仅仅是用两牛或两马耦耕，西亚、北非的阿拉伯国家也是通行的，但牛轭是加于颈上，这比之施于额上自然得力些，是比较先进的。因此不能设想：二牛耦耕是羌族学西亚国家，而只能是羌族自己创造的耕犁方法。牛轭施于额上，是因原始创造牛耕的人，因见牛斗总是用角，或以额相抵，便误认为牛力集中点是在额，而不是在肩。这就说明羌人的观察和推想，是极原始的，也是独创的，而不是向其他民族学来的；

也说明他创造的时间之早，远在世界各民族运用牛耕之前。加上地理条件的限制，长期封闭自守，孤行落后的生产方法，致在农业上无甚成就。

我国中原地区的耕地方法，原称"耒耜"，也只是一条尖木和扁木，人用足踏，不知用牛。春秋年代，已经开始牛耕，故冉耕字伯牛。但仍有"人耕"的残余如长沮、桀溺的耦而耕。犁的创造，不能早过东周。《管子·乘马》始有"丈夫二犁，童子五尺一犁"的话。配犁不言牛，可见是用人挽耕。汉武帝时，赵过教民牛耕，大概是我国中原的普遍开始用牛耕犁，论时间要晚于羌族几千年。东周以前，牛只用于挽车，轭是加于牛肩的。牛耕，也是单犁。华族在育种方面学了羌族，在耕犁方面却未学。人耕总比牛耕费力些，但中原牛少，价高，用于挽车尚嫌不足，只好勉用人力。而羌族牛贱，可以滥用，也不管它如何吃力，故一直沿用至今。所以，不能以历史长短来衡量生产的优劣。往往起步早，方法却落后；起步晚，方法反先进的情况，是屡见不鲜的。许多人看到中世纪羌族的落后，却未看到古代羌族的光辉历史，这是不全面的。

### 三、羌族的手工业

羌族在整个石器时代，手工业是很高明的。其最出色的工艺是琢玉。他们借犀利的石英块制的刀锥，制成骨纺轮、球串等装饰品。又利用纺轮相互带动，加快了琢磨的速度，把石英、玛瑙等坚石琢磨成刀、斧、圭、璧等使人爱悦的器具；作为商品，与附近农业部落兑换粮食及其他物资。琢玉的沙，最初只用打碎的石英砂。后来淘取比石英砂更硬更细的"金刚砂"（与金和石英砂伴生的，硬度更高的黑色矿质细淘沙）。于是他们琢磨的玉器更形精美，成了华夏人最喜爱的商品。其成功的时间，约在距今五千年以前。华夏人有个传说："蚩尤以金（铜）为兵，黄帝以玉为兵，黄帝战胜蚩尤"（《太白阴经》文。蒙文通云："其说出于'胡非子'"）。这是一个可靠的历史传说。蚩尤是我国最先发明冶铜为兵器的（其说在《管子·地员篇》）。但还不是青铜器，其锐利不能抵御石英磨制的玉兵器（石英兵器）。但中原并不出玉。黄帝居地接近羌族，故有玉兵，因得以战胜蚩尤。这是可以理解的。玉兵器在我国保存很久，如宋代还有"玉斧"等。

黄帝购用的玉兵器中，可能也有黄金块。它是最好的投击武器（如前述）。在黄帝时，羌族虽无熔铸黄金的能力，却已知其性能，并能够把黄金块锤打成圆球，砸出一个浅柄，穿孔系绳，作为"流星锤"使用的（古代的锤皆无直柄，只有绳系，投出又可收回，故可纳入袖中）。其时华人金玉不分（说在《泛谈我国的黄金》），故谈玉兵,也会包括有金球和其他原生矿石。

华夏进入青铜器时代以后,玉兵器被淘汰了,象征玉兵器的圭、琰(皆具尖锐的锋端),还作为天子诸侯必须执持的"礼器"。阅千余年,玉器仍是中华人所最尊贵的器物。但自入周代后,华夏已经有自己的琢玉工师,和玉的代用品了("次玉",大多是美白的石灰石)。周代把这种琢玉的工匠,称为"追师"(见《周礼·天官》),以"追"为治玉之称(《诗·大雅》:"追琢其章")。《大雅·韩奕》云:"王锡韩侯,其追其貊,奄受北国,因以其伯。"这段话的意思是说:周宣王因韩侯娶"汾王之甥,以北国追族与貊族之地赐之,使为一方之伯。可以设想:这个追族,即羌族以治玉为专业的工人,因华人好玉而入居华夏,子孙繁衍,遂为追族(其所居地在山西大同附近。说详《周诗新诠》)。追字制作时,本无治玉之义,因羌语治玉为堆追之音,故译作追字,又通"堆"。貊与追,皆北狄之类,实羌族别支。可知羌族不但为华夏古代真玉(石英石)的供给者,也是玉工的传授者。

## 四、羌族的商业

羌族游牧于高原草甸,无一定居处,故扩散性强,适于商业的发展。可以设想羌族驯养羊牛既成,已有女性中心氏族组织时,便各命其男子,带着剩余牲畜,逐水草而移转扩散,逐渐占有整个康青藏高原的顶部草原,形成若干的氏族部落。由于生产发展的不一致,由于内部交换的发展,进而有了外部交易。待四周农业部落形成以后,农牧交换也显示出需要。这时,羌族苦于农业发展受到地理条件的限制,遂利用牧业的优势,发展商业,通过水上交通,把自己多余的畜产品如羊毛、毛皮、牛毛、牛皮、干肉、乳酪(干酪)、乳油(酥油)等,与玉器、黄金、食盐、药材等土产,扎成牛皮包裹,用牦牛、犏牛、山羊、驴、马驮载,沿途放牧,在猛犬护卫下,露宿野餐,缓缓前进到农业社会的市场,换口粮食和工艺品。这种经商方式,是羌族在其社会发展进程中自然而然形成的。由于商业交换的方便,发展农业的努力便成为不必要,因而文化发展也就停滞不前,结果为"吐蕃文化"所代替。然而,吐蕃统一大高原后,因为对外交通的不便,仍只能使用这种商业方式互通有无,争取生存。即在吐蕃崩溃后,各地区政权和喇嘛寺也仍然一样。直到西藏解放,公路大通时,才结束了这样的经营方式。

这种经营方式,可以称为"羌式商业"。它在亚欧之间的内陆草原地区,擅利有数千年之久。近世研究世界史的人很少注意到它,更极少有人知道这种商业是由羌族所创造的。

### 五、羌族文化小结

羌族文化是牧业文化，是人类最早征服自然的一个最杰出的例子。后来的人类不是曾有过"极乐世界"的理想吗？看来，五千年前康青藏大高原顶部居住的羌族人大概可以算得是"极乐世界"中人。他们无外患，无内忧，牲畜孳蕃超过生活所需，皮、毛、骨、角能满足用度还有余，这都是他们累世祖先勤苦劳动、战胜自然的成果，而不是向其他人类攘夺来的，所以他们俯仰无所惭怍，安其所享而不疑，这还不算得极乐世界么？

辩证唯物主义和历史唯物主义启示我们："没有什么永世不移的社会秩序"，"一切都依条件、地点和时间为转移"。羌人之所以能够在万年以前造就出人类突出的牧业文化，不仅因为他们祖先能够艰苦劳动战胜自然，还有地理条件与时间条件所起的作用。

斯大林曾说："地理环境，是社会物质生活所必要的和经常的条件之一。而且无疑是影响到社会的发展。"羌人如果没有高原草甸，也就没有它优胜的牧业文化。但高原草甸也只适合于牧业的发展，而农业和工矿业发展却受到了严酷的限制。因而，羌族文化便未能前进到农业文化、工业文化和现代商业文化的阶段，终不免于被后起的吐蕃文化所淹没；同样，吐蕃文化也不能免于为现代的先进文化所代替。

时间的条件，对羌族文化的发展（由盛而衰的过程）来说，也是很重要的。正因为羌人早在人类尚停滞在原始生活的时代，就在草原上奠定了经济生活的基础，有了女性氏族的组织，并能长期安定地从事生产活动，所以才能有那样的成就。相反，如果四周各民族发展水平已经接近，就必然会发生互相争夺的民族战争，相对延缓乃至破坏生产的发展。事实上，自从中华文化发展到了一定程度；汉族与羌族间的战争兴起后，羌族文化随即停止了发展。其后，在魏晋南北朝时，尽管汉、羌间已无战事，但勃兴于雅鲁藏布河谷地区的吐蕃文化，却迅速地把古老落后的羌文化淹没了。

人类，是生物发展的最高阶段。从生物出现到人类出现的过程中，不知已淘汰了多少数量的生物；从猿人到今天的人类，不知已淘汰了多少的人群。人类发展的决定因素就是人的劳动，劳动经验即知识的不断积累。某一时代最优胜的人群，一经停顿不前，也不能免于在下一个时代归于淘汰。羌族的历史，正好说明了这样一个生物发展的规律和社会发展的规律。

# 第五节　羌族发展的极限与其蜕变

## 一、羌族发展的极限

羌族，是在康青藏大高原顶部辽阔的大草原上发展起来的。他所赖以征服野兽的工具，是白石英与黄金块；吸引人的条件，是盐泉与盐池。石器、食盐与火成了他们征服自然的三大法宝。石英碎片是天然犀利的钻割武器，天然金块是比重特大的投击武器，两者都是大草原上的特产，在羌人初到此高原时，几乎遍地皆有，随手可得，不似今日还需探矿。羌人用它来捕杀草原上的野兽，易如俯拾。用兽皮割制的韦条结网，生捕野兽再进行驯养。但这一切在时间性上是有极限的：进入青铜器和铁器时代以后，石英武器即随之淘汰；黄金也派上别的用场而不能再用于狩猎与战斗。因此，羌族长期停滞在石器时代，就不能不由于武器落后而遭淘汰。

## 二、发展期中的渐变

支持羌族发展繁荣的宝物是食盐。当他们在草原上发现了盐泉并掌握了如何晒成食盐的方法以后，就掌握了迫使所在人群凝聚奉命的力量。这种力量，不是外出打猎的男子们所有，而只能是留守照护小儿的女人所独具的。女性氏族便在如此条件下形成。肉食加盐，经火焙烤，是当时最好的美味；腌制干肉，是当时远出狩猎者最好的食粮。因此，食盐是超过黄金和白玉的珍宝，是羌族文化赖以发展的物质力量。

羌塘地处内陆湖区，到处都是盐湖，有取之不尽、用之不竭的食盐，加上成群的野兽和水鸟；露在地面的金块和石英块，这就使它成了孕育羌族最早的高原民族的原始核心地区。所有先后进入此高原的人，都非向它靠拢不可。于是猿人进入此区，就如同蚕卵受到春阳煦暖一样，孵化而成蚁蚕了。

从羌塘移出的一部分人，最初和昌都察零多盐海的小群相结合，接着发现了哈姜盐海与茶卡盐海，从而形成了三个羌族小核心，使羌族的触角伸到了整个康青藏高原。及至发现内蒙古草原一系列盐湖时，羌族的发展已达极限的阶段，譬如蚕儿到了大眠时期，便不能不蜕变成蛹与蛾，形貌全非了。

羌族由猎食的猿人蜕变为养畜的牧民，由养畜的牧民蜕变为远出经商的牧民，由流动的牧民蜕变为定居牧民和兼事耕种的牧民，都是渐变，且只是经济基础的变化，而上层建筑未变；女性中心的氏族组织未变；巫法的宗教信仰未变；一切为了满足牧民生活要求的方向未变；血统的纯洁，语言的一致，以及习俗、风尚更没有变。总之，仍为羌族的本色，外人只能把他叫作羌族。

### 三、羌族的突变

羌族在漫长的几十万年间，由于受到地理条件的制约，始终未能进入农业经济阶段。但是他周围的农业民族却蓬勃发展起来，形成了包围圈。一些内部群落陆续与农业民族发生了接触。随着接触的增多，便心甘情愿地放弃牧业生活，向农垦地区移进，从事农业生活。在这一过程中，经济基础与上层建筑都发生了相应的变化。

最显著的例子，如内蒙古草原。早在华族尚未到达时，它已为羌族所占领（时间在两万年前，即第四间冰期的初期），与在青藏高原上一样，羌人一直是过着牧业生活，不曾迁居到低暖宜农的中原来。待华族占有中原，发展农业文化成功以后，所谓"北狄"和"西戎"便次第进入中原，与华人混居，改营农业，并实行华人的社会制度。虽与华人语言、习俗还不尽相同，但作为"戎人""狄人"，与原来的羌人毕竟已有所区别了。

又如：新疆塔里木盆地的住民，上古时也是羌族。原来，当时羌族曾越过昆仑山脉诸山口，下到塔里木沙漠的边缘水草地带进行放牧。在形成女性中心氏族的牧业部落后，早在唐虞年代就积极与中华和中亚、西亚及印度通商，其中最著名的首领叫"西王母"。按《穆天子传》记述，那里以出产玉石著名，也有稷麦的栽培，并渐习华夏风俗。说明开始向华夏农业文化过渡。待张骞出使西域时，则已完全变成男性中心和华夏经济制度的农业国家，并信奉印度传来的佛教，这是西域羌族的突变（唐人还把西域诸小国合称为"葱茈羌"）。

原青藏高原与印度这一农业大国之间，隔有两千里长的喜马拉雅大雪山。这种自然的阻隔，使得羌族在几十万年的发展中感受印度经济、文化的影响很微弱。只是在吐蕃强盛之前，可能有北印度的佛教徒，在阿育王的鼓励下，进入冈底斯山地区，传播佛法，使羌人原来信奉的巫教与之结合而成为笨派佛教（近代的藏蒙喇嘛，仍把苯称为巫教，华人则把它叫作"黑教"）。外此，再没有别的影响了。

### 四、藏族与羌族的区别

康青藏高原本身，虽然有些深陷的河谷可以耕种，但大都扁小险隘，不能建成国家。唯独雅鲁藏布河谷，形势开阔，海拔低到二千米左右，纬度低到北纬30°以内，气候温暖，能够提供蔬菜和谷物，并能容纳较多人口。吐蕃，便是在这河谷兴起的。

吐蕃，原来也是牧民，推行羌族文化，《后汉书·西羌传》称之为"发羌"。他距印度虽近，在农业经营方式上却未受到印度农业的影响，而只是承继了羌族农业的一些传统（如可种小麦和稻谷的土地很多，但他仍以青稞糌粑为主要食粮。二牛用额挽耕的方法，仍未改变。其他保持羌俗之处多不胜举）。但毕竟已经蜕变成以农业生产为经济基础的国家，故上层建筑亦不能不发生相应变化。在这一大高原中，它首先进入男性中心的氏族公社组织；首先建造固定的住宅和神殿；首先烧炭、炼矿和制造铜、铁器；并首先开创了墓葬制度（羌族原是火葬。吐蕃的祖先所谓"天德七王"，也是火葬的。"地德八王"，才有墓葬。最有名的国王松赞干布墓，在南羌塘，今属穷结县，规模很大）。但自奉行喇嘛教后，又有火葬了。

可见，吐蕃是由羌族血统和羌族文化孕育出来的另一个比较进步的民族。他与华北古代的西戎、北狄，以及氐人之脱离母体而成为另一个民族是一样的。其不同，只在于戎人、狄人是受外力影响而蜕变并随之与外族融合；吐蕃则纯粹是羌族本身所孕育，并取代了羌族和羌族文化，成为高原的主人。

质言之，藏族与羌族，是父子继承的关系；是蛾与蚕的关系。就血缘说不是两个民族；就文化说则不能不是两个民族。藏族是有文字，奉佛教，进入奴隶社会，建成了国家的农业民族；羌族则是无文字，奉巫教，停滞于氏族组织，未能建成国家的牧业民族（尽管有的史籍称许多羌族部落为国，但严格说来是不能成立的）。

由羌族突变为藏族的过程，不是一蹴而就的，而是经过松赞干布父子、祖孙三个世代，约一百多年，才把整个高原统一。一百年，比之羌族从兴起到衰亡的几十万年是短暂的，故只能说是突变。

## 五、羌族是如何蜕变为藏族的

吐蕃征服整个大高原，是凭借他的武力。由于其文化较高、物质条件优越，组织力强，一切胜过其他羌族部落，所以它能轻易地征服高原，再把它的人力物力组织起来去对付大唐、西域和印度，从而成为亚洲中心强大无敌的国家。所可怪的，是吐蕃的农业经济原并不可能施行于古老羌族所有的高原草甸，而那些草原牧民，为什么一经被征服后，就一直服从吐蕃，并且在牧业生活原封不动的基础上接受吐蕃文化，次第变成了藏族（播巴），甚至忘记了它的羌族旧称呢？其中的奥秘，就在于喇嘛教的麻醉作用。

所谓喇嘛教，也是一种佛教。最先传入西藏的是密法，不是显法。所谓"密法"，就是不说道理，只用几个音拼凑成毫无意义的所谓"神咒"，教人循环不息地念。说是做好这样一种"功德"，就能获得福报。今生不报，来生必报。这对于那些在政治高压下，生活欲望很低而又无计得翻身的牧民和农民，是特别能起麻醉作用的。松赞干布，虽已制造文字，也只有少数的贵族和僧侣才识得文字。绝大多数的牧民与农人，皆无缘识得文字，这种"密法"，恰好麻醉了这样一些人：他们甘心承受宗教的麻醉，惟教是遵，没有选择的余地。

所谓吐蕃文化，其实就是喇嘛文化。吐蕃国，只二百多年就崩溃了。但他所推行的喇嘛教却不是随之崩去，而是有更大的发展。因为吐蕃崩溃后的历代国王，仍然需要喇嘛教去麻醉被统治者。包括蒙古、清朝等族统治西藏的几百年，也不能例外。因此，我们大体上可以说：一部康青藏高原的历史，在第七世纪以前是羌族的历史，第八世纪以后是喇嘛教的历史；喇嘛教未传入以前的民族叫羌族，喇嘛教传入以后的民族则蜕变成为藏族了。

这样的民族蜕变，也正如蚕蜕变成蛾子一样，尽管形状不同，实质还是一种动物发展的阶段不同。近世题名为《西藏问题》的各种著书，有几十种之多。最早问世的是华企云写的一种，他采了一些西书的资料，是把羌族算入藏族的。其他各种，则甚至根本不涉及羌族，只从吐蕃说起。连喇嘛史学家，谈播巴的历史，也是把羌族割弃了的。我特别强调藏族与羌族的关系是蛾子与蚕的关系。明确这种关系，对于研究民族史和国内少数民族的划分，是有帮助的。

## 六、华族与羌族的关系

华族与羌族，原是生活方式不同的一族的两支。他俩之间的关系，与羌、藏两族的关系根本不同，但也不是毫无关系。例如：中华古史传说的"三皇、五帝"中，所谓伏羲氏、女娲氏，其实就是指的羌族人。晋·皇甫谧《帝王世纪》说：神农氏"长于姜水"，黄帝"长于姬水"。《史记》说：黄帝"娶于西陵之女"。生二子："青阳降居江水"，"昌意降居若水"，而"娶蜀山氏女"。周始祖后稷生于姜原，"别姓姬氏"。说"古公有长子曰太伯，次曰虞仲，太姜生少子季历"。这些资料，都可说明上古时代的华族是与羌族通婚的。所谓"姬水""姜水""西陵""若水""江水"等均当时羌族住地。"姜""羌"二字，音、形、义皆可通借，只是阴、阳、男女词性之别。就历史发展的顺序说：当华族进入中原经营农业时，羌族早已进入陇西、河套与冀北草原了。华夏人与羌族友好相处，通婚是很自然的。那时华族与羌族，都只有氏族的地域，没有民族的区域。

华夏文化进步较快，领先团结氏族，组成了国家。于是有了"夏人""殷人""周人""齐人""楚人""赵人""魏人""韩人""秦人"这类包括国域内各个氏族之统称，是为"国族"。但仍没有民族的区别。缘之而出的，有"汉人""晋人""唐人"的称呼，则渐由国族的称呼，转变为民族的称呼了（《史记·匈奴传》和《大宛传》所称的"秦人"实际是指的中原人）。两汉文籍所称的"夷汉"，六朝文籍所称的"夷晋"及"汉人""晋人"，也都是指的中华汉族，恰如现在的旅美华侨被称为"唐人"一样。

华族之称，始于周代诸侯强大以后，尤其是周东迁后，实际权力与诸侯相等，"周人"之称，已不足以代表当时文化最高的中原诸国，于是才有"五服"（禹贡）、"九服"（周礼）、"四荒"、"九州"、"四海"（尔雅）之说，演成"诸夏"与"四夷"之别。诸夏的人，均称为"华人"（"书同文"的人）。其语言不通，习俗不同的人，虽同居中夏，也别称以夷、蛮、戎、狄之名（四夷）。《左传》记戎子驹支之言曰："我诸夷不与华同。"这个"华"字，便不是指的哪一国的人，而是指的同语言、同文化的华夏民族了。它与后世所谓的"秦人""汉人""晋人""唐人"同义，而与杂居在华夏的蛮夷戎狄相区别。但是，当其杂居在华族地内的"诸夷"转化为与华夏文化相融合，同语言、同习俗、同社会制度时，历史上的民族界限亦随之泯灭。

在近四千年的历史上，羌族各支，因转向农业经济和华夏文化而融合于华族的事例太多了。但就它原来与华夏在经济、文化上的区别而言，与藏族、羌族间的区别是基本一致的。

中华民族，就是一个融合多种民族的新国族。所谓华族，他不止融合了部分的羌支民族，还融合了不可胜举的其他民族。如果说藏族与羌族的关系是蚕蛾与蚕儿的关系，那么，羌族与华族的关系则是氢、氧与水的关系。

### 七、羌族远支的蜕变

羌族的蜕变，不只限于进入农业社会的支派，必然要脱离母体而变为另一种民族，就是向远处移进的羌支，当它超过了一定限度，进入地理条件完全不同的地方时，即使仍以牧业经济为生，但语言、习俗和社会制度、民族名称也都与羌族母体有所不同了。这样的例子，在"乌拉尔阿尔泰语系"的民族中是并不少见的。

例如，历史上匈奴、突厥、回纥、蒙古等民族的原始居住地，都在今戈壁沙漠以北的贝加尔湖流域和阿尔泰山内陆湖区，连接西伯利亚和中亚细亚的大草原内。

这些地方，在地质时代第三纪的四个大冰期内，都是长期处在严冰覆盖下的。特别是在第四间冰期以前（距今二万五千年以前），即使住有人类、开始用火；或凿冰取鱼，营造冰穴生活下去的极少数人（例如爱斯基摩人），也必然会因生物、食粮的缺乏而难于生存，更不必说发展成为有文化、有武力的民族了。可是，正是在这块地方，匈奴、突厥、回纥、蒙古等民族于大约两千多年前兴起，并且居然一度成为与中华乃至亚欧一些国家抗衡的力量，对于这种历史现象应作何理解呢？显然，我们不能认为他们是从北极圈内发展起来的冰下民族，而只能说他们是古羌族牧民移过了戈壁沙漠，而定居在贝加尔、阿尔泰区并发展兴盛起来的民族。他们应当是羌族的远支。但是，由于与母体失去联系的时间太长，而且已经就地发展成为另一种语言、习俗和文化结构，因而不能再把他视为羌族。如果说羌族与藏族的关系是蚕与蚕蛾的关系，则羌族与这些远支的关系，就该比作野蚕与家蚕的关系；或猿猴与猩猩的关系。即既不是本身的突变，也不是同化于人，而是族类的变种。

羌族与月氏，原是一族的两支。月氏受匈奴的压迫，其中的强壮者逃亡到中亚细亚去，后蜕变为阿富汗民族；弱者则退守祁连山，依靠母家羌人，后遂还原为羌族，这又是一例证。

羌族向东北移进，至冀北草原，分化为东胡与狄人。狄人融合于华夏，东胡则为匈奴所逼，往东北方向逃去，蜕变为通古斯民族。这是又一例证。

羌族移入大巴山区者为濮族（巴氏）。濮族渡江入云贵高原者为僰族，更西进者为白族。皆有史迹可寻。虽转向西进，已近羌族故地，而语言习俗大异，不复相识，又是一例。

羌族逾喜马拉雅而南者，为孟巴、别巴、哲巴、门巴、洛巴等族。洛巴东徙入云贵高原者，为僰、为乌浒、为乌蒙与彝族。虽仍未失狩猎养畜的本业，而语言、习俗已失羌之原貌，皆不可再列于羌族。

# 第二章 从羌族派分的民族

## 第一节 从羌族内部分化的民族

### 一、羌族的内部分化

总括上篇论述，羌族是从泰缅地区缘山猎食进入康青藏大高原顶部，停留下来，结束了猿人生活，进入到真人阶段的，其时间约在五十万年以前。又过二十万年以后，他们便占有河首地区的哈姜盐海，并开始驯养牲畜，形成一个族类，自呼为羌。以今天的区域说：自冈底斯山以东，昆仑山脉以南，大积石山斜连柴达木低湿地与若尔盖低湿地西南及木雅贡噶大雪山脉以西；念青唐古拉连接当拉岭、伯舒拉岭东北的草原地带，都是原始石器时代的羌人住地。大约再经过十万年，才开始突破了上述四方的山脉与低湿地的限制，发现了察卡盐湖、花马池、吉蓝泰等内蒙古诸盐湖。在我国西北方，从塔里木沙漠斜联瀚海大戈壁的沙漠带以南，与喜马拉雅山脉以北的草原地区，建成了若干的羌族部落，其时间，大约在距今一万年以前。这时，在整个亚欧大陆已经有华夏、印度和西亚与地中海区的一些农业民族兴起了。但文化最高的还是羌族。当时中亚地区的草原牧民，都是奉行羌俗和羌语。其他经营农业的民族，亦因与羌族发生交易的关系，多有能说羌语的人。

羌族本身因为感到有经营农业的必要，便在他们占据的草原边缘的河谷地带栽培谷物与菜蔬。有些旁支则由半农半牧进一步建成为以农为主业的部落。由不同的经济生活方式所派生分出的不同文化的羌族部落，便逐渐形成若干新兴的民族。在距今大约五千年前至两千年前，雅鲁藏布江谷内的藏族开始出现，藏、羌两族的对立也同时出现。其结果是：农业民族吞并了牧业民族；羌族文化转变为藏族文化（吐蕃文化）。在这两种文化交替的大约五百年间，羌族内部除"发羌"外，还产生了若干派生的部落，分述如下：

## 二、藏族的形成

雅鲁藏布，在《唐书·吐蕃传》中叫"藏河"。藏文对音为གཙང་པོ =gTsang-Po 圣洁者之义。雅鲁对音为གཡའ་རུ =gYa-Ru，是地名，在山南，义为"变质的部落"，有如铁变为锈、石变为土之意。羌塘地区的羌人，曾经四出扩散：有自冈底斯山缘喜马拉雅北侧草原东进的；有至雅鲁藏布南边草原（俗称"南羌塘"），在年楚河（江孜河）与孜塘河（琼结河）等支流河谷间建成为农业部落的；也有通过念青唐古拉山脉进入拉萨河与工部河谷，在雅鲁藏布北侧建成了农业部落的。后来，这些农业部落统一为一个文化集团，称为播域（བོད་ཡུལ =Bod-Yul）。播域又划江而治，南北分裂，北为苏毗，南为雅鲁。雅鲁强盛，北夺苏毗属部，徙都拉萨（魏、周、隋之世）遂专有播域之地。人称"播巴"。国号播靖（བོད་ཆེན =-Bod-chen）汉文为"大播"，《唐书》写作"吐蕃"（当时土、大同音）。吐蕃皇帝松赞干布，与唐太宗同时。他兼并了高原内部诸羌落，奉行佛教，创制藏文。又迎娶尼婆罗公主与唐公主，输入印、尼和中华的文化，并与羌族文化糅合为吐蕃文化。从而把整个康藏高原改变成奉行吐蕃文化的"大播"（吐蕃）。播域以内的人，通行用藏文写出的语言，其实就是羌语的稍加变化。难怪《后汉书·西羌传》（我国叙述羌族史最周详的一篇文章），也把播域的人称作"发羌"了（发与播，古音同）。

与雅鲁同时兴起于藏布河谷地区的，除苏毗外，还有许多著名的羌族部落，都被土蕃王在第七世纪以内征服，成了吐蕃的王畿。吐蕃把拉萨定为国都，与孜塘、琼结等旧部称为卫部（乌斯）；自曲水以上，仁部（仁蚌宗）、娘部（江孜附近）、林部（南木林）、拉孜、萨迦、日喀则等上游诸部落，经吐蕃征服后，合称为藏部。卫部之东，还兼并了达部、工部、波部，与藏部皆作为吐蕃的畿甸。这一畿甸地区的食盐（南羌塘产一点）不足自给。尤其是藏布北岸拉萨、工部、波部地区，完全仰给于羌塘。所以吐蕃建都拉萨后，首先就必须兼并羌塘（羊同）。

## 三、羌塘的吐蕃化

羌塘本是羌族诞生的摇篮。在石器时代，它有若干万年的光荣历史。即在距今二千年前，它也还是这大高原诸部落的宗祖。汉《西羌传》把它叫作"唐旄"。唐《吐蕃传》把它叫作"羊同"。它是依靠食盐和牲畜发展商业经济，保持女性中心的氏族组织，停滞在纯牧业的原始社会时代的一个地域集体的称呼。《山海经》传说的昆仑和西王母，实即指此区的部落（原始时的昆仑，系指冈底斯山。《穆天子传》的西王母，是另一女国）。她们不仅文化落后，武力也不能抗御吐蕃，所以地盘被吞并，人被同化，连羌塘的羌名，也失却了本义，而在藏语中转为"北方"之义了。自唐代吐蕃兼并此地区推行喇嘛教以来，直至中华人民共和国成立，在一千三百多年中，羌塘这个地区虽奉行了喇嘛教，接受了"藏族"这样的称呼，但却始终人烟稀少，并保持着原始社会的生活方式（关于中华人民共和国成立前羌塘人民的生活，详见《康藏研究月刊》第三、五两期中谢国安先生论著）。

羌塘人还有另一个称呼，叫"阿波霍尔巴（A-ho-hor-Pa）"，意为"胡人祖母"。相传松赞干布时，有个民族英雄倡行均贫富的政策，她把经商获得的大量财富，平均分与族人，因而全部羌塘人都拥护她，直至近世还怀念她。但由于不能抵抗松赞的军队，她只好率人向西逃跑。现在西海还有她的子孙。这个传说反映了羌塘历史中值得注意的两点：第一，吐蕃兼并以前，是女王统治；第二，所谓"胡祖母"，可能是和阗、鄯善或吐谷浑族的人，是从羌塘外来的，所以被称为胡。羌塘是在吐蕃兼并以后，才转变为男性官吏统治的。

### 四、东女国及其部落

苏毗属地的拉萨部分被吐蕃占领后，苏毗仍在抵抗，国王却已投降称臣。吐蕃将其土地的一部分作为藩王领土，征用部分赋役，仍以苏毗女子为王。这就是隋代裴矩的《西域图志》，和唐代的《隋书》《北史》、《大唐西域记》（玄奘）、《县道四夷考》（贾耽）、《通典》（杜佑），五代的《唐会要》（苏冕）、《唐书》（刘昫），宋代的《新唐书》《太平寰宇记》和《资治通鉴》等书中所说的"东女国"。

后来沿袭引用中有所谓的"西海女国"，就是羌塘传说中"胡祖母"逃徙后所建的国家（在里海附近）。

与东女国相对的羌塘西陲，还有个"西女国"，位置在喀剌昆仑大雪山南，印度河上游的草原上。《大唐西域记》按印度音译为"苏伐剌瞿呾罗国"，并说"唐言金氏，土出黄金，故以名焉"。其地即今以列城为中心的拉达克区。拉达克也是吐蕃兼并的羌族部落，至今奉行藏文、藏俗，是咸丰八年才被达赖喇嘛悄悄割让与英国的（今为上部克什米尔）。"苏伐剌拏"与苏毗同义。故《女国传》说："为吐蕃所并，号孙波。""孙波"按藏文即"金氏"之义，西域人也把它称为"东女国"（裴矩、玄奘的《西域记》所载同）。但自宋人以来，引述每有混淆。这两个"东女国"，实际都是羌塘这一女性中心分出的左右两支属国，为识别之便，可分别称为"西康女国"

与"雪山女国"。《穆天子传》的"西王母",则是羌塘北出的分支属国,可称之为沙漠女国。他们与"西海女国"和羌塘女国,都是唐代才进入男性中心社会的。

西康的"东女国",隋大业中"蜀王秀曾遣使招之,拒而不受"(《唐会要》)。唐武德中,因吐蕃胁逼,曾遣使入贡于唐。贞观中继续遣使。永徽、显庆间,又遣大臣。垂拱、天授中,其王两次亲自来朝,唐不能救。开元二十九年(公元741年),又遣王子来,吐蕃恶而灭之,"更以男子为王",遂与唐绝。阅九十二年,其王与其属国白狗、哥邻、逋租、南水、弱水、悉董、清远、咄霸八国之君,率其部曲"诣剑南韦皋,求内附"。这显然是曾叛吐蕃,战败,一同逃到蜀地来依大唐避难。剑南西川节度使韦皋奏请安置他们在岷江西山地区屯垦,是为"西山八国"(其王则入朝安置)。时陇右诸州,已为吐蕃所据。岷江上游,为唐蕃互相争夺地区。因而这八国之族,先后为吐蕃所同化,只剩一小部分坚决反对接受吐蕃文化的,才依靠唐、宋朝廷,避过岷江东岸而结寨自保,并保存其旧俗和语言,这就是现今"茂汶自治县"的羌族。

八国原境位置,皆在金沙江西的澜、怒二水流域。是否已过金沙东,包有西康高原,尚待详考。可以粗略断定的是:"弱水"(见本传)在王都"康延川"(今昌都)附近;"南流,缝革为船",当是现今澜沧江水;国因水名,或即今察雅县地。"咄霸",今巴塘县有"竹巴龙",在金沙江两岸,地势开阔,疑为巴塘部落发祥之地。"白狗"疑与白狼(白兰同)同是金沙江以东之部落,在今巴塘和白玉县地界。"哥邻",可能就是邓柯县的林部。"南水",疑在今盐井县(察卡龙),为后世"澜沧江"取名由来。以上虽是一种推论,但是,这八国与康延川女王联结之所以强固,实因对"察零多"食盐的共同需要,则是可以深信不疑的。

吐蕃征服苏毗后,不废其王,而征用其兵,越金沙江征服西康诸部落,以与唐争夺松、维诸州及大渡河外之地。这些,两《唐书》记载甚详。吐蕃所以称巴颜喀拉山以南,丹达山以东之地为康(Khams,一译"喀木"),即因"康延川",置有吐蕃都督府管理此一地区的缘故。康区金沙江以东诸部落,因无抵抗之力,轻易臣服。有逃向云南与川边依附于唐者,唐置松、茂、雅、黎、巂、姚六都督府,就其所在处置。诸羁縻州以百数,著于《唐书·地理志》,琐屑而又向背无常,难于考订。

## 五、安多诸羌落

吐蕃最初和唐的接触,从松州开始,它的军队往来都经过康区。当时苏毗与康区之北为吐谷浑国,其国民都是羌族,分为两大群落。在察卡盐海附近的,亲附吐谷浑，遥附于唐；在哈姜盐海附近的，为多弥与党项两部落，自为集团，为吐谷浑藩属。多弥，按藏文为"平坦地区人"之义。党项语为"光明的母舅"之义。吐蕃先征服多弥，其次党项，再次吐谷浑，并进而夺取唐陇西诸州。

"多弥"，《唐书》称为国，位置在今金沙江上游的青海玉树州、果洛州及四川邓柯、石渠县地。都是平浅草原，无大山谷，故羌语叫"多"。后来吐蕃驱逐吐谷浑王，占领了青海、河、湟、洮西诸羌落。由于地文的相似，遂并称诸地为多部（今曰安多）。

安多与羌塘，同为羌族的原始住区，与华夏商业往来最早，在漫长的石器时代，和好有如一家。羌族的毛皮、牲畜、玉器和食盐都行销关陇，羌、汉并互通婚姻（周始祖后稷，即姜原羌女所生）。后来华夏文化日高，国族强盛，汉、羌之间渐渐发生局部战争。到秦、汉时，开置了陇西、北地、金城、河西等郡县，包括其中移居的经营农业的羌族在内，都推行了封建制度。羌民初颇相安，但由于汉强羌弱，官吏贪虐，羌民感受到大民族主义压迫。到后汉时，陇右郡县羌民反叛，河西诸羌也响应，致使关陇扰乱六百余年（自汉宣帝神爵元年至北周武帝时）。其事具载于《汉书·赵充国传》《后汉·西羌传》与皇甫嵩、张奂、段颎、董卓诸传及《三国志》《晋书》《魏书》《北周书》《北史》等书。

### 六、陇西羌乱

从前汉末叶起，陇西不断发生羌乱。汉魏时，陇西诸羌以大小榆谷地区为核心，其地即《地理志》中金城郡临羌县所谓"仙海盐池"（今云察卡盐池，一作茶卡）。羌族拥有盐利。其盐与牲畜都运售于陇西诸县，兑换粮食与工艺品。因为彼此相需，故能和好相处，混居如一家。前汉时，盐海的羌人叫"罕种"，徙居陇右的称"湃种"（《赵充国传》作"幵"，《西羌传》作"研"），因本是一族，故《汉书》屡以"幵"连称。又因农牧生产的不同，别种居盐池的叫"西羌"（生羌），居内郡的叫"东羌"（熟羌）。总之，羌种的派系繁多，大抵均以各自英雄的祖名为种落的名称，盛衰起落，变动无常。如盐海的种，自赵充国罢屯田后，多徙居河湟屯田地经营农业。有卑禾羌，则居盐海附近，曾献地于王莽，莽因其地置西海郡。不久，莽败亡，其地仍沦为西羌。当时最强的是先零种，强盛的原因，仍然是因为拥有盐泉之利（《地理志》：金城"临羌县"，王莽改为"盐羌"。其"仙海"字，又称"鲜水"。先、仙、鲜同音部；零、临、盐亦同部。秦汉称盐为临，故越巂盐池泽，又作临池泽。疑先零羌，即因仙海盐池区羌人之义，别写作先零字）。东汉时，先零羌与诸种落屡起为乱，占据了湃陇、河湟等地，自称天子，又结蜀、汉诸羌种侵扰关东、汉中、巴蜀诸郡县，使汉室穷于应付，竟分崩而亡。魏武帝曹操，勉强平定过羌乱（分别见于夏侯渊、张郃、郭淮、马超诸传及《魏略》）。入晋代，又有齐万年割据。当时关陇、汉、蜀地区的羌、氐、胡人与汉族均反叛，混战达三百余年，至周武帝宇文邕时始获安定。原属羌落分布的西海、河、湟一带地方，都为鲜卑、吐谷浑族所占据，羌人只得臣服于它，自号为吐浑族。随后都融合于吐蕃。明代时，蒙古小王子据有这块地方，并大兴黄教。到明末清初，青海、蒙古固始汗（顾实汗）才一度统一了青康藏大高原，并降附于清。所以青海省区多黄教寺院，并和黄教盛行的拉萨等地区同语言习俗。现今湟水地区的塔儿寺，为黄教始祖宗喀巴的出生地。夏河区有拉卜伦寺，盐海区有都兰寺，都是黄教著名的大寺。其他中小喇嘛黄教寺还多，都是明清年代建立的。藏人把此区叫作"宗喀"（意即官寨总口）。现在这个地区内的羌族遗迹已经完全消灭了。

## 七、党项与林国

哈姜盐海区的羌落，则是顽强抗拒吐蕃文化的。它们也分为两大部：西部通天河区为隋、唐的多弥国，被吐蕃征服得最早。这个地方居于大高原中央，四通八达，为唐蕃往来所必经之地，吐蕃控制此区用的力量也特别大。蒙古固始汗统治青康藏时期，此地有二十五土部，称为玉树二十五族，今为青海省的玉树自治州。哈姜盐海以东，属黄河上游，即《禹贡》雍州西戎的"析支"，《后汉·西羌传》作"赐支"（赐亦读析音），为烧当羌种的老窝。烧当衰逃后，又有党项羌兴起于此区。党项最初依附吐谷浑，后降吐蕃。但它屡叛吐蕃；屡受镇压；又屡受唐朝招抚，并同吐浑移居陇右诸州。吐蕃据陇右后，羌浑不能不服。吐蕃崩溃后，陇西党项融合于汉族者多，后曾建立西夏国。留居赐支与哈姜盐海的党项复臻强盛，其别支中有个叫格萨尔王的（《宋史》作唃厮啰），兴起于邓柯之林葱，曾经征服整个安多地区，建成林国（gling），是为"林格萨"（藏僧有《格萨尔王传》演述其事）。元代封林王为"朵甘斯宣抚使"，明代，德格土司代兴，林国退缩到邓柯的一隅，近世尚保存为林葱土司。现今德格祝靖的红教喇嘛寺，即林格萨所兴建，其主要化导区就在果洛地区，可见林格萨族是属于党项的。

赐支党项，虽曾与林部及多弥一起被吐蕃征服并接受喇嘛红教，但自吐蕃崩溃后，他便跟从林国，脱离吐蕃。蒙古固始汗占有青、康时，也未能降服他们。在这个区里，不仅没有黄教寺院，即白教、花教等比较新兴的喇嘛教派也未能传播进来。

因此，黄教徒把这个地区的人称为"野番"，又号果洛，即"掠头人"的意思。果洛人是保存古羌族语言和习俗最多的一个民族。

### 八、明、清代的康区部落

西康地面最早和最著名的羌落为白兰。由于与中原隔绝，汉《西羌传》未述其事。其国始见于《隋书》，但《华阳国志》汶山郡已见名，足见它扩散之远。后汉的白狼夷与它有关。在隋代，它曾建成附国，宋代不详，元代属于朵甘思，即林国。明中叶，蒙古小王子俺达汗占据青海，大兴黄教。反对黄教的林国属地尽为所夺，林国仅存而已。当时最强大的甘孜白利国，专崇黑教（绷波，为藏族最早信奉的佛教）。明末，固始汗灭白利，以其地封子侄五人，这就是"霍尔五土司"（麻书、孔撒、朱倭、章谷、白利）大兴黄教（格鲁巴，宗喀巴所创的新教），建成的十三座大黄教寺，均在今甘孜、炉霍、道孚、色达县和德格的杂柯区。

在霍尔五土之南，雅砻江河谷的捏绒地方（鱼谷），有五个小部落，也是坚决反对黄教的羌支民族。固始汗未能征服他们。清代把他们称作"瞻对"，曾经多次用兵，到光绪时才把它征服。今为新龙县（原称瞻化县），人们习惯称当地人为瞻对娃，是以悍勇著名的。

霍尔与瞻对的东边，为汉旄牛王地。羌语称为"木雅"，藏语称为甲拉。今为康定、雅江、九龙、乾宁县地（现乾宁县已并入道孚）。元代开打箭炉峡路，置鱼通土司，兴萨迦派喇嘛教（花教）。不久，为乌斯藏白教徒（即迦举巴，是与萨迦派同时兴起的新教）占领。清扑灭白教徒政权，建立明正土司，并设置打箭炉厅管理原区诸土司。清末改为康定府（今康定县）。

瞻对之南的雅砻江西岸一带，旧为梭罗、曲登、毛丫、稻巴等羌人部落。明中叶，为第三世达赖的化域，建立理塘大寺管理。固始汗设置理塘第巴，清为理塘土司。今为理塘等县。梭罗部最强悍（《徐霞客游记》作猡），后为固始汗所灭。乡城娃（乡巴）亦凶悍，固始汗建桑披林寺以化之，今为乡城县。

理塘以西的金沙江流域，元代为巴部，本属白兰的别支，所以又号"丁零"。固始汗设第巴管理它，并建立了丁零寺与龙藏寺，人兴黄教。清末改为巴安、得荣等县。

巴部之北的金沙江河谷，清代为德格土司属地，今为德格、白玉、邓柯、同普、石渠五县。德格土司自称是吐蕃大臣禄东赞的后代，著有世谱（详见《康藏研究月刊》第十三、十四、十五期）。其中提到：禄东赞的儿子钦陵为吐蕃王所族灭；另一子赞婆与孙子奔唐，得以苟安，后匿居在巴部的红土寺。有个女儿因嫁给格萨王，得食邑于德格的龚垭。康熙末，因掩护第七世达赖有功，受封为大土司。乾隆初，土司丹巴策零因有学识，能兼宏黑、红、花、白、黄各教派，在清朝平定青海时，远方一些不同教派的族落便来依附，使他成为继林格萨后的康地第一强国。改流时分置五县（同普县在金沙江西）。

康南的木里，也是康熙时以黄教寺僧为土司的。今为木里县，人民多受宗教影响，融合于藏族。其中坚决抵制喇嘛文化熏陶的部分叫"普米族"。

与白利同时称强的，还有"打日"王国与"促靖"王国，都是专崇黑教。"打日"（虎山）后为固始汗所灭，今为道孚县。"促靖"即金川，为乾隆皇帝所灭，并改兴黄教。

康区诸羌支部落，由于与华夏接触少，史实难明。大抵唐以前以牦牛种与白兰种最大；唐以后，成为喇嘛各教派纷起争夺的场所，最后成为黄教独占优势的地区。其他各教派也未完全消灭。

## 九、宕昌与达布

党项的向东移进，进入白龙江、涪江上游松潘草原地区的一支，在南北朝时，曾经一度建成半农半牧的国家，与党项一样保持西羌旧俗，甚为顽强。其史实见于《魏书》《北周书》《北史》及《宋·齐·梁书》。周武帝灭宕昌王后，这里称为宕州。宋、元无闻。明、清有铁布土酋兴于此地，一作叠部。这一带地方，现在是甘肃的迭部、宕昌，舟曲县和文县的西境，四川南坪的东境及平武西北白马乡的一角。阿坝州与迭部接界的若尔盖县，原名铁部，居民均为宕昌遗民。平武县白马乡的达布人，新中国成立初期，人民政府以其语言与藏语略同，故划为藏族。但达布人不服，曾多次申诉他们不是藏族。根据史实考订，我认为应是宕昌羌族遗民，详见拙著《论达布族源》。

达布人虽被汉、藏、蒙、满等民族政权（还要包括苻秦、元魏、宇文周、吐谷浑等）统治过几千年，但他们顽强地保持古代羌语、羌俗，比茂汶羌族保存得更为纯正，可算得是羌族的铁豆。他们现在剩下的人口已经不多（平武的达布，解放时只五百人，现发展到两千多人），所以能幸存下来，主要是由于居住在人迹难到的险僻山谷里。

还有丹巴县的丹东、革什咱、茂汶羌、黑水羌，与川边一些山谷的土民，也保存着较多的羌俗。

## 第二节　中华北方的羌支民族

### 一、黄河与盐池所起的作用

羌族从陇西向东北移进，被黄河分为内外两支。华人呼居河内者为戎，居河外者为胡。羌人把陇西黄河叫作玛曲，颇值得探讨。"玛"这个字，本义与华夏的"瘴疠"相当；又有相反的"幸运""绚丽"等含义。依语言文字发展的一般规律推断：当羌族在高寒的草原上长期生活之后，为了寻找缓斜的地势移进，在进入陇右地区时，只有丘陵高地是他们能居处的；若遇深陷的河谷，便是他们所畏避的。而黄河自刘家峡以下正是这样的地区：海拔低到千五百米左右，水流湍急，不利于牛马浮涉，所以他们把黄河比为疮癞，呼作"玛曲"（癞水）。但后来，他们逐渐习惯了陇西气候，进而乐于经营农业时，便又觉得这段黄河的两岸都可爱了，因而语音不改而意义翻新。这个名词含义的转变，反映了进入陇西后羌人生活与情感的历史转变。

原始羌人进入陇右地区的时间，大约在距今二十万年以前。近年发现的"蓝田人"和"大荔人"，可能便是当时先到羌人的遗骸。但大批羌人移来定居，则当在"河套人"的时代。吸引羌人大批移进到河套鄂尔多斯地区来的原因，是因为这里有许多的盐池。最著名的是今陕、甘、宁、蒙间的花马池（北大池·苟池）。他与华夏的河东解池，都具有原始时代发展经济、孕育文化和形成民族的作用（另有《说盐》一文详论）。

依靠花马池区的盐池发展起来的河套民族，与依靠河东盐池（解池）发展起来的华夏民族，时间大致相同，但经济基础不同。华夏是以农业为基础；河套是以牧业为基础。两方行盐的部落也不同：农业文化地区行解盐；牧业区行河套盐；陇西农牧兼营区则行察卡盐。在中石器时代，他们形成三个鼎足式的民族：华夏民族领先前进，制成文字，自称为"华"。华人把河套民族区称为"朔方"，后来进入农业社会的叫"戎"。而把在西海仍停滞于牧业的叫"羌"。

### 二、朔方与索虏

古代的华夏语言，称民族部落为方。"朔方"二字，最早见于《尚书·尧典》"申命和叔、宅朔方，曰幽都"。尧舜时尚无文字，《尚书》的"虞书"各篇，都是殷周人依古诗歌而编造的。虽不完全可靠，十有八九可以信赖。因为先民有口传的历史。《诗·小雅·出车》也说:"天子命我,城比朔方。"那是周宣王时征伐狎狁的军士所作的诗。宣王时的狎狁,即太王时所头痛的"熏鬻"(见《孟子见梁惠王篇》和《史记·周本纪》),也就是花马池区的游牧民族的名称。周族虽已富强,但必须用熏育(鬻)的食盐。所以随时都要受到熏育的剥削、侵夺。"事之以皮币,不得免焉。事之以犬马,不得免焉。事之以珠玉,不得免焉。乃属其耆老而告之曰:狄人之所欲者吾土地也。……去邠、逾梁山,邑于岐山之下居焉。"(《孟子》)实际就是熏育贪图邠(豳同)原之富,恃盐诛求,没有满足。太王(古公亶父)不胜其苦,率族迁徙到渭水平原的边缘来,改吃河东解盐,周族自此才得以兴盛起来。这是研究我国西北民族古史具有很大启发性的一个故事。

"朔方"的"朔"字,在羌语为"肩胛骨""叶片"和"由贫转富"之义。考察它词义的发展,原是以河套的羌落比喻高原羌本部的左臂、枝叶,故呼曰朔。后来,因此部羌人从西海逾陇阪,跋涉千里而至,始获富盛,故又有好转之义。华夏借用朔旦字以叶其音,并非字的本义。此地后为幽州。幽是背明之义,与朔旦字义无关。华文"朔",意即向明,有"光华复旦"之义。按《月令》五行之说,当为春季,为东方;不得为冬季,为北方。由此可知:朔方系羌语的译音,并非"北方"的意思。南北朝时,南人称北胡为"索虏",也是用羌语旧音。不用朔字,正因忌责骂;不用光华复旦义,但仍用它的旧音。

### 三、西戎释义

河套盐池地区发展起来的朔方,在周族强大以后,已经是渐由牧业经济转营农业,并逐步向华夏文化过渡的羌民,华人因而称它为"戎"。这是华夏人使用的字呢,还是羌语的原称?既然从唐虞至西周都称为"朔方",并且在南北朝时还叫"索虏",为什么又要在周、秦两代改称为"戎",而汉代以后"戎"字又消失了呢?对于这个问题,我的解释是:戎字也是从羌语造出的。

羌语中,适于耕种的河谷叫戎(Rong 译字一作绒)。羌族居住在陇西的,既乐于从事农业,就必然入居河谷,并发展成为定居族落,所以牧民称之为"戎"(这样的地名,西藏和西康还保存得很多。如金川叫"甲戎",瞻对叫"捏绒",得荣叫"德戎",盐井叫"察戎",九龙县叫"吉乌绒"之类,都是农耕河谷之义)。周代人因其音而造戎字,以与羌族相区别。戎字从戈,戈为车战用的钢铁武器。古羌族用石器为矛,无戈。居住在关陇间的,因为承受汉文化,才用戈。所以,就造字取义来说,"戎"的称呼当是西周以后才有的,以前只称"朔方""熏育"或"狎狁",因为那时还是牧民部落,属羌类的缘故。简言之:羌与戎的区别,就是牧与农的区别,华族化与非华族化的区别。

《后汉书·西羌传》举出了许多戎落的名称。有些是出自《竹书纪年》的;有些是出自《春秋·左传》的。在殷代,已经有了"西戎""鬼戎""燕京之戎""余无之戎""始呼翳徒之戎"等戎落(《竹书纪年》所记)。在周代,则有"太原之戎""条戎、奔戎""北戎""申戎""六济之戎""伊洛之戎""狄獂、邽、冀之戎""义渠、大荔之戎""姜戎",等等(《左传》所记)。这些戎落的位置,有许多都是可以见诸现今地图的;有一部分则还不可考。所谓"伊洛之戎",就是已入居东周畿内伊水、洛水山谷的戎人,是戎人深入最远的一支。他与入居崤山的姜戎,和入居于王屋山中的六济之戎,都是从雍州地界深入到冀豫州界的戎人。

**四、姜戎氏**

《春秋》鲁僖三十三年"晋人及姜戎败秦师于崤"。这个姜戎,按襄十四年《左传》所说,他原是住居在陇西的,因被秦人追迫而徙居瓜州,到晋惠公时,才作为附庸招安到崤山地区的。这个戎王(戎子驹支)能赋"青蝇"之诗,用华族语言谴责晋国上卿赵宣子,使其惭愧改过。足见他已经接近与华族融合,所以自白道:"我诸戎饮食衣服不与华同。贽币不通,语言不达。"这席话,恰当地表达了当时华与戎、戎与羌的区别。

范宣子呼戎子驹支为"姜戎氏",足见他已是姓姜了。春秋时,姓姜的国君颇多。齐、申、甫(一作吕,故《书·甫刑》一作"吕刑")、许、纪、州、莱,都是姜姓列于诸侯的。列于畿甸诸侯,自然已是完全华人化了的戎族。若再上溯,则不但武王正妻姓姜(邑姜);太王之妻姓姜(太姜);甚至周族始祖后稷之母姜原(亦作嫄)也姓姜。姜与羌字,音近、形近;按造字规律,义亦近。《生民》诗中的"姜原"可能就是唐虞之世一个女性中心的羌族女酋,由她蕃育的族落均称为姜族。后稷之后改号周族。姜、周两族的华人化,经过通婚千多年,周室大兴。姜姓的支别藩衍,得封爵的就有八国,这说明关陇羌族华人化很早,而周秦所谓西戎,都只能是比姜戎较为后进的羌支。

**五、犬戎与义渠、大荔**

《西羌传》云:夏帝相"乃征畎夷"。《竹书纪年》云:夏桀三年"畎夷入于岐以叛"。畎字从田,疑是已进入耕种的少数民族,周省畎字作"犬戎"。其部族居于犬丘，即关中地。至幽王时，犬戎遂与申、鄫联军灭宗周。这也是戎人中较早进入农业社会的。秦的先世与犬戎争夺宗周故地，经屡世战斗，终被秦人消灭。

义渠之戎，很早就见于《竹书纪年》。殷帝武乙三十年，"周师伐义渠，乃获其君以归"。《周书·国名解》也说："分党而争，义渠以亡。"这时的义渠，还只是牧民的部落，其君虽被俘，部落仍在。《墨子·节用篇》述义渠的火葬，正是羌俗（《荀子》也述此俗，但改义渠作"氏羌"）。羌地高寒，尸体不腐，故从来奉行火葬，只是已经华人化的羌支才行土葬。墨子是翟人，所以知道葬俗很详尽。秦时，义渠已成大国。《秦本纪》有详细记载。如厉共三十三年"伐义渠，虏其王"；躁公十三年，"义渠来伐，至渭南"；惠文君十一年，"县义渠。……义渠君为臣"；后元（称王改元）十年，"伐取义渠二十五城"；武王元年，"伐义渠"。又《西羌传》云："秦昭王立，义渠王朝秦，遂与昭王母宣太后通，生二子。至赧王四十三年，宣太后诱杀义渠王于甘泉宫。因起兵灭之。始置陇西、北地、上郡。"（出《匈奴传》）看来，义渠之戎建成国家，约略与姬周的始末同，其境域几乎占有现今甘、宁、陕北，河套以南，及于陇坻之地。《汉书·地理志》北地郡有"义渠道"，王莽改名"义沟"，可知"义渠"也是羌语，其人是羌族别支，渠字在羌语中是河水的意思，上郡有"龟兹"县，云"属国都尉治，有盐官"，这就是《赵充国传》所谓"龟兹盐池"，亦即现今的花马盐池。可见，义渠的强盛也是因为拥有盐田之利的缘故。

周、秦间的戎国与义渠齐名的，尚有大荔国。《西羌传》云："义渠、大荔最强，筑城数十，皆自称王。至周贞王八年，秦厉公灭大荔，取其地。"《地理志》左冯翊、临晋县云："故大荔。秦获之，更名。有河水祠。芮乡，故芮国。"考察这个地方，现今仍为大荔县，在洛水旁，有洛惠渠水利，是渭水平原最东部分的膏腴之地。其东面的黄河渡口，为春秋时秦晋往来的要津，又为河东解盐运行关中的孔道。周初为太姒母邦洽阳（郃国）。犬戎灭周后，为王子余臣（携王）立国之地（平王二十八年为晋所灭。见《竹书纪年》）。在晋，为河西属地。到战国时，秦已东窥三晋，但因秦穆公"霸西戎，不灭其国"。所以荔戎能居此要地，逐步强大，到秦厉公时才被灭掉。

### 六、最东进的戎落

《西羌传》："渭南有骊戎"，即今骊山地区。"伊洛间有杨拒、泉皋之戎"，在现今熊耳山中。"颍首以西有蛮氏之戎"，在现今外方山区。"河南山北者号曰阴戎"，在现今北邙山区。"陆浑戎自瓜州迁于伊川"，即姜戎氏，在现今伊川北渑池山中。

这些戎落，是循秦岭山地向东移进，深入中原伊、洛、河、颖地区，与华人杂居。早在东周时，已经建成国邑，参与列国会盟。《西羌传》说："伊洛戎强，东侵曹、鲁。（事在鲁庄十八年）后十九年，遂入王城。于是秦晋伐戎救周"（《左传》僖十二年："齐侯使管夷吾平戎于王，使隰朋平戎于晋"，即指此事）。当时，伊洛诸戎乘王子带之乱入侵王城。随后晋图霸业，先和诸戎。入战国后，因已全部融合于华族，戎名遂消失。其中义渠、大荔是最后融合于华夏的。

《秦本纪》记秦穆公与由余论华，戎曰："中国以诗、书、礼、乐法度为政，然尚时乱。今戎狄无此，何以为治？"由余说：戎狄，"上含德以遇其下，下怀忠信以事其上；一国之政，犹一身之治，不知所以治"。由余这几句话，把羌族由于历史悠久、文化先进、族性顽强、不易接受他族文化而能团结自固、以弱抗强、屹立于异民族间的原因，表达得极其简明。

**七、冀北的狄族**

向东北移进的羌族，由于地理条件适合，得花马等盐池后，继续向东北的冀北草原移进。又得到一系列的盐海（内蒙古诸盐海），于是便停留下来，发展成为华人所谓的"北狄"。近世发现的房山县的"山顶洞人"，可能就是这群羌支的祖先。他的骨骸，显示其晚生于"河套人"约近一万年。从陕北到冀北的两盐区间，隔有黄河，制约着他们的移进。但河套九原部分，河身浅阔，冬季结冰成桥，可以通行人和牲畜，制约作用也有限，所以早在羌族形成之初不久，便已移进到这个地区。

华文"北狄"一词，最早见于《尚书》。《仲虺之诰》说成汤"初征自葛。东征，西夷怨。南征，北狄怨"。可见夏殷之际，已有狄的族称了。狄字从犬从火，应是表示游牧民族已有保卫牲畜的犬，同时人无定居，常常围火野宿。音读，则从其人自呼。藏文作ཪྙ＝SDe 本为"部落成员"之义，后转为人民之义。可见最早形成狄族时，仍是羌俗、羌语，它自认为羌支部落，酋长称号叫"第巴"（Sde-Pa），因而华言就称为狄。

《礼记·王制》："北方曰狄，衣羽毛、穴居，有不粒食者矣。"这虽是传说，也有依据。羌族本域（青藏高原），属西风区。冀北属北风区。北风强烈而寒冷，所以住在这里的羌人有采用鸟羽为衣、凿土洞过夜的习俗。鸟易猎得，它的羽毛比羊毛还暖和。后来有了帐幕，就不再用羽毛作衣（到秦代才有胡幕）。但仍然畏避北风，终于渐向南移进。

《尔雅·释地》说"八狄";《周礼职亏》说"六狄";《礼记明堂位》说"五狄",都是汉儒纂辑周代成言的书。足见狄族在殷代已分为若干氏族部落,并向华夏边缘的农业地区移进。周代时,便已进入太行山区,先后发生内部兼并。到春秋时,其部族著名的有"赤狄""白狄"和"长狄"等支。赤、白狄都在今山西的霍山与太行山区,与晋交涉最多,最终都为晋所灭。长狄从燕山地区侵入中原,灭邢、灭卫、侵齐、侵鲁、侵郑,并入于王畿。这些史实屡见于《春秋》。进入战国后,狄族都已融合于华夏,不再有活动。其冀北草原故地,已为胡人(林胡、楼烦)所占据。

### 八、戎与狄混称

如上所述,戎族与狄族,是既有区别又互相联系的。因为两者同是羌族东迁居于华夏北方草原发展起来的民族;又同是与华族杂居以后被融合了的民族。其融合过程,是从殷代开始,到周代结束。在融合期内,曾因接触频繁,发生过语言的交流:最先是华人学会羌语,最后则是他们使用华语。正因为如此,所以华人虽一般都把黄河以内的叫作戎,太行以东的叫作狄,但也难免有混乱。如齐桓所伐的"山戎",晋人所伐的"北戎",其实都是狄。《孟子》所说的"太王居邠,狄人侵之"的狄,实际是戎。

上面说的来、牲、朔、戎、狄字,均是羌语译音,是华人学得羌语的证据。但更重要的证明是:华语第一人称为"我""吾""予";羌语第一人称叫"卬"(ngan)。《周诗》里曾屡见"卬"字。如《邶·匏有苦叶》:"人涉卬否,卬须我友。"《毛传》训卬为我,而一句之中"我友"又作我字。这是因为卫国诙谐女子的诗,常常兼用狄语和华语的缘故。《大雅·生民》:"卬盛于豆,于豆于登。"这是岐周人习用戎语入诗的例证。戎与狄同属羌语,自呼为卬,华人熟悉后,用于谐诗,也用于庄严颂祖的诗(另详《周诗新诠》)。其他华、羌语间同音同义的例子还多。

### 九、胡与月氏

羌族自西海盐池向东北移进的路,还有从黄河外渡湟水,逾南山,进入沙漠的宁夏地区的一支。这是比较艰苦的。他们到达贺兰山,发现吉兰泰盐池的时间,比到达花马池的时间为晚(大约与到达冀北盐海区同时)。但当发现吉兰泰盐池后,便停留下来,发展成为"胡族"(胡族事见于《史记》的《匈奴传》)。

汉文,胡字从肉,本义为牛项下的肉带,无民族含义。后来用作民族称呼,也是作为羌语的译音借字。由羌语写成藏文,恰是汉语胡字之音。今藏族,称蒙古人为索波，称其他北方民族为胡。事实上，从来的东胡、月氏、匈奴、突厥、回纥等民族，都是从这吉兰泰盐区发展出来的。大约也是在殷商世，贺兰山以西的胡族，东进逾河套与北狄共同居处，后来发展成为秦、汉间的"林胡"；其向西发展，牧于河西走廊地带的为"月氏"；向北移进于大漠以北，贝加尔湖与土拉河草原的为"匈奴"；向西北移进向阿尔泰区的为回纥。

匈奴与这个地区的胡族联系最密。因为，在戈壁沙漠北面形成的匈族（Hung），亟须此区供应食盐。他们之间，虽被沙漠隔断，却有零星的泉水冒出沙漠内，作交通的桥梁。所以匈奴强大后，首先就回转漠南，占领此区与河套，并兼并了林胡（战国时河套的胡族）、东胡以及月氏诸部，与汉朝争夺塞上郡县的农牧兼营地带。匈奴终被汉族战败，西迁到欧洲。其中留居在这一带盐池地区的为"南匈奴"，它降汉并且融合于汉族。晋世的刘渊，还建立过国号汉的政权。

继匈族之后，突厥、回纥先后起于漠南、北草原。突厥因隋唐的强盛，西迁入欧洲，今为土耳其国。其中一部分东还，占有塔里木盆地（东土耳其斯坦），与占领阿尔泰区的回纥（畏兀儿）和平相处。继之而兴起于漠北的为蒙古族，也是凭借武力先占据了漠南，再向西进入欧洲的。

匈奴、突厥和蒙古，西人统称为"鞑靼"。论他们的族源，本是来自羌族，但时间、空间距离太远，语言与文化发展分歧亦大，不应列入羌族支派，而只能算得羌族这棵大树所派生的另一棵树。

## 第三节　月氏源流（附杂胡）

### 一、析支与月氏

《禹贡》雍州："织皮，昆仑、析支、渠搜，西戎即叙。"这是说昆仑、析支、渠搜这三个羌族部落都是连毛羊皮与华夏市易的（织皮考另见《华阳国志校补图注》）。"昆仑"，在今青海省通天河区与柴达木区之间，旧名犹存。"析支"，在大积石山与巴颜喀拉山之间，今青海果洛自治州地，自唐克低湿地以西，穷于河源的大草原都是。《后汉书·西羌传》作"赐支"，赐字亦是"析"音（渠搜后详）。《禹贡》，按"书序"说是夏禹时的书。其实，禹时还不可能有这样多的文字。近人又有说是战国时书的，也不妥。今文、古文尚书都收，则是孔子叙书以前便有的了。我初步考察：应是周穆王以后，史官寄托其经国理想的书。其中绝大多数地名都可以见诸现在的地图上。它把羌落称为"西戎",正该是周代的书,而不是夏殷的史文。

按《西羌传》,赐支是烧当羌的根据地。与汉庭争夺湟水和西海的是先零羌。汉武帝开河西四郡,隔断匈奴与羌的联络。宣帝时,屡从河西出军讨先零(详《赵充国传》),当时河西故主人大月氏,已因避匈奴残暴,西迁万里之外。《史记·大宛传》:"大月氏……故时强,轻匈奴。及冒顿立,攻破月支。至匈奴老上单于,杀月氏王,以其头为饮器。"(《匈奴传》云:"以所破月氏王头共饮血盟",盖即如今藏僧所使用的"天灵盖盎")考其时间,在汉文帝初。大宛传又云"始月氏居敦煌、祁连间。及为匈奴所败,乃远去,过(大)宛西,击大夏而臣之。遂都妫水北,为王庭(在今中亚咸海附近)。其余小众不能去者,保南山羌、号小月氏"(《汉书·西域传》同)。又说:张骞使大月氏,"大月氏王已为胡所杀,立其太子(《汉书·张骞传》作夫人)为王。既臣大夏,而居地肥饶少寇,志安乐,又有以远汉,殊无报胡之心"。张骞出使,时在"建元中","去十三岁,唯二人得还"。到大月氏的时间,当在元光世。上距月氏西迁不过二三十年。这个"控弦可一二十万"的大月氏,已远迁万里之外,重建强国了。所留下的,当然只是一些弱小的支落,老弱较多,骑士很少,不能远迁,只好窜匿南山(祁连山),依傍羌族,所以叫"保南山羌"。

所谓"南山羌",实际就是湟水支流大通河上中游一带(今为青海省海北自治州)的羌族。这一部分羌人,是属于察卡池行盐区的羌人(汉代为先零种及羌种)。他们中的一支很早以前,通过黑水河谷与祁连山道,进入河西区放牧后,就拥有吉兰泰等盐池与辽阔草原,从而划南山为界,形成月氏种。又因中华与西域都已发展成为文化区,需要交换文物与珍货;月氏介于其间,扼"丝绸之路"的门户,商业兴盛,文化也有所提高,从而发展成为控弦数十万的月氏国。在匈奴占据河套(云中、九原地区)牧场以前,月支是河西辽阔地带的老主人。那时的凉雍羌族,以赐支川、大小榆谷和河西月氏为三大族落。月氏受到匈奴压迫,主力西迁后,河西故地为匈奴所有。故月氏残部返回南山羌地区来,共同凭南山之险,拒阻匈奴铁骑。这是"保南山羌"四字的正确解释。如果月氏与西羌没有族源关系,则已经建成强大国家的月氏人,如何会肯退到南山去依靠尚未能建成国家的羌族部落呢?

汉武帝为了隔断羌、胡的联合,开河西四郡为汉境,深进到阳关、玉门,抚徕西域诸国。从而把匈奴逐回漠北,逼他西迁向欧洲。不用说:这种远见是值得称道的。从来的史家都忽略了这样一个问题:一下子就开建四郡,三十五县,不久便有了71270户,279211口(见《地理志》)。这些人户,能全是从内地迁去的吗?河西走廊,长两千里;而其中一线宜农之地,宽幅不过百里。三十五县中,许多是零散沙漠田，内地汉人能管理经营吗？显然，新开四郡的人口来源，不可能尽是汉人迁来；或者是住在那里的匈奴都已归顺，而只能设想为：汉军驱逐匈奴后，招抚走保南山羌的月氏遗民，回各自的旧牧场来作编户，而月氏人也愿回来依附汉官，做汉朝百姓，继续发展他们的商运事业。同时，还有些南山羌人也一同迁来。

这种设想，虽说眼前还未找到直接的文献依据，但间接的材料则已经较多。本章专作初步考订。

首先，既然"析支"与"月氏"同是羌种，按《西羌传》中羌酋名字可考的有：滇良子滇吾，吾弟滇岸。滇吾子东吾、号吾，还有个迷吾。迷吾子迷唐，各承用父名的一字，或在己名之上或系己名之下，交错使用。这样，行辈与伦辈就不易混乱了。他们的支系分落，大都取先祖英雄中一人的名字为支系名称。因此，烧当种与烧何种、滇零种与零昌种、巩唐种与迷唐等的关系，是兄弟、父子或是远支，都是易于分辨的。从而可以推论：赐支与月氏，是羌族很早就分开了的兄弟两支，或姐妹两支。

## 二、沈氏羌和乌氏倮

《西羌传》里，还有个不大不小的沈氏种。"永宁元年春，上郡沈氏种羌五千余人复寇张掖。""麻奴等又败武威，张掖等郡兵于令居，因胁将先零、沈氏诸种四千余户，缘山西走寇武威。""延熹四年，零吾复与先零及上郡沈氏、牢姐诸种并力寇并、凉及三辅。""五年，沈氏诸种复寇张掖、酒泉。"分析这四段文字，可以知道沈氏种是住在上郡的羌种，但常常远侵河西四郡。这四郡与上郡之间，还隔有黄河与金城、安定、北地三郡。他们是如何通过的？最大的可能是从河套渡河，缘河外草原进军的。或者他们虽定居在上郡，实际是经常放牧在河外草原（吉兰泰区），所以才能东犯三辅（关中平原），西寇河西，千里往来如过庭中，而不涉及河内三郡。

沈氏，有刻作沈氏的。在汉代，氏、氐两字不分，传写分歧，当无足怪。但校勘诠释，则不能不辨。按上郡，汉世无氐人。魏晋时，才开始有极少数的氐人。故氐字不能作氐族解。汉世羌族无姓氏，只有已融合于汉族、脱离了牧业的农民才有。故此沈氏，不能解为姓氏。唯一的解释是：当读作支，即是说他们是月支种。他们可能是很早就从月氏故域分迁到花马池区来的一支羌族；或者是在朔方羌支向华夏移进时，从河套进入花马池盐区，行将融合于西戎的月氏民族；也可能是降附匈奴的月氏部落，被安插到这里来的。总之，他们是月氏的一支，所以叫沈氏。沈氏、月支、析支，可能就是同辈分居的三个羌支，而沈氏与月氏尤为接近。又因它后来的从西羌反叛,故被汉人称之为"沈氏种羌"。

《西羌传》载:虞诩上疏,有"龟兹盐池"。查《地理志》,上郡有龟兹县。班固本注云:"属国都尉治。有盐官。"颜师古说"龟兹国人来降附者处之于此,故以名云",这种说法是不对的。汉处西域降胡,必在京师。民族俘虏,则卖给郡县民家为奴。龟兹盐池即花马池,为陇西四郡人食盐的来源。因地逼胡落,故以属国都尉驻镇此处,怎么能以处降人呢?

又按《西域传》:龟兹国"去长安七千四百八十里"。考其地在今新疆天山之南,塔里木河中游,自汉至唐皆为西域旧国。国虽小,文化相当高,与汉族亲善,历世有戍军在此屯田。其东循塔里木河穿过大沙漠,至蒲类海,亦称盐海,为鄯善国(即楼兰),再东入玉门、阳关为河西走廊。这里水草绵亘数千里,为华夏与西域间的主要商道,即"丝绸之路"(自周代即已大通,可能夏殷前已通)。处在西域与中华之间的月氏牧人,常往来于这一线搞商品运输,是很自然的。所以当月氏受匈奴胁迫西迁时,能够一次就走了上万里,通过鄯善、龟兹等国而毫无阻拦;还可以推想:鄯善、龟兹国人,就是月氏种(《魏略》与《通典》称之为"葱茈羌")。

龟兹国,《唐书》作"丘兹",一作"屈支"。僧玄奘《大唐西域记》云:"屈支国,东西千余里,南北六百余里。……王,屈支种也。"屈支是何种?暂且不论。按屈、月双声,唐叫屈支,汉叫月氏。其旧国为突厥所灭。汉代大月氏过境时无所犯。唐代突厥过境,则"少长俱戮,略无噍类"。亦可见是由于种族异同的关系。

汉代的月氏,向西扩展到天山之南,向东扩展到花马池区,是可以理解的。就是说,匈奴驱逐月氏并夺它的故地后,月氏分为四部:西迁很远的"大月氏";保据南山的"小月氏";天山下立国的"龟兹"(屈支)和花马池县的东龟兹(龟兹县)。东龟兹臣服于汉,与诸族融合。其中后来又复反的,称为沈氏。月、龟、丘、屈与氏、支、兹,都是羌语。系由不同地点和不同时间的华人写出,为后来其他华人混杂因袭沿用,并非有音义上的区别。

## 三、乌氏县与月氏道

《汉书·地理志》有二十一个县名具氏字。其中,安定郡的乌氏县和月氏县,有颜师古注云:"氏音支。"乌氏县,班固本注云:"乌水,出西北入河。都卢山在西。莽曰乌亭。"考乌水,即今清水河,《水经注》叫葫卢水。都卢山,《元和志》作可蓝山。《寰宇记》云:"可蓝山,亦泾水源。与开头山(即鸡头山)连亘。"是乌氏故县,在今甘肃省六盘山区,当清水河与泾水源。地势高寒,为牧民所乐居。早在秦时已有月氏民族居住在这里,号为乌氏。乌氏与沈氏都是从龟兹盐池(花马池)分出。同称为氏,足见都是月氏种。后来此族习于农耕,下居乌水河谷。因而县与水都以此族为名。后来又转音为胡卢水(亦称其人为"卢水胡"。卢即乌黑之意)。

《史记·货殖列传》:"乌氏倮,畜牧。及众,斥卖,求奇缯物,间(一作奸)献遗戎王。戎王十倍其偿,与之畜。畜至用谷量马牛。秦始皇帝令倮比封君,以时与列臣朝请。"羌语呼壮士叫"阿倮"。大概是月氏与西戎尚隔河时,这个名倮的月氏种,已通过经商进住到关陇要道附近的山区草原,并繁殖牧畜,以便与华夏交易,并承办商运。到始皇时,已经称富一方。秦始皇也很需要这种商运,所以特加尊宠,并在此地置县(传中"戎王",系指义渠王)。其县名,后汉至晋魏,皆作"乌支"(一作枝)。这是《颜注》能定其音的依据。至于"月氏道",则只见于前志安定郡末,大概是汉置县未久复废。其位置在六盘山区,是为臣服月氏族人而开的,也证明"乌氏"就是"月氏"同类。

其他十九个称氏的县,是否也可联想到月氏而读为支音呢?也可商榷。

例如:代郡的"狋氏",原注"莽曰狋聚",狋字不变。王莽把它降为聚,与把乌氏降为亭同例,可知同是偏僻小县。《颜注》引孟康说"狋音权。氏音精",可见氏非姓氏之意。狋字从犬,又并无此兽,分明是汉人强加于他民族的侮辱字。史籍上也没有姓狋的人。示与氏,古时同音(音祇,与支近)。这些,都是他可作月支族的疑点。又如河东郡的"猗氏",《货殖传》虽有猗顿这个人名("猗顿以盬盐起"),但这不像一个汉族姓名。后来也不再见此姓。此县接近解池,而月氏人巧于经商,尤擅长经营盐,故凡月氏族所聚居处,大都为产盐之地。于是又可设想:猗氏之"氏"亦当音"支"。太原郡的"兹氏",正是龟兹字。"莽曰兹同",就具有"同化"之义。上党郡的涅氏、泫氏,也不能是汉姓。河南郡的"缑氏",原注:"刘聚,周大夫刘子邑。"亦即《诗王风·丘中有麻》中所咏的"留子",是东迁王臣中一个颇能经营农业的人(详见拙著《周诗新诠》,后世作周王室卿士)。此县不名刘氏,而名缑氏,也很可疑。华族只有侯姓而无缑姓。缑氏,山名,与宏农郡"卢氏"县的卢氏山,都是豫西的高山。缑生、卢山都是秦皇时的方士。秦汉方士谈神仙的以异民族人为多。因此这二山也可疑为异民族人所住的山(被人视同仙山)。这两个"氏"有读作"支"的可能(他九县可以不论)。

尤其值得注意的是:这二十一县都分布在我国北方华夷错居之地,即月氏人经商易于到达的宜于牧而不宜于农的山地,而秦岭与淮水以南却没有,这也是帮助考订的条件。

### 四、赀虏和紫羌

鱼豢《魏略·西戎传》云："赀虏，本匈奴也。匈奴名奴婢为赀。始建武时，匈奴衰，分去。其奴婢亡去在金城、武威、酒泉北，黑水西河东西，逐水草，抄盗凉州郡县。少多有数万。不与东部鲜卑同也。其种非一，有大胡，有丁令。或颇有羌杂处，由本匈奴婢故也。当汉魏之际，其大人有檀柘。死后，其枝大人南近，在广魏。今居界有柘瑰来，数反，为凉州所杀。今有劬提，或降来，或遁去，常为西州道路患也。敦煌西域之南山中，从若羌西至葱岭数千里，有月氏余种。葱茈羌，白马、黄牛羌，各有酋豪，北与诸国接，不知其道里广狭。传闻黄牛羌各有种类，孕身六月生。南与白马羌邻。"

这段文字，从《三国志·注》抄出。大概裴氏并未删节。前大段说的是赀虏的取义，《南齐书》亦采其说，其实是谬讹的。匈奴并不是奴隶社会，臣服于他的族落，恭顺者视同本族。不顺者卖与汉族为奴。月氏种与东胡、鲜卑、羌、戎都有降附于他的。匈奴西走后，其留者与其属民又皆转降于汉，入内郡杂居。华夏旧民把他们统称为胡。又因各胡间的自呼不同，遂有胡与虏的两类，大概自北来的为胡，即匈奴系统；自西来者为虏，即西羌系统。赀虏属于羌类而又非羌，实际就是月氏的改字。试看所说"在金城、武威、张掖、酒泉北，黑水西河东西，逐水草"，可见说的正是月氏。第二段，举了一点与曹魏有关的史事，但叙述含混不明。细加分析，是说这族酋长，在汉末时，檀柘颇著名。他死后，另有一支酋长名南近的，住在广魏（即广汉郡）。魏时，那里有个名柘瑰的，因叛魏，被魏凉州刺史杀了。柘瑰大概就是檀柘的儿子，但居住在广魏附近。在河西檀柘故地，则有个名劬提的曾来降魏。但回去后，常常成为西州（即河西诸郡）的祸害，曹魏未能征服他。末段，又是记的商人戍卒们的传闻之说，大概记叙的洮、湟、西海地区的民族，暗示都该算作赀虏。"南山"，自然是说的"小月氏"所据的山地。它从敦煌之南延长入西域的葱岭，其山麓诸国都是月氏别种。"从若羌西至葱岭"，即《西域传》说的西域"南道"（龟兹，库车一路为北道）。这"数千里有月氏余种"句，说明了月氏与赀虏的关系。当时的人把杂居内郡的叫赀虏，远在西域的叫月氏。但西域的月氏人，已有较高文化，自为国族，不再称月氏了，故曰"月氏余种"。它还说明月氏分布地面之广，不但东入花马池，西建龟兹国和大月氏国，而且西域南道雪山与塔里木沙漠间的一线水草田，即若羌、且末、于阗、疏勒诸国也是月氏。《通典》称此诸国为"葱茈羌"。茈、赀同音。

鱼鳖并因葱茈羌联想到白马、黄羊羌，说赀虏的"南近"与"白马羌邻"，以为这三种也都是赀虏。但传者"不知其道里广狭"。按"葱茈羌"即紫羌，居白龙江上游草原。白马羌在武都，亦称白马氐。黄羊羌居涪江上游，今仍称黄羊，在平武、北川两县西部。

《华阳国志》，阴平郡"人民刚勇、多氐、傁，有黑、白水羌，紫羌，胡虏"。氐、傁下章详。黑水、白水，为文县河上源的两支河流，因定居于这里的羌人的氏族名称未详，华人但以所居水名称呼它们（今属南坪县）。此区无紫水，羌、胡都不着紫衣。称"紫羌"者，氏、支赀、茈、兹，音同而字不同，都是"月氏"种。

## 五、卢水胡

《宋书·氐胡传》，"大且渠蒙逊，张掖临松卢水胡也"。《晋书·载记》同。并都因且渠是匈奴官名，而把他说成匈奴种。对此，我认为应辨正如下：

卢水，各地多有此名。但说"临松县卢水"，则应是今青海省祁连县的黑水。它穿祁连山入张掖县，为弱水。《禹贡》："导弱水至于合黎，余波入于流沙"，即指此处。合黎就是祁连峡口，古称峡南的水为黎，魏晋人作卢，今称黑水。合黎峡口，为秦汉时羌胡相通的主要道路。小月氏退保南山羌，即由此处。可见蒙逊即此地月氏种，其祖先或曾为匈奴左、右且渠，族别则非匈奴。

《后汉书·窦固传》："率酒泉、敦煌、张掖甲卒及卢水羌胡万二千骑出酒泉塞。"（永平十六年）《三国魏志·张既传》："凉州卢水胡伊健、妓妾治元多等反，河西大扰。"这都是说的南山卢水的月氏种。与上节说的"临松赀虏"地理位置全合。可见且渠、蒙逊之族也是"月氏余种"。

《后汉书·冉传》："其西又有三河槃于虏。北有黄石、北地卢水胡。"《华阳国志·大同志》又记有汶山兴乐县黄石、北地卢水胡滋事。考"黄石"，本汉乌氏县地。元魏废乌支，更置黄石县，为长城郡（隋、唐为百泉县）。其北乌水，也改称卢水。这个卢水胡也是月氏种。"北地"为秦汉郡名，治马领县，其地在今甘肃环县界，也是六盘山北支，更接近花马池，并和乌氏县一样，都是月氏族占牧的地方。关中月支只这两地最强大，相依结。因此，华人常常连起来称作"黄石——北地卢水胡"，以区别于河西的卢水胡。关内卢水胡较温驯，服汉官；河西卢水胡则犷悍，仅半服于汉官。此两卢水胡住地不可相混，但都是月氏一种。

### 六、凉州杂胡

《南齐书》卷五九："河南，匈奴种也。汉建武中，匈奴奴婢亡匿在凉州界（今陕、甘、青、宁四省区）杂胡数千人。"又云"芮芮常由河南以抵益州"。这里所谓"河南"，即隋、唐时的"吐谷浑"之国。吐谷浑本是人名，属鲜卑族。他自奋向西。因此得以臣服洮、湟、河首青海诸民族部落，并以为国名。其实所属不外西羌、党项、月氏诸种。他们原来曾经臣服于匈奴，匈奴既衰后，部属不愿降汉的，大多如小月氏一样，逾南山与黄河而遁居在这里，经过汉、魏、晋，就合组成大国。《魏略》的赀虏，实即包括这些地方。

匈奴并没有民族的疆域，所属族落都可以杂婚。例如，它的后妃多取自月氏与汉族；张骞、苏武都得配胡妇，便是证明。所以匈奴西走后，留下的族属入居内地的都不是纯血民族，华人统称他们为"杂胡"。杂胡所到之处，都与他族杂居、通婚。一时华北郡县，民族大混合，同向华夏文化、经济与社会制度学习。到魏晋时，"杂胡"已是民族融合程度不同的梯级名称，其中有族性顽强，融合缓慢的；也有明显转化为华族，甚至已融合数世，毫无民族区别痕迹的。我们伟大的中华民族，就是经过这样长期、反复的凝聚、融合的过程而发展起来的。

不幸的是，晋室遭到贾后、八王之祸，纲纪紊乱，民不聊生，人心思乱。遂有各个族源不同的豪杰，为了号召一批族源相同的人夺取政权，纷以旧民族自号，酿成了五胡十六国之乱。"十六国"和"五胡"，还是就建国、传世的而言，至于尚未建成国家的地方族落，则为数不下几百，上千。且称谓复杂，起灭无常，史籍不载，无法稽考。

近人唐长儒先生，有《魏晋南北朝史论丛》一书（三联书店印行），有《魏晋杂胡考》一篇。收罗较丰，但似未十分注意其族源。愿附骥讨论，图资衷益。

## 第四节  大巴山区的羌支

### 一、羌族是如何进入大巴山的

羌族，原就是缘高山森林猎食前进，定住到高寒草原羌塘上的。当其发现哈姜盐海的时候，也不过是进入"真人"的开始。还有一部分羌缘山射猎去找寻可资发展的新地。他们从巴颜喀拉山脉两侧的大森林带进入了松潘草原。时已占有哈姜盐海，并从哈姜盐海向东北进入陇西高原，又发现了察卡盐海。于是羌族兴盛，压倒了所有亚洲各地的民族，并造就了羌族文化。继而又发展为朔方的戎族和冀北的狄族。其逾湟水与南山进入塞北沙漠区者则发展为月支与胡族。这些，已于前面作了论述。

本章要论述的，是他们从松潘草原，如何进向大巴山区发展的问题。

松潘草原与大巴山间，隔有一个河谷纵横，森林密布，农牧俱不相宜的危崖绝壁地带，即嘉陵江和涪江上游的地带。森林，是这批远征者所感兴趣的；而狭谷危崖，则是他们不感兴趣的，常常能使他们迷失方向。他们回旋在这样的森林很久，终于找得了一些山间小草原，留下了一些孕妇和老弱，后来发展成为氏族。再东进，便是大巴山区了。

大巴山，是值得原始羌族的猎人流连的地区。森林茂密，野兽丰富，气候适合羌人的需要，风景比单调的草原地区优美多了。它又常有支脉旁出，渐渐便将住地扩散到了陕南、川北和鄂西地区（当时都是无人区）。虽然也是山区，但都是小河，危崖峭壁不多，不妨害他们行进。而且每每有适于居住的崖穴，更使他们留恋（川北、汉南的这种天然崖洞很多。秦汉"宕渠"县的宕字，即取石崖如屋之义）。所以进入大巴山区后，移进比在横断山脉北进时和草原移进时都慢，大约要经过几万年之久，才会到达大巴山区的东端。

原始民族的移进，不是像今人想象那样有计划、有组织的，而是像春水微波那样，不规则的、波浪式的移动的。如环境许可，就会自然前进，直到遭受阻力而止。羌族原始猎人的进入大巴山区，也是沿途都有人留下；有人继续前进，先后历经万年左右的时间。其结果不外：或融合于他民族；或在劣败的情况下淘汰。大抵接触到高文化民族的各支进化快些；固步自封的羌支进步得慢些。

以下，散见于史籍，可以判断为与羌支有关的民族，分别加以论证。

**二、楚国的族源**

司马迁采《世本》《春秋传》《国语》《楚梼杌》与《楚辞》等书撰《楚世家》。后世儒生以它"与经、传异者非是一条"（孔疏语），斥为谬。而不知道它敢与"经传"立异，正是可取之处。《楚梼杌》非秦政所能焚，史迁当能见到它，加以考核辨证。例如楚庄王名，《鲁春秋》《左传国语》皆作"旅"。《谷梁传》作"品"，世家作"侣"。看来，侣非《世本》字，即《梼杌》字。又如自穆王商臣以上，王名皆有熊字；穆王以下皆无熊字。这显然是出于两种书：前为《世本》，后为《梼杌》。楚成王以前，诸王有其本语的帝号，无华语的谥号；成王以后，则皆只华语的谥号，无本语的名号（武王、文王，是追谥。追谥不到的就用南音本语，如"若敖""霄敖""杜敖"与"蚡冒"等名号）。这也是史迁采用了"经传"外的两种重要楚史的证据，也正是《楚世家》可贵之点。依据《楚世家》，可以看出楚王族出于羌族的，有下列几种情况：

（一）一说："周文王之世，季连之苗裔曰鬻熊。鬻熊子事文王，蚤卒。其子曰熊丽。熊丽生熊狂。熊狂生熊绎……"，"熊通怒曰：吾先鬻熊，文王之师也（为文王师，故"子事文王"）"。"鬻熊生熊丽"，显然是羌族父子连名的族制。鬻熊有书二十二篇，《汉书·艺文志》列在道家。其人，大概是羌支中深谙华夏文化的。他是否獯鬻后裔，抑或从南国入周？尚待详究。但族源属羌，则无可疑。名字为"熊丽"，是遵羌俗。他的儿子依华俗以熊为姓。故孙、曾均熊字在上。至熊绎，乃因成王"举文武勤劳之后嗣而封于楚蛮"，所以自鬻熊至熊绎四世均居岐周。在周初时，姜族因向往华夏而入居到关陇、南阳地区的很多。如姜、吕、申、鄫诸族均是。鬻熊子孙不过是其中之一而已。

（二）又说"陆终生子六人，……六曰季连姓芈。楚其后也"，"封熊绎于楚蛮，封以子男之田，姓氏，居丹阳"。但熊绎与其后裔近二十世都不姓芈，而自姓熊。到楚成王时，有个贵妇叫"江"，应该是楚王族嫁给江国的贵妇（《世家》云"王之宠姬"。裴骃云"当作妹"）。楚昭王女中有"季"，恰好成王下一代不著熊姓字。可见自成王时才遵周命姓芈的。查字书，芈这个字，除楚姓外，别无意义。许慎《说文》入羊部，解云"羊鸣也。从羊，象气上出。与牟（牛鸣）同意"。可见读音为"咩"。今按羌语称人为"米"，呼人叫"阿米"。《西羌传》中，羌支名称有"勒姐""牢姐""迷吾""迷唐"诸种，都是 rje 和 mi 音的译字。我怀疑所谓"楚蛮"原本无姓，它入于岐周的一支，是因鬻熊父子以熊为族支的称呼。熊绎受封，周王因其本，封为丹阳地方酋长，省其字作芈，取带头羊之义，故不作"咩"而作"芈"（羊群的行动，都跟从最前方的一个，转向时也一样，是谓"带头羊"。羊字中画出头，便是带头羊之义，"非象气上出"。若是"与牟同意"，则何不作"哞"呢）。

（三）楚国号最初叫"荆"，这是屡见于《春秋》的。至僖元年才改书"楚"，《左传》中则始终叫楚。按：《诗》传周公"荆舒是惩"，殷武"奋伐荆楚"，《竹书纪年》夏桀二十一年"商师征有洛，克之。遂征荆，荆降"，殷武丁三十二年"伐鬼方，次于荆"。荆是大巴山脉东端地区的通称，凡襄阳以南，宜昌以北，鄂西诸山地都是。其高峰荆山，海拔两千余公尺。荆州因以立名。羌人很晚才东移到这里，但其进化却很快，大概是因与先住在云梦大泽的渔业民族（巴）发生剧烈斗争的缘故。

熊绎封于丹阳（在今宜昌附近。故楚先王墓在夷陵），也是荆蛮之地。原封"子男之田"（按《王制》，当为方五十里），因得周的援助，便全部占有荆地。五世当周夷王时，并占有云梦三苗故域（吴起云："左洞庭，右彭蠡"），分封三子。至春秋世，楚地已经接近千里。

综上所述观之，楚的王族应源出于羌；其庶民荆人，也出于羌。只在熊渠以后，所征服的民族部落已多，才形成异于羌俗的"楚文化"，并逐渐转为华族。自熊渠至于熊恽（成王），是脱离羌族的时间；穆王、庄王以下，是转向华化的阶段。

### 三、卜人与百濮

《楚世家》说："熊霜元年，周宣王初立。熊霜六年卒，三弟争立。仲雪死。叔堪亡，避难于濮。"熊通自立为武王，"于是始开濮地而有之"（楚武王三十七年，当周桓王十六年，鲁桓公八年）。其后楚王"为舟师以伐濮"。这个濮，是在大江之南，楚的"巫黔中"，即今湖北恩施专区与四川酉、秀、黔、彭等一带地方。《周书·王会解》所说"卜人以丹砂"的卜人，即楚史所称的濮。《货殖传》说：巴寡妇清的先祖"得丹穴"，即在今黔江县北。因先为卜人夺利，楚武王便兼并了它。楚衰，又为巴人占有。卜人即濮人，他虽也算是"百濮之一"，由于擅丹砂与盐泉之利，行商远达，足致富盛，文化比较先进（大约与荆楚相当）。所以熊堪居之，而熊通取之（今遵义，楚为鳖邑，当是此时取名）。

《左传》文公十六年，述秦、楚、巴人灭庸事，其中提到"庸人帅群蛮以叛楚。麇人率百濮聚于选，将伐楚。于是申、息之北门不启"。还说了几次"百濮"与"群蛮"。这个群蛮，当然是指上文"戎伐其西南"的戎，其具体部落名称，还有下文："七遇皆北，唯裨、鯈。鱼人实逐之"的三个部落。鱼人，就是今天四川奉节县地的人（秦汉为鱼复县）。鯈人、裨人，地虽无考，但都在楚的"西南"则有明文。鯈字从鱼，可以设想为与鱼接近，同为沿大江居的渔业民族；叙在鱼前，当是较鱼人更强大之部落，疑即巫诞（下详）。裨人，疑即卜人，这不仅是裨、卜音近，还有藩辅的含义。楚武王取其地后，或曾称为裨邑，所以楚史有此记载。三国各有渔、盐、丹砂之利，楚以武力夺取。他们恨楚而又无力抗拒，故乘楚国大饥时，与庸人、麇人相结，同叛楚（三国外，自然还有一些更小的蛮部同叛，故曰群蛮）。这样看来，江南的"濮"（卜人）在春秋时便已不同于"百濮"，而是已粗具国家规模的民族组织了。

至于从麇人伐楚的"百濮"，其分布地面当在大巴山区和郧阳、兴安等地区（麇国在今郧阳，故当申、息之北）。这些分住在山谷回环，交通不便地区的群落，几乎几千年难遇一次外侮。他们狩猎自给，故步自封，所以进化缓慢。到春秋时，还停滞在原始氏族社会，没有同族统一的组织。他们受麇人的煽动，来势汹汹，各携干粮，相从趋利。但粮吃完后，并未得到进掠，"旬有五日，百濮乃罢"。

庸与麇人，原也属百濮类。庸国，位堵水盆地（今湖北竹谿、竹山两县地），海拔千公尺以上，地势在群山中最开展，宜牧。故羌之东进者，留居此处最多。夏、殷之世，即已形成民族部落，实为大巴山区诸部落中最先进的族落。荆族原不及他。自熊绎受封，荆楚逐步强大。庸则相形落后，日甚一日。所以他约集了百蛮和百濮，乘机攻楚。卒因文化落后，智力不足，蛮濮解体，庸国灭亡。

他们这个庞大的反楚联军，可说是我国民族史上最大的联军。若非楚与秦巴三大国合力，胜败仍是难料的。庸国能组成这样强大的联军，足见也有相当实力，缺点在于文化落后。

庸把百濮交与麇人领导，正因为麇是百濮中的健者。那时的百濮，在文化上已经比荆楚、庸、神、鯈、鱼人差得远，只是麇人稍接近些。这是研究民族历史的人值得注意的事（近年发现的"郧阳猿人"，可以推断为麇人的祖先）。

### 四、微、卢、彭、濮考

《尚书·牧誓》中的"微、卢、彭、濮"，孔安国曾作过一个大体的断定："微在巴蜀。卢、彭在西北。庸濮在江汉之南。"后人有沿他这几个方向去考订的，众说纷纭，兹不列举。我也作过《牧誓列国考》，并修改过若干次，最近定稿的主张如次：

微族为百濮中进化最早的。其地在上庸堵水河下游，包括"虎尾河"这条支流和黄龙滩到十堰市这个矿产区，接近汉水平原。殷末为微子食邑。虎尾河，古称"微水"，晋置"微阳县"（见《华阳国志》与《水经注》）。微子启，殷纣庶兄，有贤名而为纣所恶，故斥封于此。微子亡而归周，即因就国而逃。周给微子食邑在歧周。故牧野之役，微人从师。国小人少，国君不从，只称人。其后周公平武庚之乱，更封微子于宋，以奉殷祀。仍留一子在歧，理其采邑，称微氏。微氏钟鼎彝器之富，近世已有发现（川大伍仕谦同志有专文考订）。

微、尾字古通用。张澍《蜀典》考牧誓八国，泥于"孔传"，只苦苦在巴蜀里找寻，不得微、尾地名字，竟取《水经注》建宁郡木耳夷有尾的说法，是谬讹的。

卢族，旧儒也遵《孔传》，在西北山水地名中探求。按当时周之强大，远过于殷，西北诸族，除"羌、髳"外，多以国君或军官率师相从。唯江汉间诸侯（南国诸侯）身从者不多。其出兵少者，誓师时以人称之。微、卢、彭、濮，当从大巴山区里寻求，正与当时形势符合。《华阳国志》宕渠郡云："今有城、卢城。"又巴总叙云："其属有濮、苴、共、奴、獽、夷之蛮。"所谓奴蛮，应即是卢人的卢而从俗写的同音字。"卢城"，当是他们在古代的邑聚。

彭字地名，在四川特多。说《牧誓》的，纷有所指，均未允当。我考：彭人故邑应在阆中。当巴族自云梦溯江西上，征服百濮部落时，彭人曾作抵抗。巴既服彭，便迁都阆中以镇之。不久，为秦所灭。秦以巴国地为郡，治垫江（今合川），后迁江州（今重庆），降阆中为"彭道"。秦制，郡辖县道。道置尉领不置令的比县秩低，大多用于新开国道的险隘之处，当地民众无他徭役，只修治道路，故以道称（汉代都升为县，置长，仍不同于令）。巴族以渔业兴，嗜鱼，好作池养鱼。其在阆中作有两大鱼池。班固《地理志》阆中云："彭道将池，在南。彭道鱼池，在西南。"两彭道字，皆均表示旧名彭道，汉代又复称为阆中县。

《牧誓》的濮，非"百濮"之属，只能是《王会》里所谓卜人。卜人擅丹砂之利，远售华夏，地虽远，与周早已发生联系，知纣当灭，故能以人助军。所谓"百濮"，实为大巴山区经济自给的小部族的代称，不知从师之利。只是庸、彭、微与卜人，与周王多有商业联系，故有人助军。

### 五、賨人与板楯

大巴山区的羌支部落，由于地理条件的制约，曾前进得非常缓慢。到春秋时，还停滞在"百濮离居"的原始氏族阶段。但当它与外界民族接触以后，进步就快起来。楚国与微人、卜人便是其中的显例。

四川盆地内的"百濮"，除彭人、卢人略可考见外，在秦灭巴以前，别无所闻。自秦灭巴、蜀，置郡县以后，他们官民接触时间多了，进化速度也很大。仅仅百零几年，就有七个氏族部落接受范目招募，从汉高祖"还定三秦"，立功受赏，各为邑君，号为"民七姓"（详见《华阳·巴志》）。这七姓民，有的开始研究学术，进步得很快。到汉武帝时，有名落下闳的天文精绝，与方十唐都、史官司马迁等定太初历。王莽时有任文孙、任文公父子，并著于正史，学术造诣之高，皆在全国水平之上。落下闳无姓，可见并非汉族人隐于阆中的。文孙、文公虽有姓，而父子连名，不同于汉族的父子避讳之俗，也可知其族源为羌。

近年南充中和公社天宫山，发现古民首领崖墓。由它的殉葬物与其宅制、臣仆等雕像看，可断定是属于汉武帝至宣帝时间，曾应征前往讨匈奴，因有功而受赏的邑侯所营造。浮雕的住宅一幢,是碉楼三重:上层居本主,中层居臣仆,下层住牲畜,用锯齿状独木梯上下。这与川西北羌族所谓"邛笼"的宅制完全相同,而与汉族古今住宅无共同处,完全可以作为祖源出于羌族的铁证。

"賨"这个字,一般解释为对蛮夷所施的特种赋制的名称。《华阳国志》叙述此制的起因是:秦昭襄王时,有白虎为害四郡,朐忍夷人设计射杀了白虎,秦王嘉许其功劳,就免除了他们的田赋和征役,只"专以射虎为事。户岁出钱口四十"而已。因射杀白虎而得免除徭役的人叫"民",又称"白虎复夷"。又因其以木板作干盾,故"一曰板楯"。他们有七个最大的氏族,叫作"民七姓",也叫作"板楯七姓",这就是:罗、朴、昝、鄂、度、夕、龚等七姓。总之,所谓賨民,也就是板楯,是指的四川大巴山区、古巴国界内保持羌俗的氏族部落。"七姓",是秦汉间七个最大的氏族。

賨字的制音,则是因为他们把那种三层碉楼叫作宗,即《后汉书·冉传》所谓"邛笼"。至今,川西北羌族、藏族仍把它叫作宗,与藏文ཚ同(rDsong)。正如在天宫山賨酋崖墓未发现前,我们断没有条件把大巴山区的原始住民判断为出于羌族一样,在此发现后,我们便再没有任何条件可以否定其祖源出于羌族了。

賨人七姓,在两汉年代内发展也不平衡。大抵是华蓥山脉以北的部分特别是阆中县融合于汉族较早,充国、安汉(皆原自阆中分出)次之,宕渠最后。到三国时,阆中、充国、安汉已经出生了许多文士,而宕渠人还多是文盲。王平、句扶和张嶷,都是品节、功勋卓著的名将,且都不识字。陈禅、冯绲、马忠、程畿等人,虽是文武兼长,武功仍远胜于文学。他们是否混有賨人血液?尚待探讨。华蓥山南的川东褶绉山区,则除沿江水一线外,接受中华文化较迟,直到后汉末年还几乎全是文盲。但他们已心悦诚服地接受汉官管理,并表现得很忠勇(详见于《华阳国志》的程包对策)。从谯周、常璩到范晔,都把賨和板楯分别叙述,视同两个民族,但又常混淆不清,其原因就是如此。

大巴山区的羌支民族中,荆楚与微是最先进的,也是融合于汉族最早的;庸、彭、卢、卜,是比较落后而能自立的,也是灭亡得很早的;賨民七族特别是板楯,是最保守、最后才融合于汉族的。此外,还有兴安、郧阳地区的羌支族落,则更为顽固,大约到三国时才开始逐渐接受华夏文化,最后与汉族融合。

从大巴山区进入大江之南的濮人,族源肯定是出于羌族。他们并未同时融合于汉族,但因经济基础的全面改变,已经自己形成一种新的民族了。

## 六、巫臷的族源问题

四川极东的夔峡与巫峡之间，有百里大江，两岸地形较为宽缓。东端有巫溪自北流入，西端有臷溪自南流入（入口今名“大溪口”，舟人读“大如岱”），形成⼐字形的一小盆地。巫水上源的宝源山，有盐泉涌出，从古迄今未曾衰减。这个万山丛中的险恶地带，由于有此宝源，早在人类开化以前，就突出地繁荣起来了。附近民族，用土产物资向它兑换食盐，使它获得本地不产而又是生活必需的任何物资。《山海经·大荒南经》说：“有臷民之国。帝舜生无淫，降臷处，是谓巫臷民。巫臷民朌姓，食谷。不绩，不经服也（郭璞注：‘言自然有布帛’）。不稼，不穑食也。”（“言五谷自有”。经，是纺织之义。穑，是种植之义）还说它是“百谷所聚”，被描写成极乐世界。“鸾鸟自歌，凤鸟自舞，爰有百兽，相群与处。”《海外南经》也提到“臷国”，还有多处提到“巫山”；成汤伐夏桀，斩夏耕于章山。“耕既立，无首，走厥咎（郭注‘逃避罪也’），乃降于巫山。”（《大荒西经》）这大概是指夏桀的农耕奴隶们逃到此处来了。还说巫山“西有黄鸟，帝药八斋”（《大荒南经》）。又说“有灵山（巫山）巫咸、巫即、巫朌、巫彭、巫姑、巫真、巫礼、巫抵、巫谢、巫罗，十巫从此升降。百药爰在。”仿佛巫臷这个小地方，在上古世繁盛已极。

《山海经》这部书，不是一人一时向壁虚构的。前五篇，是汉时好事者搜集周秦方士传说之言，分作五方纂辑成的。其后又有人续采小说家言为“海外四篇”。大约在东汉世，又有人采辑汉代方士传说，杂以小说神话、地方史乘，纂为大荒四篇。魏晋间人又有补辑窜入，再加了海内一篇。这样，如果字字遵信，固属迂腐；但若弃之不理，又嫌轻慢。正确的态度应是：衡情酌理，去伪存真，为我所用。即如上举诸文，如果离开巫溪盐泉的作用来研究，就会是云雾中的瞎话。反之，如果充分估计到盐泉的作用，则不但会理解它在上古年代的繁荣，而且连在战国时秦楚何以竞相争夺它的道理，也都会朗然眉下了（参看《华阳国志校注》巴志篇）。

宝源山盐泉位置，在大巴山东部海拔近二千米的森林地带，正是古羌族猎人群所必然到达的地方。从它发育起来的“臷民”，也应与楚族、夔族（夔与楚同为鬻熊之后）同一祖源。也许是由于它地小、人少、无力自卫和建成国家；又由于楚、巴竞相凌逼，夺去盐利，臷民只好由臷溪逃入郁山地区，终为楚所夺，遂与卜人更向西南远引，不再见于华文史籍。总之，既已失去羌俗羌语，便另成一族，不在羌族之列了（臷，从至为声。至，古音如岱。与今傣族字音近似。他们之间有无历史关系，待考）。

## 第五节　川西北地区的氐类

### 一、氐族之称的由来

氐这个字，原不是民族的称谓。它是华夏的周族，在占有天水盆地、汉中盆地与徽成盆地后，鉴于天水与歧凤间，渭河两侧（陇山峡）及东、西汉水本支流沿岸山道间危崖壁立、顶石欲坠的险状，才造出这样一个字来的。金文作𢓊，篆文作𢓊，隶书作氐，读音如坻。许慎《说文》："氐，巴蜀名山岸胁之自（堆）旁著欲落堕者。"引"扬雄赋：响若氐"（今行宋刻《史·汉·扬雄传》与选文作坻、作阺不同，是古今字）。应劭云："天水有大阪，名曰陇坻，其山堆旁著，崩落作声，闻数百里"（《汉书注》引），也用许说。这种崖壁，多有可避风雨处，太古猎人依居，因而发展成为聚族之处。姓氏之义也借用。汉魏间人，乃别用氐字（原本崖石抵地之义），与坻、阺均作地名字。在陇的称为陇坻，在蜀的称为蜀坻，均无民族含义。造此字时，陇坻、蜀坻都已进入农业社会，森林残毁，猎人不至。原来聚居的羌支猎户，已作舍于耕地附近，生活华夏区，只语言、风俗偶有不同，华夏把他们叫作"氐人"，取氐区居民之义，正像说"山民""海客"一样，是习惯称呼。后来，又渐与戎、狄、胡、越等字成为一个地区各种民族的代称。

《诗·商颂·殷武》中："昔有成汤，自彼氐羌，莫敢不来享，莫敢不来王。"这个氐字却是可疑的。因为成汤时，还没有氐这个字，也还没有称为氐的民族。殷墟甲骨文和战国以前的文籍里，也只有羌字，而无氐字。《殷武》这篇诗，据考是宋襄公所作，那时也还没有把氐字作为民族称呼的旁证。我怀疑：这个氐字，原是狄字，汉儒传诗时缘音而伪，遂以讹传讹。

《荀子》《吕览》和《淮南子》，都有氐与羌连称的民族含义，说明秦汉间已有"氐人"这个习用语了。当时所指，还只限于居住陇坻的戎人，至司马迁，才开始把进入半农半牧经济的西南民族划为"氐类"。《史记·西南夷传》，是史迁依据他自己的调查资料写成的。他分析了蜀西南的各民族部落，依其经济基础，划分为纯农业、纯牧业与农牧兼营的三类。他写道（文首宋刻衍西字，当依"汉书"删）：

南夷君长以什数，夜郎最大。其西，靡莫之属以什数滇最大。自滇以北，君长以什数，邛都最大。此皆魋结（头发挽髻之义），耕田，有邑聚（南夷纯农业，"椎髻，耕田"与华同俗）。西自同师以东，北至楪榆，名为嶲、昆明。皆编发，随畜迁徙，毋常处，毋君长。地方可数千里（纯牧部落，自滇西北入康、藏区，未知所届）。自嶲以东北，君长以什数，徙、筰都最大。自筰以东北，君长以什数，冉、駹最大。其俗或土著，或移徙。在蜀之西。自冉駹以东北，君长以什数，白马最大。皆氐类也（农牧兼营的氐类，两群在蜀之西，一群在蜀之北）。此皆巴、蜀西南外蛮夷也。

三个"皆"字，是划分三大类部落的关键字。因白马在蜀之北，当时（迁入蜀时）为蜀郡北部都尉辖区，故他夹入"在蜀之西"一句，但这并不是说：白马就不是"或土著或移徙"的。氐类住区，全是山高谷狭，土气多寒，必须农、牧、猎兼营。所以任何一个酋长所领，都有农民（居河谷底部）、牧民（居山岭高处），并兼营射猎。西汉时是如此，否则即不成其为氐区。

## 二、《魏略·氐传》的分析

鱼豢《魏略》，开始为氐人作传。裴松之取补《三国·魏志》，赖以流传。兹录其全文，逐段加以剖析。

氐人有王，所从来久矣。自汉开益州，置武都郡，排其种人，分窜山谷间。或在福禄（《通典》作上禄）。或在汧、陇左右。其种非一。称槃瓠之后（此句当为后人误增的衍文。《通典》《通志》俱无此句）。或号青氐。或号白氐。或号蚺氐。此盖虫（当是羌字之伪）之类而处中国，人即其服色而名之也（《通典》《通志》俱删"虫之类而处"五字）。其自相号曰盍稚。

这段文字，有鱼氏本人历史观点的错误；有传写、窜改的错误；但也有些是珍贵的原始材料。汉武团白马氐人地置武都郡，为新郡十七之一。当时新开的蛮夷郡，都沿其故俗，并不移民增戍。所谓"排其种人"的话，刚好说反。氐人乐居于山谷，汉官推行政令，唯恐其不相亲近，何言"分窜"呢？

福禄，系酒泉郡治。汉开河西四郡时，由于这里久遭兵乱，民户不足，曾迁羌氐补充（《通典》改"上禄"是错的）。在三国时，福禄氐民屡次叛乱，故魏史官特书。汧、陇氐，多是魏初自巴山、武都等处迁入，动静为魏室所注意，故魏史也提到。并非氐人只分布在这两处，实在是魏史官只知道这两处。试看下文青、白、蚺氏，并非在此两处，便足以证明。

槃瓠种是武陵蛮，与氐无关。魏晋时书靠抄写流传，往往有读者旁批谬句，被抄入正文。如"虫之类"，不仅含义不通，文亦累赘，当是羌之伪。下文便很明显：青、白、冉氐，即青衣、白水、冉羌，均不在魏境。鱼氏只依据传说，当然难以准确（冉加虫旁，便是错误）。

"其自相号曰盍稚"一语，最可珍贵。因为这就可以证实"氐人"之称，实为汉族所加。但称盍稚的，也只湃陇间氐人，并非所有氐类皆自称"盍稚"。我疑盍稚与邓至，是羌族进入农业河谷的两支。至与稚，是羌名的一字，因中华史人书写而不同。邓至世居白水，即阴平郡的白水，其酋像舒治，始称邓至，其事见于《魏书·邓至传》。后来为仇池杨氏所并。盍稚本参狼种，世居武都，曹操迁其人于关中。何时称盍稚？疑与像舒治同时，以兄弟名为两支。他们均兼营农、牧、猎业，慕华风而未离羌俗。当中华方乱；未遑经营边裔时，史官自然难详察其世系，只好依他们的自述而录。时移字异，但考察它的地理情俗，仍是不难理解的。

各有王侯，多受中国封拜。近去建安中，兴国氐王阿贵，百顷氐王千万，各有部落万余。至十六年，从马超为乱。超破之后，阿贵为夏侯渊攻灭。千万西南入蜀。其部落不能去（者），皆降。国家分徙其前后两端者，（安）量扶风、美阳，今之安夷抚夷二部护军所典是也。其太（此字衍）守善，分留天水、南安界（者），今之广平、魏郡所守是也。

这段史事，与正史夏侯渊、马超传皆可勘合。所云"兴国氐王阿贵"，是陇坂氐酋（兴国故城在天水北山中）。所谓"百顷氐王千万"，即仇池杨氏始祖杨千万。二人皆于建安十八年叛附马超。次年，马超败，奔汉中。"夏侯渊与诸将攻兴国，屠之。"（见《三国志·魏武纪》）

《魏武纪》尚有氐王窦茂。建安二十年，曹操征张鲁，"自陈仓以出散关。至河池。氐王窦茂众万余人，恃险不服。五月，公攻，屠之"。河池，今陕西凤县。这个氐王，就是信奉张鲁的五斗米道，愿以死捍卫汉中的氐王。其属民在徽成盆地。仇池未兴之前，此王为武都郡氐最大首领。其事当补入《氐传》。

其俗语（"语"字为衍文）不与中国同。各自有姓。姓如中国之姓矣（《通典》省"矣"字）。其衣服尚青绛。俗能织布，善田种，畜养豕、牛、马、驴、骡。其妇人嫁时著衭露。其缘饰之制有似羌。衭露，有似中国袍。皆编发。多知中国语，由与中国错居故也（古称华夏为中国）。其还种落间，则自氐语。其嫁娶有似于羌。此盖昔所谓西戎，在于犱、冀、獂道者也。今虽都统于郡国，然固自有王侯在其虚落间。又，故武都地，阴平犱左右，亦有万余落。

末段记氐俗，是当时实见的情况，很明显地说明了他们是羌族分支。住到此地区久了，向华夏的转化已接近于融合。他们的经济生活，与羌人完全不同。不但已务农业，而且善于种田。虽仍养牲畜，但已是在家饲养，改变了随畜移徙的游牧习惯。虽仍有酋长，但也不过如族长、社长一样，依集体意见，执行本族习惯规制。行政方面则一切服从汉官令教。已经完全能说汉话，只在乡谈时才用本族语言。这正如成都郊区的嘉应州移民，乡谈用广东语，入市用成都语是一样。他们在同类间自呼为"盍稚"，入市则随汉语，也自称"氐人"。自然，他们在婚嫁、礼节方面，无疑还保存有一定程度的羌俗。如果说已完全脱离羌俗，则该叫作汉人，不会叫作氐人了。

原所举地区名称，稍有混乱，现略加辨正，落实到现今地图上。如"犱、冀、獂道"，系代表天水郡（渭水上游）、武都郡（嘉陵江上游）、阴平郡（白龙江与白水江流域）三个地区。犱字，当读如"邽"。周秦间的邽冀之戎，原是渭水上游山间的两个羌支部落。邽戎在西，秦汉为上邽县。冀戎在东，秦汉为冀县。邽戎保存羌俗较多，族类分布地面亦最广。秦汉人把武都山区左右羌类都称为邽戎。其所在邑落多存邽之名，汉代概作犱字。汉武都下辨县，一称"武街"，本武都邽邑之意。故道水，也称犱水。今武都县，古也称犱，后魏置武阶郡，唐叫阶州。均犱音的异字。此文所谓"犱"，指武都郡。最后一句"故武都郡地阴平犱"，系指阴平故城，在白水入白龙江处（阴平桥头）。魏时其地属蜀汉，故只附带提到。

## 三．白马辨名

白马二字，最早见于《史记·西南夷传》，既云"白马最大"，又云"广汉西、白马为武都郡"。《汉书》同。都不是羌、氐字。后汉伏吾忌《西羌传》："或为白马种，广汉羌是也。或为参狼种，武都羌是也。"（范晔《后汉书》同）列于羌类，而不称羌，但称种。这与《史记》列白马于"氐类"，而不称氐，但称"白马"，都是史家正名的慎重之处。他们本来是羌，但已经不是羌俗而是汉俗了。汉族叫他作氐人，他们当时还不承认是氐，而有盍稚、参狼、白马、邓至等支别的称号。所以史文只作"白马",或"白马种",不加氐羌字。《汉书·地理志》武都郡颜师古注引"应邵曰:故白马氐羌"。足见汉末的人,仍未明确它叫氐或羌。才有这样含混双加的文字。到鱼豢《魏略》,才开始定为"白氐",同时也还有称白马羌的,但以称白马氐的为多。

查有关白马氐的文字,都没有表示其人好乘白马,或地产白马,及白马图腾的迹象。况且羌族的马,颜色以栗褐色为多,纯白者极少。可见所谓"白马种"者,并非以白色的马而命名。而《西南夷传》中的"白马",是羌语种名,正如"参狼""邓至""盍稚"一样,也不是从汉文可以求解的。羌语"马",为人物名称常用字,多用于阴性,又常有"低下"的含义。羌语"白马"是否为"转变者"或"矮小黄牛"之义,还待考订;但不是"白色的马驴",则是可以肯定的。

白马,是早在秦汉间即已倾向于与华夏融合的羌支。其原因,是因为他们住居的河谷多平原,适合于经营农业,一切物资都须向附近的华夏人交换,向华夏人学习。接触一多,自然就向华夏转变,尤其是在设置郡县以后,转变得更快。

汉初,白马区为蜀郡北部都尉辖地,当时白马人华化程度还浅(都尉主夷,具有武力震慑之意)。元鼎六年置郡,则说明华化已深,为国家所信赖。虞诩平定参狼种叛乱(见本纪与诩本传),是因他们还有不服汉官统治的。自然也由于汉官贪虐,有负所望。汉末,张鲁以天师太平道治之,深得白马种爱戴。故当曹操军来时,武都氐王为之效死。曹操占有武都郡后,终不能平定它。故魏室大迁氐民入关中,弃武都郡。待汉末,氐族部落见华夏大乱,又各拥其部落首领,保土自固。仇池杨氏因之而起。

氐人先后迁入关中者,大都聚居在略阳。略阳,秦为道,汉为县,属天水郡。在天水东北陇山地区,当湃陇与天水要道。曹魏分天水置广魏郡,晋改略阳郡,氐族迁关中者多留居于此。晋室乱,齐万年、杨千万、李特、苻洪、吕光皆出于此郡,建成国家。其实,他们均早已自称汉人。因乘世乱,图割据,才又称氐人,以利于招聚党徒。论其本源,仍是白马羌(后秦姚氏,号"赤亭羌人"。托为烧当羌裔。也是在华化十余世后,又自称羌族)。

### 四、蜀冉、駹、钟羌与邓至

羌族进入岷江上游河谷居住者,为蜀山氏,其后发展为蜀国。其西进入浅水河谷者,创造碉房建筑法,称之为宗(Rdsong)。《后汉书·冉駹传》:"累石为室,高者至十余丈,为邛笼。"邛笼即宗。章怀注"今彼土夷人呼为雕也"(雕,《唐书》

作，今字作碉）。华语雕，羌语邛笼。《西羌传》屡提"钟羌"，即指建碉定居的羌族，钟为碉房之义。今凡甘南、蜀西北和远入康藏数千里之地，房屋建筑，皆是如此。但以岷江、涪江、白水江上游诸河谷中羌氏民族建造最精。他们用乱石块，却能砌成八角整齐，高数十丈，上下方便，外壁平整美观的八角碉。这种碉房，如今康定、丹巴、雅江、九龙县尚有数处，能经地震而不坏。据传，皆延茂汶羌人来此所砌。可见后汉所谓钟羌，即是在蜀西北高原诸河谷建碉房居住的羌族部落。

钟羌的主要住居地在大渡河上游（泷水）河谷，它与白马、参狼、湃陇地区的氐人的区别，似即在于住宅不同。凡汉人所称的氐人，皆住矮房，劈杉为木板覆盖，称为板屋。《诗·秦风》中："在其板屋"，亦即指此。"钟羌"所住的碉房，都是石砌的，故以钟（Rdsong）称。

钟羌既定居经营农业，便不能不与汉民多所接触，语言、习俗，渐相接近。故前汉时已被司马迁列于"氐类"。冉、陇与黑、白水羌，皆是钟羌，只是前、后汉和魏晋时名称不同罢了。

冉、駹所居，即古"蜀山氏"之地，今岷江上游的汶川、理县、茂汶羌族自治县地。蜀山氏与黄帝轩辕氏同时，并通婚。其后发展为"蚕丛氏"。黄帝时，褒斜、子午未通。西方羌族，从陇西牧场取道关中，与华夏市易。蜀山氏亦从松潘草原出陇西，通于华夏。故黄帝子青阳降居江水，昌意降居若水（《大戴礼》与《史记》均载）。而夏禹生于石纽（《蜀王本纪》），与颛顼、帝喾皆从此区入为中夏帝王（《大戴礼》及《史记》）。这是因为牧业交通，利在草原，不利于山谷的缘故。待舟车之利兴，农业地区道路次第开凿，畅便，草原道路渐为农民所弃后，岷江上游地区就转为偏僻。同时，蜀山氏的后裔，自茂县东九顶山脉最低处（土门）进入四川盆地，发展成为蜀国（在周代）。留守未去的发展为冉。

汉置汶山郡后，冉、駹人民逐渐华化。待后汉羌叛，冉駹诸部落与黑、白水羌联合，屡次寇掠陇西，这就是所谓"钟羌"。

魏晋时，西北大乱，钟羌名称消灭。代之而起的为"宕昌"与"邓至"。宕昌，在白龙江与其支流黑水、白水河谷的上部定居，已务农，但仍保持羌俗。所以南北朝诸史籍皆称之为羌，不在氐类之列。邓至在宕昌之南，属纯农区，其主要部落在今甘南白水河谷，四川的平武、北川地界。其王为北魏所灭。人民多已华化，但也有拒受华化，避居在九顶山谷区的，称为"黄羊、白草番"。他们在明代屡有叛乱，现今北川与平武两县西部山谷区，还有其遗裔，但已完全融合于汉族。也有信奉喇嘛教的，则已经不知道自己是羌人还是邓至人了。

### 五、青羌、丹犁和徙

蜀西边界的青衣羌，一作青羌，《魏略》称为"青氐"。这是与大巴山区羌支各族同时进入四川盆地边缘的羌支民族。青羌移进路线，是循岷江与大渡河分水线的巴朗山（《金川志》作斑烂山）、邛崃山脉猎食而进，逐渐下降到青衣江河谷区来的。其降居河谷经营农业，大约与蜀国同时。蜀国既强大后，曾经与他发生战争。《华阳国志·蜀志》说：保子帝"攻青衣，雄张獠僰"，即指此事。

所谓"青衣"，在战国时，也不只是一个部落，而是已经建成了若干个国家。其最东的一个叫"丹犁"，名称屡见于《秦本纪》。所据地方，在青衣江下游和岷江西岸，即今洪雅、丹棱、峨眉、夹江、乐山、青神等县，是臣属于蜀的半独立国。秦灭蜀后，也灭了丹犁，以其地为南安县。后遂发展为犍为郡。置郡后，沿江地面内地化了，山区仍有青衣持其旧俗的。至隋唐年代，还曾发生过叛乱。所以这段青衣江又叫"平羌江"（见李白诗）。隋置丹棱县，实取丹犁旧族为称。丹犁二字不可分。张守节《史记·正义》以云南之丹、犁二羁縻州为秦丹犁国，是不当的。

次于丹犁者为"徙都"。《史记·西南夷传》所称"邛都""徙都""筰都"，都说邑君所聚族处，相当于国都。徙都所在地，即今天全县的始阳镇。亦作"斯都"，司马相如文作"斯榆"（斯榆、叶榆之榆，皆羌语"境域"之义），包括今雅安、荥经、天全三县地。汉置徙县，属蜀郡。他们与丹犁种都迅速与汉族融合。少数不愿接受汉文化的，则退入山区，依附青衣邑君。有一部分南入越巂，被称为"斯叟"，或"叟"。

青衣邑君住地，为今宝兴县的灵关镇。原也臣服于徙。汉灭徙，邑君降汉，汉置青衣县，即以其君为令长。公孙述据蜀后，蜀人不愿追随的，都逃避入青衣，邑君加以安抚，述败。光武嘉奖青衣君，置蜀郡西部都尉，领青衣、徙、严道、旄牛四县。后升为汉嘉郡。当时灵关峡以东为汉民，其西穆坪河谷为羌民，属邑君。邑君请汉吏典其书表，遵奉汉制度，而不容郡县官吏入境，故保存羌俗最久。至元、明时，为穆坪土司，甚强大。清代取消西南土司，改土归流。但天全已改，穆坪不改。至民国八年，穆坪内乱。经建昌道尹黄昌煦讨平，始改流为宝兴县。遗留的土民住在山谷深处，如所谓硗碛区，至今仍保持其语言与习俗，为四川盆地边区羌族中最纯的（达布亦是，另有专论）。

青衣羌屡世受汉官调遣，远出征伐，也有留成就居的。故"青羌"之名，也屡见于大渡河外诸地史志。《华阳国志·南中志》说：诸葛亮"移南中劲卒青羌万余家于蜀，为五部"。又《蜀志》越巂郡有"四部斯儿"军，都是两汉青羌戍军的军户。下至《宋史·三王部落传》，尚有大渡河的"青羌"。

## 六、筰都与白狼夷

自青衣江西逾邛崃山脉而入大渡河谷。河西有大雪山脉，急剧陡落数千米，阻碍康地羌人东向移进。其山脉，北至丹巴县界，向东转折，连接邛崃山脉。划分大渡河谷为南北两段。北段为金川盆地，与康区交通较便。其人原属白兰种，在汉时为三河槃于虏及三襄、渝衍等部，在隋、唐，为"嘉良夷"，元、明时为"金川"。清平金川，屠其人，迁汉民来填补，为五屯，今为大金、小金、丹巴三县。但金川用兵时，首先迎降助军的小部族仍在。如巴底、巴旺、绰斯甲、丹东、别思满等小土司，保存一部遗民，至今仍操白兰羌的土语，即所谓"嘉戎语"。

在丹巴界以南泸定县境一段，为汉筰都夷地。所谓筰都夷，自呼为"白狼"。他们创造的斜张两岸溜索往来渡江的办法，汉人称之为筰。按《后汉书·筰都夷传》，筰地当分为"白狼槃木"与"白狼楼薄"两大部。永平中，益州刺史朱辅，招致入京奉贡的白狼槃木王唐菆，所率号称"百余国，户百三十余万"。皆在四川西昌区的雅砻江流域，即盐源、木里等高地。其人，系自康南沿雅砻江与理塘河倾斜面进入这一高地，留住下来的羌族。这个白狼王，蜀汉时还强大。因与张嶷争盐泉，被嶷挞杀。但并未害其人民，也未灭其国（见《三国志》嶷本传）。明清间，喇嘛黄教传入此区，土民多已变为藏族。唯小部分在瓜别等土司保护下，仍保持羌俗，今称"普米族"的便是。

《筰都夷传》又云："和帝永元十二年，旄牛徼外白狼楼薄蛮夷王唐缯等，遂率种人十七万口归义内属。"所谓旄牛徼外，指今石棉、泸定与康定鱼通、孔玉这段大渡河谷所住的白狼部族。在汉初，为旄牛王属地。旄牛王，即《西羌传》说的犛牛种，其本部在今康定折多山外的木雅乡，为纯牧国。由于他需要与蜀地进行市易，便开辟了从雅加埂通大雪山，下磨西面，到大渡河岸的一条能行牛马的路（打箭炉穿峡而出的路，是元代才开，明代初通，清代才畅通的）。在泸定的咱威与沈村间，架设溜索桥成功后，沈村成了西南最大的农牧市易中心，称为"筰都"。汉武帝在此置沈黎郡，领二十余县（包括旄牛王地与雅砻江流域。故《汉书·地理志》旄牛县说："鲜水出徼外，南入若。若水亦出徼外，南至大筰入绳。过郡二，行千六百里。"所言鲜水，即今道孚河。若水，即雅砻江。绳水，即金沙江。二郡，即蜀郡与越巂郡。这是就沈黎郡废除后，仅留旄牛一县管理其地时说的）。其定筰、大筰、筰秦三县，在废沈黎郡后，划属越嶲郡。旄牛王与白狼楼薄王地，则为旄牛都尉管辖的属国。尽废诸县后，只留旄牛一县于邛崃山下。其白狼楼薄故地，在唐宋时为刘、杨、郝三王部落，正史有传。其王墓，分别在今泸定沈村，汉源白马庙，与天全沙坪等三处。元代封天全土司为"六番招讨司"。六番，即楼薄的异文（陈宗祥同志有《白狼夷诗考》，首倡此说）。沈村，明清为沈边土司。清末与相邻之冷碛土司同时改流，其后裔都自称汉人。

康定鱼通区，由于是汉藏大道所不经的地方，故保存羌俗最久。例如，它的妇女入市，至今仍着青羌衣饰。负物，都在两肩带外，更有一带戴于额上（用额，是古羌俗。古羌族所创牛耕，即是用额）。其语言亦不与藏语尽同，颇似穆坪青羌语。鱼通土民，与硗碛、茂汶羌、白草黄羊、达布、果洛克、普米等，都是现今保存羌族本色较多的羌支民族。

### 七、渠搜、蜀叟辨

《禹贡》雍州有昆仑、析支，已前述。渠搜，《汉书·地理志》引作渠叟。朔方郡又有渠搜县。王莽改为沟搜，郡名同改，考其郡地，即今陕西长城外花马池与鄂尔多斯草原（其朔方县的"金连盐泽、青盐池"，即今花马池与苟池）。而《禹贡》的渠搜，也即是现今的河套盐池地区。渠的羌语对音，即水或河流之义。搜，当是水的形容字，即金黄色、橙黄色之义，是古朔方羌支加给黄河的称谓。朔方的北方黄河河套，在水利未兴以前，河水平缓多岔流。成为西戎、北狄和月氏三部族的中介部落，即周人所谓渠搜。这里本是纯牧区，故盛产羊皮。

孔安国《尚书传》释《牧誓》云："蜀，叟。"意指庸蜀之蜀，即是叟人。按武王时，四川的蜀国已经成立，而且也与庸、微、卢、彭、濮和巴、荆的人共同参与牧野之师，并不是河套的渠搜。孔氏所言"蜀叟"，恐怕是别有所指。否则便是不当的。

按《后汉书·刘焉传》："兴平元年，征西将军马腾与（焉长子，官左中郎将，在长安）谋诛李傕。焉遣叟兵五千助之。"（裴松之《三国志》注引《英雄记》曰："从长安亡之马腾营，从焉求兵。焉使校尉孙肇将兵往助之。败于长安"）唐章怀太子《后汉书》注云"汉世谓蜀为叟"，并引《孔传》为证。查兴平元年，刘焉已平贾龙，据有全蜀。其遣军助，若是遣的蜀军，即当直说遣兵，何须加蜀字？更何须说"遣叟兵"？又《董卓传》：李傕"围长安城。城峻不可攻。守之八日。吕布军有叟兵内反，引傕众得入。"（章怀亦注云："叟兵即蜀兵也。汉代谓蜀为叟"）但吕布军中何能有蜀兵？章怀所注，不能解释。故"汉代谓蜀为叟"的说法，在《孔传》外，并无更多的证验。

我认为：刘焉入蜀，原无本兵。当时正值黄巾马相据蜀，滞留荆州界上数年，幸赖州从事贾龙借青羌兵力扑灭马相，才迎刘焉入居绵竹。后来与贾龙交恶，龙与青羌便叛刘焉。赖州从事樊敏，从汉嘉说服青羌，叛贾龙而助刘焉，才平定了贾龙。樊敏以功被授巴郡太守（另详《樊敏碑考释》与《华阳国志校注》）。这里所遣的叟兵，《华阳国志》武都郡说："有麻田氐傁。"即善种麻（羌氐以麻为衣）的氐人和傁人。看来，傁为氐类民族之称，与蜀人含义无关。青羌、冉、白马皆氐类。《三国志·张嶷传》把越巂青羌称为"叟夷"，所以氐类之兵都可称为"叟兵"。吕布从董卓有年，董卓军中多羌、戎、氐、傁，故吕布军中也有叟兵。叟兵倾向于董卓、李傕，反叛后便跟从李傕。可见，叟为汉民加于羌戎之称，有渠叟之义，而无蜀国之义。这种称呼只见于汉世，也并不通行，《孔传》《章怀注》均谬论。

## 第六节　蜀南、滇北的羌支民族

### 一、僰人、邛人与白族

繁衍于大巴山区的"百濮"，早在五千年前就已渡过长江，进入乌江流域，在郁山盐泉附近聚族而居了。他们发现了朱砂矿，提炼出来的丹，远销到华夏地区去。尧的儿子叫作丹朱，可见当时中华已经有了丹字。这种颜色，是任何人类都喜爱的。所以它是最早的珍品，与象牙、犀革一样，很早就被人们作为商品，行销到远方。《周书·王会解》已说到"卜人以丹砂"，《史记·货殖传》又说到巴寡妇清先世"得丹穴"，《华阳国志》也说到涪陵郡的"丹兴县"。综合起来看，都只能是今黔江县丹穴古矿，而非其他任何地方。

这里的濮（卜）人，拥有丹砂和盐泉之利，与远近各民族交换，为首富之区，因而必然形成一个民族扩散的中心。他们的东北两面，受到三苗和楚巴民族的高压，不可能移进拓展。仅西南面是经济与文化都比较落后的地区，自然而然导致这里的濮人向西南发展。

濮族循大江南侧的山谷地带向西，又发现了安宁盐泉（今属长宁县）与筠连的盐泉，于是停留下来，形成一个僰侯之国。它虽不是一个能与巴、蜀鼎足抗衡的强国，而只是巴、蜀互相争夺的一个藩国，声名却大得很。从《史记》《汉书》文记看，它已经进入了奴隶社会，在经济上颇发达。其奴隶主拥有大量的奴隶，并从中训练出一批有技能的转卖到华夏去。所谓"僰僮""僰婢"，竟成了殷、周、秦、汉年代巴蜀商贾最瞩目的商品。其作坊，也请华夏工匠来传授技巧，除炼盐外，在冶金方面也有很大的成功。朱提银、堂琅铜和僰道本身的铁冶，是可以与程、卓开辟的临邛矿业相媲美的。

僰侯之国，因农产品缺乏，必须仰给于蜀，故与蜀王亲善。蜀亡后，王子得僰国掩护，才得通过牂柯，远走到安南去，重建安阳王国的（见《水经注》）。

汉武帝开南夷，置僰道、南广、汉阳、朱提、堂琅等县，实皆僰人诸奴隶主分建的国邑。僰字，"音蒲北反"（颜注），实即濮音的异书，把地名的濮字，改作民族专用的僰字。

僰族又从僰道渡长江，向四川盆地西南边缘的山区移近，分布于大小凉山地区。当彝族尚未进入凉山以前，其地全是僰族占有。司马相如文所谓"西蒲之长"，即"西僰"的别写。他们更还越大渡河进入邛崃西山，填住徙族的弃地，而在火井地区经营盐业的一段时间。邛崃汉人称之为"布濮"。火井槽河，《水经注》称为布濮水。布濮这样一种民族，散布在云南高原很宽，史多涉及。郦道元取诸记载加以缀合，便误称布濮水是从临邛入叶榆、贯滇池而后入南海。致误的原因，大概是因诸地皆有布濮之名的缘故。

僰人所至，皆用石板为墓。近来考古发掘，取得这类证据之多，令人难以相信僰族分布如此之广。例如：大小凉山，西昌专区，云南全境，西康南部远达西南三大峡谷地区，皆有此种墓葬。初看使人骇怪（火葬民族地区竟有此种古墓）。但是，如果仔细研究一下西南的古代史，那就不足为怪了。

《西南夷传》所谓"邛都夷"，其实就是僰人。僰人因与汉族接触日久，交易频繁，相处融洽，与西南其他各民族也能友好共居，故接受汉族文化很早，能汉语，兼通西南各民族语。从汉、唐至明、清，西南地区的用兵与行政，都是雇用僰人作通译，经商采购更无论了。所以僰人扩散得很宽，并能在异民族区杂居。至于西昌专区，在彝族未来以前，更是他们的地盘。唐时把他们叫作"白蛮"，与乌蛮（彝族）对称。其实白、僰古时是同音的。白字不只对乌（黑）成义，笔画亦省。乌蛮来邛部后，袭僰人旧俗，掠卖奴隶。时值唐室衰弱，不能保护白蛮，致使这一广大地区的僰人，竟被乌蛮掠卖消灭了。今会理盐边山区，还偶有几户白蛮，被呼为"白儿子"，即残存的白蛮遗裔（四川盆地内如资、陵、简、荣等州，唐宋时方志亦多有"白儿子"的记载）。

今云南大理地区的白族，似与僰人、白蛮同源。由于白族曾参与南诏政权，遂建成了大理国。

僰族，是西南地区历史上一个与汉族最为习近的大族。他与羌族早已完全不同。但若从他的族源说起，则确属大巴山区的羌支。由于他们未能创制单独的文化，故仍当属于羌支民族。

## 二、夜郎与滇国诸族

《西南夷传》的夜郎、且蓝、头蓝（旧误解为与且兰同，当正。他们虽同在云贵高原上，但东西部位相距甚远）、漏卧、句町、同师和滇国、劳深、靡莫等族落，置郡时建成了三十几县，大都是就其王侯都邑设置的。这些族落究竟属于什么民族？历史上无确切记载。但从下列几点可以推测：他们仍是属于僰族的：

——自唐蒙通南夷、八校尉出牂牁以及其他南夷叛服的史事，看不出华夷之间有多大的语言隔阂，仿佛都如僰人一样，可以直接通话。

——蜀王子安阳王从这带通过，率军直入交趾，没有捍格，直如一家，从门庭过。

——《华阳·南中志》云："斩竹王，置牂牁郡。……后夷濮阻城，咸怨诉竹王非血气所生，求立后嗣。"这就说明牂牁郡境濮族很多，并且都是夜郎王族和支族有地位的人。濮与僰本是一家，足见夜郎民族属于濮类（僰人）。

——《蜀志》越嶲郡，会无县云："路通宁州。渡泸得住狼县，故濮人邑也。今有濮人冢。冢不闭户。其穴多有碧珠，不可取。取之不祥。"这就说明金沙江南的滇国地区，从前曾有濮王。其墓是石板作穴（石板墓是从大巴山区开始的）。

——劳深、靡莫是何民族？尚不可知。但在晋至唐世，其地为"西爨白蛮"，就可推测他原是僰族。至于"东爨乌蛮"，亦只是唐代人语。晋时乌蛮还只是东的部曲。这在近年昭通发现霍弋墓的绘画，就可证明（详见《华阳国志校注·南中志》）。当时滇东的氏，都是僰人或晋人与夜郎的混血种人。乌蛮虽已到达，还很微弱（霍弋是最先招收他们作部曲的人）。

由此可见：在汉、晋年间，整个云贵高原（南中）都是僰族做主。他们与其他多种民族错居（包括汉族、苗族、越族、掸族和藏族），而与汉族最为接近，是文化相当高但却相当软弱的民族。其族源是羌，但已成为另一个民族，语言、情俗都与羌不同了。

## 三、嶲·昆明

《西南夷传》有："西自同师以东，北至叶榆，名为嶲、昆明。皆编发，随畜迁徙，毋常处，毋君长。地方可数千里。"寥寥三十四字，把羌族移进到云南西北高原地区来的情况描绘得相当清楚，兹略加阐明：

同师，《汉书》作"桐乡"。《后汉书》以下仍作同师，或桐师。韦昭说："邑名也"，即一个部落名称。但各书没有述其部位与沿革。我分析：同师，不是一个民族部落，而只是一个矿业集团即华夏的工匠或匠师（即今矿工）来此，与当地民族首领结合，采掘铜、锡、铅、银等矿的一个工匠组织。这种组织，早在周秦之际就已有了。朱提、堂琅就是这样开辟的。秦汉之际，已经深入到个旧、红河、元江地区。当时还无铜字，只把铜写作同或彤。工匠们被称为"同师"，这是汉语字，非民族语译音。牂牁郡的同竝县，即因同师旧采矿处而置（竝音伴）。益州郡的同劳，同瀨（《汉书》作铜瀨。后汉以下仍作同瀨），与晋世的同安、同乐县名，皆可能以同师为义。《西南夷传》的同师，指的同并，在红河中游。"同师以东北"为元江上游，属云南高原的顶部，当时还未开垦，只充作嶲、昆明两民族的牧场。"楪榆"，指洱海地区，《华阳国志》作"叶榆"。楪，是部落名，"榆"，是羌语境域之义（与斯榆同）。可能是㒍族或麽些族组成的古国。楪榆泽（洱海），因此国为名。其国后为县。同师与楪榆是农业国（秦汉置县处皆有农田），除此而外的，在当时皆游牧部落，故传文取此二地以表示牧族所在的部位。因为那些牧民是无国君、无常住的，无法指出地名。"可数千里"，大体包括今日的西康、西藏，即《西羌传》所谓"发羌"与"旄牛种"居住的地区。

其次，所谓"嶲昆明"，是来路不同的两种羌族。嶲族下详。这里先说昆明。

"昆明"，他书一作"昆弥"。在羌语为雪山人之义（与"多弥"同义）。《禹贡》所言雍州昆仑，为金沙江上游游牧部落（已详一章）。其族从哈姜盐海兴起。康滇界间的澜沧河谷，地处喀哇革雪山下，有盐泉在江水下，冬季水落时即可汲取煎煮。羌名察卡绒，今为盐井县。昆明族居此很久，故常从水中取盐煎煮，行销于八宿、巴塘等地区，成为富盛的羌支氏族（其后曾组织成结塘国，屡见于藏史）。汉时称为昆明。

昆明种在当时未能建成国家，但以牧畜运盐，经商于楪榆、同师等地，又发现兰坪河（云龙河）谷的盐泉。更东进的，又发现安宁井盐泉。安宁盐泉水道通于滇池，昆明人舟运其盐入湖，卖给沿湖诸部落及夜郎、滇、同师诸地，故滇池被称为

"昆明池"。滇邑，后亦改称昆明县（今为昆明市）。安宁盐井，汉开益州，置连然县。《地理志》上说的"有盐官"，正指此处（元谋河谷黑盐井是后来才开的）。昆明种东渡金沙江进入康南雅砻江河谷的一部，又发现黑盐塘与白盐井。汉以其地置定筰县，唐改称昆明县，南诏置香城郡，元为闰盐州、柏兴府，今为盐源县。这几处盐泉，在汉、魏、南北朝、隋、唐、宋各代，皆属昆明人专营，煎盐法甚笨拙。明清以来始由汉族用汉法煎煮。故盐泉区地名多存古昆明字。

昆明种仍以牧业为主，不全是盐工。但进化最快的是盐工，它也能带动本族人倾向华化。大约在东汉年代便已同为编户了，故明帝能开置永昌郡，蜀汉又增置云南郡。于是前汉的巂昆明牧地，全都开置为郡县。昆明盐工，还有立功封侯的人。《后汉书·哀牢传》哀牢王类牢叛，攻巂唐、博南。"肃宗募发越巂、益州、永昌夷汉九千人讨之。明年（建初二年），春，邪龙县昆明夷卤承等应募，率种人与诸郡兵击类牢于博南。大破，斩之，传首洛阳，赐卤承帛万匹，封为破虏傍邑侯。"卤承的卤字，即古盛盐袋用的盐字。承，名，显然他是一个昆明族的盐工。他把盐工们组织起来应募，战斗力就强大了。如果仍是"无常处，无君长"的游牧人民，就不可能组织成这样的力量。卤这个姓，证明他是学习汉文以后才自定的，表示他是盐工。

### 四、巂与彝族

"巂昆明"这个巂字，张守节《正义》云"音髓"。汉武开益州郡，有巂唐县，后汉属永昌郡，即今云南永平县。地形高平凉爽，古为牧区。巂唐，即取巂族核心地之义。在昆明南，属非产盐区，是云南省内彝族最先聚居的地方。

彝族，自称洛苏（黑族），其语言与藏族不同，语法则相同，习俗、相同点也多。如编发、跣足、火葬、嗜猎、信巫鬼、无姓、子孙承用英雄的祖父名为氏，等等，皆同羌俗。其自称的"洛"，又恰与古羌语"南方"的音义同。可见它与昆明虽同俗，又同时游牧于云南西北高地，而来源却不同：昆明来自藏北，巂人则来自藏南。

羌族最初形成于藏北的羌塘。它向东移进的一支成为多弥、昆仑种；向西南，缘喜马拉雅北侧草原转东的成为洛塘（南羌塘）、雅龙（河谷地区）、娘波（在西）、达波（在东）等种（雅龙种发展为藏族，已见前述）。其中洛巴一种，早在雅龙河谷尚无住民以前，即已逾喜马拉雅山脊进入南坡森林区。这些羌人因怕热，不能进入印度平原，便长期留住在森林区，至今仍然停滞于射猎生活时代，藏人称他们作珞巴，称其地区为珞域，其人为珞巴。其中比较进化的，在白马岗和雅鲁藏布江峡的东侧，今已建置为墨脱县。其最落后的珞巴，在查日神山之南，称为"洛那"（黑珞），现在还有男女皆裸体，只用竹藤编裤遮羞的猎人。西人把他们通称作 Lolo。对川滇的彝族也作同样的称呼，两者的共同点很多。还有云南西北怒江山谷住的傈僳和怒子两民族，缅外恩梅开江住的子这种民族和东喜马拉雅地区的密什米 Mismi 族（属于珞域的东部）与我察隅县的土民僜巴，他们虽然互不相干系，但在语言、习俗、生活上，都与西方的珞巴及东方的彝族，有不少共同之点。

由此可以设想：若干年以前，洛巴即已循着东喜马拉雅（雅鲁藏布江峡以东的一段）穿过横断山脉，进入了云南高原。沿途留下的就成为密什米、俅人、怒子、傈僳这些民族。进入云南高原后，才开始进入到游牧时代，与昆明族杂居，被汉人合称为"巂昆明"。但是，他们也很快就进入农牧兼营的经济生活，接受郡县官吏管治了。

巂比昆明要顽强些，有一部分不接受汉官管理的，沿红河与澜沧江之间的山地，向东南转进。沿途也留下了一部分人（如孟族与拉祜族等），又遭到相当强盛的越南民族抵制，他们在滇越界上停滞过一段时间，并反抗过汉官（兴古郡的官吏）。

### 五、乌浒、东爨与乌蛮

《后汉书·灵帝纪》，建宁三年（170）"郁林郡乌浒蛮相率内属"。《南蛮传》云："郁林太守谷永，以恩信招降乌浒八十余万内属，皆受冠带，开置七县。"在各旧籍中，并无阐述乌浒民族的。按：巂音髓、浒音许。同部。乌亦黑之义。《西南夷传》的巂，原当作"洛巂"，史迁省略作"巂"。"洛巂"与"洛那"（黑洛）及"乌浒""倮苏"，皆黑族之义。异时、异人而作字不同。倮苏留于云南高原上的，即现今云南的彝族。其东南走近郁林界者，被译称为"乌浒"。《后汉书》及诸史均无所闻。但从一次投降八十余万，地置七县等情形看，则当在今越南北界老街至高平、凉山诸山间一带。似由于受越南阻击，故来附于中华。但未满十年又复与越南郡县同反。《南蛮传》续云："光和元年（178），交阯、合浦、乌浒蛮反叛。招诱九真、日南合数万人，攻没郡县。四年，刺史朱击破之。"《朱传》详著其事，是"交阯部群贼并起，牧守软弱不能禁。又交阯贼梁龙等万余人，与南海太守孔芝反叛"。乌浒乘乱抢掠，为"群贼"之一。"合七郡俱进，逼之。遂斩梁龙。降者数万人。旬月尽定。"郁林亦交阯七郡之一。乌浒自当在讨破之列。自此以后，乌浒名不再见，因为他们又复北迁，成为东爨部曲。

东爨，在晋世为南中大姓。爨习受诸葛亮抚用，官至领军将军。与焦、雍、娄、孟、量、毛、李同为南中八大姓之一。诸葛亮"以夷多刚很，不宾大姓富豪，乃劝令（大姓）出金帛，聘策恶夷为家部曲。得（夷）多者奕世袭官。于是夷人贪货物，以渐服属于汉，威夷汉部曲"（汉部曲，指"四姓五子"。并见《华阳·南中志》）。其后建兴爨量叛晋，据盘江以南，为李寿讨灭。乌浒初受东爨大姓募为部曲。其后爨量、李邈等叛走盘南，乌浒不从往，遂占有东爨故地。爨姓皆用汉文，有爨龙颜、爨宝子等文士墓碑可验。乌浒既占有地盘，便渐强大，并自制文字，即现今彝文（倮文）。学者丁文江说彝文即"爨文"，是不确切的。

东爨乌蛮，由于不愿居住河谷低地，自盘江上游（夜郎故地）移居乌蒙山区，以昭通为中心，彝语为"阿火地"。东进入贵州境的，黔人称为"黑苗"（见《贵州通志》）。北渡金沙江，灭僰人部落，据有大小凉山的，《唐书》称为"乌蛮"，《元史》称为"罗罗斯"，清人称之为"倮倮"，近世称为"彝族"。

于是彝族分为显然不同的三部：1. 云南滇池、洱海之间，山地散居的倮苏，保持汉、唐以来旧俗，不蓄奴隶，接受汉官统治，与其他各族和平相处。2. 乌蒙地区的倮苏，分散在云南东北、贵州西北诸山中，曾经进化到氏族公社组织，其酋长以奢为姓。明末清初，发展成为国家，占地远达四川南边诸县，被明、清大军两次剿灭。它的遗民现已全部与汉族融合。3. 凉山彝族。它从昭通进入凉山，大约在东晋末年谯纵据蜀的时候。既入凉山，便与早已进入奴隶社会的僰族（白蛮）相错居。相互掠略的结果，凉山僰族为它所消灭。

唐贞元时，凉山部落勿邓为大，所属有邛部六姓（今越西与昭觉县地）。其五姓皆乌蛮，一姓为白蛮。西边，有初裹五姓，皆乌蛮（今冕宁县地）。白蛮有东钦二姓，存于北谷（台登北谷，今石棉县地）。其他两林、丰琶等党支诸姓皆乌蛮，统于勿邓都大鬼主，颇能与唐协力，助击吐蕃。西南面的昆明、麽些与白蛮，则附南诏。南诏称凉山乌蛮为"东蛮"，曾助白蛮抵抗乌蛮。整个赵宋时代，乌蛮仅能活动于大凉山区。

元就东蛮立罗罗斯宣慰司及诸小土司以治理。明初，蒙古伊鲁特穆儿据泸宁。蓝玉讨灭了它，未能移民。乌蛮遂西进到雅砻江下游山区。远达泸沽湖与九龙泸定界内。保持其奴隶社会，直至1950年。

## 六、南诏的民族

南诏是多民族组成的国家，王族兴于白崖，称蒙舍诏。即《华阳国志》永昌郡所谓"闽濮"，一称孟濮，属于苗类。或称掸人，属傣族的别支。其俗"父子以名相属"（其世系：细奴逻——逻盛炎——炎阁。炎阁弟盛逻皮——皮逻阁。炎子逻凤——凤迦异——异牟寻——寻劝——劝龙晟），这明显是西羌礼制。看来，苗族与傣族，也可能是出于羌支。

南诏合并的其他五诏中，蒙巂诏也是父子以名相属。其地即汉巂唐县，距白崖近，故先被并吞。这显然是《西南夷传》所称"巂昆明"的巂族部落。浪穹诏、邆睒诏、施浪诏，号称"三浪"，其人被称为"浪人"。其地即今洱海附近北至石鼓，即鹤庆、洱源、剑川、兰坪等县，为汉昆明种原住牧地。他们也是"父子以名相属"，可以肯定是羌支昆明种。越析诏，即麽些蛮，今为纳西族。住地在丽江以东，至于盐源县地，汉魏时已著于史籍。元、明、清为木天王国，已经自有文字，大抵羌支很早就进入了这个地区。

南诏于唐末为白族段氏所篡，改称大理。占地东至播州（今贵州遵义），东南接邕州（今广西南宁），西至铁桥（今维西县澜沧江桥），所征服民族甚多。其中属于羌支的人约占半数，以彝族数量为最大，僰族、汉族与僚族、掸族次之。由于他们已自有文化，建成国家，就不能算作羌族，而只能说是掸族、彝族、僰族、麽些。他们都是羌族的远支成为单一的民族。

## 第七节　其他羌支民族

### 一、喜马拉雅南坡诸族

羌族早在藏族尚未分出之前，就已从阿里缘喜马拉雅山脉北侧的草原向东移进，一直到了达部（达波）和白马岗。并由白马岗渡过江峡，缘东喜马拉雅进入云南高原为彝族，已如上节所述。

他们同时从"南羌塘"翻过喜马拉雅一些山口，进入南坡。南坡地形陡落，羌人畏热，便长期在这长千余里、斜宽不过百里的斜坡山地停顿下来，分段形成了文化不同的若干民族。藏族把他们都叫作闷巴（门巴），其情况分别介绍如下：

珞巴，是当前我国境内最落后的民族。直至近世，都还有不耕不织、保持射猎生活的部落。因为畏热，大多数男女习于裸体、跣足，只用篾裤掩体。部族很多，均不奉行喇嘛教和耶、回等宗教，由氏族酋长分统。白马岗部分比较进步，有神山和喇嘛寺，中华人民共和国成立后已建置为墨脱县。

洛巴，西界连接不丹，有一条从南藏进入印度的山路。这条路附近的洛巴是信奉喇嘛教的。政府在此设有错那、隆子两县。印度军队曾经从这条路侵犯错那，被我军击破，逐出界外去了。隆子的东北，有喜马拉雅的最高一峰，称为查日神山。相传藏族始祖聂直尊波便是这山的化身，每年都有藏民前往朝拜，每十二年一大朝（猴年）。在此绕山脚一周，须时一年；有半圈路要从这落后的"野人"地界经过。相传有许多神话，把那些野人比为阿修罗。现在，那些洛巴才在开始进入现代社会的生活。

不丹，是比洛巴进步的一支闷巴。王族居于北部高地，奉喇嘛教。南部的人，有的现在已经接近于西方的生活方式。

锡金，一称哲孟雄。他与西藏亚东相似，是比不丹更进步的民族。亚东，是早已划归西藏的一个县。锡金则是独立王国。他与不丹原都附属西藏，对我国朝贡。英人占印度后，诱导其国王独立。1981年被印度并入版图。

尼泊尔，是闷域内最进步的民族。早在两千年前，已建成尼婆罗国，并与吐蕃通婚，亲如一家。曾协同吐蕃帮助唐朝征服中印度，后来与闷域诸部落都成为吐蕃的藩部。吐蕃崩裂后，它又强大起来，糅合印度文化与吐蕃文化而成自己独特的文化。政治方面却与印度和西藏不调和，与印度和西藏之间，只有商业上的联系。此外，一切仍保持自己的独特风范。其属民，有白巴和毕巴两种，语言习俗差别不大，且皆与藏族比较近似，而与印度迥然不同。在宗教上，虽与印度、西藏同为佛教，但带婆罗门的色彩较多；带喇嘛教的色彩较少。质言之，其民族血统出自羌塘，而宗教信仰则传自印度。

尼泊尔曾因贸易纠纷，在乾隆末年出兵占领了拉萨。经清廷出兵征讨，追击到其国都阳布（即加得满都）附近始降服。从此每三年朝贡北京一次，直到宣统三年的一次朝贡后才停止。

尼泊尔的西境孔雀河，是恒河诸源中两大主流之一，印度人每年从这河谷山道来西藏朝拜冈底斯山的，有十万人左右。从前西藏赴印度求法的僧侣，也多是从此道去的。

## 二、从阿里扩散的羌支

羌族从羌塘向阿里移进最易。大概在百万年左右已占有阿里了，再由阿里向西南扩张，是五十万年以前的事。尼泊尔之所以能开化得很早，这是一个原因（另一个原因是与中印度接近，得以吸取比较先进的文化）。

吐蕃征服阿里各羌族部落以后，把阿里与其附近的羌支分作三部，称为"阿里三围绕",即布、雪山围绕和孟域页岩围绕、象雄湖泊围绕。公元第十世纪,吐蕃行将崩溃时,有弟兄三个王子,为避国王迫害,逃到阿里来,分别为三区之王:即长子巴儿衮为孟域王、次子札西衮为布王、季子德祖衮为象雄王。他们传国二百多年,与西藏同为元朝所征服,元朝把他们拨归萨迦法王管理。明代,萨迦政权崩溃,地方割据蜂起,这三部分也分裂为许多小部落。但三个地区名称还存在,因为他们的住民同奉喇嘛教,有其语言习俗的共同之点。

阿里的中心是冈底斯山和马品木达湖(马法木错),这是佛教徒认为须弥山与王母瑶池的。每年夏季,藏、印、蒙古人来此朝拜、贸易的人很多。西藏的古老宗教(黑教和红教)也都是从此发生和发展起来的。按藏人的说法,他的东边马口出水,为雅鲁藏布江源(马泉河)。南边孔雀口出水为布让河(孔雀河),为恒河源。西边象口出水(象泉河),为萨特累季河(印度河南源),经北印度入巴基斯坦。北边狮子口出水(狮泉河),为印度河源,经克什米尔入巴基斯坦。阿里的羌族,便是分循这四条河而扩散。其向东移进的,到达"南羌塘",建成了吐蕃帝国。向孔雀水南进的,入尼泊尔,建成了尼婆罗国。西随象泉河进入北天竺的,建成孟国。北随狮泉河进入克什米尔的,建成拉达克国。这些国的人民皆属于藏语系的羌支部族。

孟和布让两区,都跨在喜马拉雅山脉的南北。北部的牧民,始终属于西藏。南部是农民,有城邑与喇嘛寺。布让的普兰宗,是西藏保存在阿里地区唯一的温暖河谷。制造藏文的吐弥桑布扎,便是此地出生的人。这里还有很著名的喇嘛寺和觉阿佛像,今为普兰县治。普兰县以南,不知何时划归尼泊尔了。

孟域的北部牧民,今仍属西藏。南部的农民,以基绒城为中心(城在西姆拉附近,藏语义为"吉祥暖谷")。英帝并吞印度后,霸占了这一地区。当地人民曾多次反抗,均因无外援而失败。现印度把它划为"喜马偕尔中央直辖区"。"偕尔"的藏文音意为"盘膝跌坐",是"吉绒"的改称。

## 三、克什米尔人

阿里三围绕的象雄区,原羌族分布的范围,要包括克什米尔全部。即印度河上游(狮泉河向西北流,至阿富汗国界再转向西南流入巴基斯坦,在此大转折点以上为上游),上游整个河谷,是喜马拉雅西端与喀喇昆仑两大山脉之间的一个大向斜谷地,长达一千余里。可以分为三段:东段为高寒草原,属西藏阿里部,现置噶尔、革吉、日土三县。中段为半农半牧地,以列城为中心,原吐蕃西部都督所治。吐蕃王子祖德衮作为都城,其国在清代称拉达克,人尽藏族,使用藏文,发音与拉萨语微异，西人称之为"拉达克语"。北印度入藏朝山者取道于此。喇嘛教祖师莲花生，与老黄教祖师弥勒惹巴，皆从此入藏（一说即拉达克人）。清咸丰八年（1858）为英人所据，现属印度。

西段，即拉达克以西，在唐代为大小勃律国。大勃律去列城为近，受役属于吐蕃，亦屡向唐朝廷遣贡使。小勃律距吐蕃最远，不服吐蕃。屡受吐蕃凌逼，所以特别亲附唐朝。开元时，其王入朝求助，唐军遂协同它大破吐蕃。但后来，其王复附吐蕃，并为吐蕃招诱西域诸国。天宝六年，高仙芝再征复它，并执其王归长安，以其地置归仁军，募千人以伐。此事详见《两唐书》，清咸丰八年与拉达克同为英国所占。

**四、西域的羌支民族**

汉、唐史籍《西域传》，把西域诸国分为牧国与农国。农国又分为葱岭内国与葱岭外国。葱岭以内，即今新疆，又分为天山南路与天山北路。天山南路，又因塔里木沙漠再分为南北两道。南道出玉门，缘昆仑山北麓，经鄯善（楼兰）、且末、于阗（和阗）、皮山、莎车至疏勒。这条线与羌塘接近。早在百万年前即有羌塘羌人缘山口而下，抵沙漠边缘。那时沙漠面积尚小，边缘的水草田较宽。羌族入居于水草田地带者甚多。古籍中所记：虞舜九年"西王母来朝"（《竹书纪年》），"西王母献白玉环"（《瑞应图》云黄帝时献。舜时又献），"西王母献白玉琯"（《大戴礼》。晋书作朝华之琯）。和周穆王西征，"至于西王母之邦……觞西王母于瑶池"（《穆天子传》），"西王母来朝，宾于昭宫"（《竹书纪年》以及《汉地理志》），金城郡临羌县有"西王母石室"，等等。这些，与《山海经》《纬书》对西王母的说法不一，但都在西北边界外的鄯善至于阗、莎车一带。这带羌民与羌塘同俗，羌塘直至隋唐时尚为女性中心的氏族社会，隋唐前更不待言。这一带羌支部落，由于与华夏交通方便，又当葱岭外诸先进国家与华夏交通的商道，故进化速度远远大于羌塘的羌人。至汉代已进入男性中心，并且有了佛教信仰和文字，建成封建制的若干小国家了。至隋唐时，这一带便有十余国，合称为"葱茈羌"（见前引《魏略》文）。《通典》云："月氏之余种。"

塔里木大沙漠以北的路线，从鄯善分支，出蒲昌海（古罗布泊），循塔里木河至天山下的草原带，为龟兹、尉犁等国。自此西逾葱岭，即大月氏西迁的路线。在汉代，全线已是月氏人所分布，月氏也是羌的支族。所以在汉以前，整个塔里木盆地都是羌支民族。不过在汉以后，情况便有了变化，因为他们已经从羌族蜕变为独特的民族，正如雅鲁藏布地区的吐蕃和四川盆地的蜀人、濮人不能再算作羌人一样。

塔里木盆地的西域诸族，是在沙漠水草田里成长、蜕变、进化的。他们分散而脆弱，不能形成力能自卫的大国，故经常处于华夏大国与匈奴、突厥、回纥、蒙古等牧族的蹂躏之下，最后融合于东突厥，成为穆斯林部落。现在被称为"东土耳基斯坦"。我国开置州县后，称这些人为回族。一变再变，全失本来面目，他们不能自知其族源了。

天山北路，有吐鲁番盆地，最为开展。温暖肥饶。这里，汉为车师，唐为高昌，都是西域大国。其人的族源，可能仍出于羌支。至于伊犁河域至巴尔喀什湖，克拉玛依盆地至阿尔泰区，则汉时为乌孙牧国。这些民族祖先最近的族支，可能仍是月氏或者匈奴。隋唐以来为回纥国（畏吾尔），今称维吾尔族。

葱岭以外，大月氏是从羌区迁去的，史有明文。阿波霍尔，唐时向里海迁徙，羌塘有此传说。至于其他印度、波斯等民族，则与羌族无任何血统关系。

## 五、东北的羌支远族

黄河以北的草原，是适于原始羌族移徙的地带。由于阴山以北有个狭长的大戈壁，妨碍了他们的北进，故冀北牧民只好更向东北移进。待抵达大兴安岭黑龙江畔时，便停滞下来，向四面扩散：一部分斜向辽河、松花江平原移动；一部分从黑龙江上游草原进入贝加尔湖流域的外蒙和西伯利亚地区；一部分趁黑龙江冬季冰厚，进入外兴安岭和东部西伯利亚。由于这一扩散，才使北极圈内有了人类。

朔方的戎人，冀北的狄人和河西的氐胡，已见前述。由于他们与华夏混居时还保有一定的羌语和羌俗，所以把他们作为羌族内部的分化看待。过了冀北的牧民，则因与华夏接触的关系少，进步得相当慢，随着时间的推移，渐渐转变为自具特点的地方民族，因而只能把他们看作羌族的远支了。

这些羌族的远支，最先强大的是东胡。因为他最早与北狄和华夏发生文化交流，吸收了异民族的先进经验。但由于他继续保持游牧生活，又轻易为匈奴所灭。东胡故地，在今大小凌河与辽河上游。因在林胡、楼烦之东，故华人称为东胡。《晋书·载记》：石勒为上党、武乡羯人。法令有"号胡为国人"；风俗有"报嫂""烧葬"，看出羯亦羌的别支，其祖先或即东胡。

继东胡而起的是鲜卑族。他乘晋乱，进入幽、冀、青、徐地区，建成了前燕、后燕、南燕等三个慕容氏之国。鲜卑族人随之进入华夏者甚多，后皆融合于汉族。又元魏与吐谷浑王族，亦自慕容氏分出，各成大国，其人后皆融合于华夏。

继鲜卑而起的是契丹，是元魏时才从松辽平原兴起的。继契丹而起的有女真，他的原始居住地稍偏北。继女真而起的有满洲，他的原始居住地在长白山区。从东胡、鲜卑燕、契丹辽、女真（金）到满洲（原号小金，后号大清），原都不过是东北若干部落中的一个，由于他是面向华夏的，向华夏学习，也与华夏斗争。一旦有机会占领华夏的一部或全部，便建成了封建制的大国，作统治中华的贵人，其结果是逐步把自己变成了华夏的汉人。

当这些面向华夏的强盛民族逐步迁向华夏以后，他们的后方又有若干部族强大起来，并占地为王。如奚、室韦、靺鞨、渤海、索伦、锡伯、鄂伦春等族落。他们与契丹、女真和满族一样，都可以说是东胡远裔，族源同出于羌，但不应称为羌族。

## 六、漠北的羌支远族

塞北草原之北有大戈壁和沙漠地带，东抵兴安岭，西抵阿尔泰山。它限制了原始羌人向北发展。仅自吉兰泰盐池以北，有断续无定的泉水或小型水草田，曾经有部分古代羌人开辟一条路进入了漠北草原，在外蒙和西伯利亚地区发展为若干民族部落（自然也有从黑龙江上游草原进入西伯利亚的，但比较晚些）。这些漠北民族，也可算得是羌族的远支。

漠北民族最先扩张起来的是匈族，华人称他为"匈奴"。其从漠北回来，兼并了月氏、林胡、楼烦、东胡诸部落，与秦汉帝国争夺长城内外地面，结果无法取胜，从西域窜入欧洲。

继匈族起于漠北的有柔然，因被先占据了漠南的元魏捍御了他，未得接近华夏。

继柔然而起的是突厥。他与匈奴一样，未能争得塞内地盘，被迫由西域窜入欧洲。他胜过匈奴处，在于信奉了穆罕默德的回教，因而扩散得很宽。并有一支回到塔里木盆地来，把那些佛教部族转化为回教部族。

继突厥而兴于漠北草原的，是蒙古族。他兴起最晚，来得也远，而势力却大于任何一个北方民族。他最初未能夺得塞内地盘，被迫西进欧洲。随后，在并吞五十国之后，终于消灭金国和南宋，建成了统一亚欧两洲的世所未有的大国。但是，仅仅凭恃武力建立的政权，是不会巩固的，不过百年便全部崩溃了。中华地面，被明太祖的农民军夺回。只在塞北草地上，还维持着蒙古的残局。他与明朝战斗二百多年，始终未再占有塞内州县。后来联合满洲，推翻了明室政权，也仍未能与新兴的满洲分享中华州县，而只占有中国西北广大地面，分为外蒙、内蒙、青海蒙古、厄鲁特蒙古四大部。厄鲁特与清朝对抗，被消灭了。余三部皆驯服于清。

匈奴、突厥、蒙古，都不是漠北自生的民族。他们的祖先全是第四间冰期内才由漠南草原移去的，而漠南草原原属羌族占有，可见他们的族源也是出于羌族。但其语言习俗已完全变化，因而不能再算作羌族。

## 小　结

我国自古就是一个多民族的统一国家。中华民族的悠久历史和灿烂文化，为五十多个兄弟民族所共同创造和享有，并融合成一个不可分割的整体。每个民族，在其经济基础与上层建筑的发展中，随血缘枝离而派分，又随语言差殊为类别。社会愈进步，则划分民族的标准愈侧重于文化范畴。我国的华族（汉族）就是依文化标准融合多种血缘不同的民族而成就为文化一致的伟大民族。而羌族呢？则是由一个血统派分成为若干个文化不同的民族。羌族与羌支各族发展的历史告诉我们：狭隘的民族主义，是自取灭亡之道；只有"有教无类""兼容并包"的民族才能成为伟大的民族。